Peter Ackroyd

Venedig

Biographie einer einzigartigen Stadt

Aus dem Englischen
von Michael Müller

Pantheon

Die Originalausgabe erschien 2009 unter dem Titel
Venice: Pure City bei Chatto & Windus, London

FSC www.fsc.org MIX Papier | Fördert gute Waldnutzung FSC® C083411

Penguin Random House Verlagsgruppe FSC® N001967

2. Auflage

in der Penguin Random House Verlagsgruppe GmbH,
Neumarkter Straße 28, 81673 München
Umschlaggestaltung: Büro Jorge Schmidt
Umschlagabbildung: © A Mazzotta Photography/Getty Images
Satz: Uhl + Massopust GmbH
Druck und Bindung: CPI books GmbH, Leck
Printed in the EU
ISBN 978-3-570-55461-6

www.pantheon-verlag.de

Für Alison Samuel

Inhalt

TEIL I

Stadt aus dem Meer

1

Ursprünge

Sie stießen in diese entlegenen und abgeschiedenen Gewässer vor. Sie kamen in Booten mit flachem Kiel, die über die Untiefen hinwegglitten. Sie waren Verbannte, vertrieben aus ihren eigenen Städten oder von ihren eigenen Gehöften, auf der Flucht vor den plündernden Stämmen des Nordens und des Ostens. Und sie waren an diesen wilden Ort gelangt, eine breite und flache Lagune, in der Süßwasser aus den Flüssen des Festlands und Salzwasser aus dem Adriatischen Meer sich mischten. Bei Ebbe zeigten sich überall Schlammbänke, durchzogen von Prielen, Rinnsalen und schmalen Kanälen, auch bei Flut stiegen noch kleine Inseln von Schlick, bewachsen mit Büscheln von Sumpfgras, aus dem Wasser auf. Es gab Flächen, die nur eine Handbreit über die Wasseroberfläche aufragten, mit Schilf und Wildgräsern überwuchert, und andere, die meist von den Wellen überspült waren und nur hin und wieder bei besonders niedrigem Wasserstand sichtbar wurden. Anderswo erstreckten sich öde Marschen, die nur selten vom Wasser bedeckt waren. Aus der Ferne gesehen, schienen die Küste und diese Salzmarschen zu einer einzigen weiten Fläche zu verschmelzen, die mit Tümpeln mit Inselchen darin durchsetzt war. Es gab hier auch Sümpfe, so dunkel und abweisend wie das Wasser in jenen Regionen, in denen sich die Gezeiten nicht mehr bemerkbar machten. Eine Kette von Inseln, gebildet aus Sand und Treibgut aus den Flüssen, trug zum Schutz der Lagune vor dem Meer bei; diese waren mit Fichtenwäldchen bestanden.

Dies Geschlecht hat sich nicht zum Spaß auf diese Inseln geflüchtet, es war keine Willkür, welche die Folgenden trieb, sich mit ihnen zu vereinigen; die Not lehrte sie, ihre Sicherheit in der unvorteilhaftesten Lage suchen, die ihnen nachher so vorteilhaft ward und sie klug machte, als noch die ganze nördliche Welt im Düstern gefangen lag, ihre Vermehrung, ihr Reichtum war die Folge.

Johann Wolfgang von Goethe

Obwohl die Lagune nicht weit von den ehemaligen großen Zentren der römischen Zivilisation entfernt lag, war sie doch entlegen und abgeschieden. Es war ein einsames Gebiet;

einzig die Schreie der Seevögel, das Rauschen der Meereswogen und das Pfeifen des Windes, der durch das Schilf fuhr, unterbrachen dort die Stille. Bei Nacht war alles in tiefste Dunkelheit gehüllt, außer dort, wo der Mond die ruhelosen Wellen aufleuchten ließ. Doch im Licht jenes Tages, an dem die Verbannten sich dem Ort näherten, dehnte sich die silbrig glänzende See bis zu einem fernen Saum aus Dunst aus, und der wolkenbedeckte Himmel schien das Silbergewoge des Wassers widerzuspiegeln. Sie wurden in einen Schoß aus Licht hineingesogen – und sie stießen auf eine Insel. Und eine Stimme, wie der Klang vieler Gewässer, wies sie an, auf dem festen Grund, den sie entdeckt hatten, eine Kirche zu bauen.

Wenn diese unmenschliche Wassereinöde den Menschen aufnimmt, ist sie wie ein Zufluchtsort, eben weil sie unzugänglich ist. Flüchtlinge werden kommen und sich, hinter dem Schilf versteckt, in diese Schlammklumpen, in diesen feuchten Sand eingraben, während die Langobarden das Land verwüsten. Rom ist tot, es herrscht Anarchie. Dieses Totenwasser wird wegen seiner Trennkraft gewählt: es ist Raum, ein Plätschern, das auseinandersprengt. Es ist Flucht, Angst.

Jean-Paul Sartre

Das ist eine der Geschichten vom Ursprung ihrer Stadt, die Venezianer zu erzählen pflegten.

Die Lagune selbst ist von ihrer Natur her uneindeutig, weder Land noch Wasser. Sie ist annähernd sechsundfünfzig Meter lang und elf Kilometer breit und ähnelt von ihrer Form her einem aus diesem Teil der norditalienischen Küste ausgeschnittenen Halbmond. Sie entstand vor rund sechstausend Jahren, baute sich aus dem Schlamm und Schlick und Treibgut auf, der von sieben Flüssen in die Adria gespült wurde. Die größten von ihnen – die Brenta, die Sile und die Piave – trugen Geröll aus den Alpen und den Apenninen heran: Eine Stadt aus Stein würde einst auf winzigen Partikelchen von Bergen aufragen. Die Sümpfe, Marschen und Schlammflächen werden durch eine lang gestreckte schmale Sandbank vor dem Meer geschützt, die durch mehrere Kanäle in Inseln unterteilt ist. Die längste dieser Inseln kennt man heute als Lido. Die Kanäle stellen Verbindungen her, als *porti* bekannte Zugänge, durch die sich das Meer in die Lagune ergießt. Heutzutage gibt es drei solcher *porti*, bei Lido, bei Malamocco und bei Chioggia. Die durch sie strömenden Fluten hauchen Venedig Leben ein.

Es ist eine sich ständig wandelnde, im Fluss befindliche Region, bestehend aus Schlamm, Sand und Lehm; sie wird von Ebbe und Flut verändert, ist stets in Umbildung begriffen und instabil. Es gibt eine Strömung, die vom Mittelmeer kommend die Adria hinauf- und wieder hinabfließt, und jeder der *porti* erzeugt sein für ihn charakteristisches Becken und lässt seine eigene Strömung entstehen. Aus diesem Grund hat sich die äußere Erscheinung der Lagune über die Jahrhunderte hinweg gewandelt. Einer Theorie zufolge war die Lagune noch im 6. Jahrhundert im Grunde nichts anderes als eine Marsch, die bei Flut unter Wasser stand. Wie John Ruskin berichtete, sah es im 19. Jahrhundert bei Ebbe manchmal so aus, als wäre Venedig vom zurückweichenden Wasser auf einer riesigen Fläche von dunkelgrünem Seegras zurückgelassen worden. Aus dem ganzen Lagunengebiet wäre in der Tat vor fünfhundert Jahren festes Land geworden, hätten nicht die Venezianer selbst eingegriffen. Heute ist sie einfach ein anderer Teil der Stadt, ein anderes Viertel, weder Land noch Meer. Doch sie entwickelt sich langsam zum Meer zurück. Das Wasser wird tiefer, und sein Salzgehalt steigt. Es ist ein unsicherer Ort. Der heilige Christophorus, der das Jesuskind auf dem Rücken trägt, war einst ein bei den Einwohnern der Stadt beliebter Schutzpatron.

Das Lagunengebiet ist zu jeder Zeit bewohnt gewesen. Letzten Endes konnte die Wildnis auch fruchtbar sein. Von frühester Zeit an gab es kleine von Menschen besiedelte Nischen – von Fischern und Vogelfängern, die sich die Fülle an Wildvögeln und allerlei Meeresgetier wie auch den in jedem Herbst einsetzenden Zug der Fische aus den Flüssen in die See zunutze machten. Die Marschen sind auch ein Ort, der sich von Natur aus zur Gewinnung von Salz anbietet, und Salz stellte früher eine kostbare Ware dar. Die Venezianer waren seit jeher als Menschen mit Kaufmannsgeist bekannt, doch der Handel begann sich in diesem Gebiet schon zu regen, bevor ihre Vorfahren eingetroffen waren.

Wie man die Luft der Lagunen oft mit der Luft der Gebirge verglichen hat, so hat auch die Sinnesweise der Bevölkerungen derselben etwas Verwandtes. Beide zeichnen sich durch Kraft, Gelehrigkeit und Kühnheit aus. Den Bewohnern der Lagunen im Adriatischen Meer stand nun eine große Zukunft bevor.

Leopold von Ranke

Die frühesten Stämme, die hier lebten, sind in vorgeschichtlicher Dunkelheit versunken. Doch die ersten, als solche auszumachenden Vorfahren der Venezianer siedelten in den die Lagune umgebenden Landstrichen vom 8. vorchristlichen

Jahrhundert an. Sie gehörten zu einer ethnischen Gruppe, die nicht nur im nordöstlichen Italien zu Hause war, sondern auch an den Küsten des heutigen Sloweniens und Kroatiens. Diese Menschen waren als Veneti oder Venetkens bekannt. Homer nennt sie *enetoi*, denn im Altgriechischen gab es den Laut »v« nicht. Sie verdienten ihren Lebensunterhalt in erster Linie als Kaufleute, wie später auch die Venezianer, und handelten mit Bernstein und Wachs, mit Honig und Käse. Sie richteten große Märkte ein, ähnlich denen, die die Venezianer schließlich begründen sollten. Sie machten Geschäfte mit Griechenland, so wie die Venezianer es eines Tages mit Byzanz und dem Osten tun würden. Ihre Spezialität war es, an den Küsten Salz aus dem Meer zu gewinnen, und auch darin waren sie Vorläufer der Venezianer, die später ein Monopol aus der Salzherstellung machten.

Sie kleideten sich schwarz, und das war auch die typische Farbe der Gewänder männlicher venezianischer Patrizier. Herkules, der Stammesheld der Veneti, wurde später zum legendären Beschützer Venedigs; er ist der Halbgott, der durch Arbeit das erwirbt, was andere als ihnen per Naturrecht zustehend in Anspruch nehmen. Die Veneti betrachteten sich als von Antenor abstammend; er habe sie aus dem zerstörten Troja in ihr neues Siedlungsgebiet geführt. Sie waren als geschickte Seeleute bekannt und im Wesentlichen ein Seefahrervolk. Was Ehe- und Familienangelegenheiten betraf, unterwarfen sie sich staatlicher Autorität. Zu den Veneti zählten auch die Menschen, die Städte wie Padua und Altino, Aquileia und Grado bewohnten, aus ihrer Heimat Vertriebene, die in den Wassern der Lagune Sicherheit suchten.

Vor der Zeit ihrer Flucht waren die Veneti nachhaltig romanisiert worden. Im 2. nachchristlichen Jahrhundert hatten sie einen Pakt mit den römischen Machthabern geschlossen. Unter Augustus bildete das Gebiet der Lagune einen Teil des Zehnten Distrikts Italiens, und im 4. Jahrhundert wurde es dann Teil des Oströmischen Reichs, des byzantinischen Imperiums. Die Lagune war damals schon stellenweise besiedelt.

Auf einer der Inseln, San Francesco del Deserto, hat man die Überreste einer römischen Hafenanlage freigelegt. Tonscherben lassen sich auf das 1. Jahrhundert datieren, Wandverputz auf das 3.

Dieser Hafen wurde zweifelsohne von Schiffen benutzt, die zwischen Aquileia und Ravenna verkehrten und Getreide aus Pannonien transportierten sowie andere Waren und Vorräte aus entfernteren Regionen herbeibrachten. Man hat an diesem Ort auch Amphoren zum Transport von Wein und Olivenöl aus dem östlichen Mittelmeerraum gefunden. Die größeren Schiffe gingen wohl in diesem Hafen auf der Insel vor Anker, von wo aus die Fracht dann mit kleineren Booten zu den Siedlungen in den flacheren Zonen der Lagune geschafft wurde. Es muss daher ortsansässige Lotsen gegeben haben, die die Fahrzeuge durch diese schwierigen Gewässer geleiteten. Unter dem Schiff der Basilika S. Maria Assunta auf der Insel Torcello hat man einen aus dem 2. Jahrhundert stammenden Weg gefunden. Auf S. Giorgio Maggiore, einer anderen Insel, ist man in großer Tiefe auf römische Überreste gestoßen, und auf einigen der kleineren Inseln hat man diverse Materialien aus dem 1. und 2. Jahrhundert entdeckt. Andere Funde, auf anderen Inseln, können auf die Periode vom 4. bis zum 7. Jahrhundert datiert werden. Man hat die Theorie aufgestellt, dass die am weitesten seewärts gelegenen Inseln der Lagune als Stützpunkte für die römische Flotte gedient haben könnten. Es ist zumindest vorstellbar, dass Villen auf ihnen errichtet wurden.

Venedig wäre nicht Venedig, wenn es am freien Meer läge, an jenem Morgen empfand ich den enormen Unterschied von Meer und Lagune. Die leuchtend frischen, jubelnden Farben des bewegten Meers würden Venedig seinen eigenen Schmuck rauben: das Verschleierte, Traumhafte, verborgen Schillernde der Farben.

Hermann Hesse

Als jedoch die Vertriebenen in immer größeren Scharen vom Festland herbeizuströmen begannen, fing die Natur der Lagune sich fundamental zu wandeln an. Es kam zu keinem innerhalb eines bestimmten begrenzten Zeitraums erfolgenden Massenexodus, sondern vielmehr zu aufeinanderfolgenden Auswanderungswellen, die ihren Höhepunkt im späten 6. Jahrhundert fanden. Die Veneti flohen immer wieder vor Invasoren. Im Jahr 403 fielen die Wisigoten unter Alarich in der Provinz Venetia ein, der dem römischen Dichter und Geschichtsschreiber Claudianus zufolge mit seiner Barbarenhorde Schrecken in der ganzen Region verbreitete. Die Städte Aquileia und Verona wurden erobert, und viele ihrer Einwohner brachten sich auf die Inseln in Sicherheit. Als die Bedrohung durch Alarich vorüber war, kehrten einige in ihre alte Heimat zurück, doch andere blieben und fingen im Gebiet der Lagune ein neues Leben an. Im Jahr 446 brachte Attila römische Provinzen von der Donau bis zum Balkan an sich und nahm dann, sechs Jahre später, Aquileia ein; die Stadt wurde ebenso wie Altino und Padua geplündert. Und erneut suchten die Menschen vor diesen Katastrophen auf den Inseln Zuflucht.

Ihre Bewegungen folgten einem bestimmten Muster. Die Bewohner von Altino zum Beispiel zogen nach Torcello und Burano, während die von Treviso sich nach Rialto und Malamocco flüchteten. Die Einwohner Paduas segelten nach Chioggia. Die Bürger von Aquileia suchten ihr Heil in Grado, das von Sümpfen geschützt war. Sie kamen mit Handwerkern und Baumeistern, Bauern und Arbeitern, Patriziern und Plebejern und brachten außer den geweihten Gefäßen aus ihren Kirchen auch die Steine ihrer öffentlichen Gebäude mit, damit sie neu errichtet werden konnten. Doch wie ließ sich auf so unsicherem Boden etwas bauen? Wie konnte man auf Schlamm und Wasser etwas errichten? Man konnte es, indem man hölzerne Pfähle von drei bis dreieinhalb Metern Länge durch den Morast in die darunterliegende Schicht aus härterem Lehm und festem Sand trieb, die ein stabiles Fundament abgab. Das war die »Grenze« am Grund der Lagune. Auf diese Weise ließen sich *casoni* genannte kleine Häuser konstruieren, die aus hölzernen Pfählen und Planken bestanden und spitz zulaufende Dächer aus Flechtwerk und Reet besaßen.

Neue Städte wie Eraclea und Equilino (Jesolo) wurden am Rand der Lagune gegründet. Auf den Inseln entstanden dörfliche Gemeinschaften mit Führern, die Versammlungen einberiefen, um sich mit den anderen zu beraten. Vielleicht haben die Veneti auch befestigte Lager angelegt, für den Fall, dass die Hunnen oder Goten beschlossen, gegen sie vorzurücken. Doch die Inselbewohner waren unter sich zerstritten und rivalisierten miteinander: Es herrschte Uneinigkeit. Aus diesem Grund wurde 466, nur zwanzig Jahre nach dem Einfall Attilas, bei Grado ein Treffen aller im Gebiet der Lagune ansässigen Veneti abgehalten. Man beschloss, dass jede Insel in Zukunft von einem Tribun vertreten sein und alle Tribunen zusammen für das Gemeinwohl tätig werden sollten. Schließlich waren sie alle mit denselben Gefahren und Schwierigkeiten konfrontiert – nicht zuletzt solchen, die von der zerstörerischen Kraft des Meeres ausgingen. Das war die erste Gelegenheit, bei der sich der Gemeinsinn und das Zusammengehörigkeitsgefühl bemerkbar machten, die später so charakteristisch für die Venezianer sein sollten.

Im 6. Jahrhundert stellten die Veneti eine auffallende Präsenz in der ganzen Region dar. Gegen Bezahlung beförderten sie mit ihren Booten Personen und Waren zwischen den größeren und kleineren Häfen des Festlands hin und her. Sie transportierten die Truppen des byzantinischen Kaisers von Grado an die Brenta und brachten Beamte und Kaufleute nach Byzanz. Es verwundert nicht, dass sie damals schon für ihr großes seemännisches Können bekannt waren. Mit ihren Booten fuhren sie die norditalienischen Flüsse hinauf und handelten in den Städten und Dörfern, an denen sie vorbeikamen, mit Salz und Fisch.

Die Bewohner haben als einzigen Reichtum, daß sie sich allein von Fischen sättigen können. Arm und reich lebt hier mit gleichem Recht zusammen. Die gleiche Speise ernährt alle, alle Häuser gleichen sich, man kennt keinen Neid, und durch dieses Gleichmaß der Lebensweise entgeht man einem Übel, dem bekanntlich die ganze Welt preisgegeben ist.

Marcus Aurelius Cassiodorus im 6. Jahrhundert

Die erste Schilderung dieser Inselbewohner findet sich in einem Schreiben, das 523 von einem Legaten des Königs der Ostgoten, der damals die Herrschaft über Norditalien innehatte, an ihre Tribunen gesandt wurde. Cassiodorus bat sie, Wein und Öl auf dem Wasserweg nach Ravenna zu transportieren. »Ihr lebt wie die Seevögel«, schrieb er, »mit wie die Kykladen weit über die Fläche des Wassers verstreut liegenden Wohnsitzen. Die Festigkeit des Bodens, auf welchem sie ruhen, wird nur von Schilf und Flechtwerk geschützt, dennoch zaudert ihr nicht, euch mit einem so zerbrechlichen Bollwerk gegen die Wildheit des Meers zur Wehr zu setzen.« Diese Darstellung war nicht mehr ganz zutreffend: Es gab zu jener Zeit schon Gebäude, die man aus den vom Festland mitgeschleppten Steinen und Ziegeln erbaut hatte. Cassiodorus fuhr dann fort, indem er auf einen großen »Reichtum« der Veneti hinwies, den in der Lagune in Hülle und Fülle vorhandenen Fisch. Auch deswegen herrsche unter ihnen Eintracht, die gleiche Speise ernähre alle, ebenso seien alle ihre Häuser ähnlich. Auch das stimmte nicht ganz. Archäologische Zeugnisse lassen vermuten, dass es sogar schon in einem so frühen Stadium der Entwicklung der Lagunenkultur sowohl reiche als auch arme Familien gab. Cassiodorus fügte dann noch hinzu: »Ihr erschöpft eure Kräfte in euren Salinen, in ihnen liegt wahrhaftig eure Prosperität begründet.« Zumindest was dies betraf, hatte er recht. Er kam dann noch auf ein signifikantes Detail zu sprechen, nämlich auf die Boote, »die ihr wie Pferde vor euren Haustüren angebunden haltet«. Der Schlamm der Lagune hat Überreste eines solchen Bootes konserviert und wieder freigegeben. Teile eines eichenen Spantengerippes und Rumpfplanken aus Lindenholz sind auf der Insel S. Francesco del Deserto entdeckt worden. Sie gehören zu einem Boot aus dem 5. Jahrhundert und lagen in einer Bodenschicht, die zu jener Zeit außer bei Ebbe unter Wasser gelegen haben muss.

Doch Venedig selbst war noch nicht geboren. Auf einer Karte der Region aus dem 4. Jahrhundert ist die Stadt noch nicht eingezeichnet; die Lagune ist auf ihr als eine unbewohnte Zwischenzone, halb Land, halb Wasser, dargestellt, als Zugang zum Meer. Venezianische Historiker behaupteten jedoch, die Stadt sei um die Mittagszeit des 25. März 421 begründet worden, und zwar von einem armen Fischer namens Giovanni Bono, also Giovanni dem Guten. Eine solche Theorie hat ihre Vorzüge, denn der 25. März ist nicht nur das Datum des Frühlingsäquinoktiums, an einem solchen Tag soll auch die Verkündigung der Geburt Jesu erfolgt sein, und Rom soll gleichfalls an einem 25. März gegründet worden sein. Dieser zeitliche Zusammenfall mit drei anderen bedeutenden Ereignissen samt dem Glücksfall mit Giovanni dem Guten ist zu schön, um wahr sein zu können, aber es spiegelt die außerordentliche Fähigkeit der Venezianer wider, einen Mythos anstelle der geschichtlichen Realität zu setzen. Als er sich 1920 in der Stadt aufhielt, meinte Rainer Maria Rilke in einem Brief: »[...] im Grunde ist es doch mit ganz Venedig so, man nimmt hier nicht wie mit Gefäßen und Händen auf, sondern wie mit Spiegeln, man ›faßt‹ nichts, man wird nur einbezogen ins Vertrauen seines Entgehens. Von Bildern erfüllt den ganzen Tag, wüßte man für kein einziges einen Beweis aufzubringen, Venedig will ›geglaubt‹ sein.«

In der Tat entstand Venedig erst mehr als hundert Jahre später, nach einer Reihe von Invasionen der Lombarden oder Langobarden in den späten sechziger und frühen siebziger Jahren des 6. Jahrhunderts. Erneut wurde die Provinz Venetia von fremden Stämmen überrannt. Aber anders als die Hunnen verlangte es sie nicht nur danach zu plündern und dann mit der Beute wieder abzuziehen, sie wollten sich niederlassen und heimisch werden. Sie brachten das Gebiet, das heute nach ihnen die Lombardei genannt wird, an sich, was einen Massenexodus der Veneti auslöste. Der Bischof von Aquileia verlegte seinen Sitz nach Grado an den Rand der Lagune. Der Bischof von Padua brachte sich nach Malamocco in Sicherheit, und der von Oderzo flüchtete auf dem Seeweg nach Eraclea. Diese Männer waren sowohl geistige als auch weltliche Führer, und nicht nur die Mitglieder ihrer Gemeinden, sondern alle Bürger der Städte, in denen sich ihre Bischofssitze befanden, folgten ihnen, bereit, auf den Gewässern der Lagune neue Gemeinschaften zu gründen. Burano und Murano wurden von größeren Flüchtlingsscharen besiedelt, aber auch auf kleineren Inseln wie Ammiana und Constanziaca entstanden Siedlungen; die beiden Letztgenannten verschwanden im 13. Jahrhundert in den Wogen, vom Erzfeind der Inselbewohner verschlungen, obwohl sie in ihrem Kampf gegen das Meer nie nachgelassen hatten.

Dieser Flucht vor den Langobarden verdankt Venedig seine Geburt. Die ersten Anzeichen für eine menschliche Besiedlung sind jüngsten archäologischen Funden zufolge auf die zweite Hälfte des 6. und auf das 7. Jahrhundert zu datieren; es handelt sich um Gebäudeüberreste in der Nähe von Castello, im Osten der heutigen Stadt, und unter dem Markusplatz. Es existieren auch Hinweise darauf, dass man in dieser frühen Zeit schon damit begann, das Niveau des Terrains anzuheben und dem Wasser Land abzuringen. Die Siedler zäunten eine vom Meer überspülte Fläche mit Planken ein, schöpften das Wasser heraus und füllten dann alles mit Bauschutt, Schwemmgut oder Sand von den Dünen auf. Hölzerne Palisaden wurden errichtet, um das neu gewonnene Terrain gegen das Meer zu schützen. Das waren die Ursprünge der Stadt.

Die Exilierten hatten beschlossen, sich auf einer Gruppe von Inseln niederzulassen, die kollektiv als »Rivoalto«, Hochufer, bekannt waren und sich am ehesten zur Bebauung anboten. Aus dieser ursprünglichen Bezeichnung wurde im Lauf der Zeit der Name »Rialto«. Dort lagen der Hauptmarkt der Stadt und die meisten Läden. Die Inseln waren von Bächen und Wasser führenden Rinnen durchzogen, es durchschnitt sie aber auch ein größerer Fluss, ein Nebenlauf der Brenta, der Rivoaltus hieß und aus dem später der Canal Grande wurde. Zwei solidere Hügel oder Inseln – die Definition hängt ganz davon ab, wie man die Natur des gesamten Territoriums beurteilt – lagen einander auf den beiden Seiten dieses Wasserlaufs gegenüber. Sie bildeten die Keimzelle Venedigs: Hier gab es relativ festen Boden, auf dem die Siedler bauen konnten. Es war keine leichte Arbeit. Es existieren Berichte aus dem Jahr 589 über furchtbare Überschwemmungen in dem gesamten Gebiet, deren Auswirkungen auf das ganze Gelände so heftig war, dass der Lauf einiger Flüsse sich veränderte. Diese Katastrophe muss sich auch

Venedig: Ein Fest

Die Steine und das Wasser und der Himmel.
Nichts weiter. Und die Steine,
meerhaft und schon bewohnbar, unverzagt.
Das ist das Wunder, hier schaut hin.

Jorge Guillén

auf die hydraulische Struktur der Lagune ausgewirkt haben, auf den Verlauf von Strömungen und den Wasserstand etwa, doch ist nicht bekannt, was für Folgen das für die im Entstehen begriffene Stadt hatte.

Venedig stieg nicht sofort zur bedeutendsten Stadt der Lagune auf. Grado war der Sitz des Patriarchen, Torcello das große Handels- und Marktzentrum der Region. Der Dogensitz, wie man ihn später nennen sollte, wurde von Eraclea nach Malamocco verlegt. In der Zeit der ersten Besiedlung des Rivoalto wurden andernorts prächtige Bauten hochgezogen. Auf Torcello hatte man mit der Errichtung der Basilika S. Maria Assunta begonnen; eine Inschrift dort stammt aus dem Jahr 639 und bestätigt, dass diejenigen, die den Anstoß zur Errichtung dieser Kirche gaben, ihre Gottesdienste nach dem byzantinischen Ritus abhielten.

Die Verbindung mit Byzanz ist wichtig. Die venezianischen Geschichtsschreiber beharrten darauf, dass die Bürger der Stadt von Anfang an ihre Unabhängigkeit behaupteten. Einer berühmten Legende zufolge hoben ihre Führer gegenüber einem Vertreter Byzanz' hervor, dass Gott persönlich »uns vor Ungemach bewahrt hat, auf dass wir in diesen feuchten Sümpfen leben, in unseren Hütten aus Holz und Binsengeflecht. Denn diese neue Stadt Venedig, die wir in den Lagunen errichtet haben, ist eine sichere Wohnstätte für uns geworden«. Die Könige und Fürsten der Welt könnten ihnen nichts anhaben, es sei denn, sie »kämen über das Meer, wo aber unsere Stärke liegt«. Das ist ein Mythos, denn die Venezianer waren anfangs anderen untertan. Die Sprache der frühesten Bewohner der Stadt enthielt daher zum Beispiel griechische Einsprengsel, und sogar im letzten Jahrhundert noch wies der Dialekt der Bewohner von Burano gräcoromanische Elemente auf.

Es besteht Uneinigkeit bezüglich des Zeitpunkts, zu dem der erste militärische Oberbefehlshaber über die Lagune – oder *dux* – von den Byzantinern eingesetzt wurde. Am wahrscheinlichsten ist, dass das im frühen 8. Jahrhundert geschah.

Die Venezianer glaubten später, dass seine Ernennung durch die Inselbewohner selbst erfolgt sei, doch besteht kein Zweifel daran, dass dieser *dux* oder Doge dem oströmischen Kaiser unterstand. Die Ernennung eines solchen Oberbefehlshabers reichte für sich genommen nicht aus, um Harmonie im Gebiet der Lagune einziehen zu lassen; jahrhundertelang kam es immer wieder zu internen Zwistigkeiten, zu Bruderkämpfen zwischen den Inseln oder auch einzelnen Familien. Das ganze 8. Jahrhundert hindurch wird immer wieder von Bürgerkriegen berichtet, von Schlachten, die in den die Lagune umgebenden Wäldern ausgefochten wurden, von Dogen, die geblendet oder ermordet oder in die Verbannung geschickt wurden. Doch die politische Institution überstand die Krisen der Frühzeit: Mehr als tausend Jahre lang regierte ein Doge über Venedig, hundertzwanzig Dogen folgten einander in ununterbrochener Reihe.

Venedig besteht aus hundertsiebzehn einzelnen Inseln, die mit viel Anstrengung und Mühe nach und nach miteinander verbunden wurden. Zunächst existierten verschiedene, über das ganze Gebiet verstreute Inselgemeinden, von denen einige von Mönchsorden dominiert wurden, andere von Angehörigen bestimmter Berufe wie Fischern oder Salzarbeitern. Es wird auch Inseln gegeben haben, auf denen die Bootsbauer in der Mehrheit waren. Im Zentrum dieser einzelnen Inselgemeinden stand eine Kirche mit einem *campanile*, einem Glockenturm; die Grünfläche oder der freie Platz vor der Kirche war – und ist es heute noch – als *campo* bekannt, was nichts anderes als »Feld« bedeutet. Auf dem *campo* gab es einen Brunnen oder eine Zisterne, in der das Wasser gesammelt wurde, das die häufigen Regenfälle brachten. Die Häuser bestanden in der Regel aus einem mit Schilf bedeckten Holzgeflecht, die Wohngebäude der angeseheneren Bürger könnten aber schon aus Ziegelsteinen gebaut und mit Dachpfannen oder -platten gedeckt gewesen sein. Einige Inseln wurden von einflussreichen Familien beherrscht, die, ursprünglich auf dem Festland zu Hause, auf ihnen Zuflucht gesucht und ihr Gefolge mitgebracht hatten, damit es ihre Gärten oder ihre Weinstöcke pflegte. So kontrollierten zum Beispiel die Familien Orio und Gradenigo die Insel S. Giovanni di Rialto. Jede Insel besaß ihren eigenen Schutzheiligen.

Die einzelnen Inselgemeinden waren durch Sumpfgebiete oder Flächen offenen Wassers voneinander getrennt, doch hatte man Fahrrinnen angelegt, die tief genug waren, um sie untereinander zu verbinden. Es bildete sich bald ein Hang zum gemeinschaftlichen Leben aus, der ständig intensiver und entschiedener wurde. Dieser Drang, sich zusammenzuschließen, wurde durch einen neuen Invasor verstärkt. 810 führte Pippin, der Sohn Karls des Großen, seine Streitkräfte in das Lagunengebiet, um es für das Frankenreich zu gewinnen. Er versuchte, den Dogensitz auf Malamocco im Sturm zu erobern, so dass der Doge auf die Rivoaltoinseln flüchten musste. Es heißt, Pippin habe ihn verfolgt, seine Schiffe seien aber bei Ebbe in den Sümpfen auf Grund gelaufen. Er habe daraufhin aus Balken und Treibholz Flöße bauen lassen, die venezianische Seeleute jedoch zerstört hätten. Eine alte Frau habe ihnen den Weg durch die tückischen Untiefen gewiesen, und zwar mit der traditionellen venezianischen Richtungsangabe *sempre diritto*: immer geradeaus. Diese Geschichte lehnt sich unverkennbar an die biblische vom Untergang der Heerscharen des Pharaos im Roten Meer an; es war eine Entsprechung, auf die zukünftige venezianische Maler in ihren Werken immer wieder eingehen würden. Was auch immer die wahren Umstände der Niederlage Pippins waren, er wurde in jedem Fall gezwungen, sein Unterfangen aufzugeben. Das galt als die Bestätigung dafür, dass Venedig, wo der Doge Zuflucht gefunden hatte, wirklich ein sicherer Ort war, unangreifbar, im Schutz der es ungebenden Marschen liegend. Durch die *lidi* war es vor den Angriffen des Meeres gefeit und vom Festland durch Wasser getrennt. Nach dem misslungenen Eroberungsversuch der Franken wurde Venedig zum Sitz des Dogen: Die Erfolgsgeschichte der Stadt hatte begonnen.

Einer Legende zufolge wurden die Venezianer von der Tochter des Dogen vor Pippins Heer gerettet. Pippin hatte einen Damm anlegen lassen, der sich von der Insel Malamocco zur Rivoaltoinsel ziehen sollte; dieser näherte sich schon gefährlich seiner Vollendung. Daraufhin suchte die schöne Estrella den Feldherrn auf, und dieser war so gefesselt von ihrer Anmut, dass er sich mehrere Stunden lang mit ihr unterhielt – so lange, bis der Damm von der Flut überspült war. Dieser Aufschub reichte aus, damit die Verteidiger ihre Abwehrmaßnahmen treffen konnten. Die Retterin aber verlor auf tragische Weise ihr Leben. Ihre Gondel wurde von Rivoalto aus für ein feindliches Fahrzeug gehalten und versenkt. Estrella und die beiden Ruderer ertranken in den Fluten.

Sie prosperierte auch wegen ihrer abgeschiedenen Lage. In einem 814 geschlossenen Vertrag kam man überein, dass Venedig weiterhin eine Byzanz unterstelle Provinz bleiben, aber auch dem Frankenkönig, dessen Herrschaftssitz sich jetzt in Italien befand, einen jährlichen Tribut zahlen werde. Das mag wie eine zweifache Gebundenheit klingen, befreite aber de facto Venedig davon, einer Herrschaft unterworfen zu sein. Es stand jetzt zwischen Franken und Byzantinern, zwischen Westen und Osten, zwischen dem katholischen und orthodoxen Christentum; diese Position erlaubte es der Stadt, einen – wenn auch immer bis zu einem gewissen Grad prekären – Mittelkurs zu steuern, sich einmal mehr der einen Seite zuzuneigen, dann aber wieder mehr der anderen, löste allerdings viele Streitigkeiten zwischen den führenden Familien in der Lagune aus, die sich unterschiedlichen Parteien auf dem Festland und im oströmischen Reich verbunden und zur Treue verpflichtet fühlten. Doch sicherte diese Position zwischen den zwei Machtblöcken in der Tat Venedig seine Unabhängigkeit. Eine der Klauseln in dem Vertrag von 814 gewährte venezianischen Handelsschiffen den ungehinderten Verkehr mit den Häfen der italienischen Halbinsel. Die Venezianer besaßen mit anderen Worten die Möglichkeit, Handel zu treiben. Sie konnten zwischen Osten und Westen hin- und herfahren. Venedig wurde, in erster Linie, eine Stadt der Kaufleute.

Und es wuchs sehr schnell. Viele der Menschen, die im Gebiet der Lagune siedelten, verlegten ihre Wohnstätten bald auf eine der kleinen Inseln, die den Rivoalto umgaben. Gegen Ende des 9. Jahrhunderts gab es an die dreißig Inselgemeinden und gegen Ende des ersten Jahrtausends schon mehr als fünfzig. 976 brach ein Feuer aus, und dass diesem mehr als dreihundert Häuser zum Opfer fielen, ist ein Beleg für die bereits große Besiedlungsdichte. Die Gemeinden, die dem Rivoalto am nächsten lagen, wurden durch Brücken oder Kanäle miteinander verbunden. Man errichtete Befestigungen, schüttete Deiche auf, dränierte Marschen, verwandelte Sumpfflächen in Land und düngte den neu gewonnenen Boden. Einige der heute noch existierenden größeren Straßen gingen aus zu jener Zeit angelegten Fußpfaden hervor. Landungsstege und -treppen wurden gebaut, einige von ihnen waren für die Öffentlichkeit bestimmt, andere der privaten Nutzung vorbehalten. Man legte Dämme an, die verhindern sollten, dass der Schlick aus den Flüssen in die Lagune geschwemmt wurde. Ein Fährdienst mit kleinen Booten wurde eingerichtet. Venedig entwickelte sich zu einem urbanen Konglomerat voll hektischer Betriebsamkeit, die vor allem auf das Wasser und den Schlamm konzentriert war. Es stellte die Verkörperung einer gewaltigen gemeinschaftlichen Anstrengung dar, zu welcher die Bewohner durch Notwendigkeit und aus praktischen Gründen getrieben wurden. Das Ziel einer gemeinsamen, gemeinschaftlichen Existenz war immer präsent. Jederzeit verspürten die Venezianer das Verlangen in sich, dem Meer Land abzugewinnen, sich die Gewässer untertan zu machen, sich zusammenzuschließen und das kommunale Terrain zu schützen.

Im 9. und 10. Jahrhundert war Venedig eine typische mittelalterliche Stadt, in deren Straßen Schweine nach Futter wühlten und zwischen deren Wohnhäusern und Kirchen sich immer wieder Wiesen und Gärten ausbreiteten. Es gab Viertel, die Beinamen wie »In der Marsch«, »In der Wildnis« oder »Mitten im Seegras« trugen. Die Bürger bewegten sich zu Pferd über die Hauptstraße namens Merceria und banden ihre Reittiere an den großen Holunderbüschen fest, die dort wuchsen, wo sich heute die Piazza San Marco – in der Regel einfach nur *la piazza* genannt – befindet. Hölzerne Brückenstege von einfacher Bauart, nicht gewölbt und ohne Stufen, führten von einer Insel zur anderen. Die Ufer der Kanäle waren mit Bäumen bestanden. Auf den das Hauptwohngebiet umgebenden kleineren Inseln grasten Rinder und Schafe; es gab dort Weingärten und Obstbäume, Teiche und kleine Seen. Auf den Hauptinseln, die nach und nach zusammenwuchsen, waren Höfe und enge Gassen entstanden, Keimzellen des in einzigartiger Weise verwinkelten Netzes der *calli* im modernen Venedig. Vor den Häusern aus Stein und sogar vor den hölzernen reetgedeckten Hütten der ärmeren Einwohner lagen unbebaute Flächen; aus ihnen entstanden die *fondamenta* der voll entwickelten Stadt, die an den Kanälen entlangführenden Straßen.

Gegen Ende des ersten Viertels des 9. Jahrhunderts war die Bebauung des Areals um den heutigen Markusplatz herum abgeschlossen: Es gab dort einen Palast oder ein Kastell für den Dogen wie auch eine große Kapelle für seinen Gebrauch, die dem byzantinischen Heiligen Theodorus geweiht war. Auch die einflussreichsten Familien errichteten sich in diesem Gebiet ihre Residenzen, um dem Zentrum der Macht nahe zu sein. Die Felder wurden im Lauf der Zeit aufgelassen, um Raum für eine Piazza zu schaffen; ein großer Tümpel oder Fischteich wurde zugeschüttet und bildete die Piazzetta, die »kleine Piazza«, vor dem Dogenpalast. Mehr als tausend Jahre lang sollten an diesem Ort geistliche und weltliche Autorität nebeneinander zu Hause sein.

Vor dem 13. Jahrhundert wurde die Stadt noch nicht *Venezia* genannt. Aber das Lagunengebiet hieß schon *Veneto* oder *Venetia*. Das lateinische Wort für Venedig war immer *Venetiae*, und durch diese Pluralform ist festgehalten, dass die Stadt aus einem Verbund, einer Föderation von Inseln oder Siedlungen hervorgegangen war. Es gibt neunzehn Varianten des Namens – von *Venegia* bis hin zu *Viniexia*, was bestätigt, dass die Stadt eine multiple Identität besitzt.

Venedig besaß keinen genau auszumachenden, singulären »Ursprung«. Die Städte auf dem italienischen Festland waren schon in vorgeschichtlicher Zeit Siedlungsorte gewesen, Begräbnisstätten hatten ihr Territorium gekennzeichnet und Verteidigungswälle sie umgeben. Sie waren organisch gewachsen, hatten sich von einem rituellen Zentrum zu immer stärker expandierenden Wohnsiedlungen entwickelt. Die Verehrung der Stadt steht mit der Verehrung des Ortes und der dort begrabenen Toten in Zusammenhang. Die Gründung der allerersten Städte lässt sich in die Urzeit zurückverfolgen. Venedig besaß von Anfang an keinen Perimeter, keine fest umgrenzte Kontur, keinen Grundriss. Es wucherte von hundert verschiedenen Ausgangspunkten her zusammen und hat, in einem ganz wörtlichen Sinn, keine Wurzeln; sein Ursprung ist in der Tat fließend, liegt in und auf dem Wasser. Seine Lage ist unsicher, was zur Folge hatte, dass man immer um diese Stadt gebangt hat. Eine solche Angst um ihren Bestand kommt ja auch in der gegenwärtigen »Venice in Peril«-Kampagne zum Ausdruck.

Venedig war daher stets bemüht, sich selbst zu definieren, sich Konturen zu geben. Es hat nach Ursprüngen gesucht und sich verpflichtet gefühlt, einen verborgenen Ursprung aufzudecken. Machiavelli meinte: »Religionen und Republiken und Königreiche müssen an ihrem Beginn irgendwelche Vorzüge besitzen, durch die sie ihre erste Reputation erwerben und ein erstes Wachstum erreichen.« Das war das Problem, mit dem sich die Venezianer konfrontiert sahen: Sie konnten, was ihre Stadt betraf, keine solchen »Vorzüge« vorweisen.

Daher erfanden sie Geschichten von der Geburt der Stadt, in denen immer eine Art göttlicher Gnadenerweis eine Rolle spielte – wobei auch die scheinbar »historische« Tatsache von Belang war, dass die Veneti der Anfangszeit Christen waren, die vor heidnischen Invasoren an und auf der Lagune Zuflucht suchten. In den Fußboden von S. Maria della Salute ist die Inschrift eingemeißelt *unde origo inde salus* – aus dem Ursprung erwächst das Heil. So entwickelten sich bestimmte kunstvoll ausgearbeitete Entstehungslegenden, die man nicht unbeachtet lassen darf. Legenden stellen die früheste Form von Dichtung dar. Venedig ist die Stadt der Legenden, so wie sie auch immer eine Stadt der Wunder gewesen ist.

Die Einwohner von Altino waren sich unschlüssig darüber, wohin sie vor den Heiden fliehen sollten, bis sie vom Himmel her eine Stimme vernahmen, welche verkündete: »Steiget den Turm hinauf und schauet zu den Sternen empor.« Als sie den Turm erklommen hatten, sahen sie, dass der Widerschein der Sterne im Wasser einen Weg bildete, der in Richtung der Inseln in der Lagune führte. In einer anderen Version dieser Geschichte heißt es, man habe alle Vögel der Region erblickt, wie sie mit ihren Jungen im Schnabel zu den Inseln geflogen seien. Von der aus der hell leuchtenden Wolke dringenden Stimme, die die Vertriebenen in ihren Booten anrief, ist schon zu Beginn dieses Kapitels die Rede gewesen. Acht der ältesten Kirchen Venedigs wurden auf göttliche Weisung hin errichtet. Der heilige Magnus hatte eine Vision, der zufolge er dort ein Gotteshaus bauen solle, wo er die erste Schafherde entdeckte. Er sah sie bei Castello. Die Jungfrau Maria erschien inmitten einer strahlenden Wolke und kündigte die Errichtung von S. Maria Formosa an. Eine riesige Versammlung von Vögeln gab den Standort für S. Raphael an. Eine rote Wolke schwebte über der Stelle in der Nähe der Rialtobrücke, wo S. Raphael gebaut werden sollte. Es gab andere Legenden säkulareren Charakters, denen zufolge die Römer

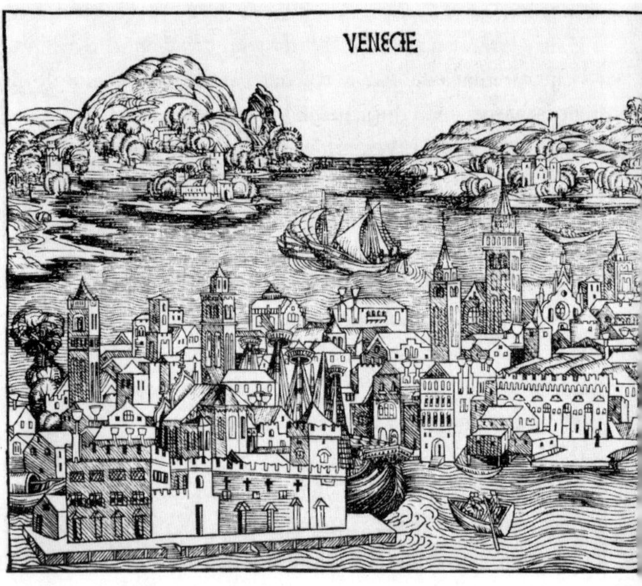

Ansicht der Stadt Venedig (Venecie) in der 1493 erschienenen Weltchronik *des Nürnberger Arztes und Historikers Hartmann Schedel (1440–1514).*

oder sogar die Trojaner die Vorfahren der Venezianer seien, doch kann man sie außer Acht lassen: Wie die Stadt selbst, entbehren sie einer echten Grundlage.

Die Stadt wurde auf Geheiß des Himmels hin auf dem Wasser angelegt. Dass überhaupt auf dem Wasser gebaut werden konnte, grenzte schon an ein Wunder, und so wurde Venedig die Stadt der Wunder. Es war ein Ort der Verheißung. In den Chroniken Venedigs tritt uns immer ein großartiges, glänzendes Bild der Stadt entgegen. Der Bau Venedigs wurde Teil der Geschichte von der Erlösung des Menschen. Sein göttlicher Ursprung wurde auch durch seine vollkommene Beschaffenheit bezeugt, dadurch, dass es mehr als tausend Jahre überdauerte, und durch die überragende Rolle, die es als Handelsstadt spielte. Auf Gemälden venezianischer Künstler thronen Gottvater und der Heilige Geist über dem Markusplatz. Auf der Rialtobrücke finden sich Skulpturen des Erzengels Gabriel und der Jungfrau Maria bei der Verkündigung. Venedig wurde unter Ausklammerung jeder einer solchen Erhöhung

zuwiderlaufenden historischen Tatsache oder wenig glorreichen Episode über alle Maßen idealisiert.

Doch die wirklichen Ursprünge Venedigs, so zufallsbedingt und unzusammenhängend diese auch sein mögen, geben eine große Wahrheit in Bezug auf die Stadt preis. Sie verleihen dem Leben in ihr bestimmte Charakteristika oder Eigenschaften. Jedes organische Ding möchte sein Wesen, seine Eigenart zum Ausdruck bringen, es konkrete Form annehmen lassen, und so prägten dunkle Vorahnungen und das stete Zusammenfließen kommunaler Begierden die typische Gestalt Venedigs. Die Statue ist im Marmorblock schon latent vorhanden. Die Venezianer besaßen kein eigenes Ackerland, sie waren daher gezwungen, sich ihren Lebensunterhalt durch den Handel mit und die Herstellung von Waren zu verdienen. Die Stadt, die ein aus Land und Wasser bestehendes Zwitterwesen war, entwarf eine im Kern »gemischte« Verfassung, die ein Gleichgewicht zwischen den verschiedenen staatlichen Kräften herstellte. In allen Schichten oder Bereichen der Gemeinschaft war man unablässig um Stabilität und Kontinuität besorgt. Wo wären diese beiden Eigenschaften unentbehrlicher als an einem Ort, an dem sich alles im Wandel befindet und ungewiss ist? Eine von aus der Heimat Vertriebenen geschaffene Stadt bot über die Jahrhunderte hinweg vielen aus den verschiedensten Regionen stammenden Flüchtlingen Zuflucht. Ihre Gründung eines überseeischen Imperiums, die Eroberungszüge auf dem italienischen Festland waren alle auf die Notwendigkeit der Selbsterhaltung zurückzuführen. Die Venezianer sahen ihre Stadt zu jeder Zeit als bedroht. Venedig ging nicht aus einem Zusammenschluss von ländlichen, dem Bauernstand angehörenden Menschen hervor, es hatte von Beginn an urbanen Charakter. Seine Gesellschaft war in seinen Kindertagen keine feudale. Schon im 10. Jahrhundert galt es als *civitas Rivoalti*, und der Terminus *civitas* implizierte einen Bürgerstaat.

Das über die Jahrhunderte hinweg Prägendste jedoch war der Kampf gegen das Meer. Dieser war es auch, der die Notwendigkeit gemeinschaftlichen Denkens und Handelns begründete. Es bestand kein Konflikt zwischen Individuum und Kollektiv, es war vielmehr so, dass sich das venezianische Individuum zu jeder Zeit in den Gesamtorganismus einfügte. Es ist ein Organismus, der, wie jener des Menschen, als Einheit gesehen werden kann. Er gehorcht eigenen Gesetzen von Wachstum und Wandel und besitzt eine innere Dynamik. Jeder Aspekt der venezianischen Kultur und Gesellschaft reflektiert das Ganze.

Vom 9. Jahrhundert an wurden immer drei Kommissionäre ernannt, die den Schutz des Landes und die Gewinnung neuen Territoriums zu organisieren und überwachen hatten. Im Lauf der Zeit entstand ein komplexer Verwaltungsapparat, dessen Aufgabe es war, das Meer in Schach zu halten. Von Beginn an griff man in Venedig in die es umgebende Natur ein. Die frühesten Verteidigungsanlagen gegen das Meer bestanden aus Pfählen, zwischen denen Korbgeflecht befestigt war; später wurden Flüsse umgeleitet und große Steinwälle gegen das andrängende Wasser errichtet.

Land konnte nicht gewonnen, Inseln konnten nicht verbunden werden, ohne dass Nachbar mit Nachbar und Gemeinde mit Gemeinde kooperierte. Dämme konnten nicht gebaut werden ohne die Einigkeit, die einem gemeinsamen Interesse entspringt. Daher waren die Venezianer von frühester Zeit an von der Vorstellung von einem gemeinschaftlichen Leben besessen. Sie schufen den ersten kommunalen Palast und den ersten zum Nutzen der Bürger bestimmten Platz in Italien. Vielleicht war Venedig auch die erste größere Ortschaft, die von dem profitierte, was man heute Stadtplanung nennt, und eine wohlbedachte Ansiedlung bestimmter Betriebe und Aktivitäten am Stadtrand einschließt. All das geschah in Zusammenhang mit dem Streben nach »Gemeinwohl«. Der Kampf gegen von der Natur aufgetürmte Hindernisse ist der Kampf um menschliche Kultur und um Verbesserung der Lebensbedingungen. Er erfordert enormen Zusammenhalt und eine gesellschaftliche Disziplin, die man am besten durch religiöse Observanz fördert. Auf diese Weise wird die Vorstellung von einem Staat geboren, dem von Gott Leben eingehaucht wurde.

Wir dürfen aber den Charakter und die Wesensart der frühen Siedler nicht außer Acht lassen. Sie mussten unablässig schwere Arbeit verrichten und hätten ohne ein hohes Maß an Energie und Optimismus nicht erfolgreich zu bestehen vermocht. Das sind – oder waren – die kennzeichnenden Charakteristika der Einwohner Venedigs. Diese Menschen sind – oder waren – stolz auf ihre Stadt, etwas, das Besuchern von auswärts auffiel. Doch die Natur rächt sich manchmal an jenen, die versuchen, sie zu unterjochen. Bestimmte Inseln in der Lagune wurden von der andrängenden See verschluckt, Siedlungen verschwanden in ihr oder wurden aufgegeben. Zu jeder Zeit war in der venezianischen Seele die Furcht vor Strafe und großem Unheil verankert.

2

Wasser, überall Wasser

Venedig war, bis Mitte des 19. Jahrhunderts eine Eisenbahnbrücke vom Festland her gebaut wurde, eine kleine Insel oder eine Ansammlung von Inseln. Venezianer waren Insulaner, sie genossen alle Vorteile und litten unter allen Nachteilen, die dieser besondere Status mit sich bringt. Auf einer Insel zu leben, heißt unabhängig, aber auch »isoliert« zu sein. Es bietet einen gewissen Grad an Sicherheit, doch macht es auch die auf dem Festland Lebenden auf einen aufmerksam. Es bedeutet Verletzlichkeit, sogar wenn die äußeren Umstände günstig zu sein scheinen. Doch als Inselstadt überlebte Venedig all die Kriege und Invasionen, die Italien seit dem 11. Jahrhundert über sich hat ergehen lassen müssen; es bot mit Erfolg sowohl Päpsten als auch Kaisern Trotz, überstand Invasionen der Franzosen und Einfälle der Spanier wie auch die unablässigen Angriffe durch Truppen der anderen italienischen Stadtstaaten. Wäre es nicht von Wasser umgeben, wäre es schon vor Jahrhunderten zerstört worden.

Auf einhundertzehn Inselchen aus Sand und Ton haben die Venezianer ihre Salons, ihre Geheimgänge, ihre Verliese erbaut; dieser schlammige wimmelnde Schlick ist getarnt: kaum einmal im Jahrhundert bewegt er sich und ruft den Einsturz eines Campanile hervor, der sofort wiederaufgebaut wird: aber die giftige Barbarei ist noch da, es ist das Wasser, das glatte und tote Wasser, das seine kalten Arme zwischen den Häusern hindurchstreckt.

Jean-Paul Sartre

Dieses Abgetrenntsein vom Festland, von Italien und von der Welt, hat aber auch seinen Tribut gefordert. Obwohl Venedig seit 1866 zu Italien gehört, hat Italien es weitgehend ignoriert. Es wird irgendwie als fremd empfunden. Die Italiener befassen sich nicht wirklich mit Venedig: Es gehört einem anderen Reich an, einem Reich der Fantasie oder einer Kunstwelt. Was die Venezianer selbst betrifft, so brachte die Tradition von Freiheit – auch im Sinne von Befreitsein von der Angst vor einer Invasion – eine gewisse Sorglosigkeit, Unbekümmertheit hervor. Die Insellage garantierte den Bewohnern vielleicht ihre Autonomie, doch sie förderte auch eine gewisse Abgekapseltheit gegenüber der Welt oder ein gewisses Auf-sich-selbst-bezogen-Sein. Heute noch kann man in Venedig versucht sein, eine indifferente Einstellung gegenüber dem einzunehmen, was andernorts geschieht. Die Venezianer interessieren sich nicht sonderlich für die Angelegenheiten der Menschheit im Allgemeinen. Und aus der Abgeschiedenheit und der Isolation kann auch Melancholie erwachsen. Venedig ist keine Insel mehr, doch die Inselmentalität besteht weiter.

Und natürlich müssen die Insulaner immer das Meer im Auge behalten. Das Meer bildet ihre Umgebung, es ist ihr Horizont. Wo wären sie ohne das Meer? Die Stadt ruht auf dem Schlick, der den Meeresboden bedeckt. Sie ist ebenso Teil des Meeres wie die Gezeiten und die Wellen. Die See fließt zwischen den hölzernen Pfählen hindurch, die sie tragen. Die See strömt unter ihr hindurch. Am Leben in Venedig ist etwas subtil Beunruhigendes. Salzgeruch liegt in der Luft, und Evaporation überzieht alles mit einem hauchdünnen Schleier. Aus diesem wird schnell Dunst oder Nebel. Über den Gebäuden scheint die Luft zu schmelzen. Das Salz und die Feuchtigkeit hinterlassen silberne Streifen wie von flüssigem Perlmutt auf den ausgebleichten Mauern. Die Vögel, die über den Häusern kreisen, sind Möwen. Und in den Kanälen treibt Seegras.

In ganz Venedig stößt man daher auf Ab- oder Nachbildungen des Meeres. Der Boden des Markusdoms hat eine sanft gewellte Oberfläche, die Gläubigen scheinen über Wogen zur Messe zu schreiten. Der mit Marmorplatten bedeckte Boden in der mittleren Vierung war im 16. Jahrhundert als *il mare* bekannt. Die marmornen Säulen von San Marco sind geädert oder gestreift wie Wellen. In anderen Kirchen der Stadt finden wir Beweise für die Beliebtheit der »Delfinkapitelle« und des Muschelmotivs. Ruskin bezeichnete die beeindruckenden Paläste am Canal Grande als *sea palaces*. Auf alten Plänen der Stadt, vor allem solchen aus dem 16. und 17. Jahrhundert, erinnert ihr Grundriss an einen Fisch oder Delfin. Die Inseln und Sandbänke, auf denen Venedig erschaffen wurde, gemahnten die ersten Siedler an die Rücken oder *dorsi* von schlafenden Walen; ein Bezirk heißt heute noch

Die Einfahrt zum Canal Grande mit der Punta Punta di Dogana auf der um 1500 entstandenen sogenannten »Vogelschaukarte« des Jacopo de Barbari. Die Karte galt und gilt als Wunderwerk; sie ist an die vier Quadratmeter groß, und zu ihrer Herstellung wurden sechs Druckstöcke verwendet. Viele der Vorskizzen wurden von Türmen aus angefertigt.

Dorsoduro, Hartrücken. Die eine der beiden die Piazzetta beherrschenden Granitsäulen wird von einer Statue des auf einem Krokodil stehenden S. Teodoro gekrönt. Die Säulenkapitelle des Dogenpalasts sind mit Krabben und Delfinen verziert. Es wäre nicht verwunderlich, einem Leviathan zu begegnen, oder bei *acqua alta*, bei Hochwasser, das über den Markusplatz schwimmen zu sehen, was Herman Melville in *Moby Dick* »seltsame Schemen aus der unverstellten Urwelt« nennt. Es würde einen nicht verwundern, einen großen Polypen oder eine Meduse im Canal Grande treiben zu sehen. Venedig ist eine Seestadt.

Der erste Eindruck von Venedig kann vom Anblick der See beeinflusst werden. Als Goethe im Herbst 1786 in die Stadt kam, sah er zum ersten Mal in seinem Leben das Meer, das heißt, er erhaschte einen Blick auf die Adria, als er aus einem der Bogenfenster des Campanile auf dem Markusplatz schaute. Ruskin traf an die fünfundfünfzig Jahre später in der Stadt ein und schrieb in seiner Autobiographie: »Der Beginn von allem war der Anblick des Schnabels der Gondel, der tatsächlich durch die Eingangstür von [dem Hotel] Danieli hereinschaute, als die Flut gekommen war und das Wasser am Fuß der Treppe zwei Fuß tief stand.« Dass die Wellen der Adria tatsächlich die Fundamente der Häuser umspielten, festzustellen, dass die See den Charakter der steinernen Gebäude um ihn herum verwandelte, das war es, was ihn so bezauberte. Der Mond regiert Venedig. Es ist auf Muschelsplitt und Meeressand erbaut und birgt den Charakter des Unendlichen in sich. Es ist eine schwimmende Welt.

Das Meer verkörpert alles, was im Fluss wandelbar und unvorhersehbar ist. Es stellt das ruhelose und störrische Element dar. Es tritt in unendlich vielen Farbvarianten und mit unendlich vielen Oberflächenstrukturen in Erscheinung. Von den Gemälden Tizians und Tintorettos hat man gesagt, dass sie ein »Meer« an Farben böten, in dem Silhouetten sich auflösen und verschwimmen würden. Die venezianische Malereischule ist eher durch fließende, ineinander übergehende Farben gekennzeichnet, als durch Genauigkeit der Konturen, durch eine Vorliebe für geschwungene Wellenlinien, die ein Volumen und Gewicht ganz eigener Art erschafft. Alles ist im Fluss. In venezianischen Statuen kann man die Bewegung des Meeres ebenso wiederfinden wie in der venezianischen Malerei. Mosaiken stellen bevorzugt die verschiedenen Geschichten aus der Bibel dar, die mit dem Meer – oder zumindest großen Wasserflächen – in Zusammenhang stehen. So findet man im Markusdom solche, die den reichen Fischzug am See Genezareth, Jesu Wandeln über das Wasser und die Besänftigung des Sturms zum Thema haben. Es gibt Kirchen, die aussehen, als wären sie aus dem Reich Neptuns emporgestiegen. Die Jesuitenkirche S. Maria Assunta besitzt ein barockes Inneres, in welchem große Kaskaden grauen, grünen und weißen Marmors Wandbehänge nachahmen. Doch noch mehr ähneln sie Wellen. Wellen, die donnernd die Seitenwände der

Kirche herunterströmen, bis sie in Stille und Bewegungslosigkeit erstarren. Der Boden aus grünem Marmor wirkt, als ob er eine Höhle unter dem Meeresboden geschmückt haben könnte, wenn durch die ozeanische Schwärze des Schiffs hindurch Lichtstrahlen auf ihn fallen.

Das feine Gefühl der Venezianer für Rhythmus hat sich auf einen großen Teil der Architektur der Stadt niedergeschlagen. Die nahe See wirkt sich an den Ufern der Kanäle verändernd auf die Wahrnehmung von Struktur aus. Die Gebäude nehmen ein zarteres und ätherischeres Aussehen an. Wellen laufen über die Fassaden von Kirchen, sie wirken gewichtlos und ephemer, wenn man sie am Rand des Wassers aufragen sieht, wie Muscheln am Grund eines Gezeitentümpels an einer Meeresküste. Die Architektur Venedigs dehnt sich wie das Meer horizontal aus. Von ferne, über die Lagune hinweg betrachtet, zeichnet sich die Stadt als lang gestreckte, flache Masse vor dem Horizont ab. Sie ist ständig in Bewegung. Sie ist eher vom Barock und Manierismus geprägt als von der Klassik. Sie glitzert wie durch Wasser hindurch gesehen und ist von Ornamenten überwuchert wie ein Riff von Korallen.

Venezianische Tuchweber waren für ihre Satinstoffe berühmt; Moiré, eine stark glänzende und glitzernde Satinart, war im Englischen als *watered silk* bekannt. Die Arbeit mit Seide wurde in Venedig *dar'onda all'amuer* genannt: »Wellen auf dem Meer schlagen«. Man serviert in Venedig einen auf besondere Weise zubereiteten Risotto – er ist flüssiger als sonst in der italienischen Küche üblich –, den man *all'onda* nennt: »mit Wellen«. Einen im Ägäischen Meer vorkommenden Schwamm bezeichnet man als *enetikos*, »Venezianer«. Im vergangenen Jahrhundert konnte man in den Andenkenläden der Stadt kleine aus am Lido gefundenen Muscheln gefertigte Nippsachen kaufen, die den Namen *fiori di mare* trugen: »Meeresblumen«. Es sind die einzigen dort »bodenständigen« Blumen.

Es gibt andere tiefgehende Beziehungen zwischen dem Ort und dem an ihm waltenden Geist. Die venezianische

Gesellschaft ist als eine sich in stetigem Fluss und Wandel befindliche bezeichnet worden. Über die von ihren Herrschern betriebene Politik sagte Sir Henry Wotton, im frühen 17. Jahrhundert der englische Gesandte in Venedig, dass sie »fluktuiere wie das Element, auf dem die Stadt errichtet wurde«. Das ist der Grund, weswegen venezianische Historiografen Wert darauf legten, die Kontinuität und Stabilität des Gemeinwesens zu betonen. Sie waren sich nur zu sehr bewusst, dass ihm etwas von der Bewegung und Ruhelosigkeit des Meeres innewohnte. Tief in ihrem Innersten war *la Serenissima* zu jeder Zeit von der Furcht vor der Vergänglichkeit erfüllt, ähnlich wie der venezianische Seemann Angst vor dem Meer verspürte. Wie Veronica Franco, die venezianische Dichterin des späten 16. Jahrhunderts es formulierte: »Das Meer selbst verlangt nach dieser Stadt.« Dieses Verlangen kann auch als schmeichelhaft für die Stadt empfunden werden – solange das Meer nicht zu nahe heranrückt.

Man hat auch Analogien zwischen dem Charakter der Venezianer und den Gezeiten hergestellt: Sechs Stunden lang sind sie einem Sprichwort zufolge »obenauf« und sechs Stunden »unten«, niedergedrückt oder missgelaunt. Tatsächlich gibt es einen mundartlichen Spruch, mit dem die Venezianer sich selbst, ihre typische »Seinsweise« beschreiben: *Andara alla deriva* heißt so viel wie »driften, hin und her getrieben werden«. Die Beweglichkeit und Leichtigkeit der venezianischen Wesensart sind wohlbekannt. Die Venezianer kennen viele Sprichwörter und Lieder, die auf die See Bezug nehmen, beispielweise: *coltivar el mare e lasser star la terra* – das Meer kultivieren und das Land sich selbst überlassen. Früher gab es viele volkstümliche Lieder, die immer mit derselben Einleitung begannen: *in mezzo al mar.* Mitten auf dem Meer gibt es – was? Keine vertrauten Dinge. Keine hübschen Dinge. Mitten auf dem Meer gibt es, den Liedern zufolge, erschreckende Erscheinungen und merkwürdige Omina: Man sieht dort einen rauchenden Schlot aus den Wellen ragen oder einen Geliebten tot auf ihnen treiben. Man findet keine Verherrlichungen des Zaubers der See oder des Ergreifenden an ihr, sondern vielmehr Erinnerungen an die von ihr ausgehenden Gefahren und das ihr anhaftende zutiefst Fremde.

Es gibt in Venedig eine Fülle das Meer betreffender volkstümlicher Legenden, und es verbindet sich auch viel Aberglauben mit ihm. Es ist eine unruhige Stadt, zwischen Meer und Land liegend, und daher wird sie Brutstätte vieler Fantasien von Tod und Wiedergeburt. Dem englischen Reisenden Fynes Morrison zufolge stand in Venedig eine Statue der Jungfrau Maria, die immer von vorbeifahrenden Schiffen gegrüßt wurde. Sie war stets von brennenden Kerzen umgeben, mit denen man ihr dafür dankte, dass sie Menschen vor dem Tod auf See gerettet hatte. Es heißt, dass der scharf geschnittene Bug der Gondel die glänzende Schwertklinge eines der Soldatenheiligen, des S. Teodoro nämlich, nachahmen solle. Bei Nahen eines Sturms ergriffen venezianische Seeleute ihre Schwerter und legten eines so über ein anderes, dass die beiden Klingen ein Kreuz bildeten. Es galt auch als ratsam, bei drohendem Sturm ein Messer mit einem schwarzen Heft in die Hand zu nehmen und damit die Luft symbolisch zu zerschneiden.

Das Meer vermittelt aber auch ein Gefühl, eine Ahnung von Unbeständigkeit und Vergänglichkeit. Alles kommt aus dem Wasser und löst sich wieder in ihm, *zu* ihm auf. Das Wasser ist ein umschlingendes Element. Es gibt keinen Beleg dafür, dass die Venezianer das Meer jemals wirklich geliebt haben. Es stellte in erster Linie einen Feind dar. Byron erklärte, dass die Venezianer nicht schwimmen könnten und von Angst »vor tiefem oder sogar auch seichtem Wasser« besessen seien. Die Venezianer hielten sich immer etwas darauf zugute, sich das Meer untertan gemacht zu haben, doch war das eine jederzeit gefährdete Herrschaft, um die man bangen musste. Ständig war man von Überflutung bedroht. Natürlich öffnete das Meer ihnen den Weg zu Wohlstand und Reichtum, doch bedeutete das auch, dass ihre Vorrangstellung auf dem Gebiet des Handels und der Weiterbestand ihrer Macht

Die Flut tritt gewöhnlich des Tages zweimal herein, und die Ebbe bringt das Wasser zweimal hinaus, immer durch denselben Weg in denselben Richtungen. Die Flut bedeckt die innern morastigen Stellen und läßt die erhöhteren, wo nicht trocken, doch sichtbar. […] Dieses zu verhüten, müssen sie das Lido verwahren, was sie können, damit das Element nicht dasjenige willkürlich angreifen, hinüber und herüber werfen möge, was die Menschen schon in Besitz genommen, dem sie schon zu einem gewissen Zweck Gestalt und Richtung gegeben haben.

Johann Wolfgang von Goethe

von der Gnade des Meeres abhingen. Es repräsentierte auch das Böse und stand für Chaos, war grausam und entzweiend. Die Angst vor einem völligen Versinken kann zum Teil auch als Besorgnis aufgefasst werden, dass Gott der Stadt, ihren Bewohnern zürnen könnte. Aus diesem Grund gab es Zeremonien, die den Gott oder die Götter des Wassers beschwichtigen sollten. Nominell mögen sie sich an den christlichen Gott gerichtet haben, doch machte sich im Denken und Handeln der Bewohner Venedigs immer ein Element der Furcht oder Ehrfurcht bemerkbar, das aus viel älteren religiösen Empfindungen übernommen worden war.

Die Stadt der Veneter, durch göttliche Fügung in den Gewässern gegründet, von Wassern rings umflutet, ist durch ihre Gewässer als ihre Mauern geschützt. Wer daher, auf welche Weise auch immer, es wagen sollte, den öffentlichen Wassern Schaden zuzufügen, soll als Feind des Vaterlandes betrachtet und von nicht geringerer Strafe betroffen werden, als wer die heiligen Mauern der Vaterstadt verletzt hätte.

Devise des Magistrato sulle Acque

Die Stadt war auch Wächterin über das Wasser. Im Dogenpalast war der Sitz des Vorstehers des *Magistrato sulle Acque* mit einer Inschrift geschmückt, welche besagte: »Die Stadt Venedig wurde dank göttlicher Vorsehung im Wasser gegründet, von Wasser umgeben und von Wasser anstelle von Wällen geschützt. Daher muss jeder, der es wagen würde, auf welche Weise auch immer diesen Wassern Schaden zuzufügen, für einen Feind dieses Territoriums gehalten werden …« Es endete mit der Erklärung, dass »dieses Gesetz für ewig gültig angesehen wird«.

In jedem Frühjahr wurde am Himmelfahrtstag eine rituelle Handlung vorgenommen, die als *Sposalizio del mare* bekannt war, als »Vermählung mit dem Meer«; der Bräutigam war der jeweilige Doge, seine Auserwählte waren die schäumenden Wellen. Nach einer im Markusdom zelebrierten Messe wurde der Doge mitsamt seinem Gefolge auf der Staatsgaleere, dem *Bucintoro (Bucentaurus)*, auf die Lagune hinausgerudert; die Adligen und Vertreter der Gilden schlossen sich in kleineren Booten an. Dort, wo das Wasser der Adria und das der Lagune sich vermischten, hielt die Prozession an, und der Patriarch von Venedig entleerte ein großes Gefäß voll Weihwasser in die Fluten. Damit wurden die Wasser der Erde und die des Geistes untrennbar miteinander verbunden. Der *Bucintoro* wurde von Goethe als »eine wahre Monstranz« bezeichnet; er sah in ihm also ein Behältnis, in dem die geweihte Abendmahlshostie zur Schau gestellt wird. Die Galeere wird zu einem auf den Wogen tanzenden heiligen Gral, der bei einem Heilungsritual Segen spendet.

Im Bug des Buzentaur stehend, nahm der Doge einen goldenen Ring und übergab ihn der Tiefe, wobei er die Worte sprach: »Ich vermähle mich dir, Meer, zum Zeichen unserer wahren und ewigen Herrschaft.« Doch was für eine Art von Herrschaft konnte aus einer solchen Verbindung entstehen? Eines der Attribute des Rings ist Fertilität, die Zeremonie kann also als der ältesten Kategorie von derartigen Ritualen zugehörig angesehen werden: Sie ist – auch – ein Fruchtbarkeitsritus. Sie kann aber auch als Bittzeremonie gedeutet werden, dazu bestimmt, die vom Sturm aufgewühlte, bedrohliche See zu beruhigen. Schließlich könnte es sich auch um eine maritime Version des Buchstabenwerfens handeln. Schon seit undenkbaren Zeiten werden Ringe ins Wasser geworfen, um Vorhersagen für die Zukunft zu treffen. In dieser uralten rituellen Vereinigung mit dem Meer, die im Frühjahr an dem Ort vorgenommen wird, wo »drinnen« und »draußen« ineinanderfließen, verschmelzen wohl alle diese verschiedenen Funktionen miteinander. In späterer Zeit war Ertränktwerden eine der möglichen Strafen für Ketzerei: Der Verurteilte wurde aufs Meer hinausgerudert und über Bord gestoßen. Diese maritime Exekutionsart kann wiederum als das Darbringen eines Opfers an die Götter angesehen werden.

Bei einer Gelegenheit, am Himmelfahrtstag des Jahres 1622, ereignete sich, gerade als die Zeremonie ihrem Ende entgegenging, ein heftiges Erdbeben. Als der Doge und seine Höflinge von der Fahrt auf die Lagune zurückkehrten, begann es unter der Erde zu dröhnen und zu grollen. Alles zitterte mehrere Sekunden lang, doch von einem Kamin abgesehen ging nichts in die Brüche. Im Lagunengebiet hat es noch mehrere solcher Beben gegeben. Es ist ein in jeder Hinsicht instabiles Areal. Ein Erdbeben ist für 1048 belegt, dabei wurde der Campanile von S. Angelo in seinen Grundfesten erschüttert. Gegen Ende des 12. Jahrhunderts wurden gleichzeitig

Dieses einzigartige Schauspiel ist edel und großartig. Der feierliche Gang des Bucintoro und der ihn begleitenden Galeeren, der Schall der Kanonen, der Glocken, der Hörner, der Trompeten, der durchdringende Schall der Pfeifen auf den Galeeren, die Rufe der Gondelführer, das dumpfe Brausen der Zuschauermenge, das trotz der großen Entfernung zu hören ist: alles ergibt ein Schauspiel, das verdient, gesehen zu werden, und wovon die genaueste Beschreibung kaum eine Vorstellung zu geben vermag.

Abbé Richard im Jahr 1766

die Region um den Markusplatz und die Insel Torcello von Erdstößen erschüttert, was darauf hindeutet, dass eine Bruchlinie zwischen diesen beiden Orten verläuft. Am Weihnachtstag des Jahres 1223 kam es zu einem starken Beben, und im Jahr 1283 zu einem weiteren, das eine gewaltige Flutwelle nach sich zog. Am 25. Januar 1384 ließ ein Beben alle Kirchenglocken Venedigs gleichzeitig erklingen; am Tag darauf kam es zu einem zweiten Erdstoß, und das ging mit Unterbrechungen zwei Wochen lang so weiter. Der Canal Grande war danach leer, die Straßen hingegen standen unter Wasser.

Seltsam war es, den starken Gewitterwind, vor dem unser schmaler Kanal völlig geschützt war, über die Dächer brausen zu hören, während unten kein Lüftchen rege war. […] Der Kanal mündete in einen anderen, breiteren, und dieser lag dem Durchzug des Windes frei, den man schon in einiger Entfernung dort tosen hörte. Wir erreichten die Mündung, der Gondoliere wollte einbiegen, wurde vom Wind zur Seite gedrängt, versuchte es nochmals und mußte nach längeren Anstrengungen die Versuche aufgeben.

Hermann Hesse

Das Wetter in Venedig ist typisches Seewetter; die Luft ist feucht und besitzt einen hohen Salzgehalt, so dass häufig Nebel aufkommt oder sich Dunst bildet. Dass das Klima als gemäßigt gelten kann, ist wohl in erster Linie auf die Lage der Stadt zurückzuführen. Averroës, der Philosoph des 12. Jahrhunderts, errechnete als Erster, dass Venedig auf einer Breite von fünfundvierzig Grad liegt, auf dem mittleren Punkt zwischen dem Äquator und dem Nordpol. Es ist ein weiteres Beispiel für die ungewöhnliche Ausgewogenheit von Venedigs Position in Bezug auf die geografischen Regionen der Erde. Das Klima ist mild, wenn man es mit dem in einem großen Teil Norditaliens vorherrschenden vergleicht. Im Frühjahr ist die Luft frisch bis kühl, mit einem kräftigen von der Adria her wehenden Wind. Im Sommer kann sie dumpfig und drückend sein, doch sobald die Sonne hinter den Bergen des Friaul versunken ist, sorgen Brisen vom Meer her für eine Auffrischung. Der Herbst ist die Venedig wirklich angemessene Jahreszeit. Die Stadt hat selbst etwas Herbstliches an sich, eine Aura von Melancholie und Abschied. Die venezianischen Maler Carpaccio und Bellini tauchten ihre Motive in ein strahlendes herbstliches Licht.

Vor allem im Herbst besteht die Möglichkeit von Regen. Dann ist die Luft von einem matten, zarten Grau erfüllt, während der Himmel die Farbe von Perlen annimmt. Der Regen kann von längerer Dauer und ausgesprochen heftig sein. Er dringt auch durch die dickste Schutzkleidung. Er kann einem völlig die Sicht rauben. Dann treten die Flüsse über ihre Ufer, und das rund um die Stadt ansteigende Wasser nimmt eine jadegrüne Farbe an. Die treffendste Schilderung des venezianischen Regens findet man in Henry James' Roman *The Wings of the Dove* (*Die Flügel der Taube*), der teilweise in Venedig spielt, und zwar in einem »Venedig des Unheils [...] ein[em] Venedig eines aus tiefhängendem, schwarzem Himmel herabpeitschenden kalten Regens, eines die schmalen Passagen durchtobenden tückischen Windes, ein[em] Venedig allgemeinen Stockens und Stillstands, wo all die mit dem Leben auf dem Wasser beschäftigten Menschen sich gestrandet und ohne Verdienst, gelangweilt und zynisch unter Bogen und Brücken zusammendrängen«. Das Leben in der Stadt auf dem Wasser wird vom Wasser gelähmt, als würden die Elemente der Natur Rache an der im höchsten Maße unnatürlichen Stadt nehmen.

Der »teuflische Wind« kann aus verschiedenen Richtungen wehen. Ein Ostwind vom Meer her ist in den wärmeren Monaten belebend, in der kälteren Jahreszeit kann er einem aber ziemlich zusetzen. Ein Nordostwind, die *bora*, bringt kältere Luft aus dem nördlichen Teil der Adria herbei. Aus Richtung der Lagune strömt feuchte Luft in die Stadt; dieser Wind wird *salso* genannt, weil er stark mit Salz angereichert ist. Einige Leute sagen, dass er nach Algen und Seegras riecht. Das Salz und die Feuchtigkeit dringen in die Mauern der Häuser ein: Die Farbe blättert ab, und Verputz löst sich in großen Flocken von den Wänden; die Ziegelsteine bekommen Risse und zerfallen schließlich.

Es gibt kurze, heftige Böen, die sich rasch wieder legen, und Luftwirbel oder Windstöße, die einen Kreis beschreiben. Sir Henry Wotton berichtete von »flashing winds«, womit er wohl so etwas wie »jäh aufflammende« Winde meinte. All das hat mit dem Meer, mit seinem Wesen zu tun. Es gibt auch einen Südwestwind, früher *garbin* genannt. Vielleicht war er es, über den der heilige Bernardino von Siena 1427 schrieb.

Er fragte einen Briefpartner: »Wart Ihr je in Venedig? Manchmal erhebt sich des Abends ein leichter Wind, der über die Oberfläche der Wellen hinwegstreicht und dabei einen Klang macht, den man die Stimme des Wassers nennt. Doch er kündet von der Gnade Gottes und dem von IHM ausgestoßenen Atem.« Sogar das venezianische Wetter wurde einst für geheiligt erachtet.

Der berühmteste Wind von allen ist aber der warme *scirocco*, der aus dem Südosten kommt und drei, vier Tage lang anhalten kann. Man unterscheidet den *scirocco di levante* und den *scirocco di ponente*; es gibt sogar eine leichtere, gewissermaßen flüchtigere Abart, für die man die Diminutivform *scirochetto* verwendet. Der *scirocco* ist für die Neigung der Venezianer zu Sinnlichkeit wie auch zu Trägheit verantwortlich gemacht worden; man hat ihm unterstellt, die Einwohner passiv zu machen und sie gar zu verweichlichen. Warum sollten Menschen nicht vom Wetter in ihrer Stadt ebenso stark geprägt werden wie von deren Geschichte oder Tradition? Das Wetter »draußen« kann das »innere Klima« positiv oder negativ beeinflussen.

Doch einige Wochen im Winter können wirklich hart sein, man wird dann nachhaltig an die Nähe der Alpen und an den Schnee des Nordens erinnert. Die häufigste Klage über das Wetter war die über bittere Kälte. Im Winter 1607/1608 erfroren mehrfach Personen, die auf der Lagune Wasservögel jagten, und es wurde von Reisenden berichtet, die von Rudeln ausgehungerter Wölfe eingekreist und getötet wurden. Zu Beginn des 18. Jahrhunderts gab es ein berühmtes »Eisjahr«, in welchem man auf Schlitten alle möglichen Vorräte in die Stadt brachte. Auch in den Wintern anderer Jahre fror die Lagune zu, und die Venezianer konnten zu Fuß zum Festland hinüberwandern. 1788 wurden auf der Eisschicht, die sich auf dem Bacino, dem Wasserbecken unmittelbar vor der Piazzetta, gebildet hatte, große Holzfeuer entzündet, und man errichtete Verkaufsbuden und -stände auf ihr; es war das venezianische Äquivalent einer *frost fair*, wie sie bisweilen in

Der Markusplatz mit dem Dogenpalast, der Basilika und dem Kampanile auf einem Holzschnitt aus dem 1680 erschienenen Buch Viaggio di Venetia al S. Sepolcro *des Frà Noe. Im Hintergrund sind die Verkaufshallen des am Canal Grande gelegenen Rialtomarkts zu erkennen.*

London auf der zugefrorenen Themse gefeiert wurde. 1863 trieben große Eisschollen mit dem Wechsel der Gezeiten den Canal Grande hinauf oder herunter. Einen Monat lang war Venedig wirklich so etwas wie eine eingefrorene Stadt, eine bizarre Welt für sich: Nicht nur das Wasser war von einer Eiskruste überzogen, sondern auch die Häuser und die Palazzi, und es war blendend hell. Venezianische Häuser sind nicht für derart kaltes Wetter gebaut; die Steinfußböden und die breiten und hohen Fenster der größeren Gebäude ließen diese bei länger anhaltenden winterlichen Schneestürmen mehr oder weniger unbewohnbar werden. Doch hat Venedig im Schnee immer noch etwas Betörendes an sich. Die weiße Decke, die auf allem liegt, lässt ein Zauberreich entstehen, in dem das, was flüssig war, kristallin geworden ist. Unter diesem Baldachin aus Schnee wird es in der ohnehin ruhigen Stadt vollkommen still.

Es gibt aber auch Winterwochen, in denen es weder richtig schneit noch richtig regnet und ein dichter Nebel über der Stadt liegt. Der schimmernde Dunst wird von den Nebelschwaden überlagert, die vom Meer aus herangekrochen kommen. Der graue istrische Stein wirkt dann wie der Vorposten des Nebels, eine drohend aus der Finsternis ragende Schildwache der kompakten grau-weißen Masse. So wie die Inuit viele Ausdrücke für Eis haben, kennen die Venezianer viele Wörter für Nebel – *nebbia*, *nebbietta*, *foschia*, *caligo*. Inmitten von *nebbia* ist es so, als hätten schwere Regenwolken sich auf die Erde und das Wasser gesenkt. Man hört und sieht nichts. Manchmal hüllt dieser dichte Nebel die Stadt wie in Tücher ein, so dass man nur noch den Klang von Glocken und die gedämpften Geräusche von Schritten hört. Wenn man das *vaporetto* besteigt, das die Stadt umrundet, verschwindet man bereits fünfundvierzig Meter vom Ufer entfernt in den weißen Nebelbahnen; alles, was dann noch von Venedig sichtbar ist, sind die Pfosten mit den an ihnen befestigten Lichtern. Die Stadt taucht erst wieder vor einem auf, wenn man sich der nächsten Anlegestelle nähert.

Die Stadt ist jetzt nicht mehr so von Kohle abhängig wie früher; jetzt ist es Gas. Die prachtvollen, trompetenartigen, mittelalterlichen Türmen ähnelnden Schornsteine im Hintergrund jeder Madonna und jeder Kreuzigung stehen müßig und bröckeln allmählich aus der Stadtsilhouette. Als Ergebnis zitterst du und gehst mit den Wollsocken an den Füßen zu Bett, weil die Heizgeräte ihre unberechenbaren Zyklen hier selbst in den Hotels beibehalten. Nur Alkohol kann den Polarblitz auffangen, der durch den Körper fährt, sobald du den Fuß auf den Marmorfußboden setzt, ob du Pantoffeln, Schuhe oder nichts anhast.

Joseph Brodsky

Hochwasser kündigt sich durch bestimmte Vorzeichen an. Die Atmosphäre wird dann lastend und die Luft unbewegt; man kann das Dröhnen der Meereswogen hören, die sich am Lidostrand brechen. In den Kanälen beginnt das Wasser sich unruhig zu kräuseln und durch den Zustrom von Meerwasser immer grüner zu werden. Der Wind drückt die Fluten weiter in die Stadt, und das Wasser steigt bis zum Rand der *fondamenta*, doch viel beunruhigender ist, dass es auch unter der Stadt selbst anzusteigen beginnt. Es schießt durch die Senklöcher und die Pflastersteine nach oben und sickert durch die Fundamente der Gebäude, steigt höher und immer höher. Es fängt an, gegen die Marmorstufen der Kirchen zu schwappen. Die Stadt ist dann der Gnade von Wellen ausgeliefert, die sie selbst hervorzubringen scheint. Wenn die Sirenen aufheulen, rüstet Venedig sich für ein neues *acqua alta*.

Zu einem solchen extremen Hochwasser, das die *fondamenta* und die *campi* überflutet und den Markusplatz in einen See verwandelt, das in die Häuser und Hotels eindringt, kommt es nicht selten. Ein Chronist berichtet über eine große Überschwemmung im Jahr 589; es gab aber mit Sicherheit schon viele vor diesem Zeitpunkt. Vielleicht kam es so oft zu Hochwassern, dass man sie nicht für erwähnenswert befand. Auch für 782 und 885 sind welche festgehalten, in beiden Jahren stand die ganze Stadt unter Wasser. 1350 stieg das Wasser vier Stunden lang stetig an, und dem Zeugnis eines Zeitgenossen zufolge »wurden viele in ihren Häusern ersäuft oder erlagen der Kälte«. Man glaubte, dass solche Überflutungen das Werk von Dämonen oder bösen Geistern seien und man sich nur durch Anrufung der Heiligen, die die Schutzpatrone Venedigs waren, vor ihnen schützen könne. In späteren Zeiten verließ man sich weniger auf solche Hilfe von oben. 1732 wurde die ganze Fläche der direkt an der Lagune liegenden Piazzetta um dreißig Zentimeter erhöht, weil man errechnet hatte, dass das Meer bei Venedig in jedem Jahrhundert um sechsundsiebzig Millimeter stieg. Dieser Wert war viel zu niedrig angesetzt.

Jedes *acqua alta* ist Teil eines natürlichen Zyklus; zu ihm kommt es, wenn Wind und Flut und Strömung sich zu einer für Venedig fatalen Umarmung vereinen; die *bora* und der *scirocco* können heftige Sturmwellen auf dem offenen Meer verursachen. Außerdem gibt es das Phänomen der *seiche* oder *sessa*; das ist die lange Dünung in den relativ flachen Gewässern der Adria, die periodisch gegen die Küste anbrandet. Doch wenn Venedig versinkt, ist das auch auf die Entnahme von Wasser aus artesischen Brunnen durch die Industrie zurückzuführen. Als dem Lehm und der Sedimentschicht auf diese Weise Feuchtigkeit entzogen wurde, sank der Wasser-

1858 mietete Richard Wagner sich eine Wohnung im Palazzo Giustinani, um dort seinen *Tristan* zu Ende zu komponieren. In seinem Tagebuch heißt es:

Die Sorge dafür, hier ungestört arbeiten zu können, bestimmte mich in allem. Ich schrieb sogleich nach Zürich, mir meinen Erardschen *Flügel und mein Bett nachzuschicken, da ich in Betreff des letzteren wohl fühlte, daß ich in Venedig kennenlernen würde, was Kälte sei.*

Richard Wagner

spiegel – und mit ihm Venedig. Die Vertiefung von Fahrrinnen in der Lagune und die Trockenlegung von Sumpfgebieten haben ebenfalls die Gefahr von Hochwasser größer werden lassen.

Es ist zwar schon immer zu Überschwemmungen gekommen, doch in jüngerer Zeit sind diese häufiger und heftiger geworden. In den 1920er Jahren kam es 385-mal zu *acqua alta*, in den 1990er Jahren 2464-mal. Im November 1966 stand das Wasser 1,94 Meter hoch in den Straßen. Der *scirocco* blies zwei Tage lang, so dass das trübe und verschmutzte Wasser nicht wieder aus der Lagune ins Meer zurückfließen konnte. Damals glaubten einige schon, das Ende Venedigs sei gekommen.

Wenn Regen fiel, wurde dieses kostbare Süßwasser in den steinernen Rinnen auf den Dächern von Kirchen und Häusern aufgefangen; es rann durch Fallrohre und dann durch Leitungen bis in die Zisternen, die man unter dem Pflaster eines jeden *campo* angelegt hatte. Dort sickerte es durch eine Sandschicht hindurch und war auf diese Weise gefiltert, bevor es sich in einem Brunnenschacht sammelte – rein und wohlschmeckend. Solche Brunnen, die *pozzi*, gab es allerorts. Gegen Mitte des 19. Jahrhunderts waren noch 6782 von ihnen, in byzantinischer oder gotischer Bauart, in Betrieb. Im 15. Jahrhundert wurde mitten unter dem Markusplatz ein gewaltiger Brunnenschacht ausgehoben. Zwei große öffentliche Zisternen wurden im Hof des Dogenpalastes angelegt; aus ihnen schöpften die Wasserträgerinnen das kostbare Nass, um es in den Gassen anzubieten. Diese *bigolanti*, wie sie im lokalen Dialekt hießen, waren meist Bauersfrauen aus dem Friaul, die bunte Röcke, weiße Strümpfe und Stroh- oder Filzhüte trugen. Sie streiften mit ihren Kupfereimern barfuß durch Venedig, *acqua – acqua fresca* rufend. Es war ein klagender, aber auch melodiöser Ruf.

Für eine auf dem Wasser errichtete Stadt stellte Wasser etwas Heiliges dar. Es war das, was im Johannesevangelium

»lebendiges Wasser« genannt wird. Die Brunneneinfassungen wurden reich verziert, um auf die Bedeutung dessen, was sie spendeten, hinzuweisen. Man schmückte sie mit Bruchstücken von Altären oder von religiösen Statuen und den Steinen von antiken Tempeln, in Anerkennung ihrer spirituellen Emanation. Es gab Berichte über Wunder, die von oder bei Brunnen vollbracht wurden. Bei einer Pestepidemie wurde ein Mönch vor dem Tod errettet, weil ein Ritter ihm einen Becher voll Wasser aus dem lokalen Brunnen zum Trinken reichte. Dieser Ritter wurde später mit dem heiligen Sebastian identifiziert, und von jener Zeit an hieß der Brunnen Pozzo di San Sebastiano. Wasser ist heilig. In die byzantinischen Brunneneinfassungen waren diverse religiöse Symbole gemeißelt wie das Kreuz oder der Palmbaum. Es handelte sich um große Marmorzylinder, wie sie auch in jeder orientalischen Stadt hätten stehen können. Die gotischen Brunneneinfassungen, die den Kapitellen großer Säulen ähnelten, waren mit figürlichen Darstellungen, mit realistischen wie auch grotesken Gestalten geschmückt. Doch die Brunnen versiegten häufig. Dem auf dem Wasser liegenden Venedig ging oft das Wasser aus. Nach Stürmen war das Brunnenwasser durch Salzwasser verunreinigt. Es war Usus, Boote auszuschicken, um aus Flüssen wie der Brenta oder dem Bottenigo neues Trinkwasser herbeizuholen. Gegen Ende des 19. Jahrhunderts wurden auf dem Festland artesische Brunnen angelegt, um eine bessere Versorgung zu gewährleisten.

Der reich verzierte Brunnen auf dem Campo SS. Giovanni e Paolo.

Wasser war das Lebenselixier, daher erhielten die Brunnen zentrale Bedeutung für das alltägliche gesellschaftliche Leben in jedem Pfarrbezirk. Der eiserne Deckel, der jeden Brunnen verschloss, wurde um acht Uhr morgens hochgeklappt, danach hielten sich den ganzen Tag über Leute in seiner Nähe auf. Es ist das häufigste Motiv auf Fotografien vom »alten«

Venedig. Der Brunnen war es, der den Einwohnern eines bestimmten Bezirks das Gefühl von Zusammengehörigkeit und Intimität vermittelte. Wasser ist immer eine große vereinende und nivellierende Kraft gewesen, und die venezianische Gesellschaft konnte in mancher Hinsicht als eine egalitäre angesehen werden. Der Brunnen war ein Symbol für die Fürsorge der Obrigkeit der Allgemeinheit gegenüber – ein sichtbarer Beweis dafür, wie klug die Stadt gelenkt und verwaltet wurde.

Natürlich ist Wasser auch noch in einem ganz anderen Sinn das, was Venedig Leben einhaucht und am Leben erhält. Die Stadt ist wie ein mit Wasser gefüllter hydropischer Körper, dessen Teile sich gegenseitig durchdringen. Sie ist selbst flüssiges, fließendes Leben. Alles in Venedig muss man in Relation zu diesem seinem »wässrigen Wesen« sehen. Das Wasser dringt in das Leben der Bewohner ein: Sie sind selbst fließend, Klarheit und Präzision scheinen ihrer Natur fremd zu sein. Als die wohlhabenderen Venezianer begannen, sich Villen auf dem Festland zu bauen, wählten sie dafür immer Grundstücke in größtmöglicher Nähe zur Brenta. Ein Lieblingssujet des venezianischen Malers Tintoretto war fließendes, sich ergießendes Wasser. In ihm kam etwas von seinem eigenen Wesen zum Ausdruck. Im Werk Giorgiones und seiner venezianischen Schüler findet man ständig Allusionen auf frisches, fließendes Wasser, auf Brunnen, Teiche und Seen. In Mythen und Volkserzählungen ist Wasser immer wieder mit Augen und dem Heilen erkrankter oder verletzter Augen in Zusammenhang gebracht worden. Nimmt es wunder, dass der Anblick Venedigs verführerischer ist als der aller anderen Städte dieser Welt?

Die permanente Präsenz von Wasser löst aber auch Ängste aus. Wasser ist beunruhigend, aufwühlend. Auf Streifzügen durch die Stadt muss man stets aufmerksam und auf der Hut sein. Alles verlagert, verschiebt sich, ist in Bewegung, schwankt, scheint nicht ganz konkret oder real zu sein. Das oft schwarze oder ölig-dunkelgrüne Wasser wirkt kalt. Man kann es nicht trinken. Es ist ohne feste Gestalt. Es besitzt

Tiefe, aber keine Masse. Ein venezianisches Sprichwort lautet: »Wasser hat keine Flecken.« Aufgrund dieser Gestaltlosigkeit ist Wasser als Metapher für das menschliche Unterbewusste verwendet worden. In seinem *Die Visionen des Zosimos* meint C.G. Jung, der Geist sei im Wasser verborgen wie die Fische. Venedig ist als Fisch dargestellt worden. Dieses wundersame Wasser, von Geist erfüllt, steht für den Zyklus von Geburt und Tod. Doch wenn Wasser ein Bild für das Unterbewusstsein ist, dann birgt es auch seltsame Visionen und Begierden in sich. Die enge Verbindung Venedigs mit Wasser weckt sexuelle Begierde; man sagt, dass Wasser die Muskeln lockert, weil der Mensch sein Fließen unbewusst nachahmt, und das Blut in Wallung bringt.

Doch stellt Venedig Reflexionen über seine eigene Reflexion im Wasser an. Seit vielen Jahrhunderten schon verharrt es in dieser tiefsinnigen Betrachtung seiner selbst, und es besteht daher eine anhaltende Verbindung zwischen ihm und dem Spiegel. Es war die erste Stadt, in der Spiegel in großem Stil zu kommerziellen Zwecken produziert wurden, und im 17. Jahrhundert stellte man dort auch die damals größten Spiegel her. Spiegelglas war gegen Ende des 15. Jahrhunderts entwickelt worden. Zwei der bedeutendsten venezianischen Künstler, Giovanni Bellini und Tizian, haben eine junge Frau gemalt, die in die Betrachtung ihrer eigenen Person in einem Spiegel versunken ist. Auf beiden Bildern befindet sich ein Spiegel hinter dem Kopf der Dame, und diese hält sich einen zweiten vors Gesicht. Beide Werke sind auf das Jahr 1515 datiert worden, das heißt, dass sie nur acht Jahre, nachdem die venezianische Obrigkeit den Bewohnern der Insel Murano die Lizenz zur Herstellung von Spiegeln erteilt hatte, entstanden sind. Die beiden Maler machten mit ihren Bildern gewissermaßen Werbung für venezianische Produkte, oder sie teilten mit ihren Mitbürgern die Vorliebe für Luxusgegenstände. Doch gleichzeitig stellten sie mit malerischen Mitteln Reflexionen über den Gegensatz zwischen der realen Oberfläche und der sich auf dem Spiegelglas abzeichnenden an, eine Dualität, die sie überall in der Welt um sich herum wahrnahmen. Die junge Frau könnte für Venedig selbst stehen, wie sie so dasitzt und gedankenverloren ihr Spiegelbild bewundert.

Das Abbild im Spiegel kann in gewisser Hinsicht ein Garant für Identität und Ganzheit sein. Narzissmus wurzelt in Angst und der Furcht, fragmentiert zu werden, die man durch den Anblick des eigenen Spiegelbilds eindämmen kann. Im Buch *Weisheit Salomonis* wird die Jungfrau Maria als »ein fleckenloser Spiegel« göttlichen Wirkens gepriesen. Venedig setzte sich immer zu der Jungfrau in Beziehung. Doch natürlich ist das Bild im Spiegel ein falsches Selbst, eben eine »Vorspiegelung«. Es ist hart, abstrakt, flüchtig. Es heißt, die Venezianer seien sich ihres eigenen Bildes, des Bildes, das sie abgeben, immer bewusst. Sie waren einst Meister des Sich-zur-Schau-Stellens und der Maskerade – Schauspieler, die etwas vor- oder aufführten. Bei öffentlichen Aufführungen war es im 18. Jahrhundert ein beliebter Zeitvertreib der Zuschauer, sich gegenseitig durch Operngläser zu beobachten.

Es ist ein Ort der Doppeltheit und deswegen vielleicht auch der Duplizität und des zweifachen Maßes. Als sie mit der damals gerade in Betrieb genommenen Eisenbahn anreisten, sahen Richard Wagner und sein Reisegefährte zuerst »von dem Eisenbahndamme herab *Venedig* aus dem Wasserspiegel heraus vor [ihren] Blicken auftauchen«. Der Anblick entzückte die beiden, und der Begleiter »verlor bei einer enthusiastischen Bewegung aus dem Waggon den Hut vor Freude«.

Die Reflexion entzückt, weil sie genauso substanziell und mit Leben erfüllt zu sein scheint wie das Reflektierte. Wenn man ins Wasser hinunterschaut, scheint das reale Venedig keine anderen Fundamente zu haben als seine eigene Spiegelung. Nur seine Reflexionen sind sichtbar. Venedig und das Bild von Venedig sind nicht zu trennen.

So gibt es eigentlich zwei Städte, die aber nur im Akt des Betrachtetwerdens Existenz annehmen.

3

Spiegel, Spiegel

In Venedig macht sich die Jahrhunderte hindurch ein starkes Hingezogensein zur Oberfläche bemerkbar. Es ist allgemein bekannt, dass man dort nur die Vorderfronten der Häuser einer Verschönerung oder Verzierung für wert erachtete. Die meisten gotischen Fassaden sind nicht mehr als das – Verblendungen, die in keiner Beziehung zur organischen Struktur der Gebäude selbst stehen. Das ist einer der merkwürdigsten Aspekte einer Stadt, die in gewisser Hinsicht einer ornamentalen Hülle ähnelt. Der üppig aufgetragene Putz und der Stuck können zerbröckelndes Mauerwerk verbergen, und Ruskin stellte Mutmaßungen über die »Duplizität« des Markusdoms an, bei dem sich innere und äußere Ausschmückung deutlich voneinander unterschieden. Die Stadt war aus Ziegelsteinen erbaut worden, hatte aber ein Tarngewand aus Marmor erhalten, war im wahrsten Sinn des Wortes mit ihm »verkleidet«.

Dieses übertrieben gepriesene Wunder, dieser goldene Götze, mit den tönernen Füßen […] – welcher intelligente Bilderstürmer empfände in seiner Gegenwart nicht einen Drang nach Zerstörung? Ruskin […] verbrachte die Hälfte seiner Zeit damit, das Trugbild zu entlarven. In staubigen Kirchen stieg er auf Leitern, um zu beweisen, daß […] die venezianische Renaissance eine Attrappe war, ein zynischer Trick, daß beispielsweise die Marmorplastik des schlafenden Dogen Vendramin auf seiner Gruft in San Giovanni und Paolo nur halbseitig ausgeführt war: die dem Publikum abgewendete Seite war ein leerer, gesichtsloser Stein.

Mary McCarthy

Es schien ohne Bedeutung zu sein, dass die großen Palazzi hinter ihren prächtigen Fassaden oft kalt, schmutzig und ungemütlich waren. Ganz ähnlich legten die Besitzer dieser Häuser nach außen hin oft schon fast verschwenderische Großzügigkeit an den Tag, die sich aber mit Geiz und Knauserigkeit im Inneren verband. Das war venezianische Art. Es war absolut nicht üblich, Gäste ins eigene Haus einzuladen. Dieser »Innenraum« war Verwandten und den allerengsten Freunden vorbehalten. Der englische Lyriker Thomas Gray urteilte, dass die Venezianer, was das häusliche Leben betraf, »geizig bis hin zur Garstigkeit« seien.

Für die venezianische Gesellschaft war Honorigkeit von großer Bedeutung, doch reichte es im Grunde, wenn man den

Eindruck von Ehrenhaftigkeit erweckte, den äußeren Anschein wahrte, mit anderen Worten *bella figura* machte. Eine der großen Antriebskräfte für das Leben der Venezianer war und ist immer noch die Angst vor Kritik. Man muss stets der Form Genüge tun, muss vieles um der Form willen tun. Vielleicht camoufliert man damit irgendeine verbrecherische Tat oder charakterliche Verderbtheit, es ist aber unabdingbar, dass die äußere Form gewahrt bleibt. Es ist wie bei den schönen Fassaden der Häuser: alles nur Blendwerk.

Der Zwang zu Zur-Schau-Stellung und In-Szene-Setzen, die Verpflichtung zu Aufmachung und Gepränge gilt für alle Schichten der Gesellschaft und betrifft jeden ihrer Aspekte. In einem Bericht über einen bankrotten Bankier vom Rialto aus dem 16. Jahrhundert wird en passant erwähnt, dass »dieser Markt und diese Stadt Venedig von Natur aus stark dazu geneigt sind, Wert auf äußere Erscheinung zu legen und solcher Vertrauen zu schenken«. Die Maler der Stadt verweilten bei den kostbaren Oberflächen der Welt. Der Architektur Venedigs haftete vieles von der Artifizialität und Äußerlichkeit des Theaters an. Venezianische Musik zielte immer mehr auf äußere Wirkung als auf innere Kohärenz. Die von den Dichtern hervorgebrachte Literatur hatte einen rhetorischen Einschlag, die Volkslieder nicht weniger als die Theaterstücke. In keinem anderen italienischen Stadtstaat beschäftigte man sich so intensiv mit Problemen der Redekunst und des Stils. Die Decken in venezianischen Gebäuden sind in der Regel abgehängt, das heißt, sie schweben an den Deckenbalken befestigt irgendwo unter diesen. Im 18. Jahrhundert entdeckte man Zur-Schau-Stellung und Inszenierung als Mittel, den Verfall und das Versagen der öffentlichen Politik zu kaschieren, zu maskieren. »Maskieren« ist so etwas wie ein Leitmotiv, eines, das Einblick in die Identität der Stadt und seiner Bewohner vermittelt.

Auch bei der derzeit unternommenen Restaurierung vieler Bauwerke der Stadt folgt man der Devise »Schein ist wichtiger als Sein«. Voller Hingabe an deren äußerem Erscheinungsbild arbeitend, haben die Restauratoren eine unwirkliche Stadt geschaffen, eine Kulisse, die wenig mit dem vergangenen oder gegenwärtigen Venedig zu tun hat. Die Architekten und Designer waren darum bemüht, die ästhetischen Konturen der Stadt wiederherzustellen, doch war das Venedig-Bild, das ihnen vorschwebte, in erster Linie ein imaginiertes, eines, das es in der Realität nie gegeben hatte, das Ergebnis von Wunschdenken oder nostalgischer Schwärmerei. Was daher in der Praxis geschah, war, dass sie die Architektursprache der Vergangenheit so umformten oder modifizierten, dass ihre eigenen Vorstellungen davon, wie Venedig wirklich aussehen müsse, Realität wurden. Verblendungen und Kannelierungen wurden entfernt, horizontale Linien begradigt und hervorgehoben, Fenster so verändert, dass sie mit der Gesamtstruktur übereinstimmten, Balkone der Gesamtharmonie zuliebe verkleinert, Mansarden beseitigt und barocke Ausstattungselemente durch gotische ersetzt. Aus irgendeinem Grund haben sich kräftig rote und gelbe Farbtöne durchgesetzt, die man zuvor in dieser Stadt nicht zu Gesicht bekam. Dieser Restaurierungsstil wurde als *ripristino* bezeichnet, als »Wiederherstellung«, in Wirklichkeit lief aber alles auf eine Fälschung hinaus. Es führt einem eine generelle Malaise des modernen Venedig vor Augen, die zuerst von Georg Simmel, dem deutschen Soziologen, erkannt wurde. Er gab 1907 den Kommentar ab: »[D]ies ist das Tragische an Venedig, […] dass die Oberfläche, die ihr Grund verlassen hat, der Schein, in dem kein Sein mehr lebt, sich dennoch als ein Vollständiges und Substantielles gibt […]« Das macht

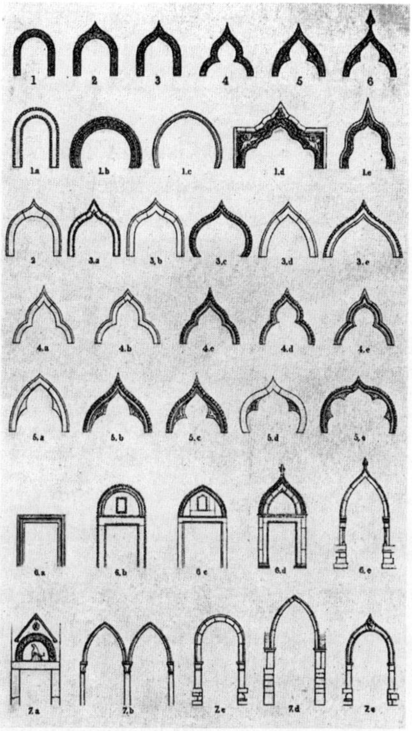

Beispiele für verschiedene Bogen- und Fensterformen aus John Ruskins The Stones of Venice.

aber Venedig nicht superfiziell. Ganz im Gegenteil. Die Fixierung auf die Oberfläche, ihr Mangel an Tiefe, verleiht der Stadt etwas Geheimnisvolles, etwas nicht zu Ergründendes.

Viele Jahrhunderte lang ist Venedig für das dort hergestellte Glas berühmt gewesen. Die Glasbläserei stellt mittlerweile das Hauptgewerbe auf der Insel Murano dar. Was macht Glas für eine Stadt auf dem Meer so anziehend? Glas ähnelt von seiner Beschaffenheit her dem Meer, es ist durchscheinend wie dessen Wogen, es ist wie zum Erstarren gebrachtes Wasser. Glasherstellung ist so, als könnte man Hände voll Wasser aus dem Meer schöpfen und in Seidenbrokat verwandeln. Venedig ist genau der richtige Ort dafür. Der Erste, der über die Glasherstellung dort berichtet hat, Georgius Agricola, schrieb im 16. Jahrhundert, es werde aus »schmelzbaren Steinen« und »verfestigten Säften« geformt, was auch auf die zwischen Wasser und Land gelegene Stadt zuzutreffen scheint. Sand wird zu Kristall. Es ist jedoch kein venezianischer Sand. Er wurde aus Syrien und später aus Fontainebleau in Frankreich herbeigeschafft. Doch die venezianischen Glasbläser gehörten zu den geschicktesten auf der Welt, und sie konnten auf eine sehr lange Tradition zurückblicken.

Glasmacher waren seit römischer Zeit im Bereich der Lagune tätig. Es gibt gläserne Fundstücke aus dem 4. bis 7. Jahrhundert, und ein aus dem 7. oder 8. Jahrhundert stammender Schmelzofen auf Torcello zeigt, dass dort Glas nach römischer Verfahrensweise hergestellt wurde. Die Venezianer betonen die Kontinuität der Glasproduktion auf den Inseln, und tatsächlich mögen einige der dazu notwendigen Fertigkeiten über Generationen hinweg vererbt worden sein. Doch gelangte ein großer Teil der Fachkenntnisse wohl aus Byzanz und islamischen Ländern auf die Inseln in der Lagune. Das ist ein weiteres Beispiel dafür, dass Venedig auf der Grenzlinie zwischen zwei Welten lag.

Auf einen bestimmten einzelnen Glasmacher wird erstmals in einem Dokument aus dem Jahr 982 eingegangen; es handelt sich um einen gewissen Domenico. Im 13. Jahrhundert schlossen sich die Glasmacher und -bläser der Stadt zu einer Gilde zusammen. Im selben Jahrhundert verlegte man aus Angst vor einer Feuersbrunst ihre Werkstätten mit den Schmelzöfen auf die Insel Murano, wo das Gewerbe in der Folgezeit eine Blüte erlebte. Doch in gewisser Weise wurden die Glasmacher dort vom Staat wie in einem Gefängnis gehalten. Sie durften in keinen anderen Teil Italiens ziehen. Eines der Geheimnisse ihrer Kunst zu enthüllen, zog die Todesstrafe nach sich. Jeder Glasbläser, dem es gelang, sich aufs Festland abzusetzen, wurde unbarmherzig verfolgt und, wenn es gelang, ihn aufzuspüren, mit Gewalt auf die Insel zurückgebracht. Das ist ein Beweis dafür, wie wichtig dieses Handwerk für die venezianische Wirtschaft war. Die Glasmacherei trug entscheidend zum ökonomischen Erfolg der Stadt bei. Es wäre absurd zu unterstellen, dass die Handwerker auf Murano sich als unterdrückt empfanden oder in einem Klima der Furcht eine Art Zwangsarbeit verrichten mussten, doch die drohende Bestrafung für die Weitergabe ihrer Kenntnisse ist ein gutes Beispiel für die stete Präsenz des venezianischen Staates in allen Lebensbereichen. Die venezianische Gesellschaft war alles andere als eine freie, sondern eine insulare, das heißt, auch eine eingeschlossene.

Sie fertigten Pokale und Kannen an, Flaschen und Flakons, Perlen und Kelche, Lampen und Fensterscheiben, Krüge und Augengläser wie auch eine große Palette unterschiedlicher Schmuckobjekte aus *cristallo*, einer plastischen Substanz mit der Lichtdurchlässigkeit und Brillanz von Bergkristall. Sie konnten ein derart hauchdünnes Glas herstellen, dass es, wie es hieß, in tausend Stücke zersplitterte, wenn es mit Gift in Berührung kam. Die Handwerker von Murano schufen Glas, das die Farbe von Milch besaß, Glas, das von seiner Textur her Eis nachahmte, Glas, das mit kupferfarbenen Kristallen gesprenkelt war. Bestimmte Arten ähnelten Marmor, Metall oder Porzellan. Vom 15. Jahrhundert an wurde venezianisches Glas immer raffinierter und kunstvoller. Es entwickelte

In Murano haben wir in der Rigoschen Fabrik eine Anzahl Gläser nach einem schönen, einfachen, alten Muster für uns herstellen lassen und dabei die Geschicklichkeit der Arbeiter bewundert, wobei wir es nur bedauerten, daß die Kunstfertigkeit dieser Leute fast ausschließlich in den Dienst der Imitation der nicht übermäßig geschmackvollen Barockmodelle gestellt wird. Auch darin zeigt sich das Wesen des heutigen Venedig: die Kunstübung schreitet nicht fort, sondern zehrt sich in Wiederholung des Alten auf.

Otto Julius Bierbaum

sich zu einem Luxusgegenstand, zu einer Zeit, da Venedig der Lieferant von Luxusartikeln jeder Art geworden war. Die diversen Objekte wurden zunehmend nutzloser und zugleich teurer. Im Jahr 1500 hielt ein Zeitgenosse in Bezug auf die Glasherstellung auf Murano fest: »[E]s gibt keinen kostbaren Stein, den die Bemühung der Glasmacher nicht zu imitieren weiß, ein gutmütiger Wettstreit zwischen Mensch und Natur.«

In jenen Wettstreit, gutmütig oder auch nicht, befand sich Venedig schon seit Hunderten von Jahren. Das ist ein weiterer Beweis dafür, dass man dort dieses Handwerk zu perfektionieren vermochte. James Howell, ein englischer Reisender des 17. Jahrhunderts, wunderte sich darüber, wie das Feuer eines Ofens »einen solch kleinen Klumpen von dunklem Staub und Sand in einen solch kostbaren und klaren Stoff wie Kristall verwandeln« könne. Doch hatte Venedig nicht an sich selbst etwas ganz Ähnliches bewirkt, sich aus dem dunklen Staub und Sand seiner Ursprünge in etwas Kostbares umgewandelt? Aus diesem Staub und Sand war eine wie Kristall funkelnde Stadt entstanden, die sich mit ihren Kirchen und Brücken und Häusern immer mehr bauschte und ausbreitete. Wenn Reisende nach Murano kamen, um die Kunst des Glasblasens mit Zwackeisen und Wulgerlöffel in allen Details zu studieren, dann nahmen sie Einblick in die Natur und das Wachstum der durchscheinenden, opalisierenden und schillernden Stadt.

Es gibt in Venedig mit Sicherheit einen Mangel an Realität, der es unheimlich macht. Es wirkt wie ein aus einem blassen Spiegel des Himmels im Wasser entstandenes Trugbild. Und ich fühle mich sehr oft selbst wie ein Trugbild. Alles wird verschwinden: bleiben wird das Wasser.

Jean-Paul Sartre

Von der Lagune wurde oft gesagt, sie sehe wie Glasfluss aus, und tatsächlich wurde Glas zu einer Metapher für Venedig selbst. Es gab die Redensart, dass »die erste schöne Frau, die je geschaffen wurde, aus venezianischem Glas gefertigt war«. Glas ist durchscheinend, gewichtslos; es ist kein dichtes, lichtundurchlässiges Material, sondern im Gegenteil ein Medium, ein Vermittler von Farbe und Helligkeit. Glas hat keinen Gehalt, es ist pure Oberfläche, erstarrte Wellen und Wogen, und sein Inneres ist identisch mit seinem Äußeren. Die Maler Venedigs lernten von ihren Mitbürgern, die an den

Glasöfen standen. Sie lernten, wie man Farben mischt und den Eindruck des Fließens und Sichauflösens von scharf umrissenen Formen erzeugt. Sie machten auch in einem ganz wörtlichen, materiellen Sinn Anleihen bei den Glasbläsern. Sie rührten winzige Glassplitter unter ihre Farbpigmente, um das Schimmernde und Durchscheinende, das sie überall um sich herum wahrnahmen, wiedergeben zu können. Es glitzert, es ist mit Schaum besprenkelt, es kräuselt und wellt sich, es besitzt eine gewaltige luzide Ruhe; es ist von dunkleren Strömungen durchzogen; es ist flüssig. Das Glas ist wie das Meer, ist wie Venedig, die Stadt aus dem Meer.

TEIL II

Die Stadt des heiligen Markus

4

Der Heilige trifft ein

Aus allen Teilen der Welt strömen dir [Venedig] Reichtümer und Kostbarkeiten zu, aber es ist dein höchster Ruhm, daß du die himmlische Perle besitzest, den Leib des heiligen Markus.

Kardinal Petrus Damiani im 11. Jahrhundert

In seiner frühen Geschichte erlebte Venedig eine tiefgehende Verwandlung. 828 wurde ein Objekt in die Stadt gebracht, das deren Charakter und Status ganz und gar veränderte: der angebliche Leichnam des Evangelisten Markus. Die Erzählung von der *translatio* der Reliquien des heiligen Markus vom Morgenland in die europäische Lagunenstadt blieb im Kern über die Jahrhunderte hinweg unverändert. In ihrem Mittelpunkt standen einige venezianische Kaufleute, und die Angehörigen dieser Klasse hatten von Anfang an tatsächlich in allen öffentlichen Angelegenheiten eine führende Rolle inne. Buono von Malamocco und sein Gefährte Rustico von Torcello hatte eine Handelsreise unter anderem auch in die Hafenstadt Alexandria geführt. An jenem fremden Gestade hatten sie eine Diskussion mit den Kustoden der Kirche des heiligen Markus begonnen, deren Aufgabe es war, den dort in einem alten Steinsarkophag ruhenden Leichnam des den Märtyrertod gestorbenen Evangelisten zu bewachen. Die Priester beklagten sich bitterlich über die Verfolgung der katholischen Gemeinde durch die Sarazenen und äußerten sich besorgt, dass die Kirche mit ihren vielen Kostbarkeiten geplündert werden und dabei Schäden davontragen könnte. Die Venezianer hörten sich das voller Anteilnahme an und schlugen den Geistlichen vor, sie an Bord ihres Schiffes mit nach Venedig zu nehmen; sie könnten ja auch den Leichnam des heiligen Markus dorthin überführen und diesen als das Entgelt ansehen, das sie für ihre Reise zu entrichten hätten. Das Ganze sei dann eine geschäftliche Transaktion. Trotz einiger Vorbehalte gingen die Geistlichen auf das Angebot ein.

Der einbalsamierte Leib des heiligen Markus wurde aus

Markus
Gedenktag: 25. April
Name bedeutet: dem (römischen) Kriegsgott Mars geweiht (latein.)
Apostel, Evangelist, Bischof von Alexandria (?), Märtyrer
** in Jerusalem (?) in Israel*
† 68 (?) in Alexandria (?) in Ägypten
Markus gilt als der Verfasser des gleichnamigen Evangeliums, das er demnach auf der Grundlage von Petrus' Predigten wohl in Rom schrieb. Er zog der Überlieferung nach um 65 nach Alexandria und gründete dort die koptische Kirche; als Bischof von Alexandria überfielen ihn demnach christenfeindlich gesinnte Einwohner am Altar und schleiften ihn mit einem Strick um den Hals im Jahr 68 zu Tode. Ein Unwetter hinderte die Mörder, ihn zu verbrennen; sein Leichnam blieb unberührt liegen, bis Christen ihn bestatten konnten.

dem Sarkophag gehoben, aus dem seidenen Leichentuch gewickelt und durch die Überreste eines anderen und weniger bedeutenden Heiligen ersetzt. Den Leichnam des Evangelisten packte man in eine Kiste, die man dann an Bord des venezianischen Schiffes schaffte. Die Kaufleute verbargen die Reliquien sorgfältig unter einer Schicht aus Schweinefleisch und Kohl, und als muslimische Beamte den Inhalt des Behältnisses inspizierten, brachen sie beim Anblick und Geruch des Schweinefleischs in den Ruf »*Kanzir, kanzir!*« – »wie grauenvoll, wie grauenvoll« – aus. Nach dem Ablegen wurde der geheiligte Leichnam erst in ein Segel gewickelt und an einer Rahe aufgehängt. Als man mit dieser geweihten Fracht endlich die offene See erreicht hatte, legte man ihn auf die Decksplanken und stellte Kerzen und Weihrauchfässer um ihn herum auf. So gelangte Markus sicher nach Venedig, allerdings war *en route* noch eine ganze Reihe von Wundern nötig gewesen, damit die Überfahrt problemlos vonstatten ging.

Sein Eintreffen in der Lagunenstadt hätte für die Venezianer kaum günstiger und vorteilhafter sein können. Auf geheimnisvollem Weg ließ Markus seine Wächter wissen, dass er lieber in den Dogenpalast verbracht werden wolle als in die Kathedrale, die damals in Olivolo aufragte. Er wurde zunächst im Bankettsaal des Palastes zur Ruhe gebettet, doch begann man bald mit der Errichtung einer ihm geweihten Kapelle an der Stelle, wo sich heute der Markusdom erhebt. Zu jener Zeit befanden sich dort eine mit Gras und Bäumen bewachsene unbebaute Fläche sowie ein Garten und ein Obsthain. Das Gelände wurde gerodet und geebnet, so dass man die Sankt-Markus-Kapelle bauen konnte.

Der Evangelist wurde sehr schnell mit viel größerer Inbrunst verehrt als der vorherige Schutzpatron der Stadt, der heilige Theodorus, weshalb man schließlich die große Basilika errichtete, die seinen Namen trägt. Der Dogenpalast war auf ein Heiligtum angewiesen, um die Position des in ihm residierenden Staatsoberhaupts zu legitimieren und zu stärken, und man konnte geltend machen, dass das Heiligtum einen

Palast brauchte: Dieses Übereinkommen steigerte sofort den Status des Dogen und die Macht der ganzen Gemeinde. Wenn jemand dreist genug war, den Bericht darüber, wie man der geheiligten Reliquien habhaft geworden war, anzuzweifeln, dann sollte er, um einen späteren venezianischen Historiker zu zitieren, »nach Venedig kommen und die wunderschöne Kirche des Monsignor S. Marco schauen« und die Mosaiken »vor dieser schönen Kirche« betrachten, welche die ganz Geschichte wahrheitsgetreu erzählten. Die »Zeugenaussagen« dieser Mosaiken würden vor Gericht kaum standhalten, doch für die Frommen und (Gut-)Gläubigen reichten sie aus. Sie waren aber nur die augenfälligsten Belege für den Kult, der um den heiligen Markus getrieben wurde. Auf dem großen Bogen, der sich über der rechten Chorgalerie der Basilika wölbt, ist dargestellt, wie der Leib des Evangelisten auf die Seereise geschickt wird; man sieht, wie das Schiff nach Venedig segelt und der Leichnam in der Stadt eintrifft. Es handelte sich um Mosaiken vom Ende des 12. Jahrhunderts, aufleuchtend in ihrer für den byzantinischen Stil typischen Strenge und Formalität. Mosaiken sind die Filigranarbeit auf der silbrigen Außenhülle der Stadt.

Von Beginn an besaß der Markuskult nicht nur eine spirituelle, sondern auch eine weltliche Dimension. Der Heilige stieg zur Ikone und zum Emblem Venedigs auf – zusammen mit seinem Flügellöwen –, doch wurde er jederzeit mehr mit dem Dogen als mit dem Bischof in Verbindung gebracht. Dass man die Reliquien eindeutig geraubt hatte, war ohne Belang. Nach kurzer Zeit hatte sich schon die Legende ausgebildet, Markus sei Bischof von Aquileia im Norden der Lagune gewesen, bevor er das gleiche Amt in Alexandria versehen habe. Und in jedem Fall bewies die Tatsache, dass die Überführung des Leichnams mit dem Segen des Heiligen selbst vonstatten gegangen sei, dass es sich um eine gottgefällige, »gute« Sache gehandelt habe. Gottes Wille sei erfüllt worden, sonst hätte der Diebstahl nicht gelingen können. Es ist einer dieser Zirkelschlüsse, die sich nur als irrig entlarven lassen. Im

13. Jahrhundert wurde die Geschichte noch weiter ausgeschmückt; man behauptete jetzt, dass Markus auf einer seiner Missionen von einem Sturm überrascht worden sei und, wie das Schicksal es fügte, auf der Rialtoinsel Zuflucht gesucht habe. Auf dieser Insel, dort, wo später Venedig entstehen würde, sei ihm ein Engel des Herrn erschienen und habe verkündet: »*Pax tibi, Marce. Hic requiescet corpus tuum.*« (Friede mit dir, Markus. Hier wird dereinst dein Leib ruhen.) Es gibt natürlich keinerlei historische Belege dafür, dass der Evangelist der Lagune jemals einen Besuch abstattete.

Der Bericht in seiner Urform lässt in jedem Fall Zweifel aufkommen, nicht zuletzt stimmt einen die fantasievolle Aufzählung von Ereignissen skeptisch, die zu der *translatio* des Heiligen geführt haben sollen. Dass eine Art von Diebstahl begangen wurde, scheint erwiesen. Dass man eine Reliquie nach Venedig geschafft hatte, scheint auch unumstritten zu sein. Es kann sich dabei um den Leichnam des heiligen Markus gehandelt haben oder auch nicht. Es könnte sich um irgendeinen uralten einbalsamierten Körper gehandelt haben, der von frommer Schwindelei genauso dick eingehüllt war wie von seinem Leichentuch. Es ist wahrscheinlich, dass die Kaufleute in Wirklichkeit vom Dogen nach Alexandria geschickt worden waren, und zwar mit dem ausdrücklichen Auftrag, die geheiligte Reliquie zu erstehen. Ihre Überführung nach Venedig würde die Autorität des Dogen steigern, das heißt, ihm ebenfalls eine Aura des Geweihten verleihen und die Bedeutung der ganzen Stadt erhöhen. Venedig und Markus würden zusammen Rom und Petrus Konkurrenz machen können Es ist in diesem Zusammenhang interessant, dass Markus der Schreiber des Petrus gewesen war und dieser mit ihm gestritten hatte, weil er sich als aufsässig und nicht unterwürfig genug gezeigt hatte: Das waren genau die Vorwürfe, die spätere Päpste gegen Venedig erhoben. Von der Zeit der *translatio* an war das Verhältnis zwischen Rom und Venedig äußerst angespannt, da man in der Lagunenstadt in sie direkt betreffenden religiösen Angelegenheiten nie das Primat des Pontifex anerkannte.

Aus der *translatio* ergaben sich noch mannigfache weitere Konsequenzen. Man glaubte, dass die Präsenz des Heiligen die Stadt vor einem Angriff von See aus oder einer Blockade schütze, und Venedigs Ruf der Unbezwingbarkeit wurde auf diese Weise untermauert. Venedig überlebte in der Tat, unversehrt, bis zur Zeit Napoleons. Dem Heiligen, seiner segnenden Hand, schrieb man auch die Einigung der Laguneninseln unter der Führung Venedigs zu, ein politischer und sozialer Prozess, der in Wirklichkeit zwei oder sogar drei Jahrhunderte in Anspruch nahm. Es gab Gerüchte, dass der Kopf des Apostels in Alexandria zurückgelassen worden sei, doch in venezianischen Berichten wurde immer wieder hervorgehoben, dass der Leichnam intakt sei. Unsicherheit im Geist verlangt nach materieller Unversehrtheit. Nur in ihrer Vollständigkeit konnte die Reliquie auch eine Analogie für das organische Interdependenzverhältnis abgeben, in dem die Inseln der Lagune zueinander standen.

Es ist wichtig, dass der Heilige auf dem Seeweg eintraf. Das Meer war das ureigene Element Venedigs geworden, und es gab keine bessere Möglichkeit, ihm die Aura des Heiligen zu verleihen, als es zu dem schimmernden Pfad zu erheben, auf dem himmlischer Schutz in die Stadt gelangt war. Auf den Mosaiken in der Basilika steht das Bild des Schiffs auf den Wogen im Vordergrund. In einer Legende aus späterer Zeit requiriert ein aus Markus, Georg und Nikolaus bestehendes Dreigestirn von Heiligen ein Fischerboot, um einen Sturm auf der Lagune zu ersticken, den Dämonen entfesselt haben. Als er wieder an Land geht, reicht Markus dem Fischer einen Ring, den dieser wiederum dem Dogen übergibt. Macht über das Meer wird vom Heiligen auf den Fischer übertragen und von diesem auf den politischen Führer. Das ist einer der grundlegenden Mythen Venedigs, das unablässig im Kampf mit dem Meer lag.

Venedigs Schicksal hing vom Handel ab. Zur Zeit der *translatio* der Reliquie hatte der byzantinische Herrscher aber ein Embargo über den Handel zwischen Christen und Saraze-

Die sich in Ägypten aufhaltenden Seeleute verrichteten ihre Andacht gewöhnlich in der Kirche des heiligen Markus, in der dessen Leiche aufbewahrt wurde. Als nun auch [die Venezianer] Bonus und Rusticus in diese Kirche kamen und die anwesenden beiden Geistlichen […] in tiefer Sorge fanden, fragten sie nach der Ursache und erfuhren von dem Befehl des Kalifen. Jetzt sagten die Venezianer: Der kostbare Schatz, den Ihr in Eurer Kirche besitzt, ist in großer Gefahr, von den Sarazenen entweiht und misshandelt zu werden. Übergebt ihn uns, und wir werden ihn so, wie es sich gebührt, zu ehren wissen.

Bericht des Dogen Andrea Dandolo über die »Translatio« in seiner *Chronica per extensum descripta*

nen verhängt. Indem sie ihre heilige Fracht von Alexandria in ihre Heimatstadt transportierten, hatten die beiden Kaufleute gegen dieses Verbot verstoßen, womit sie möglicherweise der Einfuhr von anderen, weniger wertvollen Gütern den Weg öffneten. Es war ein Schlag ins Gesicht des oströmischen Kaisers und ein gutes Vorzeichen für die Kaufleute. Wenn man nicht Ackerbau betreiben kann, pflegten die Venezianer dem Papst entgegenzuhalten, der sich häufig über ihre Geschäfte mit den Ungläubigen beschwerte, muss man fischen – und zwar auch nach Heiligen. Man erzählte sich, dass nach der Öffnung des Sarkophags in Alexandria ein köstlicher Duft wie von »süßen Gewürzen« die Stadt erfüllt habe. Venezianische Kaufleute waren für ihren Handel mit Gewürzen berühmt.

Die Reliquie bürgte auch für Venedigs Unabhängigkeit. Der frühere Schutzpatron der Stadt, der heilige Theodorus, war rein byzantinischer Provenienz. Indem sie ihn durch Markus ersetzten, machten die Venezianer ihr Recht geltend, selbst über ihr Schicksal zu bestimmen. »Markusrepublik« wurde zu einem Synonym für den venezianischen Staat selbst, und es scheint heute noch so zu sein, dass die Hälfte der männlichen Venezianer auf den Namen Marco getauft wird. Die rote Markusflagge wurde zur Standarte der Stadt, und der Flügellöwe ist allgegenwärtig. Die grundlegende Autonomie der Stadt wurde durch die bemerkenswerten, wenn auch nicht mirakulösen Ereignisse des Jahres 828 endgültig sichergestellt.

976 brach während eines Aufstands gegen den damals herrschenden Dogen ein großes Feuer aus. Bei diesem Brand wurde die Sankt-Markus-Kirche restlos zerstört. Man musste davon ausgehen, dass auch die im Höchstmaß brennbare Reliquie von den Flammen verzehrt worden war. In der Tat galt sie allem Anschein nach bis 1094 als »verloren gegangen«. In jenem Jahr stürzte jedoch aufgrund eines kuriosen Zufalls ein Säulenstumpf um und enthüllte die Überreste des Evangelisten. Es war gewiss ein Wunder, dass er das große Feuer

überstanden hatte. Und, so unwahrscheinlich das auch ist, er weilt immer noch unter uns. In jüngerer Vergangenheit wurde gemeldet, sein Leichnam liege unter dem Hochaltar im Markusdom. Im Sommer 1968 übergab Papst Paul VI. zwar Teile von ihm einer Gesandtschaft von koptischen Kirchenführern, bestätigte aber, dass der größte Teil des Leichnams sich immer noch in Venedig befinde. Der Daumen des Heiligen und auch der berühmte Goldring, den der Fischer von ihm erhielt, werden nach wie vor in der Schatzkammer der Basilika aufbewahrt. In der Vorstellung der Venezianer sind die uralten Gebeine immer noch am Leben.

Überall in der Stadt wird noch durch etwas anderes an den Heiligen erinnert: Der Markuslöwe ist das Emblem der Stadt; man findet ihn aus Stein gehauen oder in Bronze gegossen, als Bas- oder Hautrelief. Löwendarstellungen schmücken den Palast des Dogen ebenso wie dessen Kapelle. Löwen bewachen genauso die Zufahrt zum Arsenal, der alten Schiffswerft und -ausrüstungsstätte, wie verschiedene *palazzi* und öffentliche Plätze. Früher einmal war jedes öffentliche Gebäude in Venedig mit einem Abbild des Löwen versehen. Der Flügellöwe erhebt sich auf einer Säule über den Hafen. Der Löwe war ein Symbol sowohl für religiöse als auch für politische Standhaftigkeit und Entschlossenheit. Er steht generell für Autorität und Paternalismus, aber auch für Gerechtigkeit. Die in Venedig überall auf Mauern und Wänden zu sehenden Löwendarstellungen lösen alle diese Assoziationen zugleich aus.

Der Markuslöwe, ein Gemälde auf Holztafel aus dem 15. Jahrhundert, eine von zahllosen gemalten oder skulptierten Darstellungen dieses Begleiters des Heiligen, auf die man überall in der Stadt stößt.

Die spirituelle Konnotation des Löwen als Begleiter des Apostels ist klar. Doch der Löwe kann auch wild sein, aggressiv – und so symbolisierte er auch die Macht Venedigs, die wilde Entschlossenheit, mit der es zurückschlagen würde, sollte es jemals gereizt werden. Eine Löwendarstellung aus der Mitte des 15. Jahrhunderts ist mit dem Spruch versehen: »Sehet den geflügelten Löwen! Ich werfe Erde, Meer und Sterne nieder.« Der Markuslöwe wurde oft mit seinen Hinterläufen im Wasser und seinen Vorderläufen auf dem Land gezeigt, ein eindeutiger Hinweis darauf, dass Venedig Anspruch darauf erhob, sowohl über die See als auch über die Küstenregion zu herrschen.

5

Refugium

Venedig ist als großes auf dem Meer schwimmendes Schiff aufgefasst worden. Manchmal hat man dort inmitten des sich rastlos bewegenden Wassers das Gefühl, der Boden, auf dem man steht, schwanke ähnlich wie das Deck eines Schiffs. In seinem *Journal* schrieb Ralph Waldo Emerson mit Bezug auf seinen Aufenthalt in der Stadt, dort meine man »ständig auf See zu sein«.

Das Bild vom Staatsschiff ist ein vertrautes, und im Fall einer Stadt, die beinahe auf dem Wasser zu treiben scheint, besonders zutreffend. Als Francesco Foscari, ein Doge des 15. Jahrhunderts, erklärte, wie er die Republik führen wolle, verfiel er instinktiv in die Redeweise der Seeleute. Er sprach von Segeln und Tauwerk, vom Wind und von Strömungen mit der ganzen Fachkenntnis eines alten Fahrensmanns. Es war eine Sprache, die die Venezianer ganz gefühlsmäßig verstanden. Der Doge stellte auch eine Analogie zwischen dem Bau der Stadt und dem eines Schiffs her. Wenn ein Schiff konstruiert werde, sein Kiel und seine hölzernen Spanten nach und nach zusammengefügt würden, könne man nur schwer sagen, wann seine definitive Gestalt sich erstmals abzeichne; ähnlich sei es nicht einfach, genau zu sagen, wann Venedig Gestalt angenommen habe.

Punta di Dogana, das spitz zulaufende Ende der zweitgrößten Hauptinsel, so genannt, weil sich dort, an der Einfahrt zum Canal Grande, seit alters her der Sitz der Zollbehörde befand, ist oft mit dem Bug eines Schiffs verglichen worden. Den Abschluss der Kuppel von Maria della Salute, der Kirche, die unmittelbar hinter dem Zollhaus aufragt, bildet die Statue einer Muttergottes, die in die Uniform eines

Auf dem gefeierten Corso, dem Teil, der sich zwischen der Merceria und den beiden großen Marmorsäulen am Ufer des Adriatischen Meerbusens erstreckt, ist das Gewühl der Menge zweimal am Tage, morgens von sechs bis elf und gegen Abend von fünf bis acht, besonders groß. Neben den Angehörigen der verschiedensten Nationen versammeln sich dann Gruppen von Venezianern in ihren langen Talaren. Keiner von ihnen im Rang eines Patriziers erschiene hier anders als in einem schwarzen Gewand mit dem schmalen, hochstehenden Halsband. Hier sieht man Polen und Slawonier, Perser, Griechen und Türken, Juden und Christen von den fernsten Enden der Welt, und jede Nation unterscheidet sich von der andern durch ihre eigentümliches und besonderes Gehaben.

Thomas Coryat

capitano del mar oder eines Admirals der venezianischen Flotte gekleidet ist. Venezianische Gebäude sind wegen ihrer zylindrischen Gestalt, unterbrochen von Rechtecken, häufig mit Segelschiffen verglichen worden, mit Schiffen, die sich in Stein verwandelt haben und für alle Ewigkeit vor Anker gegangen sind. Die hölzernen Dächer einiger Gotteshäuser sind *in forma di galea* konstruiert worden, das heißt, sie haben die Form eines Schiffsrumpfes. Die kreisförmigen Mauer- und Wandöffnungen, die man allenthalben in der Stadt sieht, erinnern an Bullaugen.

Auf die bedeutungsvollste Gemeinsamkeit zwischen Stadt und Schiff sei zuletzt verwiesen: Das Schiff war dereinst für die ersten Siedler ein Zufluchtsort, und genauso war das »Schiff Venedig« von Beginn an ein sicherer Hafen für Verbannte und heimatlos Umherziehende. Es war eine offene Stadt, die bereitwillig alle aufnahm, die ihre Grenzen überquerten. Einem Reisenden des 15. Jahrhunderts fiel in Bezug auf Venedigs Einwohnerschaft auf, dass »die meisten dieser Menschen Ausländer sind«, und im darauffolgenden Jahrhundert hielt ein Venezianer fest, dass, von den Patriziern und Großbürgern abgesehen, »alle anderen Ausländer und nur wenige Venezianer sind«. Er bezog sich damit vor allem auf Ladenbesitzer und Handwerker. 1611 meinte ein englischer Diplomat, Sir Dudley Carleton, Venedig sei eher »ein Mikrokosmos denn eine Stadt«. Es wuchs eher zu einem *orbis* als zu einer *urbs* heran. Und so ist es seine ganze Geschichte hindurch geblieben.

In der Stadt lebten sowohl Franzosen und Slawen, Griechen und Flamen, Juden und Deutsche, Orientalen und Spanier als auch Menschen, die von den verschiedensten Orten auf dem italienischen Festland in die Stadt gekommen waren. Bestimmte Gassen wurden nach ihnen benannt. Alle Länder Europas und des östlichen Mittelmeerraums waren vertreten. Dieses Völkergemisch war etwas, das allen Reisenden auffiel: Es schien, als würde der Turm zu Babel mitten auf dem Markusplatz erbaut. In keiner anderen Hafenstadt der Welt stieß man auf so viele Fremde. Auf Gemälden des 19. Jahrhunderts sieht man häufig jüdische Kaufleute in ihren Gabardinekaftanen, Griechen mit ihren scharlachroten Kappen und Türken mit Turbanen und weiten Roben, wie sie sich durch das Gewühl der nüchterner gekleideten und Zylinder tragenden venezianischen Herren hindurchdrängen. Man könnte sagen, dass die Venezianer sich immer wieder ihre eigene Identität schufen, indem sie sich von denen, die sie schützend bei sich aufgenommen hatten, ganz bewusst absetzten.

Die Deutschen durften sich am Rialto ihr eigenes Deutschland *en miniature* in einem großen Gebäude einrichten, das als Fondaco dei Tedeschi bekannt wurde und aus zwei Hallen, in denen man speisen konnte, und achtzig separaten Zimmern bestand. Die deutschen Kaufleute wurden von der Regierung aufmerksam im Auge behalten und überwacht, doch man sagte von ihnen, dass sie »die Stadt Venedig inniger lieben als ihr eigenes Heimatland«. Im 16. Jahrhundert ließen sich Scharen von Flamen in der Stadt nieder. Die Griechen lebten in einem eigenen Viertel, wo sie auch eine eigene – orthodoxe – Kirche besaßen. 1204, nach dem Fall von Konstantinopel, und dann noch einmal 1453, nachdem man diese Stadt den Türken überlassen hatte, kam es zu einem verstärkten Zuzug von byzantinischen Griechen – darunter Soldaten und Seeleute, aber auch Künstler und Intellektuelle, die auf der Suche nach neuen Mäzenen waren. Die Armenier und Albaner besaßen ihre eigenen Wohnviertel. Auf der Insel San Lazzaro wurde ein armenisches Kloster erbaut. Byron suchte es auf, um dort die armenische Sprache zu lernen und inmitten der vielen sinnlichen Vergnügungen, die Venedig zu bieten hatte, seinen Geist zu schulen. Es gab eine Kolonie türkischer Kaufleute, die um den Fondaco dei Turchi herum ansässig war und wo man eine Schule einrichtete, an der Arabisch gelehrt wurde. Venedig bildete also die Bühne für ein kosmopolitisches Leben und Treiben. Hinter der geradezu liebevoll wirkenden Aufnahme der Fremden und des Fremden verbargen sich aber weder Altruismus noch Generosität. Ohne die

Zuwanderung dieser vielen Ausländer wäre Venedig nicht überlebensfähig gewesen. Einige von ihnen stiegen in den Rang von Bürgern auf; nicht wenige gingen auch Ehen mit Einheimischen ein.

Natürlich waren sie nicht alle wirklich gut aufgehoben in dieser Stadt, nicht vor jedem Übel gefeit. Abertausende armer Zuwanderer wurden in schäbige Unterkünfte gezwängt, wo sie sich mit einer Ecke eines Zimmers begnügen mussten, das viele andere, die derselben Rasse angehörten oder aus demselben Land kamen, mit ihnen teilten. Nicht wenige waren vor irgendwelchen Kriegen auf dem Balkan geflohen – oder vor nicht mehr zu ertragender Armut. Einige hatten sich auch vor der Pest in die vom Wasser umgebene Stadt geflüchtet. Sie drängten sich in den ärmeren Vierteln zusammen, und im 16. Jahrhundert war Venedig aufgrund des ständigen Zustroms zur Stadt mit der höchsten Bevölkerungsdichte von ganz Italien geworden. Die Immigranten gaben auch billige Arbeitskräfte ab und wurden sogar als Ruderer auf venezianischen Kriegsgaleeren eingesetzt. Sie verrichteten die Arbeiten, die die Venezianer selbst nach Möglichkeit mieden.

Im 14. Jahrhundert feierte der italienische Dichter Petrarca Venedig als »einzig sicheren Unterschlupf, als einzigen Port der Freiheit, der Gerechtigkeit und des Friedens, als einzige Zufluchtsstätte der Guten in unseren Tagen«. Als Hafenstadt forderte Venedig geradezu dazu auf, es mit Epitheta wie »Unterschlupf« – *albergo* – oder »Zufluchtsstätte« – *refugio* – zu belegen. Diese Bilder boten sich gewissermaßen von selbst an. Pietro Aretino, der, aus Rom vertrieben, für sich persönlich in Venedig einen sicheren Hafen gefunden hatte, drückte es anders aus. In einer Ansprache an den Dogen erklärte er 1527: »Die Stadt Venedig umfängt all die mit ihren Armen, die von anderen gemieden werden. Sie erhöht diejenigen, die von anderen erniedrigt werden. Sie bietet denen ein Willkommen, die anderswo verfolgt werden.« Es gab schließlich auch Flüchtlinge, die es aus anderen als kommerziellen oder finanziellen Gründen nach Venedig verschlug. In dieser offenen

Stadt herrschte eine Toleranz, wie sie andernorts unbekannt war. Das ist der Grund dafür, dass sie vom 18. Jahrhundert an eine Heimstätte für, um mit Henry James zu sprechen, alle »Abgesetzten, Besiegten, Desillusionierten, Verwundeten oder auch bloß Gelangweilten« wurde. Die »Abgesetzten« stellten gewissermaßen eine venezianische Spezialität dar. Viele der von ihren Thronen gestoßenen gekrönten Häupter Europas machten sich dorthin auf. Zu einem bestimmten Zeitpunkt, im Jahr 1737 nämlich, lebten fünf entthronte Monarchen in der Stadt; einer von ihnen war der junge Charles Edward Stuart.

Es stellte auch ein Hafen für alle dar, deren Geist gebrochen war, für Niedergeschlagene und Entmutigte, für unstet Umherziehende und für Verbannte. Venedig wurde die Heimstatt der Enteigneten und Entwurzelten. Es war nah am Wasser gebaut, und seine melancholische Atmosphäre sprach jene an, denen Sorgen nicht fremd waren. Es wurde zu einem Hafen für alle, die sich ihres eigenen Ursprungs, ihrer Herkunft oder Identität nicht sicher waren, und wohl auch für solche Menschen, die ihrem Ich zu entkommen wünschten. Die Stadt war wie eine Mutter, immer zugänglich und aufnahmebereit. Ein Schoß, in dem man sich geborgen fühlte. Die Menschen dort waren für ihre Friedfertigkeit und Gesittetheit bekannt. Venedig war ein Ort des Übergangs, wo man leicht in der Menge verloren gehen konnte, an der Grenze zwischen zwei Welten gelegen, wo diejenigen, die nicht in ihr natürliches Habitat »hineinpassten«, wohlwollende Aufnahme fanden. Im 19. und 20. Jahrhundert zog es zum Beispiel viele Homosexuelle an, welche die dort in reicher Zahl verfügbaren Knaben und Gondolieri lockten. Doch die Stadt übte auch einen starken Reiz auf Schwindler und Betrüger jeder Art aus, auf gescheiterte Finanzjongleure und Staatsmänner, ebenso wie auf »entehrte« Frauen und Glücksritter, Alchemisten und Quacksalber. Die Entwurzelten zog es in die Stadt ohne Wurzeln.

In Venedig trafen auch unterschiedliche Religionen aufeinander; der katholische und der orthodoxe Glaube, der islamische und der christliche. Daher zog die Stadt auch religiöse Reformatoren jeder Couleur an. Mitte des 16. Jahrhunderts wurde in ihr eine geheime Synode der Wiedertäufer abgehalten, und zur deutschen Gemeinde gehörten viele Protestanten. Venedig blieb immer auf Distanz zu Rom und verteidigte die Unabhängigkeit seiner Kirche vor allen gierigen Übergriffen der Päpste; es wurde daher, in der Theorie zumindest, zu einem Schauplatz religiöser Erneuerung. Es gab sogar eine Zeit, da glaubte die englische Regierung, die Republik sei bereit, sich den reformatorischen Bestrebungen in anderen Ländern anzuschließen. Natürlich war das ein gewaltiger Irrtum.

Wenn man in irgendeiner Weise versagt hatte, war Venedig der geeignete Ort, um dieses Versagen zu vergessen. Dort war man in einem ganz wörtlichen Sinn von der Außenwelt isoliert, von deren Menschen abgeschnitten, so dass ihr Hohn oder ihre schlichte Missachtung einen nicht länger verletzen konnten. Venedig bot ein Entkommen vor der Modernität in all ihren Erscheinungsformen. Und es gewährte, wie jeder Hafen, Anonymität. Wenn man als Exilant gekommen war, konnte man seine Identität abstreifen oder vielmehr eine andere annehmen, die in vollkommener Übereinstimmung zu der auf dem Wasser treibenden Stadt stand. Man konnte selbst fließend und flüchtig werden wie das Element, das einen ringsum umgab. Sag mir, wer ich bin, aber nicht, wer ich war. Das ist heute noch so.

In Anbetracht der Tatsache, dass Venedig Fremden und Vertriebenen Zuflucht gewährte, muss man es vielleicht als Ironie empfinden, dass genau diese Stadt der Welt den Begriff »Ghetto« bescherte. Ein Ghetto, eine kleine isolierte Gemeinschaft, scheint sich aus den in Venedig herrschenden äußeren Umständen auf natürliche Weise zu ergeben. In der Tat wurde das venezianische Ghetto zu einem Venedig im Kleinen, und die Erforschung seiner Ursprünge und seines Charakters kann zum Verständnis der Stadt beitragen.

Juden haben mindestens vom 12. Jahrhundert an in Venedig gelebt, und für das Jahr 1152 ist eine jüdische Gemeinde von dreizehnhundert Personen belegt. Ihnen war nicht erlaubt, sich in Venedig selbst, auf der Hauptinsel, niederzulassen, sondern sie mussten sich mit der daneben liegenden Insel Spinalunga begnügen, deren Name später in »Giudecca«, was nichts anderes als »Judeninsel« bedeutet, geändert wurde. Zwei Jahrhunderte später erhielten sie aber die Genehmigung, im Stadtgebiet ansässig zu werden. Auf der Sandfläche von Lido wurde ein Friedhof für sie angelegt, der von einer hölzernen Palisade umgeben war, damit die Körper der Verstorbenen vor »Ungeheuerlichkeiten«, die die Venezianer sonst vielleicht begehen könnten, geschützt waren. Der Hysterie der anderen Einwohner waren die Juden aber zu jeder Zeit mehr oder weniger schutzlos ausgesetzt, und sie litten unter deren Vorurteilen. Aberglaube oder Habgier trieb diese mehr als einmal dazu, ihnen ihren ganzen Besitz abzunehmen. Sie durften keinen anderen Beruf ausüben als den des Arztes und keinem anderen Gewerbe nachgehen als dem Geldverleih, wurden dann aber geschmäht und beschimpft, wenn sie diese ihnen als einzige erlaubten Tätigkeiten ausübten.

Zu jenen, die in diese Stadt kamen [...] gehörten viele jüdisch-levantinische Wanderhändler, Marranen der ersten Stunde, Leute mit ungeklärter Religionszugehörigkeit. Alle fühlten sich vom Ghetto, dem sicheren Bezugs- und Stützpunkt, angezogen; denn sie waren auf der Suche nach irgendeiner möglichen Wurzel und einer neuen kulturellen und psychologischen Identität. Diese jüdischen Kaufleute, Portugiesen wie Spanier, wurden Levantiner genannt, weil sie vor ihrer Ankunft in Venedig durch einen Hafen der Levante (wie zum Beispiel Saloniki und Konstantinopel) gekommen waren oder sich dort niedergelassen hatten.

Riccardo Calimani

Anfang des 16. Jahrhunderts waren ihre Wohnstätten noch über das ganze Stadtgebiet verteilt; dann führten die Venezianer jedoch eine Reihe von Niederlagen in Kriegen mit einigen der italienischen Stadtstaaten auf dem Festland auf ihre Duldung der Mörder Christi in ihrer Mitte zurück. Man glaubte, dass Gott seiner auserwählten Stadt zürne, was die Angstgefühle, unter denen die Venezianer offenbar zu jeder Zeit litten, noch steigerte. Am 29. März 1516 wurden die Juden daher in das erste Ghetto gepfercht, das jemals in der Geschichte der Menschheit eingerichtet wurde. Es lag am Rand des als »Cannaregio« bekannten nördlichen Stadtviertels und damit in einiger Entfernung zu den heiligen Stätten Venedigs. Der Name »Ghetto« scheint sich davon herzuleiten, dass sich an diesem abgeschiedenem Ort früher eine Kanonengießerei befand: Das Wort für das Gießen von Metall war *gettare*; *getto* nannte man den Guss selbst. Dem ersten den Juden zugewiesenen Bezirk wurden im Lauf der Zeit zwei weitere an ihn angrenzende hinzugefügt, so dass ein Ghettokomplex entstand.

Das war keine vollkommen neue Entwicklung. Den deutschen Kaufleuten hatte man bereits einige Zeit zuvor einen bestimmten Wohnbezirk zugewiesen, so dass man sie ohne Schwierigkeiten überwachen und alle anfallenden Abgaben von ihnen eintreiben konnte. Mit den Türken verfuhr man in der Folge ähnlich. Dieses Verfahren des Absonderns und Einschließens war überdies zuvor in den Kolonien Venedigs im Mittelmeerraum erprobt worden. Venedig wurde nach rein pragmatischen Gesichtspunkten verwaltet und regiert, unter fremden Himmeln und in anderen Kulturen konnte solcher Pragmatismus aber brutal und mörderisch werden. Die Abgrenzung und Schaffung von Raum hatte die Venezianer seit jeher beschäftigt. Was konnte daher natürlicher sein als die Erfindung des Ghettos? Es war aber nicht das menschenfreundlichste Konzept. Der heilig-erhabene Staat war zu einem in Bezug auf bestimmte Dinge ganz rational vorgehenden geworden – eine Verbindung, die sich andernorts als fatal erweisen konnte.

Das venezianische Ghetto besaß ganz besondere es prägende Merkmale und wurde zu einem total überfüllten Armeleuteviertel. Es war von einer Mauer umgeben, bildete eine kleine Insel, die nur durch eine einzige Brücke mit dem Rest der Stadt verbunden war. Seine Bewohner durften sie verlassen, wenn die *marangona*-Glocke im Campanile des Markusdoms den neuen Tag einläutete; bei Sonnenuntergang mussten sie aber zurückgekehrt sein. Dann wurde die Zugbrücke hochgezogen, so dass die Juden die ganze Nacht hindurch eingesperrt blieben. Der zur Verfügung stehende Raum war so begrenzt und der Zuzug neuer Bewohner so groß, dass die Häuser immer weiter in die Höhe wuchsen; bis zu acht, neun Stockwerke türmten sich übereinander. Im Inneren befand sich eine größere Zahl von Wohnungen, von denen jede vier

Das jüdische Ghetto von außerhalb gesehen. Da der ihnen zugestandene Lebensraum so beengt war, schufen die Bewohner die ersten »Hochhäuser« der Stadt. Das Ghetto wurde 1516 im sestiere *Cannaregio eingerichtet; es war vom Rest der Stadt durch einen Wassergraben abgetrennt, über den nur eine einzige Brücke führte.*

bis fünf Familien aufnehmen musste. Es heißt, dass die Bewohner bisweilen in Schichten, also zu verschiedenen Zeiten des Tages oder der Nacht, schlafen mussten, weil die Fußbodenfläche nicht groß genug war, als dass sie sich alle gleichzeitig hätten hinlegen können. In »Eine Szene aus dem Ghetto von Venedig« erzählt Rainer Maria Rilke von einem alten

Sooft ein Unheil über den Staat hereinbrach, rächte man sich an den Juden; die Venezianer selbst waren von viel zu verwandtem Geiste, als daß sie wie andere Völker die Juden für den Handel gebraucht hätten; sie quälten sie mit Abgaben, beraubten sie ihrer Güter und beschränkten immer mehr das Gebiet des Ghetto, so daß die Familien, die sich mitten in aller Not fruchtbar vermehrten, gezwungen waren, ihre Häuser aufwärts, eines auf das Dach des anderen zu bauen. Und ihre Stadt, die nicht am Meere lag, wuchs so langsam in den Himmel hinaus, wie in ein anderes Meer, und um den Platz mit dem Brunnen erhoben sich auf allen Seiten die steilen Gebäude, wie die Wände irgendeines Riesenturms.

Rainer Maria Rilke

Juden, der immer das jeweils höchste der Häuser im Ghetto bewohnen wollte und deshalb mehrfach im Jahr umzog. Am Ende seines Lebens wohnt er in einem Gebäude, von dessen oberstem Stockwerk aus man das Meer sehen kann – und vielleicht auch Gott.

Das ist ein aussagestarkes, suggestives venezianisches Märchen. In Wirklichkeit aber führten alle Fenster der Häuser auf den *campo*, den Innenhof. Es gab daher keinerlei visuellen Kontakt zwischen Juden und Christen. Dieser wurde in voller Absicht unmöglich gemacht. Man erachtete es als nicht ratsam, den Juden beispielsweise einen Blick auf die Monstranz mit der Hostie darin zu gestatten, wenn diese in feierlicher Prozession durch die angrenzenden Gassen der Christen getragen wurde. So groß war die latente Angst der Venezianer. Die ungewöhnlichen Gebäude im Ghetto boten sich also den Blicken eines auf der Straße oder dem Platz vor ihnen stehenden Betrachters als steil aufragende Felswände dar. Am Brückentor stand Tag und Nacht eine bewaffnete Wache. Die angrenzenden Kais waren von Mauern umgeben. In der unmittelbaren Nähe patrouillierten zwei Boote. Mit anderen Worten, das Ghetto glich einer Festung oder vielmehr einem Gefängnis. Die Stadt selbst war für einen Teil ihrer Bewohner zu einer Art Kerker geworden. Man zwang die Juden dazu, ein Abzeichen zu tragen, das ihre Rassenzugehörigkeit deutlich machte. Zuerst war das ein Kreis aus gelbem Stoff, der auf ein Obergewand genäht werden musste. Später mussten sie einen gelben Hut aufsetzen, noch später einen roten. Sexuelle Kontakte zwischen den Angehörigen der beiden Gemeinden waren strengstens verboten. Einem jüdischen Mann, der *in flagranti* beim Verkehr mit einer Christin ertappt wurde, schnitt man die Hoden ab.

Gegen Ende des 16. Jahrhunderts wurden vermehrt Beschwerden laut, dass das Ghetto »bei Tag und Nacht zu einer Höhle von Dieben und Metzen« geworden sei, wo man von »Krawallen, von Waffengeklirr und Drohgeschrei« belästigt werde. Das hätte man aber im 16. Jahrhundert vermutlich von vielen Bezirken der meisten größeren Städte sagen können. Dreihundert Jahre später bezeichnete der französische Schriftsteller Théophile Gautier das Judenviertel als »faulig stinkend und eiternd«. Zu seiner Zeit traf diese Charakterisierung aber auf einen großen Teil Venedigs zu. Das Ghetto spiegelte den Zustand der es umgebenden Stadt wider; allerdings tat dieser Mikrokosmos innerhalb eines Mikrokosmos dies auf eine besonders intensive und auffallende, ja gewissermaßen »grelle« Weise.

Genau wie im Rest der Stadt gab es im Ghetto Spielhöllen, in denen große Summen gewonnen oder verloren wurden. Das Ghetto beherbergte Menschen so mannigfaltiger Zungen wie die Stadt selbst. Man bekam dort eine Vielzahl von Sprachen und Dialekten zu hören: Spanisch, Portugiesisch, Griechisch, Italienisch, Deutsch und die vielen Idiome des östlichen Mittelmeerraums. Das Leben im Ghetto wurde von den jüdischen Ältesten streng organisiert und kontrolliert; sie eiferten damit dem Vorbild der venezianischen Patrizier nach. Anlässlich des Purimfestes legten die Juden Masken an und verkleideten sich genau wie die Venezianer. Man sprach bald vom »jüdischen Karneval«. Die Bewohner des Ghettos taten sich wie die anderen Einwohner der Stadt als Sänger und Musiker hervor. Im frühen 17. Jahrhundert gab es sogar eine Musikschule innerhalb seiner Mauern. Die Juden veranstalteten raffinierte Theateraufführungen. Viele ihrer Frauen kleideten sich nach der letzten Mode und verwendeten Samt und Plüsch, Velours und die feinsten Spitzenbesätze. Sie waren, mit anderen Worten, durch und durch »venezianisiert«, und zwar so sehr, dass die strengeren Rabbis ihre allgemeine Genusssucht und Sinnenfreude verurteilten. Das Ghetto hatte sich zu einem zweiten Venedig entwickelt.

Das war eines der Geheimnisse der Stadt. Sie reproduzierte sich selbst mühelos in all ihren verschiedenen Institutionen und Bezirken; ihr Wesen und ihre Struktur wurden in einem – vielleicht ungewollten – Akt der Ehrerweisung endlos imitiert. Jede Gemeinschaft innerhalb Venedigs – ob Berufsgilde oder Belegschaft einer Manufaktur – schien zu einer Republik *en miniature* zu werden. Das Bild der Stadt war so eindrucksvoll, dass es zu einem Paradigma wurde, alles andere prägte. Tausend Venedigs machten die Stadt aus, genau wie tausend Flammen ein Feuer ergeben.

Die Juden selbst schätzten das Ghetto nicht gering. Es wurde für sie zu einer Heimstatt, einem sicheren Hafen, wie Venedig einer für die ersten Siedler gewesen war. Es wurde ein Rast- und Ruheplatz, eine Bleibe. Die Juden aus Spanien und Portugal zum Beispiel waren froh, im Ghetto Zuflucht zu finden. Es entwickelte sich zu einem Zentrum hebräischer Studien und zum Hauptveröffentlichungsort von Schriften in dieser Sprache und war über die Jahrhunderte hinweg ein Mittelpunkt rabbinischer Kultur. Seinem etwas zweifelhaften Ruf zum Trotz behielt es für manchen Juden seine Bedeutung als spirituelles Zentrum und spiegelte so den geheiligten Charakter Venedigs, dieser dem Mythos zufolge von Gott auserwählten Stadt, wider. Es würde auch willkommenen Schutz in einem ganz praktischen Sinn bieten, falls es zu antisemitischen Ausschreitungen kommen sollte.

Tagsüber mischten sich im Ghetto Juden und Christen, ja dieser Bezirk übte sogar auf manches Mitglied der gehobenen venezianischen Gesellschaft eine besondere Anziehungskraft aus. Die Obrigkeit versuchte, die Bürger davon abzuhalten, die Aufführungen anlässlich des Purimfestes zu besuchen, gab aber angesichts des wachsenden Protests solche Bemühungen auf. Die Begeisterung für diese Darbietungen war einfach zu groß. Gewisse Venezianer suchten auch regelmäßig die Synagogen auf, wenn ein berühmter oder besonders begabter Redner dort predigte. Und umgekehrt lauschten die Rabbis den Predigten, die in den christlichen Kirchen der Stadt gehalten wurden. Es ist gut möglich, dass zwischen Juden und Venezianern eine tiefere Affinität bestand, als eine der beiden Gruppen zugeben mochte. In jedem Fall gab es viele Ähnlichkeiten zwischen ihnen. Die einen wie die anderen legten Wert auf Zeremonie und Sitte; die venezianischen Patrizier wurden oft als »gravitätisch« und »würdevoll« charakterisiert, als solenn auf eine Weise, die auch die jüdischen Gemeindeältesten auszeichnete. Und die Venezianer waren wegen ihres »Kaufmannssinns« häufig denselben primitiven Vorurteilen ausgesetzt wie die Juden. Sie wurden in anderen Ländern der »unersättlichen Habgier« geziehen, und man warf ihnen vor, »auf jedermanns Verderb zu sinnen«. Der Rest der Welt glaubte, dass die Venezianer ungeheuer reich seien, sich aber angestrengt bemühten, diesen Reichtum zu verbergen. Ähnliche Vorwürfe waren zu allen Zeiten gegen die Juden vorgebracht worden. Das heißt, dass Venezianer und Juden Ähnliches empfanden: Man hasste die einen wie die anderen.

In Venedig wurden die Juden also auf eine Weise toleriert wie in keiner anderen europäischen Stadt. Es gibt keine Belege für öffentliche Missachtung oder gar Misshandlung, obwohl berichtet wurde, dass Betrunkene oder Kinder zuweilen auf dem jüdischen Friedhof auf Lido herumtanzten oder -tollten. Vielleicht wurden die Juden geduldet, weil das von Vorteil war, konkret, weil es Profit brachte. Kaufmännische Gewinn- oder Verlustkalkulation spielten in Bezug auf alles eine große Rolle. Juden erhielten nur gegen Zahlung einer hohen Gebühr die Genehmigung, ein Geschäft zu eröffnen. Die Anregung, die das Geschäftsleben in der Stadt durch jüdische Kaufleute und Ladeninhaber erfuhr, kam allen Einwohnern zugute. Verwandte venezianischer Juden investierten ihr Kapital häufig in der Stadt. In Krisenzeiten, zu denen es nicht selten kam, mussten die Ghettobewohner hohe Steuern zahlen. Schätzungen zufolge beliefen sich in den ersten Dekaden des 17. Jahrhunderts die Steuern, die man von den Juden einnahm, auf ungefähr zweihundertzwanzigtausend Dukaten netto, das war weit mehr, als eine der Kolonien des Stadtstaats in Übersee oder auf dem italienischen Festland an Abgaben entrichtete.

Doch wurden venezianische Christen und Juden noch durch etwas anderes aneinandergebunden als durch das schnöde Geld; es gab gewissermaßen erhabenere Gemeinsamkeiten zwischen ihnen. Die einen wie die anderen waren von tiefem Rechtsbewusstsein und einem geradezu religiösen Zugehörigkeitsgefühl zu »ihrem« Volk erfüllt. Beide befassten sich intensiv mit ihrem angestammten Territorium, das sie als ein von ihren Ahnen hinterlassenes Erbe betrachteten. Beide glaubten, dass ihre Verfassung sich im Wesentlichen von einem Pakt zwischen Gott und den Menschen herleite. Beide hielten ihre Vorväter in Ehren und besaßen ungewöhnliche Hochachtung vor Sitte und Tradition. Die Juden wussten, dass sie aufeinander angewiesen waren, dass sie ein kommunales Leben führten, das durch ein gemeinsames Ziel und die Notwendigkeit der Selbsterhaltung eine höhere Dimension erhielt. Erinnert das nicht an den venezianischen Staat? Jede der beiden Kulturen war ein Abbild der anderen.

6

Wider die Natur

> *Unglückselige Frösche,*
> *die ihr Venedig bewohnet!*
> *Springt ihr zum Wasser heraus,*
> *springt ihr auf hartes Gestein.*
>
> Johann Wolfgang von Goethe
> *Venezianische Epigramme* CXXVIII

Es gab einmal viele Gärten in Venedig. Im 16. Jahrhundert schmiegten sich rund fünfhundert zwischen Häuser und Kirchen und verströmten einen erfrischenden und belebenden Duft. Casanova tat jedoch im 18. Jahrhundert kund, dass »ein Garten in Venedig eine Seltenheit« sei. Mitte des 20. Jahrhunderts waren nur noch rund fünfzig erhalten, und mittlerweile mögen es noch weniger geworden sein. Doch es gibt immer noch Gärten, abgeschieden und still, von Mauern und Toren geschützt, die im Steinmeer der Stadt kleine grüne Inseln bilden. In vergangenen Jahrhunderten standen in den kleineren von ihnen meist ein paar Lärchen oder Zypressen oder auch einige Lorbeerbüsche. In den größeren hatte man Beete angelegt, und es gab dort Alleen von Obstbäumen, in die man Käfige mit Singvögeln hängte, um die Illusion, man sei im »Grünen«, in der freien Natur also, aufrechtzuerhalten. In den allergrößten Gartenanlagen standen auch kleine Tempel und Springbrunnen sowie kunstvoll angelegte Lauben. Ein zarter Duft von Früchten, Jasmin und Kletterrosen wehte durch die *calli* und über die *campi.*

Die Venezianer legten eine große Liebe zu Blumen an den Tag, die nur noch von ihrer Liebe zu Gebäuden übertroffen wurde. Ambulante Verkäufer zogen durch die Gassen und boten Gladiolen, Tuberosen und andere auf dem Festland gezüchtete Blumen feil. Bei der Schilderung solcher Blumenhändler prägte Sir Henry Wotton im Jahr 1623 das englische Wort *florist.* Es ging schnell in den allgemeinen Sprachgebrauch ein. Junge Venezianer pflegten am Tag des heiligen Markus ihrem Schatz eine Rosenknospe zu überreichen. Auf

Im byzantinischen Stil ausgeführte Säulenkapitelle. Illustration aus John Ruskins The Stones of Venice.

Gemälden der Stadt aus dem 15. Jahrhundert sieht man Fenstersimse, die vor mit Nelken bepflanzten Töpfen überquellen. Doch der Geschmack wandelt sich. In den ersten Jahrzehnten des 20. Jahrhunderts wurde die Schusterpalme zur Blume Venedigs. Es gibt auch eine bodenständige Blume, nämlich die *fiore di barena,* die die sumpfigen Flächen in der Lagune mit einem purpurnen Kleid überzieht. Sie erinnert an die Zeit, in der Venedig selbst unkultivierte und ungezähmte Natur war.

Auf der Lagune verteilt lagen Garteninseln. Im 15. Jahrhundert gab es Wein- und Klostergärten. Die Giudecca war noch bis in die jüngere Zeit hinein ein wahres Gartenparadies. Auf Torcello wuchsen Weinstöcke und Grantapfelbäume, Oleanderbüsche und Akazien, Feigenbäume und Holunderbüsche; der Boden war dort auch fruchtbar genug zum Anbau von Mais und Artischocken. Früher standen überall in Venedig Olivenbäume; die Insel Castello, auf der die Kathedrale Venedigs steht, hieß einmal Olivolo. Olivenöl brachte viel Geld ein.

Doch heute macht sich nirgendwo in der Stadt mehr das Gefühl von Erneuerung und Wiedergeburt bemerkbar, das mit der Präsenz von Blumen und Pflanzen, mit frischem Grün, einhergeht. Jemand hat einmal kritisch angemerkt, dass die Venezianer dem Marmor den Vorzug vor jeder Art von Vegetation geben. In Venedig muss die Architektur die Rolle der Natur übernehmen, das heißt, die Architektur muss auf pietätvolle und tröstende Weise auf die Natur anspielen, sie evozieren. Darin liegt eines der Geheimnisse des venezianischen Baustils begründet. Der Stein, aus dem die Gebäude sind, wird so be-

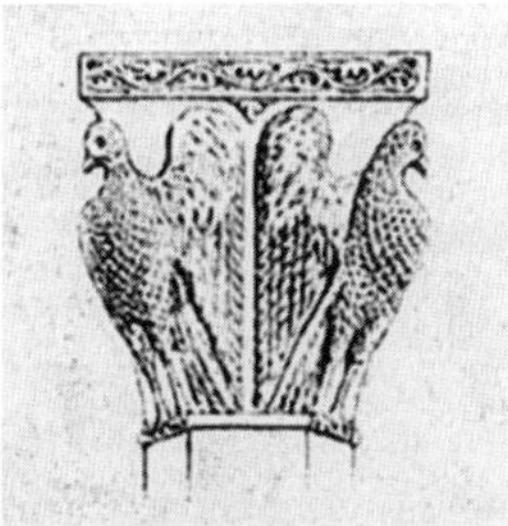

hauen, dass Blätter und Zweige entstehen. Die hundert Säulen von San Marco stellen einen solennen Wald dar. Das Holz wird zu Stein. Der Stein wird zu Holz. Die großen Häuser hat man auch mit Korallenriffen verglichen.

Kunst war nötig, um Natur zu schaffen. Bei venezianischen Malern des frühen 16. Jahrhunderts waren pastorale Szenen in Mode. Die Natur wird von ihnen jedoch leblos oder vielmehr unbelebt dargestellt: Sie wird nicht von Menschen bearbeitet, sie ist nicht wirklich von Menschen bevölkert. Man sieht Schafe. Man sieht pittoreske bäuerliche Anwesen. Man sieht Haine und Quellen. Im Vordergrund sind auch Nymphen und Schäfer dargestellt. Aber die innerste Realität des ländlichen, bäuerlichen Lebens ist nicht erfasst. Das Gras sieht wie Samt aus – wie der Samt, der in venezianischen Manufakturen so hergestellt wurde, dass er wie Gras aussah.

Das natürliche Leben der Stadt hat man sich eher vorzustellen, als dass man es anschauen könnte. Es muss unter den Schichten von Stein erahnt werden. Byron nannte Venedig die »grünste Insel meiner Imagination«, ein Paradaxon, dem nur er Sinn abgewinnen konnte. Vor dem inneren Auge Gustav Aschenbachs, des Protagonisten von Thomas Manns *Der Tod in Venedig,* breitet sich »eine Landschaft [aus], ein tropisches Sumpfgebiet unter dickdunstigem Himmel, feucht, üppig und ungeheuer, eine Art Urweltwildnis aus Inseln, Morästen und Schlamm führenden Wasserarmen« – es ist eine Vision von Venedig in seinem Urzustand. Niemand außer ihm wird die Stadt so sehen.

Und was für Tiere streifen durch diese Welt aus Stein? Einst gab es dort Schafe und Ochsen. Es gab Füchse und sogar Wölfe. Pferde und Maultiere trotteten durch Venedigs Gassen. Auf einem Maultier ritt Papst Alexander III. 1177 durch die Stadt, und 1361 hielten der Doge und elf Patrizier zu Pferd Einzug in sie. Die Veneti der Frühzeit waren als geschickte Reiter bekannt gewesen, und ihre Nachfahren standen ihnen in dieser Beziehung nicht nach. Achtzig Reiter wurden 1310 auf den Markusplatz geschickt, um nach der Aufdeckung einer Verschwörung gegen den Staat dafür zu sorgen, dass Ruhe und Ordnung gewahrt blieben. Auf dem Platz wurden auch Turniere abgehalten, und bei einer solchen Veranstaltung im Jahr 1364 fühlte Petrarca sich zu dem Urteil veranlasst, dass die Venezianer eine genügend große Geschicklichkeit im Umgang mit Pferden und der Handhabung von Waffen an den Tag legten, um den »kühnsten Streitern auf der Erde« die Stirn zu bieten. Man veranstaltete Pferderennen über die Rialtobrücke hinweg, bis ein Edikt von 1359 dem einen Riegel vorschob. Venedigs vorherrschende Geräusche waren das Klappern von Pferdehufen und das Wiehern. Das blieb aber nicht so.

Während der sechs Wochen, die ich in Venedig zubrachte, sah ich nur einen kleinen, braunen Klepper, der auf dem Kirchhof von Santi Giovanni e Paolo graste.

Thomas Coryat

Schon 1611 berichtete der englische Reisende Thomas Coryat, dass er in der ganzen Stadt nur ein einziges Pferd zu Gesicht bekommen habe, und schließlich wurde es verboten, sich auf dem Pferderücken durch die Gassen zu bewegen: Es war einfach nicht genug Platz vorhanden, und außerdem wurden zunehmend Steinbrücken üblich, zu denen Stufen hinaufführten. Pferde waren schließlich so selten, dass Mrs. Hester Thrale im Jahr 1789 berichten konnte, Venezianer gesehen zu haben, die Schlange standen, um ein ausgestopftes Exemplar der Gattung bewundern zu können. Tatsächlich machte man sich im 18. Jahrhundert über die Patrizier der Stadt lustig, weil sie sich auf nichts anderem als Gondeln fortzubewegen verstanden. Das beweist, dass eine angeborene Geschicklichkeit sich durch Mangel an Übung wieder verflüchtigen kann. Die einzigen Pferde, die man heute noch in Venedig zu sehen bekommt, sind in metallisch-rigider Haltung erstarrt. Die vier bronzenen Streitrösser, die über dem Hauptportal des Markusdoms schnauben, Kriegsbeute aus Konstantinopel, sind Wahrzeichen einer Stadt, in der das natürliche Leben sich auf sein Ende zubewegt.

Katzen und Hunde waren – und sind – in Venedig beliebt. In früherer Zeit gab es viele Wach- und Jagdhunde; mit Letzteren zog man in die Sümpfe der Lagune. Über die Jahrhunderte hinweg sind die Hunde der Venezianer jedoch unauffälliger geworden; sie sind relativ klein und recht zahm. Das heißt, dass sie recht gut zu einer Stadt mit eng umgrenzten Räumen passen. Hunden muss die Atmosphäre, die von den alten Steinmauern ausgeht, wirklich behagen. Sie besitzen einen ausgeprägten Territorialsinn – wie die Venezianer selbst. Auch die venezianischen Maler liebten Hunde. Carpaccio mochte es, wenn sie ihm Gesellschaft leisteten – zumindest auf der Leinwand. Auf einem seiner berühmtesten Gemälde, das heute in S. Giorgio degli Schiavoni hängt, blickt ein kleiner Terrier voll frommer Entzückung erwartungsvoll zum heiligen Hieronymus (vielleicht ist es auch der heilige Augustinus) empor. Die Natur schaut verwirrt das Übernatürliche an. Carpaccio hat aber auch Hunde gemalt, die etwas bewachen oder einfach nur schlafend daliegen, Hunde auf Veranden und in Gondeln. Ihr Besitz war nicht den Patriziern vorbehalten. Im 18. Jahrhundert finden sich in fast allen Ausgaben der lokalen Zeitung *Gazzetta Veneta* Anzeigen, mit denen nach entlaufenen Hunden gefahndet wird. Die Venezianer hatten sie in ihr Herz geschlossen, weil sie für die Welt der Natur standen, die sie in ihrem Kampf ums Überleben hatten aufgeben müssen. Die Hunde, die man heute auf den *vaporetti* antrifft, tragen alle einen Maulkorb.

Katzen wurden als »kleine Löwen« gepriesen. Sie sind Teil des Territoriums. Sie sind von Natur aus träge, aber auch von Natur aus wachsam und können einen großen Teil des Tages damit verbringen, einfach nur ihre Umgebung zu beobachten. Doch anders als Hunde der meisten Rassen scheuen sie das Wasser. Dennoch kann man überall in der Stadt kleine Gruppen von streunenden Katzen antreffen. Sie machen den Fischmarkt unsicher. Man sieht sie auf Simsen, auf Treppen, unter Brücken und auf den Plätzen hocken. Der S.-Lorenzo-Platz hat es ihnen besonders angetan. Sie sind selbstverständlich nützlich, weil sie Ratten fangen. Ratten gehören zu den Heimsuchungen Venedigs, werden aber in der Literatur über die Stadt erstaunlich selten erwähnt. Ein Sprichwort besagt, dass jedes venezianische Haus seine Ratte besitzt, womit gemeint ist, dass jede Familie einen aus der Art Geschlagenen in ihren Reihen hat. Man kann es aber auch wörtlich nehmen.

Der Photograph von San Marco bringt das Paradiesische der Gruppe: Mensch und Tier, zustande. Er schüttet dem Individuum, das sich, einen Ausdruck unbeschreiblich blöder Süßigkeit im Antlitz, seiner Platte stellt, Taubenfutter ins Haar. Die guten Tiere gehen auf den Vorschlag ein, setzen sich den widerwärtigsten Männern und häßlichsten Weibern auf den Kopf und holen sich Körner aus der Frisur. Es ist Fraß und sieht aus wie Idyll.

Alfred Polgar

Dass Katzen die Plage so wirksam bekämpfen, mag zu dem Aberglauben geführt haben, dass derjenige, der eine Katze tötet, binnen Jahresfrist selber sterben, und derjenige, der eines dieser Tiere verletzt, einen Unfall erleiden wird. Das schreckte aber eingefleischte Katzenhasser nicht ab. In Zeiten der Republik kam es bisweilen zu mysteriösen Vergiftungsfeldzügen, und es gab ein bizarres Ritual, bei dem eine an ein Brett gebundene Katze von einer Menschenmenge durch systematische Kopfstöße getötet wurde. Doch generell ist man dem tierischen Leben in Venedig immer mit Wertschätzung begegnet. Tierstudien sind in der Malerei des Spätmittelalters und der Frührenaissance außerordentlich häufig vertreten. Carpaccio und Crivelli, Tintoretto und Veronese sowie Bellini stellten Katzen und Hunde dar, aber auch Falken, Hirsche und Fasane. Tizian malte weiße Kaninchen. Immer verbarg sich dahinter das Verlangen, in Verbindung mit einer natürlichen Welt zu treten, die sich außer Reichweite befand und, da sie sich entzog, umso mehr geliebt wurde.

Überall in Venedig gab es Volieren und Käfige mit Singvögeln – ein weiterer Verweis auf das natürliche Leben *[bios]*, das anderswo existierte. Farbenprächtige Vögel – Finken, Kanaris und Papageien – waren am beliebtesten. Alle diese Vögel mussten importiert werden. Im 16. und 17. Jahrhundert hängten die Apotheker auf der Haupteinkaufsstraße, der Merceria, kleine Bauer mit Nachtigallen vor die Tür, um auf ihre Läden aufmerksam zu machen. John Evelyn berichtete, dass man, »wenn man die Augen schloss, meinte, auf dem Land zu sein, während man doch in Wahrheit mitten auf dem Meer war«. Sich so intensiv mit der Natur zu beschäftigen, stellte für die Venezianer einen Weg dar zu vergessen, wie unnatürlich und prekär die Situation war, in der sie lebten.

Browning mochte die Möwen Venedigs; dabei werden diese ansonsten im Schrifttum über die Stadt nur selten erwähnt. Doch zählen sie zusammen mit den Kranichen und wilden Enten zu den in der Lagune heimischen Vögeln. Vögel kommen auch in Mythen vor, die sich um die Stadt ranken: So soll ja ein Schwarm von ihnen die frühesten Siedler zu den Laguneninseln geführt haben. Einer Legende zufolge sind die Tauben, die den Markusplatz bevölkern, direkte Nachfahren jener *piccioni*, die sich den Einwohnern von Oderzo auf ihrer Flucht vor den Barbaren anschlossen. Dass es so viele Schwalben in der Lagunenstadt gibt, ist ein regelrechter Segen; sie treffen im Sommer ein und stoßen auf die Mücken nieder, die in den flachen Gewässern eine Plage sind.

Prominente Touristen: Der Maler Claude Monet und seine Gattin Alice im Oktober 1908 auf dem Markusplatz.

Niemand kann jedoch Venedig besuchen, ohne auf die Tauben aufmerksam zu werden. Die auf dem Markusplatz sind die verhätscheltsten und wohlbehütetsten Vögel der Welt, in einem solchen Maß, dass sie jede Scheu vor den vorübereilenden Menschen verloren haben. Wenn Frost herrscht oder starker Regen fällt, dann bilden sie im wahrsten Sinn des Wortes einen Haufen. Sie drängen sich zusammen, türmen sich geradezu übereinander und halten sich so gegenseitig warm. Sie wissen, dass sie nicht durch irgendwelche Raubtiere gefährdet sind und niemand sie belästigen wird, und haben daher eine einzigartige Form tierischen Verhaltens ausgebildet – wie eine Spezies von Lebewesen, die auf einer entlegenen Insel in fernen Gewässern zu Hause ist.

Sie sind vor allem durch alte Bräuche geschützt. Solche Bräuche sind in Venedig sakrosankt. Es heißt, dass man sie einmal an einem Palmsonntag vom Markusdom aufsteigen ließ, aber mit kleinen an den Beinen befestigten Bleigewichten. Von diesen Gewichten im Flug behindert, wurden sie leichte Beute für die Venezianer und landeten auf deren Tischen. Einige der Vögel schafften es aber trotzdem zu entkommen und brachten sich auf den diversen Simsen und in den Alkoven der Basilika in Sicherheit. Sie wurden also quasi durch die Intervention des Heiligen gerettet und stiegen danach zum Kultvogel auf. Das ist jedenfalls die Geschichte, die man sich erzählt. Es trifft mit Sicherheit zu, dass täglich ein Quantum Körner aus den öffentlichen Getreidespeichern für sie ausgestreut wurde, wie man es auch in Persien und Südrussland zu tun pflegte, und dass es als Vergehen angesehen wird, ihnen, auf welche Weise auch immer, nachzustellen.

Heute leben vierzigtausend »Markustauben« in der Stadt. Die Verkäufer von Taubenfutter auf dem Platz unterhalten mit ihrem Gewerbe neunzehn Familien. Die Vögel selbst scheinen unter einer Art von göttlichem Segen zu stehen, und Elizabeth Barrett Browning sprach von ihnen als »heiligen Tauben«. Über die Jahre hinweg hat es wiederholt Versuche gegeben, ihre Zahl zu reduzieren, mit der Begründung, dass ihr Kot eine Gefahr für die öffentliche Gesundheit darstelle und den Stein der alten Gebäude zersetze. Man ist ihnen mit Gift zu Leibe gerückt, hat sie in Fallen gefangen und sie sogar mit empfängnisverhütenden Mitteln zu füttern versucht. Alles ohne Erfolg. Sie sind auf dem Markusplatz herumgeflogen und -geflattert, seitdem es diesen gibt. Warum sollten sie ihn jetzt räumen? Und wenn man sie entfernte, sähe der Platz dann nobler aus, oder wäre es sicherer auf ihm? Nachdem man den Trafalgar Square von seinen Tauben befreit hat, wirkt er nackt und nahezu leer. Die Vögel tragen dazu bei, dass der Platz so etwas wie eine Seele erhält. Sie sind wie der graue Stein, aus dem er besteht, zum Leben erwacht und von harter Materie in flaumig-weiche verwandelt.

Venedig hat die Natur auf mannigfaltige Weise bekriegt. Seine ganze Seele und sein ganzes Sein waren dem Kampf gegen das Meer gewidmet, und aufgrund eines Übertragungsprozesses beeinflusste diese Rivalität auch andere Bereiche des Lebens in der Stadt. Es ist zum Beispiel bemerkenswert, welche Fachkenntnis die Venezianer im »Zwingen« von Blumen entwickelten. Sie wussten genau, wie man Rosen und Levkojen dazu brachte, ihre Knospen außerhalb der eigentlichen Blütezeit zu öffnen: Sie konnten ihre Heime im Januar mit süß duftenden Rosen schmücken. In der ersten Hälfte des 20. Jahrhunderts färbten sie ihre Blumen auch gerne. Orangefarbene und blaue Rosen wurden zum Verkauf angeboten, ebenso rosa und blaue Tausendschönchen. Das ist aber nur ein anderes Beispiel für eine alte Praxis. Die Vorliebe der Venezianer für bunte Farben ist bekannt. Warum sollten diese nicht von der Leinwand auf die flüchtigere Welt übergehen?

Der Taubenschwarm gleicht den langen Fransen eines Schales, den Venedig täglich zu dieser Stunde sanft und behutsam über den Platz schwingt. Diese leise schwirrenden Fransen streifen die Prokuratien, schwenken vor der Kirche ein, ziehen sich im Gewoge der Umkehr schmaler zusammen und wiederholen dreimal die kreisende Bewegung, bis sie allmählich zur Ruhe kommen.

Silvio Toddi

Die Venezianer waren fasziniert von artifiziellen Gärten, je komplexer, desto besser. Um die Villen herum, die sie sich auf dem Festland entlang der Brenta errichteten, legten sie Gärten in unterschiedlicher symmetrischer Form an, denen Wasserspiele und Skulpturen jeder erdenklichen Art in Grotten und Höhlen das letzte Raffinement verliehen. Die Gewächshäuser waren mit seltenen Pflanzen und Blumen aus fremden Ländern angefüllt, die Hecken so gestutzt, dass sie die Form von Schiffen oder Tieren aufwiesen. Marmorne Statuen von Nymphen und Göttinnen stellten die natürlichen oder unnatürlichen Ergänzungen der pastoralen Landschaften dar, die im frühen 16. Jahrhundert Mode waren. Zur selben Zeit entwickelte sich ein allgemeines und echtes Interesse für die Kunst des Gärtnerns; dies geschah im Zusammenhang mit dem stetigen Streben danach, die natürliche Welt zu kontrollieren und zu verbessern. Die venezianischen Patrizier berauschten sich an ihrem Triumph über die Natur – oder vielmehr an ihrem angeborenen Geschick, sie für ihre eigenen Zweck umzugestalten. Mit welcher Meisterschaft sie sich darauf verstanden, ist das, was man der Geschichte der Republik vor allen anderen Dingen entnehmen kann. Die Stadt verkörpert auf äußerst diffuse und beunruhigende Weise das unbestimmte Reich zwischen dem Natürlichen und Künstlichen und suggeriert, dass es eine dritte Entität geben könnte.

7

Die Steine von Venedig

Wie die meisten venezianischen Kirchen ist sie [die Markuskirche] aus Ziegeln gebaut, weil Ziegel am leichtesten zu haben waren. Ihre äußere Schönheit stammt von dünnen Marmorauflagen, mit denen die Ziegelmauern furniert sind, als wäre sie nichts anderes als ein Möbelstück.

Mary McCarthy

Wenn Venedig eine Stadt von Stein ist, in der Erde und Pflanzen kaum eine Rolle spielen, wird es dann zu einer unwirklichen Stadt? Oswald Spengler glaubte, dass sich der zivilisatorische Prozess als Übergang von Pflanze zu Stein auffassen lasse, und wenn man sich dem anschließt, könnte man Venedig als die zivilisierteste aller Städte ansehen. Von Beginn des 15. Jahrhunderts an, als die hölzernen Bauten nach und nach abgerissen wurden, entwickelte es sich zu einem kleinen Königreich aus Stein. Es erweckt den Eindruck von Solidität und Stabilität, der noch dadurch verstärkt wird, dass das damit kontrastierende Wasser allerorten so nahe ist.

Stein kommt von Natur aus in der Lagune nicht vor. Steine zum Bauen mussten also gekauft oder gestohlen werden. Es gab eine Zeit, nach der Einnahme von Konstantinopel, da jedes Schiff, das von dort nach Venedig segelte, eine Ladung Steine an Bord nehmen musste. Diese fanden gleichzeitig als Ballast Verwendung. Der venezianische Marmor kam aus Carrara und von der Insel Paros. Trachit, in den Euganeen gebrochen, verwendete man zum Pflastern der *calli* und *campi*. Dunkler und roter Stein wurden aus der Umgebung von Verona importiert; beide Arten waren mit Einschlüssen aus härterem Stein durchsetzt, die von Wasserarmen umflossenen Inseln ähnelten. Der hellere, rosa- und graufarbene Stein aus derselben Gegend nimmt je nach Jahreszeit und Lichtverhältnissen einen anderen Ton an. Er passt perfekt zu der Stadt. Rosa Granit und Porphyr kamen aus Ägypten. Und dann gab es noch weggeworfene, ausgemusterte Steine – sie stammten von den alten Kirchen und Häusern auf den kleineren Inseln der Lagune. Steine jeder Art waren so wertvoll, dass man sie immer wieder verwendete. Der Schutt von Ruinen bildete die Fundamente für neue Gebäude – es war ein unaufhörlicher Prozess der Regeneration und Wiederverwertung von Altem, um etwas anderes, etwas Neues zu erschaffen. Grabsteine aus römischer Zeit gingen in christliche Kirchen ein. Ein dem Sonnengott geweihter Altar fand, aus Aquileia herbeigeschafft, Verwendung im Baptisterium des Markusdoms. Man kann zu Recht sagen, dass Venedig auf den Trümmern der Antike errichtet wurde; es birgt vergangene Epochen in sich.

Es gibt auch exotischere Steine. Die Venezianer liebten den farblichen Effekt von Achat und Malachit, Amethyst und Karneol. Die Ultramarinfarbe, die für die Fassade des als Ca' d'Oro bekannten Palazzo am Canal Grande benutzt wurde, hatte man mit gemahlenem Lapislazuli aus Badachsan hergestellt. Die Venezianer schätzten bunten und stark geäderten Stein, grünen Porphyr und schwarzen Granit, weißen Stein mit einer rötlichen Äderung oder orangefarbenen Stein mit einer weißen. In der Markuskirche findet man mehr als fünfzig verschiedene Arten.

Der am häufigsten vorkommende Stein wurde aber in Istrien gebrochen. Istrischer Stein widersteht großer Hitze wie auch Kälte, lässt sich leicht bearbeiten und, was am wichtigsten ist, ähnelt Marmor. Nach dem Glätten und Polieren ist er kaum von diesem zu unterscheiden. Er liefert ein weiteres Beispiel für den Hang der Venezianer zur »Show«. Er wurde für die Fundamente der Palazzi und Kirchen verwendet, aber auch für Skulpturen, Tür- und Fensterlaibungen, für Säulen und Schlusssteine, für Kaianlagen und Familienwappen.

Wichtig ist, dass es sich bei diesem bevorzugten Baustoff um Kalkstein handelt. Die See hat ihn hervorgebracht, er besteht aus unvorstellbar vielen maritimen Lebewesen, ist die Essenz des Meeres. Als W.H. Auden sich eine Kalksteinlandschaft vorstellte, hörte er das Murmeln unterirdischer Wasserläufe. Dieser Stein ist untrennbar mit dem Leben und der Geschichte von Wasser verbunden. Auch Marmor ist eine Kalksteinart, hart geworden und umgewandelt und somit re-

sistenter gegenüber der salzigen Seeluft. Das ist der Grund dafür, dass man ihn häufig für die Fassaden der großen Häuser und Kirchen benutzte. Das Meer ist also durch Metamorphose zum Stein Venedigs geworden. Der Stein leuchtet aus seinem Inneren heraus, wie das Meer es tut. Er glitzert, gleißt, schimmert. Man hat das Bild von einem Wald aus Marmor verwendet, der aus den versteinerten Bäumen, die die Fundamente bilden, emporwächst. In seinem Buch mit dem so treffenden Titel *Stones of Venice (Die Steine von Venedig)* widmet John Ruskin viele Abschnitte den Blatt- und Blumenmustern, die aus dem Stein herausgehauen sind: Diese Verzierungen wurden oft derart sorgfältig ausgeführt, dass zum Beispiel jedes steinerne Blatt einer Weinranke in einer leicht variierten Position dargestellt sein kann. Es sind die Rankenäste zu sehen und die sich windenden »Fühler«, wehende Blätter und die in schweren Trauben herabhängenden Weinbeeren. Jede Rippe und Ader der Blätter ist genauestens nachgeahmt. Auf diese Weise kann man der Natur gedenken, verspottet sie aber gleichzeitig auch.

Steinrelief, zwei Pfauen und eine in einem ornamentalen Gefäß wurzelnde Pflanze zeigend. Die Venezianer liebten solche Darstellungen der – gebändigten oder gezähmten – Natur. Die Stadt war zumindest bis ins frühe 18. Jahrhundert hinein von zahlreichen Gärten durchzogen, in denen man auch Vögel und andere Tiere hielt; danach wurde sie aber zunehmend zu einem Steinmeer.

Auswärtige Besucher kommen gerade wegen des Steins oder der Steine nach Venedig. Für den Reisenden ist es hauptsächlich eine Stadt der Bauten, erst in zweiter Linie eine der Menschen. Steine machen das Leben der Stadt aus. Geheiligte Steine haben dort eine weit zurückreichende Geschichte. Steine in Gestalt byzantinischer Kreuze wurden in die Fassaden von Palästen eingelassen. Von steinernen Ovalen und Kreuzen gebildete Muster schmücken viele Kirchen und Häuser. Gotische Eingänge werden für gewöhnlich von steinernen Tympana gekrönt, aus denen die Figuren von Engeln oder Heiligen herausgehauen sind. Mithilfe von Stein ließ sich etwas Spirituellem konkrete Gestalt verleihen. Es gibt »Glaubenssteine« und »Bibelsteine«, in die Passagen aus der Heiligen Schrift gemeißelt sind; meist dienen sie als Fenster- oder Türstürze. Es gibt »Gesetzessteine«, in die Vorschriften und Erlasse gehauen wurden; es gibt Steine der Bestrafung, die die Stätten öffentlicher Rechtsprechung und Hinrichtung markieren; es gibt Steine der Schande, die Orte kennzeichnen, an denen Verrat oder eine andere ehrlose Tat begangen wurde; die Worte auf einer steinernen Säule besagen, dass sie »errichtet wurde, von der Allgemeinheit anzuschauen, damit sie andere in Schrecken versetze und allen für immer zur Warnung diene«. Diese Praxis, Steine als Mahnmale einzusetzen, reicht weit in die Vergangenheit zurück, in eine Zeit, als man Stein als ein Abbild Gottes ansah, ein Glaube, dem man in so verschiedenen Kulturen begegnet wie der indischen und keltischen, der melanesischen und jener der amerikanischen Ureinwohner. Dieser Glaube wurde durch die ganz besonderen äußeren Gegebenheiten in der Stadt auf dem Wasser perpetuiert. Kostbare Steine waren auch magische Steine. Rilke sprach einmal von Venedig als einem »steinernen Märchen«.

Die venezianischen Maler widmeten sich mit größter Hingabe den Steinen ihrer Stadt. Auf Bildern von Carpaccio und Veronese, von Bellini und Tintoretto begegnen einem immer wieder Ansichten von steinernen Objekten und Steinflächen in allen möglichen farblichen Schattierungen. Das ist die Landschaft ihrer Imagination. Die öffentlichen Gebäude der Stadt lösten in ihnen Verehrung und Hochachtung aus. Die Treppenfluchten und Säulen, die Korridore und Söller sind ihre wahren Themen. Dieses Gespür für Stein, seine Verehrung, liegt auch Canalettos späteren, ungeheuer präzisen und detailgetreuen Wiedergaben der Architektur der Stadt zugrunde. Sein »Hof der Steinmetzwerkstatt« (»Il campo della Carità a Venezia«) stellt eine Meditation über die Kraft und das Potenzial von Stein dar. Er pflegte seine Leinwände ziegelrot zu grundieren.

Venedig hat aber ein kleines Geheimnis. Es ließe sich auch mit Fug und Recht als Stadt des Mauerwerks bezeichnen. Denn es ist zu einem großen Teil aus Ziegeln erbaut, die nur kunstvoll mit Marmor oder Stuck verkleidet sind. Es handelt sich im wahrsten Sinn des Wortes um Blendwerk. Die großen Palazzi sind aus Ziegelsteinen errichtet. Die Kirchen wie auch die Wohnhäuser bestehen aus ihnen. In Wirklichkeit ist Venedig eine Stadt aus »Backsteinen«, aus gebranntem Lehm also, der vom Festland stammt. Doch es ist in Marmor und Kalkstein gehüllt, womit weniger der Erde Reverenz erwiesen wird als dem Meer.

Die Ziegel und Steine der venezianischen Gebäude wurden manchmal mit dem Fleisch und dem Knochengerüst des menschlichen Körpers verglichen und das Schimmern des Kalksteins mit dem Schimmern von Haut. Die Steine werden also als etwas Lebendiges empfunden, als etwas, das sich bewegt. Die Steine von Venedig wirken leicht und die aus ihnen errichteten Gebäude luftig; sie erwecken den Anschein, als könnten sie sich vom Boden lösen und in den Himmel aufschwingen. Als der Protagonist von Marcel Prousts *Auf der Suche nach der verlorenen Zeit* beim Betreten des Hôtel des Guermantes in Paris stolpert, wird er an jenen Augenblick erinnert, in dem er im Baptisterium des Markusdoms auf zwei unebenen Steinplatten des Bodens stand; diese kurze Reminiszenz versetzt ihn in glückselige Stimmung, denn damals waren zeitliche und räumliche Distanz ausgelöscht, Vergangenheit und Gegenwart flossen ineinander, waren im Einklang. Die Steine Venedigs brachten ihm Freude und ließen ihn indifferent gegenüber dem Tod werden.

Viele Legenden und abergläubische Vorstellungen ranken sich um diese Steine. Die Adern, welche Marmorgestein durchziehen, lassen manchmal bizarre Gestalten entstehen. So wurden beispielsweise zwei Marmorplatten an einer Wand von San Marco durchgesägt und gaben das Bild eines bärtigen Eremiten preis, der die Hände zum Gebet gefaltet hält. In dem gesamtem Bau gibt es kaum einen Stein, mit dem sich nicht irgendwelche Legenden oder Berichte verknüpfen, den die Aura des Geheiligten umgibt. Man findet dort den Felsen, aus dem Moses Wasser hervorsprudeln ließ, die Steine, über die Christus wandelte oder auf die sein Blut vergossen wurde. An der Porphyrmauer neben dem Dom zur Piazzetta finden sich zwei Zweiergruppen von merkwürdigen Schemen. Es heißt, dass es sich um vier Sarazenen handelt, die zu Stein erstarrten, als sie den Domschatz rauben wollten.

Prachtdamast vor La Salute

[...]

Erflimmert sind des Meeres Sonnenstoffe!
Vor Marmortreppen webt es Züngelspitzen:
Und droht verfinsternd steil das Gotischschroffe,
So hilft es sich mit Silberwirbelwitzen.

Die reinsten Flammen sind Türkisen, Rauten,
Doch hebt das Meer oft ganzen Perlenspiegel:
Narzissen schwemmt es vor die Schimmerbauten
Und rote Nelken vor Verwittrungsziegel.
[...]

Theodor Däubler

In einem anderen Viertel, in der Nähe der Salizzada del Pignater, ist über einem Torbogen ein Herz aus Ziegelsteinen angebracht: Wenn zwei Liebende es berühren, wird ihre Leidenschaft füreinander nie vergehen.

Statuen beginnen sich plötzlich zu bewegen oder verschwinden. Früher erzählte man sich, die Statue des Judas in Madonna dell'Orto erhebe sich in der Karfreitagnacht in die Luft, um nach Jerusalem zu fliegen, und zwar in Begleitung der beiden Gerechtigkeit und Liebe verkörpernden Steinfiguren, die sich auf dem Dach derselben Kirche befinden. Die Statue eines Kaufmanns, die heute noch vor einem Haus steht, begann angeblich im Februar, wenn die Luft kälter als jeder Stein war, Tränen zu vergießen. Wenn gute und unschuldige Menschen die Hand auf die Brust dieses Kaufmanns legten, fühlten sie sein Herz schlagen. Viele Legenden der Stadt haben mit einer großen Angst der Venezianer zu tun – dass nämlich die Steine zum Leben erwachen könnten. Es gibt Geschichten von Steinlöwen, die plötzlich von ihren Podesten springen, von Magiern, die Stein zu Fleisch werden lassen können, von einer Säule bei San Marco, die in Nebelnächten Blut schwitzte. Wenn Venedig die natürliche Welt zu Stein hatte werden lassen, dann könnte es sich insgeheim danach sehnen, dieses Wunder umzukehren und selbst wieder atmend und geschmeidig zu werden. Stein steht für Sehnsucht nach dem Tod, eine Neigung und ein Verlangen, die man in jeder Stadt finden kann. Gott schuf – so hatten die Venezianer es gelernt – die natürliche Welt, der Mensch aber die Stadt. Nach der Ermordung Abels wurde Kain zum Gründer von Städten. Städte repräsentieren die Ursünde und die Lösung natürlicher Bindungen. Venedig ist ihr Avatar.

TEIL III

Staatsschiff

8

»Möge es ewig bestehen«

Auf dem Markusplatz konnte man jederzeit die Rufe »Marco! Marco!« hören, mit denen der Heilige angefleht wurde, seine Stadt zu schützen. Auf seinem Totenbett murmelte der größte Theologe, den die Stadt hervorgebracht hatte, Paolo Sarpi: »*Esto perpetua!*« – »Möge Venedig ewig bestehen!« Als dieser fromme Wunsch 1623 von seinen Lippen kam, war jedoch die Stadt schon mehr als nur dem Namen nach zu einem Staat geworden, und zwar sowohl in der Theorie als auch in der Praxis. Das abstrakte Konzept vom Staat bildete sich nicht vor der ersten Hälfte des 16. Jahrhunderts heraus, die Vorstellung vom Gemeinwohl war natürlich viel älter; sie hatte zum Entstehen Venedigs geführt.

Die erste Erwähnung der *commune Venetiarum* lässt sich bis zum Anfang des 12. Jahrhunderts zurückverfolgen, als bürgerliche Würdenträger die Macht des Dogen und des Volks auf sich zu übertragen versuchten. Von jener Zeit an kann man das Wachsen eines sich auf einen großen bürokratischen Apparat stützenden Staates mitverfolgen, eines komplexen Gebildes mit Verwaltungsbeamten und Diplomaten, Regierenden und Gesetzen. Die lokalen Bindungen zwischen einzelnen Pfarrbezirken und der als *contrade* bekannten Viertel wurden schwächer, und die Zahl der religiösen Zeremonien, mit denen diese gefeiert werden sollten, nahm ab; stattdessen bildete sich die Vorstellung von einer vereinten Stadt aus, eine Vorstellung, die sich in zahlreichen gemeinsamen Unternehmungen niederschlug und in öffentlichen Verfügungen manifestierte. Eine neue Form urbanen Lebens, die gleichzeitig effizienter und unpersönlicher war, begann Gestalt anzunehmen. Die öffentliche Ordnung wurde mit öffentlichen Mitteln überwacht und aufrechterhalten. Die Menschen hatten einst die Stadt erschaffen, jetzt erschuf die Stadt die Menschen. Oder genauer: Die Einwohner Venedigs definierten sich selbst jetzt über ihre Stadt. Das Private war öffentlich geworden; die Stadt war zu einer Totalität geworden. Von bestimmten verbrecherischen Akten beispielsweise hieß es jetzt, dass sie »gegen den Willen der Öffentlichkeit« verstießen, wodurch die Einwohner miteinander und mit der Stadt verschmolzen wurden. Spätestens vom 15. Jahrhundert an kann man von einem langsamen Sich-Ausbilden eines Staates Venedig sprechen. Dieses Gemeinwesen wurde als »Signoria« bekannt, was so viel wie »Souveränität«, »Herrschaft« oder »Herrschaftsgebiet« bedeutet.

Esto perpetua!
(Sei ohne Ende!)
Wunsch Paolo Sarpis an Venedig

Wie also wurde diese Stadt zu einem Staat, ja zu einem Vorläufer des modernen Staates? Das ist eine komplizierte Frage. Komplexe Rituale, Selbsterfahrung und kommunale Selbstachtung spielen eine Rolle. Dieser Staat bildete sich zusammen mit einem streng kontrollierten öffentlichen Finanzsystem aus, das auf solchen Mechanismen wie der Aufnahme und Gewährung von Krediten und der Zeichnung von Wechseln beruhte. Einige der ersten Banken der Welt hatten ihren Sitz in Venedig. Die ersten öffentlichen Darlehen wurden dort 1167 vergeben. Die Banco del Giro wurde 1619 gegründet. Ein Staat kann ohne innere, durch Gesetze verbürgte Stabilität nicht überleben. Die Venezianer waren immer stolz auf ihr Justizwesen, auf ihre Gesetze, wie fragwürdig deren praktische Anwendung manchmal auch sein mochte. Doch das Gesetz hinter allen anderen Gesetzen, das, was das ganze Handeln der Menschen letztendlich bestimmte, war – um einen englischen Gesandten zu Beginn des 17. Jahrhunderts zu zitieren – »Staatsräson«. Der Staat war ewig. Der Staat war die Quelle jeglicher Sittlichkeit. Er war nahezu byzantinisch in seiner Rigidität und seinem Prestige.

Doch es gab noch andere Faktoren, die die Entwicklung hin zum Staat begünstigten, beziehungsweise ganz praktische Erwägründe, die eine solche Entwicklung günstiger erscheinen ließen. Ein Staat ist auf eine aufgrund bestimmter Kriterien als solche definierte Elite angewiesen, die im offensichtlichen Interesse aller Macht ausübt, und in Venedig lag die Regierungsgewalt schon seit dem Ende des 13. Jahrhunderts in den Händen eines Patriziats, das juristisch als solches definiert war. Und natürlich garantierte der Schutz der Verfassung das Florieren des Handels; Macht und Kommerz waren untrennbar. Eine Regierung benötigt einen bürokratischen Apparat, um Dinge wie die öffentliche Gesundheit und Ordnung zu überwachen und zu gewährleisten. Die venezianische Bürokratie stellte eines der Wunder der westlichen Welt dar. Alles wurde schriftlich niedergelegt, wie die überquellenden Archive des modernen Venedig bezeugen. Zu einer Zeit, als andere Städte nur über eine rudimentäre interne Organisation verfügten, existierte in Venedig bereits eine vorbildliche Verwaltung. Volkszählungen und andere Erhebungen wurden häufiger durchgeführt als anderswo und mit größerer Effizienz. Jacob Burckhardt stellte in *Die Kultur der Renaissance in Italien* Venedig als eine der Geburtsstätten der Statistik dar. Jeder Bereich des gesellschaftlichen und kulturellen Lebens war streng geordnet. Sogar der Verkauf von Obst auf dem Markusplatz und von Blumen auf der Domtreppe wurde genau beobachtet und überwacht. Das Aufkommen einer Bürokratie trug zur Abfassung von Berichten und Abhandlungen über die Kunst des Regierens bei – Texte, die eine große Rolle für das Entstehen dessen spielten, was als bürgerlicher Humanismus bekannt geworden ist. Natürlich war in der Praxis das Handeln der Oberen von Opportunismus und Korruption kontaminiert, schlugen sich Relativismus und Pragmatismus in ihm nieder, doch das ließ sich leicht hinter der imposanten, Ordnung suggerierenden Fassade verbergen, die die öffentliche Verwaltung des ganzen Lebens schuf.

Ein Staat ist auf einen bestimmten Grad an Zustimmung vonseiten seiner Bürger angewiesen. Eine Stadt kann mit aufsässigen oder feindlich gesonnenen Bürgern überleben – in gewisser Hinsicht sind diese ihr sogar förderlich –, doch der frühe venezianische Staat war gezwungen, ein gewisses Maß an interner Kontrolle auszuüben, und kein anderer Staat wusste schließlich seine Bürger erfolgreicher zu disziplinieren als er. Der Doge und die verschiedenen Ratsgremien erhoben Machtausübung im wahrsten Sinn zur Kunst. Jede abschätzige Äußerung wurde geahndet, da sie »*contra honorem huius civitatis*« – gegen die Ehre dieses Staates – verstieß; sie brachte dem Kritiker eine bestimmte Zeit im Gefängnis ein. Ausländer, die sich abfällig über *la Serenissima* ausließen, wurden aus ihr verbannt. In der von Alfred de Musset herausgegebenen Geheimkorrespondenz eines venezianischen Diplomaten stößt man auf die Anweisung: »Signor A. die Summe von fünfzig Scudi dafür zu zahlen, dass er Signor S. getötet, welcher schlecht von der Republik Venedig gesprochen hat.«

Die Venezianer sollten dem Staat dienen. Immer wieder wurde betont, dass er ihnen von ihren fleißigen Vorvätern zu treuen Händen übergeben worden sei und sie ihn als einen kostbareren Besitz anzusehen hätten als ihr eigenes Leben. Es sei eine Sache der Ehre, ihn zu erhalten. Das war überhaupt in Bezug auf Venedig das Schlüsselwort: Erhaltung. Dass die Stadt sich erhalten konnte, war schon ganz zu Anfang das große Wunder gewesen, und dieses Wunder musste immer wieder heraufbeschworen werden. Aufgrund ihrer bedrohten und Angriffen von außen ausgesetzten Position benötigte sie, wie die Edikte der Obrigkeit suggerieren, zur Sicherung ihrer Existenz eine einige und gehorsame Bürgerschaft. Das ist der Grund für die relative Ruhe, die in Venedig über die Jahrhunderte hinweg herrschte; sie ist auf die Ursprünge der Stadt zurückzuführen. Die für Venedig spezifische Art von Macht entsprang dem Ort selbst; man war sich ständig bewusst, dass man nur im Kollektiv überleben konnte.

Doch ein Staat entsteht aus einem Bewusstsein für die eigene Macht und aus ihrer Verherrlichung heraus. Venedig wurde stark, weil seine unmittelbaren Nachbarn schwach waren. Es gab keine andere Stadt, die ihm seinen Herrschaftsanspruch über das angrenzende Festland hätte streitig machen können. Im Lauf der Zeit wurde es zu einem Stadtstaat, der sich auf seine Dominanz über andere Städte stützte. Es ging Venedig nie um die Eroberung eines Territoriums im Sinn eines natürlichen, von Flüssen und Bergen umgebenen Gebiets, sondern darum, über eine Konföderation aus separaten städtischen Entitäten zu herrschen. Die Venezianer schufen sich in Norditalien ein Reich aus Städten, die sie an sich brachten, manchmal auch wieder verloren oder gegen andere eintauschten.

Vor uns entsteht also das Bild eines extrem autoritär geführten, im Höchstmaß durchorganisierten und außergewöhnlich effizienten »Unternehmens«. Das mag nicht mit unserem heutigen Bild von Venedig als einer wunderschönen und heiteren, wenn auch bei Gelegenheit verschlafen wirkenden Stadt übereinstimmen, doch es umreißt die unumgängliche Vorbedingung für das Entstehen der Stadt in ihrer gegenwärtigen Gestalt. Venedig ist heute, was es ist, und wird es immer sein aufgrund dessen, was es einst war.

Die Signoria wurde im Lauf des beschriebenen Prozesses zum Objekt pseudoreligiöser Verehrung, in Hunderten von gemeinschaftlich und über das ganze Jahr verteilt ausgeführten Ritualen angebetet und gefeiert. Ein großer bürokratischer Apparat wurde eigens zu dem Zweck aufgebaut, diese Feierlichkeiten zu organisieren. Sogar zur Zeit der Belagerung der Stadt, 1848, als sie von österreichischen Soldaten eingeschlossen war, verging kaum ein Monat, ja kaum eine Woche, ohne dass eine Zeremonie stattfand oder ein Umzug veranstaltet wurde. Es lag diesen Menschen einfach im Blut.

Die Venezianer hatten von ihrer Veranlagung her eine große Vorliebe für Zurschaustellungen und Aufführungen. Die Stadt selbst bot sich von ihrer ganzen Anlage her für die Durchführung von elaborierten Zeremonien an, und der Markusplatz war dabei der Hauptschauplatz oder die Hauptbühne; auf ihm wurden Geschenke überreicht und Glück-

[Am Tage Mariae Himmelfahrt, einem Freitag] sah ich morgens den Dogen in seinem glänzenden Schmuck, begleitet von sechsundzwanzig Paaren von Senatoren in damastseidenen, langärmeligen Gewändern aus der Markuskirche kommen. Auch venezianische Edelleute und Gesandte leisteten ihm Gefolgschaft. Er trug zwei außerordentlich kostbare, lange Gewänder. Die Robe, die er zuoberst trug, war aus weißem Silberstoff und hatte große massive Knöpfe aus Gold, die darunter war ebenfalls aus Silber, jedoch mit wunderbar feinen Ornamenten aus farbiger Stickerei verziert. Seine Schleppe wurde von zwei Patriziern getragen.

Thomas Coryat

wünsche ausgetauscht. Wie geordnet der ganze Staat war, lässt sich daran ermessen, dass alle Rituale streng der Tradition und Sitte gemäß ausgeführt wurden, ihr Ablauf bis ins Letzte formalisiert war. Die einzelnen Gruppen trugen unterschiedlich gefärbte Kerzen vor sich her. Die bei solchen Gelegenheiten aufgezogenen Banner vermittelten ihre eigene kodifizierte Botschaft: Sie waren weiß, wenn Venedig sich im Frieden befand, grün, wenn man in einer Phase des Waffenstillstands lebte, und rot, wenn man im offenen Krieg lag.

Vor allem die Prozessionen des Dogen wurden als eine Art Veranschaulichung der venezianischen Verfassung angesehen. Sie waren die Verkörperung der geistigen wie auch der weltlichen Herrschaft, welcher die Stadt unterstand – und der Ordnung, die in ihr herrschte. Ein Besucher aus Mailand bekundete 1494, dass es sich in anderen Städten so verhalte, dass »in dem Augenblick, da der Fürst vorübergezogen, sich alle vermischen und ohne Ordnung hinwegbegeben«, in Venedig hingegen »jedermann in der denkbar höchsten Ordnung« von dannen gehe. Stiche und Gemälde zeigten die große Anzahl der Teilnehmer, wobei die Rolle eines jeden durch seine Haltung oder Gewandung deutlich definiert wurde. Matteo Pagan fertigte im 16. Jahrhundert eine bemerkenswerte Serie von acht Holzschnitten an, die jeden Prozessionsteilnehmer äußerst detailliert darstellt.

Die Spitze bildeten acht Standartenträger, denen sich bestimmte Justizbeamte anschlossen. Dann kamen sechs Musiker, die silberne Trompeten bliesen. Dahinter schritten erst die Knappen der ausländischen Gesandten und dann die *scudieri*, die Schildknappen, des Dogen einher. Dann folgten weitere Musiker und weniger hochrangige Beamte wie Sekretäre und Notare. Und so ging es weiter; der ganze Zug war in drei große Gruppen unterteilt, und es wurde sorgfältig darauf geachtet, dass in jeder von ihnen religiöse und staatliche Autorität in einem ausgewogenen Verhältnis zueinander repräsentiert waren. Es handelte sich nicht um eine Prozession von Menschen, sondern einen Aufmarsch von Amtsinhabern. In der Mitte des Zugs schritt der Doge einher: Das war das Zentrum der Macht, die von dort aus in beide Richtungen, die ganze lange Menschenschlange hinauf und hinunter, ausstrahlte und die Ordnung festlegte, in der die Angehörigen der verschiedenen Klassen und Schichten sich aneinanderreihten. Die Bürger liefen vor ihm her, in aufsteigender Rangfolge gestaffelt, die *nobili* folgten ihm, in absteigender Rangfolge angeordnet. Einige meinten, dass die Patrizier sich bemühten, bei solcher Gelegenheit einen besonders wohlwollenden, gütigen Eindruck zu machen: Sie lächelten viel. Es herrschte generell eine ruhige und heitere Atmosphäre. In gewissen Perioden der venezianischen Geschichte stellte dieser Prozessionszug das bedeutendste Ereignis des Jahres dar.

Die Feierlichkeiten waren aber nicht immer von so erhebender, erbaulicher Art. Am Tag der Erscheinung des Herrn, am 6. Januar also, wurden Ruderer als alte Weiber verkleidet; mit an den Nasen befestigten Karotten und alte Strümpfe hinter sich herschleifend, lieferten sie sich ein Wettrennen bis zum Ponte di Rialto. Am Giovedi Grasso, dem Fetten Donnerstag, einem Fest, das im Februar begangen wurde, schlachtete die Gilde der Schlosser mitten auf dem Markusplatz einen Stier und mehrere Schweine. Und in einer späteren Phase der Zeremonie, mit der dieser Tag gefeiert wurde, griffen der Doge und eine Reihe der Senatoren mit Stangen einige leicht gebaute hölzerne Burgen an und zertrümmerten sie. Damit wurde ein Sieg Venedigs über die Schwesterstadt Aquileia nachgestellt. Wurde Politik in ein Spiel umgesetzt, oder war das Spiel eine Form der Politik?

Wenn der Doge den verschiedenen Vierteln der Stadt einen Besuch abstattete, wurde das ebenfalls mit Feierlichkeiten begangen. Hielt er zum Beispiel in den Pfarrbezirk von Santa Maria Formosa Einzug, überreichte man ihm einen Hut aus vergoldetem Stroh, eine Flasche Wein und mehrere Laibe Brot. Am Ende der Zeremonie wurden zwölf hölzerne Frauenstatuen in einer feierlichen Prozession zur Kirche getragen, wo man sie mit Rüben bewarf. Es heißt, dieses Ritual gehe auf einen historischen Vorfall zurück, bei dem zwölf venezianische Mädchen von Piraten verschleppt, anschließend aber von jungen Männern aus der Gemeinde gerettet worden seien. Das ist aber höchst unwahrscheinlich. Vermutlich schlägt sich in ihm eher eine primitive Phase venezianischer Erfahrung nieder: die gleichzeitige Verheiratung mehrerer junger Frauen aus wohlhabenden Familien als Teil eines Fruchtbarkeitsritus. Volksbräuche können merkwürdige Formen annehmen. Eine schnippische oder frigide Frau pflegte man in Venedig als »hölzerne Marie« zu bezeichnen. Vielleicht besitzt das Wort »Marionette« dieselbe Wurzel.

Es gab so viele Feste, dass man schließlich dazu überging, an einem Tag mehrerer Ereignisse oder Personen zu gedenken. Venedig war zu einer Stadt des Rituals geworden. Deshalb wählte man ganz bestimmte Routen für die Umzüge, errichtete Kirchen an bestimmten Brennpunkten, wo sie nicht nur Orte der Andacht waren, sondern auch geeignete Schauplätze für Aufführungen abgaben. Die venezianische Gesellschaft war eine Gesellschaft des Spektakels geworden. Land und Wasser wurden bei einer Vielzahl verschiedener Feierlichkeiten miteinander verbunden. Die diversen *sestieri*, die Stadtbezirke, wurden ebenfalls mit Akten der Huldigung und Freudenfesten visuell und emotional miteinander verknüpft. Die Prozessionszüge verkörperten die kollektive Hoffnung der Einwohnerschaft, genau wie sie die Erinnerung an ihre kollektiven Erfahrungen wachhielten. Rituale versprachen Kontinuität und Eintracht. Sie trugen auch dazu bei, den Verlauf der Zeit innerhalb der Stadt zu strukturieren: Das Vergehen der Zeit wurde eher von der Folge der Zeremonien bestimmt als vom Verstreichen der Minuten, Stunden und Tage. Rituale halfen auch, die Vergangenheit zu kodifizieren und zu identifizieren. Die diversen Spektakel beinhalteten aber wohl auch weniger hehre Aspekte und dienten prosaischeren Zwecken. Die Festzüge beeindruckten ausländische Reisende und Botschafter aufgrund der Solidarität der Venezianer, die bei ihnen ebenso zum Ausdruck kam wie ihr Reichtum. Und genau wie heute lockten diese Feste auch Scharen von Touristen in die Stadt und auf ihre Marktplätze. Die Venezianer ließen sich keine Gelegenheit entgehen, Geld zu machen. Diese ganz praktischen Erwägungen verbergen sich auch hinter der Institution des Karnevals und natürlich hinter den Kunst- und Filmbiennalen der neueren Zeit.

In die Feste war daher ein großer Teil der Stadt involviert. Gemälde aus dem 16. und 17. Jahrhundert zeigen mit prächtig verzierten Stoffbahnen drapierte Fenster und Balkone. Es gab viele kunstvoll ausgestattete Flöße und Karren, welche die Haupttugenden der Stadt symbolisierten oder einen ihrer Heiligen zeigten. Die dekorative Architektur der Stadt trug zum Gesamteffekt bei. Es wurde Musik gemacht und gesungen. Gemälde und Skulpturen wurden zur Schau gestellt, Gedichte und andere Texte rezitiert. Man errichtete hölzerne Bühnen oder Gerüste für Theateraufführungen, bei denen aktuelle politische Ereignisse in allegorischer Form neu »interpretiert« wurden. 1541 ließ man beim »Sempiterni«-Fest eine große bemalte die Welt darstellende Kugel von Gondeln über den Canal Grande befördern. Im Inneren der Kugel fand ein Maskenball statt. Mit diesem Festumzug wurde das Leben an sich, das »Leben in der Welt«, mit Mitteln der Kunst dargestellt. Es war eine Verkörperung der allerhöchsten Form des Bewusstseins des Menschen seiner selbst, weswegen Venezianer aller gesellschaftlichen Klassen an ihm teilnahmen.

Abends war Gondelrennen, das auf der See, was Wettlauf auf dem Lande; wodurch unsre Leute zu mutigen Schiffern sich bilden: ein Spiel, wo Stärke, Gewandtheit und Führung des Ruders den Preis davonträgt und welchem nur ein Pindar fehlt, es wie die olympischen zu verherrlichen. Der ganze Große Kanal schäumte und war Getümmel von schönem Leben; die Fenster der Paläste prangten mit ihren Tapeten, und die untergehende Sonne glänzte daraus wider in unzählbaren frohlockenden Gestalten.

Wilhelm Heinse

Die Einwohner Venedigs schritten also gemessen über die vorgeschriebenen, sakrosankten Routen; jeder oder jede kannte genau seinen oder ihren Platz in der gemeinsamen Unternehmung. Man hoffte auch, dass das einfache Volk, die *popolani*, in der allgemeinen Freudenstimmung vergessen würden, dass ihnen die Freiheiten, die sie einst genossen hatten, unwiederbringlich abhanden gekommen waren. Öffentliche Spektakel stellten natürlich auch eine Methode dar, für sozialen Frieden zu sorgen. Der schon zitierte Mailänder, der die Stadt 1494 besuchte, berichtete: »Eine einzige Person schien mir alles zu dirigieren, und ihr wurde von jedermann ohne jeglichen Protest gehorcht.« Nur die großen hierophantischen Gesellschaften, wie die des antiken Ägypten oder des alten Mexiko, haben solche *ordo* herzustellen vermocht. Das ist ein besonderes Merkmal Venedigs, dass die Religion die Einwohnerschaft auf so atavistische Weise im Griff hielt. Der Grund dafür mag in einer eigentümlichen Verschmelzung von Verehrung des Ortes und religiöser Frömmigkeit liegen. Der Boden, auf dem Venedig stand, war heilig, auf wunderbare Weise vor den Wassern der Welt errettet. Die Einwohner Venedigs waren Teil dieses Bodens.

Die Regierung der Stadt perfektionierte auf diese Weise die Kunst der Selbsterhaltung, vervollkommnete den Stil, in dem sie für ihr Weiterbestehen sorgte. So bediente sie sich zum Beispiel einer einzigartigen Ausdrucksweise, welche alle Handlungen und Entscheidungen der Obrigkeit als von Tradition geheiligt und von göttlicher Autorität sanktioniert erscheinen ließ. Das Auserwähltsein Venedigs von Gott wurde heraufbeschworen und an die Vorstellungen von Ruhm und Unbeugsamkeit und Unabhängigkeit appelliert. Und auch auf die Unvergänglichkeit der Stadt wurde bestätigend hingewiesen. Wenn man freundlich sein will, kann man das alles unter der Rubrik »Hervorheben von Idealen« subsumieren; man könnte es aber auch als vorsätzliches Ignorieren von Realitäten kritisieren – oder als das Erzeugen eines Nebels von erhabenen Gefühlen, der nicht weniger dicht war als jener, welcher vom Meer her in die Stadt drang, und der die für den Umgang von *la Serenissima* mit dem Rest der Welt so typische Habgier und Unbarmherzigkeit verschleierte.

Kein anderes Volk verließ sich in einem derartigen Maß auf rhetorische Mittel und Kniffe. Es war eine Stadt des Vortrags. Poesie wurde als eine Abart der Redekunst aufgefasst und begriffen. In einer im Wesentlichen pragmatischen Kultur wie der venezianischen bestand das Ziel literarischer Erziehung darin, den Schülern Techniken der Rhetorik zu vermitteln. Das künstlerische Leben der Stadt war auf Expressivität der Darstellung ausgerichtet; es ging sowohl in der Musik als auch in der Malerei weit mehr um ein »Zeigen« als um ein subtiles Andeuten oder Erahnenlassen. Immer wenn wir der Musik Vivaldis lauschen oder ein Gemälde Tintorettos betrachten, kommen wir mit diesem Verlangen, »große Wirkung« zu erzielen, in Berührung, mit der Kunst der verblüffenden, virtuosen Darstellung, mit Bravourstücken. Die Fazilität eines Tintoretto und die Fluidität eines Vivaldi können auch als Umsetzung des rhetorischen Konzepts der *copia verborum*, der Wortfülle, mit malerischen oder musikalischen Mitteln verstanden werden. Die venezianischen Rhetoriklehrbücher führen aber zumeist in eine gewissermaßen bodenständige Art der Beredsamkeit ein, die auf »Mäßigung« und »Züchtigkeit« oder »Anstand« setzte, so wie der Staat selbst es tat: »*Variazione* oder Varietät« sollten herangezogen werden, um Extreme zu mildern und das Vorherrschen eines einzigen Stils zu verhindern. Das stand mit dem venezianischen Ideal von Zurückhaltung und Diskretion in Einklang.

In einer Abhandlung aus dem 18. Jahrhundert mit dem Titel *An Account of the Manners and Customs of Italy*, die wechselnd Giuseppe Baretti und Samuel Sharp zugeschrieben wird, findet man die Bemerkung, dass »die Venezianer sich viel auf ihre überzeugende Eloquenz zugutehalten und glauben, ihre Advokaten seien die einzigen legitimen Nachfahren der alten römischen *oratores*«. Schon 1420 hatte ein Advokat namens Leonardo Giustiniani in einem Brief erklärt: »Es gibt, was die Kunst [der Rhetorik] betrifft, keine Art von Kasus, keinen Typus, kein Thema, endlich keine Regel, darin ich nicht zwangsläufig bewandert bin.« Von der allerfrühesten Zeit an war in Venedig die administrative Kunst mit der Kunst der Rede verschwägert.

Das ist der Grund dafür, dass von den diversen Regierungskünsten die Diplomatie die raffinierteste, die ausgefeilteste war. Den Botschaftern Venedigs konnte in der Kunst anmutiger Selbstdarstellung und dem damit verbundenen Wertlegen auf Erscheinung und Benehmen niemand das Wasser reichen. Das waren die Elemente der *sprezzatura*, die man als Fähigkeit definieren kann, Wirkung zu erzielen, dabei aber die Kunstfertigkeit oder Geschicklichkeit, die dazu erforderlich ist, nicht sichtbar werden zu lassen. Die Kunst des Verbergens und des Vorspiegelns wurde von den Vertretern Venedigs instinktiv beherrscht.

Es war die erste Stadt, die über eine ständige diplomatische Vertretung außerhalb Italiens verfügte: 1478 hatte Venedig schon einen Botschafter an den französischen Hof entsandt. Das Prinzip und erklärte Ziel von *la Serenissima* war es, friedliche Beziehungen zu allen Parteien aufrechtzuerhalten, denn nur unter solchen Bedingungen konnte der Handel wirklich florieren. Krieg wäre möglicherweise für Waffengeschäfte günstig gewesen, aber nicht für die Konvois, die auf dem Seewie auf dem Landweg Gewürze und andere Waren beförderten. Als Edward III. verlangte, Venedig solle sich dazu verpflichten, den Feinden Englands keinen Beistand zu leisten, antwortete der Doge: »Es ist nicht venezianischer Brauch, sich in Konflikte zwischen miteinander Streitenden oder gegeneinander Krieg Führenden einzumischen, es sei denn mit der Absicht und dem Ziel, Frieden zu stiften.« Die Venezianer verstanden sich bestens darauf, jemandem eine höfliche Abfuhr zu erteilen. Vom 16. Jahrhundert an befolgten sie eine Politik strikter Neutralität; sie vermieden jedes Bündnis mit anderen Staaten oder Städten, die versuchten, sie in ihre eigenen Angelegenheiten zu verstricken. Das innervenezianische Regierungssystem beruhte auf Gleichstellung und Ausgewogenheit. Wahrscheinlich brachte man dieses Prinzip auch auf die auswärtigen Angelegenheiten des Stadtstaats zur Anwendung. In den Tagen politischen Verfalls wurde dies aber als bloßer Deckmantel für Zaghaftigkeit und Unentschiedenheit angesehen und verurteilt.

An der südlichen Ecke des Markusdoms, wenn man vom Dogenpalast kommt, ist etwas sehr Bemerkenswertes zu sehen, ein Stein aus Porphyr […]. Nicht weit von diesem Stein steht ein wunderbar prächtiger Galgen aus Marmor, dessen Pfeiler mit schönen Ornamenten verziert sind. Er dient einzig und allein dazu, den Dogen aufzuhängen, sollte er Verrat gegen den Staat begehen. Man hat ihn wohl genau vor dem Tor seines Palastes aufgestellt, damit er ständig an die Pflichten, die er auf sich genommen hat, erinnert wird, und an die Strafe, die ihn erwartet, falls er sie vergessen sollte.

Thomas Coryat

Venedigs Diplomatie wurde als *occhiuta*, als »vieläugig«, charakterisiert, das heißt als klug, diskret, auf vieles eingehend, versöhnlich und praxisnah. Sie wurde in *dolce maniera* betrieben, ein musikalischer Ausdruck, der so viel wie »lieblich«, »sanft«, »weich« bedeutet. Das sanfte Auftreten war aber Tarnung, eine Art Maskierung für das unerbittliche Suchen der venezianischen Gesandten nach Schwächen oder Vorurteilen; sie scheuten sich nicht, zu Bestechung oder anderen Mitteln der Korruption zu greifen, und beobachteten alles, hielten die Augen offen, um Missmut oder Ängste zu entdecken, die sie zu ihrem Vorteil nutzen könnten. Sie waren Meister der Intrige, spielten einen Staat gegen einen anderen aus, hatten keine Skrupel, eine Stadt gegen eine andere aufzuhetzen, wenn das ihren Plänen entgegenkam. Sie gingen bei ihrem Bemühen, die Ehre Venedigs zu mehren, unehrenhaft vor.

Die berühmteste Innovation der Venezianer auf diplomatischem Gebiet war in der Tat der Bericht, den alle Botschafter nach ihrem vorübergehenden Aufenthalt im Ausland dem Senat vorzulegen hatten. Diese wurden *relazioni* genannt, und in ihnen sollte der Betreffende »kundtun, ob er etwas über das Land, aus welchem er kommt, erfahren hat, das es wert ist, von den weisen Senatoren gehört und bedacht zu werden zum Nutzen des Vaterlands«. In seinem Überblick gab der Diplomat über die militärische Bereitschaft des anderen Landes, die dortigen ökonomischen Bedingungen oder auch den Gesundheitszustand und den Charakter seines Herrschers Auskunft. Nichts wurde dem Prinzip zufolge, dass Wissen Macht ist, für zu trivial erachtet, um übergangen zu werden.

Venedig war seinerseits voller ausländischer Gesandter, die in die Stadt gekommen waren, um Informationen zu sammeln. Sie wurden vom Staat mit raffinierten Zeremonien und großem Pomp empfangen. Diese Willkommensbezeugungen sollten aber nur verbrämen, dass man ihnen gegenüber misstrauisch war. In der Praxis hielt man sie voller Argwohn auf Distanz. Wenn Sir Henry Wotton, der englische Botschafter im frühen 17. Jahrhundert, dem Dogen einen Vorschlag machte oder irgendein Anliegen unterbreitete, wurde er immer mit einer ausgesprochen nebulösen Erwiderung abgespeist. Es war dem Dogen per Gesetz untersagt, eine konkrete

Antwort zu erteilen, und er durfte, um Wotton zu zitieren, »nur Allgemeinheiten verströmen«. Die Botschafter mussten also nicht nur sehr listenreich sein, sondern überdies große Geduld aufbringen. Wotton bemerkte auch, dass der Doge und seine Berater in Angelegenheiten des Staates gern eine Verzögerungstaktik einschlugen und im Geheimen operierten. Ambivalenz und Ambiguität zeichneten ihre Beschlüsse und Anordnungen aus. Das mag in Friedenszeiten sogar günstig gewesen sein, in Zeiten der Gefahr war es aber ein eindeutiger Nachteil. Dass die berühmte Definition »ein Botschafter ist ein Mann von Tugend, den man ins Ausland schickt, um für sein Land zu lügen«, von keinem anderen als Wotton stammt, sagt einiges aus. Nur die Atmosphäre Venedigs konnte jemanden zu einem solchen Schluss gelangen lassen.

9

Das auserwählte Volk

Venedig ist immer eine Stadt des Mythos gewesen. Das kollektive Bedürfnis der Einwohnerschaft nach Rückversicherung und Identität hatte zur Folge, dass man auf dem Fundament idealisierter Selbstdarstellung eine Fantasiestadt errichtete. Im 13. Jahrhundert bestand schon eine feste politische *ordo*, die es den Venezianern erlaubte, ihre Einigkeit und Unverwundbarkeit zu postulieren. Im 14. Jahrhundert hatten die Venezianer sich selbst den Mantel des »auserwählten Volks« umgelegt. Im 15. Jahrhundert hatte die Stadt sich selbst zum »neuen Rom« erhoben, das auf dem Festland sein eigenes Reich besaß.

Doch der wahre »Venedig-Mythos« bildete sich im frühen 16. Jahrhundert aus, in den Jahren unmittelbar nach den Kämpfen der Stadt gegen eine Allianz ihrer Gegner, die als Liga von Cambrai bekannt war. Die führenden europäischen Mächte hatten sich gegen Venedig verbündet, und der Stadtstaat erlitt eine Niederlage, die, im Verein mit der späteren Rückerstattung der meisten seiner Territorien, eine zweifache Folge hatte, das heißt eine eigentlich paradoxe Wirkung zeitigte: Man empfand die eigene Verwundbarkeit, hielt sich aber dennoch für unbesiegbar. Aus dieser Mischung von Angst und Selbst-Sicherheit entstand eine Doktrin, die die Unvergänglichkeit und die Harmonie von *la Serenissima* postulierte. Die Vorstellung von einer aggressiv-kämpferischen und siegreichen Republik wurde durch den Mythos von einer ruhmreichen Stadt des Friedens ersetzt. In dieser Periode nahm auch die Architektur Venedigs ihre klassische Gestalt an. Der Grundriss der Stadt wurde zu einer Metapher für Ordnung und Pracht. Venedig wurde in erster Linie für

Entmythisierung

Wenn einer die Geschichte kennt und da gelebt hat und es beim Ausflusse der Brenta vom Ufer betrachtet; so sieht es richtiger aus wie ein endlich sichrer Zufluchtsort von dem Land weggeprügelter und weggescheuchter furchtsamer Hasen, die sich hernach groß und zu geflügelten Löwen gemacht haben, als ihnen die Feinde übers Wasser nicht nachkonnten und sie von fern sicher sehen mußten. Eine unüberwindliche Festung ist's gewiß, weil durch die Sümpfe vom Land nichts anderes als kleine Barken anländen können und man von der See her in die Häfen den Faden der Ariadne braucht; und eben weil es unüberwindlich und unzukommbar ist außer Verräterei, trägt es, vom Meer umgeben, eine gewisse Majestät an sich. Götter aber flüchten sich nicht in Sümpfe.

Wilhelm Heinse

seine Kunst und seine Musik bekannt. Ruskin glaubte, dass der Mythos eines Volks oder eines Stammes zu der Zeit formuliert wird, da dessen Macht am größten ist. Das muss aber nicht unbedingt so sein. Der Mythos Venedigs erhielt Anregungen durch die augenfällige Schwäche der Stadt, die es irgendwie vor der Außenwelt zu verbergen galt. Sogar nachdem es seine Autorität unbestreitbar eingebüßt hatte, stellte es sich immer noch als stolze und mächtige Stadt dar.

Die einzelnen Elemente dieses Mythos lassen sich bei einer genauen Betrachtung gut voneinander trennen. Die Gründung des venezianischen Staates kam durch ein Wunder zustande, und göttliche Vorsehung war dabei am Werk. Sie war gefeit vor Invasionen von außen. Sie war unveränderlich. Sie hatte, einer Chronik zufolge, tausend Jahre überlebt, »ohne sich jemals zu wandeln«. Jede andere Stadt auf der Welt hatte irgendwann ihre Freiheiten verloren, doch Venedig musste nie unter einem Unterdrücker leiden. 1651 meinte James Howell in seinem *A Survey of the Signorie of Venice,* »läge es innerhalb der Möglichkeit des Menschenhirns, Regeln zu erlassen, um sicherzustellen, dass eine Gesellschaft und eine Folge von Bürgern, solange die Welt überhaupt existiert, derselben Art von Regierung untersteht, dann gäbe die Republik Venedig das beste Muster auf der Erde ab, um eine Anleitung dafür zu liefern oder ein zu imitierendes Vorbild«. Venedig verkörperte eine Idee, die selbst ewig war.

Man glaubte, dass man dort auf eine ausgewogene Mischung aus allen denkbaren Regierungsformen stieße. Dieses Kompositum beinhaltete demokratische Elemente mit dem Großen Rat, aristokratische mit dem Senat, und monarchische mit dem Dogen. In einer Stadt, die auf dem Meer ruht, wurden natürlich Ausgewogenheit und Stabilität als besonders hohe Werte angesehen. So konnte James Howell schreiben, in Venedig sei man »so geschickt im Regieren von Menschen wie im Rudern einer Galeere oder *gondola*«. Es suchte ein veritables Reich der Freiheit zu sein. Es gab keine internen Unruhen oder Kämpfe. Politische Debatten hatten stets den Anstrich des Kultivierten und Weisen. Es war demnach eine ganz dem Gemeinwohl gewidmete Stadt, ohne Raum für individuellen Ehrgeiz oder private Gier. Die Fürsten anderer Länder wurden von dem leidenschaftlichen Verlangen nach Erhöhung ihrer selbst und den Geboten des jeweils Notwendigen beherrscht. Doch, wie Papst Alexander VI. 1502 in Rom den venezianischen Botschafter wissen ließ: »Ihr seid unsterblich, insofern Eure Signora niemals stirbt«, verglich man Venedig mit dem Vogel Phönix, welcher sich regelmäßig selbst erneuert. Die Stadt war selbstbewusst und zuversichtlich genug, um sich in eine einzige kontinuierliche Allegorie zu verwandeln.

Die Herrscher der Stadt wurden gefeiert, weil sie Weisheit und Brüderlichkeit verkörperten. Auf den Deckenpaneelen des Dogenpalasts sind sie zu Füßen des Heilands sitzend oder mit in das Strahlenbündel des Heiligen Geists getaucht dargestellt. Es hieß, dass es keinerlei Unstimmigkeit zwischen ihnen gebe, sondern alle vereint für die Republik einstünden, und zwar ebenso hingebungsvoll wie objektiv, das heißt, ohne jemals zuzulassen, dass private Interessen ihre Entscheidungen beeinflussten. Korruption komme ebenso wenig vor, wie es individuelle Ambitionen gebe. Sie seien wahrhaftig anonyme Hüter der göttlichen Ordnung des Staates. Das war auch der Grund dafür, dass sie sich schwarz kleideten und man sie dazu anhielt, in der Öffentlichkeit niemals ihr züchtiges und würdevolles Auftreten abzulegen. Jeder Doge hatte bei Antritt seines Amtes schon ein hohes Alter erreicht, womit landläufiger Ansicht nach Weisheit und Erfahrenheit einhergingen. Es war alles ein großes Schauspiel, eine Scharade, die aber ihren Zweck erfüllte – vor allem den, Ausländer an der Nase herumzuführen.

Und wie stand es mit den Bürgern? Philippe de Commynes, im 15. Jahrhundert flandrischer Botschafter in der Lagunenstadt, war über den Anblick von Venezianern erstaunt, die anstanden, um ihre Steuern zu entrichten, und so drängelten, dass die Steuereinnehmer nicht mit dem Kassieren nachkamen. Dahinter mag sich möglicherweise eher Furcht als Ergebenheit gegenüber dem Staat verborgen haben. Doch eines trifft zu: Die Stadt besaß in der Tat die Fähigkeit, in den Herzen ihrer Bewohner Inbrunst zu wecken. Schon im 13. Jahrhundert wurde ein aus Padua stammender Chronist zu dem Ausruf veranlasst: »O glückliche Kommune von Venedig, glückliche Stadt, wo die Bürger bei jedem Tun das gemeinsame Interesse so sehr im Herzen tragen, dass der Name Venedig für erhaben gilt.«

Es war der Sitz der Weisheit. Den Dogenpalast sah man als einen zweiten Palast Salomons an. Es war die Heimstatt der Gerechtigkeit. Das skulptierte Abbild Venedigs basierte auf der Gestalt der Justitia mit dem Schwert in der einen und der Waage in der anderen Hand. Die Stadt war der Sitz der Gelehrsamkeit, der Sitz der Freiheit. Sie war nie einer anderen Macht oder einem fremden Reich untertan gewesen; sie hatte weder an den Westen noch den Osten jemals etwas von ihrer eigenen Autorität abtreten müssen. Ihre Einwohner lebten in einem Bund, den sie miteinander geschlossen hatten. Im 17. und 18. Jahrhundert nahm diese Freiheit eine andere Form an; sie schlug sich in dem karnevalesken Treiben einer von Kunst, dem Theater und sexuellem Vergnügen besessenen Gesellschaft nieder, die bald in ganz Europa verschrien war. Doch diese spätere Freizügigkeit basierte auf der – vielleicht gesitteteren – Freiheitlichkeit aus der Zeit davor.

Die Stadt erhielt bald olympische Züge. Die große, als Scala dei Giganti bekannte Treppe im Dogenpalast wurde von den Bildnissen der Götter Mars und Neptun überragt. Venus spielte im Venedig-Mythos immer eine große Rolle. Die Abbilder von Jupiter und Minerva, von Merkur und Apollo kann man heute noch auf dem Markusplatz sehen. Die großen Gemälde, auf denen die mythologischen Gestalten des klassischen Altertums dargestellt sind, entstanden in Venedig und nicht in Rom, der eigentlichen Heimat dieser Götter und Heroen. Der Berg Olymp war im Herzen der Stadt zu finden.

Mitte des 17. Jahrhunderts stand Venedig in England für

höchste Harmonie und Kontinuität; beides musste in einem Land, das Bürgerkrieg und Königsmord erlebt hatte, ungeheuer anziehend wirken. Venedig wurde als vorbildhaft angesehen, was republikanische Tugenden betraf, denn Patrizier und Bürger (die Engländer setzten »Lords« und »Gentlemen« an die Stelle dieser Begriffe) teilten sich die Autorität. Die Stadt wurde auch ein Vorbild für die Intellektuellen der Aufklärungszeit, die in den politischen Vorgängen dort ein echtes Zusammenwirken von Regierenden und Regierten erkannten. Für die Väter der amerikanischen Verfassung wurde sie zu einer Quelle der Inspiration.

Es liegt in der Natur des Menschen zu idealisieren, sich genauso zu übertriebenem Lob hinreißen zu lassen wie ungerechte Verurteilungen auszusprechen. Die Textur des täglichen Lebens in Venedig war weder harmonisch noch freiheitlich. Die Obrigkeit erwies sich als häufig korrupt und unfähig. Aufgrund ihrer anmaßenden Attitüde, weil sie sich brüstete, so überaus großartig zu sein, sprachen viele umso abschätziger von der Stadt. Im 17. Jahrhundert wurde sie als Hort von Mördern und Homosexuellen geschildert. Die Bürger seien weit davon entfernt, frei zu sein, da dort eine Oligarchie herrsche, ja Tyrannei. Deren Symbol seien die Folterkammern des Rates der Zehn. Das wahre Emblem der Stadt sei der Kerker. Im 20. Jahrhundert hoben einige revisionistische Historiker auch die Habgier und den Despotismus hervor, die in einer herrschenden Klasse endemisch seien, in die man nur hineingeboren werden konnte.

Kaufmannsvölker erblickte die Welt oftmals und erblickt sie/Heut noch; aber es sind leidige Sammler des Gelds:/ Ihr wart Helden und trugt im Gemüt die unsterbliche Großheit,/ Welche das Leben verklärt durch die Gebilde der Kunst.

August Graf von Platen

Ein triumphierendes Zurschaustellen der eigenen Überlegenheit ruft Hass und Ressentiments hervor. Für viele Wissenschaftler war Venedigs eigene Version seiner Geschichte nichts anderes als verlogenes Geschwafel, eine Fälschung. Die Venezianer, die sich dem Rest Italiens überlegen fühlten, wurden als Geizhälse und armselige Fischer verspottet. Es hieß, sie seien so tückisch und unberechenbar wie das Element, auf dem sie lebten. Die Stadt der Kaufleute wurde unersättlicher Gier bezichtigt. Cosimo de' Medici nannte ihre Einwohner schamlose Lügner. Tatsächlich waren ihre Herrscher in ganz Europa für ihre Doppelzüngigkeit und ihre Betrügereien bekannt: Sie empfanden so große Achtung vor ihrem eigenen Staat, dass sie auch nicht vor den abscheulichsten Praktiken zurückschreckten, um ihn zu erhalten. Alle diese Anschuldigungen enthalten ein Körnchen Wahrheit. Viel später nannte D. H. Lawrence Venedig »eine scheußliche, grünliche, schleimige Stadt«. Viele Besucher haben sich von seinem Zauber nicht berühren lassen, sie empfanden es als oberflächlich, kitschig und ungesund.

Es lässt sich kaum in Erfahrung bringen, ob die Venezianer selbst oder ihre Herrscher jemals einfältig genug waren, um voll und ganz an den ihre Stadt umgebenden Mythos zu glauben, alles für bare Münze zu nehmen. Doch dieser Mythos ist niemals ganz gestorben. Im frühen 17. Jahrhundert wurde Venedig von Giovanni Priuli als »ein irdisches Paradies« apostrophiert. Zweihundertfünfzig Jahre später nannte John Ruskin, einer der vielen Engländer, die dem Zauber der Stadt erlegen sind, es »Paradies unter den Städten«. Er tat dies zu einer Zeit, da die Stadt ihre Macht und ihre Unabhängigkeit verloren hatte und ihr Handel zum Erliegen gekommen war. Der Mythos lebt also weiter. Venedig ist die vorbildhafte Stadt geblieben.

Sie ist einzigartig. Daran besteht kein Zweifel. Das ist es auch, was ihrem Erfolg zugrunde liegt. Die Lage der Stadt ist einmalig, und aus ihr ergab sich alles andere in ihrer Geschichte. Im Samen kann man bereits das ganze, voll entwickelte Geschöpf erkennen. Die Verbindung von Wasser und Erde versetzte Venedig in die Lage, die gewöhnlichen Verfahrensweisen der europäischen Staaten zu vernachlässigen oder sich über sie zu erheben. Es musste eine neue Lebensweise für sich ersinnen. Venedig gehörte keinem bestimmten Element an, genau wie es keiner anderen Macht angehörte. Goethe kam zu dem Schluss, die in der Lagunenstadt herrschenden besonderen Bedingungen erforderten vom Venezianer, »eine neue Art von Geschöpf« zu werden. Das politische

System, von unglaublicher Komplexität und Subtilität, dazu bestimmt, ein Gleichgewicht zwischen den diversen Ratsgremien und juristischen Instanzen entstehen zu lassen, hatte auf der Welt nicht seinesgleichen. In den unzähligen Briefen von Reisenden war der vorherrschende Ton Verwunderung über die Andersartigkeit dieses Systems. So schrieb Lady Mary Wortley Montagu Mitte des 18. Jahrhunderts, es sei »eine große Stadt, sehr verschieden von allen, die Ihr je gesehen habt, mit einer Lebensweise, die Euch ganz neu sein würde«. 1838 hatte der amerikanische Schriftsteller James Fenimore Cooper das Empfinden, sich »im Zentrum einer völlig neuartigen Zivilisation« aufzuhalten. Der unvergängliche Zauber Venedigs liegt darin begründet, dass es immer wieder neuartig wirkt und einen immer wieder vollkommen überrascht. Es wird durch die Begeisterung und das Staunen seiner Besucher stets auf irgendeine Weise erneuert. Deswegen fragte der italienische Schriftsteller Gabriele d'Annunzio im frühen 20. Jahrhundert, ob es »irgendeinen anderen Ort auf der Welt wie Venedig gibt mit seiner Fähigkeit, in gewissen Stunden die menschliche Lebenskraft anzuregen und jedes Verlangen bis hin zum Fieberhaften zu steigern«.

Auch die Venezianer selbst waren sich ihrer Einzigartigkeit bewusst. Sie waren von ihrer Andersartigkeit überzeugt, das heißt stolz auf sie. Sie glaubten, dass ihre Stadt als Ort der Zuflucht geboren worden sei, der Zuflucht vor den Barbaren ebenso wie vor dem Meer. Sie vertrauten darauf, dass ihnen ein besonderes Schicksal beschieden sei, sie zu etwas Höherem bestimmt seien. Dies führte zu einer gewissen Arroganz gegenüber anderen italienischen Stadtstaaten und löste eine entsprechende Gegenreaktion aus. Aber was machte das schon? Natürlich konnte es auch zu Selbstgefälligkeit führen – die Konsequenzen daraus konnten möglicherweise gravierender sein.

Für andere haftete Venedig etwas Visionäres an. Es war die Stadt irdischer Schönheit. Es wirkte so fragil und war doch in Wirklichkeit so stark. Es glitzerte auf dem Wasser – war wie eine verführerische optische Täuschung. Für Petrarca verkörperte es »eine andere Welt«, womit er gemeint haben kann, dass es der Welt ein doppeltes Bild von sich präsentierte. Das war auch die Wirkung, die es auf Rilke hatte, auf Wagner und ebenso auf Proust. In *Die unsichtbaren Städte (Le città invisibili)* schildert Italo Calvino eine visionäre Stadt, von deren Marmorpalästen Stufen ins Wasser hinunterführen; Brücken und Kanäle prägen ihr Erscheinungsbild sowie »Balkone, Postamente, Kuppeln, Glockentürme, Inselgärten, grün aufglühend im Grau der Lagune«. Kublai Khan fragt den Erzähler, Marco Polo, ob er schon jemals eine Stadt wie diese gesehen habe. Der Venezianer antwortet: »Dass eine Stadt wie diese existieren könnte, hätte meine Vorstellungskraft überstiegen.« Calvino selbst sagte mit Bezug auf seinen Roman: »Jedes Mal wenn ich eine Stadt beschreibe, sage ich etwas über Venedig.« Venedig ist in diesem Sinn die reinste aller Städte – es ist Stadt an sich.

Es gibt wahrscheinlich keine Stadt, deren Leben sich so ganz und gar in einem Tempo vollzieht. Keinerlei Zugtiere oder Fahrzeuge reißen das verfolgende Auge in wechselnde Schnelligkeiten mit, die Gondeln haben durchaus das Tempo und den Rhythmus gehender Menschen. Und das ist die eigentliche Ursache des »traumhaften« Charakters von Venedig, den man von je empfunden hat.

Georg Simmel

Es ist eine Stadt, die stets mit dem Traum oder dem Träumen assoziiert wird. Henry James sprach von seinem Venedig-Aufenthalt als von einem »schönen Traum«. »Venedig«, schrieb er, »ist ganz und gar das Venedig, von dem man träumt, es bleibt aber merkwürdigerweise eher ein Traumvenedig, als dass es zu einer fassbaren Realität wird.« Denen, die es zum ersten Mal besuchen, kommt es merkwürdig vertraut vor. Insofern ähnelt es einer Traumlandschaft. Für Proust war die Stadt »eine, die mir das Gefühl vermittelte, oft schon von ihr geträumt zu haben«. Das Gewirr der *calli* ist so unüberschaubar, dass Passanten urplötzlich vom Erdboden verschluckt zu werden scheinen. Viele Besucher haben sich schon zu ihrer Verblüffung nach einem verwirrenden Gang plötzlich wieder genau an der Stelle befunden, von der sie aufgebrochen waren. Das könnte dem bedrückenden Traum gleichkommen, in einem Irrgarten gefangen zu sein, was nicht nur Verwunderung, sondern auch Angst hervorruft. In seinen *Reisebildern aus Italien (Pictures from Italy)* erinnert Charles Dickens sich seiner Tour durch die Stadt als einer Art von Traumabenteuer – »Ich stieg wieder in mein Boot und träumte meinen Traum fort« –, doch dieser Traum hat etwas von einem Albtraum an sich, der einen mit einer Ahnung von etwas Schrecklichem, Düsterem erfüllt. Unter der Oberfläche dieser Fantasie oder Vision liegen »düstere, schreckliche, entsetzliche Steinzellen«. Es ist eine unwirkliche Stadt, weil sie keine Fundamente zu haben scheint, genau wie die Landschaft in einem Traum.

»Nie erschien eine Stadt so traumgleich und unwirklich« (William Dean Howells) – »eine Erscheinung wie ein Traum« (Byron) – »traumhaft« (Hofmannsthal) – »diese traumhafte Stadt« (Rilke) – »das Leben eines Venezianers ist wie ein Traum« (John Addington Symonds) – »Traumgleich und verschwommen, aber herrlich« (John Ruskin) – »Die Stadt meiner Träume« (George Sand) – »Dieser schöne Wachtraum« (Frances Trollope) – »Wir haben uns die ganze Zeit über in einer Art von halbem Wachtraum befunden« (Mark Twain). Vielleicht ist es signifikant, dass alle diese Zeugnisse aus dem 19. und frühen 20. Jahrhundert datieren. Sie sind Teil einer Kultur, in welcher das innere Leben erstmals zum Objekt erhoben wurde, das ein genaues Studium verdiente. Wieder einmal erfüllte die Stadt, die so unendlich formbar und fließend war, die kulturellen Erwartungen einer neuen Epoche. Sie atmete den Geist der Zeit. Sigmund Freud stattete der Stadt mehrere Besuche ab. Er erwähnt sie in seiner *Traumdeutung*, und zwar führt er sie als den Ort an, an dem er selbst seinen ihn am stärksten aufwühlenden Traum hatte. Er hatte mit einem Kriegsschiff zu tun, das über die Lagune glitt.

Ohne Zweifel besitzt Venedig immer noch eine merkwürdige Macht über die menschliche Imagination. Durch die Stadt zu schlendern bedeutet, in eine Art von Tagtraum hinüberzugleiten. Wasser lässt Erinnerungen an die Vergangenheit wach werden, die durch das Überleben der uralten Ziegel und Steine umso lebhafter werden. Die Nähe von Wasser führt vielleicht auch dazu, dass unbewusste Wünsche und Fantasie-

Da Euch unsere Reisebriefe Freude machen, so sollt Ihr mitgenießen [...] Ich erinnere mich in meinem Leben nicht leicht, in 24 Stunden soviel Erstaunen, Bewunderung, Rührung, Freude empfunden zu haben als in diesem wunderbaren Venedig! Seit wir hier sind, hab' ich fast noch keine trockenen Augen gehabt. Schon wenn man sich nähert und sie auf dem Wasser schwimmend erblickt, sieht es sich großartig und märchenhaft zugleich an. Wenn man nun in die erste Wasserstraße hineinfährt und rechts und links die anderen Wasserstraßen weitergehn, da muß man die Hemden und Schürzen ansehn, die in den Vorstädten von allen Häusern zum Trocknen hängen, um sich zu überzeugen, daß man nicht träumt.

Fanny Mendelssohn-Bartholdy

vorstellungen in einem aufsteigen. Auf das Gefühl eines uterinen Umschlossenseins wurde schon eingegangen. Es ist immer eine Stadt des Luxus gewesen, und Luxusdinge gehören zu den erträumten und geträumten.

Der wichtigste venezianische Text der frühen Neuzeit trägt den Titel *Hypnerotomachia Poliphili* (1499) oder *Poliphilos' Traumliebeskampf*. Es ist ein tiefgründiger anonymer Roman, dessen Sinn rätselhaft bleibt; er befasst sich zu einem großen Teil mit dem Übergang zwischen Illusion und Realität, zwischen Schein und Sein. Es kommen Träume darin vor sowie Träume, die in Träume eingebettet sind und sich in einer Reihe von überraschenden Architekturmetaphern enthüllen – was ganz und gar dem Geist Venedigs entspricht.

10

Das Gefängnis

Als Byron Venedig im vierten Gesang von *Childe Harold's Pilgrimage* apostrophierte, tat er dies mit wenig präzisen Worten

I stood in Venice, on the Bridge of Sighs;
A palace and a prison on each hand…

In Venedig auf der Seufzerbrücke stand ich,
Einen Palast auf der einen, einen Kerker auf der andern Seit'…

Er wusste nicht, oder es war ihm entfallen, dass der Palast selbst auch ein Gefängnis barg. 1760 war ein amerikanischer Besucher namens James Adams über die Atmosphäre der Stadt entsetzt und bestürzt. »Lasst uns, um Gottes willen, unsere Angelegenheiten rasch erledigen«, schrieb er, »und zusehen, dass wir aus dieser abscheulichen Stadt herauskommen.«

Im frühen 17. Jahrhundert berichtete Fynes Morrison, dass die venezianischen Frauen »daheim eingeschlossen werden wie in einem Gefängnis«. Als Dickens sich in einer Gondel langsam über die Kanäle rudern ließ, träumte er von Kerkern und sann über schreckliche nächtliche Szenen nach, wenn zum Beispiel »der Mönch um Mitternacht erschien, um dem politischen Missetäter die Beichte abzunehmen; die Bank, auf welcher er erdrosselt wurde; die kleine Todeskammer, in welcher sie ihn in einen Sack packten…«. Im 19. Jahrhundert wurde Venedig zu einer wahren Stätte des Grauens stilisiert Das berühmteste Abenteuer ihres legendärsten Sohnes, Giacomo Casanova, ist das seiner Flucht aus den Bleikammern, in die man ihn gesperrt hatte. Mit den in den Kanälen treibenden Küchenabfällen und dem fauligen Wasser muss die ganze Stadt manchmal wie ein Gefängnis gerochen haben.

In Venedig finden sich einige der berüchtigtsten Verliese der Welt. Die Seufzerbrücke, nach den Klagelauten derjenigen benannt, welche über sie abgeführt wurden, ist das pittoreskeste aller Sinnbilder für Strafe und Bestrafung. Man verlieh ihr ihren Namen aber erst im 19. Jahrhundert, vor allem durch Byrons gelungene Formulierung dazu inspiriert. Dieser neue Name umriss nicht nur den Zweck dieses Bauwerks sehr gut, sondern stand auch im Einklang mit einem damals gängigen Venedig-Bild. Als William Beckford in seiner Gondel unter dem Ponte dei Sospiri hindurchfuhr, kam ihm Giovanni Battista Piranesi in den Sinn, der im Veneto geborene Kupferstecher, dessen bis heute anhaltender Ruhm vor allem auf seinen gespenstischen und schwindelerregenden Stichen von imaginären Kerkern gründet. Obwohl Rom die Stadt war, in der er es zu Erfolg und Ansehen brachte, pflegte er als *architetto Veneziano* zu firmieren. Aus seiner Gondel schaute Beckford zum höchsten Punkt des Gefängnisses empor, ergriff seinen Stift und zeichnete »Klüfte und unterirdische Höhlungen, das Reich der Furcht und der Folter, mit Ketten, Felsbrocken, Rädern und schrecklichen Geräten …«. Solche Bilder kann *la Serenissima* in einem aufsteigen lassen.

»Il Ponte dei Sospiri«, die Seufzerbrücke, über die verurteilte Verbrecher vom Dogenpalast in die Verliese geführt wurden, in denen sie oft auf Nimmerwiedersehen verschwanden. Der volkstümliche Name wurde der Brücke erst im 19. Jahrhundert verliehen.

Die gefürchtetste und verhassteste Einrichtung, die es in der Stadt gab, war ein juristisches, als »Rat der Zehn« bekanntes Gremium. Es wurde 1310 als Reaktion auf eine politische Verschwörung einer Gruppe von Patriziern geschaffen und war bald ein unentbehrlicher Bestandteil des Staatsapparats. Im 15. und 16. Jahrhundert stand die Macht der »Dieci«

der des Senats in nichts nach. Der Rat der Zehn hatte vor allem Gesetzlosigkeit und Unruhe innerhalb der Grenzen der Republik zu bekämpfen und zu verhindern, und seine Befugnisse waren entsprechend weitreichend. Im Grunde stellte er eine interne Polizeitruppe dar, klein, aber gerade deswegen schlagkräftig und flexibel. Die Mitglieder kamen an einem geheimen Ort zusammen, und zwar an jedem Tag der Woche. Sie hüllten sich in schwarze Umhänge und wurden daher als die »schwarzen Inquisitoren« bekannt. Sie setzten in jedem Teil der Stadt Geheimagenten ein und griffen auch auf ein Netzwerk anonymer Informanten zurück. Sie ließen nicht zu, dass die Angeklagten das gegen sie sprechende Beweismaterial vorgelegt bekamen, und die von ihnen aufgerufenen Zeugen durften nicht ins Kreuzverhör genommen werden. Die Untersuchungen fanden im Allgemeinen im Dunkeln statt, und vom Raum der drei Vorsitzenden des Rats führte eine Treppe direkt zu den Kerkern und Folterkammern. Gegen die Urteile der »Dieci« konnte man keine Revision einlegen. Die Verurteilten wurden unmittelbar nach Abschluss des Verfahrens der Stadt verwiesen oder durch Erdrosseln oder Ertränken hingerichtet. Rousseau zufolge war es »ein Blutgericht, den Patriziern ebenso ein Schrecken wie dem Volk«. Zweifellos sind Rousseaus Aussagen nicht frei von Übertreibung und ebenso wenig die von anderen, die dem Mythos von Venedig als einem düsteren und tückischen Ort Nahrung geben wollten. Andererseits kann es aber auch keinen Zweifel daran geben, dass der Ruf, in dem dieses kleine Gremium stand, zeigt, wie man das gesamte politische System Venedigs beurteilte. Der Rat der Zehn stand für die vielen verborgenen Vorgänge in der Stadt, für das, was sich hinter den Kulissen abspielte.

Kerker waren in einem sehr realen Sinn Teil der Welt des Venezianers, der tatsächlichen wie der metaphorischen. In einem von einem Kaufmann im 14. Jahrhundert geführten Notizbuch findet sich eine Liste aller Gefängnisse, die die Stadt damals aufzuweisen hatte. Die berüchtigtsten befanden sich in der Tat im Dogenpalast, und der Doge selbst war per

Dekret damit beauftragt, die Schlüssel zu verwahren, womit stillschweigend unterstellt wurde, dass Gefängnisse die Autorität des Staates stützten und dafür bürgten, dass die Gesetze befolgt wurden.

Es gab Gefängnisse auf beiden Seiten des Rio della Paglia, der am Palast vorbeifloss; diejenigen im Untergeschoss waren als *i pozzi*, die Brunnen, bekannt, weil sie oft unter Wasser standen, während die im obersten Geschoss »i piombi« genannt wurden, nach den Bleiplatten, mit denen das direkt darüberliegende Dach gedeckt war. Einige der einzelnen Zellen oder Verliese hatten ebenfalls Namen wie zum Beispiel »der Löwe« und »der Vulkan«. Vor allem »die Brunnen« waren für die in ihnen herrschenden grässlichen Zustände verschrien; es hieß, es sei besser, lebendig begraben, als in diese Löcher hinabgelassen zu werden. Doch wie in vielen anderen bestimmte Aspekte Venedigs betreffenden Darstellungen vermag man auch in diesem Bericht mehr als ein fantastisches und mystifizierendes Element zu entdecken. Vielleicht erzählte man sich, dass in diesen Kerkern derartige Gräuel herrschten, weil sie so nahe am Wasser lagen, doch möglicherweise waren solche Erzählungen auch darauf zurückzuführen, dass man sich der Existenz einer Schattenwelt hinter den ganzen Ritualen und der Maskerade bewusst war, von denen in Venedig kein Aspekt des Lebens frei war. Was für Abgründe an Verderbtheit konnten sich nicht irgendwo in dieser schönen Stadt unter der harmlosen Oberfläche auftun? Was für Quälereien konnten nicht im Verborgenen geschehen? Was wurde da möglicherweise verhehlt, verheimlich, bemäntelt? Vielleicht lautet die Antwort: überhaupt nichts. Als die Truppen Napoleons die Stadt 1797 einnahmen, fand man in den »Brunnen« nur einen einzigen politischen Gefangenen vor. Er war dort seit sechzehn Jahren eingekerkert, und als er danach wieder auf den in strahlendem Sonnenlicht liegenden Markusplatz trat, erblindete er sofort und starb kurze Zeit später.

Wir fanden den Sizilianer in einem Privatgefängnis, worin er, dem Prinzen zu Gefallen, wie der Gerichtsdiener sagte, einstweilen gebracht worden war, ehe er unter die Bleidächer gesetzt wurde, zu denen kein Zugang mehr offen steht. Diese Bleidächer sind das fürchterlichste Gefängnis in Venedig, unter dem Dach des St. Markuspalastes, worin die unglücklichen Verbrecher von der dörrenden Sonnenhitze, die sich auf der Bleifläche sammelt, oft bis zum Wahnwitze leiden.

Friedrich Schiller

Casanova wurde in die Bleikammern gesperrt, und durch

Ein Stich aus dem 18. Jahrhundert, der die pozzi *zeigt. Neben den* piombi, *den Gefängniszellen, die sich unter dem mit Platten aus Blei* (piombo) *gedeckten Dach des Dogenpalastes befanden, waren die* pozzi *besonders berüchtigt. Ihr Name »Brunnen« rührt daher, dass sie unterhalb des Niveaus des am Palast vorbeiführenden Kanals lagen, daher oft überflutet wurden.*

das Gitter seiner Zelle sah er Ratten von »fürchterlicher« Größe ganz unbekümmert auf dem Dachboden herumspazieren. Als er sich bei seinem Kerkermeister nach den »Verbrechern« erkundigte, die zusammen mit ihm gefangen gehalten wurden, erhielt er die Antwort, dass sie alles andere als solche seien, sondern »ehrenwerte Leute«, die aber aus allein den »Exzellenzen« bekannten Gründen »von der Gesellschaft getrennt« werden müssten. Das machte ihm den »entsetzlichen Despotismus« deutlich, dem auch er nun unterworfen worden war. Ihm gelang jedoch die Flucht. Aus einem eisernen Gitterstab fertigte er sich ein spitzes Werkzeug und bohrte und schabte eine Öffnung in den Boden seiner Kammer. Über das Dach gelangte er schließlich in Freiheit. Die Geschichte seiner Gefangenschaft und Flucht ist die zentrale Geschichte Venedigs selbst.

Man glaubt allgemein, dass Casanova am 4. Juni 1798 in Böhmen starb; es gibt aber eine unbestätigte Geschichte, dass er nach der Französischen Revolution nach Venedig zurückkehrte und sich dort unter falschem Namen niederließ. Es heißt auch, dass er dort bestimmte nekromantische Riten praktizierte, die ihm Unsterblichkeit verliehen. Einige behаupten, dass er immer noch in seinem in keiner Weise verfallenen Körper lebt, andere glauben, dass er in jedem venezianischen Kind wiedergeboren werde. Er repräsentiert demnach den *genius loci.* Letzten Endes ist er niemals wirklich entkommen.

Das Bild des Gefängnisses ist oft auch verwendet worden, um die Stimmung Venedigs und die besondere Situation, in der man sich in dieser Stadt befand, zu evozieren. Wie die Juden in ihrem Ghetto waren alle Einwohner in einem gewissen Sinn Gefangene, vom Wasser umgeben, nicht anders als die Insassen von Alcatraz. Kein Bürger durfte die Stadt ohne offizielle Erlaubnis verlassen. Aus diesem Grund waren Verbrechen in der Stadt verhältnismäßig selten: Dort, wo jeder jeden beobachtet, kann man sich nirgendwo verstecken. Alle Wege zum Festland können leicht blockiert werden. Außerdem unterstanden die Venezianer einer strengen Kontrolle durch die Polizei. Im 14. Jahrhundert kam ein Polizist auf zweihundertfünfzig Bürger, der Rat der Zehn und die *signori di notte*, die »Herren der Nacht« erzwangen mit drakonischen Mitteln die Einhaltung der Gesetze. Es gab auch Oberaufseher über die einzelnen Distrikte und eine Truppe von Geheimagenten, den *sbirri.* Es hieß, dass die Sbirren mit Gesetzesbrechern kurzen Prozess machten, indem sie ihnen ihre eigenen Umhänge über den Kopf warfen und sie, nachdem sie sie so »eingewickelt« und zum Verstummen gebracht hatten, schnurstracks in den Kerker schleppten. Diese Elemente des Schweigens und des Verhülltseins stehen im Einklang mit dem volkstümlichen Bild von der Stadt. Sie passen zu der brutal erzwungenen Einhaltung der Gesetze und der ständigen Observation der Bürger.

Tief unter dem Wasserspiegel wurden uns beim Lichte rauchender Fackeln die feuchten, dickwandigen Zellen gezeigt, wo das Leben manches stolzen Patriziers von der langjährigen Not der Einzelhaft verzehrt wurde […], wo er weit weg war von allen fröhlichen Lauten, begraben in der Stille einer Gruft, vergessen von den hilflosen Freunden, denen sein Schicksal für immer ein dunkles Geheimnis blieb…

Mark Twain

Es gibt oder gab in Venedig kaum das, was man heute als Privatsphäre bezeichnet. Die Leute lebten eng zusammengedrängt. In den einzelnen Pfarreien rieb man sich fast körperlich aneinander. Der private Raum war wirklich winzig. Genauso wie private Interessen den Bedürfnissen der Allgemeinheit untergeordnet wurden und man das Individuum der größeren Gemeinschaft unterstellte, sah man auch die Möglichkeit, sich räumlich abzusondern, sich in die »eigenen vier Wände« zurückzuziehen, als unwichtig an. Das kann heftige klaustrophobische Anfälle auslösen. Die Menschen können einander nicht entgehen – und schon gar nicht den Grüppchen von Inseln entkommen, auf denen sie wie eingekerkert leben.

11

Geheimnisse

Im Schatten von Gefängnissen zu leben kann zu Heimlichtuerei führen. Wenn Privatsphäre ein Luxus ist, dann kann das Bewahren von Geheimnissen nicht nur als dringlich geboten erscheinen, sondern sogar obsessive Züge annehmen. Die Stadt der Masken muss in jedem Fall zwangsläufig auch eine Stadt der Geheimnisse sein. Ihrer augenscheinlichen Geselligkeit zum Trotz sind die Venezianer notorisch zurückhaltend und zugeknöpft. Sie laden zufällige Bekanntschaften nicht zu sich nach Hause ein. Auf Porträts eignet Venezianern generell etwas Undurchschaubares, Unergründliches; sie haben sich nicht ihrer Person, sondern ihres Amtes wegen auf die Leinwand bannen lassen, und von ihrem tatsächlichen Temperament oder ihrer Persönlichkeit soll nichts preisgegeben werden. Sie wirken undurchdringlich. Von einem Dogen hieß es: »Man weiß nie, ob er etwas goutiert oder verabscheut.« Ein aus einem anderen Teil Italiens stammender Mann, der in Venedig öffentliche Vorträge hielt, fand es unmöglich, seine aus jungen Adligen bestehende Zuhörerschaft in eine wie auch immer geartete politische Diskussion zu verwickeln; er schrieb: »Wenn ich die Leute frage, was sie über die eine oder andere Bewegung in Italien denken, sagen oder sich von dieser erwarten, antworten sie einstimmig, dass sie nichts darüber wissen.« War dieses Schweigen das Ergebnis von Furcht oder Misstrauen? Wie sollte man in einer Stadt, in der man schon auf einen bloßen Verdacht hin in die Verbannung geschickt werden konnte, gerne den Mund auftun? Nachdem Napoleon die Stadt 1797 erobert hatte, ordnete er eine Befragung unter den jetzt zu seinen Untertanen gewordenen Einwohnern an. Er wollte vor allem wissen, welches die

Ansichten und Vorurteile der Venezianer waren. Die einheimischen Schreiber, die mit der Durchführung der Befragung beauftragt waren, konnten ihm keine Aufklärung liefern, da, wie sie sagten, die entsprechenden Fragen keine Antwort zugelassen hätten. Keine andere Stadt hatte seine Bevölkerung so effektiv zum Verstummen gebracht. Es gab in der Tat Zeiten, in denen man für Indiskretion teuer bezahlen musste. Als zwei Glasbläser sich 1745 in ausländische Hauptstädte absetzten und dort andere in die Geheimnise ihres Handwerks einweihten, ordnete der Senat ihre Ermordung mithilfe von Gift an.

Auf dem Canal Grande

Auf dem Canal Grande betten
Tief sich ein die Abendschatten,
Hundert dunkle Gondeln gleiten
Als ein flüsterndes Geheimnis.

Aber zwischen zwei Palästen
Glüht herein die Abendsonne,
Flammend wirft sie einen grellen
Breiten Streifen auf die Gondeln.

In dem purpurroten Lichte
Laute Stimmen, hell Gelächter,
Überredende Gebärden
Und das frevle Spiel der Augen.

Eine kurze, kleine Strecke
Treibt das Leben leidenschaftlich
Und erlischt im Schatten drüben
Als ein unverständlich Murmeln.

Conrad Ferdinand Meyer

Auf dem Rialto unterhielten sich die Bankiers und Kaufleute für gewöhnlich nur gedämpft miteinander. Alle Regierungsgeschäfte wurden im Geheimen durchgeführt. Man könnte beinahe von einer Atmosphäre der Geheimhaltung wie im Orient sprechen: Es gab geheime Treffen, geheime Zahlungen, geheime Anhörungen, geheime Entscheidungen – und geheime Tode. Wenn Adlige neu in das Geschäft des Regierens eingeführt wurden, verpflichteten sie sich mit ihrem Eid auch zu »Treue, Verlässlichkeit und Verschwiegenheit«. Das ist äußerst charakteristisch für Venedig. Eines der allegorischen Gemälde im Dogenpalast stellt die Verschwiegenheit dar. Auf San Marco steht die merkwürdige steinerne Figur eines alten Mannes, der sich auf Krücken stützt und einen Finger vor den Mund hält. Es hieß, Venedig sei eine geheime Oligarchie: Es wahre nicht nur seine Geheimnisse, sondern seine echte Identität sei auch ein Geheimnis.

Von den Mitgliedern des Rates der Zehn verlangte man bei ihrer Amtseinsetzung »*jura, perjura, secretum prodere noli*« – »schwöre, schwöre ab und enthülle nicht das Geheimnis«. In im Auftrag der Regierung geführten Annalen findet man Seiten, auf denen der Vermerk steht »*non scribatur*« – »es soll nicht niedergeschrieben werden«. Andere Chroniken wurden verbrannt. Das Regierungsarchiv war geheim. Der Doge selbst durfte es nur in Begleitung eines Beamten konsultieren. Der Kustode des Archivs war jemand, der weder lesen noch schreiben konnte. In *Der chinesische Spitzel*, einem Text des 18. Jahrhunderts, heißt es: »Schweigen ist das Kennzeichen dieser Regierung; alles ist geheim und in Rätselhaftigkeit gehüllt. Das politische Treiben ist von einem dichten dunklen Schleier verdeckt. In Venedig werden diejenigen, die sprechen, bei lebendigem Leib in einer mit Bleiplatten verschlossenen Gruft begraben.«

So behauptete dann auch ein Historiker des 17. Jahrhunderts, dass »die Venezianer dazu neigen, alle ausländischen Botschafter scheel anzusehen und alle ihre Handlungen als geheimnisvoll und auf eine Verschwörung hinauslaufend zu deuten«. Sie diskutierten jedes Wort und jede Handlung, »woraus sie große Mutmaßungen herleiteten und gewaltige Folgen für den Staat ablasen«. Kein venezianischer Staatsbeamter durfte mit einem ausländischen Diplomaten sprechen: Darauf standen die Todesstrafe oder lebenslängliche Einkerkerung. Die Logen in den Opernhäusern wiesen kleine »Rückzugsräume« auf, und die Diplomaten fühlten sich verpflichtet, das eine oder andere dieser Häuser zu besuchen, nicht unbedingt der Aufführungen wegen, sondern um Dinge in Erfahrung zu bringen, die ihnen sonst verborgen geblieben wären. Paradoxerweise wurden also die Ausländer durch die Heimlichtuerei und Hinterlist der Venezianer ihrerseits zu den gleichen Strategien bewegt. Venedig war als Stadt der Intrigen bekannt.

1511 kam es bei einer Senatsversammlung zu einer heftigen Auseinandersetzung; der Rat der Zehn erachtete den Vorfall für so beschämend, dass er verbot, ihn jemals zu erwähnen. Den Senatsmitgliedern wurde ein Schweigegelübde abgenommen. Auch viele Vorschläge, die dem Senat unterbreitet, oder Diskussionen, die in diesem Gremium geführt wurden, sah man als so geheim an, dass sie einer Schweigepflicht unterlagen. Einige Würdenträger wurden ins Gefängnis geworfen oder in die Verbannung geschickt, damit sie nichts darüber preisgeben konnten. Strikte Geheimhaltung kam dem Gemeinwohl zugute, meinte man. Als der Senat einen ganzen Monat lang über die Inhaftierung eines Admirals wegen Unfähigkeit oder irgendeines Dienstvergehens debattierte, drang nichts davon an das Ohr des Beschuldigten selbst, bis er ergriffen und in Fesseln gelegt wurde. Die ihm wohlgesonnenen Mitlieder des Senats hatten zwar leidenschaftlich Argumente zu seiner Entlastung vorgebracht, ihn aber nicht gewarnt. Als zu Beginn des 17. Jahrhunderts Gerüchte über eine große militärische Niederlage in der Stadt zu kursieren begannen, weigerte sich der Rat der Zehn, sich dazu zu äußern, und ließ jeden verhaften, der im Verdacht stand, ein loses Mundwerk zu haben.

Und dann gab es da noch gegen Ende des 18. Jahrhunderts den Fall des »venezianischen Geheimnisses«. Es war eines, das Sir Joshua Reynolds beispielsweise bis zu seinem Tod zu lüften suchte. Es betraf den warmen Schein venezianischer Malerei. Wie erzielten die Künstler diesen golden schimmernden und glühenden Ton? Reynolds schabte sogar ein Gemälde Tizians bis auf die Leinwand ab, um dem Geheimnis auf die Spur zu kommen. Eine gewisse Ann Provis, selber Malerin, behauptete, im Besitz dieses Geheimnisses zu sein. Es werde in einem ihr zugänglichen Exemplar eines ansonsten verloren gegangenen Textes über die Methoden und Praktiken der großen venezianischen Maler enthüllt. Ann Provis war bereit, andere daran teilhaben zu lassen – aber nur gegen Bares. Natürlich war das alles Schwindel. James Gillray nahm diejenigen, die darauf hereingefallen waren, in einer Karikatur aufs Korn, der er den Titel gab: »Titianus Redivivus – oder – die sieben weisen Männer befragen das neue venezianische Orakel«.

Venedig war also bekannt als Stadt der Geheimhaltung, der Rätsel und des Schweigens. Henry James nannte es einen Ort voll »endloser merkwürdiger Geheimnisse«, und in seinem Roman *Portrait of a Lady (Bildnis einer Dame)*, dessen Handlung zum Teil in Venedig spielt, schafft das, was ungesagt, unaufgedeckt bleibt, eine fast unerträgliche Spannung. Solch eine Atmosphäre steht in vollkommenem Einklang mit dem Talent der Venezianer für Intrigen. Casanova sagte über die Venezianer seiner Zeit, es sei »ihr hervorstechendes Charakteristikum, aus einem Nichts ein Geheimnis zu machen«. In der Vergangenheit hatten die Venezianer aus ihrer Regierung ein Geheimnis gemacht oder aus der Liebe; jetzt machte es ihnen Vergnügen, ein Geheimnis um seiner selbst willen zu kreieren. Die Gondeln waren so entworfen, dass sie der Geheimhaltung dienen konnten, mit kleinen Fahrgastkabinen, deren Fensteröffnungen man mit schwarzen Tüchern verhüllen oder mit Blenden verschließen konnte. Ein venezianischer Schriftsteller, Giovanni Maria Memmo, schrieb 1563, dass die Häuser der Stadt »Geheimtüren haben sollten, durch welche man sie betreten oder verlassen kann, ohne von irgendjemandem gesehen zu werden«. Venedig ist in gewisser Hinsicht immer noch eine geheime Stadt, das heißt, ein Teil von ihm ist nach wie vor geheim, denn in ihm leben Tausende Menschen, ohne von den Heerscharen von Touristen gesehen zu werden, die die Plätze und Straßen und alle anderen öffentlichen Räume überfluten. Das ist auch der Grund dafür, dass es so schwer ist, in Venedig gute Restaurants zu finden: Die Einheimischen achten darauf, dass sie ihnen selbst vorbehalten bleiben, und verschweigen ihre Existenz. Es gibt immer noch Gassen, die einen weltabgeschiedenen Eindruck machen, still sind und menschenleer. Das Element Wasser verstärkt diese Atmosphäre von Abgeschiedenheit und steigert die Aura des Geheimnisvollen. Die Kanäle sorgen dafür, dass bestimmte Winkel schlecht zu erreichen sind und einem unbekannt bleiben.

Geheimhaltung geht aber mit Furcht- und Schamgefühlen einher. Diejenigen, die Geheimnisse haben, wollen vielleicht ihren wahren Charakter verbergen. Das Verlangen, Dinge geheim zu halten, führt zu Verstellung und Schauspielerei. Es heißt, dass Venezianer nie über die wahren Motive sprechen, die ihren Handlungen zugrunde liegen. Doch kann Geheimhaltung auch Macht verleihen. Das, was ausgesprochen wird, kann bestritten oder zurückgewiesen werden; man kann es überprüfen oder ihm widersprechen. Das Unausgesprochene entzieht sich jedem Zugriff.

Die geheime Stadt kann die Gestalt eines Labyrinths annehmen. Sie ist ein Irrgarten, der Angst auslöst oder sogar Furcht in demjenigen aufsteigen lässt, der aus Unachtsamkeit in ihn hineingerät. Sie verleiht dem einfachsten Gang ein Element des rätselhaft Bedrohlichen. Venedig ist eine Stadt der Sackgassen und der verschlungenen Wege; es gibt sich windende *calli*, verborgene Abzweigungen, niedrige Bogendurchgänge und leere Innenhöfe, über denen die Stille wie ein Dunst hängt. Es gibt schmale Höfe, die jäh am Rand eines Kanals enden. Die Einheimischen kommen nie vom richtigen Weg ab, der Fremde verirrt sich unweigerlich. Es ist unmöglich, sich nicht zu verirren. Doch dann, ganz unvermutet, wie durch ein Wunder, sieht man genau das Gebäude vor sich, zu dem man unterwegs war – eine kleine Kirche, ein Haus, ein Restaurant taucht plötzlich vor einem auf. Doch es ist unwahrscheinlich, dass man ein zweites Mal dorthin findet. Kafka hätte Venedig begriffen.

Noch kein normaler Mensch, einschließlich der geborenen Venetianer, hat sich in Venedig jemals ausgekannt. Ich selbst, der dort jahrelang das Gymnasium besuchte, habe zum väterlichen Palazzo, obwohl er keine drei Minuten vom Markusplatz entfernt lag, nur mit Mühe und manchmal erst nach stundenlangem Suchen heimgefunden. Wie oft erschien ein Professor nicht zum Unterricht, weil er sich verirrt hatte! Wie oft traf ich meine Mutter mit einer störrisch schluchzenden Magd – sie hatten beim Einkaufen den Weg verloren!

Fritz von Herzmanovsky-Orlando

Labyrinthe sind schon vor Urzeiten angelegt worden. Sie standen im Zusammenhang mit irgendeinem Erdzauber und waren, einigen Experten zufolge, dazu bestimmt, böse Geister zu verwirren. Die Chinesen glaubten, dass Dämonen sich nur in gerader Linie vorwärtsbewegen könnten. Man hat auch die Theorie aufgestellt, dass die Toten in der Mitte der Labyrinthe niedergelegt wurden. Das ist der Grund dafür, dass diese Anlagen Macht auf die menschliche Imagination ausüben. In den klassischen Mythen ist das Labyrinth ein Ort, an dem die Jungen und Unschuldigen in Gefangenschaft geraten und getötet werden können. Das wahre Geheimnis des Labyrinths Venedig ist aber, dass man es nie in seiner Gesamtheit überschauen und begreifen kann. Man muss sich in ihm befinden, um seine Macht zu spüren. Von außen, von fern kann man es nicht richtig wahrnehmen. Man muss in einer seiner Gassen oder auf einem seiner Kanäle eingeschlossen sein, um seine Natur zu erfassen.

Das System, nach dem die Hausnummern vergeben wurden, ist nur schwer zu verstehen. In jedem *sestiere* fangen sie bei eins an und schlängeln sich dann durch alle Gassen hindurch bis hin zum letzten Gebäude. Das heißt, dass die Zahl Tausend überstiegen werden kann und mit der Ziffer keinerlei Hinweis auf die Straße oder den Platz verbunden ist, wo das gesuchte Gebäude liegt. Die Namen auf den Straßenschildern scheinen sowieso nicht die gleichen zu sein wie die auf den Stadtplänen. Tatsächlich hat das reale Venedig nichts mit der Stadt zu tun, die einem in Führern und auf Plänen präsentiert wird. Die kürzeste Strecke, auch im Sinn von schnellste Verbindung, zwischen zwei Punkten ist niemals gerade. Das Gewirr wirkt geheimnisvoll, rätselhaft. Es kann Erinnerungen an kindliche Spiele in einem wach werden lassen, einen in entsprechende Stimmung versetzen, aber auch Staunen oder Schrecken auslösen. Man hört seine eigenen Schritte durch das Steinlabyrinth hallen. Der plötzliche Anblick einer Gasse oder eines Hofes überrascht einen; man nimmt vielleicht flüchtig einen Schatten oder eine Silhouette wahr oder sieht jemanden in einer Türöffnung stehen. Ein Spaziergang durch Venedig hat oft etwas unwirklich Traumhaftes an sich, oder vielmehr, man scheint sich durch eine Realität von anderer Art zu bewegen. Es gibt Zeiten, da die Vergangenheit sehr nahe rückt – es ist fast, als würde sie hinter der nächsten Ecke auf einen warten. Die Vergangenheit tritt in den alten Mauern zutage, das dichte Gewirr der Gassen, in dem man steckt, verkörpert sie. An so einem Ort kann man das organische Wachsen der Stadt spüren, Stein für Stein. Man kann den Prozess des langsamen Sichentfaltens der Stadt im Lauf der Jahrhunderte spüren. In T. S. Eliots »Gerontion« heißt es, »History has many cunning

Das Labyrinth von Brücken und von Gassen,
die tausendfach sich ineinander schlingen,
Wie wird hindurchzugehn mir je gelingen?
Wie werd ich je dies große Rätsel fassen?

August Graf von Platen

passages«, die Geschichte verfüge über viele »gerissene Passagen«, durch die sie in die Gegenwart dringt: Das sind die Gassen und Durchgänge Venedigs.

Neuigkeiten verbreiteten sich in Windeseile in den hallenden *calli*. Venedig war das Nachrichtenzentrum, Neuigkeiten gelangten aus dem Osten in die Stadt und wurden von ihr in den Westen weitergegeben, oder sie durchliefen die Stadt in umgekehrter Richtung. In der frühen Neuzeit stellte Venedig so etwas wie die wichtigste Nachrichtenbörse auf der ganzen Welt dar. Im 13. Jahrhundert waren Briefe von Händlern eine wichtige Informationsquelle. Derjenige, der als Erster erfuhr, dass eine größere Transaktion abgeschlossen worden war oder irgendein Rohstoff, ein Produkt rar werden würde, konnte den größten Nutzen daraus ziehen. Geschwindigkeit war wichtig. Die Straßen mussten in gutem Zustand sein und die Schiffe möglichst schnelle Segler. Venedig war eine der ersten Städte, die im 14. Jahrhundert einen Post- oder Kurierdienst ins Leben riefen, die *compagnia dei corrieri*. Doch war die Post von Nürnberg bis in die Lagunenstadt immer noch vier Tage unterwegs.

Es waren die Nachrichten und die auf ihnen gründenden Spekulationen, welche die Hälfte der Geschäfte, die auf dem Rialto abgeschlossen wurden, ausmachten. Tatsächlich hätte Venedig nicht zum Handelszentrum werden können, wäre es nicht auch das Nachrichtenzentrum gewesen. Sie kamen von allen Seiten – wurden von berittenen Kurieren überbracht, waren in den Berichten von Diplomaten enthalten wie auch in den Briefen von Statthaltern. Wahre Informationsströme ergossen sich auf die Marktplätze. Nachdem etwas, ein bestimmtes Ereignis, eine bestimmte Entwicklung, bekanntgeworden war, wurde darüber diskutiert. Es gab eine Schenke, »Zum Goldenen Schiff«, in der die Venezianer zusammenkamen, »um sich die neueste Kunde, die sie erhalten, zu erzählen, der eine dem anderen ... dorthin kamen auch Kaufleute, welche aus dem Ausland stammten«. In Venedig wurden einige der ersten europäischen Kaffeehäuser eröffnet, und zwar eigens zu dem Zweck, Informationen auszutauschen. Die ganze Stadt konnte als Medium für den Empfang und die Auswertung von Meldungen aufgefasst werden. Venedig, die unübertroffene Stadt, war auch auf diesem Gebiet unübertroffen.

Die Venezianer versuchten also immer den letzten Ereignissen, den letzten Sensationen auf der Spur zu bleiben. Nachrichten von gestern waren Schnee von gestern. Den Eintragungen in den Diarien von Marino Sanudo aus dem frühen 16. Jahrhundert ging oft die formelhafte Einleitung voran: »Es traf die Nachricht ein, dass …« Die Venezianer lauschten mit »gespitzten Ohren«, damit ihnen die neuesten Meldungen auch ja nicht entgingen. Als *notizie* oder *avvisi* bezeichnete Berichte wurden der Bevölkerung laut vorgelesen, die eine kleine, als *gazzetta* bezeichnete Summe für diese Möglichkeit, die jüngsten Gerüchte zu hören, zahlten. Es überrascht wohl kaum, dass diese Gier nach Neuigkeiten von einigen als krankhaft oder skurril empfunden wurde. Sir Henry Wotton nannte die Sucht nach Nachrichten die »Hauptseuche, die diese Stadt befallen«. Auch wenn der Großteil der Nachrichten nicht wichtig gewesen sein mag, einige waren es doch. In einem Brief vom 31. März 1610 setzte Wotton aus Venedig seinen unmittelbaren Vorgesetzten, Robert Cecil, den *secretary of state*, über »diese allermerkwürdigste Meldung« in Kenntnis, »über die hier in allen Winkeln geredet« wird. Es handelte sich um die Meldung von dem neuen Universum, in das Galileo vorgedrungen war.

Ein Einwohner der Stadt ist als der Stammvater aller Journalisten gefeiert worden – falls das die richtige Bezeichnung für ihn ist. Pietro Aretino war 1527 nach seiner Verbannung vom Hof des Papstes von Rom nach Venedig gekommen und mischte in den folgenden zwanzig Jahren stimmgewaltig im dortigen öffentlichen Leben mit. Er schrieb Komödien, pornografische Dialoge und religiöse Erbauungsschriften, doch er hatte auch Erfolg in der Welt der Wochenzeitungen, die damals in Venedig zirkulierten. Ein früher Biograf nannte ihn den »ersten großen Abenteurer der Presse«. Er war ein Meister in der Kunst der öffentlichen Selbstdarstellung und schilderte die Tagesereignisse in der Sprache des Volkes. Er verfasste Pasquinaden, Flugblätter satirischen Inhalts, die in der ganzen Stadt verteilt wurden, und er hauchte der Gattung des *giudizio* oder Almanachs neues Leben ein. Lokales und Aktuelles war jetzt das, worüber im Druck berichtet wurde. Aretino schrieb auf Bestellung. Er verwandelte »Nachrichten« in eine Ware, die er, wie ein Kaufmann, gegen Geld feilbot. Seine Schriften lassen die turbulente Stadt erahnen. Hier hatte er Erfolg und revanchierte sich, indem er seine Gastgeber in Stücken und Briefen über den grünen Klee lobte. Deswegen wurde er toleriert. Eigentlich hätte er nirgendwo anders leben können.

Es überrascht wohl nicht, dass die erste Zeitung der Welt, die *Gazzetta*, zu Beginn des 17. Jahrhunderts in Venedig erschien. In den sechziger Jahren desselben Jahrhunderts veröffentlichte einer der ersten modernen Journalisten, Gasparo Gozzi, *L'Osservatore Veneto* und *La Gazzetta Veneta*. Letztere, die 1760 gegründet wurde, erschien zweimal wöchentlich; ihr Herausgeber unterhielt vier Büros in der Stadt, in denen Nachrichten oder Abonnementaufträge entgegengenommen wurden. Nicht nur Neuigkeiten fanden Eingang in das Blatt, sondern es wurden auch Annoncen in ihm veröffentlicht, auf der Piazza San Marco aufgeschnappte Unterhaltungen, Speiseangebote, Fragen und flehentliche Appelle von »einsamen Herzen«. Auf seinen Seiten ist das Leben der Stadt in all seinen Facetten eingefangen; die Geschichte vom betrunkenen Lastträger, der sich zu Tode stürzte, steht neben der Liste der Wechselkurse. Es war nur eines von einer Vielzahl solcher Nachrichtenblätter. In den meisten wurden einfach nur private Skandale und Streitigkeiten genüsslich ausgebreitet; sie schwelgten in Gerüchten und versteckten Anspielungen; sie druckten persönliche Briefe ab und brachten gewisse prominente Bürger der Stadt, die auf ihren guten Namen und ihre *buona fama* bedacht waren, in große Verlegenheit. Sie ähnelten den auf bestimmte aktuelle Ereignisse zielenden Satiren, die in der Stadt zirkulierten und ebenfalls davon zeugten, dass diese sich zwanghaft mit dem Leben in ihren eigenen Mauern beschäftigten. Doch eines fand man nicht in diesen Blättern: Über politische Debatten wurde nicht berichtet, sie wurden nicht kommentiert – die Regierung Venedigs blieb maskiert.

Der berüchtigte Rat der Zehn und die Staatsinquisition erschienen mir vielleicht in dem Lichte einer eigentümlichen, gewiss wohl grauenvollen Naivität; die offene Ankündigung, daß in dem Geheimnis einer Handlungsweise die Gewährung der Macht des Staates liege, schien mir so bestimmt ein jedes Glied der merkwürdigen Republik für die Bewahrung dieser Heimlichkeit zu interessieren, daß in sehr vernünftiger Weise die Ausschließung von jeder Mitwissenschaft zur eigentlichen republikanischen Pflicht gemacht wurde. Eigentliche Heuchelei blieb diesem Staatswesen somit gänzlich fern …

Richard Wagner

Dennoch schwirrte die Stadt von Gerüchten, und sie war voller Intrigen. Die Kurtisanen betätigten sich auch als Spioninnen und die Gondolieri als Spione. Die Staatsinquisitoren beschäftigten Spione, ebenso der Rat der Zehn. Spione waren für die Zünfte tätig; sie meldeten jeden Handwerker oder Arbeiter, der gegen die Regeln seines Gewerbes verstieß. Es gab politische Spione, die darauf achten sollten, ob es bei Wahlen oder auch bei Regierungsgeschäften zu irgendeiner Form von Korruption kam. Die Spione bespitzelten andere Spione und wurden ihrerseits beobachtet und beschattet. Die Hafenanlagen, über die nicht nur Waren, sondern auch Menschen Einlass in die Stadt fanden, wurden streng überwacht. Das höchste Gebot für Ausländer und andere, die sich in potenziell gefährdeter Position befanden, bestand darin, Schweigen zu wahren. Solange man den Mund nicht aufmachte, blieb man in Freiheit.

Man erzählt sich, wie Vivaldi einmal mit einem Geiger aus Dresden, Johann Pisendel, über die Piazza San Marco schlenderte. Der Komponist brach das Gespräch brüsk ab und forderte seinen Freund auf, sich sofort mit ihm nach Hause zu begeben. Nachdem er die Tür hinter ihnen geschlossen hatte, teilte Vivaldi dem Deutschen mit, dass er von vier Staatsbeamten beobachtet worden sei. Er solle sich nicht wieder aus dem Haus wagen, bevor er, Vivaldi, herausgefunden habe, was für einen Verstoß gegen die *majestas* Venedigs Pisendel sich habe zuschulden kommen lassen. Später stellte sich heraus, dass Pisendel mit einer anderen Person verwechselt worden war. Doch die Furcht war sehr real gewesen. Der Eindruck, unter Beobachtung zu stehen, hatte ausgereicht, um sie auszulösen.

Einer der Sekretäre des Rates der Zehn war immer Fachmann für die Entschlüsselung von Codes und Geheimschriften. Jede ausländische Botschaft in der Stadt besaß einen oder mehrere speziell auf sie angesetzte Spione. Das galt auch für fremde Haushaltungen. Die Niederlassungen für die aus anderen Ländern stammenden Kaufleute wie der Fondaco dei Tedeschi für die deutschen, waren geradezu vollgestopft mit Spionen. Man wusste, dass die venezianischen Makler, die auf dem Gelände tätig waren, oder die Männer, die die Waagen bedienten, in halboffizieller Funktion als Informanten für die Regierung tätig waren. Eine große Dame der Stadt, Elisabetta Zeno, führte einen Salon, zu dem sie einige wichtige Senatoren lud; hinter einem Wandschirm kauerten dort zwei Schreiber, die alles, was gesprochen wurde, für die spätere Verwendung durch die Gastgeberin festhielten. Als die Venezianer von dieser Intrige erfuhren, enthoben sie die Senatoren all ihrer öffentlichen Ämter, und Elisabetta Zeno wurde für den Rest ihres Lebens nach Capodistria verbannt. Von jedem Venezianer, der sich auf ausländischem Boden aufhielt, erwartete man, dass er in die Rolle eines Spions schlüpfte; man sah das für einen Teil seiner oder ihrer staatsbürgerlichen Pflicht an. Man hielt es für selbstverständlich, dass die venezianischen Prälaten, wenn sie auf Besuch in Rom waren, geheime Zusammenkünfte des Papstes ausspionierten. Die Kaufleute, die in andere Länder oder Städte reisten, waren von besonderem Nutzen. Es scheint auch stimmig, dass in einem Staat von Kaufleuten die Kaufmannssprache als Code verwendet wurde. So stand beispielsweise auf diesem fiktiven Warenmarkt der Ausdruck »Arzneien« für Türken, und unter »Spiegeln« waren in Wirklichkeit Artilleriegeschütze zu verstehen.

Spionieren war in Venedig eine ernsthafte von Berufs wegen ausgeführte Beschäftigung, aber auch ein Zeitvertreib. Die Menschen dort beobachteten unablässig andere Men-

Oben an der Gigantentreppe […] wo man in alten Zeiten die Dogen krönte, wies man uns auf zwei schmale Schlitze in der Steinmauer hin – zwei harmlose unbedeutende Öffnungen, die niemals die Aufmerksamkeit eines Fremden erregen würden – doch dies waren die furchtbaren Löwenrachen! […] [Dies] waren die Schlünde, durch die die anonymen Beschuldigungen hinabglitten, die heimlich mitten in der Nacht ein Feind hineinwarf und die manchen unschuldigen Mann dazu verurteilten, über die Seufzerbrücke zu schreiten und in den Kerker hinabzusteigen, den niemand mit der Hoffung betrat, die Sonne wiederzusehen.

Mark Twain

schen – sie tun es immer noch. Die Häuser befanden sich in einem solchen Zustand, dass man durch Risse und Spalten in den Wänden oder Böden in die Heime anderer spähen konnte, und da bildeten auch die Sitze der Macht und der Mächtigen keine Ausnahme. Drei Jugendliche brachen einmal einen Teil der Decke des Senatssaals auf, so dass sie der Ansprache eines erst kürzlich vom osmanischen Hof zurückgekehrten Gesandten lauschen konnten. Es gibt Belege dafür, dass es in der ganzen Stadt von professionellen Informanten wimmelte, aber ebenso von Amateuren auf dem Gebiet – auch weil es finanzielle Anreize für sie gab: Die Denunzianten erhielten eine Belohnung, wenn sich herausstellte, dass die von ihnen gelieferten Informationen korrekt waren. Ihre Namen wurden altehrwürdigem venezianischem Brauch entsprechend geheim gehalten. Die Venezianer können als Erfinder der *denuncia* oder *denuncia segreta* gelten. Es ist immer noch so, dass sie sich, wenn sie das für notwendig erachten, gegenseitig anzeigen. In einem relativ kleinen Stadtgebiet ist Demütigung die schlimmste Form der Bestrafung. Manchmal musste die Regierung einen Übeltäter nur namhaft machen, »Schimpf und Schande« über ihn bringen, um ihn hinreichend zu bestrafen.

Die Obrigkeit profitierte natürlich davon, wenn persönliche Loyalitätsverhältnisse in die Brüche gingen. Der Erfolg des Staates ließ sich unter anderem daran messen, dass die Bevölkerung auch in dieser Hinsicht das Gemeinwohl für höher erachtete. In der Tat könnte man es so sehen, dass in der Sitte des Denunzierens Enttäuschung und eine Art von pervertiertem staatsbürgerlichem Stolz und Zugehörigkeitsgefühl zum Ausdruck kamen. Dieser Hang, andere anzuzeigen, wird heute noch in den sogenannten »Löwenmäulern«, *bocche di leone*, sichtbar, die sich in verschiedenen Teilen der Stadt finden. Ein solches Maul, im Allgemeinen eine Öffnung in einem aus Stein gehauenen grotesken und abstoßenden Tier- oder Menschengesicht, nahm schriftliche Anklagen gegen Mitbürger auf. Derjenige, der diese Anklage vorbrachte, musste das Schriftstück unterzeichnen und sich von zwei Zeugen ebenfalls per Unterschrift seinen guten Leumund bestätigen lassen. Angezeigt werden konnte alles Erdenkliche, von Verschwendungssucht bis hin zu Lasterhaftigkeit. Anonyme Anzeigen sollten eigentlich verbrannt werden, doch es konnte durchaus geschehen, dass man ihnen nachging – dann nämlich, wenn sie etwas betrafen, das die Sicherheit des Staates zu gefährden schien. *La bocca di leone* war natürlich eine weitere venezianische Erfindung. Es war der Mund der Stadt, eine riesige Höhle voller Geflüster und Geraune, und seine Einführung hatte zur Folge, dass eine generelle Atmosphäre des Bespitzeltwerdens herrschte, man sich selbst in seinen privatesten Räumen beobachtet wähnte. Es gab sogar *bocche*, die einem spezifischen Zweck dienten, beispielsweise dazu, jemanden namhaft zu machen, der Steuern hinterzog, oder jemanden, der Öl panschte. Eine Frau konnte ihren Mann anzeigen, ein Sohn seinen Vater. Die Praxis wurde auch in den venezianischen Besitzungen auf dem Festland eingeführt. In einigen Landhäusern dort gab es eine *bocca delle denuncie segrete*, mit deren Hilfe Informanten andere Personen, die auf dem Gut arbeiteten, anzeigen konnten.

La bocca di leone, *das »Löwenmaul«, im Dogenpalast. Durch den Schlitz konnten die Venezianer anonyme Anzeigen gegen Mitbürger gleiten lassen, die sich ihrer Meinung nach etwas zuschulden hatten kommen lassen – oder die sie aus dem Weg räumen wollten.*

In Venedig brodelte es also von Klatsch und Tratsch. Die Stadt bestand aus einem Netzwerk von kleinen *sestieri*, von denen jedes für sich genommen einem Dorf auf dem Land ähnelte. Da sie aber alle dicht zusammengedrängt auf einer Insel lagen, entstand eine einzige große Gerüchteküche. »Ganz Venedig wird es erfahren«, wurde ein von allen Einwohnern geteiltes – zumeist beängstigendes – Gefühl. Casanova klagte, dass er »Stadtgespräch« sei. Gerüchte verbreiteten sich geschwind, so dass die Gassenjungen den Namen des neu gewählten Dogen bereits wussten, bevor dieser offiziell bekanntgegeben worden war. Man nahm jedes »Geraune in der Stadt« in sich auf. Die Schwägerin einer der venezianischen Geliebten Byrons plauderte, dem Dichter zufolge, »gegenüber der einen Hälfte Venedigs über die Affäre, und die Dienstboten taten es gegenüber der zweiten Hälfte«. Jedes Gerücht wurde von tausend Zungen weitergegeben, und, wie ein Patrizier es ausdrückte, »jedermann sagt, was ihm gefällt, träumt sich in der Nacht etwas zusammen und bringt es am Morgen in Umlauf«. Gerüchte waren die Ausscheidungen Venedigs. Sie wirkten wie Dünger: Wenn man sie nur dick genug ausbreitete, konnte alles Mögliche darauf wachsen. In seinem *Venetian Life* meinte William Dean Howells 1866, man müsse sich »die Gehässigkeit eines ordinären Lästermauls in Verbindung mit dem zynischen Scharfsinn und dem ätzenden Witz eines begabten *roué* denken, um eine Ahnung vom venezianischen Tratsch zu bekommen«. Den venezianischen Lästerzungen entging auch nicht die kleinste Kleinigkeit. Ihr Geschwätz wurde als *ciaccole* bezeichnet, und der schnatternde Klang des Wortes drückt schon aus, wie trivial ihr Gerede war. Doch ihre Opfer wurden dadurch extrem gedemütigt. Viele venezianische Volkslieder handelten von dem Schaden, den solch bösartiges Geschwätz und »unredliche Zungen« anrichten konnten. Einige Opfer sahen sich in der Tat dazu veranlasst, um göttlichen Schutz zu flehen. Ein Venezianer wollte das Bild einer »in Ohmacht sinkenden Madonna« stiften, falls seine Frau ihr Kind rechtzeitig genug zur Welt brachte, um »niederträchtigen Klatsch« zu verhindern. Als ein venezianischer Staatssekretär namens Pietro Antonio Gratarol glaubte, in einem Stück Carlo Gozzis verspottet zu werden, und alle seine Versuche, ein Verbot der Aufführung oder zumindest eine Zensur des Textes zu erwirken, gescheitert waren, floh er nach Padua. Da er dies ohne Erlaubnis der Obrigkeit tat, wurde er am Ende *in absentia* zum Tode verurteilt. Diese Strafe dünkte ihm aber geringer als das, was ihm in Venedig hätte widerfahren können: nämlich Zielscheibe des allgemeinen Spotts und Hohns zu werden. Er hätte das bösartige Gerede nicht ertragen können.

Gerüchte wurden bei Prozessen von den Richtern durchaus in ihre Erwägungen einbezogen und beinahe wie handfeste Beweise angesehen, hatten also einen hohen Status. Generell war es das Vorrecht von Frauen und Dienstboten, den allgemeinen Klatsch wiederzugeben, doch auch Obsthändler, Straßenverkäufer und Gondolieri wurden aufgerufen, damit sie aussagten, was ihnen bezüglich einer bestimmten Sache zu Ohren gekommen war. Die Zeugen berichteten, dies oder jenes werde »gemunkelt«. Sie untermauerten die Glaubwürdigkeit der Gerüchte mit Versicherungen wie: »Der ganze Hof war dabei« oder: »So wie einer es sagt, sagt es jeder.« Die intimsten Geheimnisse des ehelichen Lebens eines Paares waren der ganzen Gemeinde bekannt, die sich im Allgemeinen auch nicht scheute, bei einem Ehestreit Partei für die eine oder die andere Seite zu ergreifen. Es war an der Tagesordnung, dass bei solchen Gelegenheiten Nachbarn einfach ins Haus kamen oder sich in der Tür drängten. Die venezianische Vorstellung vom »Allgemeinwohl« erhielt in diesen Fällen eine sichtbare Gestalt. Die Komödien Carlo Goldonis spiegeln dieses ungewöhnliche gesellschaftliche Miteinander in vollkommener Weise wider. Menschen gehen von einem Haus ins andere. Türen und Fenster stehen ständig weit offen. Tavernen und Läden sind ganz in der Nähe, so dass man die im eigenen *salotto* begonnene Unterhaltung leicht in der Schankstube fortsetzen kann. Der *campo* oder *campiello* stellt eine Art Erweiterung des eigenen Heims dar. Es ist ein sonderbares Faktum, dass man in Venedig öffentliche Angelegenheiten strenger Geheimhaltung unterwarf, während private beinahe im Handumdrehen allen bekannt wurden. Klatsch mag eine Form der Kompensation dafür gewesen sein.

Nachbarn und Dienstboten erschienen vor Gericht, um unter Eid auszusagen. Sie sahen das, was sie preisgaben, als »allgemeines Wissen« an. Die Menschen beäugten einander also unablässig, bei Tag und bei Nacht. Sie studierten sich gegenseitig. Es war hilfreich, dass sie sich alle schon vom Aussehen her kannten. Im Opernhaus waren die Operngläser in der Regel eher auf das Publikum gerichtet als auf das Bühnengeschehen. Von einem bestimmten Gesichtspunkt aus waren es also die Zuschauer, die die Vorstellung boten. Die Venezianer sind heute noch für ihren Hang zum Klatschen bekannt. In einem vertrauten Ambiente fallen Fremde sofort auf und werden – wenn es nötig erscheint – der Polizei gemeldet. Die Telefonleitungen werden ausgiebig genutzt.

12

Chroniken

Die venezianische war die denkbar konservativste aller Gesellschaften. Tradition wurde hochgehalten, die Obrigkeit nicht nur respektiert, sondern geradezu vergöttert. Die Stadt war ständig auf der Suche nach einem historischen Ursprung, und da man Ursprünge verehrte, verehrte man auch die Vergangenheit. Achtung vor Bräuchen durchzog die ganze venezianische Kultur auf allen Ebenen. In diesen Bräuchen schlug sich das ererbte Wollen und Fühlen des venezianischen Volkes nieder. In ihnen fand die Gemeinschaft Ausdruck. Es gab eine sprachliche Formel, die bei der öffentlichen Verkündigung eines neuen Gesetzes zur Anwendung kam; es hieß, dass man mit dieser neuen Gesetzgebung lediglich an die »allerältesten Gepflogenheiten« anschließe. Darin war eine Art von Beruhigung enthalten. Man sah Brauchtum, Handeln oder Urteilen nach überkommenen Kriterien auch als etwas an, das jedes positive oder systematische Recht transzendierte. Erfahrung zählte in Venedig jederzeit mehr als Theorie. In dieser Stadt kam es nie zu einer Revolution.

Das gesellschaftliche Leben der Menschen war also von Bräuchen dominiert. Wenn man gegen sie verstieß, zum Beispiel in Zusammenhang mit dem Kirchgang oder dem Empfang von Gästen, setzte man sich der Kritik aus. Von allen Dingen, die die Venezianer fürchteten, waren üble Nachrede und damit verbundene öffentliche Ächtung das gefürchtetste. Das ist der Grund dafür, dass sie sich oft so generös an Vorhaben beteiligten, die der Allgemeinheit zugutekamen, zu Hause aber eine Sparsamkeit an den Tag legten, die schon an Geiz grenzte.

Die Künstler der Stadt griffen auf die gleiche beschränkte

Was den Reichtum künstlerisch durchgebildeter Gebäude angeht, so kann sich keine Stadt mit Venedig vergleichen. Andere Städte sind wie Bücher, in denen man beim Blättern hie und da ein Bild findet: hier ist jedes Blatt eines, es gibt keine leeren Blätter.

Carl Justi

ikonografische Palette, also Auswahl von Bildthemen zurück. Die Architektur der Stadt ist, wie man weiß, für ihren Traditionalismus bekannt. Die äußere Gestalt der Häuser, kleiner wie großer, blieb viele Jahrhunderte lang unverändert. Weder die Struktur der Gebäude noch ihr Schmuck wandelten sich. Wenn sie einstürzten, wurden sie an demselben Fleck wiederaufgebaut, nach denselben Prinzipen und sogar unter Verwendung des alten Materials, das heißt, die Überreste des ursprünglichen Hauses dienten zum Bau des neuen. Auch die Grundpfeiler konnten immer wieder benutzt werden: Versteinertes Holz faulte nicht, und es brannte auch nicht.

In Direktiven für den Hausbau kommen leitmotivisch immer wieder Anweisungen vor, wie einen bestimmten Raum seinen Originalabmessungen entsprechend wiederherzustellen, eine Wand nicht höher zu ziehen, als die frühere es gewesen war, das Haus genau dort wieder zu errichten, wo es vorher gestanden hatte. Vielleicht wurde dieser Wunsch nach Stasis durch Angst vor Fluidität und Mobilität – mit anderen Worten: vor dem Wasser – ausgelöst. Casanova berichtet, dass die venezianischen Patrizier schon bei dem Gedanken an Neuerungen zu zittern begannen. Macht ist per se eine konservative Kraft – auf Bewahrung ihrer selbst aus. Ein venezianischer Historiker des frühen 17. Jahrhunderts, Paolo Paruta, meinte, Staaten erhielten sich dadurch, dass sie die Traditionen, die Bräuche fortführten, die bei ihrer Gründung galten. Wandel fördert Verfall.

Sogar im Bereich kaufmännischer Aktivität, in dem die Stadt ja führend war, herrschte eine ausgeprägte Aversion gegenüber Wandel. Es heißt oft, dass die Venezianer die Kunst der doppelten Buchführung erfanden: In Wirklichkeit wurde das Verfahren in Genua entwickelt. Dort prägte man auch die ersten Goldmünzen, setzte die ersten Versicherungsverträge auf und zeichnete die ersten Seekarten. Venedig hinkte in der Regel fünfzig Jahre hinterher. Es übernahm, borgte sich Dinge von anderen. Dort schuf man nichts *ab novo*. Man fürchtete Neuerungen und misstraute ihnen. Nur die gewaltsame Intervention Napoleons setzte einem System ein Ende, das fünfhundert Jahre ohne merkliche Veränderungen überdauert hatte. Bis 1797 war Venedig der einzige überlebende mittelalterliche Stadtstaat: Es war schließlich eine Insel.

Die Venezianer beschäftigten sich zwanghaft mit ihrer Geschichte. Sie schufen den größten Korpus von Chroniken in der italienischen Welt. Mehr als tausend Texte dieser Art sind erhalten; die frühesten datieren aus dem 14. Jahrhundert. Marino Sanudo, der im späten 15. und frühen 16. Jahrhundert auch die belanglosesten oder langweiligsten Ereignisse in der Stadt festhielt, füllte mit seinen Eintragungen nicht weniger als achtundfünfzig Bände von Folioformat. Es heißt, dass er schon im Alter von acht ein Verzeichnis der Gemälde im Dogenpalast anlegte. Wie die anderen Chronisten war er vom Leben in der Stadt gefesselt – von den Gesetzen, den Zeremonien, den Gewerben, den Sitten, den Verträgen. Von all dem glaubte er, dass es von fundamentaler Bedeutung und allgemeinem Interesse sei. Vielleicht war das eine enge Sicht, die Sicht von einem, der, wie man so sagt, nicht über den eigenen Tellerrand hinausschaut, doch sie war auch verständlich. Der Geist der Stadt sprach durch ihn. Er vermochte nur wirklich er selbst zu sein, indem er als Medium für Venedig fungierte.

Den Chroniken folgten die Geschichtsbücher. Mitte des 15. Jahrhunderts gab es schon Bände mit Titeln wie *De origine et gestis Venetorum*. Die »Ursprünge« waren nicht weniger wichtig als die »Taten«; Erstere erklärten die Letzteren. 1515 wurde Andrea Navagero zum ersten offiziellen Historiografen der Stadt ernannt, und man erwartete von ihm, dass er als Inhaber eines solchen Amtes die »Beständigkeit und unbesiegbare Tugend« Venedigs verherrlichte. Das war genau der Zeitpunkt, zu dem der »Mythos von Venedig« ausformuliert wurde. Die »Erfindung« eines vom Staat bestellten Historiografen ist an sich interessant; sie legt die Vermutung nahe, dass man glaubte, diese Aufgabe niemandem überlassen zu dürfen, der unabhängig seine Forschungen betrieb. Wie bei »offiziellen« Biographien von Personen kommt es ebenso darauf an, was verschwiegen wird, wie darauf, was preisgegeben wird.

Unglücklicherweise war Navagero seiner Aufgabe nicht ganz gewachsen, und in seinem Testament verfügte er, dass seine Aufzeichnungen und Unterlagen verbrannt werden sollten. Vielleicht hatte er zu viel aufgedeckt. Nach ihm übernahm eine Folge von Historikern sein Amt, die, wie die Vertreter der narrativen Malerei des 16. Jahrhunderts, die Dokumentation winziger Details mit einer allgemeinen Verherrlichung der erhabenen Geschichte Venedigs verbanden. Sie formten den Mythos immer wieder um, damit er mit aktuellen Gegebenheiten in Einklang stand. Ihre Werke waren ebenso präskriptiv wie deskriptiv, denn sie waren der festen Überzeugung, dass sie denen, die nach ihnen kamen, eine praktische Anleitung zum richtigen Regieren an die Hand gaben. Alles sollte unter Bezugnahme auf das historische Ideal erklärt und verstanden werden. Diese Historiografen gingen davon aus, dass man, indem man die Geschichte der Stadt aufzeichnete, auch ihr zukünftiges Geschick offenlegte. Tradition war der Schlüssel zum Verständnis. In einer Stadt, die ständig ängstlich um ihr Überleben mitten im Meer besorgt ist, war Dauer an sich etwas Verehrungswürdiges. Wenn es überdauert hat, muss es gut sein.

Die Hochachtung vor Sitte und Tradition war nicht notwendigerweise immer von Vorteil. Für ihren politischen und wirtschaftlichen Abstieg war die Stadt nicht ganz allein verantwortlich, doch der inhärente Konservatismus und Traditionalismus der Obrigkeit beeinträchtigten die Möglichkeiten zur Verbesserung und Erneuerung. Die Patrizier, die sich im Gefühl ihrer Superiorität sonnten, fällten eine Reihe eklatanter, ja schon katastrophal zu nennender Fehlentscheidungen. Die Ausbeutung und Plünderung Konstantinopels mit Verbündeten bereitete der Eroberung der Stadt durch die Türken am 29. Mai 1453 den Weg. Restriktive Praktiken der Regierung beeinträchtigten die Manufaktur von Waren. Es war, wie Joseph Addison es formulierte, so, dass »die Venezianer zu ihrem großen Schaden zäh an ihren alten Gesetzen und Gewohnheiten festhielten, wohingegen eine Handelsnation zu wiederholtem Wandel und zum Beschreiten neuer Wege bereit sein muss, sowie sich andere Situationen und dringende Erfordernisse ergeben«. Sie wollten zum Beispiel unbedingt ihren Ruf erhalten, sich meisterlich auf die Produktion von Luxusgütern zu verstehen. Daher legten sie zwar großen Wert auf Qualität, stellten aber die meisten Waren nicht in genügend großer Quantität und zu erschwinglichen Preisen her. Angesichts einer sich ausbildenden Weltwirtschaft war das ein Fehler.

Die Herrscher der Stadt empfanden einen tiefen Widerwillen davor, sich einer Welt des Wandels zu stellen. Aus diesem Grund lagen die Schiffswerften des Arsenals, auf denen man lange Zeit in technologischer Hinsicht führend gewesen war, im 17. Jahrhundert hoffnungslos hinter der Entwicklung zurück. Es gab keine Neuerungen und damit auch keine echte Erneuerung. Es kann sein, dass Venedig sich selbst nicht genügend traute, um zu einem Wandel fähig zu sein, und reines Überleben, also Überdauern, zu seiner Stärke machte. Diese Fähigkeit ist immer noch das Faszinierendste an der Stadt.

Jeder Nobile oder wenigstens die alten Häuser dieser Patrizier waren Fürsten für sich; wenn man den Canal Grande entlang fährt, spiegelt sich ein Palast nach dem andern im grünen Lagunenwasser, und einer schöner als der andere, von den spitzbogigen maurischen Balkonfenstern und Säulenhallen des 12. und 13. Jahrhunderts an bis zu den elegantesten, der Antike nachgeahmten Fassaden, mit denen Sansovino und Palladio die Königin der Meere geschmückt haben.

Joseph Victor von Scheffel

Die Stadt nahm aber im Lauf ihrer Geschichte immer wieder eine andere äußere Erscheinungsform an, um den Anforderungen einer bestimmten Zeit gerecht zu werden. So kleidete sie sich unter anderem auch in ein römisches Gewand. Im zweiten Viertel des 16. Jahrhunderts wurden Bauten im Stil der öffentlichen Gebäude des antiken Rom errichtet. Die Entwicklung hatte sich schon durch die Errichtung des Triumphbogens vor der Einfahrt zum Arsenal angekündigt; es war die erste Übung der Venezianer in Monumentalarchitektur. In den achtziger Jahren des 14. Jahrhunderts wurden die *Basreliefs* am Dogenpalast um Schilde und Helme erweitert. Von zwei großen Imperien bedroht, dem Habsburgerreich Karls V. und dem osmanischen Suleimans des Prächtigen, nahm Venedig für sich in Anspruch, Erbe des mächtigsten Reiches aller

Zeiten zu sein. Rom bildete den Kontext für seine eigene historische Mission. Sogar die Verfassung, hieß es, leite sich von römischen Vorbildern her.

Die Patrizierfamilien der Stadt begannen römische Vorfahren ausfindig zu machen, von denen sie glaubhaft behaupten konnten, die alten Tugenden oder guten Eigenschaften geerbt zu haben. Die Familie Cornaro führte sich auf die Cornelier zurück und die Familie Barabaro auf Ahenobarbus. Der dunkle Umhang, in den sich die Mitglieder der regierenden Klasse hüllten, wurde jetzt als Toga bezeichnet, womit der Markusplatz, über den sie auf dem Weg zu Sitzungen schritten, gewissermaßen mit dem antiken Forum gleichgesetzt wurde. Als Gründungsväter Venedigs wurden von den Historikern die aus ihrer zerstörten Stadt geflohenen Trojaner ermittelt, die der Sage nach auch Rom gegründet hatten. Es war eine einzige große Scharade, doch es gibt immer wieder Zeiten, in denen ein Nationalstaat auch die absurdesten oder abwegigsten Behauptungen bereitwillig glauben wird, um sein Selbstgefühl zu stärken, sich eine Identität zu geben. Und so geschah es auch in Venedig: Im 16. Jahrhundert nannten seine Bürger sich »die neuen Römer«.

Man zeigte sich von der Antike geradezu fasziniert. In ganz Venedig wimmelte es von antiken Gegenständen, die man entweder erbettelt, geborgt oder gestohlen hatte. Auf öffentlichen Plätzen wurden Statuen oder Siegesmonumente aus dem Altertum errichtet. Es gab viele berühmte Antiquare und ebenso viele notorische Fälscher, die ohne Mühe das Fragment einer römischen Statue oder einer antike Bronze aus dem Ärmel schütteln konnten. Aus einer ähnlichen verehrenden Haltung dem Altertum gegenüber gaben die Regierenden bei gewissen Gelegenheiten bekannt, dass eine bestimmte Tätigkeit – beispielsweise die Erziehung der Jugend – *ab urbe condita* auf unveränderte Weise ausgeübt worden sei. Normalerweise stimmte das absolut nicht, doch auch diese Schwindelei bezeugte, wie sehr man die Vergangenheit in Ehren hielt.

Die Venezianer waren jedoch vor allem an den materiellen Relikten der alten Kulturen Griechenlands und Roms interessiert; die intellektuellen Leistungen der Antike fesselten sie kaum. Griechisch stellte für die Venezianer eher die Sprache dar, in der Geschäfte abgewickelt wurden, als die Sprache Platos. Latein war die für praktische Dinge unentbehrliche *lingua franca*, kein Medium zur Erhellung des menschlichen Verstandes. In Burckhardts *Die Kultur der Renaissance in Italien* gibt es einen langen Abschnitt über »Die Wiederentdeckung des Altertums« als Mittel zur moralischen und geistigen Neuerweckung des Menschen. Venedig kommt in diesem Zusammenhang nicht vor. Burckhardt erwähnt die Stadt in diesem Kapitel lediglich wegen ihres florierenden Publikationsgewerbes und des Pathos, des »Schwulstes« der dort üblichen Grabinschriften.

Die Venezianer waren verständlicherweise stolz auf ihre Geschichte. »Mir fällt auf«, schrieb in den 1820er Jahren Lady Blessington, »dass der venezianische Cicerone und die Gondolieri oft auf die vergangene Prosperität Venedigs zu sprechen kommen, und dies immer in einem Ton, welcher Kenntnisse seiner Geschichte zu erkennen gibt sowie Stolz auf seinen alten Glanz, wie man sie bei Angehörigen dieser Schicht gemeinhin nicht erwartet.« Es war – und ist – eine Stadt, die auf Gedenken aufbaut, eine Stadt der Nostalgie. Sie lebt, indem sie ihre Vergangenheit erinnert und darstellt. Und ähnlich werden Besucher eingeladen, Gebäude und Szenerien zu bewundern, die so vertraut wirken, dass sie sie irgendwie zu »erinnern« glauben.

In den Räumen des venezianischen Archivs verweilt mit Erstaunen und Entzücken. […] Zwei Säle, die, einander durchschneidend, ein Kreuz bilden, etwas schmal für ihre Länge und breiten Korridoren zu vergleichen, hell, hoch und kühl – in den heißen Tagen des August atmete man da wieder auf –, sind an ihren Wänden mit den unabsehbaren Reihen stattlicher Foliobände bekleidet.

Leopold von Ranke

Es nimmt daher nicht wunder, dass die venezianischen Archive die zweitgrößten der Welt sind, nur die Archive des Vatikans sind umfassender. Doch die Unterlagen in den venezianischen sind detaillierter und ausführlicher als alle anderen. Einige datieren aus dem 9. Jahrhundert. Alles wurde schriftlich festgehalten, in der Hoffnung, dass vergangene Entscheidungen und Verordnungen späteren Generationen nützlich sein könnten. Daran, dass er seine offiziellen Dokumente aufbewahrt, lässt sich die Effizienz eines Staates ermessen. In diesem Sinn war der venezianische äußerst effizient. Das Archivio di Stato, nur eines der vielen offiziellen Archive, beherbergt Akten und Dokumente, die aneinandergereiht einen Korpus von hundertsechzig Kilometern Länge bilden würden. Als der Historiker Leopold von Ranke sie in den 1820er Jahren erstmals zu Gesicht bekam, starrte er, wie Cortez von seinem Hügel im Darién, auf einen Ozean. Diese seine Begegnung mit dem Papiermeer gab Anlass zu den ersten Bemühungen auf dem Gebiet, das als »wissenschaftliche Geschichtsschreibung« bekannt wurde. Auch für zeitgenössische Historiker und Soziologen stellen diese Unterlagen immer noch eine unerschöpfliche Quelle dar; in ihnen kann man in weit reicherer Zahl Geschichten und Dramen finden, die vom Leben in Venedig künden, als in den Werken der *commedia dell'arte*.

TEIL IV

Republik des Kommerzes

13

Die Kaufleute von Venedig

Die ganz besondere Begabung der Venezianer lag auf dem Gebiet von Handel und Warenproduktion. Geschäfte zu machen lag ihnen im Blut. Die Stadt wurde von dem am Leben erhalten, was man als erstes kapitalistisches Wirtschaftssystem bezeichnet hat, doch bedarf dieser Ausdruck einer Präzisierung. In Venedig feierte der merkantilistische Kapitalismus seinen ersten Triumph in Europa; die Stadt lieferte damit das Paradigma für das Amsterdam des 17. und das London des 18. Jahrhunderts. Auf diesen Markt kam jedermann, um zu kaufen oder zu verkaufen; der Künstler und der Priester strebten nicht weniger als der Kaufmann nach Profit. Das kommerzielle System definierte auch das gesellschaftliche und kulturelle System der Stadt; es subsumierte beides. Aktualität und Innovation wurden die entscheidenden Konzepte. Rationale Kalkulation und die abstrakten Beziehungen des Kommerzes führten zur Ausbildung eines ganz neuen Typus von Gesellschaft – einer Waren- und Verbrauchergesellschaft. Man sagt, dass der moderne ökonomische Geist der Erfahrung der (Groß-)Stadt entsprang – und umgekehrt. Paris beispielsweise nahm erst dann eine wirkliche urbane Gestalt an, als an der Seite der schon existierenden Kollegien und Klöster die Niederlassungen der *mercatores* entstanden.

Alle Aktionen der Venezianer, im Frieden wie auch im Krieg, wurden von kaufmännischen Interessen bestimmt. Venedig eroberte nur um des finanziellen Gewinns willen, nicht des Ruhms wegen, und man kalkulierte dort mit nüchternem Blick, was für einen Profit die hehren Unternehmungen der Kreuzritter abwerfen könnten – oder die brutale Plünderung Konstantinopels. Diplomatische Abkommen waren in die Sprache der Kaufleute gekleidet, in ihnen war häufig von »Entschädigung« oder »Wiedergutmachung« die Rede. In einem privaten Dokument des 15. Jahrhunderts, als *Codex Morosini* bekannt, heißt es bei der Schilderung von Katastrophen formelhaft: »Viele Menschen starben, und eine große Menge Waren wurde verdorben.« Das Wesen des Handels beruht auf fortwährender Expansion, doch Venedig selbst vermochte sich nicht auszubreiten. Daher beutete es Territorien in »Übersee« aus, worunter man ein Gebiet verstand, das sich von bestimmten Regionen des italienischen Festlands bis hin zur Insel Zypern erstreckte. Auf dem Höhepunkt seiner Macht war es der drittgrößte Staat Europas – und der reichste. Aus diesem Grund wurde kommerzielles Eigeninteresse ein Hauptfundament der nationalen Ideologie.

SALARINO [zu Antonio]

Eur Sinn treibt auf dem Ozean umher, / Wo Eure Galeeren, stolz besegelt, / Wie Herrn und reiche Bürger auf der Flut, / Als wären sie das Schaugepräng' der See, / Hinwegsehn über kleines Handelsvolk, / Das sie begrüßet, sich vor ihnen neigt, Wie sie vorbeiziehn mit gewebten Schwingen.

William Shakespeare: *Der Kaufmann von Venedig*

Ein frühes Beispiel dafür liefert das Geschäft mit Salz. Die Lagunenbewohner hatten schon lange vor dem Zustrom von Einwanderern aus dem Veneto mit diesem Stoff gehandelt. Die Lagune eignete sich ganz ausgezeichnet zur Anlage von Salinen, da ja überall um sie herum Salzwasser, also Sole, in unbegrenzter Menge zur Verfügung stand. Aber erst die Venezianer betrieben dieses Geschäft konsequent und voller Energie. Sie fassten den Entschluss, sich das Monopol für die Versorgung des Festlands mit Salz zu sichern. Mit Gewalt und durch Eroberungen brachte man zuerst die anderen Zentren der Salzgewinnung in den umgebenden Regionen an sich. Dann nahm man sich der Salzproduzenten im ganzen Adriaraum an und zwang oder brachte sie mit Geld dazu, ihre Salinen zu schließen. In überseeischen Besitzungen – wie zum Beispiel auf Zypern – gewonnenes Salz wurde nach Venedig transportiert und dort erst einmal in großen Speichern gelagert. Von Venedig aus belieferte man dann zu den Preisen, die man aufgrund des Monopols verlangen konnte, die Verbraucher in anderen Regionen damit. Jede sich regende Konkurrenz wurde im Keim erstickt. Das war die venezianische Manier, Geschäfte zu betreiben. Ähnlich konsequent nutzte man die im 12. Jahrhundert, als das Mittelmeer wieder offen für Handelssegler war, verstärkt erwachende Gier nach Gewürzen aus. Innerhalb kurzer Zeit dominierte Venedig den Handel mit Spezereien. So wurden beispielsweise im 16. Jahrhundert jährlich fast sechshundert Tonnen Pfeffer aus Alexandria importiert. Es gab sogar eigene staatliche »Pfefferbeauftragte«.

Der Fernhandel über große Strecken stellte die größte Einnahmequelle dar. Je größer das mögliche Risiko war, desto größer auch der mögliche Gewinn. Man hat errechnet, dass die venezianische Handelsflotte im frühen 15. Jahrhundert an die dreitausenddreihundert Wasserfahrzeuge der unterschiedlichsten Art umfasste. Die venezianischen Schiffe gingen in Konvois auf Fahrt; jedes Jahr brachen sieben Handelsexpeditionen zu unterschiedlichen Zielen auf. Eine Flotte segelte beispielsweise zur Krim, eine andere nach Zypern und Ägypten. Die Galeeren befanden sich im Besitz des Staates, der sie an den Meistbietenden vermietete. Das ist ein eindeutiger Beweis für den kommerziellen Instinkt der Stadt. Die Reisedaten wurden schon lang im Voraus festgelegt und ebenso, welche Fracht geladen werden sollte. Kaufleute, die in der Heimat blieben, investierten dann in die Fahrt ihrer Berufskollegen, die persönlich mit an Bord gingen; dafür erhielten sie einen beträchtlichen Teil des späteren Gewinns. Und dieser Gewinn konnte wirklich sehr hoch sein. Nach der Rückkehr eines der großen Kauffahrer in den Heimathafen türmten sich auf den Kais dicke Ballen von Teppichen, Kisten voller Seidenstoffe oder wohlriechender Essenzen und Säcke voller Gewürznelken oder Zimtstangen.

SALARINO
Mein Hauch, der meine Suppe kühlte, würde / Mir Fieberschauer anwehn, dächt' ich dran, / Wieviel zur See ein starker Wind kann schaden. / Ich könnt nicht die Sanduhr rinnen sehn, / So dächt' ich gleich an Seichten und an Bänke. / Säh meinen ‚reichen Hans' im Sande fest, / Das Haupt bis unter seine Rippen neigend, / Sein Grab zu küssen.
William Shakespeare: *Der Kaufmann von Venedig*

Im 14. Jahrhundert wurden von venezianischen Kaufleuten von Ostindien und Syrien, von Timor und Malabar Waren wie Wachs und Pfeffer, Sandelholz und Ingwer nach Europa verschifft. Der Osten kannte die Marktpreise des Westens nicht, der Westen nicht die des Ostens. Doch der venezianische Kaufmann kannte beide und verstand mit ihnen zu rechnen. Metalle und Manufakturgüter wurden in den Osten transportiert, während Baumwolle, Gewürze und andere

Produkte die Reise in umgekehrter Richtung antraten. Die Venezianer nutzten die Gelegenheiten, die andere Städte und andere Staaten nicht wahrnahmen oder gleichgültig ließen. Auf dem Sektor des Kommerzes leitete Venedig den Übergang vom Mittelalter zur frühen Neuzeit ein.

Einige der ersten Banken auf der Welt wurden in Venedig gegründet. In offiziellen Auszeichnungen aus dem Jahr 1270 werden bereits Privatbanken erwähnt. Im 13. Jahrhundert erfand man dort auch die aus Mitteln der Öffentlichkeit finanzierte »Staatsverschuldung«; sie war als *Monte* bekannt, als »Berg«, womit ein Berg von Münzen gemeint war. Bis ins 14. Jahrhundert hinein durften Geldverleiher in Venedig ihrem Gewerbe nachgehen, während sie aus den meisten anderen Städten verbannt waren. Im 12. Jahrhundert hieß es schon, hohe Zinsen zu verlangen, sei »eine alte venezianische Sitte«. Die mit Tüchern oder Teppichen bedeckten Tische für die Geldwechsler wurden am Fuß des Campanile auf der Piazetta San Marco aufgestellt. Die Venezianer machten wahrlich eine Religion aus Geldgeschäften. Auf Wechseln war der fromme Wunsch zu lesen: »Möge Christus dich behüten!« 1625, hundertsieben Jahre vor der Gründung der Bank of England, gab es in der Stadt schon eine öffentliche Zentralbank. Venedig wurde zum weltgrößten Handelsplatz für ungemünztes Gold.

Der Kaufmann von Venedig war der Herr über die Stadt, deren Gründer Kaufleute gewesen waren. Oder vielmehr, sie waren gezwungen gewesen, Handel zu treiben, um zu überleben. Selbst die Dogen trieben Handel. So ergibt sich die merkwürdige Situation, dass der früheste Adel der Stadt sich kommerziell betätigte; es gab keine Hierarchie, die auf Herkunft oder Abstammung basierte und von einem feudalen System des »Ansehens« abhängig war, sondern eine soziale Struktur, die ganz und gar durch finanzielle Spekulation zustande kam. Wie ein englischer Gesandter es 1612 formulierte: *»Omnes vias pecuniae norunt«* – »Sie kennen alle Wege des Geldes«. Vermögen wurden nicht durch Landbesitz erwirtschaftet, sondern durch geschäftliches Geschick. Das erklärt zum Teil auch das Gefühl der Venezianer, gleichberechtigt mit ihren Mitbürgern zu sein: Im Reich von König Mammon sind alle Untertanen im Prinzip gleich. Geld kennt weder Amt noch Ansehen.

In der Praxis wurde die Stadt aber von Reichen für Reiche regiert. Es gab keine Kaufmannsgilde in Venedig – aus dem einfachen Grund, dass die Stadt selbst eine einzige riesige Gilde war. Sie besaß eine Regierung aus Kaufleuten. Ein großer Teil ihres Handels wurde in der Tat von einer relativ kleinen Zahl von Familien kontrolliert, die seit jeher »im Geschäft« gewesen waren. Jede von ihnen war durch eine besondere Art von Geschäftssinn oder eine besondere Weise, Geschäfte zu betreiben, charakterisiert. So waren die Dandolos als wagemutig bekannt und die Giustinianis als großzügig. Eine Partnerschaft von Brüdern oder auch Vätern und Söhnen war als *fraterna* bekannt; ihre Rechnungsbücher wurden manchmal über viele Generationen hinweg weitergegeben, wie ein kostbares Erbstück, ein besonderes Möbel beispielsweise. Die private Buchführung für den Haushalt wurde nicht von der geschäftlichen getrennt – das eine war identisch mit dem anderen. Der Senat war in seinem Wesen ein Unternehmensvorstand mit dem Dogen als CEO.

Dieses Gremium regierte effizient, traf Entscheidungen immer nach ganz pragmatischen Gesichtspunkten, war maßvoll, was Ausgaben betraf, und versäumte nie, genaue Kostenprüfungen vorzunehmen. Die Ressourcen der Stadt wurden mit extremer Vorsicht verwaltet. So entwickelten die Venezianer unter anderem auch größte Sachkenntnis im Aufsetzen von Verträgen, erhoben es beinahe zu einer Kunstform. Man brauchte kein Geld für ein stehendes Heer aufzubringen: Soldaten wurden angeheuert, wenn das nötig war. Der Rat der Zehn war mit der Aufsicht über die staatliche Münzprägeanstalt beauftragt. Die Bankiers verwahrten ihr Bargeld in den Räumen des staatlichen Schatzamtes.

Die Regierung konnte den Handel nur vor Schaden bewahren, indem sie für Freiheit und Sicherheit sorgte. Freiheit bedeutete Beseitigung von Restriktionen aller Art, Sicherheit, dass die Vorherrschaft Venedigs über die Meere nicht gefährdet war. Die Originalität der venezianischen Regierung lag in ihrer Fähigkeit begründet, politische und wirtschaftliche Maßnahmen miteinander zu verschmelzen und so eine neue Form von Macht zu schaffen. Man könnte es Staatskapitalismus nennen oder kommunalen Kapitalismus oder auch von einer genossenschaftlichen Regierung sprechen. Wichtig ist vor allem, dass es funktionierte. Man hatte mit diesem System auf administrativem Gebiet quasi den Stein des Weisen gefunden. Die venezianischen Geschäftsleute konnten Jesajas Ausführungen über Tyrus auf sich beziehen, die »Kronenspenderin, deren Kaufleute Fürsten, deren Händler die Vornehmsten der Erde waren«.

I soldi portano i soldi e i pidocchi portano pidocchi. (Geld bringt Geld hervor und Läuse Läuse.)

Venezianisches Sprichwort

Eine kurze Reflexion darüber, was den Kaufmann ausmacht, kann entscheidend zum Verständnis Venedigs und der Venezianer beitragen, denn man hat in der Tat behauptet, dass alle Venezianer Kaufleute waren. Wieso sollte das so gewesen sein? Der Kaufmann ist unter anderem auch Spekulant, bereit, um eines zukünftigen Gewinns wegen in einem vertretbaren Rahmen Risiken einzugehen. Er stellt sich einer Herausforderung, wird aber eine bloße Eskapade meiden, davor zurückscheuen, irgendeine Tollheit zu begehen. Er strebt nach der Vorrangstellung auf seinem Gebiet und liegt im Wettstreit mit seinen Konkurrenten, wenn er diese nicht sogar bekämpft. Er ist aber auch sparsam und vorsichtig. Das sind bis zu einem gewissen Grad paradoxe Eigenschaften, wie sie auch Venedig kennzeichnen. Die Liebe zum Kommerz und das Streben nach Gewinn sind essenzielle Merkmale des venezianischen Charakters. Es gab eine Fülle venezianischer Sprichwörter, die mit Geld zu tun hatten – »Geld ist unser zweiter Lebenssaft«, »Geld bringt Geld hervor und Läuse Läuse«, »Ein Mann ohne Geld ist ein wandelnder Leichnam«.

Kaufleute kalkulieren. Sie gehen ökonomisch mit ihrer

Zeit um und sind ebenso sparsam mit Worten. Sie neigen zu Verschwiegenheit und auch zu Doppelzüngigkeit. Kultur interessiert sie nicht sonderlich, es sei denn, es lässt sich Profit damit machen. Ihnen liegt daran, dass Frieden herrscht, doch im Allgemeinen beschränken sie sich darauf, das Weltgeschehen zu beobachten – kühl, aber genau: Schließlich kann sich aus allem eine günstige Gelegenheit zu einem Geschäft ergeben. Auch der Krieg kann zu einer gewaltigen Einnahmequelle werden, wenn man sich geschickt genug verhält. Neue Märkte können erschlossen, neue Ressourcen genutzt werden. Doch den venezianischen Kaufleute lag mehr daran, binnen kurzer Frist Gewinn zu machen als auf lange Sicht. Sie wandelten sich mit der sich ständig wandelnden Szene. Deswegen wurden sie auch als Füchse in einer Welt von Löwen bezeichnet. Und es gibt noch ein anderes venezianisches Sprichwort: »Nicht mit der Wahrheit bloß, auch mit Lügen wird man seine Waren los.«

Vom 14. bis zum 18. Jahrhundert stieg Venedig zur Produktionsstätte von Luxusgütern auf. Luxus kann als eine Art erotischer Darbietung definiert werden; er stellt eine intensive Reaktion auf ein Raffinement der Gefühle dar. Luxus deutet auf gesteigerte Sensibilität hin und auf Vergnügen am Exquisiten. Man muss wohl nicht eigens hervorheben, dass sein Konsum dazu stimuliert, immer mehr davon zu konsumieren. Wir brauchen eine Menge, um die Grundbedürfnisse unseres Lebens zu befriedigen, aber es gelüstet uns nach vielem anderen, was darüber hinausgeht. Diese Gelüste lassen den Konsumenten den Mund weit aufsperren. Venedig ist immer als sensualistische Stadt bekannt gewesen; diese Sinnlichkeit kam in der Ubiquität von Kurtisanen ebenso zum Ausdruck wie in den üppigen Gemälden der Maler. Sowohl Künstler als auch Dirnen spiegeln die Realität einer Stadt wider, in der farbenfrohes Gepränge und materieller Wert sakrosankt waren. Die volkstümlichen Feste der Venezianer können auch als Manifestationen von Luxus aufgefasst werden.

Venedig verfügte über keinerlei natürliche Ressourcen,

keine Bodenschätze, daher war es von der Warenherstellung abhängig. Es konnte seine Oberherrschaft nur wahren, indem es eine immer größere Palette von erlesenen Dingen produzierte. Luxus bedeutete auch verschwenderische Fülle – von Gewürzen oder duftenden Essenzen, Färbemitteln oder Ornamenten aus Gold und Bergkristall. Venedig handelte mit all diesen Produkten. Es fertigte Glas an, edle Stoffe und Seife. Sowohl Marzipan als auch Wachs kamen von dort. Es war das Zentrum der Seidenmanufaktur, während auf der Nachbarinsel die Spitzenmacher zu Hause waren und auf Murano die Glasbläser, die auch Spiegel produzierten. In den Manufakturen Venedigs wurde die erste gläserne Fensterscheibe hergestellt, und solche Scheiben stellten anfangs mit Sicherheit einen Luxusgegenstand dar. 1615 war Venedig die erste Stadt des Westens, in der Kaffee angeboten wurde. Auch die Gabel war eine venezianische Erfindung, einer der vielen, bald nicht mehr von den Speisetafeln wegzudenkenden Luxusartikel. Venezianische Haushalte waren ganz allgemein für ihren reichen Schmuck und ihre luxuriöse Ausstattung bekannt. Die ganze Stadt schwirrte vor Aktivität, da vor allem rasche, kleine Transaktionen abgewickelt wurden. Auf Gemälden sieht man die Kaufleute, viele von ihnen jung und geschäftig wirkend, von Schreibfedern, Papierbogen und Waagen umgeben. Jeder von ihnen existierte in einer kleinen Welt des Strebens und des Risikos. Lorenzo Lotto schloss sein »Porträt eines jungen Mannes mit Geschäftsbuch« (»Ritratto di Gentiluomo«) in den frühen 1530er Jahren ab. Verschiedene Hinweise lassen klar erkennen, dass der junge Mann nach einer unglücklichen Liebesaffäre im Studium seiner Bilanzen Trost sucht. Er blättert die Seiten eines dicken Registers für doppelte Buchführung um. Nie sind die Segnungen geschäftlichen Erfolges pointierter dargestellt worden.

Wir können aber noch einen tieferen Einblick in das Leben eines *mercatore veneziano* nehmen. Aus dem frühen 14. Jahrhundert hat sich ein handschriftliches Kompendium erhalten, das als *Zibaldone da Canal* bekannt ist. Es wurde von einem unbekannten Kaufmann verfasst und ist nicht nur mit arithmetischen und geometrischen Aufzeichnungen gefüllt, sondern auch mit dem, was der Schreiber »viele schöne und subtile Kalkulationen« nennt. Man findet äußerst praktische Anleitungen zur Herstellung von medizinischen Hausmitteln neben ungeheuerlich abergläubischen Vorstellungen. Der Verfasser merkt an, dass Käse leichter wird, wenn er austrocknet, so dass man ihn am Ende einer Handelreise noch einmal sehr genau wiegen muss. Er schätzt den Gewinn, der sich mit nach Tunis eingeschmuggeltem Gold erzielen ließe. Er berechnet die Dauer von Reisen. Er empfiehlt, die Heiligen Oriele und Tobias um Beistand anzurufen, wenn man an Bord eines Schiffes geht. Er erklärt, dass es Gelegenheiten gibt, »da man drohen muss und keine Furcht haben darf«. Der unbekannte Kaufmann offenbart in diesem Handbuch sein ganzes Wesen.

Per pagare e per morire c'è sempre tempo. (Zum Zahlen und zum Sterben ist immer Zeit.)

Venezianisches Sprichwort

Von einem Senator ist die Äußerung überliefert, dass in Venedig »alles zum Verkauf steht«. Er bezog sich vor allem auf politische Ämter, also darauf, dass der Staat selbst zum Gegenstand kommerzieller Spekulation wurde; doch traf sein Ausspruch auch in einem weiteren, allgemeineren Sinn zu. Venedig wurde der Marktplatz der ganzen Welt. 1494 schrieb ein Besucher: »Es scheint in der Tat so, als strömte alle Welt dorthin und als hätten die Menschen ihre ganz Kraft auf das Handeln konzentriert.« »Kraft«, verstanden als Energie und Tatendrang, die der Handel freisetzt, ist das richtige Wort, um einen Eindruck von der stürmischen Art und Weise zu vermitteln, in der die Venezianer ihre Geschäfte betrieben Nach Venedig kamen kretische Weine ebenso wie indischer Zimt, Teppiche aus Alexandria und Kaviar aus Kaffa, Zucker von Zypern und Datteln aus Palästina. Von den Molukken wurden über Alexandria Gewürznelken und Muskatnüsse herbeigeschafft, Kampfer von der Insel Borneo wurde zusammen mit Perlen und Saphiren aus Ceylon aus den Schiffen geladen. Schals aus Kaschmir lagen neben Moschus aus Tibet in deren Frachträumen, und Elfenbein von Sansibar wurde zusammen mit üppigen Stoffen aus Bengalen auf den Entladekais gestapelt. Die venezianischen Gesandten schlossen Handelsverträge mit dem Sultan von Ägypten und dem Khan der Tataren, mit dem Sultan von Aleppo und dem Bey von Byblos ab. Die Söhne der Adligen absolvierten eine Lehrzeit auf dem Meer. Marco Polo war Kaufmann.

In *Le Temps du Monde* (1979) stellt Fernand Braudel das Venedig des Jahres 1500 als Zentrum der Weltwirtschaft dar. 1599 wurde es von Lewes Lewkenor geschildert als »gemeinsamer und allgemeiner Markt für die ganze Welt«. In Thomas Coryats *Crudities* (1611) wird der Markusplatz selbst als »Marktplatz der Welt« bezeichnet. Die Stadt beherrschte die Adria und setzte durch, dass der ganze Handel in dieser Region über ihre Häfen abgewickelt wurde. Sie wehrte alle anderen Prätendenten ab und war die Handelsstadt in reinster Ausprägung, der ultimative Basar.

Chi ga schei ga sempre rason. (Wer Geld hat, hat immer recht.)
Venezianisches Sprichwort

Die frühesten Handelsmessen Europas wurden in Venedig ausgerichtet. Vielleicht orientierte man sich dabei an Ägypten und Syrien. Die jährliche *Sena*-Messe, deren Ursprünge im 12. Jahrhundert liegen, war Luxusgütern vorbehalten. So gab es beispielsweise auf ihr nicht weniger als vierundzwanzig Stände von Gold- und Silberschmieden. Sie wurde auf dem Markusplatz abgehalten, dauerte fünfzehn Tage und wurde von einigen hunderttausend Personen besucht. Glasbläser und Maler sowie Waffenschmiede boten ihre Erzeugnisse feil, ja, es fanden sich dort Vertreter jedes Handwerks. Kommerz wurde zu einem Karneval, zu einer Unterhaltung, wurde das Objekt eines feierlichen Rituals. Ähnlich wie Erntefeste auf dem Land, hatte so eine Messe nicht nur eine säkulare, sondern auch eine spirituelle Bedeutung.

Es gibt einen Ausspruch von Voltaire, der die wirtschaftliche Relevanz von Luxusgegenständen unterstreicht: *»Le superflu, chose très nécessaire«:* Das Überflüssige ist höchst notwendig. Luxus war notwendig, weil er den Handel anregte. Der Besitz von Luxusgegenständen war von großer Relevanz für den Erwerb von Status. Man hat die Theorie aufgestellt, dass die Zunahme von Luxus zu einem großen Teil für das Aufkommen des modernen Kapitalismus verantwortlich gewesen sei. Wenn das zutrifft, war Venedig in mehr als einer Hinsicht ein Wegbereiter des Kapitalismus. Von seiner gnadenlosen Ausbeutung von Rohstoffquellen, seinem obsessiven Fixiertsein auf Profit, seiner rationalen Organisation von Handel und Warenmanufaktur und dem puren Umfang seiner Operationen in der ganzen damals bekannten Welt her kann es als paradigmatisch für kapitalistisches Unternehmertum gelten. Diese städtischen Ladenbesitzer und Kaufleute lernten es, in mehr als einem Bereich aktiv zu werden, neue Tätigkeiten und Produkte zu ersinnen und nach möglichst einfachen Methoden zu suchen, um jede Art von Waren- oder Geldaustausch abzuwickeln.

Luxus ist der Stiefvater der Mode. In der Stadt kam es zu plötzlichen »Wellen«, und der große Chronist Venedigs Pompeo Molmenti hielt fest, dass »kein Volk sich je so unersättlich zeigte, was immer neue Moden betrifft«. In seinem *Treatise of Commerce* (1601) meinte John Wheeler: »Die ganze Welt kauft und tauscht, rennt und rast hin zu Läden, Märkten und Handelsplätzen, so dass Dinge jeder Art in den Handel kommen.« Das war auch genau die Situation, die in Venedig herrschte. Wir sehen also die Anfänge von dem vor uns, was man heute als »Konsumentennachfrage« bezeichnet. »Der Konsument« tritt erstmals in Venedig in Erscheinung. Mode war die Göttin, die man in dieser sich wandelnden Welt anbetete. Alles musste »modisch« sein: Wie ein Zeitzeuge aus dem 18. Jahrhundert mitteilt, wurde Vivaldi als Komponist von gestern abgetan, »denn in Mode zu sein, ist alles, worauf es in Venedig ankommt, wo man zu lange seinen Werken gelauscht hat und die Musik des Vorjahres kein Geld einbringt«. Einige Zeit später sprach Margaret Oliphant, die schottische Romanschriftstellerin, von Venedig als der »Sensationen liebenden Stadt«. Die Damen dort waren immer nach dem *dernier cri* angezogen, und in einem Laden in der Merceria, der Straße der Kaufleute, gab es eine Puppe, die immer der letzten Pariser Mode entsprechend gekleidet war; das Geschäft selbst wurde als »Die Puppe von Frankreich« bekannt. Moden kreierten Luxusgüter, Luxusgüter regten den Handel an, der Handel belebte die Industrie.

Venedig war aus Gold erbaut. Es war die goldene Stadt. Das Verlangen, reich zu werden, führte zu einer Fixierung auf Gold. Es war beides: Seelentrost und materieller Schatz, eine Investition und eine Absicherung. Es war von einer Aureole umgeben. Es war angenehm anzuschauen. Volpone, der venezianische Protagonist von Ben Jonsons gleichnamigem Drama, erhebt sich morgens mit folgenden Worten auf den Lippen aus dem Bett: »Einen Guten Morgen dir, Tag, und danach auch dir, mein Gold!« In der Münzprägeanstalt von Venedig stand früher eine Statue Apolls, welcher Goldbarren in den Händen hielt. In einem Preislied der Stadt zählte Petrarca all die wilden und fernen Regionen auf, in die ihre Händler zogen. »Schaut«, schrieb er, »was Menschen zu tun bereit sind, dürstet's sie nach Gold!« Ein Doge des frühen 15. Jahrhunderts erklärte, Venedig sei im Besitz von *la signoria dell'oro*, der Herrschaft über das Gold. Venedig war auf eine Weise golden, wie Jerusalem oder die Himmlische Stadt es waren.

VOLPONE: Sei mir gegrüßt, o Tag, und gleich darauf mein Gold! Öffne den Schrein, auf daß ich meinen Heiligen erblicke! (Mosca enthüllt den Schatz) *Heil dir, Seele der Welt und meiner selbst! Froher noch als die strotzende Erde, wenn sie der langersehnten Sonne entgegensieht, wie sie durch die Hörner des Himmelswidders lugt, bin ich, wenn ich deinen Glanz die Sonne verdunkeln sehe. Du liegst hier unter meinen anderen Schätzen und strahlst wie eine Flamme in der Nacht oder wie der Tag, der aus dem Chaos drang, als alles Dunkel floh zum Mittelpunkt der Erde.*

Ben Jonson: Volpone

Gold war eines der Materialien, die venezianischer Malerei zu ihrer Glorie verhalfen. Die Künstler verwendeten Goldfäden, Goldstaub und Goldspäne. Auf Bellinis »Frari Triptychon« thront die Jungfrau unter einer Goldkuppel; sie ist von einem goldenen Lichtschein überzogen, der den Hauch der Ewigkeit in sich zu bergen scheint. Solches Licht kann man in Venedig selbst schauen. In seinem »Gebet Christi im Garten Gethsemane« hat Bellini den Rücken Jesu mit einem goldenen Schein überzogen. Tintoretto hat auf seiner »Auferstehung« in der Scuola di S. Rocco die Zweige des Feigenbaums vergoldet und damit einen Widerschein des von dem Wunder der Auferstehung ausgehenden Lichts auf sie gelegt. So weist er darauf hin, dass die ganze Welt der Natur durch die Auferstehung gewandelt und verklärt wird. Gold, von dem man glaubte, es sei von der Sonne in den Tiefen der Erde erzeugt worden, ist eine heilige Substanz.

Das berühmteste Wohnhaus von ganz Venedig ist mit Sicherheit die Ca d'Oro, das »Goldene Haus«. Die Fassade des von 1421 bis 1437 errichteten Patrizierhauses war nahezu lückenlos mit Gold überzogen und mit Zierrat aus diesem Metall besetzt, so dass eine einzige glitzernde Lichtwand vor dem Betrachter aufragte. 22075 Stück Blattgold wurden auf die Oberfläche der Vorderfront aufgetragen. Nur die »goldene Truhe« des Fondaco dei Tedeschi und die »goldene Basilika« des heiligen Markus kamen an Pracht an die Ca' d'Oro heran. In der Basilika selbst steht die Pala d'Oro, ein vergoldeter, mit wertvollen Edelsteinen inkrustierter Altarschirm. Die venezianischen Goldschmiede erlangten einen solchen Ruhm, dass man von *opus Veneticum* sprach, wenn man eine bestimmte Arbeitstechnik meinte, mit deren Hilfe man besonders filigrane Objekte herstellte. Gold wurde auch zur Verzierung von venezianischem Glas verwendet, und Fäden aus dem Metall waren natürlich in das Goldtuch eingewoben, aus dem das Amtsgewand des Dogen bestand. Wenn er es trug, wurde der Doge zum Emblem der Stadt und führte jedermann ihren Reichtum vor Augen. Das kostbare Material stand für Würde und sittliche Stärke. Sogar die Sänger und Sängerinnen auf den Opernbühnen der Stadt waren golden gekleidet.

Es gilt noch das weniger erfreuliche Thema von Land zu behandeln, auf das die Venezianer eine Form von Agrarkapitalismus zur Anwendung brachten und so erbarmungslos ausbeuteten. Im 15. Jahrhundert erlangte Venedig viel Grund und Boden auf dem Festland. Ein Jahrhundert später war die Landschaft dort völlig verändert. Ein Teil der Patrizier war davor zurückgeschreckt, in den Handel zur See einzusteigen, und hatte stattdessen in ihre Besitzungen auf der *terra firma* investiert. Die Feldarbeiter schufteten dort unter den Augen von Aufsehern. Alle Tätigkeiten, ob es sich um das Keltern von Wein oder das Einfahren der Ernte in die Scheuern handelte, waren mit Blick auf größtmögliche Effizienz organisiert. Neues Land wurde dem Meer abgerungen, und Bewässerungssysteme wurden angelegt. Die Venezianer brachten hier die Techniken zur Anwendung, die für die Erschaffung ihrer Stadt ersonnen worden waren. Sie leiteten auf diese Weise das Ende des Feudalismus ein, und tatsächlich wurden die Besitzer oder besser Betreiber der Landgüter im Lauf der Zeit als *capitalisti* bekannt. Gleichzeitig wurden das Verlangen nach bukolischer Dichtung und die Liebe zu pastoralen Gefilden immer ausgeprägter; die Kultur spiegelte die wirtschaftliche Entwicklung wider.

Im 17. Jahrhundert, als der Handel in einer sich wandelnden Welt eine immer schwieriger und risikoreicher werdende Tätigkeit wurde, sahen die Patrizier Venedigs im Ackerland die größte und sicherste Einnahmequelle. Reis und Mais wurden exportiert, Maulbeerbäume angebaut. Im 18. Jahrhundert war die Landwirtschaft zum profitabelsten Geschäft von allen geworden. Es gab damals Venezianer, die diese Flucht weg vom kaufmännischen Handel und hin zur bäuerlichen Kultivierung des Bodens beklagten. Es sei falsch, das Meer, jenen Spiegel Venedigs, zu verlassen, um Feldfrüchte anzubauen und Viehzucht zu treiben. So schien es jedenfalls. Doch die Venezianer hatten seit jeher mehr nach Gewinn gestrebt als nach Ehre. Indem sie die *terra firma* ausbeuteten, blieben sie diesem ihrem alten Hauptprinzip treu. Doch natürlich hatte die Konzentration auf die Landwirtschaft Folgen: Der partielle Rückzug Venedigs aus dem internationalen Handel führte unvermeidlich zu einer Verringerung seines Einflusses und Status. Die Stadt wurde provinzieller.

Der Rialto stellte jedoch nach wie vor den wichtigsten Markt- und Umschlagplatz der Stadt dar. Er war das Kraftwerk Venedigs, die Keimzelle, der Ursprung von allem. Er ähnelte der City of London, dem Kraftzentrum der Themsestadt, auch wenn sein Einfluss lokalerer Art war, durch diese »Verdichtung« aber auch intensiver. An diesem Ort waren der Legende nach die ersten Siedler an Land gegangen, und hier hatten auch die ersten Tauschhändler oder Kaufleute ihr Gewerbe ausgeübt. Der Kommerz schien voll entwickelt aus dem Boden selbst emporgewachsen zu sein. Gegen Ende des 11. Jahrhunderts ging der Platz in öffentliche Dokumente ein, aus denen man erfährt, dass die Familien Gradenigo und Orio ihren Besitz in der Nähe des Rialto abtraten, damit man dort einen öffentlichen Markt einrichten konnte. Das Gebiet war schon seit einiger Zeit gewerblich genutzt worden, vor allem von Fleischhauern, und mit ihrem Geschenk an die Gemeinde trugen die beiden Familien dieser Tatsache Rechnung. Im Lauf des 12. Jahrhunderts wurden die privaten Wohnhäuser in der Gegend in Läden und Lagerhäuser umgewandelt, und so entstand ein echter Basar. Die dort getätigten Geschäfte waren so wichtig für die ganze Stadt, dass der Rat der Zehn das Gebiet 1497 zu einem *sacrario*, zu einem geheiligten Bezirk, erklärte. Am Aschermittwoch und am Karfreitag fanden unter Teilnahme des Dogen festliche Prozessionen zu den beiden Hauptkirchen des Rialto statt. Der Handel hätte keine schönere Auszeichnung erhalten können – er hatte eine Weihe empfangen.

Der Rialto wuchs und wuchs. Ihn umgebende Straßen wurden von Hindernissen befreit und verbreitert, die Kanäle verbessert und Entladekais gebaut. In den achtziger Jahren des 13. Jahrhunderts wurde im Westen des ursprünglichen Platzes der sogenannte Rialto Nuovo angelegt und dreißig Jahre später der gesamte Campo di Rialto erneut erweitert. Man verspürte ein Bestreben, die ganze Anlage mit Harmonie zu erfüllen, ja ihr sogar etwas Würdevolles zu verleihen; so wurde zum Beispiel an der Wand der größten Kolonnade eine Weltkarte angebracht. Es gab dort auch Lagerhäuser und Amtsstuben für die staatlichen Handelsbeauftragten. Die Patrizier trafen sich in einer Loggia am Fuß der Rialtobrücke, um miteinander zu reden. Als ein großer Teil der Anlage 1514 einem Brand zum Opfer fiel, wurde sie nach dem alten Vorbild mit parallel zueinander verlaufenden Budengassen neu errichtet. Der grundlegende Konservatismus der Venezianer

Ich fand leicht den großen Kanal und die Hauptbrücke Rialto: sie besteht aus einzigen Bogen von weißem Marmor. Von oben herunter ist es eine große Ansicht, der Kanal gesäet voll Schiffe, die alles Bedürfnis herbeiführen und hier hauptsächlich anlegen und ausladen, dazwischen wimmelt es von Gondeln.

Johann Wolfgang von Goethe

erforderte, dass die ursprüngliche Gestalt so weit wie möglich erhalten blieb. So wie in den Suks des Orients hatte der Handel in den Passagen des Campo di Rialto seinen natürlichen Ausdruck gefunden.

Die Hauptgasse war von Läden gesäumt, in denen Luxusartikel feilgeboten wurden. Es gab aber auch Bereiche, in denen Bankgeschäfte getätigt oder Versicherungen für Schiffe abgeschlossen werden konnten, sowie verschiedene Sektionen für besondere Waren und »spezialisierte« Stände wie zum Beispiel für Produkte aus Leder. Je teurer die Erzeugnisse waren, in desto größerer Nähe zum Herzen des ganzen Mercato wurden sie angeboten. Dieses Zentrum wurde von der kleinen Kirche S. Giacomo di Rialto markiert. Tavernen und Bordelle durften nur an den Rändern des Campo betrieben werden, wo auch Lumpenhändler und Verkäufer von gebrauchten Gegenständen ihrem Gewerbe nachgingen. Es war eine Insel des Geschäftemachens, auf höchster wie auch auf niedrigster Ebene. Der Rialto stellte ein kleines Venedig innerhalb des größeren dar, einen anschaulichen Beleg für das rege kommerzielle Leben der ganzen Stadt.

In der Nähe verband bereits eine hölzerne Brücke die beiden Ufer des Canal Grande miteinander; sie wurde bei zwei Gelegenheiten erneuert, konnte aber schließlich der allgemeinen Verbesserungswelle nicht mehr standhalten. Der erste Stein zu der heute noch existierenden Brücke wurde 1588 gelegt, und der Bau war nach drei Jahren abgeschlossen. Sie wölbte sich in einer Länge von siebenundzwanzig Metern über den Canal Grande; zu beiden Seiten des eigentlichen Überwegs reihten sich Läden und Stände aneinander; doch wurde auch die höhere Bedeutung des Handels nicht vergessen: In ihre Flanken skulptierte man die Gestalten des Erzengels Gabriel und der Jungfrau Maria. Heil dir, Geld, voll der Gnaden!

Die Topografie der Stadt wurde also von ihren Handels- und Geschäftszentren geprägt. Die größeren *campi* wurden zu offenen Marktplätzen. Die Merceria, die Straße, die den

Markusplatz und den Rialto verband, war von zweihundertsechsundsiebzig Läden aller Art gesäumt. John Evelyn zufolge war es »eine der ergötzlichsten Straßen der Welt«. Auf den Straßen begegnete man auch Hökern, Hausierern und ambulanten Handwerkern; Sonderverkäufe und Auktionen wurden auf ihnen abgehalten, ebenso in den Laubengängen oder im Schatten der Kirchen. Die Läden dienten auch als Treffpunkte. Es war ein einziger großer Karneval des Kommerzes.

Es gab Händler und Geschäftsleute jeglicher Couleur, die in nicht weniger als vierzig Gilden organisiert waren, von der Gilde der Apotheker bis hin zu der der Weber, der Vereinigung der Lebensmittelhändler bis hin zu der der Barbiere und Bader. Es gab auch Hunderte von Berufen, deren Angehörige sich nicht organisiert hatten. Ammen, Lastträger und Latrinenputzer besaßen keine Zunft. Man hat Vermutungen angestellt, dass so gut wie die gesamte Bevölkerung Venedigs einer Arbeit nachging. Für alle, die nicht zur Oberschicht des Patriziats gehörten, war das ein Muss, ein Zwang, dem sie sich nicht entziehen konnten. Die heutigen Straßennamen zeugen noch von dieser versunkenen Welt des Handwerks und des Handels; es gibt eine Gasse der Blechschmiede, eine der Seifensieder, eine der Färber, eine der Wachsarbeiter und so fort. Die Straße der Goldschmiede wurde gegen Ende des 19. Jahrhunderts zu der der Gemüsehändler. Die Schneider und die Juweliere arbeiteten in ein und demselben Viertel. Jacopo Bellini, Stammvater der großen Bellini-Familie, fertigte viele Zeichnungen und Skizzen von den Angehörigen ambulanter Gewerbe in der Stadt an. Er wusste, dass diese Straßenverkäufer und Hausierer das Wesen Venedigs selbst verkörperten.

Ein großer Teil der Bevölkerung arbeitete in der Textilmanufaktur. Da waren zum Beispiel die Spitzenklöppler, die sich bei ihrer Tätigkeit die Augen ruinierten; Kinder mussten schon von ihrem fünften Lebensjahr an in diesem Gewerbe mitarbeiten. Die exquisite Feinheit venezianischer

Spitzen, um derentwillen sie von reichen Matronen überall in Europa gepriesen wurden, wurde durch menschliches Leiden erkauft. Andere Arbeiter verwandelten englische Rohwolle in fertige Produkte. Auf den Webstühlen der Stadt wurden Damast und golddurchwirktes Tuch hergestellt. Es gab Knüpfer von Bildteppichen und Baumwollspinner. Natürlich waren Frauen und Kinder in diesem riesigen Gewerbezweig beschäftigt. In den Werkstätten machte man keine Unterschiede zwischen den Geschlechtern. Während die Freiheit – auch die der Bewegung – der Patrizierinnen stark eingeschränkt war, betrachtete man die Frauen der unteren Stände als eine Art Brennstoff, mit dem man das Feuer der venezianischen Wirtschaft in Gang halten konnte. Frauen schufteten als Druckerinnen und Segelnäherinnen, als Eisenwarenhändlerinnen und Schornsteinfegerinnen.

Es gab auch Hökerinnen. In einem 1785 von ihm veröffentlichten Buch über die Rufe, mit denen die Straßenhändler ihre Waren anpriesen, listete Gaetano Zompino sechzig verschiedene Unterarten dieser ambulanten Verkäufer auf. In London und Paris wurden ähnliche Bücher über sie verfasst, sie waren auch dort anzutreffen; die unaufhörlich erschallenden Stimmen dieser Menschen müssen aber in Venedig einen anderen, sehr eigenen Klang ergeben haben. Es fehlten ja alle anderen Hintergrundgeräusche, abgesehen von den raschen Schritten der Passanten und den Rufen der Gondolieri. Die Rufe der Brennholzhändler und Stuhlflicker und des Mannes mit dem dressierten Äffchen müssen deutlich vernehmbar durch die steinernen Gassen gehallt haben; freudig und klagend, drängend oder mit vertraulichem Unterton. »Tomaten, eine Spur sauer, genau richtig für einen Salat!« –»*Signore*, ihr müsst dem Wasser Zitronensaft zusetzen!« –»Birnen, deren Saft einem in den Bart rinnt!«

In einem solchen Klima konnte alles zu einer Ware erhoben oder herabgesenkt werden. Als Venedig an Reichtum zunahm, wurden die Kirchen immer prächtiger geschmückt, bis

Albrecht Dürer (1471–1528) reiste schon als Dreiundzwanzigjähriger zum ersten Mal nach Venedig; 1505 kehrte er zu einem längeren Aufenthalt in die Lagunenstadt zurück. Er studierte dort die Werke der Maler der venezianischen Schule wie Tizian, Giorgione und Bellini, führte aber auch Aufträge aus, unter anderem für die dort ansässigen deutschen Kaufleute. Er wurde wegen seines Könnens allgemein geschätzt, und der Rat der Stadt bot ihm ein Salär von zweihundert Dukaten jährlich an, wenn er sich auf Dauer in Venedig niederlassen würde. 1506 zog es ihn jedoch nach Nürnberg zurück. Sein Porträt einer Venezianerin *entstand 1505.*

sie so üppig ornamentiert und mit Edelsteinen besetzt waren wie die Schmuckschatullen der großen venezianischen Damen. Es hieß, dem Allmächtigen seien zur Zeit von Venedigs Gründung »hundert Tempel von Marmor und Gold« versprochen worden. Die Verehrung von Pracht und Gepränge setzte schon früh ein. Aus diesem Grund wurde Venedig zum Schaukasten der Welt. Informationen wurden zu einer Ware, da Venedig zum Zentrum des Handels mit gedruckten Büchern aufstieg. Wissen konnte tatsächlich in abgepackter Form angeboten werden wie ein Quantum Pfeffer. Albrecht

Dürer, eine Weile in Venedig ansässig, fertigte eine Skizze an, auf der man sieht, wie Bücher in großen Mengen verkauft werden wie Brotlaibe. Aufgrund dessen gab es in Venedig mehr gebildete Menschen als in irgendeinem anderen Teil Italiens. Der aufkeimende Kapitalismus hatte seine nutzbringenden Seiten. Es scheint nur folgerichtig, dass in Venedig mit der Herstellung von Lesebrillen begonnen wurde.

Es gab aber auch einen florierenden Handel mit Menschen. Im 12. Jahrhundert war Venedig der bei Weitem größte Umschlagplatz für Sklaven auf der ganzen Welt. Die Venezianer waren unverbesserliche Sklavenhändler, und der Mercato di Rialto sowie der von San Giorgio waren Zentren dieses Gewerbes, das man mit besonderem Eifer betrieb, da der Profit »pro Stück« bei tausend Prozent lag. Russische und sogar griechische Christen wurden an die Sarazenen verkauft. Im Schwarzmeergebiet wurden Männer, Frauen und Kinder aufgekauft oder geraubt – darunter Armenier und Georgier –, um dann nach Venedig verschifft zu werden, von wo aus man sie wiederum nach Ägypten oder Marokko, nach Kreta oder Zypern verschacherte. Jungen und Mädchen wurden als Lustknaben und Mätressen angeboten. Ein Doge, Pietro Mocenigo, zählte noch als über Siebzigjähriger türkische Jünglinge zu seiner Entourage.

Es waren hauptsächlich Slawen und Angehörige anderer Balkanvölker, die von den Venezianern auf den Sklavenmärkten im istrischen Pola, in Rialto etc. erworben wurden, wie denn wahrscheinlich sogar das Wort Sklave – abgeleitet von Slawe in der Bedeutung eines »Unfreien slawischer Herkunft« – seinen frühmittelalterlichen Ursprung in Venedig hat.

Reinhard Lebe

Viele der Sklaven endeten in venezianischen Haushalten. Keine Patrizierfamilie war ohne eine aus drei oder vier Sklaven bestehende Dienerschaft komplett; sogar Handwerker hielten sich Leibeigene, die sie in ihren Läden oder Werkstätten für sich schuften ließen. Venezianische Klöster besaßen Sklaven, die alle möglichen häuslichen Tätigkeiten verrichteten. Die Galeeren wurden mit Sklaven bemannt. Die Stadt benötigte aber ständig Nachschub an solchen Arbeitskräften, da der Sklavenstatus nicht weitervererbt wurde und vielen Sklaven auch von ihren Herren oder Herrinnen in deren Letztem Willen die Freiheit geschenkt wurde. Marco Polo entließ einen seiner Sklaven, Pietro den Tataren, vor seinem Tod im Jahr 1324 aus der Leibeigenschaft. Um 1550 gab es dreitausend Sklaven in der Stadt; die schwarzen Gondolieri, die man auf Carpaccios Ansichten von Venedig sieht, sind allesamt Sklaven.

Der Segen der Kirche konnte auch ge- und verkauft werden. Um ihn zu erwerben, brauchte man nur Altäre oder Fenster zu stiften oder Geld für einen Gedenkgottesdienst zu zahlen. 1180 wurde auf dem Markusplatz ein Stand für Ablasshandel aufgebaut; durch den Erwerb von Ablassbriefen konnte man die Zeit reduzieren, die man im Fegefeuer schmoren musste. Auch Reliquien konnten erworben werden. Der Wert des Heilandgewands wurde mit zehntausend Dukaten veranschlagt. Die Insel Kreta war etwas billiger. Sie ging für tauend Silbermark an Venedig.

Musik und Malerei, Bildhauerarbeiten und Opernaufführungen wurden alle danach bewertet, was für einen Gewinn sie brachten. Das machte der venezianischste aller venezianischen Maler des 18. Jahrhunderts, Giambattista Tiepolo, deutlich, als er vorschlug, Maler sollten »edlen, reichen Personen zu Gefallen sein [...] und nicht anderen, die sich keine Gemälde von großem Wert leisten können«. Doch das kann ebenso als moralisches wie als ökonomisches Gebot gedeutet werden. Künstler könnten unter Umständen, indem sie sich bemühten, an den Geschmack der Wohlhabenden zu appellieren, »zum Erhabenen, Heroischen, zur Perfektion hingeführt werden«. In Venedig hatte man allen Grund zu glauben, dass der Besitz von Geld mit dem Streben nach Ruhm vereinbar war. Man könnte sogar sagen, dass die Renaissance, die aus dem gesellschaftlichen und kulturellen Leben der italienischen Städte hervorging, die erste Bewegung in Richtung auf eine Kommodifizierung in der westlichen Welt war. Dieser Prozess erfasste partiell auch Kunstwerke, die bestellt und gegen Geld erworben und von einen Ort an den anderen transferiert werden konnten, die also nicht einer ganz bestimmten Gesellschaft oder Stadt »zu eigen waren«. Venedig führt uns das Aufkommen des kulturellen Materialismus vor Augen, was wiederum die Entstehung der ersten kosmopoli-

Warum sollte Venedig, abgesehen von seiner Lage, ein Ort der Verzauberung sein? Scheinbar steht man einem Paradox gegenüber. Ein kommerzielles Volk, das ausschließlich für den Gewinn lebte – wie konnte dies eine Traumstadt erschaffen, strahlend und schön wie ein Märchen? Das ist das Verwirrende an Venedig, der ewige Widerspruch, dem man begegnet, wenn man den Versuch macht, über seine Geschichte nachzudenken und die historischen Tatsachen mit den visuellen, die man ja vor Augen hat, in Einklang zu bringen. Es kann nicht sein, daß Venedig nur ein glücklicher Zufall oder eine Frage der Beleuchtung ist. Ich habe lange darüber nachgedacht, aber jetzt komme ich darauf, wie das einem mit den meisten Rätseln geht, daß die Antwort in der Fragestellung enthalten ist. »Schön wie ein Traum oder Märchen…«

tischen Kultur zur Folge hatte. Musik war ebenfalls zu einem »Konsumgut« geworden, und auf diesem speziellen Markt erwiesen Vivaldi und Galuppi sich als mit allen Wassern gewaschene Verhandlungspartner. Opern hatten in Venedig einen beachtlichen Erfolg, von Anfang an brachten sie hohen Profit ein. Spekulanten machten sogar mit der Vermietung von Logen Geld. Es fällt schwer, irgendeine in der Stadt ausgeführte Tätigkeit zu nennen, die nicht aus kommerziellen Beweggründen unternommen wurde oder kommerzieller Art war.

Die Maler Venedigs lieferten auf ihren Porträts oder den umfassenden Stadtansichten ein ganzes Inventar kostbarer materieller Güter. Der Porträtierte wird inmitten seiner Besitztümer dargestellt, die Stadt ist in Glanz gehüllt. Auf Bellinis Gemälden sind das edle Porzellan und die üppigen Teppiche zu sehen, die zu jener Zeit in den Läden der Stadt erhältlich waren. Die Bilder selbst wurden in vergoldete, reich verzierte Rahmen gefasst. Es ist kein Zufall, dass venezianische Häuser für die Fülle der Gemälde in ihrem Inneren bekannt waren. Alles verhieß Reichtum.

Künstler kamen an die Lagune, um zu erlernen, wie man mit Goldstaub umging, der nicht nur für die Malerei, sondern auch für die Ausschmückung von Handschriften verwendet wurde. In Venedig konnten sie auch die besten Farbpigmente finden, die aus dem Osten importiert wurden. Die Maler der Stadt waren für die Geschicklichkeit bekannt, mit der sie die Textur und das Aussehen der Samt- und Satinstoffe wiederzugeben vermochten, die überall verkauft wurden. Auf einem seiner Porträts kleidet Bellini einen Dogen in kostbaren Damast von der Art, wie er erst kurz zuvor erstmals von der Levante in die Stadt gelangt war. Dass ein Kunstwerk als Ware betrachtet wird, signalisiert, dass vor allem dessen Oberfläche von Bedeutung war. In vielen Fällen ist die Oberfläche inhaltsleer oder, genauer: Die Darstellung der Natur, des Wesens des Bildgegenstands ist zweitrangig gegenüber einer Ausschmückung der Oberfläche oder einer ostentativen Betonung des »Werts« des Gemäldes. Es ist eines der Attribute kapitalistischer Unternehmung, dass die Bedeutung eines Gegenstands nicht länger in seinem Wesen liegt, sondern in seinem Tauschwert. Diese Verlagerung kam auch als ein durchgängiges Charakteristikum der venezianischen Malerei angesehen werden.

Die Auffassung von Kunst als Handelsgut ist von großer Wichtigkeit für die venezianische Kulturgeschichte. Die meisten Werke wurden von einem »Patron« – oder mehreren – in Auftrag gegeben, das heißt, die Künstler reagierten unmittelbar auf das, was wir Konsumentennachfrage nennen könnten. Im 15. Jahrhundert bestand eine Verbindung zwischen Kunsttheorie und Handelspraxis. Es gab Handbücher, die den Kaufmann über die richtigen Schattierungen von Färbemitteln und Gewürzen informierten, und zwar in genau der Terminologie, die auch ein Maler verstanden hätte. Bei beiden Tätigkeiten, der des Händlers wie der des Malers, wurden Objekte aus der Welt herausgelöst; sie wurden intensiver betrachtet und beurteilt. Auch der Konsument urteilt mithilfe seiner Sinne.

Es existierte auch eine Verbindung zwischen kaufmännischer Kalkulation und dem Bildaufbau durch einen Maler. Piero della Francesca schrieb nicht nur eine Abhandlung über die Verwendung des Abakus *(Trattato d'abaco)*, sondern auch eine über die Perspektive in der Malerei *(De prospectica pingendi)*. Wenn ein venezianischer Kaufmann das Volumen seiner Waren berechnete und die günstigste Art, sie darzubieten oder »aufzubauen«, dann war er mit denselben Aufgaben befasst wie ein Maler. Sebastiano Serlio und Andreas Vesalius lebten beide in den 1530er-Jahren in Venedig beziehungsweise im Veneto. Der eine verfasste Bücher über menschliche Architektur, der andere eine Abhandlung über den menschlichen Körper. Die Illustrationen in den Werken beider ähneln sich in auffallender Weise.

Über die Handelsrouten der Stadt wurden auch andere Städte und Regionen auf beiden Seiten der Adria regelmä-

Da gibt es keinen Widerspruch, sobald man einmal überlegt, welche Formen der Schönheit aus Märchen aufsteigen. Es sind Formen des Geldes, Gold, goldene Truhen, silberne Truhen, die Müllerstochter, die – dank Rumpelstilzchen – nächtelang Gold spinnt, die Höhle Ali Babas, voll von gestohlenem Gold und Silber, der unterirdische Garten, in dem Aladin auf Bäumen wachsende Edelsteine fand, die er mit Händen greifen konnte, Rubine, Brillanten und Smaragde, die schöne Königstochter, deren Haar schwarz wie Ebenholz und deren Mund rubinrot ist, Schätze in Wäldern verborgen, Schätze von Hunden bewacht, deren Augen groß wie Karfunkel sind, Schätze von Drachen gehütet – das ist der Geist der Verzauberung, der auf Venedig ruht…

Mary McCarthy

ßig mit Kunstwerken versorgt. In einem ganz wörtlichen Sinn folgte die Kunst dem Kommerz nach. Die Begründung des Handels mit den Niederlanden beispielsweise leitete wenig später den fruchtbaren Austausch zwischen zwei Malereischulen ein. Als Venedig und Deutschland miteinander Geschäfte zu machen begannen, führte sie das auch auf dem Kunstsektor zusammen. Die braven Bürger von Augsburg und Salzburg hatten viele Gemälde der venezianischen Schule in ihren Heimen hängen; die Sammler in Venedig besaßen viele Werke deutscher und niederländischer Künstler.

Es gab auch einen Markt für »Gebrauchskunst«. Auf Holztafeln gemalte Bilder wurden als Requisiten zu Zwecken der religiösen Andacht genutzt, solche auf Leinwand dienten der Innendekoration. Es kam mehr auf das Material, auf dessen Beschaffenheit an als auf die ästhetische Qualität der jeweiligen Arbeit. Im 16. Jahrhundert vermittelten in Venedig bereits »Kunsthändler« zwischen Malern und deren Kunden beziehungsweise zwischen Verkäufern und Käufern. In den zwischen Produzent und Konsument geschlossenen Verträgen wurde oft genau festgelegt, was für eine Menge Goldes oder eines bestimmten kostspieligen Pigments für ein spezielles Werk verwendet werden sollte. Es wurde nicht nur vereinbart, wie dieses ausgeführt werden, sondern auch, welche Abmessungen es haben sollte. Außerdem wurde eine »Deadline« für die Ablieferung des fertigen Bildes festgesetzt, wie auch die Strafe, die bei einem Überschreiten dieses Termins fällig war. In einigen Verträgen war sogar eine besondere Klausel enthalten, in der der betreffende Künstler sich verpflichtete, das Werk eines anderen, namentlich genannten Malers zu übertreffen. Tintoretto, der einer Färberfamilie entstammte, besaß das ganze Geschick eines Kaufmanns. Er unterbot gewohnheitsmäßig die Preise seiner Konkurrenten und zog so einen Auftrag nach dem anderen an Land. Er arbeitete nicht nur zu günstigen Tarifen, sondern auch schnell. In den Briefen Tizians ist immer wieder von Geldangelegenheiten die Rede; er feilscht um Geld, fordert es, klagt darüber, dass man ihm zu wenig davon zahlt. Der zwei Jahrhunderte später tätige Canaletto war ein Meister des Exportgeschäfts. Tiepolo konzentrierte sich auf das Malen von allegorischen Bildern und solchen mit historischen Themen aus dem für ihn plausiblen Grund, dass die Gewinnspanne nur bei Werken dieser Genres einigermaßen vernünftig war.

In Venedig wurde mit Leidenschaft gesammelt – von römischen Münzen bis hin zu »Kuriositäten«, worunter man zumeist irgendwelche Missbildungen der Natur verstand –, wurde alles Mögliche zusammengetragen und in Vitrinen oder Schränken aufbewahrt. Daher konnte die Stadt auch noch zu einem Markt in einem anderen Sinn werden. Privatsammlungen anzulegen war ein typisch venezianisches Phänomen des 16. und 17. Jahrhunderts. Es brachte neue Formen der Nachfrage hervor und neue Methoden der Akkumulation: Es verlieh dem Besitzen an sich, dem »Besitzakt« gewissermaßen, Wert. Der Konsument konnte als Connaisseur posieren. Der Genussmensch konnte sich zu einem humanistischen Heiligen stilisieren. Die ersten uns bekannten Sammlungen wurden in Venedig angelegt, und zwar im 14. Jahrhundert. Das nahezu zwanghafte Interesse für *studioli* oder Kuriositätenläden nahm immer mehr zu. Die Sammlung des Patriziers Andrea Vendramin umfasste Skulpturen und Medaillen, Urnen und Gemmen, Lampen und Muscheln, Pflanzen und Handschriften, Kostüme und mumifizierte Tiere. Die ganze Welt konnte gekauft und zur Schau gestellt werden. Ein anderer Patrizier, Federigo Contarini, strebte danach, ein Exemplar von jedem Ding oder Lebewesen, das jemals geschaffen worden war, sein Eigen zu nennen. Natürlich war ihm bewusst, dass er wenig Aussicht hatte, dieses Unterfangen zu einem erfolgreichen Abschluss zu bringen. Im Lauf des 17. Jahrhunderts wurden die diversen Kollektionen immer spezifischer und spezialisierter. So gab es dann auch einen Markt für Antiquitäten und einen für Landschaftsmalerei; es gab einen für »Wunder der Natur« wie die vielköp-

Das Grabmal des Dogen Andrea Vendramin (1393–1578) in der Kirche SS. Giovanni e Paolo, der Grablege vieler Herrscher der Stadt.

fige Hydra, deren Wert mit sechstausend Dukaten angesetzt wurde, und einen für antike Musikinstrumente. Münzen und Medaillen waren beliebte Sammelobjekte; die Kollektion von Apostolo Zeno beispielsweise umfasste fünftausendneunhundert Medaillen. Die ganze Sammlung stellte eine finanzielle Investition dar, zeugte aber auch von ungeheurer Gelehrsamkeit. Die Tatsache, dass eine *collezione* so etwas wie ein Portfolio sein konnte, eine Gewinn versprechende Anlage, war aber wohl ein Hauptgrund dafür, dass die Sammelleidenschaft nicht nur so weit verbreitet war, sondern auch so lange anhielt. Der letzte große venezianische Sammler, Conte Vittorio Cini, starb 1977.

Niccolò Serpetro veröffentlichte 1653 in Venedig eine Naturgeschichte mit dem Titel *Il mercato delle merviglie della natura*, in welcher er die Kuriositäten der Natur auf einer imaginären Piazza, die dem Markusplatz nicht unähnlich war, präsentierte. Unter dessen *portici*, in den Läden und an den Buden kann man die Wunder der Welt kaufen. Der Markt ist Metapher und Realität zugleich: Alles wird zur Schau gestellt. Und es geht mehr um dieses Zurschaustellen der Dinge als um ihren inhärenten Wert. Serpetros Fantasiewelt wurde im späten 18. Jahrhundert nachgeschaffen, als man auf dem Markusplatz ein großes hölzernes Oval konstruierte, das einzig und allein der Präsentation von Waren diente. Die Venezianer waren auch dafür berühmt, wie gut sie sich auf das Dekorieren von Ladenauslagen verstanden, und sie schufen die ersten gläsernen »Schaufenster« der Welt. Ihre Märkte waren folglich große Ausstellungen. Vom 12. Jahrhundert an, als erstmals Messen stattfanden, hatte man die Produkte der Stadt öffentlich vorgeführt. Zu einem späteren Zeitpunkt wurden auf dem Markusplatz auch Kunstwerke zum Verkauf angeboten; klassische und zeitgenössische Gemälde hingen Seite an Seite – unter freiem Himmel. Es nimmt nicht wunder, dass die Kunst-, Film- und Architekturbiennalen zu Beginn des 21. Jahrhunderts immer noch florieren. Mit ihnen wird eine große Tradition des »Präsentierens« fortgesetzt.

Die ersten kapitalistischen Fabriken waren die venezianischen Seidenmanufakturen. Von den Werften des Arsenals liefen Schiffe vom Stapel, schon komplett getakelt und ausgerüstet. Es war ganz ähnlich wie bei der Automobilproduktion späterer Zeiten. Die Glas- und Spiegelherstellung wurde ebenfalls schon industriell betrieben; man kannte in den Unternehmen bereits die Vorteile von Arbeitsteilung wie auch von Massenproduktion. Oft handelte es sich auch um Familienbetriebe, die die Söhne von ihren Vätern übernahmen.

Die städtischen Behörden schufen unterschiedliche »Zonen«, in denen die Betriebe je nach Branchenzugehörigkeit untergebracht wurden. Es wäre möglich, eine Karte von Venedig zu zeichnen, auf der die sauber abgegrenzten Territorien eines jeden Gewerbes erfasst sind, von dem der Tuchwalker im Westen bis zu dem der Blechschmiede im Nordosten. Das Gebiet von Dorsoduro wurde von den Fischern und Seidenwirkern eingenommen, das von Castello hingegen war vor allem von Matrosen und Schiffszimmerleuten bevölkert. Diese rationale Einteilung städtischen Raums setzte man bis ins 19. Jahrhundert fort, als nämlich verfügt wurde, dass der Lido der Erholung vorbehalten sein sollte, und zu einem Seebad wurde.

Die industrielle Macht Venedigs, die im 16. Jahrhundert die aller anderen Städte übertraf, wird durch die Tatsache bezeugt, dass die in der Stadt entwickelten technischen Innovationen bald andere Teile Europas erreichten. Venezianische Weber waren es, die die Herstellung von Goldlaméstoff in Frankreich einführten. Luxusseife war ebenfalls ein Erzeugnis venezianischen Ursprungs. Die Typensätze venezianischer Druckerpressen wurden in anderen Städten kopiert. Venezianische Arbeiter revolutionierten die Herstellung von edlem Wollstoff. So unwahrscheinlich es auch schien: Venedig wurde – wider Erwarten – zum Schauplatz von technologischer Veränderung und Neuerung. Mehr als ein Jahrhundert lang war es die führende Industriestadt Italiens, ja das Zentrum der europäischen Industrie. Auf dem Höhepunkt seiner Entwicklung stieg die Einwohnerzahl auf hundertachtzigtausend.

Schließlich erlebte die Industrie der Stadt aber einen Abstieg. Jeder Abstieg ist von seiner Art her interessant. Als Spektakel ist er fesselnd, als Lektion von unschätzbarem Wert. Eine Nation im Niedergang ist immer faszinierender als eine, die auf dem Höhepunkt ihrer Macht steht. Trauer und Demut wirken stets anziehender als Triumph. Doch traf

Das Damenbad auf dem Lido, der lang gestreckten Insel, die sich seit Mitte des 19. Jahrhunderts bei Erholungssuchenden besonderer Beliebtheit erfreut. Gustav Aschenbach, der Protagonist von Thomas Manns Der Tod in Venedig *steigt in einem Hotel auf dem Lido ab, und Mann selbst zählte im Jahr 1911 zu den Gästen des dortigen Hotel des Bains.*

das auf Venedig zu? Dort scheint man wenig Trauer verspürt zu haben – und überhaupt keine Demut.

Die Gründe für den Niedergang der Industrie der Stadt sind zahlreich und mannigfaltig. Man kann sagen, dass sie mit dem Wandel der Welt insgesamt zu tun hatten. Die Entdeckung neuer Handelsrouten, das allmähliche Oberhandgewinnen der Städte Amsterdam und London im letzten Viertel des 17. Jahrhunderts sind als Erklärungen angeführt worden. Die Kaufleute von England, Holland und Frankreich waren in der Lage, die Preise venezianischer Lieferanten zu unterbieten. Die venezianische Regierung weigerte sich, Abstriche hinsichtlich der Qualität einheimischer Luxusgüter zu machen, während die Konkurrenten keine solchen Skrupel kannten. Die in Nordeuropa produzierten Stoffe und Metallgegenstände waren billiger. Im Grunde fand auf wirtschaftlichem Sektor eine umfassende Gewichtsverlagerung vom Mittelmeerraum hin zu den Ländern am Nordatlantik statt. Die Hierarchie der Sphären Europas hatte sich geändert. Aus diesem Grund kam zum Beispiel der Wollmarkt, dieser Grundpfeiler des venezianischen Handels, einem Zusammenbruch gefährlich nahe. Außerdem waren die Venezianer von ihrem Wesen her Neuerungen abgeneigt und, wie schon ausgeführt, vor allem Patrizier und Kaufleute Traditionalisten. Von der Gewohnheit, alles zu kontrollieren und zu regulieren, die sich in dem frühen gemeinschaftlichen Kampf ums Überleben ausgebildet hatte, konnte man sich nicht innerhalb einer einzigen Generation befreien. Die Wirtschaftssysteme anderer Regionen und Länder waren liberaler und flexibler. Zu Beginn des 18. Jahrhunderts hatte daher die gesamte venezianische Warenherstellung einen gravierenden Rückgang erlebt.

Man kann jedoch nicht sagen, dass der Lebensstandard der den verschiedenen sozialen Klassen Angehörenden davon spürbar in Mitleidenschaft gezogen wurde. Gewiss wäre es falsch, in diesem Zusammenhang anthropomorphe Ausdrücke wie »Schwäche« oder »Verfall« zu verwenden. Vielleicht ist es auch gar nicht gerechtfertigt, von einem *Nieder*gang zu reden; möglicherweise handelte es sich einfach um einen *Über*gang: Venedig wandelte sein Wesen, um sich den sich ebenfalls wandelnden allgemeinen Umständen und Ansprüchen stellen zu können, und erzielte kommerziellen Erfolg – in einer anderen Rolle gewissermaßen. Es ist immer noch eine reiche und reich ausgestattete Stadt. Es ist die Heimatstadt der Biennalen und ein Sehnsuchtsort der Touristen. Es hat in der Tat sein wertvollstes Gut vermarktet und in den Handel gebracht – sich selbst. Seine Geschichte und seine Traditionen wurden in Luxusgüter verwandelt, damit Reisende und Besucher sich daran erfreuen können. Es hat mit Waren und mit Menschen Profit gemacht, jetzt macht es ihn mit sich selbst.

14

Drama ohne Ende

Venedig könnte als eine Reihe kastenähnlicher Bühnen gesehen werden, von denen eine in die nächste übergeht. Es ist ein abgegriffenes Klischee, dass die ganze Stadt etwas von einer Kulisse an sich hat, vor der die Einwohner ihren Karneval feiern und herumstolzieren. Auf den Gemälden von Carpaccio und von Longhi sowie den Zeichnungen von Jacopo Bellini wird Venedig zu einer Art erhabener Bühne; diese Künstler präsentieren dem Betrachter ein *tableau vivant*, mit dem erfüllt, was William Dean Howells in *Venetian Life* die »reizvolle Unwahrscheinlichkeit des Theaters« genannt hat. Die Bürger sind zu Gruppen arrangiert, und ihre Gesten oder Haltungen scheinen von der Bühne übernommen zu sein. Venedig ist immer ein Ort gewesen, an dem etwas »vorgespielt« wurde und sogar auf dem Natürlichen ein Hauch Bühnenstaub liegt. Alles glitzert dort. Die Häuser und Kirchen haben etwas von Bühnenrequisiten an sich, die dem Auge eines Betrachters zuliebe aufgestellt worden sind. Die Bogen und Treppen sind nur um des Effektes willen da. Der Dogenpalast und der Markusdom ragen vor dem riesigen Proszenium auf, das der Markusplatz darstellt.

Die Zeremonienmeister nutzten den Platz konsequent für Wagenumzüge oder Paraden, für Maskenzüge und Prozessionen; bei großen Staatsfeierlichkeiten wurden die theatralischen Möglichkeiten der Stadt bis zum Letzten ausgeschöpft. Die Piazza war auch die Manege, in der Akrobaten und Zauberer auftraten. Puppenspieler erfreuten sich besonderer Beliebtheit in einer Stadt, die selbst oft mit einem Marionettentheater verglichen wurde. Venedig hieß fahrende Schauspieler in ihren bunten Gewändern willkommen. Sogar aus dem

Wasser ragten während der Umzüge und Festivitäten Plattformen, die als Bühnen dienten. Auf dem Canal Grande spielten Musiker auf ihnen Serenaden. Instrumentalisten und Sänger fanden auch auf reich geschmückten Barken Platz. Und das Wasser gab nicht nur eine ausgezeichnete Bühne, sondern auch ein hervorragendes Auditorium ab.

Die Fassaden der Kirchen haben oft etwas ausgesprochen Theatralisches an sich, so überladen mit bizarren steinernen Ornamenten, wie sie sind. Gekrümmte Schmuckleisten wetteifern mit verdrehten Säulen; Voluten und Fialen, Kapitelle und Kranzgesimse, alles türmt sich übereinander wie bei einer Hochzeitstorte. Die Kirche S. Moisè, 1688 von Alessandro Tremignon erbaut, ist Stein gewordene Skurrilität. Die berühmtere Santa Maria della Salute löst eher Scheu als Bewunderung aus. Die Gottesdienste waren in Venedig schon von ihrer Konzeption her theatralisch und erst recht in ihrer Ausführung, denn die Musik hätte eher zu einer Opernaufführung gepasst als zu einer sakralen Zeremonie. Die Gemeinde verhielt sich wie Theaterpublikum, die ganze Zeit über wurde getuschelt und geschwatzt, und das Ritual hatte die Züge einer Aufführung. Die Nischen in den Kirchenschiffen lassen eine geheimnisvolle Atmosphäre entstehen; das Wechselspiel von Hell und Dunkel, das Leuchten des Marmors und der kostbaren Steine, die mit Weihrauch geschwängerte Luft sind allesamt das, was Ruskin venezianische »Bühnenrequisiten des Aberglaubens« getauft hat. Man findet sie zum Beispiel im Markusdom, der für Ruskin von einer Theatralik war, »wie sie in keiner anderen europäischen Kirche ihresgleichen findet«.

Doch das Theaterhafte an Venedig war für die Venezianer selbst manchmal Anlass zur Klage. Als gegen Ende des 16. Jahrhunderts die Piazza mit neuen Säulen ausgestattet wurde, verglich ein Senator, Federigo Contarini, sie mit Theaterrequisiten. Im 21. Jahrhundert ist das nach einem Brand wiederaufgebaute Teatro La Fenice von einigen Einwohnern der Stadt als zu kitschig geratene Nachahmung des ursprünglichen Baus kritisiert worden. Theatralik umgibt einen überall.

Die venezianischen Klöster blieben von der allgemeinen »Theatralisierung« nicht verschont: Sie wurden zu einer Art von Auditorien. Die Nonnen saßen hinter Gittern und beobachteten die Kapriolen der Bürger; Maskenbälle, bei denen Pierrots und Harlekine den Ton angaben, wurden zu ihrer Unterhaltung veranstaltet. Die nichtöffentlichen Gerichtsverhandlungen wurden regelrecht inszeniert; bei einer Anhörung durch die Inquisition waren die Wände des Raums schwarz verhängt; dann wurden die Vorhänge plötzlich zurückgeworfen und gaben den Blick auf die Leiche eines Erdrosselten frei. Für die vom Rat der Zehn beschlossenen Aktionen waren die Unvermutetheit und Plötzlichkeit, mit der sie erfolgten, von Bedeutung – Theatereffekte. Der Missier Grando, wie der Titel des Polizeichefs vom späten 18. Jahrhundert an lautete, trug immer schwarze Kleidung. Die verschiedenen Empfänge und Treffen, die im Dogenpalast stattfanden, waren Anlass zu aufwendigen Inszenierungen. Beim Empfang eines Botschafters präsentierte sich der Doge in ein Goldgewand gehüllt und von seinen diversen Beratern umgeben. Beim Tod eines Dogen umkreiste ein langer Trauerzug die Piazza; jeder Teilnehmer hielt eine große Kerze oder eine Fackel in der Hand. Vor dem Dom wurde der Sarg neunmal hochgestemmt und wieder abgesetzt, während alle Kirchenglocken der Stadt läuteten. Am Karfreitag wurden neben den Kirchen und Palästen an den Ufern der Kanäle Fackeln entzündet, so dass die Wasserläufe von ganz Venedig vom Widerschein der Flammen erhellt waren. Die Wirkung von visuellen Spektakeln aller Art war den Venezianern wichtiger als den Bürgern irgendeiner anderen europäischen Stadt.

In Venedig haben bildende Kunst und Theater lange fruchtbar zusammengewirkt. Jacopo Bellini war nicht nur Maler, sondern auch Veranstalter von Umzügen und Bühnenbildner; zu jener Zeit sah man das gar nicht als unterschiedliche Rollen oder Berufe an: Er war einfach *festaiuolo*, Organisator von festlichen Spektakeln. Die Meisterschaft von Veronese und von Tintoretto beruht partiell auf kunstvoller Inszenie-

... die Zuschauer spielen mit, und die Menge verschmilzt mit dem Theater in ein Ganzes. Den Tag über auf dem Platz und am Ufer, auf den Gondeln und im Palast, der Käufer und Verkäufer, der Bettler, der Schiffer, die Nachbarin, der Advokat und sein Gegner, alles lebt und treibt und lässt es sich angelegen sein, spricht und beteuert, schreit und bietet aus, singt und spielt, flucht und lärmt.

Johann Wolfgang von Goethe

rung: Ihre Sichtweise war zum großen Teil die eines Theaterregisseurs. Das Werk Tintorettos war als *»maestoso teatro«* bekannt, als majestätisches Theater. Er ist auch mit den großen Architekten der Stadt in Verbindung gebracht worden, mit Sansovino und Palladio, denen genau wie den Malern ein Gefühl für Raum und Aufbau zu eigen war. Als Sansovino im 16. Jahrhundert die Piazzetta umgestaltete, definierte er sie intuitiv als Bühne mit einer perspektivischen Verengung auf einen bestimmten Punkt hin. Vom *bacino*, dem Wasserbecken vor ihr, aus gesehen, nehmen die Gebäude auf beiden Seiten so an Größe ab, dass der Fluchtpunkt mit dem kunstvoll gestalteten Glockenturm identisch ist. Wenn man hingegen von der Piazzetta in Richtung *bacino* schaut, dann bilden die beiden hohen Säulen einen Rahmen um die Wasserfläche. Diese Piazzetta war Schauplatz einiger der großen rituellen Ereignisse, der sich wiederholenden »Szenen« im Leben der Stadt. So fanden auf ihr die öffentlichen Hinrichtungen statt – wie die anderen Rituale im Schein von Bühnenlichtern.

Tintoretto besaß die Gewohnheit, kleine aus Wachs oder Ton gefertigte Figurinen in beleuchteten Schachteln aufzustellen. Das war der in helles Licht getauchte Schauplatz der von ihm imaginierten Szene. Er richtete sich diese Miniaturbühne ein, bevor er eine solche Szene auf die Leinwand brachte. Das Licht bleibt bei ihm immer das strahlende »Zeigelicht« der Bühne. Tintoretto und Veronese entwarfen und zeichneten auch Theaterkostüme. Auf der Suche nach Anregungen brauchten sie nur ihre eigenen Gemälde anzuschauen. Tiepolo legte ebenfalls Interesse für dekorative Gewänder an den Tag und liebte bei seinen Figuren eine übertriebene, theatralische Gestik und Mimik. Die Personen auf seinen Gemälden stehen oft ähnlich wie der Chor in einem Schauspiel eng zusammen; sie haben einen betont ernsten, entschlossenen oder auch emotional-aufgewühlten Gesichtsausdruck. Ihre Haltung ist die von Schauspielern, von Gestalten der *commedia dell'arte* unter dem Ansturm starker Gefühle.

So etwas kann nur in einer Kultur geschehen, in der nicht

zwischen Kunst und Natur unterschieden wird, zwischen dem, was wirklich und was künstlich ist. Oder vielmehr in einer Kultur, in welcher dieser Unterschied unwichtig ist. Die Bedeutung von allem liegt in der Farbigkeit und Brillanz seiner Oberfläche. Expressivität und Aktivität sind wichtiger als Wesen oder Sein. Das ist vielleicht eine unvermeidliche Folge des städtischen Lebens, in dem jeder seine Rolle deutlich zu erkennen geben muss. Es scheint aber in besonderem Maß zu Venedig zu passen. Wagner, der sich mit Inszenierungen, ihren Geheimnissen auskannte, hat das wahre Wesen der Stadt auf Anhieb begriffen. Er meinte, alles dort erscheine einem wie eine wunderbare Bühnenkulisse, und dieses Gefühl von Unwirklichkeit löse eine besondere Art von Fröhlichkeit aus, von der unvermeidlich jeder Besucher ergriffen werde. Der Hauptreiz, meinte er weiter, bestehe darin, dass alles so abgetrennt von ihm bleibe, als würde er sich tatsächlich in einem Theater aufhalten.

»Abgetrenntsein« ist das Schlüsselwort. Es beschreibt das Gegenteil von dem, was Coleridge einmal die »willentliche Aufhebung von Unglauben« genannt hat. Wir wissen, dass es eine reale Stadt ist, mit realen Menschen, doch wir verhalten uns, als wäre sie unwirklich. Es wurde oft konstatiert, dass die Einwohner Venedigs ihrerseits von der Welt jenseits ihrer Stadt abgetrennt seien. Die Regierung galt im 18. Jahrhundert als zu weltfremd, das heißt als zu wenig in die gewöhnlichen Vorgänge auf der Welt eingeweiht, um dort irgendein Gewicht zu haben. Man könnte sagen, sie war in ihrem eigenen Theater gefangen. In dem Jahrhundert, in welchem die Macht Venedigs insgesamt abnahm, wurde seine Fähigkeit zur Zurschaustellung und zum »Leben« verherrlicht wie nie zuvor. Die ruhmreiche Vergangenheit und die ungewisse Zukunft wurden von karnevaleskem Treiben und Festivitäten verhüllt. Das war aber keine isolierte Phase in der Geschichte der Stadt. Während der Belagerung durch die Österreicher im frühen 19. Jahrhundert, als alle Bürger unter Hunger und Entbehrungen anderer Art litten, scharten sich die Menschen

Illustration von John Gilbert zu William Shakespeares Der Kaufmann von Venedig.

Zwei der bekanntesten Dramen William Shakespeares, Der Kaufmann von Venedig *und* Othello, *spielen in Venedig. Traditioneller Ansicht zufolge hat der englische Schriftsteller seine Informationen über die Lagunenstadt vor allem aus Berichten und Erzählungen venezianischer Kaufleute bezogen, die der Geschäfte wegen nach London gekommen waren.*

auf Balkonen und Hausdächern zusammen, um sich das Spektakel der Beschießung nicht entgehen zu lassen. Auf den Glocken- und Kirchtürmen drängten sich Menschen mit Ferngläsern und Teleskopen, damit sie besser mitverfolgen konnten, wie ihrer eigenen Stadt Schaden zugefügt wurde.

Bei Theateraufführungen in anderen Ländern, in den Schauspielhäusern Londons zum Beispiel, diente Venedig oft als Kulisse. Zu der Weihnachten 1831 im Drury-Lane-Theater zur Aufführung gebrachten Pantomime gehörte ein Diorama mit dem Titel »Venedig und seine angrenzenden Inseln«. Als Byrons Stücke *Marino Falieri* und *Die beiden Foscari* aufgeführt wurden, sah man die Bühneneinrichtung als das Element an, das am wichtigsten für die Unterhaltung der Zuschauer war. Als Charles Kean 1858 den Shylock im *Kaufmann von Venedig* gab, wurde die Bühnenausstattung für ihren Realismus gelobt. Doch was für eine andere Realität spiegelte sie wider als jenes »Bühnenbild«, welches das Publikum bereits im Kopf hatte? In diesem Kontext muss man Edward Lears Enttäuschung über die Gebäude Venedigs verstehen, die ihm »keinen Deut mehr Vergnügen bereiteten, wie ich sie vor Ort sah, als auf den vielen Bühnenbildern und in den Dioramen, Panoramen und anderen wie auch immer gearteten Ramen.« Er kannte sie alle schon.

Es gibt keinen »Schauplatz« in Venedig, der nicht schon gemalt worden ist. Jede Kirche, jedes Haus, jeder Kanal sind schon einmal Sujet eines Künstlers geworden und von seinem Pinsel oder Zeichenstift festgehalten worden. Und sogar das Obst auf dem Markt sieht aus, als wäre es aus einem Stillleben herausgeklaubt worden. Alles hat man vorher schon einmal »gesehen«. Der Reisende scheint durch Öl- und Wasserfarben hindurchzuschreiten, über Papier und Leinwand zu wandern. Es ist kein Zufall, dass Venedig im 20. und 21. Jahrhundert auch eine traditionelle Szenerie für Roman- oder Filmhandlungen abgibt. Es ist das natürliche Habitat des Sensationellen und Melodramatischen. Romane und Erzählungen, in denen es um Intrigen und Geheimnisse geht, spielen häufig in den *calli* und *campi* der Stadt, und Venedig bietet sich als Austragungsort für ein Filmfestival geradezu an. Venedig ist weniger eine Stadt als das Abbild, die Darstellung einer Stadt.

Was waren die Venezianer selbst also anderes als Schauspieler, Figuren vor einer berühmten, gefeierten Kulisse? In *The Aspern Papers* nannte Henry James sie »Mitglieder einer nicht endenden Schauspielertruppe«. Es gibt den Gondoliere und den Notar in ihrer charakteristischen Tracht; ebenso die Hausfrau und den Bettler. Diese Leute führen ihr Leben in aller Öffentlichkeit. Es entzückt sie, sich selbst auszudrücken. Ihnen ist die gleiche Gestensprache gemein, sie nehmen die gleichen Posituren ein. Sie reden ohne Unterlass. Sie schildern sich gegenseitig und ahmen andere nach. Sie beobachten einander vor einem Hintergrund von kleinen Läden und Häusern. Sie leben auf einem dicht bevölkerten und eng umgrenzten Raum. Sie liefern ein anderes Beispiel für jenes typisch venezianische Leben an der Oberfläche, bei dem es vor allem auf das ankommt, was sichtbar ist. Aus diesem Grund auch die große Bedeutung der Maske oder *bauta* im letzten Jahrhundert der Republik.

Die Protokolle von Prozessen, die heute in den von Dokumenten überquellenden Archiven Venedigs liegen, zeigen, bis zu welchem Ausmaß »Theater«, wie von selbst und nahezu beiläufig, in das gesellschaftliche und häusliche Leben Eingang fand. Nicht nur die Aussagen der Zeugen wurden festgehalten, sondern auch ihr Verhalten. Von einem Buchhalter wird berichtet, wie er sein Gesicht mit einem Tuch abwischte und sich unter der Anstrengung, die es ihm bereitete, Zeugnis abzulegen, wand. Die Richter bekamen bühnenreife Formulierungen zu hören: »Ich begehrte ihn nie. Mit meiner

Im herzoglichen Palast hörte ich eine Rechtssache öffentlich verhandeln […]. Der eine Advokat war alles, was ein übertriebener Buffo nur sein sollte. Figur dick, kurz, doch beweglich, ein ungeheuer vorspringendes Profil, eine Stimme wie Erz und eine Heftigkeit, als wenn es ihm aus tiefstem Grunde des Herzens Ernst wäre, was er sagte. Ich nenne dies eine Komödie, weil alles wahrscheinlich schon fertig ist, wenn diese öffentliche Darstellung geschieht; die Richter wissen, was sie sprechen sollen, und die Partei weiß, was sie zu erwarten hat. Indessen gefällt mit diese Art unendlich besser als unsere Stuben- und Kanzleihockereien.

Johann Wolfgang von Goethe

Stimme sagte ich Ja, nicht aber mit meinem Herzen.« – »Ich rede nicht einmal mit ihr oder ihren Freundinnen, weil sie kein Fleisch für meine Zähne sind.« Berichten zufolge wurden Schauspieler, die auf den diversen *campi* auftraten, angeheuert, damit sie Zeugen in der Kunst des Redens und Gestikulierens vor Publikum unterrichteten.

Es ist immer möglich, das städtische Leben als eine Form des Theaters zu betrachten. Als Wordsworth in seinem *Prelude* London schilderte, griff er zu Bühnenmetaphern; er schrieb von »sich wandelnden pantomimischen Szenen« und »Dramen lebender Menschen«. London war für ihn eine »große Bühne«. Doch Venedig besaß diese Eigenschaften *in excelsis.* Die Maskeraden zum Karneval waren Teil einer gigantischen dramatischen Aufführung, in deren Zentrum die Stadt stand. Die Zuschauer wurden in das Schauspiel einbezogen, und die Menge strömte um dieses lebende Theater herum und in es hinein. Die Memoiren jenes archetypischen Venezianers, Giacomo Casanova, künden von der Leichtigkeit, mit der jemand das Leben in dieser Stadt in ein Drama verwandeln konnte, in dessen Mittelpunkt er selbst stand und das seinen eigenen Interessen entgegenkam. Jeder einzelne Venezianer kann – auch ohne Maske oder Umhang – zu einem geschickten Mimen werden. Goethe wurde auf einen Mann aufmerksam, der auf dem Uferdamm stand und einer kleinen Schar von Zuhörern Geschichten im venezianischen Dialekt erzählte. »[Ich] kann leider nichts davon verstehen, es lacht aber kein Mensch, nur selten lächelt das Auditorium, das meist aus der ganz niedern Klasse besteht. Auch hat der Mann nichts Auffallendes oder Lächerliches in seiner Art, vielmehr etwas sehr Gesetztes, zugleich eine bewundernswürdige Mannigfaltigkeit und Präzision, welche auf Kunst und Nachdenken hinweist, in seinen Gebärden.«

Die Venezianer fanden großes Vergnügen an Kostümen. Manchmal wirkten sie wie nach allen Mitteln der Kunst ausstaffierte Schauspieler, die in einer besonders anspruchsvollen *city comedy* auftraten, und 1610 erschien ein Band mit Illustrationen, der den Titel *Kleidung für venezianische Herren und Damen* trug. Sie besaßen ein gutes Auge für Mode und auffällige Farben und legten eine nahezu kindliche Freude am Sichherausputzen an den Tag. Insbesondere die Patrizierfrauen liebten eine aufwendige Aufmachung. Tatsächlich scheinen sie von Staats wegen zu einer solchen gezwungen gewesen zu sein. Als 1459 ein Fest zu Ehren des französischen Botschafters gegeben wurde, erging Anweisung vom Senat, dass alle weiblichen Gäste in farbenfrohen Gewändern erscheinen und so viel Schmuck tragen sollten wie möglich. Der Eindruck von Reichtum und Luxus war das, worauf es am meisten ankam.

John Evelyn beschrieb die Kleidung der Venezianerinnen als »äußerst merkwürdig, als wären sie ständig in einer Maskerade befangen«. Fynes Morrison lieferte eine anschaulichere Schilderung; er hielt fest, dass sie »ihre unbedeckten Nacken und Brüste mitsamt den Brustwarzen zeigen, hochgebunden und mit Leinen aufgetrieben«. Ihre Hüte waren mit mancherlei Zierrat besetzt, mit Schmetterlingen und Blumen und ausgestopften Vögeln. Diese elaborierte äußere Aufmachung zeugte vom exhibitionistischen Talent der Venezianerinnen, von ihrem Wunsch, im wahrsten Sinn des Wortes *bella figura* zu machen; unter der schönen äußeren Hülle sah es aber anders aus. Gewisse Anspielungen deuten darauf hin, dass es nicht üblich war, die Unterkleider sehr häufig zu wechseln. In einer Hinsicht legten die Damen aber große Sorgfalt an den Tag: Sie trugen Schleier, die jungen weiße, die reiferen oder alten schwarze. Am bekanntesten oder berüchtigsten waren die Venezianerinnen aber für ihre Schuhe, die das auffallendste Accessoire an ihnen waren. Denn bei den *zoccoli* handelte es sich im Grunde um bis zu fünfundvierzig Zentimeter hohe Stelzen. Diener mussten sie stützen, wenn sie auf ihnen einherwankten wie Riesinnen in einer Pantomime. Man sagte von den venezianischen Frauen, sie bestünden zur Hälfte aus Fleisch und zur Hälfte aus Holz. Dieses grotesk übertriebene Schuhwerk ist manchmal mit dem Schlamm auf

Diese cioppini *sind oft bis zu einer halben Elle hoch, und sie lassen daher manche der Frauen hier, die sehr klein sind, größer erscheinen als Frauen von schlankestem Wuchs in England. Je höher diese* cioppini *sind, desto vornehmer die Trägerin, hörte ich sagen. Alle Damen von Stand und unter den Frauen und Witwen diejenigen, die vermögend sind, nehmen, wenn sie das Haus verlassen, Beistand und Hilfe von Männern oder andern Frauen in Anspruch. Damit sie nicht plötzlich hinfallen, lassen sie sich gewöhnlich unter den linken Arm stützen.*

Thomas Coryat

den Straßen erklärt worden, manchmal aber auch damit, dass die Männer die Bewegungsfreiheit ihrer Frauen einschränken wollten. Es heißt auch, dass die hohen Sohlen es möglich machten, bunte oder reich geschmückte Schleppen an den Kleidern zu befestigen. Wahrscheinlicher ist aber, dass es sich um einen modischen Trend handelte, der irgendwann außer Kontrolle geriet und zu solchen Auswüchsen führte.

En passant sollte darauf hingewiesen werden, dass die Venezianerinnen im Allgemeinen ihr Haar gelb zu färben pflegten. Dabei kam unter anderem menschlicher Urin zur Anwendung.

Doch das Streben danach, *bella figura* zu machen, war den Angehörigen beider Geschlechter und aller sozialen Klassen gemein. Die Frauen aus der ärmeren Bevölkerungsschicht trugen einfache Umhänge und Schultertücher, hatten aber ein Faible für kleine Gliederketten, die sie sich um den Hals oder das Handgelenk legten. Die Fischer zogen sich große braune Kapuzenumhänge mit scharlachrotem Innenfutter über. Die Gondolieri trugen weiße Schuhe und wanden sich rote Schärpen um den Leib. Weibliche Dienstboten kleideten sich in Kittel von dunkelbrauner oder pfauenblauer Farbe. Die Bettler waren auf selbstbewusste Weise pittoresk und hüllten sich oft in Nachahmung der reichen Bürger in Umhänge. Die typische Tracht der Arbeiter waren blaue Röcke mit weiten Ärmeln, die zu den Handgelenken hin enger wurden, und Hosen von der Art, die – weil sie zuerst in Venedig aufkamen – als »Venezianer« oder »Pantalons« bekannt wurden. Die Lieblingsfarbe der Einwohner war Azurblau, als *turchino* bezeichnet und Cassiodorus, dem Schriftsteller des 6. Jahrhunderts, als »venezianische Farbe« bekannt. Die Kleidung eines jeden Venezianers ermöglichte es, auf seine Stellung innerhalb der politischen Hierarchie zu schließen.

In allen Kleidungsangelegenheiten hielten die Patrizier sich an strenge Regeln. Nur dem Dogen war es gestattet, goldene Gewänder zu tragen. Auch waren die Ärmel an den seinen am weitesten geschnitten, da die Weite des Ärmels ein Statusmerkmal war. Die Patrizier trugen nüchterne schwarze Umhänge, was auf ihre ernste Rolle als Hüter des Staates verwies und auf ihre ständige Bereitschaft, für ihn einzustehen: Sie waren die Priester der Polis. Die Ranghöheren kleideten sich in scharlachrote, violette oder purpurne Gewänder. Die Mitglieder des Senats beispielsweise trugen purpurne Togen. Doch sind auch diese Rottöne solenne, offizielle Farben. Über ihren Togen trugen sie Kapuzenumhänge und auf dem Kopf schwarze Mützen oder *bereti*. Da die Priester, die bedeutenderen Bürger, die Ärzte und die Notare auch schwarz gewandet waren, kann es manchmal so gewirkt haben, als herrschte in der ganzen Stadt Trauer. Dies vor allem auch, weil viele Frauen, arme wie reiche, sich ebenfalls schwarz kleideten. Im Grunde waren diese schwarzen Kleider eine Art von Uniform, oder vielmehr stellten sie ein Mittel dar, um Uniformität zum Ausdruck zu bringen.

Die Farbe, die sie am meisten für ihre übrigen Kleidungsstücke, wie Wams, Weste und Strümpfe bevorzugen, ist Schwarz, eine Farbe des Ernstes und des Anstandes. Außerdem sind Zuschnitt und Mode dieser Kleidung so althergebracht, daß sie sich in tausend Jahren kaum geändert hat, und sie ist allgemein in Brauch; denn jedermann trägt das enge, auf den Leib zugeschnittene Wams, kaum wattiert oder gesteppt, und lange, einfache Strumpfhosen, ohne alle neumodischen Kuriositäten und überflüssigen Lächerlichkeiten, wie Falbeln und Falten und ähnliche leichtfertige Spielereien, die bei uns Engländern so beliebt sind.

Thomas Coryat

Die lange Robe verhinderte ein rasches Vorankommen, so dass die Gangart der Patrizier für gewöhnlich langsam und gemessen war. 1611 hielt Thomas Coryat, der englische Reisende, fest: »Wenn sie sich nur begegnen und nicht zusammen sprechen, verbeugen sie sich tief mit äußerst höflichen und ehrerbietigen Gesten voreinander, indem sie ihre Oberkörper vorneigen und ihre rechte Hand auf ihre Brust legen.« Schwarz war also die Farbe, die mit gravitätischem Gebaren einherging. Schwarz war auch die Farbe der Anonymität, und an Schwarz war etwas Einschüchterndes. Es stand für das Recht und für den Tod. Die Vorliebe für Schwarz hielt sich tausend Jahre lang, woran sich bis zu einem gewissen Grad der ausgeprägte Konservatismus in Bezug auf alle gesellschaftlichen Gewohnheiten ablesen lässt. Tatsächlich ist diese Vorliebe latent immer noch vorhanden. Es ist auch heute, zu Beginn des 21. Jahrhunderts, nicht ungewöhnlich, auf den Straßen Venedigs jungen Männern in weiten schwarzen Capes zu begegnen. Auch der Kleidung der modernen Venezianer haftet noch etwas Seltsames, Theatralisches an.

Während der Renaissance gab es eine Bevölkerungsgruppe,

die gewaltig protzte: Die jungen Patrizier gehörten zu einem der zahlreichen Klubs in der Stadt oder zu einer der *calza*-Gilden, zu den Triumphanti oder Valorosi, den Immortali oder den Principali. Das rechte Bein der *calza*, einer Art Strumpfhose, war der Länge nach mit goldenen und silbernen Applikationen besetzt und funkelte vor aufgenähten Perlen und Edelsteinen. Die *calza* wurde über eng anliegende Kniehosen gezogen und reichte bis zur Taille. Darüber trug man eine Samtweste über einem fließenden Seidenhemd. Das Haar dieser Jünglinge verdankte seinen goldenen Schimmer zumeist einem Färbemittel. Und dann umgab sie noch eine Wolke von Parfüm. In dieser so höchst unnatürlichen Stadt wurde so gut wie alles parfümiert – Hüte, Hemden, Socken, Taschentücher, sogar das Geld.

Am bekanntesten waren die *calza*-Gilden für die von ihnen organisierten Theateraufführungen, Feste und Hochzeitsfeierlichkeiten. Bei diesen Gelegenheiten übertrafen die jungen Männer und ihre Gefährtinnen, ihre *compagne*, sich selbst. »Wir trugen die *calza* der Vereinigung«, schrieb einer von ihnen, Giacomo Contarini, im Januar 1441 an seinen Bruder, »wie auch Mäntel aus alexandrinischem Samt mit Silberbrokat besetzt, Westen aus karmesinrotem Samt mit offenen Ärmeln, einem Gürtel von derselben Farbe und Innenfutter aus Eichhörnchenfell, und auf unseren Häuptern saßen Kappen *alla Sforzesca.*« Letzteres hieß wohl so viel wie im Stil des Francesco Sforza, eines berühmten *condottiero*, also Führer eines Söldnerheers. Bevor dieser Erfolg gehabt hatte, waren in der Stadt Kopfbedeckungen *à la Carmagnola* in Mode gewesen, nach Art eines berühmten Generals dieses Namens. Das ist ein Hinweis auf die Liebe der Venezianer für alles Triviale und Triumphierende, die auf so theatralische Weise zum Ausdruck gebracht wurde wie überhaupt nur möglich.

Der venezianische Patrizier hatte – in seiner nobelsten Verkörperung – eine lange Adlernase und hohe Wangenknochen. Er war Staatsmann und Asket in einer Person. Seine Haut war vom weißesten Weiß. Doch genau im Jahr 1529 machte sich eine ganz bestimmte Veränderung bemerkbar: Die Männer begannen, ihr Haar kurz zu tragen, und ließen sich Bärte stehen. Davor hatten sie ihr Haupthaar lang wachsen lassen, und Bärte waren nur als Zeichen der Trauer statthaft gewesen. Der eine oder andere unternahm zögernd den Versuch mit diesem neuen *look*, und andere machten es ihm bald nach. Es gab aber noch weitere Änderungen allgemeinerer Art. So wurden beispielsweise im späten 16. Jahrhundert die Gewänder legerer und weiter, während sie vorher strenger geschnitten und eng anliegend gewesen waren. Die Gründe dafür sind unklar und vielleicht in dem Verlangen des Menschen nach Neuerungen und Wandel zu suchen. Doch wir wollen hier keine Geschichte der venezianischen Mode schreiben. Wichtig ist jedoch die Erkenntnis, dass die Kleider der venezianischen Männer und Frauen immer sehr viel von Bühnenkostümen an sich hatten.

Im 18. Jahrhundert verkündeten Ausrufer in den Gassen Venedigs, wann die neuesten Stücke gegeben wurden und wer in den Aufführungen auf der Bühne stand. Die Einwohner waren in ganz Europa für ihre Theaterleidenschaft bekannt. Es war eine Passion, die alle Schichten ergriff, den Gondoliere ebenso wie den Patrizier, was vor allem in dem außergewöhnlichen Erfolg der *commedia dell'arte* zum Ausdruck kommt. Diese Unterart des Improvisationstheaters kam zuerst im Veneto des 16. Jahrhunderts auf, wurzelt aber unbestreitbar im Drama oder feierlichen Ritual der Antike. Einer der Hauptcharaktere war Pantaleone oder Pantalone, der venezianische Name einer unverkennbar venezianischen Gestalt, eines munteren, wenn auch manchmal närrischen alten Kaufmanns. (Venedig wurde im Grunde von alten Männern regiert.) Pantalone war in ein rotes Gewand und einen schwarzen Umhang gekleidet, und seine Füße steckten in roten türkischen Pantoffeln – ein Hinweis darauf, dass er mit dem Orient Handel trieb. In Shakespeares *Wie es euch gefällt* nimmt Jacques auf diese Figur Bezug, wenn er sagt, dass die sechste

Lebensphase eines Mannes vom »besockten, hagern Pantalon« verkörpert wird. Pantalone redete immer nur im Dialekt. Man hat vermutet, dass der Name eine Verballhornung von *piantar leone*, »den Löwen aufpflanzen«, ist und mit dem Löwen der des heiligen Markus gemeint war, der als Wappentier auf den Fahnen der venezianischen Handelsleute prangte. Sein schlimmstes Laster, das er nicht abzulegen vermag, ist die Habgier, und zwar eher jene des Reichen, der Angst hat, das zu verlieren, was er besitzt, als die des Armen, den es nach mehr Besitz verlangt. Er ist ängstlich, ein Friedensfreund, der aber die Welt durch den Handel erobern möchte; eifersüchtig und neidisch auf alles und jeden, ebenso fanatischer Patriot wie fanatischer Schürzenjäger und eingefleischter Geizhals. Er hat solche Angst, hereingelegt zu werden, dass er sich selbst in Situationen hineinmanövriert, in denen er unter Garantie betrogen wird. Er repräsentiert Venedigs innere Unruhe, seine Gewissensbisse.

Von »Pantalone« leitet sich auch der Begriff »Pantomime« ab; Venedig haben wir diese immer noch populäre Kunstform zu verdanken. Die Charaktere der *commedia* waren in der Tat Figuren, die wie in einer Pantomime schon durch ihre äußere Erscheinung etwas ausdrückten; der Harlekin mit seinem karierten Gewand beispielsweise oder Doktor Graziano mit seinem schwarzen Talar. Die Frauenrollen wurden von jungen Männern gespielt. Sie trugen Masken und sprachen venezianischen Dialekt, in den sich griechische und slawische Wörter mischten. Arlecchinos Sprache war die der einfachen Leute von Bergamo, der lombardischen Stadt, aus der viele der Lastträger und Tagelöhner in Venedig stammten. Den Schauspielern wurde das Szenarium des Stücks vorgelegt, doch sobald sie auf den Bühnenbrettern standen, erfanden sie die Dialoge mit angeborenem Witz und ebensolcher Vitalität. Ihre Reden waren oft obszön und stets lustig. Immer wieder begannen sie unvermittelt hektisch und akrobatisch zu tanzen, wobei sie von Laute und Gitarre begleitet wurden.

Die Darsteller der *commedia* hatten keine Hemmungen, sich über Zeitgenossen und zeitgenössische Typen lustig zu machen. Die Leute, die ihnen zuschauten, konnten sich selbst und andere wiedererkennen. Sie kreischten vor Lachen, klatschten und jubelten, wenn sie eine Anspielung auf eine ihnen bekannte Person hörten. Zu den Charakteren der *commedia* zählten auch Kurtisanen, und ebenso saßen Kurtisanen im Publikum. Die Themen dieser improvisierten Stücke und die in ihnen agierenden Typen – unglückliche Kinder, geizige Väter, untreue Dienstboten – waren dem alltäglichen gesellschaftlichen Leben entnommen. Die Zuschauer bekamen eine merkwürdige Mischung aus großspurigem Gerede und schrillem Lamentieren, aus Parodie und derber Farce vorgesetzt. Es waren Schauspiele über das Schauspielen. Man kann von Komödien des merkantilen Kapitalismus sprechen, die von ihrem Geist her den *city comedies* ähnelten, die im frühen 17. Jahrhundert in London aufgeführt wurden. Die Komödie wurde so zum Spiegel der realen Welt.

Und dann begann man natürlich das *Commedia dell'arte*-hafte an wirklichen Menschen und wirklichen Ereignissen wahrzunehmen. Einige der Verhandlungen vor den Gerichten Venedigs trugen die Züge von komischen Sketchen. Ein französischer Diplomat des frühen 17. Jahrhunderts verspottete die gravitätischen venezianischen Staatsmänner als »diese Pantalons«. Also ist vielleicht am Anblick dieser würdigen Gestalten, die insgeheim hinter privatem Profit herjagten, auch etwas Lächerliches gewesen.

Die Venezianer insgesamt wurden oft spöttisch als *pantaloni* bezeichnet. Byron bemerkte an ihnen die »Naivität und Komik eines Pantalones«. Es gibt im Venezianischen heute noch den Ausdruck *paga Pantalon*, »Pantalone bezahlt es«, was so viel bedeutet wie, »der Staat oder der Steuerzahler kommt dafür auf«. Casanova berichtet, wie er ein Pierrotkostüm anlegte und den »Gang eines Tölpels« nachahmte. Bei

Typische Figuren der commedia dell'arte, *Illustrationen von Maurice Sand (um 1860)*

den Karnevalsmaskeraden musste man auch den Charakter der Person annehmen, als die man sich verkleidet hatte. Die frühen Besucher von auswärts, die den Karneval miterlebten, berichteten, dass die Bürger sich gerne als Einwohner fremder Länder zurechtmachten. Ein Venezianer konnte als geborener Schauspieler im Nu in eine andere Rolle schlüpfen.

Arlecchino

Man hat hin und wieder die These aufgestellt, dass die Oper aus den Liedern und Szenen der *commedia* hervorging. Vielleicht ist es deswegen nicht überraschend, dass Venedig zum ersten großen Opernzentrum der Welt wurde. Die Oper und die *commedia* verkörpern den Geist und die Mentalität seiner Einwohnerschaft. Sie entspringen denselben äußeren Umständen und befriedigen dieselben Bedürfnisse. Beide Genres gehen auf das schauspielhafte Element, das den religiösen wie auch den zivilen Riten des venezianischen Volks inhärent ist, zurück. Die Popularität der Oper in Venedig ist natürlich gut dokumentiert. Keine andere Kunstform hat jemals dem Naturell der Einwohner einer Stadt so sehr entsprochen. Das erste öffentliche Opernhaus wurde in Venedig eingeweiht: 1637 eröffnete die Familie Tron ein solches auf dem Gelände um ihren Palazzo und erhob Eintritt von den vielen, die herbeigeströmt kamen. Ein weiteres Haus dieser Art wurde zwei Jahre später eröffnet, und fünfzig Jahre später gab es schon sieben von ihnen. Das Geschäft von Librettisten und Komponisten florierte von da an. Der Beruf des Impresarios wurde geboren, Sänger und Tänzer erhielten Verträge. Die Struktur des Musikwerks selbst wurde standardisiert; jeder der Hauptsänger erhielt fünf Arien zugeteilt, und Opern wurden so schnell und routiniert produziert wie eine Glasvase auf Murano oder ein Schiff auf einer der Werften im Arsenal. Zwischen 1680 und 1743 wurden fünfhundertzweiundachtzig solcher Werke verfasst und zur Aufführung gebracht.

Pantalone

Die Oper erlebte eine solche Blüte in Venedig, weil sie in mancherlei Hinsicht eine städtische Kunstform darstellte. Sie war ein in sich heterogenes Werk und voller Kontraste in einer Stadt voller Kontraste, zwischen reich und arm,

Glanz und Elend und vielem anderen; sie bot Spektakuläres in spektakulärer Form dar und passte daher zu dieser Stadt, in der man Feste und den Karneval mit Spektakeln aller Art auf überschäumend-dynamische Weise feierte. Oper hat mit dem äußeren Leben zu tun, mit zur Schau gestelltem Leben, mit dem großen allgemeinen Drama des menschlichen Geistes, das in ihr in Musik und Gesang gefasst ist. Oper hat mit Energie und Pracht zu tun, mit Ritual und Melodrama. Die Oper war durch und durch venezianisch. Sie hielt auch den venezianischen Mythos am Leben. Es gab Opern, in denen die Stadt als neues Troja oder neues Rom verherrlicht wurde, und solche, in denen ihre Anfänge, ihre Gründung durch die Schutzsuchenden szenisch dargestellt wurde. Viele Bühneneinrichtungen zeigten die Stadt. Die Zuschauer klatschten, pfiffen und grölten. Die Gondolieri hatten freien Eintritt; sie bekundeten ihren Beifall, indem sie mit den Füßen trampelten und »Bravo!« brüllten. Wenn ihnen eine Arie besonders gut gefielt, trampelten sie so laut und so lange, bis sich der Sänger oder die Sängerin verpflichtet fühlte, wieder auf die Bühne zu treten und seine oder ihre Darbietung zu wiederholen. Wenn die Arie zu Ende war, regnete es Blumen aus den Logen, zusammen mit dem einen oder anderen Papierfetzen, auf den jemand hastig einige lobende Verse gekritzelt hatte. Bei einigen Gelegenheiten ließ man Tauben mit um den Hals gebundenen Glöckchen im Opernhaus auffliegen. Ein auswärtiger Besucher hielt die Reaktion eines in seiner Loge sitzenden Patriziers auf die Darbietung einer Sängerin fest; der Mann rief: »*Ah! Cara! Mi butto, mi butto!*« – »Oh, mein Liebling. Ich stürze mich zu dir runter, ich stürze mich runter!«

Dottor Balanzone

Colombina

Die Bühnenausstattung in den venezianischen Theatern war in ganz Europa für ihre Subtilität und Raffinesse bekannt. John Evelyn äußerte sich anerkennend über »mannigfache Szenerien, mit keinem geringen Blick für Perspektive erdacht und gemalt, sowie auch Maschinen, so in der Luft fliegen, und andere wundervolle Einrichtungen; alles zusammengenommen ist es eine der großartigsten und teuersten

1735 erhielt Vivaldi den Auftrag, eine Oper mit dem Titel *Griselda* zu verfassen, Goldoni sollte das leicht veraltete Libretto von Apostolo Zeno überarbeiten. Goldoni berichtet über das Zusammentreffen mit Vivaldi, das zu diesem Zweck stattfand:

[...] [I]n weniger als einer Viertelstunde hatte ich die acht Verse einer zweiteiligen Arie zu Papier gebracht; ich rief den Priester herbei und zeigte ihm mein Werk. Vivaldi liest, seine Stirn glättet sich, liest noch einmal, stößt Freudenschreie aus, wirft sein Brevier zu Boden und ruft [seine Schülerin] Signorina Girò herbei. Sie kommt. Ah, wendet er sich an sie, hier ist ein seltener Mensch, ein hervorragender Dichter, lesen Sie diese Arie; der Herr hat sie hier gemacht, in weniger als einer Viertelstunde.

Carlo Goldoni

Ablenkungen, die Menschenwitz ersinnen kann«. Dieses Fasziniertsein von den Wundern der Bühnentechnik stand mit der Vorliebe der Venezianer für märchenhafte Handlungen und orientalische Schauplätze in Einklang. Es wurden Schiffbrüche gezeigt und Meeresungeheuer zum Leben erweckt; feuerspeiende Drachen stiegen aus der Tiefe empor, und antike Götter sanken sanft von oben nieder. Die »Wolkenmaschinen« Venedigs wurden mit besonderem Lob bedacht. Das Spiel mit solchen und anderen Apparaturen wurde zur Kunst erhoben.

In *Die Kultur der Renaissance in Italien* zitiert Burckhardt die Aussage eines Venezianers von 1570 über die vor seiner Zeit übliche Pracht der Bühnenausstattung: »Man hat früher in Venedig oft außer den Komödien auch Tragödien von antiken und modernen Dichtern mit großem Pomp aufgeführt. Um des Ruhmes der Ausstattung (apparati) willen strömten Zuschauer von fern und nahe dazu herbei.« Weiter heißt es dann aber: »[S]eit einiger Zeit hat sich von selbst der Gebrauch so festgesetzt, daß die Karnevalszeit mit Komödien und anderen heiteren und schätzbaren Vergnügungen hingebracht wird.« Das heißt, laut Burckhardt, nichts anderes als »der Pomp hat die Tragödie töten helfen«. Die Tragödie ist nie in Venedig ansässig gewesen.

Das erste europäische Theater, das ausschließlich für die Aufführung von Schauspielen bestimmt war, wurde 1565 in Venedig errichtet. Gegen Ende des 18. Jahrhunderts gab es achtzehn öffentliche Schauspielhäuser in der Stadt, eine große Zahl, vor allem wenn man bedenkt, dass die Einwohnerschaft zu keiner Zeit mehr als hundertfünfzigtausend betrug. Zur selben Zeit besaß London nur sechs, Paris nur zehn Theater. Im 16. Jahrhundert pflegten, einem Bericht des italienischen Komponisten Girolamo Parabosco zufolge, die Venezianer »über Mauern zu klettern, Türen aufzubrechen oder über die Kanäle zu schwimmen, um sich gewaltsam Zugang zu einem Ort zu verschaffen, wo ein berühmter Komödiant auftrat«.

Die Zuschauer waren in keinem geringeren Maß an der Aufführung beteiligt als die Schauspieler. Sie schwatzten und lachten, versuchten sogar ihr Glück beim Spiel, während oben das Drama über die Bühne ging. Einige zogen auf der Suche nach Unterhaltung von Loge zu Loge. Der Klang ihres lauten Geschwätzes wurde mit dem Zwitschern verglichen, das aus einem Busch voller Vögel drang. Das Licht war immer gedämpft, und in den Logen herrschte nahezu Dunkelheit; die Notenständer der Musiker wurden mit Kerzen aus spanischem Wachs beleuchtet und die Bühne mit Lampen, gefüllt mit Olivenöl. Die Zuschauer in den Logen spuckten auf die Leute, die im Parterre saßen. Das war eine Unsitte, die die unten Sitzenden gelassen hinnahmen, denn ihnen war es erlaubt, Hüte zu tragen, ein Privileg, auf das die Zuschauer in den Logen verzichten mussten. Die Gondolieri, Venedigs verhätschelte Lieblingssöhne, hatten genau wie in den Opernhäusern freien Eintritt. Sie bildeten *claques*, Fangruppen gewissermaßen, die bestimmten Schauspielern oder auch Dramatikern besonders heftig applaudierten. Oft wurden sie bezahlt, auf ein bestimmtes Zeichen hin laut in Beifall oder aber auch in Hohngelächter auszubrechen. Andere warteten einfach an den Hinterausgängen mit Laternen auf ihre Herren. In den kurzen Pausen zwischen den Akten liefen Verkäufer die Zuschauerreihen entlang, boten Orangen und Gebäck, Aniswasser und Kastanien, Kaffee und Eiskrem feil.

Wenn der Vorhang sich hob, gab er den Blick auf einen antiken Tempel, einen Wald oder einen Königspalast frei. Man bekam Prozessionen und Paraden zu sehen, Bankette und Bataillen. Das Lieblingssujet war aber die Stadt selbst. Das Publikum jubelte bei jeder wie auch immer gearteten Anspielung auf Venedig, und alle waren über amouröse Abenteuer oder kleine Dramen ums Geld, die in den Gassen und Häusern der Stadt spielten, entzückt. Es war ein zutiefst lokales, in der Stadt verwurzeltes Theater. Dem Publikum gefielen besonders die Darstellungen der beruhigenderen Aspekte des Familienlebens. Wenn eine Figur oder eine Szene gegen die im rea-

Porträt des Komödienschriftstellers Carlo Goldoni von Alessandro Longhi (1733 bis 1813). Goldoni sagte über seine Stücke: »[Ihre] Helden waren Menschen und nicht Halbgötter, sie äußerten ihre Leidenschaften, so wie wir es im Leben beobachten können, und zeichneten sich nicht durch Tugenden und Fehler aus, die allein in der Phantasie existieren.«

len Leben geltenden guten Sitten verstieß, empörte das Publikum sich aufs Heftigste darüber. Goethe wohnte einer Vorstellung bei, die von den Zuschauern beinahe abgebrochen worden wäre, als es so aussah, dass ein junger Mann seine Ehefrau mit einem Schwert töten würde; der Schauspieler musste an die Rampe treten, um Geduld bitten und versichern, die Sache werde am Ende gut ausgehen. Waren sie letztlich nicht alle Teil einer großen, wenn auch nicht vollkommen glücklichen Familie?

Das wird nirgends offenkundiger als im Werk des berühmtesten aller venezianischen Stückeschreiber: Carlo Goldoni. Sein Genre war die venezianische Gesellschaftskomödie. Er hielt seinen Mitbürgern einen Spiegel vor, zeigte ihnen ihr Naturell. Darin war er so bewandert, dass er innerhalb eines Jahres sechzehn dreiaktige Lustspiele vollendete; im Lauf seiner Karriere als Bühnenschriftsteller, von 1734 bis 1776, verfasste er zweihundertfünfzig Stücke. Wie seine Landsleute Tintoretto, Tizian und Vivaldi arbeitete er rasend schnell. Er war voller Schwung und Kraft. Er begann mit Dramen, die sich am etablierten Vorbild der *commedia* orientierten, also von Aufbau und Sprache her eher formelhaft waren, ging aber dann, von einem glücklichen Instinkt geleitet, zu moderaten Komödien, das Leben der Venezianer betreffend, über. Er nahm sein Publikum mit Porträts von Gondolieri und Dienstboten, von Krämern und Hausfrauen gefangen. Die Handlung verlief in einem beschränkten, intimen Rahmen; alles wies jene Kompaktheit und Geordnetheit auf, die dem venezianischen Charakter inhärent sind. Typischer Schauplatz ist ein *campiello*, ein kleiner Hof, den Hintergrund bilden jedem Venezianer vertraute Läden und Wohnhäuser. Goldoni gab die Sprache und das Gebaren der Einwohner mit größter Treue wieder. Die Welt »draußen« hat keine Bedeutung für seine Personen. Vielleicht hatte sie auch keine für den Autor. In einem seiner Stücke erzählt ein Londoner von den Kanälen in seiner Stadt, was beinahe vermuten lässt, Goldoni habe geglaubt, die Stadt an der Themse habe der in der Lagune geähnelt. Seine Personen befassen sich auch nicht mit der venezianischen Politik Das war eine Aufgabe, die man anderen überließ. Sie bilden eine kleine Gruppe von Leuten, die sich durch Streitereien, Differenzen und häusliche Misslichkeiten hindurchlavieren. Ein Haushalt, ein Familienverband wird für einen Augenblick erschüttert, scheint in seinem Bestand gefährdet, dann reißen sich alle zusammen und segeln gemeinsam weiter.

Die Bühnenanweisungen am Anfang von *Der Fächer* lassen eine typisch venezianische Szenerie vor dem Zuschauer entstehen – und dies, obwohl das Stück auf der Piazza eines Dorfs im Mailändischen spielt:

> Evaristo und der Baron sitzen vorn an einem Tischchen und trinken Kaffee. Limonato bedient sie. Crispino hockt in seinem Laden und flickt Schuhe, ganz in seiner Nähe sitzt Coronato neben seiner Haustür und schreibt etwas in ein Heft. Der Hausknecht putzt die Fenster der Trattoria. Geltrude und Candida sitzen strickend auf der Terrasse. Rechts fegt Tognino die Piazza. Nina sitzt am Spinnrad vor ihrer Haustür, neben ihr steht Moracchio mit zwei Jagdhunden an der Leine. Hin und wieder steckt Timoteo den Kopf aus dem Eingang zu seiner Apotheke; im Hintergrund Susanna, die vor ihrem Laden mit Näharbeiten beschäftigt ist.

Eine perfekte Miniatur.

Das Denkmal Goldonis, auf einem kleinen Platz, im Innern der Stadt, macht einen gesunden, lebendigen und sehr drolligen Eindruck. Wie der Mann da stockschwingend spazierengeht, bezopft, im Dreispitz: keck, launig, lachend, und am geschwungenen Röckchen die Spuren der Zudringlichkeit vieler hundert venezianischer Tauben, gehört er unter das Volk, das ihn rauchend und schwatzend in Alltagstracht umgibt.

Gerhart Hauptmann

Goldoni war von seiner ganzen Mentalität her ein typischer Venezianer, insofern er die absurden Aspekte von ernsten Angelegenheiten zu erkennen vermochte. Er liebte den Spott, sein Humor war manchmal frech, doch nie bösartig. Nie brachte er Gewalttätigkeiten auf die Bühne. Auch verzichtete er auf offene Obszönität, wie sie die ältere *commedia* ausgezeichnet hatte. Die Figuren lungern müßig herum und klatschen; sie sind lebhaft und witzig; sie unterhalten sich über das neueste Schauspiel und den jüngsten Skandal. Sie haben großes Interesse an Geld. Doch im Allgemeinen sind sie liebenswert, freundlich und gesellig. Man könnte sagen, dass alle diese Eigenschaften typisch für das Naturell der Venezianer in der ersten Hälfte des 18. Jahrhunderts sind.

Es gibt keine Nach-innen-Gewandtheit, keine Reflexionen, keine Monologe. Wir könnten deswegen sagen, dass Goldonis Stücke oberflächlich sind, doch anders sollten sie auch gar nicht sein. Es ist ein Drama der Oberflächen, des Oberflächlichen. Die auf der Bühne auftretenden Venezianer sind nicht wirklich mit individuellen Zügen ausgestattet; sie denken und handeln gemeinschaftlich. Sie stechen nicht durch irgendwelche Exzentrizitäten hervor. Sie bekunden keine großen Leidenschaften. Jedermann empfindet das Gleiche und besitzt mehr oder weniger die gleiche Identität. Aus diesem Grund haben die Komödien Goldonis etwas liebevoll Anheimelndes, sind mit der Poesie des Häuslichen erfüllt und erzählen nicht von den Unternehmungen und Empfindungen herausragender Individuen oder Sonderlinge. Alles ist leicht und anmutig. Goldoni feierte die der ganz gewöhnlichen menschlichen Natur innewohnende Würde.

Welches waren also die Charakteristika der realen Venezianer? Sie galten allgemein als fröhlich, von Natur aus heiter und spontan im Umgang mit anderen. Henry James glaubte, dass sie »das gute Glück haben, wenig Wünsche zu empfinden«, und es sich daher leisten konnten, ihr Leben von »Sonnenschein und Müßiggang und Plaudereien« bestimmt werden zu lassen. Sie waren ungezwungen in ihrem Verhalten, wenn das auch nicht damit vereinbar zu sein scheint, dass sie einem der strengsten Regierungssysteme Europas unterstanden. Vielleicht gibt es aber einen Nexus zwischen öffentlicher Disziplin und privater Unbekümmertheit. George Sand nannte sie »fröhliche Menschen, die sich keine Gedanken machen, so witzig und voller Lieder steckend«.

Sie wurden aber auch als frivol, sprunghaft und naiv geschildert. Das können dunklere Aspekte der Heiterkeit sein. In anderen italienischen Stadtstaaten galten sie als ungeschickt und unzuverlässig. Man hielt sie für wankelmütig und ungerecht. Sie würden dazu neigen, sogar die jüngsten und schlimmsten Missgeschicke einfach zu vergessen. Das könnte eine Vergesslichkeit sein, die mit exzessiver Naivität einhergeht, die aber vielleicht eher ein Charakteristikum der einfachen Leute als der Patrizier war. Von der Regierung wurden diese Leute fast wie Kinder behandelt. Daher auch ihr Vertrauen in den Staat und das Klima der Unterordnung, in dem sie aufzublühen schienen. Addison glaubte, dass die Obrigkeit »die gewöhnlichen Leute« zu sportlichen Aktivitäten sowie zur Gruppenbildung ermunterte, um den Bestand der Republik zu gewährleisten.

Sie waren also nicht eindeutig zu bestimmen, schwer zu »lesen«. Zwiespältigkeit, welche den zwiespältigen Status einer Stadt auf dem Wasser reflektiert, könnte die Erklärung sein. Im 18. Jahrhundert konnte ein Mann auch eine verkleidete Prostituierte sein, ein Gondoliere ein Krösus, während ein prächtig gekleideter Patrizier vielleicht kein Geld besaß. Albrecht Dürer berichtete, dass unter ihnen »die Untreuesten verlogen diebisch Böswicht« seien, doch wenn man sie nicht genau kenne, würde man sie für die nettesten Menschen der Welt halten. Man könnte argumentieren, dass das für die Menschen im Allgemeinen zutrifft, unter welchem Himmel auch immer sie zu Hause sind, doch in einer Stadt der Masken und Geheimnisse vervielfältigt sich diese Ambiguität und ergreift von allem Besitz. Sie wird intensiver.

Das ist sicherlich auch die Ursache dafür, dass man sie immer der Doppelzüngigkeit bezichtigte. Sie besaßen ein Talent zur Verstellung im Umgang mit den Bürgern anderer Staaten, ja auch im Umgang mit ihren Mitbürgern in Rechts- und

Ich wollt, daß Ihr hie zu Venedig wärt; es sind so viel artiger Geselln unter den Walschen, die sich je länger je mehr zu mir gesellen, das es eim am Herzen sanft sollt dan. Vernünftig, gelehrt, gut Lautenschlacher, Pfeifer, verständig im Gemäl und viel edler Gemut, Recht, Dugend von Leuten und dund mir viel Ehr und Freundschaft.
Dorgegen fint er auch die untreuesten, verlogen, tiebisch Pöswicht, do ich glaub, daß sie auf Erdriech nit leben. Und wenns einer nit west, so gedächt er, es wären die ärtigsten Leut, die auf Erdriech wären.

Albrecht Dürer in einem Brief aus Venedig im Jahr 1506

Regierungsangelegenheiten. Sie verbargen ihre Gier unter der Maske der Wohlanständigkeit und Frömmigkeit und gaben ihre arglistigen eigennützigen Manöver als Handeln im Sinne der Polis aus. Es wurde zu ihrer Natur, um einen englischen Beobachter zu zitieren, »dem Fell des Markuslöwen einen Fuchsschwanz anzunähen«. Es gibt viele Geschichten über ihre Heuchelei und Betrügerei. Als der König von Ungarn im 15. Jahrhundert einmal nach Venedig kam, bat er die Kanoniker von S. Zulian um den Leichnam des heiligen Paulus des Eremiten. Die Geistlichen wollten den König nicht verprellen, also überließen sie ihm den Leichnam eines Mitglieds der Familie Grimani. Die Ungarn verehrten diesen ganz gewöhnlichen oder unheiligen Leichnam in der Folgezeit als Reliquie.

Das ist Italien, das ich verließ. Noch stäuben die Wege,
Noch ist der Fremde geprellt, stell er sich, wie er auch will.
Deutsche Redlichkeit suchst du in allen Winkeln vergebens;
Leben und Weben ist hier, aber nicht Ordnung und Zucht;
Jeder sorgt nur für sich, misstrauet dem andern, ist eitel,
Und die Meister des Staats sorgen nur wieder für sich.
[…]

Johann Wolfgang von Goethe
Venezianische Epigramme IV

In der Stadt der Masken verstand man sich sehr gut auf die Kunst des Verhehlens. Aus diesem Grund waren die Einwohner immer höflich und stellten jene geschliffenen Manieren zur Schau, die als charakteristisch für sie galten; sie waren berühmt für diese *dolce maniera*. In der Öffentlichkeit traten sie förmlich und zurückhaltend auf, vielleicht auch weil sie des Wahrspruchs eingedenk waren: »Derjenige, der Fremde liebt, liebt den Wind.« Diese »höfische« Attitüde ermöglichte es dem venezianischen Patrizier, auch Distanz zu wahren. Memoiren und Berichte deuten darauf hin, dass sie sich auch im privaten Umgang höflich und gesetzt verhielten. Sie schätzten äußere Form und Oberfläche über alles. In Gesellschaft sollen sie »steif« gewesen sein und auf anständiges und korrektes Benehmen gesetzt haben. Im Gegensatz zu anderen Italienern waren sie beispielsweise nicht für heftiges Gestikulieren und lautes oder schnelles Reden bekannt. In offiziellen Schriftstücken werden bestimmte signifikante Schlagwörter benutzt. So wurden die Ratsherren »*prudentes et cautes*« genannt, »klug und vorsichtig«; ein Staatsbeamter wurde als »*sapiens et circumspectus vir*«, als »weiser und umsichtiger Mann«, bezeichnet. Die Venezianer waren zwar fromm, aber keine religiösen Eiferer. Savonarola hätte man in der Stadt nicht willkommen geheißen.

Ihr Humor aber war ganz eindeutig derb. Es gibt in Venedig einen Spruch, der besagt, wenn man lachen wolle, solle man über Scheiße reden. Die Statue eines einstmals berühmten und allzu produktiven Autors mit Namen Niccolò Tommaseo ist unter dem Namen *cacalibri,* Bücherscheißer, bekannt. Wie in England hat diese Vulgarität viel mit einer Kultur des Pragmatismus und gesunden Menschenverstands zu tun. So wohnte der Art und Weise, in der die Venezianer Staatsgeschäfte betrieben, ein bestimmter harter Realismus inne. In dieser »romantischen« Stadt gab es wenige Romantiker. Mit ihrem Humor nahmen sie häufig heuchlerische oder affektierte Menschen aufs Korn. Dieser Humor war daher oft finster, gelegentlich auch bitter oder zornig. Die Venezianer verstanden sich ausgezeichnet darauf, aus sich mit ihren Taten brüstenden, aus »aufgeblasenen« Menschen – um im Bildbereich zu bleiben – »die Luft herauszulassen«. Dabei mag es sich um die instinktive Reaktion eines Volkes gehandelt haben, das an die scheinheilige Heuchelei, der es im öffentlichen Leben permanent begegnete, gewöhnt war. Es mag eine Methode gewesen sein zurückzuschlagen, zu zeigen, dass man sich nicht wirklich hinters Licht führen ließ.

15

Ineinandergreifende Rädchen

Venedig wurde 1605 einmal als »Summe des ganzen Universums« bezeichnet, da man in dieser Stadt alles finden könne, was die Welt enthalte. Wenn die Welt ein Ring war, dann war Venedig der in ihn eingelassene Edelstein. In mancher Hinsicht ist es eine Modellstadt, die Stadt schlechthin, die der Natur und der natürlichen Welt trotzt. Es ist die urbanste aller Städte, und auch die künstlichste, die sich vollkommen von einer im Grund und Boden verankerten, aus diesem emporgewachsenen Gemeinde unterscheidet. Als solche hat sie Vorbildfunktion für andere Städte. In seinem *The City in History* (*Die Stadt in der Geschichte*, 1961) meint Lewis Mumford, »hätte man die Vorzüge Venedigs auf zivilem Sektor besser verstanden und ebenfalls zu erreichen versucht, wären spätere Städte besser geplant worden«. Das Transportsystem beispielsweise mit dem schnell dahinströmenden Canal Grande, der die langsamer fließenden schmäleren Kanäle kreuzt, war auf seine Weise vorbildlich. Die Gewässer der Lagune haben auch dafür gesorgt, dass die Größe der Stadt auf ein überschaubares, organisatorisch »zu bewältigendes« Maß beschränkt blieb. Sie breitete sich nicht in alle Richtungen aus, und ihre einzigen Vororte waren die anderen Inseln, die aber ihren eigenen Mittelpunkt besaßen, um den herum sich das lokale Leben abspielte.

Venedig ist auch ein Paradigma der europäischen Kultur geworden. Man kann mit Fug und Recht behaupten, dass Venedig Schauplatz der ersten industriellen Revolution war und nicht England, und zwar aufgrund der durchdachten Organisation von Schiffbau, Glasherstellung und Spiegelmanufaktur. Es war das erste Zentrum des Warenkapitalismus und lag im Brennpunkt eines großen urbanen Netzwerks, das sich über ganz Europa und den Nahen Osten spannte. Es war eine Stadt, die von anderen Städten abhing, diese aber auch seinerseits unterstützte. Sie stellte eine neue Form der Zivilisation dar, die den Übergang von einer agrarischen zu einer merkantilen Existenzweise vollzogen hatte. Sie war jederzeit auch ein emblematischer Ort gewesen. Im späten 16. und frühen 17. Jahrhundert zum Beispiel wurde sie als die ultimative Stadt, als die reinste Verkörperung einer Stadt aufgefasst – pervers, widernatürlich, ihre Einwohnerschaft auf einen dienenden Status herabsetzend. In unserem Jahrhundert kann sie auch als erste postmoderne Stadt klassifiziert werden: Stadt als Spiel. Insofern könnte Venedig das gemeinsame Schicksal der Menschheit ankündigen.

Das politische System Venedigs wurde zum Vorbild für andere. Thomas Hobbes verfasste seinen *Leviathan* nach einem ausgedehnten Aufenthalt in Venedig. Sein Buch ist auch als Apologie für die aufblühende Marktwirtschaft aufgefasst worden. Die politischen Reformer des puritanischen Commonwealth richteten im 17. Jahrhundert auf der Suche nach einem geeigneten Modell für eine moderne Republik ihre Blicke auf Venedig. Und das taten auch die Gründungsväter der Vereinigten Staaten von Amerika.

Die Administration des Staates wirkte aber noch in anderer Hinsicht paradigmatisch Sie wurde Vorbild für alle anderen Formen von Herrschaft in der Stadt, für die Art und Weise, in der man alles in »geregelte« Zusammenhänge brachte. Die Wahlverfahren der Gilden richteten sich nach den ausgefeilten Vorschriften für die Durchführung der Dogenwahl. Die Versammlungssäle der Bruderschaften orientierten sich an den Sälen im Dogenpalast und waren ähnlich wie diese mit historischen und mythologischen Gemälden geschmückt. Die rautenförmigen Ornamente an der Fassade des Dogenpalastes fügen sich zu einem Netz zusammen. Venezianische Madrigale des 16. Jahrhunderts sind für ihre komplexe Mehrstimmigkeit bekannt; die einzelnen Stimmen überlagern und überschneiden sich, doch ist die eines jeden Sängers deutlich aus dem dichten, pulsierenden Klanggeflecht herauszuhören.

Die Topografie der Stadt selbst – mit ihren kleinen Brücken, Kanälen und engen *calli* – spiegelt das komplexe Miteinanderverwobensein und die gegenseitige Abhängigkeit republikanischer Institutionen wider. Der sich ständig vergrößernde, geradezu wuchernde bürokratische Apparat, der für die Überwachung und Regelung des Lebens in Venedig zuständig war, wurde manchmal als ebenso »labyrinthisch« beschrieben, wie das Gewirr der Straßen und Gassen es war. Die Mitglieder der verschiedenen Gremien wurden alle sechs oder zwölf Monate durch andere ersetzt, wodurch die innerstädtische Politik einem regelmäßigen Wandel unterworfen war, der an die unaufhörliche Bewegung des Meeres erinnert. Bestimmte das Territorium das politische Gefüge, oder formte das politische Gefüge das Territorium? Eine Frage, die nicht beantwortet werden kann; denn sie hat mit den nicht zu ergründenden Wurzeln menschlichen Verhaltens zu tun.

Welches war also das Geheimnis dieses politischen Systems, das mehr oder weniger unauffällig jeden Bereich des gesellschaftlichen Lebens der Stadt durchdrang? Dudley Carleton, im frühen 17. Jahrhundert englischer Botschafter in Venedig, stellte eine Analogie zu einem der Produkte her, mit dem die Stadt Handel trieb. Die Republik sei »eine Uhr, die mithilfe von vielen Rädern voranschreitet, welche nur geringe Bewegungen vollführen, manchmal nicht richtig funktionieren, aber rasch wieder in Ordnung gebracht sind und sich alle gleichbleibend und ohne Abweichungen drehen«. Diese Räder und Räder innerhalb von Rädern waren die diversen Organe des Staates.

Die frühesten Wächter über Venedig, zur Zeit der ersten Besiedlung der Lagune, waren die Tribune der verschiedenen Inseln, die jährlich neu gewählt wurden. Doch dieses lockere System einer gemeinschaftlichen Administration erwies sich als nicht effizient genug, und 697 wurde der erste Doge eingesetzt. Dies war Paoluccio Anafesto, der bei einer Versammlung der gesamten Bevölkerung auf der Insel Heraklea per Akklamation gewählt wurde. Man war überzeugt, dass der Geist des republikanischen Rom damit eine Wiedergeburt erlebt habe. Doch genau wie im antiken Rom setzten bestimmte führende Familien ihre Macht ein, um jeglichen aufkeimenden demokratischen Geist zu ersticken. Nur die Reichen und Mächtigen galten als würdig, ein Amt zu bekleiden. Im 10. und 11. Jahrhundert trugen die aristokratischen Familien zahlreiche Fehden untereinander aus: Dogen fielen Mordanschlägen zum Opfer oder wurden ihres Amtes mit Gewalt enthoben. Mitte des 12. Jahrhunderts bildete man eine Körperschaft, die dem Dogen beratend zur Seite stehen sollte; sie wurde als »Kommune« bezeichnet. Das Wort war aber frei von den revolutionären Implikationen, die es später erhielt.

Das reichte jedoch nicht aus. Gegen Ende des 12. Jahrhunderts wurde ein aus Vertretern der adligen Familien bestehender Rat formell eingesetzt, dessen Aufgabe es war, die Aktivität des Dogen zu überwachen. Dieser Rat wählte jetzt das Staatsoberhaupt, und dem Volk wurde der Gewählte lediglich zur »Billigung« vorgestellt. Er trat dann mit den Worten »Dies ist euer Doge, so es euch genehm ist« auf den Balkon. Später wurde sogar diese, die Macht des Volkes anerkennende Zeremonie abgeschafft. Die Beteiligung der Allgemeinheit an der Regierung wurde weiter eingeschränkt, als man 1297 ein Gesetz erließ, dem zufolge nur solche Patrizier dem Großen Rat beitreten konnten, deren Väter oder Großväter von väterlicher Seite her dem Gremium auch schon angehört hatten. So entwickelte dieser Rat sich bald zu einer Art von exklusivem Klub, und es entstand so etwas wie eine Erbaristokratie. 1423 ließ man die alte Bezeichnung »Kommune« fallen, und der Staat war danach nur als *dominio* oder *signoria* bekannt, was beides »Herrschaft« bedeutet, und zwar mit Betonung auf dem Element »Herr«: Regierung einer *Herren*klasse.

Zu Beginn des 15. Jahrhunderts war also die grundle-

Die Patrizierfamilien hatten ja ein großes, gemeinsames Interesse: das Wachsen Venedigs, die Ausdehnung des Reiches und des Handels. Zeugnis davon legen die alten Rechnungsbücher in den Vitrinen des Museums [Correr] ab, zugleich Tagebücher der Geschichte dieser Stadt, denn in den Zahlenkolonnen spiegelt sich das Auf und Ab des Staates wider. Dem gemeinsamen Interesse stand das gemeinsame Misstrauen der alten Familien entgegen, gepaart mit dem Misstrauen gegenüber dem Dogen und gegenüber dem Volke.

Karl Heinz Ritschel

gende Struktur des venezianischen Regierungssystems etabliert und festgeschrieben. Im 16. Jahrhundert kam es zu einigen konstitutionellen Änderungen, doch die Grundprinzipien blieben dieselben bis zum Ende der Republik im Jahr 1797. Es war so, als wäre das England des 18. Jahrhunderts noch derselben politischen Ordnung unterworfen wie das zur Zeit Richards II. oder Heinrichs IV.

Diese Struktur hatte sich im Lauf vieler Jahrhunderte allmählich entwickelt, und, wie die Fauna Australiens, war sie ein singuläres, aus der relativen Isolation heraus entstandenes Phänomen. Sie bestand aus einer Reihe von Räten und offiziellen Gremien, die allesamt Teil einer mystischen Einheit waren, vergleichbar der Heiligen Dreifaltigkeit, also jener Einheit von Vater, Sohn und Heiligem Geist. An der Basis einer komplexen und vielfach gestuften Pyramide stand die Generalversammlung, die nur einberufen wurde, wenn Gesetze zu ratifizieren waren. Eine Stufe darüber stand der Große Rat, welcher theoretisch die verschiedenen Richterämter besetzte, die Mitglieder der untergeordneten Ratsgremien bestimmte und den Dogen selbst wählte. Zu den anderen Ratsgremien gehörten *i quaranta*, eine auf bestimmte Aufgaben spezialisierte, aus vierzig Patriziern bestehende Körperschaft, und die Schar der persönlichen Berater des Dogen. Die Mitglieder dieser Gremien bildeten auch den Senat. An der Spitze von allen stand der Doge. Man würde dem Leser zu viel zumuten und ihn ermüden, wollte man ihm den komplexen Aufbau der verschiedenen Ratsgremien, Versammlungen und Gerichtshöfe auseinandersetzen. Die Venezianer durchblickten sie ja selbst kaum.

Man kann aber einen Einblick in die verschlungene Denkweise der Venezianer vermitteln, indem man den Prozess der Dogenwahl beschreibt. Am Morgen der Wahl sank das jüngste Mitglied der *signoria*, wie sich ein Zweig der Administration nannte, im Markusdom auf die Knie, um zu beten. Dann trat er auf die Piazza hinaus und hielt den ersten Knaben an, der ihm über den Weg lief. Das Kind wurde damit zum *ballotino*, zu demjenigen, der aus einer im Dogenpalast aufgestellten Urne, in der sich Kugeln mit Namen der Mitglieder des Großen Rates befanden, dreißig dieser Kugeln zog. Mit einer zweiten Ziehung wurde die Zahl der Gewählten auf neun reduziert, die dann wiederum vierzig ihrer Amtskollegen wählten, von denen jeder sieben Stimmen auf sich vereinen musste. Durch eine weitere Auslosung verringerte sich diese Gruppe von vierzig auf zwölf, die dann fünfundzwanzig wählten, deren Zahl anschließend per Los auf neun reduziert wurde, welche fünfundvierzig wählten, die durch Auslosung auf elf reduziert wurden. Diese elf wählten einundvierzig, die dann endlich den Dogen wählten. Einen umständlicheren und komplizierteren Wahlprozess hätte man sich kaum ausdenken können. Sein einziger Sinn und Zweck bestand darin, durch die immer wieder eingeschalteten Zufallsentscheidungen auszuschließen, dass persönliche Rankünen und Eigeninteressen bei der Bestimmung des neuen Dogen eine Rolle spielten.

Das Ganze wurde mithilfe einer Myriade von Ämtern und Instanzen zusammengehalten. Die Kompetenzen und Machtbefugnisse der einzelnen Amtsinhaber überschnitten sich teilweise. Diese Verteilung der Verantwortung auf so viele Schultern ließ sowohl ein Gefühl von Ausgewogenheit entstehen, das in einer auf dem Wasser schwimmenden Stadt wichtig war, als auch den Eindruck von Anpassungsfähigkeit. Es ermöglichte auch ein gewisses Maß an gegenseitiger justizieller Beaufsichtigung. Es war eine Regierung, die Entscheidungen auf der Grundlage von Debatten und im Komitee traf. Was ihr an Neuerungswillen und Risikobereitschaft fehlte, machte sie durch Besonnenheit und Beständigkeit wett. Die rasche Ablösung von Amtsinhabern durch Kollegen, zumeist schon nach sechs Monaten, bedeutete, dass die Patrizier sehr schnell Kenntnisse in verschiedenen Sachbereichen erwarben. Es war natürlich unvermeidlich, dass dieser permanente Wechsel auch Ineffizienz und Konfusion zur Folge hatte und eine verwirrende Fülle von bürokratischen Prozeduren mit

Grundregel [des venezianischen Regierungssystems ist es], Kompetenzen ständig neu in Frage zu stellen, abzuzweigen, zu verlagern, sich teilweise überschneiden zu lassen. Auf die wohlkalkulierte Absicht, dadurch wechselseitige Kontrollen zu schaffen und bedenklichen politischen wie bürokratischen Wissens- und Machtanhäufungen vorzubeugen, routinemäßiges Erstarren auszuschließen.

Reinhard Lebe

sich brachte, doch glaubte man, dass eine relativ gut geordnete und funktionierende Administration diesen Preis wert sei. Das Geheimnis des Erfolgs lag vielleicht in der merkwürdigen Tatsache begründet, dass niemand wirklich wusste, wo die wahre Macht zu Hause war, in wessen Händen sie eigentlich lag.

Nominell war Venedig eine Republik, in der Praxis aber etwas, das man am treffendsten als Plutokratie bezeichnen könnte. Lediglich hundert Familien war es gestattet, an der Regierung teilzuhaben; die Bürger und die *popolani*, die Angehörigen der unteren Klasse, waren davon ausgeschlossen. Das Gemeinwesen trug auch alle Züge einer Gerontokratie. Patriziern, die noch keine fünfzig Jahre alt waren, war die Mitgliedschaft im Senat verwehrt; im 15. und 16. Jahrhundert betrug das Durchschnittsalter der Dogen am Tag ihrer Wahl zweiundsiebzig Jahre. Die Dogen waren immer älter als die Päpste, und das Amt des Dogen war das einzige andere in Italien neben dem des Papstes, das auf Lebenszeit vergeben wurde. Diese Tatsache könnte beinahe zu Werbezwecken benutzt werden – als Beleg dafür, dass die Luft in der Republik sehr gesund war –, sie spiegelt aber auch wider, was für einen großen Wert die Venezianer Tradition und Erfahrung beimaßen. Der Weg zum Staatsoberhaupt setzte – da er ein sehr langer war – Geduld und Gefügigkeit voraus; dass man der Republik zuvor schon so lange gedient hatte, hatte die Konformität mit ihr und die Bereitschaft, ihr zuliebe Kompromisse einzugehen, verstärkt. Dass man immer einen an Jahren fortgeschrittenen Kandidaten auf den Dogenthron hob, war aber auch eine Vorsichtsmaßnahme. Kein Doge würde sehr lange regieren, also auch nicht zu viel Macht anhäufen können. Die militärischen Befehlshaber und die höchsten Mitglieder der Regierung waren ebenfalls alt. Domenico Contarini beispielsweise zählte fünfundsiebzig Jahre, als er 1526 zum General der venezianischen Streitkräfte ernannt wurde. Er war aber deswegen keine Ausnahmeerscheinung. Ein Regiment von jungen Männern – wir könnten die englische Monarchie des Mittelalters als Beispiel heranziehen – lässt eine Kultur von leidenschaftlicher und inbrünstiger Aktivität entstehen, gekennzeichnet von plötzlicher Gewalttätigkeit und erbitterter Rivalität. All dies gab es in Venedig nicht.

Natürlich gab es Rivalitäten. In den letzten Dekaden des 16. Jahrhunderts kam es zu Spannungen zwischen den Vertretern der »alten« Familien – das heißt solchen, die schon in der Anfangszeit der Republik dort ansässig gewesen waren – und denen der »neuen«, später hinzugekommenen. Die »neuen« Familien waren dagegen, dass der Rat der Zehn immer weitreichendere Machtbefugnisse erhielt, und wollten durch die Erschließung neuer Märkte den Handel beleben. Es lässt sich in der Tat feststellen, dass im Bereich der Administration der Stadt allmählich eine Umgewichtung erfolgte, doch war dies ein langsamer und kumulativer Prozess. Es fand kein Abstieg im Sinne einer Aufsplitterung in Parteien oder Faktionenbildung statt. Alle hingen weiterhin voneinander ab, waren für das reibungslose Funktionieren der Regierungsmaschinerie aufeinander angewiesen. Man ließ nach wie vor nicht zu, dass die Ambitionen von Einzelnen oder die Rivalität zwischen Familien die Sicherheit des Staates gefährdete.

Korruption war weitverbreitet. »Jegliches Amt«, schrieb Marino Sanudo im Oktober 1530, »wird gegen Geld vergeben.« Es war durchaus nicht ungewöhnlich, dass die um einen bestimmten Posten miteinander Konkurrierenden mit Säcken voller Gold zur Versammlung des Großen Rats erschienen. Einzelnen Wahlberechtigten wurden »Darlehen« angeboten. Einem alten venezianischen Sprichwort zufolge bedeutet, einen Gefallen zu tun, auch, dass einem selbst ein Gefallen getan wird. Es gab mehr als achthundert zu besetzende Ämter, und zu versuchen, durch alle möglichen Manöver eine besonders begehrte Position zu ergattern, war eine der Hauptbeschäftigungen der Angehörigen der Patrizierkaste. Das galt vor allem für die ärmeren Mitglieder der regierenden Klasse, die nach den Schweizer Söldnern *svizzeri* genannt wurden und über keine anderen Möglichkeiten verfügten, zu einem Einkommen oder gesellschaftlichem Status zu gelangen. Es wurden ständig Gesetze erlassen, die den Kauf von Wählerstimmen verhindern sollten, und die komplizierten Prozeduren für die Besetzung sogar der unbedeutendsten Ämter waren mit dem Ziel ersonnen worden, die unverblümteren Formen von Bestechung auszuschalten. Diese ausgefeilten Vorsichtsmaßnahmen sind an sich schon interessant. Sie deuten darauf hin, dass man sich der Möglichkeit von Korruption sehr bewusst war. Eine Stadt, die zutiefst korrumpiert war, unternahm die größten Anstrengungen, einen unkorrumpierbaren Eindruck zu erwecken.

Das italienische Wort für »Täuschung«, »Verwirrung«, *imbroglio,* leitet sich aus der Topografie Venedigs ab. Als *brolo* oder *broglio* bezeichnete man den Garten vor dem Dogenpalast, in welchem die Patrizier zu lustwandeln und dabei ihre neuesten Schachzüge zu planen pflegten. Das war der Ort, an dem Machenschaften und Intrigen aller Art ausgeheckt wurden; ein Lächeln oder ein Zupfen am Ärmel reichte meist aus, um sich mit anderen zu verständigen.

Der Doge war also das nominelle Regierungsoberhaupt. In der frühesten Zeit trug er eine *biretta* oder eine Haube nach Art der alten phrygischen Könige. Er war in einen seidenen Mantel mit Goldfransen gekleidet, der vorne mit goldenen Knöpfen geschlossen wurde. Seine Schuhe und Strümpfe waren rot. Er wurde auf Lebenszeit gewählt, war aber Restriktionen und Vorschriften unterworfen. Venedig sollte ein Cäsar erspart bleiben. Der Doge durfte noch nicht einmal persönlich die an ihn gerichteten Briefe öffnen. Er durfte privat keine Besucher aus dem Ausland empfangen. Er durfte über keine politischen Angelegenheiten diskutieren, ohne seine Berater hinzuzuziehen. Er durfte die Stadt nicht ohne Erlaubnis verlassen. Er konnte sich noch nicht einmal frei durch die Stadt bewegen, ohne vorher die Genehmigung dazu einzuholen. Er durfte keinen teuren Schmuck erwerben oder sich Besitz außerhalb des Territoriums der Republik zulegen. Er durfte außerhalb der Mauern des Dogenpalastes nicht das Dogenwappen zur Schau stellen. Er sollte nie mit »mein Gebieter« angeredet werden, sondern immer nur mit *»messer doge«,* »Herr Doge«. Niemand sollte vor ihm in die Knie sinken oder seine Hand küssen. Es hieß, dass er im Grunde nicht mehr als ein im Wind schaukelndes Aushängeschild einer Taverne sei. Je mehr Macht er abtreten musste, desto mehr umgab man ihn mit Pomp und Zeremoniell.

Und doch besaß der Doge Macht, Macht von einer bestimmten Art. Er war schließlich die Repräsentationsfigur des Staates. Sir Henry Wotton erklärte, dass er »wie die Sonne alle Ziele in *radio obliquo* erreicht, nicht durch Ausübung direkter Autorität«. Er präsidierte über alle gewählten Ratsgremien, einschließlich des Senats, des Großen Rats und des Rats der Zehn; er war der allgemeine Wächter über alle Organe der Regierung. Er musste zweimal in der Woche den Vorsitz bei öffentlichen Anhörungen führen, und seine zeremoniellen Verpflichtungen waren in der Tat anstrengend. Er symbolisierte den venezianischen Staat. Er verkörperte in einem wörtlichen Sinn das Wohlergehen eines Volkes. Man beobachtete ihn genau, um festzustellen, ob sich in seinem Verhalten oder auch nur in seiner Kleidung irgendeine Änderung abzeichnete. Als der Doge einmal während einer Debatte darüber, wie man am besten einen bestimmten, besonders riskanten Krieg führen solle, seinen Sitz verließ, um zu urinieren, löste dies großes Aufsehen aus. Doch ein Teil seiner Macht lag in etwas anderem begründet: Er kannte alle Geheimnisse der Stadt.

Dieser Dogenpalast ist überall; diese riesengroße und leichte Masse strahlt von der Piazzetta bis zum Bahnhof; alle Patrizier träumten davon. Bloß waren die reichsten noch nicht reich genug, um sich eine vergleichbare Wohnstatt leisten zu können.

Jean-Paul Sartre

Beim Tod eines Dogen wurden immer die gleichen formelhaften Worte gesprochen: »Mit großer Betroffenheit haben wir vom Ableben des allererhabensten Fürsten erfahren, einem Mann von so großer Tugend und Frömmigkeit; doch werden wir einen anderen ernennen.« Dann wurde der Amtsring vom Finger des Verstorbenen gezogen und in zwei Teile gebrochen. Seine Familie musste den Palast binnen drei Tagen geräumt haben, und ihr Mobiliar wurde hinausgeschafft. Drei Inquisitoren wurden damit beauftragt, alle Handlungen des Toten noch einmal genau zu überprüfen, und falls er sich eines Betrugs oder irgendeiner Missetat schuldig gemacht hatte, seine Erben dafür zu bestrafen. Nur auf diese Weise konnte der Staat den Aufstieg mächtiger Familien verhindern.

Der Doge war im Kreis der Patrizier der *primus inter pares*. Die Patrizier stellten vier Prozent der Bevölkerung, die Bürger weitere sechs Prozent. Den großen Rest, neun Zehntel der Einwohnerschaft, stellten die *popolani*, das Volk. Jede Gruppe besaß ihre eigenen Funktionen, verfügte aber auch über ihre eigenen Privilegien. Es war eine äußerst strukturierte und zutiefst hierarchische Gesellschaft – in der jeder der Stände juristisch genau definiert war –, die sich aus einer Reihe voneinander überlappenden Netzwerken zusammensetzte und von gegenseitigen Affinitäten zusammengehalten wurde, so dass alle *ad maiorem gloriam dei et urbi* zusammenwirkten.

Das Volk besaß in dieser Republik des Adels keine Rechte, umso mehr war man bemüht, es durch Wohlergehen zufriedenzustellen. Und jeder Versuch, der aristokratischen Verfassung ein erbliches Fürstentum aufzudrängen, endete blutig. Eine Familie traute der anderen nicht.

Karl Heinz Ritschel

Wie war es aber möglich, dass zehn Prozent der Bevölkerung effektiv die Herrschaft und Kontrolle über die restlichen neunzig Prozent ausüben konnten? Sie bestachen sie, sie täuschten sie; sie entfachten interne Rivalitäten, sie trösteten sie über ihren Mangel an Macht hinweg, indem sie Mythen über den Ursprung und die Identität ihres Gemeinwesens erfanden. Es ging also nicht anders zu als an jedem anderen Ort und zu jedem anderen Zeitpunkt in der menschlichen Geschichte.

Wir wollen mit der größten Gruppe beginnen, also der der *popolani*. Sie setzte sich aus Händlern, Handwerkern und Arbeitern zusammen, und auch die Stadtarmen gehörten dazu. Es handelte sich eher um eine gesellschaftliche als eine wirtschaftliche Kategorie; es gab also Unterschiede bezüglich des finanziellen Vermögens der *popolani*. Auf der einen Seite standen die wohlhabenderen Grundbesitzer und die Kaufleute, die das *popolo grande* bildeten, auf der anderen die

Ladenbesitzer oder Handwerker, die man unter dem Begriff *popolo minuto* zusammenfasste. Es gab derart viele lokale Variationen, dass man nicht den Terminus »das Volk« in irgendeinem politischen Sinn verwenden kann. Es gab kein auf einem »Klassenbewusstsein« gründendes Solidaritätsgefühl unter den *popolani*. Der spanische Botschafter meinte 1618 über diese Bevölkerungsgruppe: »Sie besteht aus so vielen Elementen, dass ich nicht glaube, jemals einen Aufruhr entfesseln zu können, obwohl sie groß genug ist, um ganz Venedig zu füllen und einzunehmen.« Die *popolani* galten generell als loyal und leicht lenkbar, vor allem da ihre Liebe zu ihrer Heimatstadt ihre Neigung zu protestieren oder sich aufzulehnen überwog.

Es existierten andere Gründe dafür, dass das einfache Volk nicht an der bestehenden sozialen Ordnung rüttelte. Es gab stets genügend billige Nahrungsmittel, außer in ganz ungewöhnlichen Notlagen oder in Zeiten einer allgemeinen Hungersnot, und die Löhne der Arbeiter blieben durch die Jahrhunderte hindurch immer auf einem relativ hohen Niveau. So war das geradezu endemische Elend unbekannt, das die Lebensverhältnisse der Unterschicht in Städten wie Paris oder London charakterisierte. In Venedig wäre ein Roman wie *Les Misérables* nicht geschrieben worden.

Das Volk konnte jedoch durchaus heftig reagieren, aber nur gegenüber Angehörigen der eigenen Gruppe. Die ärmeren Einwohner, die Fischer, Gondolieri, Dienstboten und Arbeiter, bildeten im gesamten Stadtgebiet zwei, als *i Castellani* (oder auch *gli Arsenalotti*) und *i Nicolotti* bekannte Parteien. Es war eine uralte Kluft, die auf die Feindschaft zwischen den föderierten Städten des Veneto, Jesolo und Heraklea zurückging, aus denen die venezianischen Siedler einst gekommen waren. Bis weit ins 20. Jahrhundert hinein trugen die Nicolotti eine schwarze Mütze und eine schwarze Schärpe um die Hüften, während Rot die Farbe der Castellani war. Die Nicolotti besaßen auch eine Art von eigenem politischem Machthaber, denn vom 14. Jahrhundert an pflegten sie einen Führer zu wählen, den *gastaldo grande,* der in feierlicher Prozession zum Dogenpalast geleitet wurde, um dort dem Staatsoberhaupt seine Aufwartung zu machen. Die Arsenalotti waren dafür im Besitz besonderer Privilegien. Die Arbeiter des Arsenals wurden beispielsweise in den Palast entsandt, um Wache zu stehen, wenn eine Sitzung des Großen Rats stattfand; außerdem fungierten sie auch als Leibwächter des Dogen. Auf diese Weise wurden die *popolani* mit in das politische Leben einbezogen. Auch aus diesem Grund war Auflehnung gegen die Obrigkeit dem venezianischen Volk fremd, ja sogar verhasst.

Ihre Territorien waren klar voneinander abgegrenzt. Die Castellani waren im Süden, die Nicolotti im Westen zu Hause, wobei die Pfarrbezirke von S. Pietro di Castello und S. Nicolò dei Mendicoli ihre jeweiligen Zentren bildeten. Diese klaren Trennungslinien wiesen darauf hin, dass die Stadt in der frühesten Zeit eine Ansammlung unabhängiger Gemeinden gewesen war. Eine Kirche, S. Trovaso, stand mitten auf der gemeinsamen Grenze, doch die Castellani betraten sie durch die Südpforte, die Nicolotti durch den westlichen Eingang. Es kam häufig zu Straßenkämpfen zwischen den beiden Faktionen, welche die Regierung, des Mottos *divide et impera* eingedenk, duldete: Wenn sie sich gegenseitig bekriegten, verringerte sich die Möglichkeit eines allgemeinen Aufstands gegen die Obrigkeit noch weiter. Bei einer Reihe von Kämpfen im Jahr 1639 verloren über vierzig daran Beteiligte das Leben. In den darauffolgenden Jahren entwickelten sich die blutigen Auseinandersetzungen aber allmählich in inszenierte, sorgfältig organisierte Spiele und Wettkämpfe, wie zum Beispiel die Regatten. In typisch venezianischer Manier wurde Aggression durch Überführung in ein Ritual abgemildert.

Die *popolani* besaßen keine politische Macht, doch konnten sie dem Wunsch nach einem bestimmten Platz in einer Hierarchie, nach einem »Rang«, als Mitglieder der Gilden oder Bruderschaften nachkommen. Alle üblichen Gewerbe-

zweige verfügten über ihre eigene Organisation. Im 13. Jahrhundert waren schon mehr als hundert von ihnen registriert; sie boten ihren Mitgliedern, den Färbern und Küfer, den Maurern und Zimmerleuten, Seilern und Obsthändlern, Exklusivrechte. Die Hanfspinner hatten ihre eigene Gilde und ebenso die Barchentweber; insgesamt waren es zweihundert, die in der Stadt ein kompliziertes Netzwerk aufbauten und unterhielten, durch das jedem oder jeder in der jeweiligen Branche Tätigen eine bestimmte Position zugewiesen wurde. Das war natürlich auch eine Methode, auf verborgenem Weg Kontrolle über die arbeitende Bevölkerung auszuüben.

Seit dem 13. Jahrhundert findet jedes Jahr am ersten Sonntag im September auf dem Canal Grande eine große Regatta statt. Die seit 1899 als »Regatta storica« bekannte Wettfahrt wird von den Ufern aus von Einheimischen wie von auswärtigen Besuchern voller Spannung verfolgt, und man schließt Wetten auf den Ausgang ab.

Wie andere europäische Gilden des Mittelalters waren sie exklusiv und hierarchisch strukturiert. Sie gingen gegen Fremde oder Ausländer vor, die in der Stadt arbeiten wollten; sie legten berufliche Normen und Maßstäbe fest und straften diejenigen, die sie nicht einhielten. Sie besaßen ihre eigenen Aufseher und ihre eigenen Gerichte; sie organisierten die Märkte und, was vielleicht wichtiger war, sie griffen jedem Mitglied, das aufgrund von Krankheit oder wegen eines Unfalls ohne Arbeit war, finanziell unter die Arme. Kein männlicher Venezianer konnte seinen Beruf ausüben, ohne der entsprechenden Gilde beizutreten. Kein Mann konnte einer Gilde beitreten, ohne erst der Stadt Treue zu schwören, doch hatte kein Mitglied einer Gilde irgendeine Stelle oder Funktion im politischen Leben der Republik inne. Es ist aufschlussreich und signifikant, dass keiner der wichtigsten Berufszweige, wie der der Anwälte und Kaufleute, eine Gilde besaß oder zur Vertretung seiner Interessen benötigte. Diese Rolle erfüllte der Staat für sie.

Die Gilden wahrten die Rechte der Arbeiter, sie achteten aber auch darauf, dass diese ihren Pflichten nachkamen. Sie mussten zum Beispiel Rekruten für den Dienst auf den Galeeren stellen. Über die Gilden konnte der Staat auch durchsetzen, dass innerhalb der verschiedenen Gewerbe Zucht und Ordnung herrschten. Die Gilden wurden aber auch ins religiöse Leben der Stadt einbezogen, indem sie in gewisse Rituale eingebunden wurden und an Prozessionen teilnahmen. Sie erhoben bestimmte Heilige zu ihren Schutzpatronen oder Schirmherrinnen und entzündeten an Festtagen Kerzen vor deren Schreinen. Auf diese Weise wurde die Vorstellung von der hohen Moral der staatlichen Macht im Bewusstsein der Bevölkerung verankert. War es also nur Teil einer großen Illusion, dass die Gilden den Arbeitern Unabhängigkeit und einen gewissen gesellschaftlichen Status garantierten? Das hängt vom jeweiligen Standpunkt des Betrachters ab.

Die Gewerbe, denen die *popolani* nachgingen, waren die Stützpfeiler des venezianischen Lebens – dies auch in einem wörtlichen Sinn. In die Granitsockel der beiden Pfeiler auf der Piazzetta, die den Markuslöwen und eine Statue des heiligen Theodorus trugen, waren Darstellungen von verschiedenen Vertretern der arbeitenden Bevölkerung der Stadt skulptiert; da waren Weinverkäufer und Viehhändler zu sehen, Schmiede und Fischer, Korbflechter, Metzger und Obsthändler. Diese Reliefs sind von der Zeit und dem Wetter ausgelöscht worden, so wie die Gewerbetreibenden, die sie zeigten, von den Straßen verschwunden sind. Die Handwerker in Venedig arbeiten jetzt nur noch aus Schauzwecken für die Touristen.

Wenn die Vertreter der Zünfte in einer Prozession zum Dogenpalast zogen, um einem neuen Staatsoberhaupt zu huldigen, dann reihten sie sich in einer vorher genau festgelegten Abfolge auf. Die Glasbläser marschierten voran, ihnen folgten die Schmiede, dann die Pelzhändler; danach kamen die Weber, die Schneider, die Wollkämmer und andere. Die Nachhut bildeten die Fischhändler, die Barbiere, die Goldschmiede, die Kamm- und die Laternenmacher. Jedes Gewerbe besaß eine eigene Tracht, eigene Symbole und eine eigene Musikkapelle. Schätzungen zufolge belief sich im späten 16. Jahrhundert die Zahl der nicht organisierten ungelernten Arbeiter und Handwerker der Stadt auf an die zehntausend Männer und Frauen; wenn man ihre näheren Familienmitglieder hinzurechnet, stellten sie ein Viertel der gesamten Einwohnerschaft. Sie machten im Grunde das Proletariat aus, das den merkantilen Kapitalismus Venedigs speiste.

Die Klasse über jener der *popolani* war die der sogenannten *cittadini*. Zu ihr gehörte man aufgrund von Geburt und Wohnsitz; ein Kennzeichen der *cittadini* war aber auch ihre Verpflichtung zur Entrichtung ganz bestimmter Steuern. Es war keine »Einkommensgruppe«, wie auch immer man diesen Begriff verstand. Jemand, der dazugehören wollte, musste nachweisen, dass sowohl sein Großvater als auch sein Vater gebürtige Venezianer waren und die Familie sich seit drei Generationen nicht dadurch »befleckt« hatte, dass sie irgendeiner handwerklichen Tätigkeit oder körperlichen Arbeit nachgegangen war. Zu einem späteren Zeitpunkt reichte es aus, wenn jemand seit fünfzehn Jahren in der Stadt lebte und alle von ihm geforderten Abgaben entrichtet hatte. Wenn er die entsprechenden Nachweise erbracht hatte, konnte ein Bürger zum Beispiel in den großen bürokratischen Apparat eintreten, der die Staatsmaschinerie in Gang hielt. Die meisten *cittadini* gehörten dem an, was wir heute als öffentlichen Dienst bezeichnen würden, und sie nannten all die Tugenden und Untugenden ihr Eigen, welche die Mitglieder dieser Gruppe gemeinhin auszeichnen. Sie sorgten jedoch für die Kontinuität und Effizienz, die zum Regieren eines Staates notwendig sind. Über die *cittadini* als Individuen ist so gut wie nichts bekannt. Im Lauf der gesamten venezianischen Geschichte waren sie anonyme Staatsdiener, denen keine besondere Würdigung zuteil wurde. Sie kleideten sich wie die Patrizier und ahmten auch deren ernstes, gesetztes Verhalten nach.

An der Spitze dieser in sich geschlossenen Gesellschaft standen die Patrizier; sie bildeten die exklusive Klasse oder Schicht, die Kaste, von der die Republik während ihrer gesamten Geschichte regiert wurde. Nirgendwo sonst haben jemals so wenige so friedlich über so viele geherrscht. Ihr Äußeres ist in diesem Buch schon beschrieben worden, die für sie charakteristischen schwarzen Umhänge und ihr würdevolles Gebaren. Auf den erhaltenen Porträts ähneln sie einander von ihrer Haltung und Miene her – oder vielmehr durch das Nichtannehmen einer bestimmten Pose oder eines Gesichtsausdrucks. Da sie so dargestellt sind, als besäßen sie kein nennenswertes inneres Leben, wirken sie undurchdringlich. Von einem Dogen hieß es, dass man nie wisse, ob er etwas liebe oder verabscheue. Doch die Gravität und Selbstkontrolle dieser Menschen ließen in einer auf dem Wasser schwimmenden Welt ein Gefühl von Sicherheit entstehen; sie suggerierten Kontinuität und Stabilität. In einer Welt, in der sich das Äußere von allem ständig wandelte, waren sie unverändert und unwandelbar.

Es gab nicht nur reiche, sondern auch arme *nobili*, doch allesamt waren sie nicht willens, auf ihren exklusiven Rang zu verzichten. Im späten 13. und frühen 14. Jahrhundert blieb die Mitgliedschaft im Großen Rat allen, die außerhalb des magischen Kreises standen, verwehrt; es bestand also eine Form von Herrschaft aufgrund eines ererbten Status. Eine Liste der auserwählten Familien, das heißt derjenigen, die zur Teilnahme an der Regierung berechtigt waren, wurde schließlich in eine als Goldenes Buch bezeichnete Adelsmatrikel eingetragen. Es gab, den Aufzeichnungen von 1486 zufolge, vierundzwanzig von ihnen, die spätestens seit dem 7. Jahrhundert einen Teil des Lebens in der Stadt mitbestimmt hatten. Zu ihnen gehörten die Bragadin, die Polani, die Querini und die Zorzi. Im 17. Jahrhundert waren es ungefähr hundertfünfzig große Familien oder Sippen, die sich zu verschiedenen informellen Interessensgemeinschaften zusammengetan hatten. Diese Vielfalt von Faktionen bürgte für die Stabilität des Staates, da keine einzelne Familie die Oberhand zu gewinnen vermochte und ausgeschlossen wurde, dass das spezifische Interesse einer kleinen Gruppe in den Vordergrund trat. Doch war die Zahl derer, die diesen Faktionen angehörten, insgesamt relativ begrenzt, so dass sie einander gut kannten. Sie wussten über die Vorzüge und Schwächen aller Bescheid, die nach einem hohen Amt strebten.

Die Patrizierklasse hat Spuren materieller Art hinterlassen, die heute noch in Venedig zu sehen sind: die großen Wohnhäuser. Bis zum 16. Jahrhundert wurden sogar die prächtigsten von ihnen nur einfach als Haus bezeichnet, als *casa* oder *ca'*, danach nannte man sie *palazzi*, was das Vornehme an ihnen stärker herausstrich. Einige von ihnen waren in der Tat Paläste, mit fürstlichen Gemächern voll edlen Mobiliars. 1824 schrieb William Hazlitt: »Nie sah ich wirkliche Paläste außer in Venedig.« Die Fassaden vieler von ihnen kann man auch heute noch zu beiden Seiten des Canal Grande bewundern, während andere in jenem bunten Flickenteppich aus schmalen Gassen und Kanälen verschwinden, der den Rest der Stadt ausmacht.

Im 14. und 15. Jahrhundert hatten diese herrschaftlichen Häuser eine Doppelfunktion: Sie waren nicht nur Wohnsitze, sondern auch Handelsstationen und verkörperten die kollektive Identität einer Familie. Sie repräsentierten die Ehre aufeinanderfolgender Generationen ihrer (männlichen) Mitglieder. Der Brauch verlangte es von Angehörigen einer Familie, ihren Stammsitz in Besitz zu behalten: Er war ein Fixpunkt

Ca' d'Oro … Das Haus aus Steinblumen ist dazu gemacht, sich dem Leben zu vermählen, nicht, sich gegen das Leben zu wehren. Es ist nicht das Asyl, in dem man Schutz sucht, nicht der Ort, in den man eintritt, um zu essen und zu schlafen, sondern der Palast des Festes, den man in seiner Form und seinem Schmuck erwählt hat, um hier glücklich zu leben und die Genüsse zu kosten, die man liebt. Wohnsitz eines insularen Fürsten […] wie die Blumen ist er, die nur so charmant zu sein scheinen, um sich selber zu gefallen.

André Suarès

in einer auf dem Wasser schwimmenden Welt. Die Fassaden einiger Häuser waren vom Wasser abgewandt und um einen Innenhof herum arrangiert. Das Erdgeschoss oder der zentrale *portego* wurde zum Lagern von Waren und zum Abwickeln von Geschäften benutzt und öffnete sich zum Wasser hin, damit die verschiedenen Güter leicht herbei- oder fortgeschafft werden konnten; es gab ein Tor zum nächstgelegenen Kanal und eines zur Straße hin. In den oberen Stockwerken lagen die Wohngemächer. Von einer zentralen großen *sala* im ersten Stock gingen auf beiden Seiten Zimmerfluchten ab. Es gab auch eine Unmenge kleiner Räume für die diversen Mitglieder der ganzen großen Sippe sowie »private« Stiegen. Im 15. und 16. Jahrhundert legte man immer größere *sale* an, die man immer aufwendiger möblierte und üppiger schmückte. Das war die Periode, in der die Patrizier begannen, zunehmend in ihre Besitzungen auf dem Festland zu investieren, anstatt Handel zu treiben.

In der Tat wurden die großen Häuser mit den prachtvollen inkrustierten Schaufassaden erst im späten 15. und frühen 16. Jahrhundert errichtet, als Venedig sich selbst als die neue »Kaiserstadt«, als Nachfolgerin Roms zu sehen begann. Die Stuckornamente und Kapitelle sowie das Filigranwerk entstanden im Zusammenhang mit einem öffentlichen Versuch, die Größe und Erhabenheit der Stadt noch weiter zu betonen. Viele Gebäude wurden auch mit Fresken von Künstlern wie Tizian und Giorgione geschmückt. Die Fassaden anderer, wie des Ca' d'Oro, erhielten einen Überzug aus kostbaren Metallen. Venedig wirkte wie aus Marmor und Gold erbaut. Man sollte sich daran erinnern, dass es sich eher um Paläste als um Kastelle oder Burgen handelte; anders als die Wohnsitze der Adligen im Rest Italiens waren sie in keiner Weise gesichert oder befestigt. Es bestand keine Notwendigkeit dazu.

TEIL V

Handelsimperium

16

Die Löwenstadt

Als Venedig immer reicher wurde, wurde es auch immer mächtiger. Eine Stadt braucht eine sie leitende Autorität, und der Gewinn von Autorität führt oft zu Arroganz und Streitlust. Er weckt das Verlangen nach noch mehr Macht. Venedig konnte, da es vom Meer umgeben war, nicht über seine Grenzen hinauswachsen. Es konnte sich aber vergrößern und seinen Reichtum mehren, indem es sein Herrschaftsgebiet um andere Länder und Städte erweiterte. Es konnte zu einem Imperium werden.

In frühester Zeit hatten ihre Einwohner *la Serenissima*, der Stadt der Heiligen Jungfrau, eine männliche Identität verliehen. Sie war die Löwenstadt. Schon die äußeren Bedingungen ihrer Existenz machten es unvermeidlich, dass Kriege zu ihrer Geschichte gehörten. Sie wurden zunächst gegen die Natur geführt, aber dann auch gegen Rivalen. Die Stadt war gezwungen, um ihr Überleben zu kämpfen. Bogenschützen, Ruderer und Seesoldaten standen in ihren Diensten. Seemächte liegen von Natur aus im Streit miteinander. Territorialmächte können einer Aufteilung von Land durch Grenzziehung zustimmen, der Ozean aber hat keine Grenzen. Wo immer das Meer sich ausdehnte, gab es feindliche Schiffe. Während seiner langen Geschichte konnte Venedig es sich zu keinem Zeitpunkt erlauben, nicht auf der Hut zu sein.

Sonett

[…]

Venedigs Löwen, sonst Venedigs Wonne,
Mit ehrnen Flügeln sehen wir ihn ragen
Auf seiner kolossalischen Kolonne.

Ich steig ans Land, nicht ohne Furcht und Zagen,
Da glänzt der Markusplatz im Licht der Sonne:
Soll ich ihn wirklich zu betreten wagen?

August Graf von Platen

In den Skizzenbüchern des Jacopo Bellini aus der Mitte des 15. Jahrhunderts finden sich viele Studien von Rittern und

Keiner kann Kräfte gewinnen, der in einem Krieg verarmt, mag der Krieg auch siegreich sein, denn der Krieg nimmt dann mehr weg, als er gibt. So ging es Venedig und Florenz, als jenes die Lombardei, dieses Toskana gewann. Sie waren beide besser dran, als sie die eine mit dem Meere, die andere mit sechs Meilen Landumkreis beschied.

Niccolò Machiavelli

Armbrustschützen, die sich für den Kampf rüsten. Während der halben Lebenszeit Bellinis führte Venedig Krieg gegen andere Mächte. »Dieses Volk von Seeleuten«, schrieb Petrarca, »verstand sich so geschickt auf den Umgang mit Pferden und Waffen, war so tapfer und kühn, dass es alle anderen kriegerischen Nationen übertraf, zur See wie auch auf dem Land.« So kann man es in der Tat als eine »maskuline« Stadt auffassen. Die Geschichte Venedigs wurde als die Geschichte patriarchalischer Familien verstanden und aufgezeichnet. Die Regierung der Stadt war auf allen Ebenen und in jedem Bereich eine patriarchalische. Die Gesellschaft war patrilinear organisiert, das heißt, die Abstammung vom Vater gab den Ausschlag. Die Vorstellung von der Stadt und ihr Ruf waren ganz und gar von der Ausübung paternaler Gewalt geprägt.

Als Jugendlicher wurde ein Patrizier im Bogenschießen ausgebildet und lernte auch, wie man eine Galeere befehligt. Er wurde in allen ritterlichen Tugenden unterwiesen, in einer Zeit, in welcher man den ritterlichen Ehrenkodex im Kampf in ganz Europa respektierte. Die ersten Aufzeichnungen über Turniere auf dem Markusplatz stammen aus dem Jahr 1242. Von jenem Zeitpunkt an wurden sie in regelmäßigen zeitlichen Abständen ausgetragen. In Bellinis Skizzenbüchern sieht man ritterlich gewandete oder »gerüstete« Gegner bei spektakulären Turnieren aufeinander lospreschen. Bei solchen Gelegenheiten huldigte ganz Venedig dem Militarismus und soldatischen Tugenden. Die Stadt lieferte den Kriegsschauplatz. Maler wurden beauftragt, Schilde und Rüstungen zu verschönern, andere fertigten Porträts an und entwarfen Wappen. Man ließ Künstler, wie beispielsweise Bellini, Befestigungsanlagen entwerfen und Karten zu militärischen Zwecken zeichnen. Auf religiösen Bildern venezianischer Maler hantieren die Heiligen oft mit Schwertern. Der heilige Georg, einer der Schutzpatrone der Stadt, war ein archetypischer heiliger Streiter. Das alles passt nicht zu dem gängigen Bild von den Venezianern als gewieften Kaufleuten oder ernsten Staatsmännern. Doch ritterlicher Mut war früher ein Aspekt ihrer

Kultur. Wie hätten sie sonst ein Imperium begründen können?

Sie wussten also Gewalt anzuwenden, wenn das nötig war, und verstanden sich darauf, rasch zuzuschlagen, wenn sich eine günstige Gelegenheit bot. Eine Eroberung führte zur nächsten. Genauer, eine Eroberung erforderte die nächste. Für ein Volk, das sich in seinem Staat nie sicher fühlen konnte, war die Welt voller Gefahren. Generäle und Admiräle, die ohne Fortüne blieben, wurden eingekerkert, in die Verbannung geschickt oder umgebracht. Als man die kürzlich erfundene Kanone gegen eine aufsässige Stadt auf dem Festland einsetzte, hatte man, wie es in einer Chronik aus der Zeit heißt, »den Eindruck, dass Gott seinen Donner loslasse«. Eine Kanone wurde »die Venezianerin, welche jeden Wall und jede Pike zerschmettert« getauft.

Die ersten venezianischen Kolonien lagen in der Lagune. Ursprünglich lebten auf den kleineren Inseln sich selbst regierende und erhaltende Gemeinschaften. Jede Insel verfügte über ein eigenes Kloster und eine eigene Kirche. Doch sehr bald gehörten sie alle zu Venedig. Die politischen Führer der Stadt konnten danach die einleitenden Worte des siebenundneunzigsten Psalms auf Venedig und die hinzugekommenen Siedlungen beziehen: »Der HERR ist König, des freue sich das Erdreich und seien fröhlich die Inseln, soviel ihrer sind.« Die vielen Inseln waren von der großen Stadt, die in ihrer Mitte gewachsen war, geschluckt worden. Oder die auf ihnen ansässigen Gemeinden erloschen einfach, vergingen.

Torcello, elf Kilometer nördlich von der Allerduchlauchtesten gelegen, war einmal eine geschäftige, blühende Insel. Bevor sich Venedig aus dem Wasser erhob, war es das Siedlungszentrum für Flüchtlinge aus Venetien. Die ersten von ihnen hatten sich um die Mitte des 5. Jahrhunderts dort niedergelassen. Im 7. Jahrhundert errichtete man auf Torcello eine Kathedrale im byzantinischen Stil, die von den vom Festland Geflohenen auch als Zufluchtsort und Festung angelegt wurde: Die Fenster der Kirche können mit steinernen

Der Dom von Torcello. Die Insel, die einmal zwanzigtausend Bewohner zählte, entvölkerte sich im Lauf der Zeit zunehmend – vermutlich weil die sie umgebenden flachen Gewässer von Malariaerregern verseucht waren. Heute ist dort nur noch eine Handvoll Menschen zu Hause. Die meisten Gebäude sind verfallen.

Läden geschlossen werden. Auf der Insel wurden auch mehrere Klöster gegründet, die es auf dem fruchtbaren Boden zu Wohlstand brachten. Im 10. Jahrhundert bezeichnete sie Kaiser Konstantin VII. Porphyrogenitus als »*magnum emporium Torcellanorum*«. Doch der Aufstieg Venedigs führte unweigerlich zum Niedergang Torcellos. Das Gebiet der Lagune war zu klein für zwei florierende Handelszentren. Es gibt aber auch die Theorie, dass die mit Malariaerregern verseuchten Gewässer um die Insel Epidemien unter den Bewohnern ausgelöst hätten. Die Lagune sei dort immer mehr versandet, so dass die Insel inmitten von Sümpfen gelegen habe. Das mag zutreffen, doch die Heimsuchung durch Krankheiten kann nur so etwas wie der Todesstoß am Ende eines langen Zerfallsprozesses gewesen sein. Torcello versank für die Welt in Bedeutungslosigkeit. Im 19. Jahrhundert nannte man einen fragwürdigen Edelmann oder einen solchen dubioser Herkunft einen »Conte di Torcello«. Jetzt lebt auf der einst blühenden Insel nur eine Handvoll Leute; auf allen Seiten umgeben sie schlammige Rinnen sowie von trüben Rinnsalen durchzogenes Ödland und, um einen von Ruskin geprägten Ausdruck zu verwenden, »Salzschlamm«. Der Glockenturm aus Ziegeln und die Mosaiken im Innern der Kathedrale sind die einzigen, verblassten Spuren ihrer vergangenen Pracht. Die Piazza ist von wilden Gräsern überwuchert. Doch die hier herrschende Stille, nur hin und wieder vom Säuseln des Windes im Schilf oder dem Plätschern des sich kräuselnden Wassers durchbrochen, erinnert eindringlich an die noch unberührte Lagune, in der einst die ersten Veneti Zuflucht suchten. Hier kann man ein anderes Symbol für die venezianische Welt entdecken: Es gibt ein Restaurant auf der Insel für die Touristen, die nach Torcello kommen und dort wie in einem Freiluftmuseum herumwandern. Und mehr als ein solches ist Torcello wirklich nicht mehr. Könnte es sein, dass es das Schicksal von ganz Venedig vorwegnimmt?

»Das da uns gegenüber ist Torcello«, der Colonel wies mit dem Finger hin. »Dort haben die Leute gelebt, die von den Westgoten vom Festland verjagt worden sind. Sie haben jene Kirche mit dem viereckigen Turm gebaut, die Sie da sehen. Früher lebten da mal dreißigtausend Menschen, und sie errichteten diese Kirche, um Gott zu ehren und um ihm zu dienen. Dann, nachdem sie fertiggebaut war, verschlammte die Mündung der Sile; vielleicht ist sie aber auch durch ein großes Hochwasser verändert worden. Das ganze Land, durch das wir gerade gekommen sind, wurde überschwemmt und wurde eine Brutstätte für Moskitos, und Torcello wurde von Malaria heimgesucht. Es begann ein Massensterben.«

Ernest Hemingway

Auf den meisten Inseln ragte früher ein hoher Glockenturm auf, der zu einer aus Ziegelsteinen gebauten Kirche gehörte; es gab eine kleine Piazza mit einer Löwenstatue auf einer Säule oder einer Löwendarstellung an einer Wand. Kleine, weiß gekalkte Häuser drängten sich in Gruppen zusammen, mit Gärten, die mit roten Zäunen vor der zersetzenden Salzbrise geschützt waren. Doch dann wurden sie von einer zerstörerischen Kraft attackiert, die heimtückischer war als der Wind. Die Insel Ammiana konnte sich einst nicht weniger als acht Kirchen rühmen; dann entvölkerte sie sich und wurde in eine Saline umgewandelt. Wohin zogen ihre Bewohner? Nach Venedig. Alle diese toten Städte und Siedlungen hätten einst eine Alternative zu Venedig sein können, hätten blühen und gedeihen und stark werden können, wie Venedig es tat. Wir könnten, ähnlich wie Italo Calvino es in seinem *Die unsichtbaren Städte* tut, in unserer Vorstellung die in der Lagune »möglichen« Städte erbauen. Die jeder Insel eigentümlichen Gebräuche, der spezifische auf ihr gesprochene Dialekt hätten eine Vielfalt von Städten entstehen lassen können, die Venedig geähnelt hätten – oder auch nicht. Doch das ist alles Fantasie.

Andere, einstmals von Venedig kontrollierte Inseln sind verschwunden. Constanziaca wurde von den Wellen verschlungen. Auch dort hatten einst Klöster und Kirchen gestanden. Sie wurde aber zu einem so desolaten Ort, dass man sie nur noch als Begräbnisstätte benutzte, wo die Knochen der Toten in der Sonne bleichten. Dann versank sie irgendwann mit all ihren Kirchen und Haufen von Knochen im Meer. Niemand kennt ihre genaue Lage. Andere Inseln erlitten ein ähnliches Schicksal, darunter auch Terra dei Mani und Terra dei Soleri. Fünf Inselchen, die im Kreis um Murano gruppiert waren, sind von den Gezeiten und Strömungen weggespült worden. Wo einst hohe Zypressen wuchsen, wuchert jetzt Seegras. Einige Inseln fielen auch Erdbeben oder Flutwellen zum Opfer, andere gerieten einfach in Vergessenheit, und die Siedlungen auf ihnen verödeten: Sie hatten nicht gegen die allerdurchlauchteste Stadt ankommen können.

Die venezianischen Behörden führten einige dieser von Menschen verlassenen Inseln einer neuen Nutzung zu. Sie richteten Gefängnisse oder Krankenhäuser auf ihnen ein. Das war eine Methode, die unerwünschten Elemente der Bevölkerung an den Rand zu schieben. Es war auch eine Übung darin, wie man totale Macht ausübte. Aus San Servolo wurde ein Irrenhaus für Männer, aus San Clemente ein ähnliches Asyl für weibliche Patienten. Nach Sacca Sessola wurden jene verbannt, die an Schwindsucht litten, während die Isola della Grazia Fieberkranke aufnehmen musste. Auf Poveglia wurden Hütten für die Leprakranken errichtet, die man aus der Stadt verbannt hatte. Alle diese Inseln wurden von den Venezianern als »*isole del dolore*« bezeichnet, als »Inseln des Schmerzes«.

Die Insel San Biagio, die heute den Namen Giudecca trägt, stellte einst mit vielen Hainen und Gärten einen großen grünen Hort inmitten des Wassers dar; auf ihr gab es ein Kloster, ein Heim für reuige Dirnen und eine Pilgerherberge. Doch die säkulare venezianische Welt griff auf sie über, und La Giudecca entwickelte sich zu einer Art Vorort der Stadt. Andere Inseln wurden zum Ackerbau benutzt und belieferten den Markt am Rialto mit Agrarprodukten. In der zweiten Hälfte des 15. Jahrhunderts erweiterte man die Hafenanlagen um die jetzt Lido genannte Insel; sie wurde in die Wirtschaftszone integriert, die die Stadt nun umgab und am Leben erhielt.

Die Anfänge des venezianischen Imperiums, eines Reichs außerhalb des Gebiets der Lagune, lassen sich bis ins 9. Jahrhundert zurückverfolgen. Venedig war damals noch keine führende Seemacht. Dieser Rang war Spanien und den nordafrikanischen Ländern vorbehalten. Doch war die Stadt darauf angewiesen, ihre unmittelbare Umgebung zu kontrollieren. Sie musste die regelmäßige Versorgung ihrer wachsenden Einwohnerschaft mit Lebensmitteln gewährleisten, das heißt sicherstellen, dass man ungehinderten Zugang zu landwirtschaftlich nutzbarem Land wie auch zu Süßwasser hatte. Venedig musste auch darauf achten, dass sein Handel weiter florierte. Aus diesem Grund wandte man sich dem Festland zu. Das Volk, das auf dem Meer lebte, war gezwungen, Territorien auf der *terra firma* zu erobern.

Gegen Ende des 9. Jahrhunderts plünderte Venedig die mit ihm konkurrierenden Städte an der italienischen Küste und verschaffte sich die Kontrolle über die Mündungsgebiete der Etsch und des Po in die Adria. Diese Flüsse gewährten ihnen Zugang zu den Märkten Norditaliens; innerhalb kurzer Zeit boten venezianische Binnenschiffer ihre Waren in Pavia, der damaligen Hauptstadt der Lombardei, an. Kaufleute aus Venedig waren auch in großer Zahl auf den Märkten von Verona und Cremona vertreten. Im 10. Jahrhundert wurden an den Ufern der Flüsse Sile und Piave venezianische Lagerhäuser errichtet und Verkaufsplätze eröffnet. Die Venezianer setzten sich auch in einem Kastell am Fluss Livenza fest, so dass sie über einen Ort verfügten, von dem aus sie in aller Ruhe ihre Produkte an die deutschen Händler verkaufen konnten, die nach Italien gereist kamen. 977 hatten venezianische Händler eine Niederlassung in Limoges gegründet, und im darauffolgenden Jahrhundert waren sie auch in Marseille und Toulouse vertreten. Die Getreideanbaugebiete um

Treviso und Bassano wurden erworben, und in derselben Periode begannen die Venezianer auch damit, immer mehr Anwesen und Ländereien auf dem Festland aufzukaufen. Einige der großen Familien, wie die der Badoer und der Tiepolo, erstanden Land in der Gegend von Treviso. Die größeren Klöster kauften Güter in der Küstenebene auf. Diese allmähliche Ausweitung des venezianischen Territoriums hielt sieben Jahrhunderte lang an. Wie immer hatte man dabei den Handel und vor allem die Versorgung mit Getreide im Auge.

Nachdem man die Handelsbeziehungen zu Norditalien und einem großen Teil Europas als gesichert und stabil ansehen konnte, wandten die über Venedig Regierenden ihre Aufmerksamkeit dem Meer und dem Seehandel zu. Die Kaufleute kontrollierten im Grunde bereits den Handel mit Gütern aus dem Orient, doch damit sie weiterhin geschäftlich reüssieren konnten, war es erforderlich, dass die Handelsrouten in den Osten geschützt und verteidigt wurden. Das Meer musste für den Massentransport von Waren sicher gemacht werden. Die wichtigsten Städte Istriens, auf der anderen Seite der Adria Venedig gegenüber gelegen, unterwarfen sich. Der gesamte nördliche Teil der Adria wurde als Golfo di Venezia bekannt. Von dort aus drang die Kriegsmarine der Stadt weiter Richtung Süden vor. Gegen Ende des 10. Jahrhunderts hatte sie die Kontrolle über den mittleren Adriabereich inne und machte sich an die Eroberung Dalmatiens (ein Teil des modernen Kroatiens). Die Inseln und Städte dieser Regionen ergaben sich den schlagkräftigeren wie auch zahlenmäßig überlegenen Streitkräften Venedigs. Einige Städte, die wesentlich beunruhigter über die Verwüstungen waren, welche die Piraten, die auf den kleinen Inseln und in den Buchten an der dalmatinischen Küste sicheren Unterschlupf gefunden hatten, immer wieder anrichteten, öffneten sogar ihre Tore und luden den Dogen und seine Soldaten in ihre Mauern ein. Andere litten unter den Forderungen lokaler Despoten, die zumeist in befestigten Außenposten lebten, und bevorzugten die mildere Herrschaft der Venezianer. Andere Orte waren einfach glücklich darüber, stabile Handelsbeziehungen mit der großen Seestadt aufnehmen zu können. Sie alle wurden eher als Verbündete behandelt denn als untergeordnete Vasallen. In Wirklichkeit war aber ein Imperium im Entstehen. Die Piraten waren geschlagen, die plündernden Slawenhorden von der Küste zurückgedrängt. 998 konnte der Doge seinem Titel ein »Dux Dalmatiae« hinzufügen.

Der Seeweg war danach frei für einen intensiveren Handel mit Ägypten und vor allem mit Byzanz. Venedig war bereits zum wichtigsten Handelspartner jener alten Stadt geworden, in die es Sklaven und Bauholz im Austausch gegen Wein, Öl und Weizen schickte. 991 reisten griechische und arabische Gesandte an, um dem neuen Dogen zu huldigen, und ein Jahr später wurde per Vertrag bestätigt, dass Venedig vom byzantinischen Herrscher den Status einer »höchst privilegierten« Stadt verliehen bekommen hatte. Damit wurde nur etwas schriftlich festgehalten, was schon lange bekannt war. Venedig war zur dominierenden Handelsmacht Europas aufgestiegen, und seine Vorherrschaft auf diesem Gebiet wurde von einer starken und immer noch weiter expandierenden Flotte aufrechterhalten. Venedig bot Byzanz im Gegenzug Schiffe zum Transport seiner Truppen von der einen auf die andere Seite der Adria an. Die Stadt schien auch so gut wie unverwundbar. Zur Zeit des Einfalls der Magyaren in die Lombardei, gegen Ende des 9. Jahrhunderts, wurde ein Steinwall zum Schutz der Rialtoinseln aufgeschüttet. Man spannte eine dicke Kette über das Wasser, um feindliche Schiffe an der Einfahrt in den Canal Grande zu hindern. Das stellte sich aber als unnötige Vorsichtsmaßnahme heraus. Die Magyaren gelangten nicht bis an die vom Meer umgürtete Stadt heran. Sie wurden schon in den seichten Gewässern der Lagune zurückgeschlagen, wo ihre Schiffe auf Grund liefen und sanken. Der große Verteidigungswall wurde im 14. Jahrhundert wieder abgetragen, er war nicht nötig.

Im 11. Jahrhundert war Venedig also ein autonomer und einflussreicher Staat geworden. Während des größten Teils dieses Jahrhunderts kämpfte es an der Seite von Byzanz gegen die normannischen Invasoren Siziliens. Der Grund für die Beteiligung an diesem Abenteuer wie auch für alle anderen politischen Maßnahmen und Aktionen Venedigs in dieser Periode war ein sehr einfacher: Man durfte nicht zulassen, dass ein anderer Staat den Eingang zur Adria blockierte und Venedig damit in seinen eigenen Gewässern einsperrte. Das waren die große Furcht und die ständige Sorge der Venezianer.

Für gewöhnlich gilt das 11. Jahrhundert als dasjenige, in dem das römische Christentum triumphierte. Dass seine Macht sich auf einem Höhepunkt befand, wird durch nichts eindrucksvoller belegt als durch die Geschichte der Kreuzzüge. Sie waren als direkter Angriff auf die muslimische Welt ersonnen worden, stellten eine Form von spirituellem Imperialismus dar, doch lagen der Beteiligung Venedigs an der ersten Unternehmung dieser Art keinerlei »hehre« Motive zugrunde. Die Venezianer führten einen wirtschaftlichen Feldzug mit anderen Mitteln, auf Umwegen gewissermaßen. Ihr Interesse galt nicht dem Kreuz und auch nicht dem Schwert, sondern der Geldbörse. Ausschlaggebend für ihre Beteiligung am Kreuzzug war, dass rivalisierende Handelsstädte, vor allem Genua und Pisa, schon Truppen ins Heilige Land entsandt hatten. Venedig konnte einfach nicht zulassen, dass seine Konkurrenten sich einen Vorteil verschafften, was den lukrativen Handel mit Syrien und Ägypten betraf. In Antiochia oder Jerusalem auf Dauer präsent zu sein, würde unzählige wirtschaftliche Vorzüge mit sich bringen. Im Sommer 1100 traf daher eine aus zweihundert venezianischen Schiffen bestehende Flotte in Joppa (Jaffa) ein. Die Kapitäne erklärten sich bereit, die Kreuzritter zu unterstützen, vorausgesetzt, man gestand den Kaufleuten ihrer Heimatstadt das Recht zu, in allen von den Sarazenen zurückeroberten Gebieten ungehindert Handel zu treiben. Diese Bedingung wurde vom christlichen Heer akzeptiert, und man schickte die Venezianer aus, Caifa (Haifa) zu belagern. Nachdem sie die Stadt zur Übergabe gezwungen hatten, machten sie sich noch vor Jahresende wieder zurück auf den Weg in die heimatlichen Gewässer der Lagune. Sie gaben sich jedoch nicht mit diesem einen und relativ einfach erfochtenen Sieg zufrieden. Sie wollten größeren Gewinn aus ihrer Unterstützung des Heiligen Kriegs ziehen, gründeten in den Häfen Syriens Handelsniederlassungen und stiegen in das lukrative Geschäft ein, Pilger zum von den Heiden befreiten Jerusalem zu transportieren.

Auf der Fahrt nach Joppa waren sie auch einer typisch venezianischen geschäftlichen Unternehmung nachgegangen. Ihre Flotte war in den Hafen der alten lykischen Stadt Myra eingelaufen, um nach den Gebeinen des heiligen Nikolaus zu fahnden, der dort als Bischof gewirkt hatte; dieser Heilige wurde besonders von Seeleuten als ihr Schutzpatron verehrt. Es war daher nachzuvollziehen, dass die Venezianer sich seiner Reliquie zu bemächtigen wünschten. Es heißt, dass sie nach ihrem Eintreffen in der Stadt die vier Christen, welche den Schrein des Nikolaus hüteten, der Folter unterzogen. Diese ruchlose Tat brachte ihnen jedoch nichts ein, weswegen sie sich damit begnügten, die Gebeine des heiligen Teodoro zu stehlen. Dieser war ja vor der *translatio* der Reliquie des heiligen Markus nach Venedig der Schutzpatron der Stadt gewesen, und sein Skelett gab daher einen ganz guten Ersatz für das des heiligen Nikolaus ab. Bevor sie Myra aber wieder verließen, soll dem venezianischen Chronisten Andrea Morosini zufolge ein wundersamer Duft aus einer Höhlung unter einem Altar in der Kathedrale aufgestiegen sein: Er ging von den Überresten des heiligen Nikolaus aus. Also wurde auch dieser eingepackt und im Triumph nach Venedig gebracht, wo seine Gebeine im Kloster San Nicola auf dem Lido beigesetzt wurden. Das ist zumindest die Geschichte, die man sich erzählt. In Wirklichkeit waren die – angeblichen – Überreste von San Nicola, dem heiligen Nikolaus, schon 1087 nach Bari in Apulien gebracht worden, wo sie sich heute noch befinden. Ob die Geschichte von seiner angeblichen Überführung auf die Laguneninsel mehr von venezianischer Verlogen-

»Aber es ist ja kein Betrug und kein Raub, denn nicht böser Wille hat dazu geführt, sondern Ergebenheit und religiöser Eifer.«
Apologetischer Kommentar des Chronisten der Klosterkirche S. Niccolò di Lido zum Raub der Gebeine des heiligen Nikolaus durch Venezianer

heit oder mehr von venezianischer Habgier kündet, ist eine offene Frage.

Das Kreuzzugsunternehmen war ein Erfolg für die Venezianer gewesen, und 1108 segelte ihre Flotte erneut unter der Flagge mit dem Kreuz aus. Die Herrscher der Stadt waren besonders an den Mittelmeerhäfen interessiert und daran, dass venezianische Kaufleute sich in Akkra, Jerusalem und anderswo niederlassen konnten. Doch schenkten der Doge und der Senat ihre Aufmerksamkeit nicht einzig und allein den Fürstentümern und Mächten des Nahen Ostens. Sie hielten es für klug, ihre Präsenz auf dem Festland zu festigen, und brachten daher Ferrara sowie Fano unter ihre Kontrolle und zogen gegen Padua ins Feld. Im Verlauf dieses Prozesses machten sie noch einmal nachdrücklich ihren Anspruch auf die Hauptflüsse der Region geltend. Auf der anderen Seite der Adria kämpften sie mit den Ungarn um die Küstenstriche Dalmatiens. Sie konnten sich mittlerweile vieler Feinde rühmen. Die Städte auf dem Festland waren wegen seines Reichtums auf Venedig neidisch und fürchteten gleichzeitig dessen Macht. Die normannischen Könige von Sizilien hatten Venedig schon lange als Widersacher betrachtet. Die über Deutschland herrschenden Staufer erhoben immer noch Anspruch auf Norditalien.

Dann trat ein anderer mächtiger Feind auf den Plan. 1119 entschied der neue Kaiser in Konstantinopel, dass die Handelsprivilegien Venedigs erloschen seien. Er befahl allen Venezianern, die in seinem Reich ansässig waren, dieses sofort zu verlassen und ihre Geschäfte einzustellen. Er schlug auch dem König von Ungarn ein Abkommen vor, mit dessen Abschluss er die Ansprüche, die dieser auf die venezianischen Siedlungen in Dalmatien erhob, anerkannte. Venedig reagierte erst nach einiger Zeit, aber dann voller Selbstvertrauen, auf diesen zweifachen Affront. Seine Flotte griff eine Reihe von Territorien an, die zu Byzanz gehörten, und raubte sie aus: Rhodos, Chios, Samos, Lesbos und Modon waren einige der byzantinischen Besitzungen, durch deren Plünderung sie ihren Rachedurst stillten. Sie waren mit dem Ziel aufgebrochen zu beweisen, dass sie die bedeutendste Seemacht in einem Gebiet darstellten, das man einst als den alleinigen Bereich Konstantinopels angesehen hatte. 1126 unterzeichnete der Kaiser ein neues Handelsabkommen mit Venedig.

Die Venezianer konnten ihren Imperialismus mit dem Argument rechtfertigen, dass sie andere Völker nicht unterjochen, sondern mit ihnen Handel treiben wollten. Von einer Art aufgeklärtem Kommerzialismus beseelt, naturalisierten sie ihre neuen Untertanen. Diese Ausweitung des eigenen Territoriums und der eigenen Macht geschah also aus konstruktiven Gründen; man betrieb keinen Kult um die eigene imperiale Größe, wie es im Rom des 3. Jahrhunderts der Fall gewesen war oder im London des 19. Jahrhunderts der Fall sein würde. Man war nicht an Größe oder Monumentalität um ihrer selbst willen interessiert. Das einzige Zugeständnis an den Hunger nach Ruhm stellte die Errichtung von Toren an Schlüsselpunkten der Stadt dar – dazu gehörten der Torre dell'Orologio, die Porta della Carta und der Arco Foscari. Das Einfahrtstor zum Arsenal wird in jedem Führer für Venedig-Touristen erwähnt. Das waren die venezianischen Äquivalente der römischen Triumphbogen, die in der Stadt umso mehr ins Auge fielen, als es keine Wehrmauern gab.

Die Venzianer, die in Konstantinopel wie auch in anderen Handelszentren des byzantinischen Reichs lebten und Geschäfte machten, wurden jedoch immer unbeliebter. Sie galten als arrogant und gierig. Und fern von Venedig wurden dessen Bürger unsicher und untereinander zerstritten. Sie verhielten sich aggressiv gegenüber ihren geschäftlichen Konkurrenten aus Genua und Pisa und weigerten sich, byzantinischen Edikten Folge zu leisten. Sie stahlen sogar Heiligenreliquien aus Kirchen in Konstantinopel. Generell waren sie bei ihren Gastgebern als vulgäres Volk verschrien, als Kaufleute, die immer nur einem vorteilhaften Geschäft hinterherjagten. Die Venezianer wiederum verachteten die Griechen als verweichlicht und faul. Dann, 1171, wurden auf Befehl des Kaisers alle Venezianer, die sich in Konstantinopel und anderswo in seinem Reich aufhielten, verhaftet und eingekerkert. Eine venezianische Flotte, die ausgesandt wurde, um die dem Kaiser unterstehenden Territorien zu bedrohen, wurde durch den Ausbruch der Pest an Bord der Schiffe schachmatt gesetzt. Nach seiner Rückkehr nach Venedig wurde der Befehlshaber dieses erfolglosen Expeditionskorps auf offener Straße ermordet. Das erachtete man als angemessene Bestrafung für alle, die man als Versager betrachtete. Der byzantinische Herrscher ließ dem Dogen eine Nachricht des Inhalts zukommen, dass die Venezianer sich sehr töricht verhalten hätten; einst seien sie »in tiefster Armut versunkene Vagabunden gewesen«, hätten sich dann aber eingebildet, ihnen stünden imperiale Ambitionen zu. Ihr schmähliches Versagen und ihre »Dreistigkeit« hätten sie jedoch zur Zielscheibe allgemeinen Gespötts gemacht.

»Adriatische Kröte«

»Sumpffrosch«

»Land- und Wasserschlange«

»Heimtückisches Seeräubervolk von verdorbener Sinnesart«

Schimpfwörter, mit denen die Byzantiner Mitte des 12. Jahrhunderts Venedig und seine Einwohner belegten.

Die politischen Führer Venedigs ließen sich zu keiner spontanen Reaktion hinreißen, sondern gingen sehr umsichtig vor: Sie verbündeten sich mit einigen Feinden des Kaisers und begannen eine hinterlistige, sich länger hinziehende Kampagne gegen die byzantinischen Territorien. Geheimgespräche und -treffen fanden statt. Man kam schließlich zu einer Einigung, und 1183, zwölf Jahre nach ihrer Verhaftung, kamen die venezianischen Kaufleute endlich wieder aus den Gefängnissen frei, und zwischen Venedig und Byzanz wurde ein formelles Friedensabkommen unterzeichnet. Es erinnerte an eine große Krise und die sehr reale Feindschaft, die zwischen Konstantinopel und Venedig bestand: Die eine dieser beiden Städte lag im Sterben, während die andere ungeduldig darauf wartete, die Vorrangstellung einzunehmen. Über die nächsten Jahre hinweg kam es zu Pakten sowie Übereinkünften und zu Versicherungen gegenseitigen Vertrauens zwischen den beiden Städten. In Wirklichkeit konnte die Auseinandersetzung nur durch den Untergang einer von ihnen beendet werden.

Die herausragende Stellung, die Venedig jetzt gewonnen hatte, wurde durch eine Aufführung im Stil des *Living*

Theatre veranschaulicht, auf die Venedig sich so exzellent verstand. Die Hauptfiguren in dieser üppigen Inszenierung waren die Oberhäupter der westlichen Christenheit beziehungsweise der römischen Kirche: der deutsche Kaiser Friedrich I. Barbarossa und Papst Alexander III. Barbarossa erhob Anspruch auf die Staaten der Lombardei und insbesondere auf Mailand. Papst Alexander widersetzte sich diesen Forderungen hartnäckig und verbündete sich mit den italienischen Städten. Der Kaiser wurde von ihm exkommuniziert; der von der Kirche Geächtete setzte aber seinen Willen mit dem Schwert durch und nahm die lombardischen Städte ein. Mailand fiel und wurde weitgehend zerstört. Die deutsche Herrschaft über diese Region Italiens war jedoch ständig durch Rebellion im Innern und die offene Feindschaft anderer italienischer Städte bedroht, die ihren Führer in Papst Alexander sahen. Die Anstrengungen des unaufhörlichen Kriegs und der unvermeidliche Zyklus von Siegen und Niederlagen ließ am Ende beide Seiten verzagen, und Papst und Kaiser waren schließlich willens, die Bedingungen für eine Einigung zu erarbeiten. Doch wo sollten sie zusammentreffen, um ihren Pakt formell zu besiegeln?

Venedig hatte sich weitestgehend aus den Feindseligkeiten herausgehalten, und zwar aus der Erkenntnis heraus, dass es immer besser ist, bei einem Kampf zwischen zwei mächtigen Gegnern eine neutrale Position zu wahren. Überhaupt kümmerte Venedig sich nicht um italienische Angelegenheiten, wenn seine eigenen Interessen nicht direkt davon berührt wurden. *La Serenissima* bot sich daher als der geeignetste Schauplatz für eine feierliche Aussöhnung zwischen Barbarossa und Alexander an. Am 23. März 1177 landete der Pontifex auf dem Lido und wurde im Kloster von San Nicola mit allen Ehren willkommen geheißen; ohne Zweifel zeigte man ihm auch die angeblichen Reliquien des namengebenden Heiligen. Tags darauf setzte der Papst nach Venedig über, wo er vom Dogen empfangen wurde. Es kam dann zu langwierigen und schwierigen Verhandlungen über die Bedingungen des Friedensabkommens, bei denen Abgesandte beider Seiten immer wieder Einwände vorbrachten und Änderungen vorschlugen. Am Ende wurde der Pakt aber besiegelt. Am 23. Juli hieß man den Kaiser im Kloster von San Nicola willkommen, und einen Tag später brachte man ihn mit der Staatsbarke nach Venedig, wo Alexander ihn erwartete. Der Kirchenführer saß in vollem Ornat auf seinem Thron, den man vor den mittleren Eingangstoren des Doms aufgebaut hatte, und war von seinen Kardinälen umgeben. Das Ganze wirkte wie eine Massenszene aus einem der religiösen Schauspiele der Zeit. Der Kaiser wurde, nachdem er der goldglitzernden Barke des Dogen entstiegen war, in feierlicher Prozession zu Alexander geleitet. Vor ihm schritt der Doge selbst einher. Der Markusplatz war gedrängt voll mit Zuschauern, die begierig darauf warteten, dass sich das Schauspiel entfaltete. Als der Kaiser vor dem Thron des Pontifex angelangt war, legte er seinen scharlachroten Umhang ab, beugte sich zum Boden nieder und küsste die Füße des Kirchenoberhaupts. Alexander brach in Tränen aus, zog den Kaiser hoch und gab ihm den Friedenskuss. Die auf dem Platz Versammelten stimmten das *Te Deum* an, und alle Glocken der Stadt begannen zu läuten. Es war eine großartige Aufführung.

Die dramatische Szene wurde von Venedig auch benutzt, um die Stärke der Stadt und den dort herrschenden Gerechtigkeitssinn zu demonstrieren. Sie war der Schauplatz einer umfassenden Versöhnung gewesen; in ihr waren Unparteilichkeit und Gerechtigkeit zu Hause, weil sie sich als Gott allein untertan erachtete. Die Venezianer mischten sich nicht in die von Kaisern oder Päpsten betriebene Machtpolitik ein, es sei denn, um dadurch verursachte Wunden zu heilen. Das war zumindest die Botschaft der venezianischen Chronisten, welche über die Ereignisse im Sommer 1177 berichteten. Für jenen kurzen Moment, in dem die Glocken geläutet hatten, war Venedig der Mittelpunkt der Welt gewesen. Der Frieden von Venedig brachte der Stadt aber noch unmittelbarere, greifbarere Vorteile: Der Kaiser gewährte ihr für das gesamte

Gebiet seines Reichs Handelsprivilegien, und der Papst gestand der Stadt die religiöse Oberhoheit über ganz Dalmatien zu.

Das Spektakel könnte als Ouvertüre für die größere Oper gedient haben, die bald aufgeführt werden sollte. In den Jahren nach 1177 trat Venedig in eine andere und glorreichere Phase seiner imperialen Herrschaft ein. Es eroberte und plünderte Konstantinopel. Am Anfang dieses neuen Szenariums stand ein weiterer Heiliger Krieg. Der Papst hatte zum vierten Kreuzzug gegen die Ungläubigen aufgerufen, und in den ersten Monaten des Jahres 1201 kamen die französischen Fürsten, die gelobt hatten, das Kreuz auf sich zu nehmen, nach Venedig und baten um Schiffe, die sie ins Heilige Land befördern sollten. Sie wurden vom Dogen mit allem Pomp empfangen und aufgefordert, ihre Bitte vor dem Dom dem ganzen Volk vorzutragen. Nachdem man gemeinsam die Messe gefeiert hatte, trat einer aus der Schar der Besucher vor und erklärte: »Kein Volk ist so mächtig auf den Meeren wie ihr.« Diesen schmeichelhaften Worten ließ er eine flehentliche Bitte um die Hilfe der Venezianer folgen. Anschließend knieten alle ausländischen Fürsten nieder und vergossen heiße Tränen. Sofort wurden überall im Dom Rufe laut: »Wir gewähren sie! Wir gewähren sie!« Es war eine prächtige Inszenierung in bester venezianischer Manier.

Der Doge, Enrico Dandolo, war schon alt und fast blind. Zur Zeit seiner Wahl hatte er vierundachtzig Jahre gezählt, doch war er einer jener Patriarchen, deren Zähigkeit und Zielstrebigkeit sichtbarer Beleg für die Härte war, die den Venezianern insgesamt innewohnte. Es heißt, dass er seit jener Massenverhaftung im Jahr 1171 einen Groll gegen Konstantinopel hegte. Einem byzantinisch-griechischen Chronisten zufolge »tat er kund, solange er nicht an ihnen Rache für das genommen, was sie seinem Volk angetan, schwebe ein Todesurteil über ihm«. In späteren Berichten heißt es sogar, er habe seine Blindheit den Byzantinern zu verdanken; sie hätten ihn geblendet, als er einmal als Gesandter nach Konstan-

Nicht oft hat eine europäische Stadt im Mittelalter einen solchen Besucherstrom erlebt und bewältigt wie Venedig in diesen Sommermonaten des Jahres 1177. Deutsche Erzbischöfe, Bischöfe und Reichsfürsten machten die ersten Gondelfahrten ihres Lebens […] Kirchliche und weltliche Prominenz aus Italien, französische und englische Gesandtschaften logierten am Canal Grande, und zweifellos haben die Händler am Rialto-Markt in diesen Wochen besonders hohe Umsätze mit Luxusartikeln aller Art erzielt. Und le meretrici, *die Prostituierten, die im historischen Venedig stets besonders zahlreich vertreten waren […], hatten in den Gasthäusern aller Kategorien Hochsaison.*

Reinhard Lebe

tinopel gereist sei. Das ist aber in den Bereich der Legende zu verweisen.

Man befahl den Schiffszimmerleuten im Arsenal, an die Arbeit zu gehen und Schiffe zu bauen, die 5400 Reiter und 30 000 Fußsoldaten aufnehmen konnten. Dafür sollten 84 000 Silbermark gezahlt werden. Die Effizienz der Werften des Arsenals war mittlerweile in ganz Europa bekannt, und tatsächlich wurden alle Schiffe rechtzeitig fertig. Es gab aber ein Problem: Die Kreuzfahrer hatte nicht das Geld auftreiben können, um für sie zu bezahlen. Also traf man eine neue Vereinbarung. Die Venezianer würden auf eine vollständige Begleichung der Baukosten verzichten, unter der Voraussetzung, dass die Kreuzritter ihnen helfen würden, die rebellische Stadt Zara an der dalmatinischen Küste zu unterjochen. Das würde in mehr als nur einer Hinsicht ein Abweichen vom Ziel der ganzen geheiligten Unternehmung bedeuten, doch die Führer der christlichen Streitmacht sahen das als unumgänglich an. Dreihundert Schiffe verließen im Oktober 1202 zu den Klängen von *Veni, Creator* die Lagune und segelten die Adria hinunter. Nach fünftägiger Belagerung kapitulierte Zara. Christ hatte sich gegen Christ gewandt anstatt gegen den gemeinsamen Feind: die Sarazenen. Erzürnt über diese unangenehme Entwicklung exkommunizierte der Papst das ganze Expeditionskorps. Insbesondere die Venezianer scheinen sich aber vom päpstlichen Zorn wenig eingeschüchtert oder gedemütigt gefühlt zu haben; jedenfalls gibt es keine entsprechenden Berichte.

Kurz nachdem die Venezianer die Macht über Zara an sich gebracht hatten, traf ganz überraschend ein unerwarteter Gast ein. Alexios Angelos, der Sohn des abgesetzten Kaisers von Konstantinopel, Isaak II., wandte sich an Dandolo mit der Bitte, dass die Kreuzritter den Mann, der den Thron usurpiert hatte, stürzten und seinen Vater wiedereinsetzten. Er verpflichtete sich im Gegenzug dazu, die christlichen Streitkräfte bei ihrem erhabenen Unterfangen finanziell und auch anderweitig zu unterstützen. Das war ein Angebot, das man

nicht ablehnen konnte. Es gibt Theorien, dass Dandolo schon während der gesamten Vorbereitungen für den Kreuzzug immer seine eigenen, ganz persönlichen Absichten verfolgte und quasi von Anfang an festgestanden hatte, dass das Ziel der venezianischen Flotte nicht Syrien, sondern Konstantinopel sein würde. Es kann kein Zweifel daran bestehen, dass Dandolo in diesem Krieg eine große Chance zum weiteren Aufstieg und zur Bereicherung Venedigs auf Kosten Konstantinopels erkannte. In allen menschlichen Angelegenheiten spielt aber auch der Zufall eine Rolle – im Fall Dandolos begünstigte er ihn. Der Doge hatte unmöglich wissen können, dass die Franzosen nicht in der Lage sein würden, ihren finanziellen Verpflichtungen nachzukommen; allerdings ist zu vermuten, dass er schon im Voraus über das Eintreffen von Alexios Angelos in Zara informiert war. Die Venezianer verstanden sich immer darauf, eine günstige Gelegenheit wahrzunehmen und für sie vorteilhafte Umstände auszunutzen. Aus einer an-

Relief am 1539 vollendeten Grabmal Girolamo Michiel, eine venezianische Kriegsgaleere zeigend. Auf bildliche Darstellungen von auf dem Meer fahrenden Schiffen trifft man überall in der Stadt. Venedig selbst ist als ein auf den Wogen schwimmendes Schiff gesehen worden.

deren Perspektive betrachtet, scheinen die großen Weltereignisse bei genauer Überprüfung aus tausend einzigartigen Elementen, Fügungen und Koinzidenzen zu bestehen. Es fiele schwer, in diesem Gewirr wirklich Kausalitäten oder Gesetzmäßigkeiten erkennen zu wollen. Also könnte man einfach nur sagen, dass es *dazu kam*. Infolge dieser Ereignisse wurde jedenfalls die Macht von Byzanz irreversibel ausgelöscht, die Stadt und das ganze Imperium wurden derart geschwächt, dass sie sich nie mehr erholten.

Um Alexios Angelos Beistand zu leisten, nahm die venezianische Flotte Kurs auf Konstantinopel. Am 24. Juni 1203 segelte sie an den Verteidigungsmauern entlang. Ein französischer Angriff vom Land aus schien fehlgeschlagen zu sein, weshalb die von Dandolo kommandierten Venezianer ihre Galeeren miteinander verbanden, um eine zusammenhängende, geschlossene Angriffslinie zu bilden; von den Decks und den Gefechtstürmen der Schiffe aus ließen militärische Vorrichtungen Feuer auf die Stadt niederregnen, so dass Konstantinopel bald in Flammen stand. Dandolo persönlich stand im Bug des ersten Schiffes, das das Ufer erreichte. Er trug eine glänzende Rüstung, und an seiner Seite wehte die Markusstandarte. Von ihm angefeuert, sprangen die venezianischen Soldaten an Land, legten Sturmleitern an die Stadtmauern und erklommen sie. Die Byzantiner leisteten einigen Widerstand, wurden aber durch diesen Blitzangriff von See aus rasch bezwungen. Das Banner der Republik wurde auf den Wehrmauern gehisst. Die Stadt war erobert. Der entthronte Kaiser Isaak II., für den Alexios Angelos Hilfe herbeigeholt hatte, wurde aus dem Kerker befreit und wiedereingesetzt. Alexios Angelos selbst ließ sich in der Hagia-Sophia-Basilika krönen und wurde als Alexios IV. Mitregent über das Reich.

Doch der unaufhaltsame Abstieg Konstantinopels sollte wenig später schon einsetzen. Alexios IV. hatte den Kreuzfahrern mehr versprochen, als er ihnen zu geben vermochte. Es fehlte ihm an Geld und, was noch schwerwiegender war, er hatte bei seinen Landsleuten seine Autorität eingebüßt, weil er beim Kreuzfahrerheer Hilfe gesucht hatte, um die Kaiserkrone zu erlangen. Von Angst erfüllt und von Gerüchten zusätzlich angestachelt, erhoben sich die Bürger Konstantinopels gegen den neuen Herrscher. Alexios IV. wurde abgesetzt; und seinem Vater blieb es überlassen, mit der Situation fertig zu werden.

Die Venezianer und ihre Verbündeten mussten jetzt zunächst die Rebellion ersticken und die Stadt unter ihre Kontrolle bringen. Sie hatten nicht den ganzen weiten Weg auf sich genommen, um jetzt einfach wieder nach Hause zurückzukehren. Also begannen sie im März 1204 die Stadt erneut zu belagern. Am Vorabend des entscheidenden Sturms auf die Mauern hielt Dandolo eine Rede an seine Männer; er mahnte sie, tapfer zu sein, denn »dann werdet ihr mit der Hilfe von Jesus Christus, unserem Patron, dem heiligen Markus, und der Kraft eurer Leiber morgen im Besitz dieser Stadt sein und reich werden.«

Nachdem sie die Verteidiger niedergerungen hatten, begannen die christlichen Streitkräfte, von Gier und Raserei angetrieben, mit der Plünderung Konstantinopels. Alles, was von Wert war, wurde aus der Stadt herausgeschleppt, und dann wurde sie in Brand gesteckt. Die wohlhabendste aller Städte, überaus reich an Skulpturen und Kunstwerken jeder Art, wurde verwüstet, ihre Einwohnerschaft abgeschlachtet. Die Sieger ließen ihrer Blutgier derart ungehemmt Lauf, dass es schien, als hätten die Tore zur Hölle sich geöffnet. Häuser, Paläste und Kirchen wurden ausgeraubt, Bronzestatuen eingeschmolzen, Gemälde zerstört. Die Gräber wurden geöffnet und die geweihten Gefäße entwendet. Es heißt, dass man eine Prostituierte auf den Thron des Patriarchen in der Hagia Sophia setzte. Von dort aus habe die Frau »Beleidigungen gegen Jesus Christus ausgestoßen, unflätige Lieder gesungen und an diesem heiligen Ort schamlose Tänze aufgeführt«. Ein Chronist behauptete, dass diese Plünderung die schlimmste seit Anbeginn der Welt gewesen sei. Und zu all diesen Gräueltaten hatten vor allem die Venezianer Anstoß gegeben. Ein großer Teil der Beute gelangte nach Vene-

Schon 1203, als das christliche Heer erstmals von seiner eigentlichen Route abschweifte, gab es eine Gruppe, die für eine Invasion des byzantinischen Reichs plädierte, »da es nicht dem Heiligen Stuhl unterworfen ist und da der Herrscher von Konstantinopel den Kaiserthron usurpiert hat, nachdem er seinen Bruder abgesetzt und sogar geblendet hatte«. […] [Beim Angriff 1204] rechtfertigten die das Heer begleitenden Kleriker in ihren Predigten [das kriegerische Vorgehen] […]: *»[Sie] führten den Baronen und Pilgern vor Augen, daß derjenige, der eines solchen Mordes [an den Herrschern] schuldig sei, keinerlei Recht habe, Land zu besitzen […]. ›Aus diesen Gründen tun wir euch kund‹, sagten die Männer der Kirche, ›daß der Krieg gesetzmäßig und gerecht ist […]‹.«*

Jonathan Riley-Smith

dig. Auch die vier großen Bronzepferde über dem Eingang des Markusdoms fielen den Venezianern bei diesem brutalen Überfall in die Hände.

Es gab noch andere Spolien. Die Kreuzritter beanspruchten das Herrschaftsgebiet des byzantinischen Kaisers für sich und teilten es unter den Siegern auf. Venedig handelte mit dem üblichen kaufmännischen Eifer und Geschick aus, was davon ihm zufallen sollte, und wurde mit dem »vierten Teil und der Hälfte des Römischen Reichs« belohnt, das heißt, dass es über drei Achtel des alten Imperiums gebot. Es herrschte bereits über Dalmatien und Kroatien und nahm jetzt auch die Küstenstriche der Ägäis in Besitz sowie Teile des Mittelmeerraums. Es kontrollierte Kreta und Korfu wie auch die Inseln Modon und Coron. Es eignete sich den westlichen Teil Griechenlands an sowie die Inseln im Ionischen Meer. Es forderte die Küste Thrakiens für sich und auch die Hafenstädte auf dem Hellespont. Es brachte Negroponte in der Ägäis in seinen Besitz. Während die anderen an dem Kreuzzug beteiligten Parteien sich unsicher waren, was für Territorien sie beanspruchen sollten, wussten die Venezianer dies ganz genau. Viele der neu hinzugekommenen Inseln wurden anschließend diversen Patrizierfamilien der Stadt überlassen, die sie im Namen der Republik als Lehen verwalteten. Es existierte jetzt auch eine große venezianische Kolonie mitten in Konstantinopel selbst, die in einem relativ hohen Maß unabhängig von der Heimatstadt in der Lagune wurde. Es kursierten sogar Gerüchte, dass die Hauptstadt des neuen Reichs von Venedig nach Konstantinopel verlegt werden solle, doch wurde das rasch dementiert. Aber eines war unverkennbar: Die Märkte des Ostens lockten so sehr, dass alle Gedanken an den Krieg gegen die Heiden verflogen; und tatsächlich erreichten die Kreuzfahrer niemals das Heilige Land. Es sollte auch der letzte der Kreuzzüge sein.

Die Strategie Venedigs war die einer Seemacht, der vor allem daran lag, ihre Herrschaft über die Meere auszudehnen. Das ist der Grund dafür, dass es zuerst Gebiete an der Levanteküste, also im östlichen Mittelmeerraum, eroberte, wo es als der Gründer eines »apostolischen Reichs des Ostens« als der legitime Nachfolger des von Justinian und Konstantin geschaffenen christlichen Reichs auftreten konnte. Das ist ein typisches Beispiel dafür, wie Venedig seine Politik rhetorisch verbrämte. Doch jetzt hieß es: den Siegern die Kriegsbeute! Das venezianische Reich beschränkte sich größtenteils auf die Inseln und die Küstenregionen; man begehrte nichts von den im Binnenland gelegenen Gebieten des byzantinischen Reichs, weder in Europa noch in Asien. Venedig hätte nie wirklich zu einem zweiten Rom werden können. Es gab sich mit gesicherten Handelsrouten auf den Meeren zufrieden, mit einer Reihe von Häfen, die venezianischer Kontrolle unterstanden und die Märkte der Lagune mit denen der Levante verbanden. Diese Besitzungen hatten eigentlich nicht den Status von Kolonien, sondern fungierten vielmehr als Handelsniederlassungen, die sich von Venedig aus bis ans Schwarze Meer erstreckten. Der Charakter venezianischer Herrschaft war jetzt für alle klar erkennbar. Die Macht Konstantinopels war zwar für immer gebrochen, doch die Folgen des venezianischen Abenteuers waren keineswegs segensvoll. Das, was im Feuer geboren wird, kann auch im Feuer umkommen. Ein geschwächtes Konstantinopel wurde zur leichten Beute für die Türken. Das neu begründete Apostolische Imperium bestand nur sechzig Jahre; die kolonialen Besitzungen Venedigs waren immer wieder Angriffen ausgesetzt und zogen die Republik in eine lange Folge von Kriegen hinein, in denen sie ihre Stärke unter Beweis stellen musste. Im Lauf der nächsten siebzig Jahre lag die allererlauchteste Stadt fast ständig im Krieg mit ihren aufständischen Untertanen und mit ihren Rivalen, den Sarazenen und den Piraten im Mittelmeer.

17

Städte im Widerstreit

Es gab einen bedeutenden Konkurrenten, gegen den Venedig bestehen musste. Genua war der Welt als »*la Superba*« bekannt, als »die Stolze«. Petrarca hatte Venedig und Genua als »die beiden Fackeln Italiens« bezeichnet, doch Feuer kann Feuer zum Erlöschen bringen. Beide Städte waren in Europa für ihre Raffgier und Habsucht berüchtigt. Die Genuesen waren individualistischer und erfindungsreicher, während die Venezianer eher im Kollektiv handelten und sich an konservativere Methoden hielten. Die Genuesen schauten auf eine längere Geschichte von internen Kämpfen und Aufständen zurück; die Venezianer hatten sich fügsamer und ruhiger gezeigt. Hätten Genuesen und Venezianer jemals in Frieden miteinander leben können?

[...] wie ein Kind nicht ohne Milch, so kann unsere Stadt nicht ohne Handel auskommen.

Der Bankier und Kaufmann Girolamo Priuli in seinen *Diarien* (um 1500)

Viele Jahrhunderte lang hatten die Kaufleute aus Genua auf den Märkten des Ostens mit jenen aus Venedig im Wettstreit gelegen. Der Erfolg der Venezianer behinderte nun die Geschäfte der Genuesen ganz wesentlich. Nach dem Fall von Konstantinopel wurden die Genuesen per Dekret im ganzen Reich vom Handel ausgeschlossen. Doch sie schlugen zurück. Auch sie waren ein Seefahrervolk und verfügten über eine große Flotte, die der venezianischen auf allen damals bekannten Meeren die Stirn bieten konnte. An den Küsten von Kreta und auf Korfu kam es zu bewaffneten Auseinandersetzungen zwischen den Vertretern der rivalisierenden Städte; die auf den Inseln ansässige Bevölkerung hielt es generell mit den Genuesen. 1218 wurde ein Waffenstillstand vereinbart, der aber lediglich das Vorspiel zu weiteren und noch blutigeren Kämpfen darstellte.

Die Spannungen zwischen den beiden Städten hielten während des gesamten Jahrhunderts unvermindert an; in allen Regionen, in denen ihre jeweiligen Handelsinteressen aufeinanderprallten, kam es zu Scharmützeln und Überfällen. Nach einigen besonders blutigen Kämpfen in Syrien vertrieben die Venezianer 1258 die genuesischen Kaufleute aus dem von ihnen bewohnten Viertel in Akkra. Dann kam es aber zu einer für die Venezianer unglücklichen und unerwarteten Entwicklung. 1261 erlangten die Griechen unter der Führung von Michael Paleologus wieder die Kontrolle über Konstantinopel. Die venezianische Flotte war auf See und die Stadt daher relativ ungeschützt. Die Streitkräfte des Kaisers nutzten diese für sie günstigen Umstände aus, unternahmen einen Blitzangriff auf das »apostolische« Kontingent und stürmten die Verteidigungswälle. Drei Wochen später zog Michael im Triumph in die Hagia Sophia ein. Einen großen Teil seines Erfolgs verdankte er dabei den Genuesen, die ihm fünfzig Schiffe zur Verfügung gestellt hatten; im Gegenzug erhielten sie die von ihnen geforderte Erlaubnis, mit allen Märkten der Stadt ungehindert Handel treiben zu dürfen. Es dürstete sie danach, sich an den Venezianern für ihren Hinauswurf aus Akkra zu rächen. Als die Venezianer mit ihren Schiffen nach Konstantinopel zurückkehrten, blieb ihnen nichts anderes mehr übrig, als ihre Landsleute, deren Läden und Wohnhäuser niedergebrannt worden waren, in Sicherheit zu bringen.

Die Genuesen waren jedoch keine treuen, verlässlichen Verbündeten, und die Kaufleute unter ihnen verhielten sich – so wird berichtet – hochmütig und habgierig. Es stellte sich heraus, dass ihre Flotte einer Begegnung auf See mit der venezianischen nicht gewachsen sein würde. Was aber noch schwerer wog: Ihre in Konstantinopel lebenden Vertreter wurden bezichtigt, eine Verschwörung gegen Paleologus selbst anzuzetteln. Venedig, immer bereit dazu, einen Rivalen zu verdrängen, sandte heimlich Emissäre an den kaiserlichen Hof, und man schloss ein neues Handelsabkommen. Die Genuesen sollten aus dem Reich verbannt werden, Venedig hingegen alle möglichen Privilegien erhalten und überdies die ursprünglichen byzantinischen Besitzungen Kreta, Negroponte, Modon und Coron behalten dürfen. Das waren generöse Zugeständnisse. Dem Kaiser musste klar sein, dass Venedig jetzt die bedeutendere Macht war.

Die Venezianer gewöhnten sich daran, über ein Imperium zu herrschen. Zu Beginn des 14. Jahrhunderts hielt der Doge Pietro Gradenigo vor dem Großen Rat der Patrizier eine Rede, in der er erklärte: »Es ist die Pflicht eines jeden guten Fürsten und jeden ehrenwerten Bürgers, den Staat zu vergrößern, die Republik zu stärken und mit jedem ihm zur Verfügung stehenden Mittel zu ihrem Wohlergehen beizutragen.« Es liege auch in der Verantwortung des Staates, jede günstige Gelegenheit zur Vergrößerung seiner selbst wahrzunehmen. Gradenigo dachte dabei insbesondere an das italienische Festland, denn mittlerweile befürwortete Venedig eine Politik aktiver Kriegführung gegenüber den dortigen Stadtstaaten. Früher hatten sie einmal in den Auseinandersetzungen zwischen Papst und Kaiser des Heiligen Römischen Reichs um die italienischen Städte Neutralität gewahrt. Ihnen war lediglich daran gelegen, ihre Handelswege weiter benutzen zu können. Doch jetzt hatte die Erfahrung imperialer Größe sie härter und entschiedener gemacht. Sie waren kämpferischer geworden. Das italienische Festland unterlag ohnehin einem Wandel: Die bedeutendsten Städte sahen sich nicht mehr als Vasallen überlegener Mächte – wie dem Papsttum zum Beispiel –, sondern als souveräne Territorien oder Stadtstaaten. Im ganzen Land gab es rund achtzig von ihnen. Einige wurden von einzelnen Familien – wie Ferrara von der Familie Este – beherrscht, andere konnte man in der Theorie republikanische Gemeinwesen nennen. Wichtig aber war vor allem ihre Unabhängigkeit. Unabhängige Städte streben nach Macht und territorialer Vergrößerung. Sie wetteifern miteinander um Einfluss, auch auf dem Handelssektor, und bekriegen sich sogar.

1308 trug Venedig auf dem Festland einen Krieg aus, bei dem es darum ging, sein Handelsrecht innerhalb Ferraras zu behalten und die Kontrolle über den Po zu erlangen. Es verbündete sich mit Florenz und Bologna, um die Expansionsbestrebungen Veronas einzudämmen, und erbeutete im Lauf dieser Kämpfe große Gebiete auf dem Festland. Es kämpfte auch siegreich gegen Padua und gewann nicht nur die Stadt selbst hinzu, sondern auch die Provinzen Treviso und Bassano. Schließlich errang es auch Verona und Vicenza. Die italienischen Städte, die unter Venedigs Herrschaft gerieten, wurden nicht unterjocht. Zwar kommandierte man zivile und militärische Aufseher in diese Städte ab, die aber weiter in der gewohnten Weise regiert wurden. Die venezianische Oberklasse zeichnete sich durch ein großes Regierungs- und Verwaltungstalent aus. Sie regierte weder mit zu lascher noch mit zu harter Hand. Es gibt einige Hinweise auf einen »imperialen Stil«, doch in den überseeischen Kolonien fügten die Gouverneure sich in das einheimische »Ambiente« ein: Es machte sich keine Eroberermentalität bemerkbar, und es gab keine Versuche, neue Werte oder Glaubenssätze einzuführen. Die Venezianer kamen nicht als Eroberer oder Missionare, sondern vor allem und in erster Linie als Händler. Woran sie in Wirklichkeit glaubten, war ein gut funktionierender Handel. Sie waren ein sehr pragmatisch eingestelltes Volk, ziemlich unbeliebt, doch eher verabscheut als gehasst.

Es wäre jedoch falsch anzunehmen, dass es keine interne Unzufriedenheit gegeben hätte. Die Tatsache als solche, erobert worden zu sein, war für den Eroberten zunächst schwer zu ertragen. Das Beispiel Kretas kann als repräsentativ gelten. Die lokalen byzantinischen Magnaten mussten ihre Ländereien an Venezianer abtreten. Es gab weder genügend Geld noch Ressourcen, um ein stehendes Heer auf der Insel zu unterhalten, deswegen wurde eine größere Zahl von venezianischen Patriziern als Kolonisten auf die Insel geschickt; sie erhielten Ländereien zu Lehen unter der Voraussetzung, dass sie diese verteidigten. Diese Kolonisten tendierten dazu, sich in den größeren und kleineren Städten niederzulassen; sie waren an das Leben in der Stadt gewöhnt. Städte bildeten ihr natür-

Venedig hat es schon immer in der Form gegeben, die du siehst, oder fast. Seit Anbeginn der Zeiten schwimmt es herum; in allen Häfen hat es Station gemacht, kennt alle Flüsse, alle Quais und Molen. An seinen Schuppen blieben orientalische Perlen haften, durchsichtiger phönizischer Sand, griechische Mollusken, byzantinische Algen. Eines Tages spürte es jedoch die Last jener Splitter und Körnchen […]. Seine Flossen wurden zu schwer, um sich durch die Strömung zu schlängeln. Daher beschloss es, ein für alle Mal in eine der Buchten weiter oben am Mittelmeer hinaufzuschwimmen, in die ruhigste, die entlegenste, und sich dort auszuruhen.

Tiziano Scarpa

liches Habitat. So dauerte es nicht lange, bis eine vorwiegend auf Ackerbau basierende Wirtschaft eine andere Ausrichtung erhielt, nämlich sich immer mehr hin zum städtischen Handel entwickelte. Dieser Handel war fast ausschließlich auf die Mutterstadt hin orientiert. Und natürlich erhoben die venezianischen Behörden hohe Abgaben für jede Transaktion. Sie förderten den Handel, um ihn für sich zu nutzen. Doch begannen auch auf der Insel selbst Kaufleute es zu etwas zu bringen. Es gab einen wachsenden Markt für die Werke der kretischen Ikonenmaler. Schätzungen zufolge stammten fünfundneunzig Prozent der Ikonenmaler, die es im ganzen venezianischen Reich gab, ursprünglich von der Insel.

Die venezianische Strategie bestand darin, das Regierungs- und Verwaltungssystem nach dem Vorbild der Mutterstadt neu zu gestalten. Kreta wurde in *sestieri* unterteilt. Die höchste Position bekleidete ein *duca*, der gewissermaßen auf niedrigerer Ebene dem Dogen entsprach. Die wichtigsten Entscheidungen, die Landessicherheit und den Handel betreffend, waren aber immer noch das Prärogativ des venezianischen Senats. Es gab auch sichtbarere Veränderungen. Der Hauptplatz von Candia, der kretischen Hauptstadt, wurde in Piazza San Marco umbenannt und zum wichtigsten Treffpunkt und Markt der ganzen Stadt mit einer eigenen Basilika und einem eigenen Herzogspalast. Sie wurde umgestaltet und renoviert, um der dort ansässigen neuen Verwaltung Würde und Seriosität zu verleihen. Der Platz diente auch als Austragungsstätte für Feste und öffentliche Feiern. Zwischen dem Eingangstor zum Hafen und der Basilika wurde ein Weg angelegt, den man für feierliche Prozessionen benutzte. Die Venezianer legten die Bühne, die sie zu Hause, in der Stadt an der Lagune, ihrem Handel und ihrer Politik errichtet hatten, in einer anderen Umgebung neu an. Die byzantinischen Paläste und Monumente wurden mit subtiler Abwandlung ihrer symbolischen Bedeutung wiederverwendet, so dass sie die venezianische Hegemonie widerspiegelten. Einige der Paläste erhielten auch neue »venezianische« Fassaden.

Venedig sah sich selbst als natürliche Erbin von Byzanz an. Es kam zu keinem abrupten Bruch, sondern zu einem geregelten Übergang. Die religiösen Traditionen und öffentlichen Zeremonien des alten Imperiums wurden übernommen und adaptiert. Wie immer überlebte Venedig durch Assimilation. Das Beispiel Kretas ist auch in dieser Beziehung aufschlussreich. Die Riten der lateinischen Kirche, ihre Zeremonien wurden mit denen der griechischen Kirche verschmolzen. Die Venezianer übernahmen die Verehrung des lokalen kretischen Heiligen, Titus. Es gab also keinerlei Religionskriege. Die Venezianer hatten nichts mit den Spaniern gemein. Es kam immer wieder zu Aussöhnungen und Übereinkünften, aus dem einfachen Grund, dass man das in Gang halten wollte, was im Kern ein gigantisches Handelsimperium war. Kreter heirateten Venezianerinnen, Venezianer Kreterinnen. Venezianische Kaufleute übersiedelten nach Kreta. Kretische Gelehrte und Maler zogen an die Lagune. Eine neue Kultur entstand, aus der östlichen und der westlichen zusammengesetzt. Nach dem Fall von Byzanz wurde Kreta zum Zentrum des Hellenismus im Westen. Natürlich gab es auch Einflüsse, die in die umgekehrte Richtung liefen. Heute noch finden sich im Griechischen venezianische Dialektausdrücke, darunter die Wörter für Stahl, Kriegsflotte, Samt, Ehering und den Akazienbaum. Tatsächlich kam es unter venezianischer Herrschaft zu einer Wiederbelebung des griechischen Schrifttums. Venedig war in einem stärkeren Maß als Byzanz für den Erhalt der alten griechischen Kultur in der Moderne verantwortlich. Die Poesie in dieser Sprache wurde von Männern verfasst, die sich in politischer, ethnischer, spiritueller und kultureller Hinsicht Venedig verbunden fühlten.

Es kam zu Revolten und Rebellionen, was auf örtliche Missstände und lokale Splittergruppen zurückzuführen war, doch die Insel blieb mehr als vier Jahrhunderte in venezianischer Hand. Man kann sagen, dass die Venezianer die erste moderne Kolonialmacht waren.

Über die Ägäis hat die Markusrepublik ein wahres Spinnennetz ausgebreitet, und bei der Kolonisation der Inselwelt hat sie sehr unterschiedliche Methoden angewandt. Insbesondere hier setzte Venedig auf die Eigeninitiative und den Besitzdrang seiner navigatorisch und militärisch erprobten Patrizier, indem es zahlreiche Inseln regelrecht versteigerte. Abenteuerlustige Venezianer, die in der Lage waren, eine kleine Privatflotte auszurüsten und drei, vier Hundertschaften zu rekrutieren, wurden autorisiert, bestimmte Inseln auf eigene Faust und Rechnung in Besitz zu nehmen.

Reinhard Lebe

Doch in einer von Krieg und imperialistischem Streben dominierten Welt konnten Rivalität und Feindseligkeit nie zum Erliegen kommen. In Briefen und Chroniken aus dem späten 14. Jahrhundert wurde der Optimismus der Venezianer teilweise von Untergangsahnungen und Melancholie abgelöst: Die Welt schien unsicherer geworden zu sein und der Glaube an die göttliche Vorsehung geringer. Dieser Vertrauensverlust ging mit der Suche nach größerer Sicherheit in der Welt einher. Der Aufbau des Imperiums brachte also Bürden eigener Art mit sich. 1364 erhoben sich die kretischstämmigen Einwohner Candias gegen ihre venezianischen Herren; einige venezianische Patrizier schlossen sich ihnen an. Der Aufstand wurde niedergeschlagen, die Rädelsführer hingerichtet, doch war es für Venedig ein beunruhigendes Ereignis. Petrarca hielt sich in Venedig auf, als die siegreiche Flotte wieder in die Lagune einfuhr. »Wir rechneten mit guter Kunde«, schrieb er, »denn die Masten waren mit Blumen umwunden, auf Deck standen junge Burschen mit grünen Kränzen gekrönt und Fahnen über ihren Häuptern schwenkend.« Man empfand an jenem Tag nicht nur Triumphgefühle, sondern auch Erleichterung. In der Basilika wurde das Hochamt gefeiert, und auf der Piazza fand ein in aller Eile organisiertes Fest statt. Petrarca war auch bei diesen Ereignissen zugegen und gab Kommentare darüber ab, wie großartig die Zeremonien gewesen seien. Als das venezianische Imperium sich seiner selbst immer sicherer wurde, wuchs auch die Lust an Spektakeln und Zeremonien.

Genua ließ sich von der Vertreibung seiner Bürger aus Konstantinopel nicht unterkriegen. Seine Händler hatten am Schwarzen Meer die Oberhand, und es nahm auch in Syrien und Palästina eine führende Position ein. So bestand nie Aussicht auf einen dauerhaften Frieden zwischen den beiden Städten. 1350 überraschte ein venezianischer General im Hafen von Negroponte eine Flotte von vierzehn genuesischen Schiffen und nahm zehn von ihnen als Prise. Die restlichen vier konnten deswegen entfliehen, weil die Venezianer zu sehr damit beschäftigt waren, die Laderäume der anderen zu leeren. Die Venezianer und die mit ihnen verbündeten Griechen trafen anschließend am Bosporus mit der Kriegsflotte der Genuesen zusammen, aber die Schlacht brachte keine Entscheidung. 1353 schlugen die Venezianer ihre Erzfeinde vor Sardinien, doch eine zweite Flotte aus Genua segelte durch das Adriatische und das Ägäische Meer und hinterließ dabei eine Spur der Verwüstung. Ein Jahr später wurde eine venezianische Flotte von den Genuesen im Hafen von Modon sabotiert und versenkt. Die venezianischen Kommandanten und die Besatzungen wurden in Gewahrsam genommen. Es war ein bedeutender Sieg für die Genuesen, doch sogar als Verlierer erwiesen sich die Venezianer noch als geschickte Verhandlungspartner: Man einigte sich auf einen Waffenstillstand, und jede Seite verpflichtete sich, die andere nicht mehr anzugreifen.

Im Anschluss an dieses Abkommen brach für Venedig keine wirkliche Friedenszeit an. Man war gezwungen, Dalmatien an den König von Ungarn abzutreten, weil dieser einfach eine stärkere Streitmacht besaß. Außerdem musste man seine Kaufleute aus Famagusta auf Zypern abziehen, als die Genuesen diese Stadt an sich brachten. Die venezianische Flotte herrschte nach wie vor über ihr Heimatgewässer, die Adria, sah sich aber im Schwarzen Meer immer wieder mit den Schiffen aus Genua konfrontiert. Als Venedig die Insel Tenedos eroberte, die von großer strategischer Bedeutung war, weil man von ihr aus die Zufahrt zum Schwarzen Meer kontrollierte, erklärten die Genuesen der Adriarepublik erneut den Krieg. Dieser vierte Krieg zwischen Venedig und Genua sollte sich als der schrecklichste von allen erweisen und als derjenige mit den fatalsten Folgen.

Zum offenen Ausbruch der Feindseligkeiten kam es 1378: In jenem Jahr segelte ein venezianischer Admiral namens Vettor Pisani nach Westen und erzielte in Genuas eigenen Gewässern einen triumphalen Sieg über die Erzrivalin. Viel näher an der Heimat kam es jedoch zu Komplikationen: Der ungarische König lud die Genuesen ein, die Venedig gegenüberliegende dalmatinische Küste als Operationsbasis zu benutzen. Das war ein Angebot, das man nicht ausschlagen konnte. Pisani war gezwungen, mit seiner Flotte in die Adria zurückzukehren, um venezianische Konvois in einem Golf zu schützen, den die Venezianer bis dahin immer als den ihren angesehen hatten. Sein Stützpunkt befand sich in Pola in Istrien, und zum Jahreswechsel wurden seine Schiffe dort für künftige Auseinandersetzungen instand gesetzt und vorbereitet. Doch bevor alle von ihnen seetüchtig waren, wurde ihnen schon eine Schlacht aufgezwungen. Die Venezianer waren zunächst im Vorteil, da der Admiral der Genuesen fiel; doch ganz unerwartet traf Verstärkung für den Feind ein, und die Venezianer wurden niedergerungen. Hunderte von ihnen verloren das Leben oder wurden gefangen genommen.

Ihre Flotte war ausgeschaltet und damit genau das eingetreten, was die Venezianer am meisten fürchteten. Ihre Feinde rückten von allen Seiten heran. Der ungarische König versperrte die Seefahrtswege in der nördlichen Adria; der Herrscher von Padua blockierte die westlichen Handelsrouten auf dem Festland. Die Flotten der Genuesen waren gut ausgerüstet und bewaffnet und wurden ständig vergrößert. Die Genuesen konnten sogar in die Lagune eindringen und Siedlungen an der Küste von Lido niederbrennen. So etwas war in der langen Geschichte der allerdurchlauchtesten Republik noch nie geschehen. Als die Paduaner und die Genuesen ein Waffenbündnis schlossen und den großen Hafen Chioggia südlich von Venedig an sich brachten, hatte sich der Kreis der Feinde um die Stadt herum geschlossen. Die Venezianer befanden sich in einem Belagerungszustand, und man befürchtete, die Stadt könnte besetzt werden. Auf dem Rialto kamen die Geschäfte zum Erliegen. Die Zahlung der Gehälter aller Inhaber eines öffentlichen Amts wurde fürs Erste eingestellt. Der Doge erklärte den Stadtarmen, dass sie von den Reichen mit Nahrung versorgt werden würden. Bei einer Bedrohung schlossen sich die Venezianer immer zu einer engen Gemeinschaft zusammen. Sie schlugen den Genuesen die Aufnahme von Verhandlungen vor, doch diese lehnten ab: Sie würden so lange keine Gespräche mit ihren Feinden führen, bis die Pferde von San Marco gezügelt worden seien. Die bronzenen Rösser, die man bei der Plünderung Konstantinopels erbeutet hatte, waren inzwischen zu einem Symbol für den Hochmut und die Habgier der Venezianer geworden.

Es war für die venezianische Obrigkeit ein Augenblick höchster Gefahr; sie würde auf die Unterstützung und Kooperation aller Bürger angewiesen sein, um eine Katastrophe abzuwenden. Auf Drängen des Volkes hin ließ man Vettor Pisani aus dem Gefängnis frei, in das man ihn nach seiner Niederlage bei Pola geworfen hatte. Er wurde jetzt der Favorit des Volkes, der Mann, auf den dieses die größte Hoffnung setzte. Der Doge persönlich, Andrea Contarini, half bei der Ausbildung von Mannschaften für die neuen Galeeren, die man in aller Eile auf Kiel gelegt hatte.

Der von Pisani ausgearbeitete Plan sah die Versenkung von mit Steinen beladenen Barken und Booten in den tiefen Fahrrinnen um Chioggia vor; so konnte man den Hafen und die Genuesen, die sich in ihm festgesetzt hatten, sowohl vom Festland als auch von ihrer Flotte, die sich noch auf See befand, abschneiden. Pisanis Rechnung ging auf. Die Genuesen sahen sich plötzlich in Chioggia mit zur Neige gehenden Vorräten an Lebensmitteln, Trinkwasser und Schießpulver gefangen. Auch die Venezianer litten unter Entbehrungen, doch sie besaßen einen großen Vorteil: Sie hatten wieder Hoffnung. Während Pisani noch den Genuesen zusetzte, wo immer es ging, und sie ausmanövrierte, als sie einen verzweifelten Versuch unternahmen, aus Chioggia auszubrechen, kehrte ein anderer venezianischer Admiral in den Heimathafen zurück. Carlo Zeno war auf Feindfahrt gegen die Genuesen im Mittelmeer gewesen, auf der er viele ihrer Schiffe und deren Ladungen erbeutet hatte. Man hatte ihn angewiesen, wieder Kurs auf die Lagune zu nehmen und seiner Heimatstadt bei ihrem Kräfteringen mit Genua beizustehen.

Es ist der größte Moment in der Geschichte der Venezianer, daß sie sich in dieser Gefahr behaupteten. Die Vornehmen hatten den tapferen Vettor Pisani, weil er geschlagen worden war, ins Gefängnis geworfen; das Volk, das in ihm seine einzige Rettung sah, befreite ihn aus seiner Haft und rief ihm ein Viva zu. Er antwortete ihnen, nicht ihm solle ein Lebehoch gebracht werden, sondern San Marco, das heißt der Republik. Auch die Vornehmen scharten sich um diese Fahne, sie brachten ihre Habe mit Vergnügen dar, und vor allem, sie schlugen sich mit heldenmütiger Tapferkeit. Mit Recht ist der Tag, 21. Juni 1380, heilig gehalten worden, an welchem der […] Doge Chioggia wieder einnahm.

Leopold von Ranke

Er half dabei, die von den Genuesen mit immer größerer Verzweiflung unternommenen Versuche, sich den Weg aus Chioggia frei zu kämpfen, zu vereiteln. Es kam zu erbitterten Kämpfen auf den Sandbänken, und der genuesische Kommandant Luciano Doria kam ums Leben, als eine Kanonenkugel in den Turm krachte, von dem aus er das Kampfgeschehen verfolgte. Im Juni 1380 streckten die Genuesen die Waffen. Venedig hatte in der Adria und im Mittelmeer noch mit einigen Schwierigkeiten zu kämpfen, doch von Genua wurde es nie wieder herausgefordert, und die Schiffe dieser Seerepublik segelten nie wieder in die Adria ein. Im Jahr der großen Niederlage hielt ein Genueser Pater seiner Gemeinde eine Moralpredigt; ihre Landsleute, meinte er, seien wie Esel: »Wenn viele von ihnen beieinander sind und einer einen Schlag mit einem Stock erhält, dann stieben sie alle auseinander und fliehen hierhin oder dorthin.« Venezianer andererseits ähnelten Schweinen. »Wenn eine Herde Schweine zusammengepfercht ist und eines von ihnen geschlagen oder mit einem Stock geprügelt wird, dann rotten sich alle zusammen und gehen auf den los, der das eine geschlagen hat.«

Der Sieg hatte immense Auswirkungen für Venedig. Im 14. Jahrhundert wurde es zu einer der wichtigsten Städte der damals bekannten Welt. Während es in den Jahrhunderten davor in kultureller und kaufmännischer Hinsicht vorwiegend in Richtung Orient ausgerichtet gewesen war, hatte es sich Ende des 14. Jahrhunderts zu einer genuin europäischen Macht entwickelt. Nach dem Ende des Kriegs nahm es das Recht des Stärkeren in Anspruch und forderte Durazzo und Skutari, Lepanto und Patras, Argos und Athen für sich. Das waren Städte und Regionen, aus denen vor allem Wein und Weizen kamen. Das Reich der Venezianer auf dem italienischen Festland wuchs ebenfalls beziehungsweise wurde Schritt für Schritt vergrößert. In den frühen Jahren des 15. Jahrhunderts sandten Verona und Padua Botschafter nach Venedig, um den Akt formeller Unterwerfung zu vollziehen. Ravenna und Friaul sowie eine Reihe weiterer Städte schlossen sich diesem Beispiel an. In dem ganzen Gebiet von den Alpen im Norden bis zum Po im Süden, von Bergamo und Crema im Westen bis zur Adria selbst beanspruchte Venedig die Herrschaft für sich. Man könnte beinahe sagen, dass die Stadt die alte Provinz Venetia, aus der die Vorväter ihrer Bewohner gekommen waren, hatte wiedererstehen lassen.

Gouverneure wurden in die großen und kleinen Städte, die seiner Kontrolle unterstanden, entsandt, und ein »Kapitän« wurde in diesen Orten damit beauftragt, sich um die militärischen Angelegenheiten zu kümmern. Auf dem Festland für eine gewisse Zeit in hoher Position Dienst zu tun, wurde zur Vorbereitung auf die Bekleidung eines hohen politischen Amtes in der Heimatstadt. Doch war jede Stadt in der Lage, ihre lokalen Privilegien zu wahren, und man schaffte auch die traditionellen Gremien und juristischen Institutionen nicht ab. Nur langsam kam eine Entwicklung in Richtung auf eine professionellere bürokratische Struktur in Gang, die damit einherging, dass die Bedeutung beziehungsweise die Macht einer kleinen Zahl von aristokratischen Familien wuchs. Das Muster, nach dem Venedig organisiert war, begann aufgenommen zu werden – es war wohl unvermeidlich. Das Stärkere dominierte das Schwächere. Doch die dominierende Stadt, die *inclita dominante* oder weitgenannte Herrin, versuchte nicht, diese Territorien einer Einigung zuzuführen. Die Mailänder und Florentiner übten ihre Herrschaft über die Städte, die ihnen untertan waren, auf wesentlich offenere und direktere Weise aus. Die Venezianer waren viel zurückhaltender, vielleicht auch konservativer. Es gab einige Ungewissheiten, was die Gültigkeit lokaler Gesetze, ihr Verhältnis zum venezianischen Rechtssystem anbelangte, doch das war unvermeidlich. Das Festlandimperium wurde nach ganz pragmatischen Kriterien eingerichtet. Es entstand dort kein venezianischer Staat, sondern nur ein Handelsverbund, und das Wichtigste an ihm waren die Steuern, die er an Venedig abführen musste.

Die Venezianer förderten auch keine geschäftliche Unternehmung, welche die kommerzielle Oberhoheit ihrer eigenen Stadt gefährden konnte, wie zum Beispiel das Weben von Luxusstoffen. Einem englischen Beobachter zufolge wirkte daher noch in den 1760er-Jahren »jede andere Stadt im Gebiet der Republik arm im Vergleich zur Mutterstadt«. Der dem venezianischen Staat innewohnende Konservatismus verhinderte auch die Modernisierung der Wirtschaft in den Festlandterritorien. Das war eine direkte Ursache für den ökonomischen Niedergang, den Venedig schließlich erlebte. Die Italiener waren nicht in der Lage, mit den im Aufstieg begriffenen Engländern und Holländern zu konkurrieren. Die Unfähigkeit oder Abneigung, einen Staat zu erschaffen, und zwar einen modernen Zuschnitts, kann auch die Spaltungstendenzen auf der italienischen Halbinsel gefördert haben. In einem gewissen Sinn war die Gelegenheit zur Einigung und Zentralisierung vertan worden, und deswegen blieb Italien auch leichte Beute für ausländische Mächte.

Doch Venedig war immer noch sicher. Es wurde von der Lagune geschützt, während die Ebenen und Hügel Norditaliens es von dem mit ihm rivalisierenden Mailand trennten und die tiefen Täler und Gebirgszüge der Alpen ein Bollwerk gegen die Feinde aus dem Norden darstellten. Je weiter der Herrschaftsbereich sich ausdehnte, desto eifersüchtiger wurde er gehütet. Die Notwendigkeit zum Selbstschutz wurde neben kommerziellen Argumenten angeführt, um das Sicheinverleiben weiterer Städte und Regionen zu rechtfertigen. Untätigkeit konnte man sich nicht länger erlauben.

Im ersten Viertel des 15. Jahrhunderts schloss Venedig sich daher mit Florenz zusammen, um die Mailänder Visconti zu bekämpfen. Das war das erste Mal, dass man von der Politik der *splendid isolation* abwich. In Venedig selbst gab es starken Widerstand gegen dieses Bündnis. Venezianische Händler machten sehr einträgliche Geschäfte mit den Mailand unterstehenden Territorien, und wenn Venedig sich übernahm, bedeutete das, dass man ein stehendes Herr würde unterhalten müssen. Doch die politischen Führer der Stadt waren fest entschlossen, mit der unabhängigen Republik Florenz eine

Allianz gegen die Tyrannen in Mailand einzugehen. Die Strategie war erfolgreich, und mit der Ausschaltung der Visconti herrschte in Italien mehr oder weniger politische Ausgeglichenheit. Es gab nicht mehr als fünf Territorialstaaten, die alle über ein ungefähr gleiches Maß an Macht und Ressourcen verfügten – Venedig, Neapel, Florenz, Mailand und der Kirchenstaat. Jede Stadt und die von ihr abhängigen Gebiete wurden als *stato* bezeichnet; das Wort bedeutete zunächst so viel wie »Besitz« oder »Besitzung«, wurde nach einiger Zeit aber benutzt, um die kollektive Existenz eines Volkes auszudrücken. Anfangs waren diese *stati* stark von der Persönlichkeit eines Herrschers oder einer herrschenden Familie abhängig, im Lauf der Zeit änderte sich dann aber die politische Struktur so, dass sie wirklich den Namen »Staat« im heutigen Sinn verdiente. Die Interessen des Staates erlangten oberste Priorität. Leopold von Ranke schrieb über diese neuen italienischen Mächte: »Sie sind weder Völker noch Stämme, weder Städte noch Reiche; es sind die ersten Staaten der Welt [...].« Und Venedig war einer von ihnen und bereitete zusammen mit den anderen den Weg für die Entwicklung der modernen Weltordnung.

Mailand war immer noch die mächtigste Stadt der Lombardei und Florenz die der Toskana, doch, wie William Wordsworth es ausdrückte, hielt nur Venedig auch den Osten lang in fester Hand (»On the Extinction of the Venetian Republic, 1802«). Die enge Verbindung mit dem Orient schlug sich in den Straßen und Häusern der Stadt sichtbar nieder. Sogar der Dom war von orientalischer Baukunst inspiriert. Im 15. Jahrhundert war es die reichste Stadt von ganz Italien, mit einem jährlichen Haushaltsaufkommen, das an das von Spanien oder England heranreichte. In Venedig gab es viel mehr Paläste als in jeder anderen Stadt. Seine Marine war unbestreitbar die beste der Welt. Es herrschte dort auch größere Stabilität als in irgendeiner der Konkurrenzstädte auf dem Festland; seine Stärke und Ausdauer leiteten sich von jenen Überlebensinstinkten ab, die von frühester Zeit an durch den ständigen Kampf gegen das Meer genährt worden waren. Während vor allem die Genuesen von Bürgerkriegen und internen Rivalitäten heimgesucht wurden, blieb Venedig ein Vorbild an Beständigkeit, trotz Pestepidemien und Phasen ökonomischer Flaute. Die Stärke und Stabilität seiner Verfassung ließen es mächtig werden. Der Handel geriet wieder in Schwung, vor allem durch seine Geschäfte mit Indien und China, und auf dem Rialto wurde so viel Geld wie nie eingenommen. Venedig triumphierte.

Über das Ende der Republik Venedig

Den Osten hielt sie lang in fester Hand,
den Westen schützte sie. So bleibt ihr Wert,
daß sie vom Adel nie sich abgekehrt,
der Freiheitskinder ältestes genannt,
jungfräulich schön, in keinen Dienst gebannt,
nicht von Gewalt und nicht von List versehrt.
Denn niemand hat zum Gatten sie begehrt.
Als nur das Meer, das rollt von Land zu Land.
Nun sieht sie, wie der letzte Ruhm verbleicht,
wie solche Macht und solche Kraft verfällt:
Europa, gib ihr Mitleid, daß ihr leicht
Des langen Lebens letzter Tag zerschellt!
Wir sind nur Menschen, gramvoll, wenn entweicht,
was einmal groß war, aus der leeren Welt.

William Wordsworth

18

Ruf zu den Waffen

Als sein Engagement auf dem Festland seinen Höhepunkt erreicht hatte, unterhielt Venedig dort eine Streitmacht von vierzigtausend Söldnern. 1423 besaß die Stadt der Schätzung des regierenden Dogen zufolge fünfunddreißig Galeeren, dreihundert Segelschiffe und dreitausend weitere Wasserfahrzeuge von unterschiedlichem Typus. Um sie zu bemannen, waren sechsunddreißigtausend Seeleute erforderlich, beinahe ein Viertel der Gesamtbevölkerung, die um die hundertfünfzigtausend Seelen zählte. Es gab Schiffe, die auf Namen wie *La Forza*, *La Fama* und *La Salute* (»Kraft«, »Ruhm«, »Heil«) getauft waren. Sie dienten dazu, die bewaffneten Galeeren der Kauffahrerkonvois zu beschützen, die zu vorher festgelegten Zeitpunkten von Venedig aus in See stachen. Ihre Aufgabe war es, Piraten abzuwehren und die Handelsschiffe verfeindeter Nationen zu attackieren. Kein fremdes Schiff konnte sich in Gewässern, die Venedig als die seinen betrachtete, sicher fühlen. Die Seeoffiziere rekrutierten sich aus den patrizischen Familien. Eine bestimmte Zeit an Bord eines Schiffes zu dienen, galt als unerlässlicher Teil der Ausbildung eines jungen Patriziers.

Die Besatzungen wurden zunächst aus freien Männern gebildet, aus Freiwilligen, die sich in Venedig oder Besitzungen der Stadt gemeldet hatten. Gegen Ende des 16. Jahrhunderts führte man Zwangsverpflichtungen ein. Das setzte natürlich den Status der Galeerenarbeit so herab, dass man sie nach Möglichkeit mied. Ein Ruderer, ein *galeotto*, zu sein, galt als niederer Beruf. Um die Mitte des 16. Jahrhunderts begann sich daher der Charakter der Besatzungen zu verändern. Es hieß, dass sie sich aus Trunkenbolden und Schuldnern, aus Verbrechern und Asozialen zusammensetzten. Die Gerichte schickten einen überführten Verbrecher oft lieber auf eine Galeere als in eine Zelle. Um 1600 stellten solche zum Galeerendienst Verurteilte den Hauptteil der Mannschaften. Was es bedeutete, auf der Ruderbank angekettet zu sein, kann man den Aufzeichnungen der venezianischen Gerichte entnehmen: Achtzehn Monate Galeerendienst wurden als Äquivalent für drei Jahre strenge Haft und eine Zeit am Pranger angesehen, sieben Jahre Galeere entsprachen dem Dafürhalten der Behörden nach zwölf Jahren Kerker. Die Essensrationen der Leute setzten sich aus Zwieback, Wein, Käse, gepökeltem Schweinefleisch und Bohnen zusammen. Das war eine Ernährung, die das sanguinische Temperament fördern sollte. Ein Franziskanermönch war immer an Bord einer Galeere, um die Männer zu »erwecken«. Es gibt aber viele Berichte, in denen von Krankheit und frühem Tod, von Erschöpfung und Verzweiflung die Rede ist. Carlo Gozzi sah im 18. Jahrhundert einmal »dreihundert Schurken, mit Ketten beschwert, verurteilt, sich in einem Meer von Plagen und Qualen durchs Leben zu schleppen, von denen jede für sich genommen schon ausreichen würde, einen Menschen zu töten«. Er berichtete weiter, dass »eine Epidemie von bösartigem Fieber in den Reihen dieser Menschen tobte«. Das alles heißt aber nicht, dass die Besatzungsmitglieder dieses neuen Typus schlechtere Ruderer waren als früher die Freiwilligen. Sie trugen dazu bei, in der Nähe von Lepanto einen bedeutenden Sieg gegen die Türken zu erringen.

Thomas Coryat leitete den Namen »Arsenal« nicht von einem arabischen Ausdruck, sondern vom lateinischen »ars navalis« ab, *[…] denn hier wird die Kunst geübt, Takelwerk und alle möglichen anderen für die Schiffahrt notwendigen Dinge herzustellen. […] Hier werden jederzeit zweihundertfünfzig Galeeren bereitgehalten, jede in ihrem eigenen Dock, das sorgfältig überdacht ist, um sie vor der Witterung zu schützen. Weitere fünfzig Galeeren sind ständig auf dem Meer.*

Thomas Coryat

Das Prunkstück der Seemacht Venedig war das Arsenal, die größte Werftanlage der Welt. Das Wort stammt vom arabischen *dar sina'a* ab, »Ort des Bauens«, was erneut die engen Verbindungen Venedigs zum Orient unterstreicht. Die Anlage wurde zu Beginn des 12. Jahrhunderts begonnen und ständig erweitert und vergrößert, bis ein technologisches Wunderwerk aus ihr geworden war. Sie wurde mit Beinamen belegt wie »Herstellungsstätte von Wundern«, »größtes Wirtschaftsunternehmen in Europa« und »achtes Weltwunder«. Diese Epitheta bezeugen, welche Ehrfurcht man damals vor

Ansicht des Arsenals aus dem 17. Jahrhundert. Das Arsenal von Venedig war die größte Schiffsbaustätte der Welt mit einer Vielzahl von Becken und Docks. Galeeren und Schiffe anderen Typs wurden hier bereits in einer Art Fließbandverfahren gebaut und ausgerüstet, so dass die Anlage als Vorform einer kapitalistischen Fabrik angesehen werden kann.

neuen Technologien empfand. Sein berühmtes Tor, ein Bauwerk, bei dem sich römische und byzantinische Elemente verbinden, wurde 1460 errichtet. Das Arsenal stellte da schon das Zentrum eines zweiten Reichs dar; es war der Motor des Handels, das Fundament für die Macht Venedigs auf den Meeren, ein Beweis für die Vorrangstellung industrieller Unternehmung in der allerdurchlauchtesten Stadt.

Schließlich umgaben Mauern von vier Kilometern Länge mit vierzehn Wehrtürmen eine vierundzwanzig Hektar große Fläche, auf der die diversen Arbeiten, die für den Bau und die Ausrüstung von Schiffen notwendig waren, verrichtet wurden. Es war das größte Industrieunternehmen der Welt. Um diese Stätte herum siedelte sich eine große Schar geschulter Arbeiter und ungelernter Handlanger an, Schätzungen zufolge zwischen sechs- und sechzehntausend Menschen. Auch wenn diese Zahlen stark divergieren, kann man mit Sicherheit sagen, dass sehr viele Leute dort beschäftigt waren. Dieses dem Schiffbau gewidmete Viertel im Ostteil Venedigs wurde ein markanter Teil der Stadt, wo die Menschen eigenen Ansichten anhingen und eigene Bräuche pflegten. Sie lebten und starben in den drei Pfarrbezirken San Martino, Santa Ternita und San Pietro. Es ist heute noch ein Viertel mit winzigen Häusern, überfüllten Mietskasernen, kleinen Plätzen, Sackgassen und engen Sträßchen.

Die Einwohner wurden als *arsenalotti* bekannt, und ihre Bedeutung für den Staat war so groß, dass sich aus dem männlichen Teil der Bevölkerung auch die Leibwächter des Dogen rekrutierten. Außerdem wurden sie zur Bekämpfung von Bränden herangezogen, und nur *arsenalotti* waren in der Münze als Arbeiter zugelassen. Und sie stellten auch die Ruderer für die Prunkbarke des Dogen bei zeremoniellen Anlässen. Aus Stolz auf ihren Status taten sie sich nie mit den anderen Handwerkern zusammen. Es war ein Fall von *divide et impera* und auch ein hervorragendes Beispiel für die subtile Art und Weise, wie die politischen Führer Venedigs das, was sonst möglicherweise eine aufsässige, widerspenstige Gruppe von Menschen gewesen wäre, in das Grundgerüst der Stadt, in die politische Struktur, einbezogen. Die Loyalität der *arsenalotti* trug entscheidend dazu bei, das ganze Gebilde zusammenzuhalten und so das Überleben Venedigs zu sichern.

Das Arsenal stellte die erste nach dem Montagebandprinzip organisierte Fertigungsstätte dar und war als solche ein Vorbote des Fabriksystems späterer Jahrhunderte. Ein Reisender beschrieb sie 1436 folgendermaßen:

> Wenn man durch das Tor geschritten ist, erblickt man auf beiden Seiten eine breite Straße mit dem Meer in der Mitte, und auf der einen Seite gibt es Fensteröffnungen in den Gebäuden des Arsenals und desgleichen auf der anderen Seite. Über diesen schmalen Streifen Wasser glitt eine von einem Boot gezogene Galeere, und aus den Fenstern der verschiedenen Gebäude überreichten sie den Arbeitern Materialien, aus dem einen Tauwerk, aus dem anderen die Waffen …

Das Ganze war als »die Maschine« bekannt. Die Kriegsgaleeren wurden hier gebaut und die relativ schwach bewaffneten Segelschiffe hier ebenfalls auf Kiel gelegt. Entscheidend für die Effizienz war die Aufteilung der Arbeit, die Spezialisierung der Werftarbeiter auf ganz bestimmte Tätigkeiten; es gab Schiffszimmermänner und Abdichter, Seiler und Schmiede, Plankensäger und Rudermacher. Innerhalb von dreißig Tagen konnte man dreißig Galeeren bauen und ausrüsten. Als der französische König die Anlage 1574 besuchte, wurde in den zwei Stunden, die er brauchte, um sein Abendmahl zu sich zu nehmen, eine Galeere fertiggestellt und zu Wasser gelassen. Dieser ganze Prozess der industriellen Kollaboration, dieses Ineinandergreifen verschiedener Vorgänge, kann aber auch als Abbild des ganzen venezianischen Gemeinwesens gesehen werden. Alles fügte sich zu einer Einheit zusammen.

Dante stattete dem Arsenal im frühen 14. Jahrhundert einen Besuch ab und hinterließ im einundzwanzigsten Gesang des *Inferno* eine Schilderung der dort herrschenden Betriebsamkeit:

> Wie man zur Winterszeit im Arsenale
> Venedigs sieht den zähen Teerbrei kochen,
> Zu heilen kranke Schiffe im Spitale,
> Denn weil die Schiffahrt ruht, so stehen und pochen
> Am neuen Fahrzeug diese, andere heilen
> Die Rippen dem, das oft in See gestochen,
> Am Heck und Bugspriet Zimmerer sich beeilen,
> Es wird geflickt an Segel und Gebände,
> Hier schnitzt man Ruder, dort dreht man an Seilen…

Es ist vielleicht kein Zufall, dass Dante diese Vision dem achten Kreis der Hölle zuordnet, in welchem korrupte Träger eines öffentlichen Amtes bis in alle Ewigkeit gepeinigt werden. Der unverhohlene Verkauf öffentlicher Ämter wurde ein die Verwaltung und Regierung der Stadt belastendes Problem.

Irgendwann war das Arsenal veraltet. Die Weiterentwicklung der Schifffahrtstechnologie ließ es vom 17. Jahrhundert an obsolet werden. Man stellte dort weiter Galeeren her, als man keine Galeeren mehr benötigte. Die Produktion wurde ineffizient, die Arbeiter waren unterbeschäftigt und entsprechend unterbezahlt. Die Anlage wurde jedoch erst 1960 geschlossen, und elftausend Familien mussten ihren alten Wohnbezirk räumen. Jetzt finden in den alten Hallen Ausstellungen statt, die im Zusammenhang mit den verschiedenen Festivals stehen, die in Venedig stattfinden.

Wie zur See, hielten sie sich auch auf dem festen Land in steter Bewaffnung. Auch nachdem jene Stürme vorüber waren, welche die erste Hälfte des sechzehnten Jahrhunderts erfüllten, besoldeten sie 600 Uomini d'arme, jeden mit 3 Pferden, und 1000 Stradioten; sie erhielten eine Landmiliz unter Waffen, die auf 25 000 Mann berechnet wird: ihre Festungen waren wohl besetzt. […] Fast alle waren mit festen Mauern, tiefen und breiten Gräben, wohlangelegten Bollwerken versehen […].

Leopold von Ranke

Das venezianische Heer war auf dem Land genauso schlagkräftig wie die Kriegsflotte auf den Ozeanen. Mitte des 15. Jahrhunderts konnte Venedig sich ein stehendes Heer von zwanzigtausend Mann leisten, das im Bedarfsfall noch durch Bürgerwehren verstärkt werden konnte. Zu Beginn des darauffolgenden Jahrhunderts hatte diese Zahl sich verdoppelt. Es setzte sich aus Angehörigen verschiedener Nationen zusammen. Venezianische Ingenieure waren für die diversen Belagerungsmaschinen bekannt, die sie entwarfen, doch hieß es, dass die Einwohner der Stadt keine guten Soldaten abgaben. Deswegen griff die Stadt für ihre Verteidigung in großem Ausmaß auf Söldner zurück. Diese kamen aus Dalmatien, Kroatien und Griechenland wie auch aus Deutschland und der Gascogne. Unter venezianischer Flagge dienten leichte Reiter aus Albanien und Kürassiere aus anderen Regionen Italiens. 1498 nahm man bei Buti eine Reihe venezianischer Musketiere gefangen und hackte ihnen die Hände ab; einige der Unglücklichen stammten aus England und Holland.

Der Aufbau eines Imperiums auf dem festen Land zu Beginn des 15. Jahrhunderts war der unmittelbare Anlass für die Aufstellung eines stehenden Heeres. Doch brachte die Existenz einer solchen Streitmacht Probleme für die politischen Führer mit sich. Eine Armee könnte rebellierend durch die Straßen der eigenen Stadt ziehen, sie könnte die Besitzungen auf dem Festland bedrohen. Das ist der Grund dafür, dass kein Venezianer jemals zum General oder Befehlshaber ernannt wurde. Die Verwaltung war sich stets der Gefahr eines Coups gewärtig. Venezianische Patrizier durften zu keinem Zeitpunkt Truppenteile kommandieren, die mehr als fünfundzwanzig Mann umfassten. Das war eine Absicherung gegen Faktionsbildung. Stattdessen wurden immer Kommandanten aus dem Ausland ernannt, die ihr Amt allerdings unter den wachsamen Blicken zweier ranghoher Patrizier, die mit ins Feld zogen, ausübten. Das war kein ideales Arrangement, vor allem nicht in der Hitze eines Gefechts, doch es kam den Interessen der Stadt entgegen.

Die ausländischen Befehlshaber waren als *condottieri* bekannt. Sie waren aber nicht nur militärische Anführer, sondern auch Abenteurer und manchmal sogar Briganten, wie geschaffen für das »Theater Venedig«. Sie strebten danach, wie der klassische römische General zu sein: wütend im Kampf und freundlich im Frieden; und sie galten als ebenso weise wie tapfer, ebenso tugendhaft wie vernünftig. Sie erhielten daher einen guten Sold. Venedig war als großzügiger Arbeitgeber bekannt, der auch umgehend bezahlte. Man überließ den *condottieri* reich geschmückte Häuser am Canal Grande und übertrug ihnen große Besitzungen auf dem Festland. Sie schienen unentbehrlich für den Staat zu sein, doch befanden sich unter ihnen auch einige, die die Frage aufwarfen, ob es wirklich klug gewesen war, sie einzustellen. Sie konnten leicht dazu gebracht werden, die Seiten zu wechseln, wenn man ihnen nur genügend große Bestechungsgelder zahlte. Manche erwiesen sich auch als untüchtig oder zu unabhängig. Machiavelli machte das Anheuern von Söldnern und Söldnerführern für den zu seinen Lebzeiten erfolgenden Zusammenbruch Venedigs verantwortlich. Und es war nicht nur so, dass die Venezianer selbst kaum etwas von der Kriegführung verstanden, sie wussten bald auch nicht mehr, wie man in Friedenszeiten ein vernünftiges Leben führte. Zu Beginn des 17. Jahrhunderts meinte Sir Henry Wotton, »aufgrund der Laszivität seiner Jugend, der Erschöpftheit seiner alten Männer, der lange gepflegten Muße und der Abneigung

Verfolgt man die Entwicklung der venezianischen Angelegenheiten genau, wird man erkennen, daß die Venezianer im Kriege mit größerer Sicherheit und ehrenvoller abschnitten, solange sie selbst die Waffen führten […]; als sie aber mit ihren Unternehmungen aufs Festland gingen und Landkriege anfingen, nahmen sie italienische Gewohnheiten an – und bald wich alles Glück von ihnen. […] Mit Söldnertruppen […] sind eben nur langsame Eroberungen möglich, die auf sich warten lassen und lustlos ausgeführt werden; die Rückschläge treten dagegen plötzlich ein.

Niccolò Machiavelli

gegenüber Waffen und der daraus sich ergebenden Unkenntnis ihres Gebrauchs« befände sich der venezianische Staat in einem betrüblichen Niedergang. Doch ein Nieder- oder Untergang wurde Venedig immer wieder vorhergesagt, sogar auf dem Höhepunkt seiner Macht.

»Wir hätten nicht aufs Land gehen sollen.«

Der Bankier und Kaufmann Girolamo Priuli in seinen Diarien *(um 1500)*

TEIL VI

Zeitlose Stadt

19

Glocken und Gondeln

Die Venezianer mussten die Zeit kontrollieren, genauso wie sie die Kontrolle über jeden anderen Aspekt ihrer Inselwelt ausüben mussten. Die Glocken begannen immer zu ganz bestimmten Zeitpunkten des Tages zu läuten, um die Aktivitäten der Bevölkerung zu koordinieren. In dem Glockenturm auf dem Markusplatz war ein aus fünf Glocken bestehendes Läutwerk untergebracht: Die *marangona* kündigte den Beginn und das Ende des Arbeitstags an, die *nona* und die *mezza terza* zeigten das Verstreichen der Stunden an, die *trottiera* forderte die Patrizier auf, zu einer der verschiedenen Versammlungen zu kommen und ihre Stimme abzugeben, und die *maleficio* lud dazu ein, einer Hinrichtung beizuwohnen. Die Glocken übten eine Art gesellschaftliche Kontrolle aus, sie schufen auch Zeitspannen, in denen bestimmte Dinge verboten waren. 1310 wurde das Edikt erlassen, dass »keiner Person gestattet sei, ohne besondere Erlaubnis nach der dritten Glocke der Nacht außer Haus zu gehen«.

Eine um die andere verstummen nun auch die Glocken, die überall auf der Lagune den Mittag eingeläutet haben. Zuerst schweigen die großen, dumpfen Glocken, dann die mittelgroßen, und zum Schluß bimmelt nur hie und da noch ein klägliches Glöckchen. Es klingt wie der Schritt eines kleinen Kindes, wenn es sich mit seinen kurzen Beinchen beeilt, die größeren Gefährten einzuholen, die bereits am Mittagstisch sitzen.

Silvio Toddi

In den privaten und öffentlichen Institutionen der Stadt wurde der Beginn jeder Aktivitätsphase durch Glockenläuten angezeigt. Die Leute wurden von Glocken geweckt, zum Waschen aufgefordert, zum Gebet und ebenso zum Essen gerufen und schließlich dazu eingeladen, sich zum Schlafen niederzulegen. Es ist ein weiterer Beleg für den Paternalismus der venezianischen Gesellschaft oder für die autoritäre Weise, in der das städtische Leben geregelt war. Doch da Glocken aufs Engste mit religiöser Andacht assoziiert waren, machte man auf diese Weise auch das Leben selbst zu einem geheiligten Akt.

Doch die Zeit scheint in dieser Stadt anders abzulaufen.

Die äußeren Zeichen für unterschiedliche Perioden treten gleichzeitig in Erscheinung, und unterschiedliche Zeiten modifizieren einander. In Venedig existiert keine wirkliche chronologische Zeit; die Zeit ist von anderen Kräften »eingeholt« worden. Es gibt in der Tat Momente, in denen man den Eindruck hat, es habe gar keinen Verlauf der Zeit gegeben: Man betritt einen bestimmten Hof, in den ein Sonnenstrahl fällt – und die Vergangenheit steht überall um einen herum auf. Das muss keine persönliche oder individuelle Empfindung sein. Die Einwohner glaubten, dass die Organisationen ihrer Stadt »ewig« Bestand haben würden. Bei Errichtung der öffentlichen Denkmäler ihrer Stadt achteten die Venezianer darauf, verschiedene Zeitschichten oder -ebenen zu verschmelzen, indem sie Anleihen bei früheren Kulturen machten, etwas von diesen übernahmen. Ihre Architektur sollte nie die der Gegenwart sein, vielmehr sollten in ihr Vergangenheit und Gegenwart zusammenfließen. Die Stadt macht Geschichte durchlässig für den Blick.

[Venedig] dieses Labyrinth für Schnecken, das seine Maße und sein Tempo aus dem 16. Jahrhundert konserviert.

Jean-Paul Sartre

Es herrscht in der Tat ein anderes Zeitgefühl in ihr, wie jeder Besucher bestätigen wird. In Venedig kann man nicht hasten; man kann keine Zeit »gutmachen«. Es gibt keine Transportmöglichkeit außer der übers Wasser, und einem Fußgänger stellt sich vieles in den Weg, das ihn am raschen Vorankommen hindert. Es ist eine Stadt, die alle Vorgänge und Verläufe in der menschlichen Welt zu einem *rallentando* bringt. Das ist ein weiterer Grund für das Gefühl, verzaubert zu sein oder in einem Traum befangen, das einen in Venedig überkommt. Man verspürt einen starken Wunsch, einfach nur herumzuwandern und sich zu verirren. Die offizielle Zeitrechnung unterschied sich in Venedig auch von der üblichen. Als Beginn des nächsten Tags wurde die Stunde des Angelusläutens angesehen, also sechs Uhr abends. Am Heiligen Abend um 18.30 Uhr war für die Venezianer also schon der Weihnachtstag angebrochen. Dieses System blieb bis zur Eroberung der Stadt durch Napoleons Truppen in Kraft.

Die Beständigkeit, das Überdauern der Stadt und ihrer Institutionen zwang ihren Bewohnern ebenfalls ein anderes Zeitgefühl auf: Sie rechneten eher in Jahrhunderten, in historischen Epochen, als in Jahrzehnten. Die Jahrhunderte sind auf der Insel sozusagen eingeschlossen, im Labyrinth der *calli* eingefangen. Auf dem Festland hat die Zeit den Raum, sich nach allen Seiten auszudehnen, sie wird dadurch flacher und dünner. In der Enge Venedigs wird sie von einer Seite zur anderen zurückgeworfen. Der irische Schriftsteller Seán O'Faoláin nannte sie »eine Projektion des Schopenhauer'schen Willens, eine zeitlose Wesenheit«.

Vielleicht wäre es treffender zu sagen, dass es Kontinuitäten durch die Zeiten hindurch gibt. Ein Venezianer des 16. Jahrhunderts, wenn nicht sogar aus noch früherer Zeit, hätte keine Schwierigkeiten, sich in den Gassen der modernen Stadt zurechtzufinden. Das trifft nur auf wenige andere Städte der Welt zu. Die Kirchen und Märkte befinden sich noch an denselben Orten. Die Fähren setzen noch von denselben Anlegestellen über den Canal Grande über wie vor fünfhundert Jahren. Man begeht noch dieselben religiösen Feste. Von allen Städten legt Venedig am stärksten und deutlichsten Kontinuität an den Tag. Kontinuität ist ihre *raison d'être* geworden. Venedig verleiht ein Gefühl von Sicherheit, es beruhigt, weil es in einer sich wandelnden Welt für Dauer und Stabilität steht. Das ist auch der Grund dafür, dass es für diverse Gruppierungen in England und Amerika ein so großes Anliegen geworden ist, diese Stadt zu erhalten. Einige der Szenerien, die Carpaccio und andere im 16. Jahrhundert gemalt haben, kann man in der Stadt von heute wiederentdecken. Es gibt ein berühmtes Gemälde von Canaletto, das eine Steinmetzwerkstatt unter freiem Himmel am Ufer des Canal Grande zeigt, dort, wo heute die Accademiabrücke sich über das Wasser spannt. Einige der Gebäude auf dem Gemälde, eine kleine Brücke und einen schmalen Kanal kann man immer noch identifizieren. Canalettos Werk ist auf 1727 datiert, was bedeutet, dass das Gelände also nahezu dreihundert Jahre lang im Kern unverändert blieb.

Der Hauptreiz dieser Stadt liegt in ihrem Verfall und darin, daß sie weniger als alle übrigen großen Städte die Möglichkeit hat, sich wesentlich zu modernisieren. Venedig ist, modern genommen, eine ganz unmögliche Stadt, weil sich in ihr keine eigentliche Industrie entwickeln kann, da es an Platz gebricht.

Otto Julius Bierbaum

Das offensichtlichste Zeichen für Kontinuität ist auch das vertrauteste. Gondeln sind seit tausend Jahren über die Wasserwege der Stadt geglitten, ihre Form und Erscheinung haben sich in dieser Zeit nur geringfügig verändert. John Evelyn schilderte sie im 17. Jahrhundert als »sehr lange und schmale [Fahrzeuge], mit Hälsen und Schwänzen aus Stahl. [...] Einige sind mit Schnitzereien verziert, andere mit Samt ausgeschlagen, gemeinhin mit schwarzem [...], während der, welcher rudert, aufrecht genau am Rande des Bootes steht und mit einem Ruder (sich nach vorne beugend, als wollte er sich ins Meer stürzen) das Fahrzeug mit unglaublicher Geschicklichkeit vorantreibt und wendet«.

Die erste Erwähnung von Gondeln findet sich in einem Dokument vom Ende des 11. Jahrhunderts; es muss sie aber schon viele Jahrzehnte früher gegeben haben. Für das Wort *gondola* hat man mehrere mögliche Erklärungen gefunden: Es soll sich vom lateinischen *cymbula* oder vom griechischen *kuntelas* herleiten, was beides Bezeichnungen für ein kleines Boot sind. Die Ursprünge der Gondel selbst hat man in Malta, in der Türkei und, erstaunlicherweise, in Avignon ausfindig gemacht. Seine definitive und heute noch gültige Form fand sie schrittweise. Ursprünglich war eine Gondel kürzer und gedrungener als ihre moderne Ausführung, und in ihrer Mitte befand sich eine Kabine, vor deren Fensteröffnungen man Vorhänge ziehen oder Blenden klappen konnte. Das war das von den Patriziern benutzte Transportmittel, die neben anderem Hauspersonal auch *gondolieri* beschäftigten. Im 17. Jahrhundert galten diese Kabinen oder *felzi* als ideale Orte für Stelldicheins oder um irgendwelche Intrigen auszuhecken, was zur Bildung der Legende von Venedig als Stadt der heimlichen Vergnügungen beitrug. In den 1930er-Jahren entfernte man die *felzi* aus den Booten. Mitte des 18. Jahrhunderts war es schon zu einer anderen Modifikation gekommen: Die rechte Seite des Rumpfes wurde von jenem Zeitpunkt an 22,5 Zentimeter länger gehalten als die linke, was das kleine Fahrzeug schneller machte und seine Manövrierfähigkeit verbesserte. So glitt die Gondel rasch durch die Jahrhunderte, etwas schmaler, aber auch länger werdend, damit mehr Touristen, die in immer größeren Scharen in die Stadt kamen, Platz in ihr fanden. Es war nach wie vor ein Boot für Vergnügungen, aber nicht mehr nur wenigen Erwählten vorbehalten.

Im 16. Jahrhundert waren zehntausend Gondeln auf der Lagune und den Kanälen unterwegs, viele von ihnen reich geschmückt oder mit Schnitzereien verziert. Die Wohlhabenden, die sonst wenig Gelegenheit erhielten, ihren Reichtum zur Schau zu stellen, wetteiferten darum, wer die prächtigste Gondel besaß. Das war natürlich ein Geist, dem ein Staat Widerstand entgegensetzen musste, der Individualismus jeglicher Art im Namen einer brüderlichen Gemeinschaftlichkeit einzudämmen versuchte. Mit einem 1562 erlassenen Dekret wurde daher die Ausschmückung der Gondeln verboten; danach waren alle nur noch schwarz. Obwohl diese Farbe bei den Venezianern nicht mit etwas Negativem assoziiert wurde, hat man die Gondeln seitdem immer wieder als schwimmende Särge betrachtet. Shelley meinte, sie sähen aus wie Motten, die nicht aus Puppen, sondern aus Särgen ausgeschlüpft wären. James Fenimore Cooper hatte das Gefühl, in einer von ihnen wie in einem Leichenwagen zu sitzen. Wagner, voller Angst vor der bei einem seiner Venedig-Aufenthalte herrschenden Cholera, musste sich dazu zwingen, eine zu besteigen. Goethe nannte sie eine geräumige Totenbahre. Und Byron schrieb über den typisch venezianischen »Nachen« in *Beppo*:

> Er gleitet durch die Fluten hin, die flachen,
> Gleich einem Sarg in einen Kahn geschlossen,
> Und niemand sieht, was drinnen für Genossen.

Byron spielt in der letzten Zeile auf die amourösen Handlungen an, die oft in jenem privaten Raum der *felzi* stattgefunden haben sollen. Man hat dem Gondoliere, der tief in die

Das Wetter war plötzlich etwas unfreundlich geworden, das Aussehen der Gondel selbst hatte mich aufrichtig erschreckt; denn soviel ich auch von diesen eigentümlichen, schwarz in schwarz gefärbten Fahrzeugen gehört hatte, überraschte mich doch der Anblick eines derselben in Natur sehr unangenehm: als ich unter das mit schwarzem Tuch verhängte Dach einzutreten hatte, fiel mir zunächst nichts andres als der Eindruck einer früher überstandenen Cholera-Furcht ein; ich vermeinte entschieden an einem Leichenkondukte in Pestzeiten teilnehmen zu müssen.
Richard Wagner

Kanäle im Schoß der Stadt eindringt, auch eine phallische Bedeutung beigemessen, so dass, was Venedig betrifft, wiederum Liebe und Tod miteinander verschmolzen sind.

Eine Fahrt in einer Gondel kann sehr starke Instinkte wecken.

Der metallene Schnabel, der die Bugspitze bildet, *ferro* genannt, hat eine komplizierte Geschichte. Einige glauben, dass seine sechs Zähne die sechs *sestieri* der Stadt repräsentieren. Man hat in ihm auch eine Nachahmung des Schnabels einer alten römischen Galeere gesehen, und da die Venezianer es ja tatsächlich lieben, das Altertum zu kopieren, klingt das plausibel.

Das also ist die berühmte Gondel und das der prächtige Gondoliere! – das eine ein tintenschwarzes, verschossenes altes Kanu mit einem mitten daraufgesetzten düsteren Leichenwagenaufbau, und der andere ein schäbiger, barfüßiger Gassenjunge, an dem Teile der Kleidung zur Schau gestellt waren, die einer öffentlichen Untersuchung hätten vorenthalten bleiben sollen.

Mark Twain

Die *gondolieri* sind die berühmtesten »Söhne« der Stadt. Ihre charakteristische Berufskleidung – Strohhut, schwarzweißes Ringelhemd und rotes oder blaues Halstuch – wurde in Wirklichkeit erst in den 1920er-Jahren Standard. Ihr prahlerisches Gebaren ist hingegen uralt. Sie scheinen großen Gefallen am Klang ihrer eigenen Stimmen zu finden, an Land wie auch auf dem Wasser. Sie johlen, sie grölen, sie singen. Doch wenn sie verstummen und man nur das Geräusch der durch das Wasser gleitenden Gondel hört, dann beginnt sich der tiefe Frieden Venedigs auf einen niederzusenken.

Die *gondolieri* sind vom 16. Jahrhundert an in Liedern und Balladen besungen worden. Sie wurden für ihre Diskretion gerühmt. Wenn man die Gondel für ein Rendezvous benutzte, dann konnte man sicher sein, dass die *gondolieri* nichts über ihre Kunden ausplauderten. Hätte einer von ihnen eine Dame bei ihrem Gatten verraten, wäre er von seinen Berufsgenossen in einem Kanal ersäuft worden. Die Männer wurden auch herangezogen, um Schreiben heiklen Inhalts zuzustellen. Besucher aus dem Ausland schimpften oft, dass sie Betrüger oder Zuhälter seien, die sich zudem einer unflätigen Sprache bedienten, doch von ihren Landsleuten wurden sie eher mit Lob bedacht. In den Komödien Goldonis beispielsweise treten sie als Menschen auf, die das Herz auf dem rechten Fleck haben. Hier der Teil einer Bühnenanweisung für sein Schauspiel

La bonno figliuoloa: »Zwei Gondolieri treffen im selben Augenblick aus gegensätzlichen Richtungen ein. [...] Jeder besteht darauf, dass der andere den Weg frei macht, indem er sich zurückfallen lässt.« Dann kommt es zum Austausch von Drohungen und Beleidigungen, wie ihn alle frühen Venedig-Reisenden gekannt haben müssen. Doch gehörten solche erregten Wortwechsel irgendwie zur Atmosphäre der Stadt. In ihnen schlug sich jene Entschlossenheit nieder, auf dem Wasser zu leben und zu überleben.

Die Rufe und Lieder der *gondolieri* sind immer wieder festgehalten und aufgezeichnet worden. In seinem *The Stones of Venice* widmet John Ruskin den ersten Anhang »The Gondolier's Cry«. Das klingt wie der Titel einer Oper. *»Premi!«* bedeutet links und *»Stali!«* rechts vorbeifahren. *»Sciar!«* ist die Anweisung anzuhalten. Die Ruderer rufen einander gern etwas über das Wasser hinweg zu, allerdings hat das heute eher was mit Theaterspielen zu tun, genau wie das Anstimmen von Liedern wie »O sole mio« oder »Torno a Sorrento«. Obwohl sie immer noch eine starke und manchmal störende Kraft innerhalb der Stadt darstellen, ergötzen sie heutzutage vor allem die Touristen – das ist gewissermaßen ihre Hauptfunktion. Sie sind in einem weiteren Sinn ebenfalls Teil der groß angelegten Selbstinszenierung Venedigs; ihre Tracht ist wenig mehr als ein Kostüm. Man hat gesagt, dass ein Venezianer noch nicht einmal tot in einer Gondel gesehen werden wolle, außer in einer von denen, die nur dazu dienen, Personen von einem Ufer zum anderen des Canal Grande zu bringen.

Gegenwärtig sind nur noch vierhundert Gondeln in Betrieb. Jedes Jahr werden nur vier gebaut. So ein Boot hält nicht ewig. Nach schätzungsweise zwanzig Jahren Dienst beginnt das Holz sich zu verziehen und seine Festigkeit zu verlieren. Das Boot wird dann nach Murano gebracht, wo man sein Holz für die Feuer der Glasbläser verwendet. Es wird also Teil eines anderen Gewerbezweigs der Stadt, und die Energie, die es liefert, verwandelt sich in venezianisches Glas.

In einer schlaflosen Nacht, wo es mich gegen drei Uhr des Morgens auf den Balkon meiner Wohnung hinaustrieb, hörte ich [...] zum ersten Male den altberühmten Naturgesang der Gondolieri. Mich dünkte, ungefähr von dem eine kleine Viertelstunde entfernten Rialto her den ersten, wie rauhe Klage klingenden Anruf durch die lautlose Nacht zu vernehmen; aus wiedrum weiterer Entfernung ward diesem von anderer Richtung her gleichmäßig geantwortet. In oft längeren Pausen wiederholte sich dieser merkwürdig melancholische Dialog, welcher mich zu sehr ergriff, als daß ich seine jedenfalls sehr einfachen musikalischen Bestandteile in meinem Gedächtnis hätte fixieren können.

Richard Wagner

20

Justitia

An einer der drei exponierten Ecken des Dogenpalastes steht eine Skulpturengruppe, die das Urteil des Salomon zum Thema hat. An der Westfassade des Palastes findet man eine Statue der Justitia, mit dem senkrecht aufragenden Schwert der Gerechtigkeit in der Hand; an dieser Stelle ist auch das Wort »Venecia« eingemeißelt. Venedig und Justitia sind hier auf ewig in einem steinernen Hautrelief vereinigt, und die dazugehörende Inschrift lautet: »Stark und gerecht setze ich, auf meinem Thron sitzend, meinen Fuß auf die Furien des Meeres.« Über der Porta della Carta, in demselben Komplex öffentlicher Bauten, thront ein Abbild der Venetia-Justitia mit Schwert und Waage. Die Statuen, die den Palast krönen, verkörpern ebenfalls die Justitia. Dass die Stadt der Sitz der Gerechtigkeit sei, ist einer der sie umgebenden Mythen. Man glaubt, dass es sich schon seit Urzeiten so verhalte und auf göttliche Inspiration zurückzuführen sei. Letztlich steht diese Vorstellung mit der vom Jüngsten Gericht und der Errettung der Gerechten in Zusammenhang.

Der tatsächliche Charakter des venezianischen Rechts ist weniger glorreich, vielleicht jedoch interessanter. Wie alles, was das venezianische Gemeinwesen betraf, war es »gemischter« Herkunft. Teile stammten aus der altrömischen Rechtsprechung, andere aus der byzantinischen Gesetzgebung. Wieder andere Elemente waren lombardischen oder fränkischen Codices entnommen. Da es kein festes territoriales Fundament, keine »Grundlagen« in welcher Beziehung auch immer besaß, war Venedig gezwungen, die Traditionen anderer Völker zu adaptieren oder zu borgen. Später hieß es, die Venezianer hätten einen Flickenteppich aus verschiedenen juristischen Prinzipien geschaffen, ein System, das flexibel war und sich immer den äußeren Umständen anpasste. Venezianisches Recht war vor allem effizient. Ein Volk, das gewissermaßen immer auf »hoher See«, also den Launen des Meeres ausgesetzt ist, muss sich als Erstes absichern.

Der erste Gesetzeskodex wurde gegen Ende des 12. Jahrhunderts veröffentlicht, und im darauffolgenden Jahrhundert wurden die Gesetze in fünf umfangreichen Bänden gesammelt. Die Mehrheit der Statuten hatte, wie man es in einer Kaufmannsstadt erwarten konnte, mit Dingen wie Besitz und Reichtum zu tun. Das Handelsrecht füllte die meisten Seiten. Man könnte in der Tat sagen, dass die fünf Bücher eine kaufmännische Attitüde gegenüber dem Recht zu erkennen geben. Trotz der Verehrung von Justitia in ihrer herkömmlichen Gestalt scheinen die Venezianer in der Praxis vor allem empirisch und pragmatisch vorgegangen zu sein: Die Gesetze schrieben oft nur das fest, was in der Praxis schon geschah oder existierte. Das Gewohnheitsrecht, nicht schriftlich fixiert und bisweilen lückenhaft, scheint maßgeblich gewesen zu sein. Man vertrat sogar die Ansicht, dass das Gewohnheitsrecht das geschriebene Recht außer Kraft setzen könne. Das ist zum Teil ebenfalls Beleg für die Denkweise des Kaufmanns, der juristischen Finessen und Herumdeuteleien misstraute. Der Übeltäter musste für den Frevel, den er Gott angetan, und die Missachtung, die er gegenüber der Stadt an den Tag gelegt hatte, bezahlen. Das war es, worauf es ankam.

Es hieß oft, dass die Venezianer lieber redeten als handelten. Gewiss stimmt es, dass kein anderer Stadtstaat eine solche Fülle an Gesetzen verabschiedete. Die Inhalte dieser Gesetze sind manchmal verwirrend und in sich widersprüchlich. Sie wurden verabschiedet und dann nicht durchgesetzt. Sie wurden erlassen, obwohl sich identische Gesetze bereits in den Codices fanden. Die politischen Führer der Stadt übertrieben es mit der Legislatur. Ihrem Streben danach, alles in juristische Formeln zu kleiden, haftet etwas Fantastisches, Irreales an. Einige Mitglieder des Großen Rats glaubten oder

In Friedrich Schillers Erzählung Der Geisterseher *wird ein deutscher Prinz in einem Kaffeehaus in einen Streit mit einem Venezianer verwickelt. Die anderen anwesenden Ausländer sehen ihn daraufhin als »verloren« an, wenn er nicht sofort die Stadt verlässt: Venedig gilt ihnen als Ort der Gesetzlosigkeit: »Der Venezianer, den Sie so übel behandelt haben, ist reich und von Ansehen – es kostet ihn nur fünfzig Zechinen, Sie aus der Welt zu schaffen.« Doch unvermutet erscheinen Bediente der Staatsinquisition, verbinden dem Prinzen und dem Erzähler die Augen und führen die beiden in ein Gebäude, wo man ihnen in einem Saal die Binden wieder abnimmt. Sie sehen sich einer Versammlung von schwarz gekleideten alten Männern gegenüber, von denen einer, »vermutlich der oberste Staatsinquisitor«, auf einen Gefangenen deutet und den Prinzen fragt:*

dachten, sich an ein bestimmtes Gesetz zu erinnern. Wenn sich der Text nicht ausfindig machen ließ, wurde er aufgesetzt und in die Codices aufgenommen. Einem Spruch zufolge reichten sieben Tage, damit die Zeit ein venezianisches Gesetz in Vergessenheit geraten ließ:

Una leze veneziana
Dura una settimana.

Insbesondere die Luxusgesetze tangierten Teilbereiche des gesellschaftlichen Lebens, die sich in der Praxis einer Überprüfung entzogen. Folglich wurden sie weitgehend ignoriert. Sie stellen die bizarrsten Belege für die Anstrengungen dar, die der Staat unternahm, um das soziale Verhalten zu beeinflussen. Falls die gesamte Einwohnerschaft tatsächlich eine große Familie bildete, dann war es eine, die einem strengen, paternalistischen Regiment unterstand. So wurde zum Beispiel 1562 verfügt, dass »bei jeder Mahlzeit nicht mehr als ein Gang von gebratenem Fleisch und ein Gang von gekochtem Fleisch aufgetragen werden darf. Und sie darf nicht mehr als drei Sorten Fleisch oder Geflügel umfassen«. Zum Teil wollte man damit großen Feiern im Familienkreis, Zusammenkünften von ganzen Sippen einen Riegel vorschieben, da diese eine Bedrohung für den Staat darstellen könnten. Generell konzentrierte sich die Gesetzgebung in besonderem Maß auf Feiern und Bankette, bei denen Scharen von Leuten zusammenkommen konnten. Austern durften nicht bei Essen aufgetischt werden, bei denen mehr als zwanzig Gäste zugegen waren. Die Menge von Pasteten und Früchten, die man servieren durfte, war reglementiert. Gebratene Pfauen und Fasane durften nicht auf den Tisch kommen. Die Leibeigenen, die bei solchen Banketten die Speisen auftrugen, waren angehalten, ihre Herren zu beobachten, ob sie nicht gegen die Vorschriften verstießen. Die Köche mussten im Voraus den Behörden melden, was für Gerichte man ihnen zuzubereiten aufgetragen hatte.

Diese Gesetzgebung diente auch dazu, der Tendenz zu einem übertrieben prunkvollen Lebensstil Einhalt zu gebieten. Die einfachen Leute hätten, mit den Ausschweifungen der Reichen konfrontiert, aufsässig werden können, und interne Unstimmigkeiten galt es ja unbedingt zu verhindern. Das ist vielleicht der Grund dafür, dass man die Luxusgesetze generell missachtete: Ihr Erlass wurde nur als Geste zur Beschwichtigung der Bevölkerung aufgefasst; kaum jemand glaubte, dass ihre Beachtung ernsthaft erzwungen werden würde.

Dann war da auch noch das spirituelle Argument: Eitelkeit und Gier würden den Zorn des Allmächtigen erregen. Für zu Land oder auf See erlittene Niederlagen machten die Venezianer gern die moralische Verkommenheit bestimmter Mitbürger verantwortlich. Das war natürlich im Mittelalter und in der frühen Neuzeit eine Art Gemeinplatz, doch hatte dieser Vorwurf in einer Stadt, die glaubte, von Gott auserwählt zu sein, mehr Gewicht als in anderen.

Es gab auch äußerst strenge Bekleidungsvorschriften. Weder Mann noch Frau durften mehr als zwei Umhänge aus Pelz besitzen. 1696 wurde es jedem Bürger untersagt, Spitzenkrausen am Kragen oder den Manschetten eines Gewands zu befestigen; auch Kleider aus Brokat- oder Seidenstoffen waren nicht gestattet, und man durfte nicht mehr als zwei Ringe an einem Finger tragen. Drei Patrizier wurden zu Aufsehern ernannt, die die Einhaltung dieser Luxusgesetze überwachen sollten. Es gibt keine Belege dafür, ob sie bei ihren Versuchen, Extravaganz und Exzess einzudämmen, erfolgreich waren.

In der Theorie galt in Venedig gleiches Recht für alle. Jeder, der ein Anwesen besaß, ob Patrizier, Bürger oder Handwerker, wurde auf gleiche Weise behandelt. Patrizier konnten keine besonderen Ansprüche geltend machen oder erwarten, dass man ihnen Sonderrechte einräumte. Es gab auch ein Berufungssystem, das auf Fairnessprinzipien aufbaute. Eingaben konnten beim Dogen persönlich gemacht werden. Ein venezianisches Sprichwort lautete: *»Pane in piazza e giusti-*

»Erkennen Sie diesen Menschen für den nämlichen, der Sie auf dem Kaffeehause beleidigt hat?« »Ja«, antwortete der Prinz. Darauf wandte jener sich zu dem Gefangenen: »Ist das dieselbe Person, die Sie heute abend wollten ermorden lassen?« Der Gefangene antwortete mit Ja. Sogleich öffnete sich der Kreis, und mit Entsetzen sahen wir den Kopf des Venezianers vom Rumpfe trennen. »Sehen Sie nun«, sagt abschließend der oberste Inquisitor zum Erzähler, »und urteilen Sie künftig weniger vorschnell von der Gerechtigkeit in Venedig.«

Friedrich Schiller

zia in Palazzo« (»Brot auf der Piazza und Gerechtigkeit im Palast«). Die venezianischen Justizbehörden standen im Ruf, sehr strikt zu sein, gelegentlich geradezu barbarisch streng, aber auch unparteiisch. Die Stadt stellte Rechtsberater für alle, die arm waren. Sogar die Leibeigenen konnten an die Gerichte herantreten und erreichen, dass Missstände, unter denen sie litten, beseitigt wurden. Im Mai 1372 vertrieben sich ein venezianischer Handwerker, Antonio Avonal, und Giacobello, ein Gerber, die Zeit, indem sie Sklaven, die auf dem Weg zum Vespergottesdienst im Markusdom an ihnen vorbeieilten, mit einer langen Nadel pieksten. Sie wurden vor Gericht gestellt: Avonal erhielt drei, Giacobello zwei Monate Gefängnis.

Die Verhandlungen wurden, und das war sonst fast nirgendwo in Italien der Fall, in der Sprache des Volkes geführt. Aus den Gerichtsprotokollen schallen einem die Stimmen gewöhnlicher Venezianer entgegen: Sie argumentieren, flehen, beschweren sich über Nachbarn, Arbeitgeber und Dienstboten. Die Tribunale unterschieden sich kaum von Familiengerichten. In Venedig war das Leben beinahe unablässig von juristischen Streitereien erfüllt. In der Tat trug diese Tradition, alle Differenzen wortreich und stimmgewaltig vor Gericht auszutragen, im Lauf seiner Geschichte mit zur Stabilisierung Venedigs bei. Das ist auch der Grund dafür, dass die Einwohner der Stadt als »gesetzesfürchtig« galten. Herrscher und Beherrschte kannten den gemeinsamen Boden, auf dem sie standen. Der heilige Bernard von Clairvaux soll dem Dogen, Cristoforo Moro, vorhergesagt haben, dass »die Republik so lange bestehen werde, wie die Sitte, Gerechtigkeit geschehen zu lassen, anhalte«.

Wir haben hier das faszinierende Szenarium von erfolgreicher, funktionierender juristischer Praxis und spontanem und verworrenem Theoretisieren vor uns. Gesetze wurden erlassen, aufgehoben, ignoriert oder hintertrieben oder schlicht missachtet. Es gab so viele Gesetze, dass niemand sie alle sich merken konnte. Die Richter aus der Patrizierschicht hatten keine juristische Ausbildung erhalten, einiges sich allerdings durch reines Beobachten angeeignet. Sie waren Politiker, die ihr Amt für eine relativ kurze Zeit ausübten. Also verließen sie sich auf die Eingebungen ihres Gewissens, auf Gefühle und auf den gesunden Menschenverstand. In einem gewissen Sinn waren sie Amateure. Natürlich muss es zu Machtmissbrauch und Verstößen gegen Rechtsprinzipien gekommen sein, und auch zu Bestechungen und Erpressungen. Das Leben ist so. Doch in der Praxis erwies sich dieses auf Gewohnheit gründende Rechtssystem als tauglich. Das Band, das durch die Gleichheit aller vor dem Gesetz entstand, hielt die Stadt zusammen. Daran kann man etwas über den venezianischen Charakter ablesen.

21

Gegen die Türken

Als der Stern Genuas im Sinken begriffen war, im Sommer 1380, tauchte am östlichen Horizont bereits ein neuer Feind in Gestalt der osmanischen Türken auf. Die Venezianer hatten die Bedrohung, die das Osmanische Reich darstellte, lange unterschätzt, da sie glaubten, dass andere Länder eine Barriere bildeten und die Türken nicht in der Lage seien, sie auf See anzugreifen. Doch dann wurden die Gewässer der Levante das Jagdrevier türkischer Piraten, die man nicht auf Dauer auszuschalten vermochte. Das allmähliche Sichausbreiten des Türkenreichs bedeutete, dass die Sicherheit der venezianischen Handelsrouten nicht mehr gewährleistet war. Das Vordringen der Osmanen bedrohte die Kolonien venezianischer Kaufleute auf Zypern, Kreta und Korfu; die Inseln mussten mit Festungen und Kriegsschiffen geschützt werden. Zur ersten Konfrontation der beiden Imperien kam es bei Gallipoli, wo die venezianische Flotte 1416 die Türken nach langem Kampf in die Flucht schlug. Der venezianische Admiral berichtete später, die Gegner hätten »wie Drachen« gekämpft, ihre seemännischen Fähigkeiten waren also nicht zu unterschätzen. Den endgültigen Beweis dafür erhielt man 1453, als die türkischen Streitkräfte Konstantinopel einnahmen. Die Stadt hatte sich, wie bereits dargelegt, von der Plünderung durch die Venezianer nie wieder richtig erholt, und ihre Verteidiger waren den viel stärkeren türkischen Streitkräften nicht gewachsen. Die osmanische Dynastie pochte jetzt donnernd an die Einlasspforte zu Europa. Konstantinopel, das fortan den Namen Istanbul trug, avancierte zum wahren Machtzentrum der Region.

Die Venezianer schickten sich an, einiges Geschäftliche zu

regeln. Es würde vorteilhafter sein, mögliche Feinde in Kunden zu verwandeln. Mochte der Papst auch gegen die Ungläubigen wüten, die Venezianer sahen lieber Geschäftspartner in ihnen. Ein Jahr nach dem Fall Konstantinopels sandten sie einen Botschafter an den Hof von Sultan Mehmet II., der den Beinamen »der Eroberer« trug. Der Gesandte erklärte, es sei der Wunsch des venezianischen Volkes, in Frieden und Freundschaft mit dem türkischen Herrscher zu leben. Sie wollten mit anderen Worten an ihm verdienen. Den Venezianern wurde prompt Handelsfreiheit in allen Teilen des Osmanischen Reichs zugestanden, und in Istanbul entstand eine neue Kolonie von venezianischen Kaufleuten.

[Die Venezianer] wollen sich die Erde zum Lustgarten machen. So sagen denn die Türken und andere Ungläubige, wenn sie diese schimmernden Paläste sehen, die Christen, die derlei bauten, könnten vom Leben im Jenseits nichts halten und nichts hoffen.

Felix Faber im 15. Jahrhundert

Dieses friedliche Abkommen war jedoch nicht von langer Dauer. Mehmet setzte die Abgaben herauf, die von venezianischen Schiffen entrichtet werden mussten, und nahm Verhandlungen mit florentinischen Kaufleuten auf. Als die Türken 1462 die venezianische Kolonie Argos besetzten, erklärten die beiden Reiche einander den Krieg. Man ging davon aus, dass die Türken aufgrund ihrer numerischen Überlegenheit auf dem Land siegen würden, während die Venezianer ihre alte Vorherrschaft auf See verteidigen könnten. Vielleicht hofften die Venezianer auf einen Waffenstillstand, bei dessen Aushandlung sie sich bestimmte Konzessionen würden sichern können. Doch Mehmet stand eine viel schlagkräftigere Kriegsmarine zur Verfügung, als die Venezianer erwartet hatten. Nach heftigen Kämpfen wurden sie aus der mittleren Ägäis vertrieben. Es war kein »lateinisches« Meer mehr. Die Insel Negroponte, seit zweihundertfünfzig Jahren in venezianischem Besitz, wurde von den Türken besetzt. Die Türken eroberten auch die Schwarzmeerregion und machten aus dem Meer eine Art Dorfteich von Istanbul. Die Venezianer wurden überall in die Defensive gedrängt und sahen sich auch schon in großer Nähe zur Mutterstadt, in Albanien und Dalmatien, zu Abwehrkämpfen gezwungen.

Die Florentiner redeten dem Papst ein, dass es allen zugutekäme, wenn Venezianer und Türken einander bis zur beidseitigen Erschöpfung bekriegten. Die Venezianer waren jedoch vor den Türken erschöpft. Sie sahen sich schließlich gezwungen, um Frieden zu ersuchen; das geschah im Jahr 1479, siebzehn Jahre nach Ausbruch der Feindseligkeiten. Venedig behielt Kreta und Korfu. Noch im 19. Jahrhundert nannte Sir Charles Napier die korfiotische Hauptstadt eine »von all den Lastern und Gräueln Venedigs geplagte Stadt«, doch die wahre Macht Venedigs in der Levante war schon lange dahin. Die Türken hielten die Ägäis und das Mittelmeer. Der Großwesir des türkischen Hofes erklärte den um Frieden nachkommenden Venezianern: »Ihr könnt eurem Dogen sagen, dass für ihn mit der Vermählung mit dem Meer Schluss ist. Wir sind jetzt damit an der Reihe.« Ein zeitgenössischer Chronist, Girolamo Priuli, schrieb über seine Landsleute, dass sie sich, »mit der türkischen Bedrohung konfrontiert, in einem schlimmeren Zustand als Sklaven« befänden. Das war eine Übertreibung, doch spiegelte sie die Niedergeschlagenheit des ganzen Volkes wider. Es war der Augenblick, in dem Venedig sich von seinen Ambitionen den Osten betreffend verabschieden musste. Danach wandte die Stadt ihr Interesse dem italienischen Festland zu.

Das Gleichgewicht der Mächte in Norditalien dauerte nicht an. Zwischen Territorialmächten, die zu schwach waren, allein ihre Nachbarn anzugreifen, wurden Bündnisse geschlossen, die wiederum Gegenbündnisse zur Folge hatten. Der Frieden, nach dem es Venedig verlangte, konnte nur mit dem Schwert aufrechterhalten werden. Solange es noch ein Imperium war, würde nie Ruhe einkehren. Andere Städte fürchteten, dass Venedigs Hunger keine Grenzen kannte und die Stadt auf die Eroberung ganz Italiens nördlich der Apenninen aus war. Die republikanische Allianz zwischen Venedig und Florenz ging in die Brüche. Es wurden endlose Tiraden gegen die Gier und Doppelzüngigkeit der Venezianer losgelassen. Der Herzog von Mailand, Galeazzo Sforza, erklärte 1466 bei einem Kongress dem venezianischen Delegierten: »Ihr stört den Frieden und giert nach den Staaten anderer.

Wenn ihr wüsstet, welchen Groll man generell euch gegenüber empfindet, würden euch die Haare zu Berge stehen.« Niccolò Machiavelli sah sich zu dem Kommentar veranlasst, dass die Führer Venedigs »keine Achtung vor der Kirche« hatten; »Italien war für sie nicht groß genug, und sie glaubten, dass sie einen monarchischen Staat schaffen könnten, wie der römische einer war«.

Die Welt um Venedig herum war im Wandel begriffen. Der Aufstieg der großen Nationalstaaten – Spanien, Frankreich und insbesondere Portugal – veränderte die Bedingungen des Welthandels. Die Stärke des türkischen Reichs und die Intervention Frankreichs und Spaniens auf dem italienischen Festland übten weiteren Druck auf die allerdurchlauchteste Stadt aus. Als der französische König Charles VIII. 1494 in Italien eindrang, leitete er damit ein Jahrhundert nationaler Unruhe ein. Dass es ihm nicht gelang, das Königreich von Neapel unter seine Herrschaft zu bringen, schreckte die anderen großen europäischen Staaten nicht ab. Maximilian von Habsburg und Ferdinand von Spanien hätten sich gerne die reichen Städte Norditaliens unter den Nagel gerissen. Beide Staaten verfügten über große Armeen, die sich die neuesten technologischen Errungenschaften auf militärischem Sektor wie Belagerungsgeschütze und Schießpulver zunutze machten. Die italienischen Stadtstaaten waren auf diese neue Art der Kriegführung nicht vorbereitet. Mailand und Neapel unterstanden bald ausländischer Kontrolle. Ende 1508 wandten die großen politischen Führer Europas ihre Aufmerksamkeit dann Venedig zu. Die Franzosen, die Habsburger und die Spanier schlossen sich mit dem Papst zur Liga von Cambrai zusammen, deren einziger Zweck es war, der Adriastadt ihre Besitzungen auf dem Festland abzunehmen. Der französische Delegierte verurteilte die Venezianer als »Händler mit menschlichem Blut« und »Verräter am christlichen Glauben«. Der deutsche Kaiser versprach, dafür zu sorgen, dass den Venezianern ihr »Machthunger« ein für alle Mal vergehen werde.

Den Verbündeten war außergewöhnlicher Erfolg beschieden. Die Söldnertruppen der Venezianer wurden vom französischen Heer in einer Schlacht bei dem Dorf Agnadello in der Nähe des Po vernichtend geschlagen und traten einen völlig ungeordneten Rückzug an die Lagune an. Die zuvor von den Venezianern besetzt gehaltenen Städte ergaben sich kampflos den neuen Eroberern. Im Frühjahr 1509 verloren die Venezianer innerhalb von zwei Wochen ihre sämtlichen Besitzungen auf dem Festland. Allen Berichten zufolge löste das Panik unter der venezianischen Bevölkerung aus: Sie liefen weinend und lamentierend durch die Straßen, klagten, dass nun alles verloren sei. Man erzählte sich, dass der Feind die Einwohner aus der Stadt jagen werde, so dass sie wie die Juden heimatlos über den Erdball wandern müssten. »Wäre ihre Stadt nicht vom Wasser umgeben gewesen«, schrieb Machiavelli, »hätten wir deren Ende beigewohnt.« Einem Zeitzeugen zufolge kam kein Wort mehr von den Lippen des Dogen, und er »sah wie ein Toter aus«. Dieser Doge, Leonardo Loredan, wurde von Bellini gemalt, und man kann sein Porträt heute in der Londoner National Gallery bewundern: Er macht einen herrschaftlichen und gelassenen Eindruck.

Venedig sieh dich eben für,
denn dir die Straf liegt vor der Tür
durch Kaiser Maximilian
… Einst Venedig tat
besitzen land leut wassers flut,
nun ligt es nieder unbehut,
ein Fischerhüttlein ellendlich.
Venedig, des versieh du dich.

Ulrich von Hutten

Zur damaligen Zeit glaubte man, dass Gott Venedig für seine zahlreichen Sünden strafe, wozu auch Sodomie, sprich: gleichgeschlechtliche Liebe, und der Hang zu prächtiger Kleidung zählten. Die Nonnenklöster seien zu Hurenhäusern verkommen. Die Reichen führten sich hochmütig auf und lebten im Luxus. Nichts davon könne dem Himmel gefallen. In direkter Reaktion auf den verlorenen Krieg führten der Doge und der Senat daher neue Luxusgesetze ein, die die Exzesse der Reichen eindämmen sollten; sie hofften, auf diese Weise Gott wieder mit der Stadt versöhnen zu können. Den Männern wurde es verboten, sich in physischer Hinsicht attraktiv zu machen. Die Nonnenklöster wurden zugesperrt. Das Tragen von Schmuck wurde streng reglementiert. Einem Diaris-

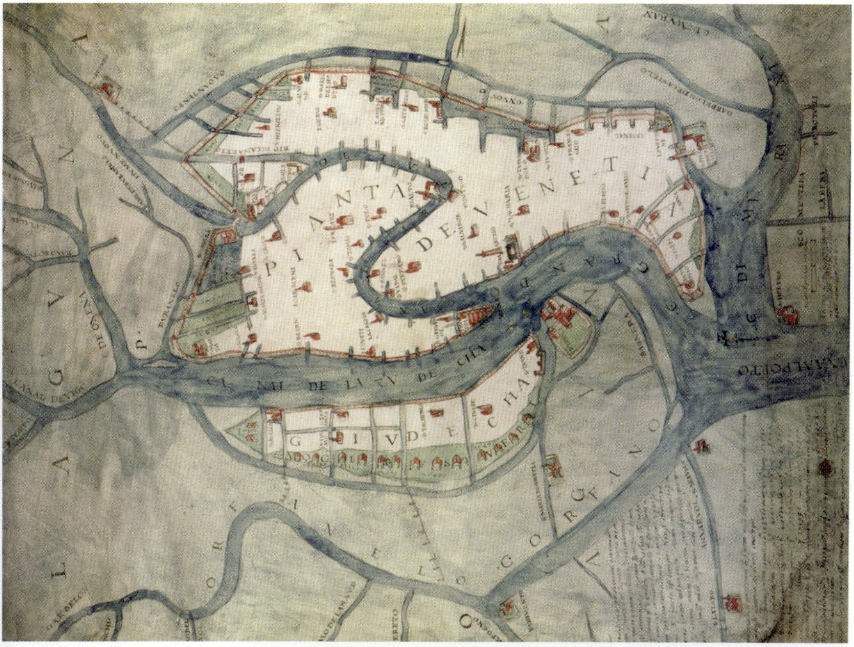

Ein früher Plan von Venedig (zirka 1557). Die Stadt wirkt klein und verletzlich innerhalb der von Wasserarmen durchzogenen Sümpfe. Sie vor den Angriffen des Wassers zu schützen, war über die Jahrhunderte hinweg eine der dringlichsten Aufgaben der Einwohner.

Das weltliche und geistige Zentrum Venedigs auf einem sogenannten Perspektivplan. Im Vordergrund die Piazzetta mit dem Campanile, der Dogenpalast und dahinter der Markusdom.

Das für die Venezianer gleichzeitig lebensbedrohliche wie auch lebenspendende Element Wasser war ein Sujet, das die Künstler der Stadt in endlosen Variationen gestalteten.

Links oben: Ein aus dem späten 14. Jahrhundert stammendes Mosaik im Innern des Markusdoms, die Sintflut darstellend.

Links unten: Ein nach 1760 entstandenes Gemälde von Francesco Guardi, das den Bucintoro, die Staatsgaleere des Dogen, zeigt. Am Himmelfahrtstag nahm der Doge jedes Jahr an der Stelle, wo die Wasser der Adria und der Lagune sich mischten, die zeremonielle »Vermählung mit dem Meer« vor.

Rechts: Nicht nur im Leben, sondern auch im Tod waren die Bürger der Stadt von Wasser umgeben. Canalettos Gemälde zeigt die Friedhofsinsel San Michele.

Eine Prozession vor dem Markusdom, ein Gemälde von Gentile Bellini (1496). Solche Umzüge stärkten auch das Zusammengehörigkeitsgefühl der Bürger.

Eine frühe Fotografie (Ende des 19. Jhs.) der Menschenmenge auf dem Markusplatz, welcher als der schönste »Salon« von ganz Europa galt.

Ansicht der Prunkfassaden einiger der Paläste, die den Canal Grande säumen, von John Ruskin.

Auf diesem Gemälde aus dem 18. Jahrhundert hat Gabriele Bella eines der vielen sonderbaren Rituale festgehalten, die in Venedig stattfanden. Einen solchen Kampf auf einer Brücke, der zwischen den Angehörigen zweier *sestieri* der Stadt (wörtlich:

Stadt-»Sechstel«) ausgetragen wurde, nannte man *guerra dei pugni* (Krieg der Fäuste); man focht ihn aber mit Stöcken aus. Ziel war es, möglichst viele Angehörige der gegnerischen Partei ins Wasser zu befördern und so die Brücke zu »erobern«.

Ein Joseph Heintz zugeschriebenes Gemälde aus dem frühen 17. Jahrhundert zeigt eine vom Dogen in seinen Amtsgemächern abgehaltene Audienz.

Die Krönung der Jungfrau von Giovanni Bellini. Die Marienverehrung prägte das Leben in der Stadt. Im 15. Jahrhundert gab es an die dreihundert der Muttergottes geweihte Altäre. Venedig selbst wurde als »Jungfrau« apostrophiert, weil es – bis 1797 – keinem Fremden gelang, es zu »erobern«.

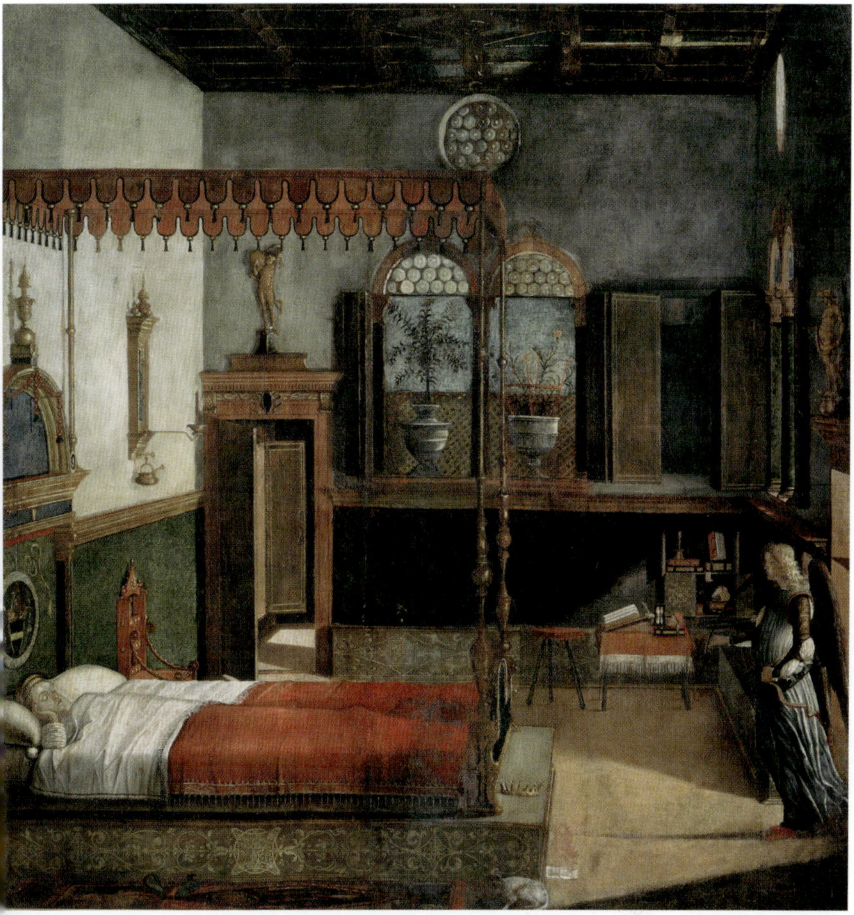

Wenn sie auch anderen Themen gewidmet sind, kann man aus zahlreichen Werken der venezianischen Malerei Rückschlüsse darauf ziehen, wie die Interieurs der Häuser der Stadt aussahen. Auf Vittore Carpaccios *Traum der heiligen Ursula* (1495) fallen auch die für viele Gebäude typischen Bogenfenster auf.

Im Venedig des 16. Jahrhunderts gingen bildende Kunst und Musik eine enge Verbindung ein, und auch im alltäglichen Leben spielte Musik eine große Rolle. So rückt Paolo Veronese auf seinem *Die Hochzeit zu Kanaa* die Musiker, die die Gäste unterhalten, in den Vordergrund. Man glaubt, die Mitglieder des Quartetts als Tizian, Tintoretto, Bassano und den Schöpfer des Bildes selbst identifizieren zu können.

»Salon« im Kloster San Zaccaria. Francesco Guardi gibt die luxuriöse Atmosphäre wieder, die in den Nonnenkonventen herrschte, welche auch unverheirateten Patrizierinnen als Heimstatt dienten.

Ein Fresko von Giandomenico Tiepolo in der Ca' Rezzonico. Pulcinella, eine Gestalt der *commedia dell' arte*, und Akrobaten unterhalten ein gebannt zuschauendes Publikum.

Der Raub des Leichnams des heiligen Markus von Tintoretto. Die Darstellung des Schutzpatrons Venedigs und der »Überführung« seiner Reliquien aus Alexandria, die im Jahr 828 erfolgt sein soll, war eines der wichtigsten Sujets der venezianischen Malerei.

)er Doge Leonardo Loredan, gemalt von Giovanni Bellini. Wie bei vielen anderen)ogenporträts steht hier nicht die individuelle Person im Vordergrund: Der in sei- ıen Amtsornat gekleidete Loredan, der von 1501 bis 1521 regierte, wird auf Bellinis 3ild zur Verkörperung der Obrigkeit.

Giovanni Bellinis Porträt einer jungen Dame bei der Toilette (1515) belegt, dass für die Venezianer dem *colorito*, der Farbgebung in der Malerei, eine besondere Bedeutung zukam. Sie schätzten vor allem auch warme und weiche Farben, die einen intimen und harmonischen Gesamteindruck ergaben.

Die Parfümverkäuferin von Pietro Longhi. Die beiden Damen haben eine *bauda* angelegt, das Kopf, Schultern und einen Teil des Oberkörpers bedeckende Umhängetuch, das man zusammen mit einer Gesichtsmaske in der Karnevalszeit trug.

'enus von Urbino von Tizian (Ausschnitt). Das Sinnliche der venezianischen
Ialerei kommt auf diesem 1538 entstandenen Bild besonders gut zum Ausdruck.
Iöglicherweise handelt es sich um das Porträt einer Kurtisane.

Ein Maskenball auf dem Markusplatz zur Karnevalszeit. Karneval wurde von Arm und Reich gefeiert, und alle – angeblich sogar die Säuglinge – hatten eine Maske auf.

ten der Zeit zufolge war es nötig, »mit größtmöglichem Eifer und größtmöglicher Sorgfalt unsere Ahnen nachzuahmen«. Diese Ahnenverehrung wies eine besondere Dimension auf. Einige in der Stadt glaubten, die Venezianer hätten ein Seefahrervolk bleiben sollen, wie sie es zu Beginn gewesen waren, und dass die Vorstöße auf das Festland, die territorialen Eroberungen dort einen gravierenden und vielleicht fatalen Fehler dargestellt hätten.

Nach der Schlacht von Agnadello drohte eine baldige Belagerung durch die kaiserlichen Streitkräfte. Nahrungsmittel aller Art und Doppelkorn wurden daher in hastig errichteten provisorischen Lagerhäusern gehortet. Der Doge schickte Gesandte an den Hof Maximilians, mit dem Angebot, alle Besitzungen der Stadt auf dem Festland kaiserlicher Kontrolle zu unterstellen. Er schickte sogar Abgeordnete zu den Türken, die um Beistand gegen die kaiserlichen Truppen nachkommen sollten. Dass sie Heiden um Hilfe gegen ihre Brüder im Glauben anflehten, zeigt, wie verzweifelt die Venezianer waren – es sei denn, dass die wahre Religion der Venezianer in der Verehrung von Venedig selbst bestand.

Nachdem der erste Schrecken abgeklungen war, sammelten die Venezianer sich jedoch erneut, in jedem Sinn des Wortes; ihr Stammesinstinkt erfuhr eine Wiederbelebung, und sie legten jene Einheit und Einigkeit an den Tag, für die sie im 16. Jahrhundert berühmt werden sollten. Die herrschende Klasse schloss sich wieder wie zu einem einzigen Körper zusammen. Die reicheren Bürger finanzierten mit ihren Vermögen die Verteidigung der Stadt. Die ärmeren trugen mit ihrer Loyalität zu deren Erhalt bei. Der Staat gewann seine Autorität zurück. Er vermochte Zwietracht in den Reihen der Feinde zu säen. Einige der Städte auf dem Festland, die unter französische oder kaiserliche Kontrolle geraten waren, stellten fest, dass sie die weniger strenge venezianische Art der Herrschaftsausübung bevorzugten. Venedig vermochte tatsächlich Padua mit der aktiven Hilfe der dortigen Bevölkerung zurückzuerlangen. Und auf dem Schlachtfeld konnte es auch Siege erringen. So hatte es Anfang 1517 beinahe alle seine Territorien zurückerhalten und würde sie bis zur Eroberung durch Napoleon auch nicht wieder abtreten. Die Oberen der Stadt hatten überdies eine gütliche Einigung mit dem Papst erzielt, was die Macht der Kirche betraf, und sich dabei an die Maxime eines venezianischen Kardinals gehalten, »zu tun, was er will, und später, nach einiger Zeit, zu tun, was man selbst will«. Eine, wie es scheint, typisch venezianische Doppelbödigkeit an den Tag legend, hatte der Rat der Zehn das Abkommen insgeheim schon für ungültig erklärt, und zwar mit der Begründung, dass es durch Zwang zustande gekommen sei. Venedig schickte sich an, es in der Welt wieder zu etwas zu bringen.

Es hatte viel wertvolles Territorium eingebüßt, an der Levante und anderswo, doch war nicht alles verloren. Es eignete sich Zypern an, das es systematisch seines ganzen Agrarreichtums beraubte, und es behielt auch die Kontrolle über seine Städte in der Poebene. Das um Rimini und Ravenna angebaute Getreide war ebenfalls unverzichtbar für sein Überleben – und ums Überleben ging es jetzt. Nach dem Krieg mit der Liga von Cambrai konnte Venedig seine dominierende Stellung auf der Halbinsel nicht weiter ausbauen, seine Herrschaft nicht auf weitere Regionen ausdehnen. Es war von zu vielen und zu mächtigen Feinden umgeben. Es würde zu keiner weiteren aggressiven Expansion kommen. Stattdessen folgten die Patrizier der Stadt weiter ihrer Strategie, Grundstücke aufzukaufen, wann immer sich die Gelegenheit dazu bot. Bald zeichnete sich ganz deutlich die Tendenz ab, die Risiken des Handels gegen die – relative – Sicherheit der Bewirtschaftung von Land einzutauschen. Der Erwerb von Ackerland stellte eine gute Investition dar in einer Welt, deren Bevölkerung ständig wuchs und in der die Nahrungsmittelpreise stiegen, und es gab bald konzertierte Bemühungen, den Boden ertragreicher zu machen. Dennoch stellte es eine andere Art des Rückzugs aus der Welt dar, und im Verlauf dieses Prozesses brachten die Venezianer eine neue Schicht von Landedelleuten hervor. Für den Staat selbst bestand die vielversprechendste Strategie darin, die Rolle des wachsamen Beobachters einzunehmen, einen Rivalen gegen den anderen auszuspielen, ohne sich einen von ihnen zum Feind zu machen. Frieden zu wahren war der einzige gangbare Weg. Die notorische Arglist und rhetorische Gewandtheit der Venezianer wurden jetzt zu dem einzigen Zweck eingesetzt, das türkische, das französische und das habsburgische Reich im Zaum zu halten. Und die Strategie erwies sich als erfolgreich – bis fast dreihundert Jahre später Napoleon auf den Plan trat. Venedig konnte die Reste seines Imperiums – auf Kreta, in Südgriechenland und auf dem italienischen Festland – behalten.

Das Wiedererstarken Venedigs wurde 1527 durch den *sacco di Roma*, die brutale Plünderung der Ewigen Stadt durch kaiserliche Truppen, begünstigt. Die spanischen Söldner und deutschen Landsknechte Karls V. vergewaltigten und ermordeten die Einwohner; sie stahlen die Schätze und verbrannten das, was sie nicht fortschleppen konnten. In der ganzen Region ließen Pest und Syphilis die Verzweiflung noch wachsen. Auf den verwüsteten Feldern konnte kein Weizen mehr angebaut werden. Wieder einmal wusste Venedig seine Chance zu nutzen: Rom war einer seiner ältesten und mächtigsten Feinde gewesen. Der dort regierende Papst hatte die Lagunenstadt mehr als einmal mit dem Bann belegt. Für den Kirchenstaat stellte die Macht Venedigs immer eine Herausforderung, ja eine Kampfansage dar. Dass man Rom geplündert hatte, war also für die Oberen Venedigs eine äußerst willkommene Nachricht. Viele der Künstler und Architekten, die am päpstlichen Hof tätig gewesen waren, kehrten der Stadt den Rücken und ließen sich in *la Serenissima* nieder. Man hielt es für undenkbar, dass es dort zu solchen Gewalttätigkeiten kommen könnte. Der regierende Doge, Andrea Gritti, war entschlossen, Venedig zu einem neuen Rom zu machen. Mit Schmeicheleien und direkten Aufforderungen holte er Komponisten, Schriftsteller und Architekten in die Stadt. Einer der Romflüchtlinge, Jacopo Sansovino, wurde von Gritti engagiert, um den Markusplatz so umzugestalten, dass er das würdige Zentrum für eine imperiale Stadt abgab. Ein anderer aus Rom Vertriebener, Pietro Aretino, apostrophierte Venedig als »universelles Vaterland«.

Sansovino gestaltete die öffentlichen Gebäude und Plätze im römischen Stil neu. Er errichtete eine neue Münze mit Bogen aus Rustika-Mauerwerk und dorischen Säulen. Er baute auch die große dem Dogenpalast gegenüber gelegene Bibliothek auf der Piazzetta in Gestalt einer klassischen Basilika. In ähnlichem traditionell-klassischem Stil war auch seine Loggetta am Fuß des Campanile gehalten. Die Buden und Stände der Händler wurden von der Piazza entfernt, so dass dort ein geweihter Zeremonialraum oder, genauer, eine Zeremonialfläche entstand. Aufseher wurden ernannt, die die Neugestaltung anderer Bezirke wie auch die Säuberung der die Stadt umgebenden Gewässer zu überwachen hatten. Allerorts entstanden neue Bauten. Die Kais wurden neu angelegt. Der Symbolgehalt dieser Maßnahmen lag auf der Hand: Venedig war dabei, sich selbst zum neuen Rom zu ernennen, zur wahren Erbin der römischen Republik und des Römischen Reichs. Die Stadt sah keinen Grund, sich vor dem deutschen Kaiser Karl V. oder Suleiman dem Prächtigen zu Boden zu werfen. Die ganze Stadt wurde als Denkmal konzipiert, das ihren neuen Status anzeigte und verherrlichte. Einer Erklärung des Senats aus dem Jahr 1535 zufolge war sie »aus einem wilden und unkultivierten Zufluchtsort emporgewachsen, geschmückt und mit Bauten versehen worden, so dass sie zur schönsten und berühmtesten Stadt wurde, die gegenwärtig in der Welt existiert«. Es war die Stadt des Karnevals und der vielen Feste. Es wurden noch mehr Umzüge und Zeremonien abgehalten, noch mehr Turniere und Feiern veranstaltet.

Es gab und gibt immer noch Historiker, die der Meinung sind, dass die Venezianer in dieser Übergangsphase ihre Energie und Zähigkeit einbüßten, dass sie »weicher« wurden. Und »schwächer«. Sie verloren ihren Kampfgeist, als sie sich entschieden, Neutralität zu wahren. Sie wurden süchtig nach den Vergnügungen eines bequemen Lebens. Vielleicht ist es aber unklug, bei solchen Themen auf die Sprache der Humanpsychologie zurückzugreifen. Das Leben von Generationen ist widerstandsfähiger und unpersönlicher als das eines jeden Individuums. Es gehorcht anderen Gesetzen. Alles, was wir mit einiger Gewissheit sagen können, ist, dass Venedig im 16. Jahrhundert eine Wiederbelebung erfuhr. Und dass es sich um eine wahrhaft erstaunliche Wiedergeburt handelte, aus der Niederlage und Demütigung heraus. Sie sagt viel über die Geschicklichkeit und den Pragmatismus der Venezianer aus wie auch über ihren Charakter.

Sie mussten noch eine große Prüfung bestehen. In den ersten Monaten des Jahres 1570 eroberten die Streitkräfte von Suleiman dem Prächtigen die venezianische Kolonie Zypern. Venedig bat die politischen Führer Europas vergeblich um Hilfe. Philipp II. von Spanien, der ein Vordringen der Türken in Nordafrika fürchtete, schickte eine Flotte, die aber zu spät eintraf und sich merkwürdig abgeneigt zeigte, der von den Venezianern gewählten Strategie zu folgen. Demoralisiert drehten die Venezianer, die unter dem Kommando von Girolamo Zane standen, ab, bevor Zypern überhaupt in Sicht gekommen war. Die Insel ging verloren. Einer der venezianischen Würdenträger wurde von den Türken geköpft, einem anderen zog man bei lebendigem Leib die Haut ab; sie wird heute noch in einer Urne in der Kirche SS. Giovanni e Paolo aufbewahrt. Zane war in der Zwischenzeit nach Venedig zurückbeordert worden, wo er umgehend in eines der Verliese im Dogenpalast geworfen wurde, in dem er zwei Jahre später starb.

Ein Jahr nach der Eroberung Zyperns führte Papst Pius V. ein Bündnis von drei europäischen Mächten herbei, um die Türken in Schach zu halten. Venedig, Spanien und der Kirchenstaat selbst schlossen sich zu einer neuen Heiligen Liga zusammen mit dem erklärten Ziel, die Kontrolle über das Mittelmeer wiederzuerlangen und die türkische Flotte aus der

Rauchwolken verdunkeln den Himmel über dem Golf von Patras, westlich der türkischen Festung Lepanto in Griechenland. Auf mehreren Kilometern haben sich Hunderte von Kampfgaleeren ineinander verkeilt. Holz splittert, Rammsporne bohren sich in die Rümpfe anderer Schiffe. Kanonenkugeln reißen Löcher in Bordwände. Pulverlager explodieren. Soldaten, Offiziere, Rudersklaven brennen wie Fackeln. Leichen, geborstene Ruder, abgebrochene Masten treiben im aufgewühlten, blutroten Meer. Über den Schlachtenreihen wehen Flaggen mit weit sichtbaren Symbolen. Auf der einen Seite das christliche Kreuz, auf der anderen der muslimische Halbmond. […]

Till Hein

Adria zu vertreiben. Es war ein Kreuzzug unter anderem Namen. An der Einfahrt zum Golf von Patras fand eine gewaltige Seeschlacht statt. Die als Schlacht von Lepanto in die Geschichte eingegangene Auseinandersetzung endete mit einem triumphalen Sieg der christlichen Streitmächte. Zweihundertdreißig türkische Schiffe wurden versenkt oder gekapert, während die Europäer nur dreizehn ihrer Schiffe verloren. Fünfzehntausend christliche Ruderskalven, die türkische Galeeren vorangetrieben hatten, wurden befreit. Es war das letzte Mal, dass bei einer solchen Auseinandersetzung die Kraft der Ruderer mit entscheidend war, danach wurden immer Segel gesetzt. Es war auch das letzte Gefecht auf See, bei dem die Gegner sich vorwiegend im Nahkampf gegenüberstanden. Danach ging man dazu über, Feuerwaffen, und zwar vor allem Kanonen, zu verwenden.

Als eine venezianische Galeere nach der Schlacht in den Heimathafen zurückkehrte und die türkische Standarte an ihrem Heck flatterte, fiel die ganze Stadt in einen Freudentaumel. In einer Trauerrede zu Ehren der Gefallenen im Markusdom hieß es: »Sie haben uns durch ihr Beispiel gezeigt, dass die Türken nicht unbesiegbar sind, wie wir es zuvor glaubten.« Das vorherrschende Gefühl war das der Erleichterung. Die Venezianer hielten es für klug, im Anschluss an den großen Sieg über die Türken deren Macht mit erneuten Angriffen weiter zu schwächen, doch der Papst und der spanische König waren anderer Meinung. Im Frühjahr des darauffolgenden Jahres kam es zu einer neuen Kampagne, doch waren die Mitglieder der Heiligen Liga nicht mehr vom alten Kampfgeist beseelt, und dieser Feldzug verlief im Sande. Venedig kehrte zur Diplomatie zurück und unterzeichnete einen Vertrag mit Sultan Selim. Zypern war für immer verloren. Von allen griechischen Inseln, die von Venedig kolonisiert worden waren, blieb nur Korfu von der türkischen Umklammerung verschont. Doch hatte der Sieg bei Lepanto die venezianischen Oberen kühn gemacht. Man sprach davon, dass man die Handelsvorherrschaft im Mittelmeer zurückgewinnen wolle. Eine neue Generation jüngerer Patrizier gab jetzt in öffentlichen Angelegenheiten den Ton an.

Ende des 16. Jahrhunderts konnte Venedig sich also rühmen, die Expansionsbestrebungen der europäischen Mächte ebenso wie die Eroberungswut der Türken überlebt zu haben. Es hatte sich im Krieg wie im Frieden als Widersacher erwiesen, mit dem man rechnen musste. Die Stabilität seiner Regierung war nie in Gefahr gewesen und die Loyalität seiner Bürger nie ins Wanken gekommen. Es war die einzige Stadt in Norditalien, die weder eine Rebellion über sich hatte ergehen lassen müssen noch Opfer einer Invasion geworden war. Der Papst verglich es mit »einem großen Schiff, das weder Fortuna noch das Toben der Winde fürchtet«. Jetzt bildete sich das aus, was später als »Mythos Venedig« bekannt wurde. Das ehrwürdige Alter der Stadt und ihre seit Urzeiten bestehende Unabhängigkeit wurden von venezianischen Historiografen verherrlicht; sie hüllte sich in ein prachtvolles Kleid aus neuen öffentlichen Bauten. Die Republik Venedig, die keine innere Spaltung kannte und unter der Führung weiser Ratgeber stand, galt als unvergänglich. Venedig stilisierte sich zur Stadt des Friedens und der Künste. Als seine Macht in Übersee allmählich zu schwinden anfing, manifestierte sein lebendiger Geist sich auf andere Weise. Er wird evident in den Werken von Bellini, von Tizian und Tintoretto, deren Aufstieg genau in die Zeit fiel, als der politische Einfluss Venedigs abzunehmen begann. Doch wer kann von Verfall oder Niedergang sprechen, wenn die Stadt solche Schätze hervorbrachte? Lediglich der Charakter ihres Einflusses hatte sich gewandelt. Venedig erwarb sich jetzt die Macht zu beeindrucken – zu blenden. In dem Maß, in dem seine imperiale Macht abnahm, wurde das Bild, das es der Welt von sich präsentierte, immer wichtiger.

TEIL VII

Die lebende Stadt

22

Der Körper und das Gebäude

Eine »Landschaft aus lauter Leben gebaut« hat Hugo von Hofmannsthal einmal die archetypische Stadt genannt. Kann dieses Leben, aus dem sie sich zusammensetzt, auch als eine Vitalkraft angesehen werden? Anders ausgedrückt: Kann Venedig ein Eigenleben besitzen, auf einer gewissermaßen instinktiven Ebene von etwas beseelt sein und gelenkt werden, das »größer« ist als die Summe seiner Einwohner? Ist die Stadt mehr als nur ein Kollektiv von Menschen?

Im 16. Jahrhundert wurde sie schon als menschlicher Körper aufgefasst, bei dem »der Kopf der Ort ist, wo die Küsten liegen, und jener zum Meer gerichtete Teil die Arme sind«. Die Kanäle bildeten die Adern. Das Herz war die Stadt selbst. Das schrieb Cristoforo Sabbadino im Jahr 1549. Man stellte sich vor, dass Venedigs Augen in Richtung Meer gerichtet waren. Der englische Reisende James Howell behauptete, dass kein fremder Fürst jemals »ihren intimen Partien nahe gekommen« sei. Wo lag dieser Intimbereich? Vermutlich wurde er durch den Dogenpalast und den Dom gebildet.

Doch alle diese bildlichen Ausdrücke bestätigen einen Glauben oder ein instinktives Gefühl: dass Venedig selbst ein lebendiger Organismus ist, mit eigenen Gesetzen des Wachstums und Wandels. Existiert und überlebt die Stadt aufgrund des Vorhandenseins einer inneren oder intrinsischen Kraft, die – noch – nicht erklärt oder mit Worten dargestellt werden kann? Sie schluckte die Inseln, die ihre Existenz ermöglichten. Ihre Kanäle und anderen Wasserstraßen wurden als Ernährungssystem angelegt. Alles verlangt danach, seiner individuellen Natur Gestalt und Ausdruck zu verleihen: Die Blätter eines Baums drängen zu ihrer eigenen Form hin. Auf solche

Weise, unter dem Einfluss dunkler Vorahnungen und durch die ständige Agglomeration kommunaler Wünsche, wuchs auch Venedig. Das ist der Grund dafür, dass jeder Einzelbestandteil Venedigs – seine Topografie, seine Verfassung, seine öffentlichen Institutionen – das Ganze widerspiegeln. Seine Nervenfunktionen sind miteinander verflochten. Diejenigen, die zum ersten Mal in die Stadt kommen, scheinen ganz deutlich eine Persönlichkeit wahrzunehmen. Henry James, der immer für die Subtilitäten und Absonderlichkeiten persönlichen Empfindens empfänglich war, meinte, Venedig scheine »sich selbst zu personifizieren, menschlich und empfindungsfähig, und sich der Zuneigung, die man ihm entgegenbringt, bewusst zu werden«. Für ihn war die Stadt sanft und interessant und traurig.

Unterdrückt, dämpft sie das Leben und die Gefühle der Menschen, die sie bewohnen? Die Stadt ist so alt und so von Gewohnheit und Tradition überwuchert, dass man von seinen Einwohnern sagen kann, sie fügten sich in existierende Rhythmen ein. Die Venezianer wurden oft als Akteure empfunden, die verschiedene ihnen zugewiesene Rollen spielen. Auf Bildern, die das Leben in ihr zum Thema haben, lässt die Stadt die Menschen klein erscheinen, und sie selbst wird das zentrale Sujet. Man hat oft gemeint, Venedig könne nicht modernisiert werden. Zutreffender ist: Es wird nicht modernisiert werden, da es sich mit jeder Fiber seines Wesens gegen jeden Versuch dieser Art stemmt.

An der Fassade des Palazzo Dario am Ufer des Canal Grande hat der Besitzer relativ weit unten auf Latein die Inschrift anbringen lassen: »Giovanni Dario an den Geist der Stadt«. Was macht diesen *genius loci* aus, wenn er wirklich existiert? Gibt es eine lokale, in der Stadt ansässige Gottheit? In anderen Städten war die Verehrung kommunaler Werte an die Verehrung des Ortes und die der Toten gekoppelt. In den ersten Jahrhunderten wurden die venezianischen Toten auf dem *campo* ihrer jeweiligen Pfarrgemeinde bestattet. Spätere Generationen liefen also über die sterblichen Überreste ihrer Ahnen. Nichts konnte in einem Venezianer stärkere Ehrfurchtsgefühle wach werden lassen, als auf dem Fleck zu stehen, an dem die Gemeinde entstanden war. Überdies flößte die Anwesenheit der Ahnen einem das Gefühl ein, mit voller Berechtigung Besitzansprüche auf den Boden geltend machen zu können, auf dem man stand. Kein Fremder durfte den Grund, in dem die Gebeine der Vorfahren ruhten, für sich fordern. Das mag der Ursprung aller Städte sein: Sie waren zuerst Begräbnisstätten.

Ursprünglich war es eine Stadt aus Holz. Es gab in ihr so viele Zimmerleute, *marangoni*, dass die große Glocke des Campanile auf dem Markusplatz nach ihnen benannt wurde: *La marangona*. Es war eine Stadt von hölzernen Mietshäusern und hölzernen Kirchen, mit dem gelegentlichen Platz dazwischen, mit Wasserstraßen, Landungstreppen und Pontonbrücken zwischen Inseln. Doch den Prozess, der zu der modernen Stadt führte, konnte man schon spüren; ein Netzwerk von Pfarrgemeinden, jede mit einer eigenen Kirche, war langsam im Entstehen begriffen, und im Lauf der Zeit wuchsen die einzelnen Zentren zusammen. Hölzerne Brücken wurden gebaut, um benachbarte Inseln zu verbinden, und man legte Pfade an, auf denen man sumpfiges Gelände überqueren konnte.

Im 11. Jahrhundert wurden diese Maßnahmen intensiviert; weniger auf öffentliche als auf private Initiative hin wurden Tümpel und Sümpfe aufgefüllt oder überbaut, so dass man so viel neuen Grund und Boden hinzugewann wie überhaupt möglich. Die aufkeimende Verwaltung fasste die diversen Gemeinden zusammen und schuf so einen bewohnten Kernbereich, von dem aus sich die Stadt allmählich in alle Richtungen ausbreitete. In den ersten Jahren des 12. Jahrhunderts wurden Pläne zur Einrichtung eines großen Marktes auf dem Rialto, zur Anlage eine öffentlichen Platzes beim Dogenpalast und zum Bau eines Arsenals zur Ausrüstung und Instandhaltung der Flotte vorgelegt. Diese öffentlichen Projekte veränderten das Antlitz der Stadt und legten schon das Aussehen fest, das sie am Ende annehmen sollte. Überflutungen, Feuersbrünste und Erdbeben setzten ihr von Zeit zu Zeit zu. 1106 wurde ein großer Teil der hölzernen Bauten bei einem Brand vernichtet. Der Wachstumsprozess hatte jetzt aber schon zu viel Schwung erhalten, um ins Stocken zu geraten. Es brachen noch viele Brände aus, doch die Stadt erhob sich jedes Mal in verjüngter Gestalt aus ihrer Asche. Das große städtebauliche Projekt war in Gang gekommen und ließ sich nicht mehr aufhalten. Venedig wuchs und wuchs, als ob es tatsächlich eine Art von kraftvollem natürlichem Organismus wäre.

Im 13. Jahrhundert war die Gewinnung von Land Sache des Staates geworden. Die Stadt wurde eher als gemeinsamer öffentlicher Raum definiert denn als Ansammlung individueller Gemeinden, und der Staat wurde zum Herrn über ihr Territorium und das sie umgebende Wasser. Man ernannte Aufseher über ihre Kaianlagen, Straßen und Kanäle, die schließlich zu einer Kommission zusammengefasst wurden, die in jeder Gemeinde durch eines ihrer Mitglieder vertreten war. Nur ganz bestimmte Kanäle sollten für den Transport von Holz benutzt werden; Färber durften für ihr Gewerbe nur das Wasser der Lagune verwenden, nicht das der Kanäle. Das waren die Anfänge jener Flut von Gesetzen, die später das Leben in der Stadt in allen seinen Aspekten regelten. Man ersann ein System für die Beseitigung von Abfällen und pflasterte die Straßen der Stadt zum ersten Mal mit Steinplatten oder Kopfsteinen. Beim Rialto entstand 1264 die erste feste Brücke über den Canal Grande.

Diese kontinuierliche Erweiterung des urbanen Geflechts setzte sich bis weit ins 14. Jahrhundert hinein fort, als die Einwohnerschaft einhunderttausend Seelen zählte. Sie war schon eine der bevölkerungsreichsten Städte Europas. Die wichtigsten Straßen wurden angelegt, neue Kais und Brücken gebaut. 1340 genehmigte man den Bau einer neuen Versammlungshalle für den Großen Rat, und um jene Zeit begannen auch mehrere der großen Kirchen in die Höhe zu wachsen: Santa Maria dei Frari, die Basilika Santi Giovanni e Paolo, Santa

Maria della Carità, San Alvise, Madonna dell'Orto und andere. Neue Straßen wurden angelegt und ein städtischer Getreidespeicher eingeweiht.

Um die Mitte jenes Jahrhunderts herum ließen die Aktivitäten etwas nach, woran die vielen Sterbefälle durch den Schwarzen Tod schuld waren, doch der Beginn des 15. Jahrhunderts brachte eine neue Flut von Bauprojekten, privaten wie öffentlichen, mit sich. Das war die Art und Weise, in der Venedig sich entwickelte – in Aktivitätsschüben, unter plötzlichem Ansteigen der Temperatur der Stadt, unter einem Zustrom von frischer Lebenskraft. Die Versuchung, das alles wie einen organischen Prozess zu betrachten, ist groß. An die zweihundert Paläste, von denen heute noch viele am Canal Grande stehen, wurden in jener Zeit erbaut. Die mittelalterliche Stadt aus Holz war endgültig einer Renaissancestadt gewichen.

Der Prozess endete im 16. Jahrhundert in – wenn das Wortspiel gestattet ist – der Versteinerung des Antlitzes der Stadt. Die Ernennung von Jacopo Sansovino zum offiziellen Architekten der Stadt im Jahr 1527 war der erste Schritt in einem Bauprogramm, welches das erklärte Ziel hatte, aus Venedig ein zweites Rom zu machen – sowohl herrschaftlich-gebieterisch als auch umwerfend schön. Der erste Beschluss zu einem umfassenden Bauvorhaben geht auf das Jahr 1557 zurück und sah unter anderem die Anlage einer Uferbefestigung aus istrischem Stein um die ganze Stadt herum vor. Venedig wurde zu dem, was Lewis Mumford in seinem *The City in History* eine »absolute Stadt« nannte. Es war die Szenerie für die unablässige Weiterverbreitung des Mythos von Venedig als einer alle Zeiten überdauernden und uneinnehmbaren Polis geworden. Das Werk Palladios trug weiter zur Pracht einer Stadt bei, die sich aus eigenem Antrieb danach nie mehr wandeln würde. Der große Baumeister prägte mit seinen Entwürfen für die Kirchen San Giorgio Maggiore und Il Redentore die sakrale Architektur neu. Die Stadt brauchte danach nur noch eines – und der Grundstein für die große Brücke, die beim Rialto über den Canal Grande führt, wurde

[…] mache dich gleich mit den Bezeichnungen in Venedig vertraut; du solltest sie nicht Viertel nennen, sondern sestieri, *Sechstel, denn die Viertel der Altstadt sind nicht vier, sondern sechs: sie bilden je ein Sechstel Venedigs […]. Venedigs* sestieri *heißen Santa Croce, Cannaregio, Dorsoduro, San Polo, San Marco, Castello.*
Tiziano Scarpa

am 31. Mai 1585 gelegt. Die Erschaffung Venedigs war abgeschlossen.

Doch ihrer sichtbaren Pracht und Größe zum Trotz war Venedig immer noch eine aus vielen lokalen Einheiten zusammengesetzte Stadt. Es gab Unterteilungen und Unterteilungen innerhalb der Unterteilungen. Die gröbste war die in das »Sankt-Markus-Ufer« und das »Rialtoufer« des Canal Grande. Dann gab es die Aufteilung in die sechs *sestieri* der Stadt, die schon im 12. Jahrhundert vorgenommen worden war; im 19. Jahrhundert wurden die Einwohner eines jeden dieser Viertel in der Umgangssprache immer noch als »Volk« bezeichnet; es gab das Volk von Castello beispielsweise oder das von Cannaregio. In seinem *Life on the Lagoon* (1909) schrieb Horatio Brown, dass die Einwohner der verschiedenen Viertel, »unterschiedlich vom Körperbau und Gesichtstyp her« sind. Ihre Sprache war anders. Sogar die Dialekte unterschieden sich.

In jedem Distrikt fand sich eine eigene Gemeinde zusammen. Die Gemeinde, die *contrada* oder *contrata*, stellte die grundlegende und wesentliche Einheit der venezianischen Gesellschaft dar; in offiziellen Dokumenten identifizierten sich die *popolani* durch Angabe der Gemeinde, der sie angehörten. Jede Gemeinde hatte ihre eigenen Feste und Rituale, und der Gemeindepriester wurde von den Grundeigentümern des Viertels gewählt. Es gab kleine Märkte in den einzelnen Gemeinden, und in Zeiten der Unruhe stellte die Kirche auch einen Zufluchtsort dar. Viele Gemeinden hatten sich auf ein bestimmtes Gewerbe oder Handwerk spezialisiert. Die *contrada* war nicht nur eine administrative Entität, sondern auch eine geheiligte. Nachbarschaftsstreitigkeiten mit den angrenzenden Gemeinden waren an der Tagesordnung. Die Identität einer jeden *contrada* war voll ausgebildet. Also spiegelte die Stadt, wenn auch nicht von ihrer Struktur, so doch vom Geist her, immer noch ihre Anfänge wider: die Tatsache, dass sie aus hundert oder mehr Inseln hervorgegangen war.

Ein typischer venezianischer campo. *Ein solcher Hof erfüllte viele Funktionen; man konnte auf ihm – wie auf dem Foto zu sehen – Wasser schöpfen, Wäsche zum Trocknen aufhängen und handwerkliche Arbeiten ausführen. Ein* campo *war aber vor allem auch soziale Begegnungsstätte und eine Nachrichtenbörse. Frauen und Männer tauschten hier den neuesten Klatsch aus – über die Nachbarn, aber auch über das politischen Geschehen.*

Der *campo* bildete das Herz eines Viertels. In der Regel breitete dieser Platz sich vor der Kirche aus und war die ehemalige Begräbnisstätte. Auf jedem Platz – oder direkt um die Ecke herum in einer der *calli* – gab es einen Obstverkäufer, einen Gemüsehändler, einen Kramladen, in dem alles Mögliche zu haben war, einen Pastamacher, eine *bottega del caffè*, einen Barbiersalon sowie Läden und Werkstätten verschiedenster Kaufleute und Handwerker, vom Stoffhändler bis hin zum Zimmermann. Es war eine autonome Enti-

Zweideutig ist der Charakter dieser Plätze, die mit ihrer Wagenlosigkeit, ihrer engen, symmetrischen Umschlossenheit den Anschein von Zimmern annehmen, zweideutig in den Gassen das unausweichliche Sich-Zusammendrängen und Sich-Berühren der Menschen, das den Schein einer Vertrautheit und »Gemütlichkeit« diesem Leben gibt, dem jede Spur von Gemüt fehlt; zweideutig das Doppelleben der Stadt, einmal als der Zusammenhang der Gassen, das andre Mal als der Zusammenhang der Kanäle, so daß sie weder dem Lande noch dem Wasser angehört […] – aber ohne daß eine Richtung erkennbar wird, in der es fließ, das sich immerzu bewegt, aber nirgends hinbewegt.

Georg Simmel

tät, von ihrem mit Steinreliefs verzierten Brunnen, an dem die Frauen der Gemeinde sich zum Plaudern versammelten, als solche ausgewiesen. Jede *contrada* war ein Venedig *en miniature.* Wenn es in der Tat in der Stadt einen *genius loci* gibt, dann kann man ihn hier noch finden.

Die Häuser standen dicht an dicht, und die Menschen wussten genau, was die Nachbarn trieben. Fremde fielen sofort auf. Die Stadt war, mit anderen Worten, kreuz und quer von individuellen Grenzen durchzogen. Ein anderes Viertel oder eine andere Gemeinde aufzusuchen, kam einem Gang in eine fremde Stadt gleich. Die Bewohner eines Viertels kannten sich möglicherweise in dem angrenzenden überhaupt nicht aus. Es gab Teile der Stadt, die viele, wenn nicht die meisten Venezianer noch nie betreten hatten. Nicht selten kam es vor, dass ein Einwohner der Stadt sich sein ganzes Leben lang nicht über die Grenzen des eigenen *sestiere* hinauswagte. Einige Venezianer waren niemals auf dem Markusplatz. Der Verfasser des vorliegenden Buches erfuhr von einer kürzlich im Alter von hundertzwei Jahren verstorbenen Dame aus Cannaregio, die nur zweimal in ihrem Leben einen Fuß auf die große Piazza gesetzt hatte.

Die Kanäle schaffen Trennungen und zeigen sie an. Im Grunde sind sie die Ströme und Flüsse, die einst das ganze Territorium durchzogen; der breitere Streifen Wasser, welcher die Insel Giudecca vom Rest der Stadt trennt, war einst die Mündung der Brenta. Insgesamt ziehen sich hundertsiebzig Kanäle mit einer Gesamtlänge von fast hundert Kilometern durch die Stadt und folgen den Rhythmen von Ebbe und Flut. Der Canal Grande allein hat eine Länge von 3,2 Kilometern. Auf einigen dieser Wasserstraßen ist der Bootsverkehr nur in einer Richtung möglich, andere sind breit genug, dass man sie in beiden Richtungen befahren kann; es existieren auch welche, die »blind« sind, also keine Ausfahrt besitzen. Diese Kanäle haben den Charakter der Menschen genauso stark geprägt wie den der Stadt. Einer Theorie zufolge erzeugt die Nähe von fließendem Wasser innere Ruhe. Die Barrieren, die die Wasserstraßen darstellen, haben auch verhindert, dass sich die Einwohner rasch in umstürzlerischer oder aufrührerischer Absicht zusammenrotten konnten. Der Frieden, der so lange in der Stadt geherrscht hat, mag auch auf das Vorhandensein der vielen Kanäle zurückzuführen sein.

Wenn die Kanäle Zeichen für Trennung sind, dann sind die Brücken Beweise für Einheit und Einigkeit. Es gibt mehr als vierhundertfünfzig von ihnen, die eine Gemeinde mit der anderen verbinden. Viele von ihnen tragen Namen, in denen Verachtung oder auch Verehrung zum Ausdruck kommen kann. Da gibt es die Brücke der Fäuste, die der Mörder oder aber die der Ehrenwerten Frau. Sie dienten ebenso als Austragungsort für Kämpfe wie für Rendezvous.

Bei den frühen Brücken handelte es sich um wenig mehr als ein paar hölzerne Planken, die über Pfahlkonstruktionen oder Bootsrümpfe führten. Die erste steinerne Brückenkonstruktion entstand nicht vor der zweiten Hälfte des 12. Jahrhunderts. In jener Zeit wurde auch die erste große hölzerne oder Pontonbrücke beim Rialto über den Canal Grande geführt. Das 16. Jahrhundert war das Zeitalter der Steinbrücken; die hölzernen Konstruktionen wurden zunehmend durch solche aus dem dauerhafteren Material ersetzt. Sie schwangen sich von beiden Seiten in die Höhe, so dass in der Mitte ein Buckel entstand, und waren nicht durch Brüstungen oder Geländer gesichert. Der Fußgänger oder Reiter, der sie benutzte, musste daher geschickt und furchtlos sein. Der Bau von Brücken ist in Venedig noch nicht beendet. Vor Kurzem erst wurde eine neue Fußgängerbrücke, die Ponte della Costituzione, über den Canal Grande eingeweiht, die im Westen die Piazzale Roma – samt ihrem Busbahnhof und den Parkhäusern für Pkw – mit dem Bahnhof Santa Lucia verbindet.

Aus diesem Potpourri von unterschiedlichen Gemeinden und Gebieten wuchs also das Wunder einer herrschaftlichen und unverwechselbaren Stadt empor. Aus Disparität entsprang Identität, aus miteinander verbundenen wie unverbundenen

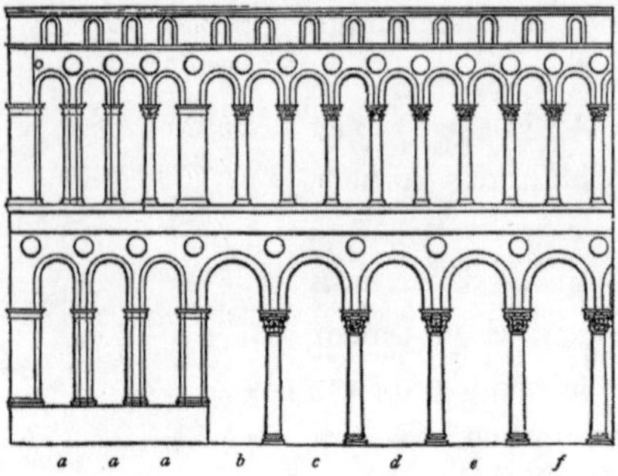

Schematische Darstellung der Front des Fondaco dei Turchi, des am Canal Grande gelegenen Palastes, der zeitweise den osmanischen Kaufleuten, den »Türken«, als Handelshaus diente. Das Gebäude wurde in der ersten Hälfte des 13. Jahrhunderts nach Entwürfen des Architekten Giacomo Palmieri für die Familie Pesaro errichtet.

Teilen ein Ganzes. Das ist das Geheimnis, das dem Leben der ganzen Stadt zugrunde liegt. Zu den ersten Dingen, die der Reisende sieht, wenn er am *bacino* von Venedig ankommt, gehören die Zwillingssäulen aus orientalischem Granit, die über die Piazzetta wachen. Auf der dem Dogenpalast nächstgelegenen Säule erhebt sich der Markuslöwe. Von Weitem sieht das wie eine großartige Komposition, »wie aus einem Guss« aus, in Wirklichkeit besteht das ganze Gebilde jedoch aus separaten Teilen, die in ganz unterschiedlichen historischen Perioden geschaffen wurden und mit Eisenkrampen zusammengefügt sind. Bei einigen der Stücke ist das Alter gar nicht bekannt, doch die meisten von ihnen können auf das späte 12. Jahrhundert datiert werden. Die Flügel des Löwen sind das Werk von Restauratoren; ursprünglich waren sie einmal in einzelne Federn gegliedert. Aus einem dunklen Impuls oder Antrieb heraus ahmten also die Erbauer dieser Säule, indem sie den Löwen aus einzelnen Teilen zusammensetzten, die Art und Weise nach, in der die Stadt selbst entstanden war.

Auf der anderen Säule erhebt sich die Statue des heiligen Teodoro, des ursprünglichen Schutzheiligen der Stadt. Wenn man näher an diese Statue herantreten könnte, würde man sofort erkennen, dass sie kein von einer Hand geschaffenes Werk ist. Der Kopf besteht aus parischem Marmor, und man glaubt, dass es sich eigentlich um das Haupt des Mithridates, des Königs von Pontus, handelt; der Rumpf ist römischer Provenienz und stammt aus der Zeit Kaiser Hadrians. Der Drache oder das Krokodil ist im lombardischen Stil der ersten Hälfte des 15. Jahrhunderts gehalten. Das Ganze ist auf meisterliche, obwohl scheinbar willkürliche Weise aus Artefakten verschiedener historischer Epochen zusammengestückelt. Die Heiligenstatue verdient ihren Platz auf der Säule, und erneut handelt es sich um ein Abbild der Stadt selbst.

Die Architektur Venedigs ist heterogen und anscheinend uneinheitlich; sie vereint gotische, griechische, toskanische und römische Elemente mit solchen der Renaissance; diese Melange kann als venezianischer Baustil definiert werden, das heißt, dass sich eigentlich verschiedene Stile und Stilarten in ihm vereinen. Die venezianische Kunst war eine Kunst des Amalgamierens. Das erklärt auch, warum die Stadt immer ein so merkwürdig »buntes« Erscheinungsbild abgegeben hat. Es gründet auf einer willkürlichen, zufälligen Anhäufung von ganz verschiedenen Objekten aus ganz verschiedenen Materialien und spiegelt einen ganz und gar eklektischen Geschmack wider; es lässt jede Konsistenz vermissen, jeden Wunsch nach Uniformität. Das ist auch der Grund dafür, dass Venedig einen Reisenden so ermüden kann: Es widersetzt sich der Deutung. Es lässt keinen einheitlichen Blick zu. Minarette können zu Kreuzen werden, byzantinische Säulen sich zu korinthischen Kapitellen emporschwingen. Eine Statue kann aus Teilen zusammengeklittert sein. Théophile Gautier merkte zum Markusdom an, es sei einzigartig, dass »dieses Durcheinander von Säulen, von Kapitellen, von Basreliefs, von Smalten, von Mosaiken – dieses griechisch-römisch-byzantinisch-arabisch-gotische Stilgemenge – ein Ganzes ergibt, wie es harmonischer nicht sein könnte«. Es gibt endlos viele Fragmente, die paradoxerweise nur dann Sinn ergeben, wenn man sie als Teile eines imaginierten Ganzen wahrnimmt.

»In dieser höchst noblen Stadt Venedig«, schrieb der Architekt Sebastiano Serlio 1537, »ist es Sitte, auf eine Weise zu bauen, welche sich von der in den anderen Städten Italiens vollkommen unterscheidet.« Es ist eine insulare Architektur, auf dem Wasser errichtet. Natürlich unterscheidet sie sich. Die Gebäude Venedigs spiegeln den Geist und Charakter der Stadt wider. Sie sind Emanationen oder Exhalationen des Territoriums. Ruskin gab seiner meisterlichen Abhandlung den Titel *The Stones of Venice*. Die Steine sind die Seele der Stadt.

Die venezianische Architektur ist bemerkenswert, weil sie

Theodor Tiro (der Rekrut, von Euchaita)

** in Syrien oder Armenien*

† 306 in Euchaita bei Amasia in Pontus, heute Beyözü bei Amasya in der Türkei (?)

Theodor »Tiro«, der Rekrut, war einfacher Soldat im Heer von Kaiser Maxminaus in Euchaita […]. In der Christenverfolgung von 303 wurde er gefangen genommen und verhört.
Er brannte dann zum Zeugnis seines Glaubens in Amasia – dem heutigen Amasya – den Magna-Mater-Tempel, den Tempel der großen Mutter, ab und wurde deswegen selbst verbrannt.
Attribute: als Soldat mit Panzer, Schild und Lanze; Krokodil.

so schwerelos, so ausbalanciert und so harmonisch wirkt. Sie repräsentiert all das, wonach die Einwohner streben. Deswegen ist sie einzigartig und unverwechselbar – mit den versenkten Fenstern, den Mustern aus Nischen und Schatten, dem Fassadenschmuck, dem Verwobensein von vielen Stilen, der Vorliebe für abgerundete Formen, den vorgeblendeten Arkaden, dem Gewicht, das auf Licht und Raum gelegt wird. Die Gebäude sind eher horizontal als vertikal ausgerichtet, sie schmiegen sich an die Oberfläche der Lagune an. Die Fassaden venezianischer Bauten besitzen keine tragende Funktion. So wirken sie großartig, ohne monumental zu sein. Der Eindruck von Massigkeit wird vermieden, große Flächen werden immer durch die Effekte glitzernden Lichts aufgebrochen. Die Fassaden erwecken den Eindruck, frei zu schweben, als wäre die Architektur selbst, die Gesamtheit der Gebäude nur eine großartige Illusion.

Die Gebäude scheinen oft eher aus vielen kleinen Teilen zusammengesetzt, als nach einem übergeordneten Konzept errichtet worden zu sein. In diesem Sinn handelt es sich um eine sehr pragmatische Bauweise. Venezianische Baumeister schienen sich nicht an Asymmetrie zu stören; sie warfen Stile zusammen, die durch ein Jahrhundert oder mehr voneinander getrennt waren; sie verkürzten oder verlängerten Bauten, je nachdem, wie das Grundstück es erforderte. Das Schwergewicht liegt auf Kontrast und Abwechslungsreichtum, nicht auf Uniformität. Verschiedene Systeme der Ausschmückung konnten auf derselben Fläche zur Anwendung gelangen; die die Proportionen betreffenden Vorschriften der verschiedenen Architekturschulen wurden missachtet. Es ist eine Architektur des natürlichen Überschwangs, sie hat nichts Feierlich-Ernstes, nichts Bedeutungsschweres oder nichts Einschüchterndes an sich.

Eine der Grundformen ist die der dreigeschossigen, mit Pilastern verzierten Front; sie herrscht bei den Häusern am Canal Grande vor. Das Äußere der Häuser steht eher im Fokus als ihr Inneres. Und niemand scheint sich für die rück-

Eine Seite mit Illustrationen aus John Ruskins berühmtem Buch über die venezianische Architektur Stone of Venice. *Gezeigt werden verschiedenen Fensterformen im gotischen Stil, der im 14. und 15. Jahrhundert vorherrschend war und sich noch bis ins 16. Jahrhundert hinein hielt. Die meisten der großen Paläste sind in diesem Stil erbaut, der das Aussehen der Stadt insgesamt entscheidend prägt.*

wärtige Fassade zu interessieren, solange die Vorderfront prächtig wirkt. Es ist eine Stadt der Masken. Es ist eine ornamentale und piktografische Architektur; sie besitzt pittoreske Elemente. Die Oberflächen sind mit Reliefs und farbigen Marmorplatten geschmückt, mit dekorativen Mustern, die sich in alle Richtungen erstrecken – wie mit Stein gewordenen Spitzenbesätzen.

Den ersten Baustil der Stadt kann man als byzantinisch bezeichnen. Typisch für ihn sind Arkaden und Kuppeln, Rundbogen oder Entlastungsbogen auf Pfeilern und Mosaiken, die die rohen Wände wie ein schönes Gewand überziehen. Die Kuppelbasiliken Venedigs nahmen orientalische Vorbilder auf; die Kuppel schwebte präzise ausgerichtet über einem Raum von kubischer Gestalt – ein Abbild der Unendlichkeit. Dieser byzantinische Stil war in Venedig vom 7. bis zum 12. Jahrhundert *en vogue*; fünf Jahrhunderte lang orientierte die Stadt sich stilmäßig an Konstantinopel. Und dieser Stil kam im späten 15. und frühen 16. Jahrhundert erneut in Mode.

Im 13. und 14. Jahrhundert richtete Venedig den Blick eher nach Westen als nach Osten, und das führte zur Herausbildung eines Stils, den man venezianisch-gotisch nennen kann. Bezeichnend ist, dass Venedig am Ende dieser Periode im Begriff war, ein Imperium auf dem italienischen Festland zu begründen. Die Kirchen erhielten jetzt längliche Schiffe mit Gewölbedecken; sie mussten allerdings relativ niedrig gehalten werden, da die im Wasser ruhenden Fundamente kein großes Gewicht tragen konnten. Es machte sich ein neues Interesse für das Zusammenspiel von Formen und Materialien bemerkbar, für »entlaubte« Pfeiler und Pilaster, für große Portale, Kleeblattbogen, Vierpassmaßwerke und doppelte Lanzettfenster. Muster und Ornamente spielten eine große Rolle, und so war auch dieser Stil dem venezianischen Geist zutiefst kongenial. Es ging aber auch darum, durch die Übernahme eines westlich-imperialen Stils ein neues Bild von sich zu präsentieren und eine neue Form von Pracht zu schaffen.

Dieser Stil dominierte im 14. und 15. Jahrhundert, überlebte sogar bis ins 16. hinein und verlieh der Stadt ein gotisches Gesicht, das sich bis heute erhalten hat. Viele gotische Kirchen lösten Vorgängerbauten im byzantinischen Stil auf demselben Gelände ab. Sie wurden zu Ehren eines anderen Gottes oder eines anders aufgefassten Gottes errichtet. Es war aber nicht nur eine sakrale, sondern auch eine säkulare Architektur. Die meisten der Paläste oder großen Häuser sind im gotischen Stil gestaltet. Die Basilika von Sankt Markus ist ein Beispiel für den byzantinischen Baustil, der Dogenpalast verkörpert den gotischen.

Ruskin verachtete die venezianische Renaissancearchitektur, die der gotischen zeitlich folgte. Für ihn war dieser neue Stil ein Symptom für den Niedergang und Verfall der Stadt. Die klassischen Säulen und Giebel, die klaren Symmetrien waren dem Leben und Geist des Ortes fremd. Was hatte Venedig mit dem klassischen Altertum zu schaffen, mit der Reinheit, der Strenge und gediegenen Uniformität, die das Wesen des Renaissancestils ausmachen? Die großen Vertreter dieses Stils – Codussi, Sansovino und Palladio – waren keine gebürtigen Venezianer. Sie sahen die Stadt als Fremde, von außen. Palladio mochte die traditionelle venezianische Architektur noch nicht einmal, da es ihr seinem Geschmack nach an *grazia* und *bellezza* mangelte. Man hat gesagt, dass die Bauwerke Palladios Venedig nicht gut anstehen. Sie fügen sich nicht in die Stadt ein, passen nicht zu ihr. Doch zu Venedig »passt« alles.

Bestimmte Elemente der venezianischen Architektur besitzen so etwas wie eine ununterbrochene Geschichte. So sind die Wohnhäuser der Bürger immer nach einem einfachen Muster erbaut worden. Sie gehören nicht zu den einladendsten Dingen der Stadt. Das gewöhnliche venezianische Haus ist eine mysteriöse Stätte. Es steht im direkten Gegensatz zu den öffentlichen Plätzen, die so wesentlich für das Leben der Menschen zu sein scheinen. Die Häuser sind im Allgemeinen klein, eng und dunkel. Sie scheinen nicht gerne Gäste aufzunehmen oder Fremde willkommen zu heißen. Die ursprünglichen

Holzhäuser waren einstöckig und um einen zentralen Innenhof herum angelegt, und diese Aura des Nach-innen-gerichtet-Seins hat sich nie verflüchtigt. Der den Venezianern angeborene Konservatismus war so stark, dass im 13. Jahrhundert die Struktur dieser Häuser im Wesentlichen festlag und sich in den nachfolgenden Jahrhunderten nicht mehr veränderte.

Es waren schlichte Bauten, zwei- oder dreistöckig, mit einem oder zwei Räumen auf jeder Ebene. Ein hölzerner Balkon zog sich quer über die Vorderfront, und auf dem Dach gab es eine von einem Gitter oder Geländer umgebene Fläche, die als *altana* bekannt war. Sie diente den Venezianern dazu, ein wenig frische Luft zu schnappen oder auch ihre Mitbürger unten auf den Straßen zu beobachten. Die Häuser wiesen nur wenige Fenster auf, mit schweren Blendläden zu verschließen oder durch Eisenstäbe geschützt. Die größeren Fenster führten auf den Innenhof. Die Räume waren spärlich möbliert, die einzelnen Stücke aber üppig verziert und geschmückt. Man bevorzugte Flachdächer und liebte Schornsteine. Die Fensterläden waren dunkelgrün gestrichen. Natürlich besaßen die Häuser keine Keller.

Es gab kleine Häuser mit Ladenlokalen zur Straße hin, aber auch viele kleine »Reihenhäuser«. In jedem Zimmer oder auf jedem Stockwerk wohnte eine Familie. Es existieren Stadtteile, in denen sich zwei identische Zeilen solcher Häuser gegenüberliegen; die Straßen dort ähneln überraschend jenen in den Wohnvierteln, die im 19. Jahrhundert in Nordostengland für Industriearbeiter entstanden – wenn man von den Brunnen in ihrer Mitte absieht. In Stadtbezirken mit Häusern für die Arbeiterklasse gab es auch oft tunnelähnliche Passagen, die man durch einen Torbogen hindurch betrat und *sottoportici* nannte.

Wenn *jeder* der unterschiedlichen Architekturstile den charakteristischen, unverwechselbaren *genius loci* einfing, dann vielleicht deswegen, weil sich alle aus denselben Grundlagen entwickelten. Die Erschaffung, der »Bau« Venedigs war ein

Akt beharrlichen kommunalen Kämpfens gegen die Natur. Unter der Wasseroberfläche lagen Schichten von Schlamm, Ton und Sand. Mit schweren Fallhämmern wurden Pfähle aus hartem Eichenholz in diesen Grund getrieben, die als Fundamente für die Gebäude dienten. Sie drangen in eine Tiefe von drei bis fünf Metern unter dem Wasser vor. Dann wurden Querbalken über sie gelegt und die Zwischenräume zwischen den hölzernen Pfählen mit Steinschutt und einem Bindemittel aus Teer und Ölsand gefüllt. Auf die hölzerne Struktur wurde dann eine dicke Deckschicht aus ebenfalls in dieses Bindemittel gebetteten Planken gelegt. Das war der eigentliche Grund, auf dem sich die Stadt erhob. Auf diesem Fundament, das eigentlich so etwas wie ein großes Holzfloß war, wurde dann ein zweites errichtet, das bei Flut sechzig Zentimeter bis einen Meter zwanzig unter der Wasseroberfläche lag.

Das waren die Fundamente, auf denen Venedig in die Höhe wuchs: Es ruht auf einem versteinerten Wald. Irgendwie gelingt es ihm, der Natur gleichzeitig zu trotzen und sie sich dienstbar zu machen. Die großen Eichen-, Lärchen- und Ulmenstämme mussten stets vom Wasser bedeckt sein; setzte man sie der Luft aus, begannen sie zu faulen. Solange sie vom Wasser gesättigt waren, blieben sie jedoch haltbar und so gut wie unverrottbar. Das Gewicht, das sie trugen, war immens. Der Campanile auf dem Markusplatz beispielsweise wiegt 14170 Tonnen, doch die hölzernen Pfeiler unter ihm halten. Die Rialtobrücke wird von zwölftausend Ulmenstämmen getragen, Santa Maria della Salute von 1156657 Pfählen aus Eichen- und Lärchenholz. Das Gewicht des Gebäudes selbst trägt zu ihrer Stabilisierung bei. Sie sind nicht völlig starr im Boden verankert, das ist im Wasser der Lagune nicht möglich. Doch wenn sie sich auch ein wenig verschieben, stürzen sie nicht um. Viele von ihnen stehen schon tausend Jahre.

Es gibt einen Singsang, den die Männer, die die Pfähle in den Grund der Lagune treiben, bei der Arbeit anstimmen. Er stammt aus dem Jahr 1069; die aktuellste Variante wurde im 19. Jahrhundert von einem Engländer aufgezeichnet.

Die Paläste, die du siehst, die Marmorarchitektur, die Backsteinhäuser, sie alle konnte man nicht auf Wasser errichten, sie wären im Schlick versunken. Wie aber erbaut man ein solides Fundament auf Schlamm? Die Venezianer rammten Zigtausend, Zigmillionen Pfähle in den Boden. […]
Kopfüber wurden die Bäume mit einer Art Amboß, der an einem Flaschenzug hing, in den Boden gerammt. Ich habe sie noch gesehen, als Kind, habe die Lieder der Pfahlbauer gehört, die langsamen und gewichtigen Taktschläge jener in der Luft hängenden, zylinderförmigen Hämmer, die auf vertikalen Schienen hin und her glitten, langsam hinauffuhren und dann wie der Blitz herabsausten.

Tiziano Scarpa

Schön hoch mit ihm.
Hoch bis zur Spitze.
Schön hoch mit ihm.
Hoch bis zum Gipfel.

Die Hauptbaumaterialien sind Ziegel und Holzbalken. Stein wird eher zu dekorativen Zwecken eingesetzt als aus struktureller Notwendigkeit. In Höhe der Wasserlinie wird ein Fundament aus istrischem Stein gelegt, in den das Wasser nicht eindringen kann. Ruskin schilderte diesen Stein, der auf dem Festland gebrochen wird (es gibt natürlich in Venedig selbst keinen Naturstein) als »glatte Steinplatten, wie Meereswogen glitzernd, die unter Hammerschlägen wie eine Messingglocke dröhnen«. Weiter oben wird dieser Stein mit Stuck überzogen, so dass die Kirche oder das Wohnhaus auch glitzern. Das Nichtvorhandensein von Mauern aus rohem Stein verleiht dem ganzen Gebäudeensemble auch eine unvergleichliche Atmosphäre von Leichtigkeit. Venedig schwebt.

In der Galleria dell'Accademia ist Tizians »Tempelgang Mariae« zu sehen. Das Gemälde hängt an einer Wand, die zum *albergo,* der Versammlungshalle einer ehrenwerten Bruderschaft, gehörte. Im Bildvordergrund sieht man eine große Treppe, welche die junge Maria emporschreitet. Es sieht so aus, als würde diese Treppe aus dem Bild in die reale Welt Venedigs hinausführen, denn unmittelbar links neben dem Gemälde beginnt die Treppe des *albergo* selbst, über die man nach oben in einen Turm gelangt; diese Treppe wiederum scheint in das Bild hineinzuragen. Manche der Personen, welche die Jungfrau begleiten, tragen die Gesichtszüge von realen Menschen; es sind solche, die der Bruderschaft angehörten. Diese Einbeziehung lokaler Details in den Gesamtentwurf ist typisch für die venezianische Malerei. Die Wand, die den Hintergrund für Tizians Werk bildet, besteht aus rosa und weißen Ziegeln, die ein Rhombenmuster bilden, was eine unverkennbare Anspielung auf die Fassade des Dogenpalasts ist.

Als Carpaccio für seinen Bilderzyklus zum Leben und Wirken der heiligen Ursula Köln abbilden musste, nahm er sich einfach das Arsenal im Distrikt Castello zum Vorbild. Tintoretto erhob die Piazza San Marco zum Schauplatz für biblische Wunder. Die bescheidenen Wohnhäuser und Läden auf seinen Gemälden sind realen venezianischen Interieurs nachempfunden. Einem Mann in der Schar derer, die die Kreuzigung mitverfolgen, verlieh er die Gesichtszüge seines Zeitgenossen Aretino. Auf Veroneses »Bekehrung des heiligen Pantalon« ist der ältere Mann, der das auf wunderbare Weise geheilte Kind in den Armen hält, der Gemeindepfarrer, der das Werk in Auftrag gab. Doch lässt sich hier kein Versuch feststellen, der Individualität dieses Priesters gerecht zu werden, sondern dieser wird vielmehr Teil der Gesellschaft der Gesegneten und überträgt damit diesen Zustand des Gesegnetseins auf die Stadt selbst.

In seiner Darstellung des wundersamen Fischzugs, von dem im Lukasevangelium berichtet wird, achtete Tizian darauf, dass die Männer in den Booten die charakteristische Haltung venezianischer Gondolieri einnahmen. Es heißt, auch Tintoretto habe in seinen Darstellungen von Szenen und Gestalten aus dem Neuen Testament die Apostel immer wie diese Bootsführer seiner Heimatstadt gestikulieren lassen. In seinem »Wunder der Kreuzreliquie auf der Rialtobrücke« gab Carpaccio nicht nur die damals noch hölzerne Brücke getreulich wieder, sondern auch die Gastwirtschaft »Zum Stör« mit dem entsprechenden Schild und die anderen Häuser sowie die Einrichtungen an beiden Ufern des Canal Grande, und er porträtierte auch die Mitglieder der Bruderschaft, deren offizieller Maler er war. Er fing auf diesem Bild die Poesie der Stadt ein, mit ihren Ziegelmauern, Balkonen und Kaminaufsätzen. Viel stärker als alle anderen Maler auf der Welt neigten die venezianischen dazu, ihre Heimatstadt, das Ambiente, in dem sie persönlich lebten, auf die Leinwand zu bannen. Niemals haben eine Stadt und deren Einwohner sich so stark in Gemälde, in eine künstlerische Tradition hineingedrängt.

23

Gelehrsamkeit und Sprache

Die Renaissance kam spät nach Venedig. Diese europäische Wiedergeburt der humanistischen Kultur und der klassischen Gelehrsamkeit hielt nur langsam und stockend Einzug in die Stadt, die kein sonderlich kongeniales Territorium für sie darstellte. Die Venezianer sind nie für ihre Hochschätzung der Gelehrsamkeit oder des Wissens um seiner selbst willen bekannt gewesen; sie verspüren keine Neigung zu abstrakten Untersuchungen oder zum Aufstellen von Theorien. Giovanni Conversino, ein auf dem Festland wirkender Humanist, ließ die Venezianer 1404 wissen, »selbst wenn ihr gelehrt zu sein wünschtet, wäret ihr nicht in der Lage dazu, es zu werden. Alles, was ihr besitzt, habt ihr durch Plackerei, mit Geschick und unter Gefahren erworben«. Das schwere Geschäft des Überlebens ließ nicht zu, dass man sich mit abstrakten Fragen beschäftigte. Es mag auch stimmen, dass Venedig nicht an der italienischen Renaissance partizipierte, weil es nie Teil des Festlands gewesen war, wo klassische Kunst und Literatur einst florierten. Beides hatte, auch in einem wörtlichen Sinn, nicht zu Venedigs »Gebiet« gehört.

Die jungen Patrizier erhielten bezeichnenderweise eine ganz praxisbezogene Ausbildung in Sachen Staatsführung. Wenn sie Griechisch lernten, die grundlegende Sprache des neuen Humanismus, dann in erster Linie, um die griechischen Kolonien Venedigs verwalten zu können. Womit beschäftigten sich die aufgeklärten, erleuchteten Führer Venedigs? Sie kodifizierten die Gesetze des Staates und verfassten ihn betreffende Abhandlungen. Der Humanismus im Allgemeinen wurde in den Dienst der Verwaltung gestellt; die »gelehrtesten Köpfe« waren auch die führenden Köpfe des Senats und des Großen Rats. Ihr Anliegen war es, politische Werte zu schaffen, die das gesellschaftliche System der Stadt aufrechterhielten und perpetuierten. Sie waren Richter, Botschafter – und auch Dogen. Im späten 15. und frühen 16. Jahrhundert kam es zu einer lebhaften Debatte über die miteinander im Widerstreit liegenden Forderungen nach einem aktiven und einem kontemplativen Leben in der Geschichte des Christentums. Die Venezianer gaben immer dem aktiven Leben den Vorzug.

Wenn sie überhaupt Texte verfassten, dann solche, die sich mit ganz spezifischen konkreten Problemen und Bedingungen beschäftigten; der theoretische Kontext, in dem sie entstanden – falls man von einem solchen sprechen kann –, war der des Stolzes auf den eigenen Staat. Die einzige Geschichte, für die sie sich interessierten, war ihre eigene. Es gab keine Werke, welche die politische oder ökonomische Orthodoxie infrage stellten, keine Abhandlungen, in denen die Veredelung der menschlichen Seele bei der Suche nach Schönheit gefeiert wurde, keine bekenntnishaften Schriften, in denen die keusche Flamme ästhetischer Philosophie loderte. Alles war streng und ernst und zurückhaltend. In Florenz hatte der Neuplatonismus glühende Anhänger, die den antiken Philosophen beinahe mystisch verehrten. In Venedig entsprang das einzige Interesse an ihm einem allgemeinen Respekt vor Autorität. Natürlich gab es in Venedig Sammler von Münzen, Manuskripten oder Altertümern jeder Art, doch waren sie eher von Besitzdenken beseelt als von Wissbegierde. Sie waren eher Kaufleute als Gelehrte.

Als Kardinal Bessarion, ein berühmter Gelehrter, der Stadt einmal einen Besuch abstattete, war er von deren Pracht so beeindruckt, dass er dem venezianischen Staat seine Sammlung von seltenen Büchern und Manuskripten vermachte. Sie wurde in Kisten im Dogenpalast gelagert. Etliche wurden gestohlen und verkauft; auf dem Rest lagerte sich achtzig Jahre lang Staub ab. Bessarion hatte seine Schätze den Venezianern vier Jahre vor seinem Tod im Jahr 1472 übereignet, doch das

Es wünscht Francesco, den heiligen Evangelisten Markus […] zum Erben zu haben für eine unbestimmte Anzahl von Büchern, die er jetzt besitzt oder die er vielleicht besitzen wird. Die Bücher sollen nicht verkauft und nicht zerstreut, sondern an einer dafür zu bestimmenden Stelle verwahrt werden […]

Er wünscht das nicht deswegen, weil die Bücher sehr zahlreich oder sehr wertvoll sind, sondern in der Hoffnung, daß diese ruhmreiche Stadt später aus öffentlichen Mitteln andere hinzufügt und, diesem Beispiel folgend, vornehme Privatpersonen und Freunde ihrer Vaterstadt, Bürger oder auch Fremde, einen Teil ihrer Bücher in ihrem Testament dem heiligen Markus vermachen.

Francesco Petrarca

Padua ist der Tebel hohl mer eine brave Stadt / ob sie gleich nicht gar groß ist / so hat sie doch lauter schöne neue Häuser / und liegt eine halbe Stunde von Rom. Sie ist sehr Volckreich von Studenten / weil so eine wackere Universität da ist. Es sind bißweilen über dreißig tausend Studenten in Padua / welche in einem Jahre alle miteinander zu Doctors gemacht werden. Denn da kann der Tebel hohl mer einer leicht Doctor werden, wenn er nur Speck in der Tasche hat / und scheute seinen Mann nicht.

Christian Reuter

Bibliotheksgebäude, das sie aufnehmen sollte, wurde erst in den 1550er-Jahren gebaut. Petrarca, als »Vater des Humanismus« bekannt, vermachte 1374 einen Teil seiner Bibliothek dem Staat. 1635 fand man seine Handschriften als ungeordneten Haufen in einer kleinen Kammer über dem großen Eingangsportal des Markusdoms. Die Feuchtigkeit hatte ihnen zugesetzt, und sie begannen zu verfallen.

In Stadtbereich selbst gab es keine Universität; das könnte als singuläres Manko für einen Stadtstaat angesehen werden, doch schließlich hatte auch London, das andere Handels- und Geschäftszentrum neben Venedig, keine Hochschule aufzuweisen. Doch es wäre falsch, Venedig für eine Wüste zu halten, was Lernen und Gelehrsamkeit anbelangte. Es existierten genügend Schulen und Akademien für diejenigen, die es nach Wissen dürstete. Die an ihnen gelehrten Hauptfächer waren Mathematik, Geografie, Physik, Astronomie, Trigonometrie und Astrologie. Auch Botanik war ein wichtiges Fach, wobei das Hauptgewicht auf Gartenbaukunst lag. Es gab Männer, die öffentliche Vorträge hielten, Privatdozenten und Hauslehrer. 1460 wurde eine Schule für Rhetorik eingerichtet, mit dem Ziel, das Niveau öffentlicher Reden anzuheben. In jedem der sechs *sestieri* gab es Grammatiklehrer, und auch in den Privathäusern einiger Patrizier wurden kleine Schulen eingerichtet. Es ist aber nicht klar, welche Qualität die Ausbildung hatte, die sie zu vermitteln suchten. Mit Sicherheit war ein großer Teil der Bevölkerung (gegen Ende des 16. Jahrhunderts vielleicht ein Viertel der Gesamteinwohnerschaft) des Lesens und Schreibens kundig – und ebenso des Rechnens, doch kann man wohl nicht davon ausgehen, dass Erziehung in Venedig nach besonders durchdachten oder subtilen Methoden vonstatten ging. Hauptziel war es, die Effizienz des Staates zu steigern. Er solle nach Gelehrsamkeit streben, legte im 15. Jahrhundert ein Patrizier seinem Sohn ans Herz, »um der Ehre deines Landes und des Ruhms und der Stärkung unserer Familie willen«.

Venedig war immer eine Stadt der Bruderschaften und Zirkel. Jede dieser Vereinigungen stellte einen Staat *en miniature* dar, mit eigenen Funktionären und Festen. So existierten auch dreißig oder mehr »Akademien«, in denen die gebildeteren Venezianer sich treffen und miteinander Gespräche führen konnten. Es gab eine »Accademia dei Filosofi« und eine »Accademia dei Nobili« beispielsweise, die beide ihren Sitz auf der neben der Hauptinsel gelegenen Giudecca hatten – was passend erschien, denn es implizierte, dass die Patrizier dem Zentrum der Politik und des Kommerzes entkommen konnten, um, von dem einen wie dem anderen unberührt, über »höhere Dinge« zu diskutieren. Die Geografie der Lagune war immer wichtig für die Vorstellungswelt der Venezianer. Es gab auch »Salons«, formelle wie informelle, in denen sich Gelehrte und Intellektuelle mit Vertretern der führenden Patrizierfamilien trafen. Ein solcher Salon war aber auch eine Heimstätte des Mäzenatentums und in einer Stadt, die sich leidenschaftlich für »Moden« jeder Art interessierte, ein Marktplatz für die Verbreitung neuer Ideen oder Vorlieben. Es wurden Lieder gesungen und Gedichte rezitiert, Musik gemacht und manchmal sogar getanzt. Es lässt sich aber nur schwer ermessen, ob die Gespräche, die in diesen Salons geführt wurden, über das Niveau von geistreichem Klatsch hinausgingen.

Galileo war einer der gelehrten Italiener, die sich von Venedig angezogen fühlten. Im Alter von achtundzwanzig Jahren wurde er von den venezianischen Behörden zum Hauptdozenten für Mathematik an der Universität Padua – die Stadt gehörte zu Venedig – ernannt. Er lehrte dort für die nächsten achtzehn Jahre, widmete sich den reinen wie den angewandten Wissenschaften und erfand während seiner Zeit dort das Thermometer und das Teleskop. Die Art und Weise, wie er Gesuche um Unterstützung an die Regierung richtete, zeigt, dass er den wahren Charakter der Venezianer durchschaut hatte. Als er 1609 sein erstes Teleskop konstruiert hatte, schrieb er an den damals regierenden Dogen, dass seine Erfindung »jedem Geschäft zu Lande wie auf See unschätzbare Dienste erweisen« könne, »denn so ist es möglich, auf See die

Schiffe und Segel des Feindes schon aus viel größerer Entfernung auszumachen als für gewöhnlich«. Von der Spitze des Campanile auf dem Markusplatz aus demonstrierte er die Vorzüge des neuen Geräts, und die Regierungsangehörigen zeigten sich gebührend beeindruckt. Ein paar Wochen später wurde er zum Professor für Astronomie auf Lebenszeit ernannt. Er erhielt ein dreimal höheres Honorar, als jemals zuvor einem Dozenten an der Universität Padua bewilligt worden war.

Wir könnten also das »praktische Genie« von Venedig feiern. In dieser Stadt gab es keine Visionäre. Sie brachte keinen Machiavelli hervor und schon gar keinen Plato. Die Venezianer entwarfen keine Utopien, kümmerten sich nicht um Dogmen oder Theorien. Es bestand kein wirkliches Interesse an reinem oder systematischem Wissen als solchem; empirisches Wissen stellte für die Venezianer den Schlüssel zur Wahrheit dar. Erfahrung und nicht abstraktes Denken sollte Lösungen liefern. In dieser Beziehung stand der venezianische Geist dem englischen nahe. Die Venezianer waren bekannt für ihre Anpassungsfähigkeit und ihren gesunden Menschenverstand; bei diplomatischen Verhandlungen zeigten sie sich gern zu Kompromissen bereit wie auch dazu, unterschiedliche Gesichtspunkte gelten zu lassen. In allen weltlichen Angelegenheiten tendierten sie dazu, effizient und ganz unsentimental vorzugehen.

Diese Stadt mag vielleicht keine große Poesie hervorgebracht haben, aber in ihr wurden Texte über Hydrostatik und Geografie verfasst, über Hydraulik und Astronomie. Die Venezianer legten auch Erfindergeist an den Tag, und zwar auf so unterschiedlichen Gebieten wie Glasfabrikation und Instrumentenanfertigung. Sie erfanden ebenso Staffeleien zum Malen wie die Methoden der Statistik. Den wirklichen intellektuellen Erfolg stellten aber ihre Fortschritte im Bereich der Buchproduktion dar. Die erste Druckerlaubnis wurde 1469 ausgestellt. Nur achtzehn oder neunzehn Jahre nach der Erfindung des Buchdrucks mit beweglichen Lettern durch Johannes Gutenberg gab der venezianische Senat bekannt: »Diese denkwürdige Erfindung unserer Zeit, früheren Epochen ganz und gar unbekannt, soll auf jegliche Art unterstützt und gefördert werden.« In dieser Beziehung waren die Senatoren dem Engländer William Caxton fünf Jahre voraus.

Die Obrigkeit hatte im Buchdruck eine Gelegenheit, Geld zu machen, gewittert, und so wurde die Stadt bald zum Zentrum des europäischen Druckereigewerbes. Für bestimmte Werke führte man 1486 das Copyright ein, damit sich die Investition der Drucker auch mit Sicherheit lohnte. Es war die erste Copyright-Gesetzgebung der Welt. Venezianische Bankiers finanzierten diese neuen Unternehmungen. Das Papier kam aus Besitzungen Venedigs um den Gardasee herum. Alle Voraussetzungen für das, was man heute Massenproduktion und Massenvermarktung nennen würde, waren geschaffen; in der Tat war der Buchdruck die erste Technologie, die man zur Massenherstellung eines bestimmten Artikels einsetzte. Mit ihr konnten identische Artikel zu gleichen Kosten und gleichem Preis »seriell« hergestellt werden. Es war nur natürlich und gerecht, dass Venedig der Pionier auf diesem Sektor war. 1474 hieß es, die Stadt sei »vollgestopft mit Büchern«. Auch zur Zeit der Gegenreformation legten die Zensurbehörden der Stadt eine liberalere Einstellung an den Tag als die anderer Stadtstaaten. Zu Beginn des 16. Jahrhunderts gab es nahezu zweihundert Druckereien, in denen ein Sechstel aller in Europa veröffentlichten Bücher produziert wurde.

Während Venedig sich auf dem Sektor des Buchdrucks hervortat, entstand in der Stadt selbst nur wenig Literatur. Der berühmteste Drucker, Aldus Manutius, war ein fahrender Scholar aus Bassanio in der Nähe von Rom. Er kam als Dozent nach Venedig und wurde, seiner großen Gelehrsamkeit zum Trotz, bald von dem dort herrschenden kommerziellen Geist infiziert. Er begriff, dass man Kenntnisse der klassischen Literatur und Kultur wie Rosinen abpacken konnte, dass Wissen sich in eine Ware verwandeln ließ. 1492 begründete er eine Werkstatt zur »Produktion« griechischer Texte.

Dabei standen ihm griechische Gelehrte zur Seite, die, die Worte der Vergangenheit im Kopf, aus dem zerstörten Byzanz geflohen waren. Sie hatten auch Manuskripte und wissenschaftliche Kommentare mit nach Venedig gebracht. Mehr oder weniger durch Zufall fand die Stadt sich, was die Bemühungen um die Wiederbelebung alten Wissens betraf, in vorderster Front wieder. Der in ihr waltende kommerzielle Geist wirkte sich letztlich auch im Bereich des Intellekts aus – und zwar positiv.

Im Sommer 1502 kam eine Ausgabe der Schauspiele des Sophokles heraus mit dem Kolophon *Venetiis in Aldi Romani Accademia*; es war der erste einer bemerkenswerten Reihe von Bänden mit den Werken aller wichtigen griechischen Autoren in sorgfältig edierten Fassungen. Die Schriftarten – sowohl für die lateinischen als auch die griechischen und hebräischen Texte – waren sehr ansprechend und werden in der Tat heute noch verwendet. Die Manuskripte wurden mit größter Sorgfalt in den Druck übertragen, mit Typen, die es in ästhetischer Hinsicht mit der Handschrift der ursprünglichen Schreiber aufnehmen konnten. Die Druckereiwerkstatt war zu einer »Akademie« geworden, in der zu Besuch in Venedig weilende Gelehrte sich damit beschäftigten, die Texte zu edieren und die frisch aus der Druckerpresse gekommenen Bogen Korrektur zu lesen. Griechische Gelehrte wurden auch als Schriftsetzer angestellt.

Schrittweise entstand so ein »Aldinischer Zirkel«, der sich der Verbreitung von Wissen verschrieben hatte; Griechisch war die Hauptverkehrssprache innerhalb dieses Kreises, was Aldus dazu veranlasste, Venedig als zweites Athen zu bezeichnen. Erasmus von Rotterdam wurde Mitglied des Kreises, wie auch andere durch Europa ziehende Wissenschaftler und Humanisten. Zu einem späteren Zeitpunkt erinnerte Erasmus sich, dass an die dreiunddreißig bei Aldus Manutius Beschäftigte in den Privat- und Geschäftsräumen des Druckers wohnten und schliefen – und dass das Essen frugal gewesen und der Wein nach Essig geschmeckt habe. Mit Aldus verkehrten viele venezianische Patrizier, die sich als Schirmherren der Gelehrsamkeit betrachteten; sie glaubten, dass er zur Glorie der Stadt beitrage. Der Andrang der Besucher war aber bald so groß, dass der Drucker an der Ecke des Campo di San Agostino einen Anschlag an seiner Tür befestigte. Darauf stand zu lesen: »Wer immer du sein magst, Aldus bittet dich inständig, dein Geschäft mit so wenigen Worten wie möglich darzulegen und dich wieder fortzubegeben, es sei denn, du wollest, wie Herkules dem erschöpften Atlas, eine helfende Hand reichen. Es wird immer genügend Arbeit für dich und alle, die dieses Weges kommen, da sein.«

Aldo Manutius (1449–1515), der mit den von ihm gedruckten Büchern wesentlich zur Wiederentdeckung antiker Autoren und ihrer Werke beitrug und dem das gesamte kulturelle Leben der Stadt wichtige Impulse verdankte. Giovanni Bellini (1430–1516) schuf die Vorlage für dieses Porträt.

Die Verwandlung von Wissen und Gelehrsamkeit in Ware hatte jedoch noch weitere Konsequenzen. Damals hieß es, die Fülle der vorhandenen Bücher mache die Menschen weniger lernbegierig. Es wurden Klagen über die mit der neuen Technologie einhergehende »Vulgarisierung« laut. In einer Phase des kulturellen Übergangs werden immer von denjenigen, die der »alten Ordnung« anhängen, solche Ängste zum Ausdruck gebracht. Die Druckerwerkstatt des Aldus trug dazu bei, die klassischen Autoren ins Blickfeld eines größeren Publikums zu rücken; die Ausgaben ihrer Werke waren handlicher und billiger. Einige Gelehrte sahen dadurch in der Tat ihre kulturelle Vorrangstellung bedroht.

Die venezianischen *stampatori* verstanden sich auch meisterhaft auf den Druck von Noten, Landkarten und medizinischen Schaubildern, die in ganz Europa Verbreitung fanden. Bücher über die Anatomie des Menschen wurden ebenso veröffentlicht wie solche über militärische Befestigungsanlagen. Populäre Andachtswerke, leichte Unterhaltungsliteratur in der Umgangssprache, Volksbücher – all das kam aus der Lagunenstadt. Der Buchdruck verband die verschiedenen Strata der gebildeten Klassen in Europa miteinander – sonst hätte es auch zu keiner so umfassenden Reaktion auf die Lehren Luthers kommen können. Die Veröffentlichung von geografischen Karten trug zur Ausweitung und Intensivierung des internationalen Handels bei. Die Kommerzialisierung des Wissens – als Folgeerscheinung des Humanismus der Renaissancezeit – führte indirekt zur religiösen Reformation und zur industriellen Revolution.

Die Venezianer besaßen eine Universität, die sich aber im zweiunddreißig Kilometer entfernten, 1404 eingenommenen Padua befand. Venedig selbst war nicht daran gelegen, eine große Schar freidenkerischer Studenten aus aller Herren Länder in seinen Mauern aufzunehmen. Man war auch über die Loyalität der eigenen jungen Männer besorgt und untersagte es allen Venezianern, an einer anderen Universität als der von Padua zu studieren, wo sie unter Aufsicht standen. Der junge Patrizier pilgerte also auf der Suche nach Erleuchtung in diese Stadt auf dem Festland, wo er mit Studenten aus England, Deutschland, Polen und Ungarn zusammentraf. Sir Francis Walsingham, der berühmte elisabethanische *spymaster*, gewisssermaßen Begründer des englischen Geheimdienstes, und der Dichter Sir Philip Sidney absolvierten beide ein Studium an der dortigen Universität. Viele dieser Ausländer waren im 16. Jahrhundert Anhänger der »reformierten« Religion Luthers und Zwinglis. Ihr Abfall vom rechten Glauben kümmerte aber die venezianischen Behörden nicht, die mit allen möglichen Glaubensrichtungen der Welt Erfahrung hatten.

Padua war vor allem für seine juristische und medizinische Fakultät bekannt und wurde, um mit Thomas Coryat zu sprechen, ein »vortrefflich Lagerhaus und Marktstadt des Lernens«. Es gab einen Lehrstuhl für Agrikultur und eine Fakultät für Veterinärmedizin. Die für Anatomie war berühmt, und die venezianischen Behörden stellten sicher, dass sie immer reichlich mit Leichen zum Sezieren versorgt wurde. Mitte des 16. Jahrhunderts war Padua zum bedeutendsten akademischen Zentrum Europas geworden. In einer Welt institutionalisierten Glaubens und individueller Frömmigkeit bot diese Universität eine säkulare Ausbildung. Das war das Geheimnis ihres Erfolgs. »Wir verabscheuen«, erklärte ein Venezianer des 16. Jahrhunderts, »Kenntnis von Dingen, die wir nicht benötigen.«

Das erklärt auch, warum die Kunst des Dichtens, anders als die des Malens und des Musizierens, nicht gepflegt wurde. Es gab einen politischen und gesellschaftlichen und ebenso einen praktischen Grund für diese Vernachlässigung der Literatur. Diese stellt Fragen und wirft Probleme auf, wohingegen bildende Kunst und Musik feiern und bestätigen. Schreiben kann Unruhe fördern und sogar zur Revolution ermutigen, wohingegen bildende Kunst und Musik nach Harmonie und Ausgeglichenheit streben. Francesco Sagredo war ein venezianischer Patrizier und Humanist, der im ersten Viertel des 17. Jahrhunderts zu einem Gefährten und Mitstreiter Galileis wurde. Er war für seine Gelehrtheit und seinen Witz bekannt. Das Zeugnis, das er von sich selbst ablegt, könnte daher Aufschluss über das Besondere am venezianischen Humanismus geben:

> Ich bin ein venezianischer Herr, und es hat mich nie danach verlangt, für einen Literaten angesehen zu werden. Ich besitze gute Beziehungen zu Literaten und habe immer versucht, sie unter meine Fittiche zu nehmen. Doch erwarte ich nicht, wohlhabend zu werden oder Ruhm und Reputation zu erlangen aufgrund meiner Kenntnisse von Philosophie oder Mathematik, sondern vielmehr durch meine Integrität und mein praktisches Können in Bezug auf die Regierung der Republik…

Über die Jahrhunderte hinweg hat es immer wieder herausragende Schriftsteller nach Venedig gezogen, doch hat die Stadt selbst nur wenige hervorgebracht. Die beiden berühmtesten unter den in Venedig geborenen Autoren sind Marco Polo und Giacomo Casanova, die beide Texte verfassten, die man dem Genre Memoiren zuordnen kann. Casanova liefert mit den seinen eine interessante Fallgeschichte des venezianischen Geistes und der venezianischen Mentalität: »Der Kultus der Sinneslust war mir immer die Hauptsache«, schrieb er. »Niemals hat es für mich etwas Wichtigeres gegeben.« Das könnte zu Recht als ein Hauptartikel des venezianischen Glaubensbekenntnisses bezeichnet werden. Sein Wissen führt zu keinerlei Selbsterkenntnis, abgesehen vom Einblick in die unermessliche Doppelbödigkeit und Theatralik seines eigenen Wesens. Seinen vielen Verführungen und Vergewaltigungsversuchen zum Trotz, lässt er keinerlei Anzeichen für Gewissensbisse oder Schuldgefühle erkennen. Er gibt sich nicht irgendwelchen inneren Reflexionen hin. Es ist, als wäre er eine Gestalt aus der *commedia dell'arte*, dazu verurteilt, in jeder Szene und in jedem Stück immer denselben Typus zu personifizieren. Es ist vielleicht nicht verwunderlich, dass die Geschichte seiner Inhaftierung in den Bleikammern und der anschließenden Flucht aus ihnen ein zentraler Text der venezianischen Sozialgeschichte ist: Er saß in seinem zu keinerlei Reflexionen fähigen Selbst gefangen. In der venezianischen Literatur stößt man auch sonst nur selten auf einen Versuch zur Selbstanalyse oder Selbstkritik. Es besteht einfach kein Interesse daran – Ergebnis einer Kultur, innerhalb derer Individualismus jeder Art erstickt wurde.

Die wahre Literatur Venedigs war weder tragisch noch bekennerhaft. Es gab einiges auf dem Gebiet der Epik, die Lektüre dieser Werke ist jedoch ermüdend. Generell existierten nur wenige wirklich dichterische Texte, was noch einmal den geringen Wert unterstreicht, den man dem Ausdruck seiner selbst beimaß. Die eigentliche Literatur war volkstümlich und in der Umgangssprache verfasst, oder sie behandelte historische Themen und war in einem eher journalistischen Stil gehalten. Letztere war ernst, in Einzelheiten gehend und »trocken«. Die volkstümliche Literatur bevorzugte fantastische

Geschehnisse, Wunder, Erscheinungen und war mit ein wenig Exotik und Esoterik gewürzt.

Wie sollte man sonst die ungeheure Popularität der Stücke von Carlo Gozzi erklären, dessen berühmtestes Werk den Titel *Die Liebe zu den drei Orangen* trägt und in dem drei Prinzessinnen aus drei verzauberten Orangen geboren werden? Die Quelle war ein Ammenmärchen, eine Erzählung, mit der man Kinder ruhigzustellen versuchte, und Gozzi erklärte, dass er sein Stück einzig mit dem Ziel verfasst habe, »einem so gedankenlosen Volk wie den Venezianern Freude zu bereiten«. Das venezianische Publikum spendete bei der Uraufführung »hektisch« Beifall, wie der Kritiker Giuseppe Baretti berichtet. Baretti sah sich dadurch veranlasst, in seinem *The Manners and Customs of Italy (Die Sitten und Bräuche Italiens)* zu erklären: »Die Venezianer… mühen sich nicht sonderlich mit der Suche nach Wahrheit ab, und ihre Fantasie geht zu oft mit ihnen durch, während ihr Urteilsvermögen wie im Schlafe liegt.« Gozzis Dramen stellen eine Art Fantasyliteratur des 18. Jahrhunderts dar: Magier und Monster bevölkern sie, Ritter auf edlen Rössern und Teufel in roten Gewändern. Schwulst geht in ihnen eine merkwürdige Verbindung mit parodistischem Witz ein, Gejammer mit Farce, und auf diese Weise setzen sie die venezianische Tradition der *commedia dell'arte* fort; allerdings ist die Handlung eingebettet in eine sensationellere Szenerie. So haben wir mit Gozzis Stücken etwas wie die Essenz der literarischen Kultur Venedigs vor uns.

Die Wenigsprecher und Vieldenker, wie, mit Verlaub, ich einer bin, die stark mit ihren Gedanken beschäftigt sind, nehmen die schlechte Gewohnheit an, die Stirn zu runzeln, was ihnen einen finsteren, strengen, fast grimmigen Gesichtsausdruck verleiht. Obgleich mein Gemüt stets heiter ist, wie man aus meinen Schriften ersieht, so haben doch die zahllosen Gedanken, die meinen Kopf durchkreuzen, die Wirren meiner Familie, das Nachdenken über meine gerichtlichen Prozesse, das Wiedergutmachen mancher Unordnung mir das Laster des Schmunzelns zugezogen.

Carlo Gozzi

Es bestand auch großes Interesse an Briefen und Tagebüchern, als ob das alltägliche Leben in der Stadt von allergrößter Bedeutung sei. Aufzeichnungen zu machen, das war venezianischer Stil. Viele Patrizier führten Tagebücher, in denen sie die Ereignisse eines Tages festhielten, unter Umständen über viele Jahre hinweg, so dass die Notizen am Ende etliche Bände füllten. Sie vertrauten aber nicht wie andere Diaristen ihre persönlichen Gedanken dem Papier an, sondern schrieben fast ausschließlich auf, was es in ihrer Stadt an Neuem gegeben hatte, und nichts war zu trivial, um übergangen zu werden.

Einer dieser Tagebuchschreiber, Marino Sanudo, füllte an die vierzigtausend Seiten in einer winzigen Schrift. Das war seine Art, die Stadt zu feiern und zu verewigen. Einige der bizarreren Geschehnisse der venezianischen Geschichte fanden Eingang in diese Aufzeichnungen. So hielt Sanudo am 31. August 1505 fest:

> Heute fand die Hinrichtung des Albaners statt, der Zuan Marco meuchelte. Erst hackte man ihm an der Ponte della Late die Hand ab. Und das führte zu einem merkwürdigen Zwischenfall. Als seine Frau Abschied von ihm nahm, trat er vor, als wollte er sie küssen. Doch dann biss er ihre Nase ab. Es scheint, dass sie es war, die den Behörden sein Verbrechen enthüllt hatte.

Così bella non ti ho
Vista mai
Addormentata sul tuo mar
Sei come una favola
Che non so narrar.
Tante cose dire ti
Vorrei, le vecchie case salutar,
mi sento ridicolo e non so parlar.

Ciao Venezia, ciao
Venezia ciao ciao
Ciao
Ciao Venezia, ciao
Venezia
Ciao … ciao ciao!

Erste Strophe eines sogenannten venezianischen »Volkslieds«

Mag es auch nicht viel Poesie in Venedig geben, so kennt es doch viele Lieder. Die Volkslieder der Stadt stehen jedoch nicht in der üblichen Tradition; in ihnen kommt keine wild lodernde, nie erlöschende Leidenschaft zum Ausdruck; da gibt es weder Mitleid noch Tragik, sondern stattdessen Pathos und Sentimentalität. »Würdest du weinen, wenn ich tot wäre?«, fragt eine Mutter ihr kleines Kind. »Wie könnte ich nicht um meine einzige Mama weinen, die mich in ihrem Herzen so lieb hat?« Sentimentalität ist die Feindin echten Gefühls und passt zu einer Stadt, in der so vieles hinter Masken verborgen ist. Doch die Lieder sind auch voller Heiterkeit und Optimismus, künden von einem freudigen »Inangriffnehmen« des Tags, das mit der kaufmännischen Tradition, dem Kaufmannsgeist in Zusammenhang stehen mag. Mit dem Fantastischen verbindet sich auch ein Hauch von Schläue. Einst glaubte man, dass Städte keine Volkslieder hervorzubringen vermöchten, dass solche Lieder nur in ländlichen Gebieten gedeihen, doch Venedig widerlegte diesen pastoralen Mythos. In diesen Gesängen kommt ein starker Lokalpatriotismus zum Ausdruck, auf Politisches wird in ihnen aber nicht eingegangen. Man findet auch satirische Elemente und obszöne. So wie die Venezianer beim Essen eine Mischung aus »süß und sauer« lieben, so lieben sie in ihrem Liedgut eine Mischung aus Essig und Honig.

Keine Stadt der Welt hat so viele Sprichwörter hervorgebracht wie Venedig. Das hat auch mit der Begabung der Einwohner für scharfe Erwiderungen und ihrer Geistesgegenwart zu tun. Es gab viele kuriose Sprüche, die das Leben in einer merkantilen Kultur und deren Geist widerspiegelten. Einer von ihnen lautete – und der Unterton von Stolz ist unverkennbar: »Geld ist unser zweiter Lebenssaft.« Der Konservatismus der Bürger schlägt sich in solchen Weisheiten nieder wie: »Neues gefällt denen, die nichts zu verlieren haben.« – Und: »Wer Ausländer mag, mag den Wind.« Viele der Sprüche nehmen auch auf die einzigartige Lage und Beschaffenheit der Stadt Bezug. »Zu allererst Venezianer, dann Christen.« – »Der Herr über das Meer ist auch Herr über das Land.« – »Kaum ist ein Gesetz geschaffen, ist auch die Lösung gefunden, es zu umgehen.« – »Venezianer werden müde geboren und leben, um zu schlafen.« – »Venedig ist ein Paradies für Priester und Prostituierte.« Eindruck zu machen, Wellen zu schlagen heißt, »sich in tiefer See zu ertränken«. »Demjenigen, der sich am Spieltisch nach Hilfe umschaut, dem werden lange Haare wachsen wie einem Bären.« – »Gott wünscht uns getroffen, doch nicht tot.« – »Wein ist die Milch der Alten.« Man könnte diese Litanei endlos fortsetzen, doch sollte man sich besser ein anderes Sprichwort in Erinnerung rufen: »Das erste Zeichen für Verrücktheit ist es, sich Sprichwörter zu merken.«

So schön hab' ich dich
noch nie gesehen,
schlafend auf deinem Meer.
Du bist wie ein Märchen,
das ich nicht zu erzählen weiß.
Ich würde dir gern so viele Dinge sagen,
die alten Häuser grüßen.
Doch kommt mir alles lachhaft vor,
und ich weiß nichts zu sagen.

Ciao Venezia, ciao
Venezia ciao ciao
Ciao
Ciao Venezia, ciao
Venezia
Ciao … ciao ciao!

Zu den Kuriositäten der venezianischen Kultur gehört

auch die sogenannte »rise«-Geschichte, eine Unterkategorie der Volkserzählung, in welcher ein junger Mann oder eine junge Frau gegen Armut kämpft und eine »günstige Partie« macht und – für gewöhnlich durch Einheirat in eine königliche Familie – unermesslich reich wird. Das ist das für eine merkantile, von Unmöglichem träumende Gesellschaft typische Märchen. Eine dieser Geschichten, die von Costantino und seiner Katze, lief als Erzählung von »Puss in Boots« auch in der englischsprachigen Welt um.

An dem venezianischen Dialekt, in dem diese Volkserzählungen im Allgemeinen abgefasst waren, wurde immer wieder Anstoß genommen. Man erachtete ihn nicht als eine literarischen Texten angemessene, seriöse Sprache. Ende des 13. Jahrhunderts wurden die Hauptwerke der Venezianer auf Provenzalisch geschrieben, der Sprache, die damals – in derselben Periode, in der man auch den gotischen Baustil bevorzugte – »in« war. Dieses literarische Französisch entwickelte sich zu einer Form von Frankoitalienisch, die Sprache, in der Marco Polo 1298 in einem Genueser Gefängnis seine Erinnerungen an seine exotische Reise diktierte. Es mag merkwürdig anmuten, dass Venezianer eher auf Französisch schrieben als in irgendeiner Form des Italienischen, doch gibt es ein Beispiel für dieses merkwürdige kulturelle Phänomen aus viel jüngerer Zeit: Im 19. Jahrhundert schrieb und sprach die russische Oberschicht Französisch, da man die eigene Sprache als zu »niedrig« für eine gepflegte Konversation ansah.

Ähnlich wurde im 16. Jahrhundert das Venezianisch zugunsten des literarisch höherstehenden Toskanisch abgewertet, das sich drei Jahrhunderte zuvor ausgebildet hatte. Die Sprache Dantes, die Sprache der Florentiner, wurde zu der Sprache hoher Literatur. Die venezianische Mundart blieb der populären Unterhaltungsliteratur, fürs Volks geschriebenen Stücken und Volksliedern vorbehalten. Epen und Geschichtswerke wurden auf Toskanisch verfasst. Für einen gehobenen Stil orientierte man sich an Petrarca und Boccaccio, wodurch eine fremde und archaische Mundart die Vorherrschaft über die lebendige und kraftvolle einheimische errang. Dazu kam es vielleicht nicht ganz unerwartet. Auch in anderen Kulturen gewann immer wieder ein höchst stilisiertes oder liturgisches Idiom die Oberhand über die Volkssprache; das geschriebene Angelsächsisch unterschied sich sehr vom gesprochenen Englisch der einfachen Bevölkerung. Der venezianische Dialekt war jedoch auch noch die offizielle Verkehrssprache; er wurde für die Regelung aller öffentlichen Angelegenheiten und auch vor Gericht benutzt. Die Gesetze selbst wurden auf Venezianisch formuliert und bekanntgegeben.

Und natürlich wurde – und wird – der Dialekt noch von den Einwohnern der Stadt gesprochen. Er unterscheidet sich von Viertel zu Viertel, doch wie jede europäische Sprache wird auch er zunehmend eingeebnet. Handelt es sich wirklich um eine Sprache oder eigentlich um einen Dialekt? Die Experten sind sich nicht einig darüber, doch das gesprochene Venedisch besitzt in der Tat sehr alte Wurzeln. Es entwickelte sich in der Venetoregion aus dem Vulgärlatein, das dort in den frühen Jahrhunderten römischer Herrschaft gebräuchlich war. Die gemeinsame Sprache wurde von jeder in der Region der Lagune ansässigen Bevölkerungsgruppe ein wenig variiert. Die Sprache, die man heute noch in den Gassen Venedigs hören kann, geht mit Sicherheit auf die der frühen Veneti zurück und ist zweifelsohne älter als Italienisch.

Pan fresco, vin bon e bea dona: consolassion del leto e dela vita.

(Frisches Brot, guter Wein und eine schöne Frau: Trost für's Bett und für's Leben.)

Venezianisches Sprichwort

Sie weist einen sehr typischen Klang auf. Man sagt, die aus dem Meer aufsteigenden Nebel und die Winde aus dem Norden hätten das Timbre venezianischer Stimmen verändert, so dass sie heiserer klängen als die der meisten anderen Italiener und sich das Venedische weniger melodiös und volltönend anhöre. Der Klang des Toskanischen des 16. Jahrhunderts wurde sogar von einem Venezianer selbst als »lieblicher und angenehmer, lebhaft und fließend« bezeichnet. Doch als Verständigungsmittel einer vorwiegend merkantilen Gesellschaft eignet sich das Venedisch mit seinem kräftigen und entschiedeneren Klang ohne Zweifel sehr gut. Es kann sehr laut erschallen, und man meinte, die Venezianer hätten die lautesten Stimmen von allen Italienern. Es kann sich rau anhören, und Dante wusste im 14. Jahrhundert zu berichten, dass eine venezianische Frau eine ganz ähnliche Stimme wie ein Mann habe. Es wird aber auch mit einem ganz eigentümlichen Tonfall gesprochen, in einer Art Singsang, den man *cantilena* nennt.

Es unterscheidet sich also phonetisch vom »Hochitalienischen«. Aus *madre* wird *mare*, aus *signore* wird *sior,* und statt *figlio* sagt man *fio*. Wörter werden gerne zusammengezogen, so dass der Name der Kirche San Giovanni Grisostomo wie »Zangrisostomo« klingt. Die letzte Silbe von Eigennamen wurde in der Regel verschluckt; so nannte man ein Patriziergeschlecht Falier, nachdem dessen Name vorher schon die Metamorphosen von »Faletrus« zu »Faledro« und dann zu »Faliero« durchlaufen hatte. *Santo* wird *San*. Statt *bello* sagt man *beo* und statt *casa* einfach nur *ca'*. Und auf solche Weise wird aus *sotto il portico* das eine Wort *sottoportego*. Das Sprechtempo steigert sich, und vielleicht ist das Venedische auch lebendiger als andere italienische Regionalsprachen; es ist auf jeden Fall sehr reich an umgangssprachlichen Ausdrücken. Es ist irgendwie eine schlichte Sprache, ohne Raffinement. Das macht sie aber nicht weniger charmant.

24

Farbe und Licht

Die Stadt war bekannt als *Venezia la bella*, weil Kunst und Leben dort eine einzigartige Verbindung eingingen. Ein byzantinischer Historiker des 15. Jahrhunderts verglich sie mit einer exquisit proportionierten Skulptur. Aufgrund ihrer Lage, scheinbar auf dem Wasser schwimmend, war sie wie geschaffen dafür, bildlich festgehalten zu werden, als Gemälde oder auch als Stich. Manche meinen sogar, dass sie auf Papier oder Leinwand besser ausgesehen habe als unter freiem Himmel. Auf den Zeichnungen und Gemälden von Szenen des venezianischen Lebens, von denen Jacopo Bellinis Mitte des 15. Jahrhunderts bis hin zu denen Francesco Guardis Ende des 18. Jahrhunderts, hat die Architektur der Stadt, das Ambiente mehr Gewicht als die Aktivitäten der Bewohner. Der physische Raum und das Steingesicht dominieren. Wem sind die Menschen auf Canalettos Gemälden in Erinnerung? Auf den vielen Darstellungen von öffentlichen Prozessionen in der Stadt werden die Zuschauer wie die Teilnehmer Teil der Architektur. Die Gebäude selbst scheinen den Einklang und den Frohsinn der Einwohner zu verkörpern. Der Stein ist ein Denkmal für den menschlichen Willen, doch wird er selbst auf solchen Darstellungen zum Objekt der Verehrung. Stein – in Form von Wänden, Treppen, Balustraden und Alkoven – ist auf Werken der venezianischen Malerei in höchst auffallender Weise präsent.

Die Stadt könnte von einem Maler komponiert worden sein, der sowohl um Symmetrie als auch um Kontrast bemüht ist, das Vertikale im rechten Verhältnis zum Horizontalen darzustellen sucht, Formen und Farben zu einem höchst harmonischen Ganzen zusammenfügt. Lateinische Elemente werden mit griechischen in Einklang gebracht, gotische mit byzantinischen, um zu symbolisieren, dass die Stadt auf der Grenze zwischen verschiedenen Reichen liegt. Die Sichtachsen sind perfekt ausgerichtet wie bei einem Bühnenbild für ein Schauspiel oder eine Oper, und die perspektivische Reduktion erfolgt ganz subtil. Einzelheiten und Motive sind sorgfältig arrangiert. Die Koordinaten der öffentlichen Gebäude wurden im Licht der Zahlentheorien der Renaissance festgelegt, so dass ihren Ansichten noch eine mystische oder magische Bedeutung innewohnt. Macht einer anderen Art.

Guardis Gemälde von der Stadt werden *Veduten* genannt, also Ansichten, was das Primat des Auges in der Stadt unterstreicht. Alles dient dazu, zur Schau gestellt zu werden. Die erste Mappe mit venezianischen Ansichten, einer Reihe von relativ preiswerten Stichen, wurde 1703 veröffentlicht. Generationen von Reisenden fiel auf, dass das Fehlen von Staub in der Stadt dafür bürgte, dass die großen Häuser und Kirchen recht hell und sauber blieben. Einer der Gründe dafür, dass es in der Stadt so viele Balkone und Terrassen gab und gibt, ist, dass man über Aussichtspunkte verfügen wollte, von denen aus man die wunderschöne Szenerie genießen konnte. Manchmal fällt es schwer zu unterscheiden, ob die Kunst die Realität nachahmte oder ob die Architektur von der Malerei inspiriert wurde. Auf Tintorettos »Paradiso«, das in seiner ganzen Pracht im Dogenpalast zu bewundern ist, befinden sich die Gestalten des heiligen Teodoro und des heiligen Markus, von Moses und von Christus in derselben Relation zueinander wie die ihnen geweihten Hauptkirchen innerhalb des Stadtgebiets. So wird also eine städtebauliche ästhetische Komposition mit malerischen Mitteln verewigt. Öffentlicher Raum wird in Kunst überführt.

Venedig war noch in einem anderen Sinn »pittoresk«. Fresken von Tintoretto, Giorgione und anderen schmückten die Außenmauern der bedeutendsten Häuser. Schon in den frühesten Städten bestand ein großes Verlangen nach Wandmalereien der verschiedensten Art, wie die Fresken im bronzezeitlichen Knossos oder auch die Malereien, die in den Ruinen der ersten Stadt auf der Welt, Çatal Hüyük in Mesopotamien, zutage gefördert wurden, bezeugen. Es ist, als ob die Bedingungen des urbanen Lebens den Wunsch nach Farbe und bildlichen Darstellungen hätten wach werden lassen. In Venedig, diesem Inbegriff von Stadt, ließ man einem solchen Verlangen freien Lauf. Einem Abgesandten des burgundischen Hofs, Philippe de Commynes, fiel auf, dass die meisten der großen Häuser entlang des Canal Grande bemalte Fassaden aufwiesen, und er taufte die ganze Stadt deswegen *urbs picta*, »bemalte Stadt«.

In der ersten Hälfte des 16. Jahrhunderts beschrieb Pietro Aretino Venedig so, als ob es vom Pinsel eines Künstlers gemalt worden wäre. Niemals sei der Himmel über der Stadt, schrieb er 1540 in einem Brief an Tizian, »seit Gott ihn geschaffen [...] von so reizvoller Licht- und Schattenmalerei verschönt« gewesen. »Oh! Mit wie schönen Schraffierungen malten die Pinsel der Natur dort die Luft, indem sie sie auf die gleiche Weise zurücktreten ließen, wie Vecellio es macht, wenn er Landschaften malt. An einigen Stellen erschien ein blaues Grün, an einigen anderen ein Blau, das wahrlich der seltsamsten Laune der Natur, dieser Meisterin aller Meister entsprang. Mit ihren Lichtern und ihren Schatten schob sie [...] zurück und hob hervor, was sie hervortreten zu lassen wünschte [...].« Die Stadt wurde also ein lebendes Bild, ein Kunstwerk *sui generis*. Doch wenn eine Stadt ein Kunstwerk ist, hört sie dann nicht in einem gewissen Sinn auf zu »leben«? Whistler gab den Kommentar ab, die Menschen und Gebäude Venedigs »scheinen eigens für die Bilder zu existieren«, die man von ihnen malt, »und keine andere Daseinsberechtigung zu haben«. Das ist natürlich das Schicksal Venedigs in jüngerer Vergangenheit gewesen, und das wirft Fragen danach auf, wie authentisch die Stadt letzten Endes ist.

Venedig ist mehr als irgendeine andere Stadt im eigentlichsten und umfänglichsten Sinne ein großes Kunstwerk. Was man hier sieht, alles, mit Ausnahme des Wassers, ist Kunst.

Otto Julius Bierbaum

Wenn wir Venedig als Artefakt auffassen, als etwas »Gemachtes« und nicht »Gefundenes«, dann wird uns etwas anderes in Bezug auf seinen Charakter klar werden. Von Städten auf festem Land wie London und Rom beispielsweise kann man sagen, dass sie tatsächlich »gefunden« wurden. Sie waren Teil der natürlichen Welt, bevor sie sich ihrer Wälle und Tore rühmen konnten; sie waren Teil der Landschaft, und ihr allmähliches Wachsen zu Städten kam dadurch zustande, dass viele hundert Generationen sich dort niederließen und etwas schufen oder bauten. Venedig ist keine Stadt dieser Art: Es wurde *ex ovo* erschaffen. Die ganze Stadt ist eine großartige Erfindung, eine inspirierte Improvisation von Menschenhand. Venedig war von Beginn an etwas Künstliches oder Kunstvolles, ein Ergebnis des Kampfes gegen die Natur selbst. Die Häuser wuchsen nicht empor: Sie wurden errichtet, Stein für Stein. Die Städte auf dem festen Land waren immer partiell auch Verteidigungsanlagen. Aufgrund seiner geschützten Lage in der Lagune wurde in Venedig der Abwehrinstinkt durch das Verlangen, sich zu öffnen und zu präsentieren, abgelöst. Die Stadt entstand also nicht durch natürliche Evolution, sondern war ein artifizielles Konstrukt, und alle weiteren Eingriffe dienten und dienen der Erhaltung dieses Konstrukts.

Der Campanile von San Marco

[…]
Ein Schwanken – Stöhnen – dann ein jäher Krach –
Und donnernd stürzt der Kranz der Galerien
Der schwere Riesenhelm zermalmend nach,
Von Staub umwölbt, von scheuem Volk umschrien,
Umflirrt von wirrer Taubenfüße Sturm,
Neigt sich und geht zur Rast der alte Turm.
Die Tauben schwirren eine Weile fort
Und suchen anderwärts sich Sitz und Hort;
Das Volk beschaut, bestaunt, beklagt den Bau,
Und schweift beklommen in der Trümmerschau,
Ein tiefes Grauen greift an jedes Herz;
Wie eines lieben Toten klagt der Schmerz
Der Menge dem gestürzten Riesen nach.
Er, der so stark von großen Tagen sprach.
Liegt nun im Staub. […]

Hermann Hesse

Die Restauration der Stadt in den letzten zwei Jahrhunderten kann uns Aufschluss über die Natur des Artefakts geben. In der zweiten Hälfte des 19. Jahrhunderts »restaurierten« Giambattista Meduna und dessen Nachfolger Pietro Saccardo große Teile des Markusdoms, einschließlich der Süd- und Westfassade; vieles, was sich im Lauf der Zeit gekrümmt hatte, wurde begradigt, alte Marmorblöcke durch neu gebrochene ersetzt; der Boden im linken Seitenschiff wurde eher neu gelegt als renoviert; Säulen und Kapitelle wurden »sauber gescheuert«. Was auf diese Weise entstand,

LA DOMENICA DEL CORRIERE

SI PUBBLICA A MILANO OGNI DOMENICA

Dono agli Abbonati del "Corriere della Sera,,

Uffici del giornale: Via Pietro Verri, 14 MILANO

Anno IV. — N. 30. 27 Luglio 1902 Centesimi 10 il Numero.

CIO' CHE È RIMASTO DEL CAMPANILE DI SAN MARCO, A VENEZIA, DOPO IL CROLLO AVVENUTO IL 14 CORRENTE.

(Disegno di A. Beltrame, dal vero)

Zeichnerische Darstellung der Trümmer des Campanile nach dessen Einsturz am 27. Juli 1902 auf dem Titelblatt der Sonntagsbeilage des Corriere della Sera. *In Venedig hieß es, dass der Glockenturm mit Anstand, »wie ein Nobile«, umgefallen sei. Es waren weder Verletzte noch Tote zu beklagen – abgesehen von der Katze des Küsters. Der Turm wurde am alten Standort in identischer Gestalt wiedererrichtet.*

war im Grunde eine Imitation oder ein Simulakrum des mittelalterlichen Baus, so dass man sagen kann, dass ein Teil des großen Gotteshauses in den siebziger und achtziger Jahren des 19. Jahrhunderts errichtet wurde und nicht im 11. Jahrhundert. Absicht der Architekten war es, die Basilika in einen Originalzustand zurückzuversetzen, doch bei einem Bauwerk, das durch Anhäufung und Assimilation entstand, gab es keinen Originalzustand. Die Kirche repräsentiert eher einen Prozess als ein einmaliges Ereignis.

Ihr neuer Campanile wurde Anfang des 20. Jahrhunderts errichtet, nach dem Einsturz des ursprünglichen, der aus dem frühen 16. Jahrhundert stammte. Der neue Glockenturm sieht auf den ersten Blick möglicherweise »echt« aus, im Grunde ist er aber eine Fälschung, ein Faksimile, erbaut, damit die Touristen sich weiterhin der Illusion hingeben können, durch eine uralte Stadt zu schlendern. In der Praxis funktioniert dieser architektonische Quietismus nie. Nichts kann so wieder aufgebaut werden, »wie es war«. Die Tatsache an sich, dass etwas »wieder« oder »erneut« geschieht, schließt das von vornherein aus. Die großen Häuser der Stadt sind, wie schon berichtet, so restauriert worden, dass sie authentischer, also »venezianischer« aussehen. Sie sind bunter geworden, und ihre Ornamentik wirkt jetzt regelmäßiger. Solch eine Art der Restauration ist mit einem Verlust an Kraft, Identität und Substanz verbunden. Nach dem durch Napoleon herbeigeführten Ende der Republik büßte Venedig seine Autorität, seine Geltung in der Welt ein. Mit seiner Macht verlor es auch seine wirtschaftliche Vorrangstellung. Im Lauf der vergangenen zwei Jahrhunderte hat es versucht, seine glorreiche Vergangenheit durch Korrekturen an seinem Erscheinungsbild wiederaufleben zu lassen – zumindest nach außen hin. Aber es ist dadurch zum Teil zu einer Fantasiestadt, zu einer Art Potemkin'schen Dorf geworden.

Man hat diesen Prozess mit ziemlich abfällig gemeinten Ausdrücken als »Ästhetisierung« oder auch »Kommodifizierung« Venedigs bezeichnet. Der französische Architekt Eugène Viollet-le-Duc hat im 19. Jahrhundert gemeint, ein Gebäude zu restaurieren bedeute, »es in einen vollkommeneren Zustand zurückzuversetzen, als es jemals zu einem bestimmten Zeitpunkt besessen hat«. So haben wir das ganze öffentliche oder offizielle (weniger das private und lokale) Venedig perfekter vor uns, als es jemals zu irgendeiner Zeit seiner Geschichte gewesen ist, unangetastet, idealisiert, einer abstrakten Vorstellung entsprechend und erhaben über das, was die Zeit gemeinhin einer Stadt oder jedem Ding zufügt.

Es hat nie mittelalterlicher ausgesehen als heute, doch gleichzeitig etwas von einem Gesicht an sich, das nach zu vielen Liftings angeschwollen und künstlich aussieht.

Das Licht von Venedig ist ebenso wichtig wie der Raum der Stadt und ihre Gestalt. Das Licht, das aufs Wasser fällt, wird nach oben und zu allen Seiten zurückgeworfen. Der reflektierte Sonnenschein spielt auf Wänden und Decken, lässt ein unablässiges Gekräusel über sie huschen; er setzt die Luft in Bewegung und macht alles tanzen. Solides löst sich auf. Gebäude spiegeln sich schimmernd auf der Wasseroberfläche. Stein wird auf ihr zu Farbe. Die glänzende glatte Fläche kann den verwitterten Marmor und die fleckig gewordenen Ziegel, ja sogar den Schleim, der auf ihr treibt, schön aussehen lassen. An Wintertagen gibt es ein besonderes sprühendes Licht, doch charakteristisch für Venedig ist ein blasses, sanftes Licht – das alles ein bisschen wie in zarte Dunstschleier gehüllt wirken lässt. Ein perlmuttern schimmerndes, leicht diffuses Licht. Es strahlt ebenso vom Horizont und dem Meer aus wie von der Sonne und verleiht allem Harmonie.

Das ist der Grund dafür, dass venezianische Maler sich immer zum Widerschein von Licht auf Wasser hingezogen gefühlt haben, zur Widerspiegelung von Gestalten und Objekten. In der venezianischen Malerei finden wir viele Spiegel lokaler Provenienz. Bellini ist immer für das Leuchten, das seine Bilder erfüllt, gefeiert worden, für seine Fähigkeit, die Luft geradezu mit Licht aufzuladen. Der diffuse Himmel und der strahlende Horizont umschließen eine vor Licht glühende Welt. Die Oberflächen seiner Gemälde strahlen Licht aus und nehmen es gleichzeitig in sich auf. Wie in den Straßen der Stadt selbst werden sogar die Schatten zu Lichtquellen. Es ist eine altbekannte Tatsache, dass es den venezianischen Künstlern weniger um das Abbilden von Konturen als um das Einfangen von Farben ging. Das hat wahrscheinlich mit dem Anblick von Reflexionen auf dem Wasser zu tun.

Sie fühlte sich wach und munter. Im Dunkeln lag sie mit offenen Augen und angespanntem Gedächtnis. Auf der Zimmerdecke und oberhalb des Fensters studierte sie das schwankende Flechtwerk goldener Schuppen, das beschwingte, tanzende Spiel von Lamellen und Rauten, das der Kanal von einer Laterne hereinspiegelte. Dieser überaus anmutige Widerschein war allein schon das Glück.

Mario Soldati

Lichtfülle wurde immer mit Pracht und Adel in Verbindung gebracht. Die Chroniken des 12. Jahrhunderts rühmen die Basilika Maria Assunta für ihre *pellucida claritas*, ihre bewundernswerte Helligkeit. Dem Wort »Licht« wohnt eine Vielfalt an Assoziationsmöglichkeiten inne. Der glänzende Bodenbelag venezianischer Häuser, der als *terrazzo* bekannt ist und aus Kalk und fein zerstoßenem Stein besteht, wurde wegen seiner Eigenschaft, Licht zu reflektieren, geschätzt. Er wurde mit Leinöl geputzt und poliert, bis man sich in ihm spiegeln konnte. Venezianische Häuser waren immer so angelegt, dass möglichst viel Licht in sie fiel. Im 16. Jahrhundert schon waren viele Fensteröffnungen mit Glasscheiben geschlossen statt mit Ölpapier oder Wachstuch. Francesco Sansovino zufolge waren die Räume daher »hell und voller Sonne«. Natürlich gab es düstere Nischen, dunkle Höfe und finstere Durchgänge. Das *chiaroscuro*, dieses Nebeneinander von Licht und Schatten, wirkte auch auf den Charakter der Venezianer ein. Und es beeinflusste ihre Malerei.

Es bestand eine geradezu leidenschaftliche Begeisterung für künstliches Licht. Die Kronleuchter oder *lampadari*, die unter den Decken der weitläufigen, hohen Wohnräume zu schweben schienen, waren berühmt für die unzähligen Glaskristalle, aus denen sie bestanden; sie schienen mit ihrem Funkeln mit den Lichtpunkten auf dem Wasser draußen vor den Fenstern wetteifern zu wollen. Venedig war die erste europäische Stadt, deren Straßen nachts von Lampen erhellt wurden. Diese Straßenbeleuchtung wurde 1732 eingeführt, in London erst vier Jahre später. Einem englischen Reisenden namens Edward Wright fiel um diese Zeit herum auf, dass »die Venezianer sehr verschwenderisch mit ihren weißen Wachskerzen umgehen, bei ihren Prozessionen und ihren Abendlitaneien«. Wenn das Leuchten der Kerzenflammen sich mit dem Blitzen der Juwelen, des Goldes, des Kristalls und des Silbers vermischte, dann »entstand solch ein Funkeln, dass man es kaum anzuschauen vermochte«. Das ist ein typisch venezianischer Effekt, dieses Funkeln. Es ist mit dem Glitzern des Meeres verwandt. Licht ist die lebenspendende Kraft. Es beseelt. Es ist ein Sinnbild für Lebhaftigkeit und Vitalität, und beides zeichnet das venezianische Temperament aus.

Das Numinose ist luminös, von ihm geht ein geheimnisvoller Schein aus. Licht ist das Erste, was geschaffen wurde. Als spirituelle Substanz aufgefasst, ändert es unser Bild von der Welt: Auf die Straßen und Gebäude fällt dann ein Schein des Göttlichen, und sie werden selbst geheiligt. Licht ist immer als Zeichen für göttliche Gnade dargestellt worden. Es gibt das Licht der Heiligkeit, und auch von übernatürlichen Erscheinungen geht Licht aus. In den von Codussi oder Palladio entworfenen Renaissancekirchen Venedigs schmücken keinerlei Fresken oder Mosaiken die Innenwände; diese erstrahlen in reinem Weiß. Auf diese Weise blieben die Eigenschaften des Lichts erhalten. Der istrische Stein Venedigs blendet, wenn Sonnenlicht auf ihn fällt.

Die Begeisterung für Farben war, wie die Verehrung des Lichts, ein Anzeichen für Energie und Virtuosität. Sie war gleichbedeutend mit Bekenntnis zum Sein. Von der Harmonie von Farben ging etwas Ähnliches wie Sonnenwärme aus. Gebräuchlicher als das Wort *colore* war in Venedig der Ausdruck *colorito*, womit die aktiven und expressiven Fähigkeiten von Farbe stärker hervorgehoben wurden. William Etty, der englische Maler des 19. Jahrhunderts, bezeichnete Venedig als »Geburtsort und Wiege von Farbe«. Im selben Jahrhundert hielt John Ruskin fest, dass die Venezianer den Arabern ähnelten »in Bezug auf ihre intensive Liebe zu Farben, welche sie dazu veranlasst, gewöhnliche Wohnhäuser üppig mit den teuersten Dekorationen zu schmücken«. Außerdem besäßen sie einen untrüglichen Instinkt dafür, welche Farben oder Materialien für bestimmte Dinge zu verwenden waren. Sie überzogen also die Fassaden ihrer Paläste mit Porphyr und Gold, während die Architekten des Nordens Eichenholz und Sandstein gewählt hätten. Die Innenwände der Häuser wurden mit bemaltem Leder tapeziert oder mit grünem und karmesinrotem Damast. Der Markusdom stellt eine einzige

Es ist schwer, sich in Venedig mit dem Auge zu orientieren, hingegen ist es einfach, sich mit der Nase zurechtzufinden. Wenn man sich in Gerüchen auskennt, weiß man, wie weit es noch bis zum Canal Grande oder bis zur Lagune ist. Wo sich die Luft zu kompakten Geruchsmassen verdichtet, so daß man sie fast schneiden kann, dringt man in das Innere Venedigs ein. Gerät man aber beim Durchstreifen der Gäßchen an eine Kreuzung, wo man eine Nase voll leichtere Luft einschnuppern kann, so ist das ein Zeichen dafür, daß die Gasse bald auf den Canal Grande oder die Lagune mündet.

Silvio Toddi

Hymne an die Farbe dar. Wir können davon ausgehen, dass dies eine Kultur war, in der Sinneserfahrung tiefer und intensiver war als in unserer heutigen, dass damals schöne Farben und Klänge eine direktere Wirkung auf das menschliche Empfinden ausübten. Der Geschmacks-, Geruchs- sowie Gesichts- und Gehörsinn wurden gewissermaßen für solche Reize empfänglich. Das Leben selbst schien insgesamt lebendiger. Die Welt hatte ihre Aura noch nicht verloren.

Zu seinen [der Himmelsrand] Füßen schaut man das Meer: es rollt in langen schmalen Dünungen über rötlichen Sand; die herrlichsten seidigen und verschmolzenen Farben, geaderte Rosentöne, Violetts, blaß wie die Gewänder Veroneses, Goldgelbs, gepurpurt, leuchten und weinfarben wie die Schleppkleider Tizians, verwischtes in dunkles Blau getauchtes Grün und seegrüne silbergestreifte oder funkelnde flitternde Töne wogen, einen sich und verschmelzen unter den unzähligen feurigen Pfeilen, welche bei jeder von der Sonne geschleuderten Handvoll Strahlen von oben auf sie herabfallen.

Hippolyte Taine

Es ist vielleicht kein Zufall, dass Venedig das europäische Zentrum für den Handel mit Pigmenten war. Die Maler aus Holland und dem übrigen Italien erwarben hier ihre Farbstoffe bei Händlern, die auf diesen Artikel spezialisiert waren. Sie hatten das beste Orpiment (Auripigment oder Arsengelb) und das beste Realgar (Rubinschwefel) im Angebot, das für Gelb und Orange verwendet wurde, wie auch das beste Zinnober und Bleiweiß. Es gibt das berühmte »Venezianisch Rot«, das mit einer roten, Eisenoxid enthaltenden Erde hergestellt wird, die man im Veneto abgräbt und die auf vielen venezianischen Gemälden des 15. Jahrhunderts zu sehen ist. Von ihm hieß es, es sei so rot wie das Blut Christi. Die Färbereibetriebe der Stadt, die unabdingbar für die Herstellung von luxuriösen Textilien waren, sorgten dafür, dass immer eine ausreichende Menge von dem als Kermes oder Cochenille bekannten Pigment zur Verfügung stand. Auch der Farbgeschmack wandelte sich. So trat gegen Ende des 15. Jahrhundert orangefarbene Bleimennige an die Stelle von roter. Die Geschichte der »Farbmode« wäre gleichzeitig eine Geschichte des menschlichen Empfindens.

Die venezianischen Maler verwendeten oft die teuersten Farben, ihres Preises und ihrer Seltenheit oder Exklusivität wegen. Das tiefe Blauviolett, das man bei Bellini oder Tizian findet, wurde zum Beispiel mit gemahlenem Lapislazuli hergestellt, den man in der Region der Welt fand, die dem heutigen Afghanistan entspricht. Rote Silber- oder Schwefelpigmente wurden sehr geschätzt. Venedig war die Stadt des Safrans, der aus den Ländern des Ostens importiert wurde.

In seinem *Grande Dictionnaire de la Cuisine* meinte Alexandre Dumas d.Ä., »Gewürzen verdanken wir die Meisterwerke Tizians«.

Welches sind die Farben der Allerdurchlauchtesten? Da gibt es natürlich die geheiligten Farben, die Farben Bellinis, Blau und Gold. Die Decken der Räume vieler öffentlicher Gebäude waren als Himmel gestaltet: Auf den nachtblauen Flächen funkelten unzählige goldene Sterne. Auf dem *Pala d'Oro*, dem kostbaren, vorwiegend aus Gold und Silber gefertigten Altarvorsatz im Markusdom, sind Paneele aus schimmerndem blauem Email in goldene Rahmen gefasst. Blau war die Farbe des Himmels. Es ist die Farbe der Ruhe und der Heiterkeit; *la Serenissima* hat sich beides zu eigen gemacht und auch diese Farbe zu der ihren erklärt. Tiefblau war die bevorzugte Farbe auf Gemälden des 14. und 15. Jahrhunderts. Es gab das Blauviolett des Himmels und das weiche Grünblau, das die Luft in einiger Entfernung annimmt. Auf den blauen oder grünen Wogen spiegeln sich andere Farben, Lachsrot, Magenta, Orange und Weiß. Die Segel der Fischerboote auf der Lagune leuchteten die Jahrhunderte hindurch immer orange- oder karmesinrot.

Es gibt aber auch Grün, nach dessen Anblick man sich in einer Stadt von Stein geradezu sehnt. Bellini schwelgte in einem tiefen Grün. Die venezianischen Baumeister liebten grünen Marmor, weil sich mit diesem Stein die natürliche Welt nachahmen ließ. Man kann also von marmornen Wäldern reden, die mitten in der Stadt aus dem Boden schießen. Sie erinnerten an lebenspendenden Pflanzensaft und Blätter, an das Wunder der Wiedergeburt. Ruskin hielt fest, dass einer der beliebtesten Farbzusammenklänge »die liebliche und feierliche Verbindung von Purpur mit verschiedenen Grüntönen war«. Es gibt auch das Rosa der Morgen- und das der Abenddämmerung. Henry James beschrieb es als »schwaches, schimmerndes, luftiges, wässriges Rosa; das helle Meereslicht scheint von ihm durchflutet zu werden, und das blasse weißliche Grün der Lagune und Kanäle scheint es aufzusaugen«.

Das »blasse weißliche Grün«: Ist damit nur das Wasser gemeint? Welches ist überhaupt die Farbe des Wassers? Die Farben der Meereswogen, die sich Venedig näherten, unterschieden sich einst, je nach dem *porto*, durch den sie strömten. Das Wasser, das aus Richtung Lido kam, war rot, das, welches von Malamocco aus heranflutete, grün und das, welches bei Cioggia in die Lagune strömte, purpurn. Welche Farbe hat das Wasser in den Kanälen und in der Lagune? Es ist wechselnd als jadegrün, lila, blassblau, rauchigrosa, lavendelblau, violett, heliotrop oder taubenblau beschrieben worden. Nach einem Sturm ändert sich die Farbe, da das Wasser dann stärker mit Sauerstoff durchsetzt ist. An einem heißen Nachmittag kann es einen orangefarbenen Schein annehmen. Die Farben des Himmels und die der Stadt spiegeln sich, kleine blaue und ockergelbe Ovale bildend, auf ihm wider. Das Wasser ist von jeder denkbaren Farbe und von keiner. Es reflektiert Farbe, ohne selber eine zu besitzen. Es nimmt die Farbe seines Gegenübers an.

25

Pilger und Touristen

Emsig wallet der Pilger! Und wird er den Heiligen finden?
Hören und sehen den Mann, welcher die Wunder getan?
Nein, es führte die Zeit ihn hinweg: du findest nur Reste,
Seinen Schädel, ein paar seiner Gebeine verwahrt.
Pilgrime sind wir alle, die wir Italien suchen;
Nur ein zerstreutes Gebein ehren wir gläubig und froh.

Johann Wolfgang von Goethe
Venezianische Epigramme XXI

Die Stadt braucht Menschen. Sie will gesehen werden. Die Pilger des Mittelalters waren die ersten Touristen. Fremdenführer zeigten ihnen die Stadt, und es gab Staatsbeamte, deren Aufgabe es war, Tavernen zu inspizieren und Waren, die man den Besuchern verkaufte, zu überprüfen. Von diesen Inspektoren erwartete man aber auch, dass sie die Fremden zu den teuersten Läden führten, in denen Glasperlen oder Silberkreuze angeboten wurden. Es gab noch andere »Touristenbeauftragte« des Staates, die alle möglichen Dienste anboten, vom Dolmetschen bis hin zum Geldwechseln. Die Eigner von Galeeren errichteten auf dem Markusplatz Stände, neben denen jeweils der Stander ihres Schiffes flatterte. Die Kommandanten der Schiffe boten den Vorbeikommenden kleine Mahlzeiten und Becher voll Wein an, »wobei jeder den anderen beschimpfte und ihn bei den Pilgern schlechtmachte«. Die Pilger waren in besonderen Herbergen und Gasthöfen untergebracht wie dem »Pferdchen und Hummer«. Von einigen Kreuzrittern erzählte man sich, dass sie auf ihrer Fahrt ins Heilige Land nie weiter gelangt seien als bis in die Herberge »Luna« in Venedig. Dieses Etablissement lag direkt am Kai, nicht weit von der Piazzetta. 1319 wimmelte es dort von Gästen. Fünf Jahre später wurde der »Weiße Löwe« eröffnet.

Venedig hatte beinahe tausend Jahre lang alle Augen auf sich gelenkt; aktuellen Statistiken zufolge zieht es in unserer Zeit jedes Jahr drei Millionen Besucher an, die dort auch übernachten, sowie sieben Millionen Tagesausflügler. Anderen Schätzungen zufolge kommen jährlich zwischen vierzehn und sechzehn Millionen Menschen nach Venedig. Man kann also davon ausgehen, dass jedes Jahr Millionen von Fremden in eine Stadt strömen, die nicht mehr als sechzigtausend Einwohner hat. Zu jedem Zeitpunkt halten sich in ihr mehr Fremde als Einheimische auf. Das ist aber an sich keine ungewöhnliche, »neue« Situation, denn schon in den 1840er Jahren begann die Zahl der Touristen die der Einwohner zu übersteigen. Das Ungleichgewicht ist jedoch nie so extrem gewesen wie heutzutage. Man ist der Ansicht, dass es bei der gegenwärtigen Wegzugsrate in zirka fünfundzwanzig Jahren keine gebürtigen Venezianer mehr in der Stadt geben werde. Es wird eine Stadt der Touristen und derjenigen sein, die ihnen zu Diensten sind und von ihnen leben. Daher nimmt es nicht wunder, dass die Venezianer sich wie eine bedrohte Spezies vorkommen. Doch haben sie über die Jahrhunderte hinweg selbst passiv dazu beigetragen, dass so eine Situation entstand: Sie sind mit schuld an ihrem Schicksal.

Schon im Mittelalter sollen zu dem Jahrmarkt, der immer am Himmelfahrtstag abgehalten wurde, zweihunderttausend Fremde in die Stadt geströmt sein. Die Behörden erfanden eine Fest- und Jahrmarktsaison, die von Ende April bis Anfang Juni dauerte, um noch mehr Besucher anzulocken. Im 15. Jahrhundert gab es mehr als zwanzig Herbergen, von denen die meisten in der Nähe des Markusplatzes und des Rialto lagen. Sie boten nicht nur gutes Essen und saubere Schlafstätten an, sondern hielten auch eine große Schar von Prostituierten für ihre Gäste bereit. Stiche von Festivitäten und Prozessionen wurden als Andenken an den Mann gebracht. Eine Stadt, in der alles zum Verkauf steht, will sich natürlich auch selbst verkaufen. So wurde das Schicksal Venedigs schon zu einem relativ frühen Zeitpunkt vorherbestimmt. Gegen Ende des 15. Jahrhunderts klagte ein Priester aus Mailand namens Pietro Casola, Venedig sei

»eine Stadt, über die so viel erzählt und geschrieben worden ist, dass es mir so scheint, als könnte man nichts mehr über sie sagen«.

Fynes Morrison, ein Tourist des 16. Jahrhunderts, meinte, »Venetia« sei ein anderes Wort für *veni etiam*: »komm wieder!«. Die Einheimischen waren stets freundlich, und im frühen 16. Jahrhundert berichtete Sir Richard Torkington über den Wirt des Gasthauses, in dem er in Venedig abgestiegen war: »Der brave Mann sagte, er könne an meinem Gesicht sehen, dass ich Engländer bin, und er sprach ein gutes Englisch mit mir.« Die Behörden begünstigten jede Art von unterhaltsamen Veranstaltungen, die Besucher in die Stadt locken konnten, darunter Theater- und Opernaufführungen sowie Festivitäten verschiedener Art. Wenn sie nichts dazu taten, die allgemeine Überzeugung zu fördern, dass die Stadt eine Hochburg illegaler geschlechtlicher Vergnügungen war, so unternahmen sie auch nichts, um Venedig von diesem Ruf zu befreien, sondern fanden sich damit ab. Die venezianischen Kurtisanen wurden im Lauf der Zeit in ganz Europa berühmt. Doch gab es in Venedig nicht nur Käufliche weiblichen Geschlechts, sondern auch Lustknaben und Transvestiten boten ihre Dienste an. Natürlich hatte die Gastfreundschaft der Venezianer ihren Preis. Ein Tourist des 18. Jahrhunderts, der Hugenotte François Misson, fragte sich im Zusammenhang mit der großen Zahl von Fremden in der Stadt, »wie viel Geld muss diese große Menge nach *Venise* bringen?«. Es hieß, jedes fünfte Haus biete Schlafstellen an, und das Gedränge der Boote auf den Kanälen sei so groß, dass »man nur einmal *gondola* zu rufen« brauche, und schon kämen sie »zu einem herangeschwärmt«. Der erste Stadtführer, *Venetia, città nobilissima*, erschien 1581. Im 17. Jahrhundert wurde die Stadt zum Hauptanlaufpunkt der jungen Herren aus der englischen Oberschicht auf ihrer »Grand Tour«, die zu absolvieren als unerlässlich für die Bildung und Erziehung eines Gentleman galt.

Zu Beginn des 18. Jahrhunderts berichtete der englische

Botschafter, Lord Manchester, über die Venezianer, dass »die Hauptrolle, die sie hier zu spielen beabsichtigen, darin besteht, dem Rest Europas Amüsement zu bereiten und nichts zu tun«. Das war die Epoche, in welcher venezianische Künstler begannen, Bilder ihrer Stadt anzufertigen, die bewusst auf den Geschmack von Touristen abgestimmt waren. Francesco Guardi zum Beispiel stellte seine Stadt so dar, wie der typische Tourist sie sah: als romantischen Ort, so pittoresk, dass es schon beinahe etwas von einer Bühnenkulisse an sich hatte. Canaletto spezialisierte sich auf idealisierte topografische Panoramen, die dann in die übrigen europäischen Länder und insbesondere nach England exportiert wurden. In jener Zeit beherbergte Venedig zur Zeit des Karnevals mehr als dreißigtausend Besucher, doch der wahre Höhepunkt, was den Fremdenverkehr betraf, wurde im 19. Jahrhundert erreicht. An die Stelle der Gentlemen auf ihrer »Grand Tour« waren Touristen aus der gehobenen Mittelschicht getreten, für die Venedig die schönste und aufregendste Station auf ihrer Reise darstellte. In den 1840er Jahren begannen immer mehr Venedig-Reiseführer zu erscheinen; die erste »Cooks's Tour« durch die Stadt wurde 1864 veranstaltet. »Das Venedig von heute«, schrieb Henry James, »ist ein riesiges Museum, in welchem das kleine Drehkreuz, durch das man Einlass erhält, in unaufhörlicher Bewegung ist und quietscht …«

Fensterbogen im gotischen Stil an der Basilica dei Frari am Campiello San Rocco.

Für die Viktorianer wurde Venedig ein akzeptables Relikt der Vergangenheit, ein Ort kultivierter Respektabilität, der Zuflucht vor der Industrialisierung bot, die damals England heimsuchte. Venedig wurde zu einem Sinnbild für eine bewunderte und viel beweinte »gemütlichere« Vergangenheit. Die »gotische« Architektur, die im England des 19. Jahrhunderts *en vogue* war, fand durch die großen Häuser und Kirchen Venedigs so etwas wie Bestätigung. Es stellte schon einen Ort dar, an dem sich diejenigen versammelten, die nostalgische Gefühle für die »gute alte Zeit« hegten. Die Viktorianer waren in einem gewissen Sinn die neuen Pilger, die Nachfahren jener, die sich auf eine spirituelle Reise nach Jerusalem begeben hatten. Jetzt endete die Pilgerfahrt in Venedig, und an die Stelle der religiösen Verehrung war die Anbetung von Kunst und Literatur getreten. Im selben Jahrhundert wurde auch das Venedig-Bild für immer in der allgemeinen Vorstellung fixiert – dazu gehörten die Gondeln, die Tauben und die Cafés unter freiem Himmel auf dem Markusplatz. Den Touristen wurde gewissermaßen eine Peepshow geboten, ein Diorama, ein Basar. Einige sahen aber schon voraus, dass sich die Stadt selbst durch diesen Prozess wandeln würde. 1887 mahnte die englische Zeitschrift *The Builder* ihre Leser: Venedig-Touristen besäßen nicht »das Recht, von den Einwohnern einer alten Stadt zu verlangen, dass sie sich damit zufriedengeben, die Rolle von Museumswächtern zu spielen«.

Man kann sagen, dass im 20. und 21. Jahrhundert das »Projekt Venedig« abgeschlossen oder auch vollendet – je nach Standpunkt – worden ist. Man hat von der »Disneyfizierung« der Stadt gesprochen. Venedigs Schicksal hat sich erfüllt; die Stadt hat dies selbst bewirkt. Das ist alles. Es ist immer noch eine funktionierende Stadt, doch ihr Charakter hat sich verändert. Einige sprechen von »Niedergang« oder auch »Verfall«, doch gibt es keine Beweise dafür, dass es sich tatsächlich darum handelt. In mehr als einer Hinsicht ist Venedig die erfolgreichste Stadt der Welt. Städte sind von Natur aus etwas Artifizielles. Venedig wird einfach das Konzept von Stadt, das Artifizielle ins Extrem treiben. Francis Marion Crawford, der amerikanische Schriftsteller des 19. Jahrhunderts, drückte es am treffendsten aus, als er in Bezug auf die Stadt erklärte, »es würde diejenigen, die sie kennen, nicht überraschen, wenn sie ihr plötzlich gegenüberstünden und feststellten, dass das ganze menschliche Leben in ihr erloschen sei, während ihr eigenes weitergehe, so robust wie immer«. Es hilft nichts zu behaupten, die Touristen sähen nicht

[Wenn] nach stundenlanger Besichtigung eines Museums oder Palastes der Fremdenführer ihnen […] treppauf treppab über beschwerliche Brücken vorauseilte, bis zur Fassade eines Kirchleins, das noch auf der Tagesordnung stand, und dort wieder zu erklären begann, wobei er ihnen erbarmungslos mit sämtlichen Konsonanten eines zusammengestoppelten Englisch weh tat: da hielten sich die elf alten Mädchen an ihren Tweedkostümen aufrecht und vornehm auf ihre Stöcke oder Schirme gestützt, taumelnd vor Müdigkeit, doch entschlossen, sich nichts anmerken zu lassen, auch wenn sie jeden Augenblick umzusinken fürchteten. Sie reckten ihre rosigen, spitzen Näschen unermüdlich in die Luft, empor zu Geschnörkeln von Simsen und Tauben.

Mario Soldati

[Es] ist einiges verändert in der kleinen Pension. […] In den Zimmern ist der lässige Verfall fortgeschritten: abgerissene Vorhangschnüre, verstopfte Abgüsse, die Balkontür meiner geliebten Nummer 38 eingerostet oder – mit unauffindbarem Schlüssel – versperrt. Dennoch: wo sonst diese Ruhe, dieser liebliche, mit Weinlaub und frischgewaschenem Linnen überwucherte Innenhof, wo sonst die stets immanente Möglichkeit, Ezra Pound oder Peggy Guggenheim mit ihren drei Zwerghündchen im Restaurant zu begegnen? […] In der Tat betritt schon am Tag unserer Ankunft der pergamentene Greis, umloht von Haar und Bart, den Speisesaal und läßt sich am unteren Ende unseres Tisches nieder […].

Hilde Spiel

das »wirkliche« Venedig, so wie sie auch nicht das wirkliche London oder das wirkliche Paris sähen: Das Venedig der Touristen ist das eigentliche, das »wirkliche« Venedig.

Einige Touristen sind berühmter als andere. Jeder, der »etwas darstellt«, ist jetzt von Jedermann abgelöst worden, doch in der Vergangenheit sind die Reichen, die Berühmten und die Berüchtigten in die Stadt gezogen, weil diese eine Bühne abgab, auf der sie sich in Szene setzen konnten. Shelley kam, um zu wehklagen, und Byron, um zu ejakulieren. Aretino wollte die Stadt besingen, Ruskin Dinge anprangern. Nietzsche, Proust, Dante: Sie alle besuchten die Stadt. Petrarca kam oft hierher und erklärte sie zur »wunderbarsten Stadt, welche [er] jemals zu Gesicht bekommen«. Turner und Whistler malten Venedig wie Hunderte anderer ausländischer Künstler. Bei der Schilderung Londons in seiner »Ten O'Clock Lecture« (»Zehn-Uhr-Vorlesung«, 1885) beschwor Whistler das Bild einer anderen Stadt herauf:

> Und wenn der Abendnebel die Flussufer mit Poesie umhüllt wie mit einem Schleier, und die schäbigen Gebäude sich im trüben Himmel verlieren und die hohen Schornsteine zu Campanili werden und die Lagerhäuser sich in der Nacht zu Palästen verwandeln und die ganze Stadt im Himmel schwebt und sich ein Märchenland vor uns auftut …

Im späten 19. Jahrhundert gab es in Venedig keinen Quadratzentimeter mehr, der noch nicht gemalt worden war.

Wenn es auch nicht unbedingt eine Stadt der Literatur gewesen ist, so doch eine, die in der Literatur häufig vorkommt. Shakespeare nimmt vierzigmal auf Venedig und deren Besitzungen Bezug; nicht alle diese Erwähnungen sind schmeichelhaft. Zwei seiner Stücke, *Der Kaufmann von Venedig* (1598) und *Othello* (1602), spielen ganz oder teilweise in der Stadt. Der erste Akt von *Othello,* dessen Schauplatz eine dunkle Straße vor einem Haus mit verschlossenen Fenstern ist, fängt die Atmosphäre der Stadt oder das, was man gemeinhin für diese hielt, sehr gut ein. Einige Literaturwissenschaftler haben die These aufgestellt, dass Shakespeare die Stadt tatsächlich besucht habe, doch das ist höchst unwahrscheinlich. Er brauchte es auch nicht zu tun. Venedig ist vor allem eine imaginierte Stadt. In Ben Jonsons *Volpone* (1606) prahlt Sir Politique damit, dass, eine Woche nachdem er dort angekommen sei,

> Mich alle für einen Bürger Venedigs hielten,
> Da ich die Umgangsformen so gut beherrschte.

Er ist sich auch der räuberischen Gewohnheiten der Venezianer voll und ganz bewusst:

> Euer Venezianer, so er einen Mann erblickt,
> Der auch nur im Geringsten auftrumpfend, so nimmt er sich ihn vor:
> Er plündert ihn aus.

Die englischen Dichter des frühen 19. Jahrhunderts trugen entscheidend zur Ausbildung dessen bei, was man als »Mythografie« Venedigs bezeichnen könnte. Byron verfasste zwei historische Dramen, die in der Stadt spielen, doch am nachhaltigsten prägte er das Bild, das man sich anderswo von der Lagunenstadt machte, die gefühlsmäßige Einstellung zu ihr, mit Versepen wie *Beppo*, *Don Juan* und *Childe Harold's Pilgrimage (Ritter Harolds Pilgerfahrt)*, in dessen Viertem Gesang er die Stadt mit einem schwermütigen Verstoßenen assoziiert, der auch der archetypische romantische Held ist:

> Venedig hört nicht mehr des Tasso Sang,
> Und schweigend fährt, liedlos der Gondolier',
> Zerfall'ne Mauern stehn die Küst' entlang,
> Und selten nur tönt Musik in ihr;
> Die Zeit entwich – dass Schönheit weilt noch hier…

Doch ist es nur ein kleiner Schritt vom Empfinden von Romantik zur Romantisierung. Im 19. und 20. Jahrhundert erschien eine Reihe mehr oder weniger skurriler und weitschweifiger Reiseberichte oder Tagebuchauszüge, die den pittoresken Ansichten, an denen man sich in Venedig erfreuen konnte, gewidmet waren. Viele dieser Autoren brachten unter demselben Himmel mehr oder weniger identische Sätze zu Papier – sie ergingen sich über die gravitätischen Bewegungen der Gondolieri, schilderten die Boote voller Obst und Gemüse, die im Morgengrauen zum Markt glitten, die grazilen Kinder, die Tische mit den Marmorplatten des Café Florian, das an einer bröckeligen Mauer hochrankende Geißblatt, den feierlichen und sanften Klang der großen Uhr an der Piazza, das Getöse der Glocken oben im Campanile …

In den ernsthafteren literarischen Werken jedoch begegnet einem ein Venedig in einem ganz anderen Gewand. Es wird zur Szenerie für das geheime Leben und auch zum Ort der Selbstfindung, Selbstentdeckung, wo die gewöhnlichen Grenzen zwischen außen und innen, privat und öffentlich verschwimmen. Es ist eine Szenerie, in der unbewusste oder unterdrückte Wünsche an die Oberfläche steigen, ein Ort, an dem es zu merkwürdigen Begegnungen und unerwarteten Zusammentreffen kommt. Einer der ersten englischen Romane, der in Venedig spielt, ist Thomas Nashes *The Unfortunate Traveller* (1594); er handelt von den Abenteuern des Earl of Surrey, der, oft in Verkleidung und maskiert, mit seinem Diener die Identität tauscht, um sich unerkannt den Vergnügungen der Stadt hingeben zu können. Venedig galt immer als Ort der Lüsternheit, der Doppelbödigkeit und der Ambiguität. Der Mittelteil von Ann Radcliffes *The Mysteries of Udolpho* (1794) spielt ebenfalls in Venedig. Obwohl die Verfasserin die Stadt nie besuchte, vermochte sie sich in ihrer Fantasie so intensiv in sie hineinzuversetzen, dass ihre Beschreibungen im Höchstmaß realistisch klingen. Auch bei ihr ist Venedig ein Ort der Intrige und der Gefahr, des Schreckens und der wundersamen Geschehnisse.

TEIL VIII

Die Kunst des Lebens

26

Hoch lebe der Karneval!

Byron tauchte mithilfe des Karnevals in das ein, was er für das wahre und echte venezianische Leben hielt; er tat dies trotz seines Lamentierens über den Niedergang dieses Lebens, das aber in erster Linie dazu diente, die eigene Person interessanter zu machen. 1818 schrieb er an Thomas Moore:

> Ich habe vergangene Woche kaum Schlaf gefunden. Wir befinden uns in den letzten Tagen des Karnevals, in seinen Todeszuckungen, und ich muss die ganze Nacht auf sein und morgen ebenfalls. Ich hatte während dieses Karnevals einige merkwürdige Abenteuer in Maske gehabt, aber da sie noch nicht vorbei sind, werd ich weiter nichts sagen. Ich werde die Mine meiner Jugend bis zur letzten Erzader ausbeuten, und dann – gut' Nacht. Ich habe gelebt und bin zufrieden.

Der Karneval wurde erstmals Ende des 11. Jahrhunderts gefeiert und danach ohne Unterbrechungen fast siebenhundert Jahre mit diversen Festivitäten und Zeremonien begangen. Nachdem diese eine Zeit lang in Vergessenheit geraten waren, kam es in den 1970er Jahren zu einer Wiederbelebung. »Die ganz Welt begibt sich nach Venedig«, schrieb John Evelyn im 17. Jahrhundert, »um das närrische und tolle Treiben beim Karneval zu sehen.« Ursprünglich sollte er vierzig Tage dauern, im 18. Jahrhundert wurde er aber manchmal sechs Monate lang gefeiert. Er begann dann am ersten Oktobersonntag und dauerte bis Ende März oder zum Beginn der Fastenzeit. Das deckte sich mit der Spielzeit der Theater. In einer Stadt, die stolz darauf war, die Natur zu transzendie-

Ich weiß gar nicht, wie ich Ihnen eine umfassende Beschreibung der gegenwärtigen Tage geben soll, in denen der Karneval seinem Ende zugeht. Die gesamte Stadt scheint jetzt in ihrem närrischen Wesen derart trunken und rasend zu werden, daß ich vor Staunen und Schrecken ganz starr bin. Die Venezianer wetteifern derzeit so sehr miteinander, daß sie sich sogar in ihren Tollheiten noch zu übertreffen versuchen und dabei die Grenzen zum Anstößigen überschreiten.

Johann Caspar Goethe

ren, war das eine Art und Weise, dem Winter Trotz zu bieten. Doch wenn die Feierlichkeiten ein halbes Jahr lang dauern, wird dann nicht das »wirkliche« Leben zum Karnevalstreiben? Tatsächlich hieß es, Venedig sei das ganze Jahr über von einem karnevalesken Geist erfüllt. Es war keine ernsthafte Stadt mehr wie London und keine weise wie Prag.

Auf dem Markusplatz spielten Kapellen und Orchester; es gab Maskenbälle, Puppenspieler und Straßenkünstler. In den Opernhäusern fanden Kostümfeste statt, bei denen man Prämien für die originellste Verkleidung vergab. Es wurden raffinierte Feste auf vergoldeten Barken veranstaltet, mit Bediensteten in karmesinroten und goldenen Livreen und Gondeln, die vor Blumen überquollen. Wie William Beckford feststellte, waren die Venezianer »so begierig darauf, sich zu amüsieren, dass sie sich kaum Schlaf gönnten«. In dieser Zeit war jeder seiner Fesseln ledig.

Evelyn nannte den Karneval eine hohe Zeit »allgemeiner Tollheit«, »da Frauen, Männer & Personen aller Stände sich in altertümliche Gewänder kleiden, mit überschäumend Musik & tausend Kapriolen«. Sir Henry Wotton aber glaubte, dass das Treiben, wenn es Tollheit sei, doch Methode habe: Der Karneval sei dazu gut, die Menschen »davon abzulenken, über wichtigere Dinge zu diskutieren«. Ein anderer Beobachter aus England glaubte, dass die Regierung mit voller Absicht den Vergnügungen und sogar dem Laster Vorschub leiste; sie schaffe sich so einen ihrer »Hauptansatzpunkte« zur Beeinflussung der Bevölkerung. Vielleicht hielt sich die venezianische Obrigkeit damit an die alte Erkenntnis, dass man dem Volk nur Brot und Spiele zu geben brauchte, um es bei Laune und damit ruhig zu halten. Doch waren die Festivitäten ebenso für Fremde bestimmt wie für Einheimische. Sie dienten natürlich der Belebung des Handels, und der Karneval verhalf sieben Theatern, zweihundert Speisehäusern und zahllosen Spielsalons zu ausreichenden Einnahmen. Doch die Bekundung von Freude und Heiterkeit war auch eine von Stärke – ein schönes fantastisches Spektakel, dazu bestimmt, den Reichtum der Stadt zu unterstreichen, ihre Unabhängigkeit und Uneinnehmbarkeit.

In den Straßen wurden Stierkämpfe und -rennen veranstaltet. Es gab Feuerwerke – die Venezianer waren als gewiefte Pyrotechniker bekannt –, bei denen die bunten Funken und Flammen sich glitzernd im Wasser spiegelten. Seiltänzer traten auf, Wahrsager lasen ihren Kunden aus der Hand, und *improvisatori* sangen Lieder zur Gitarre oder Mandoline. Quacksalber versuchten ebenso Geld zu machen wie Akrobaten. Es wurden auch Tierschauen veranstaltet; 1751 konnte man das erste Nashorn in Venedig bestaunen. Einige Darbietungen enthielten auch makabre Elemente; so gab es Scheintrauerzüge, und am letzten Karnevalstag wurde eine von Geschwüren, die die Syphilis zurückließ, entstellte Gestalt in einer Schubkarre herumgefahren. Wieder einmal stößt man auf die uralte Verbindung zwischen ausgelassenem Feiern und Tod.

Einige Venezianer machten sich wie ihre Lieblingsgestalten aus der *commedia dell' arte* zurecht. Da sah man den Mattacino, von den roten Schuhen mit roten Schnürbändern abgesehen, ganz in Weiß gekleidet; er hatte einen federgeschmückten Hut auf dem Kopf und warf mit Duftwasser gefüllte Eier in die Menge. Dann gab es den Pantalone, diese für Venedig symbolische Figur, in eine rote Weste und einen schwarzen Umhang gehüllt. Und schließlich den Arlecchino in seinem bunten Kostüm. Maskenfeste und Maskenbälle wurden veranstaltet. Maskierte zogen in langen Reihen durch die Straßen. Der Karneval war nach einiger Zeit aufs Engste mit dem Tragen von Masken, auch *volti* (Gesichter) genannt, assoziiert.

Den ersten Hinweis auf diese Sitte des Sich-Maskierens und Verkleidens findet man in öffentlichen Erlassen aus dem Jahr 1268, mit denen es den Bürgern untersagt wurde, maskiert dem Glücksspiel nachzugehen. Der Brauch selbst kam aus dem Osten. Die populärste Form eines Karnevalskostüms war die *bauta*, ein mantelähnlicher Überwurf aus Seide

Tuschzeichnung aus dem 18. Jahrhundert, drei Maskierte in Karnevalskostümen zeigend. Der Karneval wurde in der Stadt seit dem 11. Jahrhundert gefeiert; es war bald undenkbar, während dieser Zeit keine Maske zu tragen. Sogar die Bettler verbargen ihr Gesicht hinter einer solchen, und Mütter sollen ihren Säuglingen eine aufgesetzt haben.

oder Samt, der den Kopf und die Schultern bedeckte; auf den Kopf setzte man zusätzlich noch einen Dreispitz. Das Gesicht verbarg man hinter einer Halbmaske aus Seide oder Samt, von weißer oder schwarzer Farbe, oder hinter einem in einen Schnabel auslaufenden weißen Gebilde, das sich *larva* nannte. Einige Masken mussten vom Träger mit den Zähnen festgehalten werden, was ihn natürlich daran hinderte zu sprechen: Verbergen des Aussehens verband sich so mit Schweigen. Der oder die Maskierte legte auch einen schwarzen Umhang an, der sich *domino* nannte. Die Frauen trugen gerne schwarze, die Männer weiße Masken. Selbst wenn die Maske das Gesicht ihres Trägers nur unvollkommen verhüllte, durfte man seine Identität nie aufdecken, sondern ihn immer nur mit »Signor Maschera« anreden. Alles war im Höchstmaß ritualisiert, wie es zu einer Zeremonie passt, die ihre Wurzeln in religiöser Verehrung hat.

Spätestens vom 18. Jahrhundert an waren die Masken unverzichtbar geworden. Während der sechs Karnevalsmonate lief jedermann vermummt herum – Reiche wie Arme, Ladenbesitzer und Richter, Priester und Prostituierte. Priester wurden sogar in ihrem Pfarrbezirk von der eigenen Gemeinde angeprangert, wenn sie sich unmaskiert in der Öffentlichkeit sehen ließen. Die Würdenträger der Stadt nahmen nur maskiert an öffentlichen Zeremonien und Prozessionen teil. Lediglich Geldverleihern war es verboten, sich unkenntlich zu machen. Es hieß, man habe maskierte Mütter gesehen, die maskierte Säuglinge stillten. Sogar die Bettler trugen Masken.

Alles in allem war das Karnevalstreiben mehr als bunt. Man traf sich zu heimlichen Rendezvous, Ehemänner betrogen ihre Ehefrauen und umgekehrt. Hinter den Türen und in den Winkeln abgelegener Gassen kam es zu spontanem Sex. Vergnügen macht süchtig. Man kann von ihm angesteckt werden wie von einer Krankheit. Man glaubt, sich in einem Traum zu befinden, gerät in einen Rausch. Ein Venezianer schilderte, wie »Frauen jeden Standes, verheiratete, unverheiratete oder verwitwete, sich unbekümmert mit professionellen Dirnen trafen, denn eine Maske verwischt alle Unterschiede; und es gibt nichts Schmutziges, das sie nicht praktizieren, öffentlich, mit ihren Galanen, jungen wie alten«. Man frönte aber auch weniger anstößigen Vergnügungen. Drei oder vier maskierte Frauen zogen manchmal zu den Häusern verschiedener Bekannter und hänselten sie mit quiekenden Stimmen wegen ihrer Schwächen. Es ging dabei also um Sichverkleiden und das Annehmen von Rollen – ein Spiel, das bei Kindern jedes Alters beliebt ist. Das Wort *bauta* selbst soll sich vom infantilen Plappern, *bau, bau*, ableiten. Und natürlich hieß es oft, dass die Venezianer von ihrem Wesen her Kinder seien. Addison glaubte, dass die ganzen Verwicklungen, zu denen es beim Karneval kam, dass dessen »geheime Geschichte« den Stoff für eine »Sammlung von höchst unterhaltsamen Romanen« abgeben würde. Venedig schien stets zum Geschichtenerzählen anzuregen. Der Karneval bot die Möglichkeit, in eine andere Welt, eine andere Wirklichkeit einzutauchen. Er stellte für diejenigen eine zweite Welt dar, die in der ersten zu kurz gekommen waren oder zumindest glaubten, dass das so sei.

Die Maskenbälle nannte man einfach nur *i festini*, und jeder, der eine Maske trug, war zu ihnen zugelassen. Eine mit Blumengirlanden umwundene Laterne bezeichnete den Ort, an dem ein Ball stattfand. Im Saal hörte man die Klänge eines Cellos und eines Spinetts, und die Gäste tanzten ein Menuett oder die Gavotte. Die freundlichen Besitzer des Hauses gingen dann unter ihren Gästen umher und forderten die ihnen zustehende Gebühr. Umsonst bekam man in Venedig nichts. Was das Tragen der Maske betraf, gab es verschiedene Regeln, die im Lauf der Jahrhunderte immer wieder bekanntgegeben, im Allgemeinen aber missachtet wurden. So wurde zum Beispiel verfügt, dass keiner der Feiernden eine maskierte Person berühren oder sich ihr anschließen dürfe, ohne die ausdrückliche Erlaubnis dazu erhalten zu haben. Wie wollte man die Einhaltung einer solchen Vorschrift überprüfen?

[Der Ruf des Karnevals] scheint mir besser zu sein als die Sache selbst. Man sollte die Maskenbälle im Theater mitmachen, aber ich fühlte mich zu der Zeit krank und konnte nicht hingehen. Ich bereue es kaum, denn das, was ich hier gesucht habe, habe ich gefunden: mildes Klima, Kunstschätze in reicher Fülle, ein ungebundenes und ruhiges Leben. Warum sollte ich auf diesem Ast nicht mein Nest bauen.

George Sand

Es lohnt sich, über die Natur der Maske Spekulationen anzustellen, einem Gegenstand, der so eng mit Venedig assoziiert wird, dass er zum inoffiziellen Emblem der Stadt geworden ist. Es gab aus Stein gehauene Masken, die man immer noch an Torbogen und Brücken sehen kann. Die Herstellung von Masken ist, auch noch im 21. Jahrhundert, eines der einträglichsten Gewerbe in Venedig. Goethe schrieb aus Venedig: »Diese Masken, die wir fast nur als Mumien kennen, da sie für uns weder Leben noch Bedeutung haben, tun hier gar zu wohl als Geschöpfe dieser Landschaft.« Irgendwie passte die Maske zum Antlitz der Venezianer. Von ihnen getragen, gewann sie Leben, wurde sie ausdrucksvoll. Die Maske ist ein Symbol für die Geheimhaltung, die man in dieser Stadt obsessiv betrieb. Das deutet darauf hin, dass die Stadt – wie der Maskierte – ein Doppelleben führen konnte. Venedig war für die Gier und Doppelbödigkeit bekannt, die sich unter der festlichen oder ästhetisch anziehenden Oberfläche verbargen. Es ist eine Stadt der Doppeltheit, von Reflexionen innerhalb von Reflexionen, in jeglichem Sinn. Man hat gesagt, dass nichts in Venedig *eine* oder eine einfache Bedeutung besitze: Alles, von der Kunst bis zur Regierung, lässt eine unendliche Vielfalt von Interpretationen zu. Sogar das Wort »Karneval« lässt sich nicht eindeutig herleiten. Bedeutet *carne vale* »Adieu, Fleisch« oder aber »Aufs Fleisch kommt es an«? *Vale* kann ja jede der beiden Bedeutungen haben. Einige leiten »Karneval« auch von *carnem levare* her: »Auf Fleisch verzichten«. Es ist vielleicht auch signifikant, dass die Maske als *larva* bezeichnet wurde, was an das heimliche »Ausschlüpfen« von Leben, das Sichentwickeln eines Schmetterlings in einer Puppe denken lässt. Der Karneval setzt also auch der Stadt als einem Ort von proteischer Identität und einer Stätte vielfältiger Vergnügungen ein Denkmal. Ruskin erblickte »Proteus selbst versteckt in ihrer nach Salz riechenden Haut«.

Die Maske hat auch ungute und düstere Konnotationen. Zusammen mit der schwarzen *bauta* und dem schwarzen Dreispitz beschwört sie den Gedanken an den Tod herauf. Sie könnte gut einen grinsenden Totenschädel verhüllen. Sie könnte aber auch gar nichts verbergen. Das zeitgenössische Venedig ist als »Maske mit nichts dahinter« bezeichnet worden. Sartre schrieb, »wenn ich auf den Palazzo Dario schaue [...] habe ich immer das Gefühl, dass er mit Sicherheit da ist, dass an der Stelle aber gleichzeitig überhaupt nichts da ist«. Man würde dort nichts finden, nichts, was man beschreiben könnte.

Der Karneval diente auch einem sozialen Zweck. In einer Stadt, in der die Rollen genau festgelegt, Patrizier und Bürger genau definiert waren, hieß man einen Identitätsverlust oft willkommen. Bei der Erfüllung ihrer Pflichten sahen die Patrizier sich gezwungen, ein ernstes und gravitätisches Gehabe an den Tag zu legen, um ihren Status zu unterstreichen. Der Karneval gestattete es, gesellschaftliche und persönliche Spannungen abzubauen, die sich unvermeidlich akkumuliert haben müssen. Indem er ein solches Ventil schuf, stabilisierte der Karneval das venezianische Volk und seine Institutionen. Er förderte das Gemeinschaftsgefühl aller. Er vermittelte eine Ahnung von Brüderlichkeit und Gleichheit und erinnerte an die – angebliche – ursprüngliche Gleichgestelltheit der Veneter, damals, als sie auf der Suche nach Zuflucht in die Lagunenregion gekommen waren. Der Karneval wurde also zu einem Ritus der Erneuerung des ganzen Gemeinwesens. In anderen Städten und Staaten führte die Freizügigkeit, die im Karneval das Leben bestimmte, bisweilen zu Aufruhr oder gar Rebellion. In Venedig kam es niemals dazu.

In den späten 1970er Jahren, nach einer Periode des Niedergangs, wurde der Karneval zunächst für die Bewohner von Burano wiederbelebt. Von dort griff er auf Venedig selbst über, wo die Stadtverordneten schnell erkannten, welchen Wert er als Anziehungsmagnet für Besucher besaß. Es ist jetzt ein Karneval der Touristen und für die Touristen. Natürlich ist er stark kommerzialisiert, und verschiedene Veranstaltungen werden von großen Konzernen gesponsert. 2008 wurde seine Durchführung ganz in private Hände gelegt und von einer als Venice Events Ltd. bezeichneten Gesellschaft organisiert. Der Direktor des Kasinos von Venedig gab bekannt, »Sponsoren werden Zimmer in den besten Hotels für ihre Gäste, Eintrittskarten und exklusive Tische in Restaurants zur Verfügung stellen, außerdem werden diese Sondervergünstigungen im Kasino erhalten«. Doch der Karneval war von seinem innersten Wesen her immer eine kommerzielle Unternehmung, die partiell auf auswärtige Besucher abzielte. Er ist diesem seinem Wesen treu geblieben; man hat seine Kommerzialisierung jetzt lediglich bis zur letzten Konsequenz vorangetrieben, und er ist dabei unwirklich und hohl geworden.

Es gab noch andere Feste, Messen und Jahrmärkte. So wurden Handelsmessen ausgerichtet wie die Festa della Sensa Mitte Mai. Die Tuchmacher der Stadt stellten ihre feinsten Seidenstoffe aus und die Goldschmiede ihre kostbarsten, prunkvollsten Erzeugnisse. Es gab prächtige Umzüge, die von den verschiedenen Zünften veranstaltet wurden und bei denen kaum noch ein Unterschied zu religiösen Zeremonien erkennbar war. Die Kinder stießen in Trompeten aus Glas, die Läden strahlten vor Lichtern und Spiegeln. Die Brüder der

Gilde von San Rocco hielten ein Banner hoch, auf dem zu lesen war: »Üppiger Reichtum, frohgemute Arbeit, öffentliche Freude«. Ein Druck von Gabriele Bella zeigt den Markusplatz so, wie er sich in den späten 1770er Jahren zur Zeit der Messe dem Auge des Betrachters darbot: Unzählige Läden, Zelte, Buden, Stände und Zeltdächer lassen ihn wie einen arabischen Suk aussehen.

Es überrascht nicht, dass Venedig mit seinen vielen Marktschreiern, Jongleuren und Akrobaten als Stadt der »Vorführungen« oder, wie man heute sagen würde, als Stadt der Shows, bekannt wurde. Der Markusplatz war für die unzähligen Höker, Gaukler und Straßenmusiker jeder Art bekannt. In Venedig waren sie nicht durch strenge Gesetze eingeschränkt und strömten deswegen in Scharen herbei. Sie trugen exotische Gewänder und gaben auf den eigens für sie aufgebauten Bühnen Tänze zum Besten oder sangen Lieder. Die Quacksalber unter ihnen hielten Reden, in denen sie mit gewählten, wohlklingenden Worten die Vorzüge ihrer Elixiere und »Königswässerchen« anpriesen. Es gab Illusionskünstler, die so taten, als schnitten sie sich die Arme auf, so dass viel Blut floss, nur um dann zu zeigen, dass ihr Fleisch ganz unverletzt war. Einige verdienten sich ihr Geld, indem sie Zähne zogen, andere als Schlangenbeschwörer oder Zauberer, die, wie Coryat schreibt, »seltsame Gauklerkünste vollführten [...], die fast zu unglaublich sind, berichtet zu werden«. Othello wird verdächtigt, Desdemona mit *medicines bought of mountebanks*, irgendwelchen Tränken, die er bei Quacksalbern gekauft hat, gefügig gemacht zu haben: Die venezianische Subspezies der Gattung Quacksalber war in ganz Europa berüchtigt.

Beim Karneval wurde auch begierig und pausenlos dem Glücksspiel gefrönt. Gegen Ende des 12. Jahrhunderts stellte Niccolò Barattieri die ersten öffentlichen Spieltische Europas auf. Die Genehmigung dazu war die Belohnung dafür, dass er die beiden Säulen auf der Piazzetta errichtet hatte, und man baute die Spieltische genau zwischen ihnen auf. Bald danach entstand dort die öffentliche Hinrichtungsstätte, und noch heute gilt die Stelle als Ort, der Unglück bringt. Doch das Spielfieber breitete sich von diesem Fleck aus rasch über die ganze Stadt aus. Im 13. und 14. Jahrhundert wurden mehrfach Versuche unternommen, das Glücksspiel zu organisieren und zu kontrollieren. Man hielt es für nötig, es in den Höfen des Dogenpalasts und im Markusdom zu verbieten. Doch nichts konnte die Spielsucht eindämmen. Spielkarten wurden zwar nicht, wie manchmal behauptet, in Venedig erfunden, doch die Venezianer besaßen mehr oder weniger das Monopol auf ihre Herstellung.

In vielen großen Häusern richtete man private *ridotti*, Rückzugsräume, ein, in denen man spielen konnte. Ebenso in den Häusern von Kurtisanen. In einem Erlass von 1598 ist die Rede von Stätten, »wo gespielt, getrunken und anderweitig Unehrenhaftes getrieben wird«, zur Schmach des ganzen Staates. Dienstboten wurden aufgefordert, ihre Herren anzuzeigen, falls diese Spieltische aufstellten. Aber nicht nur Patrizier waren dem Spiel verfallen. Die *cittadini* gierten ebenfalls danach, in Tavernen oder auf öffentlichen Plätzen ihr Glück beim Karten- oder Würfelspiel zu versuchen, oder auch in Weinhandlungen und Barbierstuben, auf Brücken und sogar in Gondeln. Sie schlossen Wetten auf alles Mögliche ab, wie zum Beispiel auf den Ausgang von Schach- und Kegelpartien. Bei einem der populärsten Glücksspielformen ging es um den Ausgang öffentlicher Wahlen. Man setzte Geld auf den Erfolg eines bestimmten Kandidaten bei einem der Buchmacher, die eigens zu diesem Anlass einen Stand auf dem Markusplatz aufgebaut hatten. Mengen von Menschen versammelten sich, um zu erfahren, wer in den Senat oder in den Rat der Zehn gewählt worden war. Dies geschah aber nicht aus Interesse an dem Schicksal des öffentlichen Gemeinwesens, sondern die Menschen waren nur am Ausgang des Rennens interessiert. Die Behörden beschlossen bald, das, was sie nicht verhindern konnten, zu kontrollieren und von ihm zu profitieren. Im 16. Jahrhundert mussten Betreiber von *ridotti* oder öffentlichen Spielsalons bereits eine Lizenz erwerben, um in ihren Mauern verschiedene Hasardspiele veranstalten zu dürfen und das stattfinden zu lassen, was »ehrenhafte Konversation« genannt wurde. 1638 richtete dann der Staat selbst einen öffentlichen Spielsalon ein, den Ridotto, der zum Prototyp der Kasinos in ganz Europa wurde.

Im frühen 18. Jahrhundert sah man das Glücksspiel als wesentlichen Bestandteil der Karnevalsvergnügungen an. Es wurde auch zum bevorzugten Zeitvertreib der Patrizier, dem diese in exklusiven Klubs nachgingen. Man sagte: »Nichts zu riskieren ist etwas für einen Mann, der nichts wert ist.« Dem Glücksspiel zu frönen galt also als Zeichen für Seelengröße und -adel. Ein englischer Besucher eines entsprechenden Etablissements hielt fest: »Das Gedränge ist oft so gewaltig, dass man kaum von einem Raum in den anderen zu gelangen vermag, dennoch wird hier ein strengeres Schweigen gewahrt als in den Kirchen [...], mitanzusehen, wie in ruhiger und ernster Atmosphäre fürwahr beträchtliche Summen verloren werden, ist wirklich eine ganz außergewöhnliche Erfahrung.« Vom venezianischen *gentiluomo* wurde erwartet, dass er Glück oder Pech im Spiel mit äußerstem Gleichmut hinnahm.

Am besten erlebte man [die Venezianerinnen] maskiert auf dem ridotto, wo weder Rang noch Stand einer Dame dem gemeinsamen Vergnügen zuwiderliefen. Diese Redouten hatten sich aus den eleganten Spielsalons entwickelt, die gewöhnlich einem Theater angeschlossen waren und zu denen, anders als in den Londoner Spielhöllen, Männer und Frauen Zugang hatten. Die einzige Eintrittsvoraussetzung waren Maskenkostüme, und so lockte das ridotto ebenso viele von denen, die den Zufallskopulationen mit Fremden verfallen waren, wie jenen, die gebannt auf die Würfel starrten.

Benita Eisler

Es gab noch andere öffentliche Glücksspiele. Zu Beginn des 16. Jahrhunderts riefen die Behörden der Stadt eine Lotterie ins Leben. Auf diese Weise wollte man die Bevölkerung von den Spieltischen in den von Privatleuten betriebenen Etablissements weg in den sichereren Bereich vom Staat organisierter Unternehmungen steuern. Natürlich war es aber auch eine Methode, um Geld zu machen. Eine Lotterie wurde auf dem Rialto abgehalten; zu den Gewinnen zählten Kleidungsstücke und Möbel, Gemälde und Schmuck. 1590 begründete man eine Lotterie, um die Kosten für den Bau der Rialtobrücke bestreiten zu können. Die Lose waren für zwei Kronen zu haben, und der Hauptgewinn betrug einhunderttausend Kronen.

Wenn die Gewinner der öffentlichen Lotterien bekanntgegeben wurden, kam das ganze Geschehen in der Stadt zum

Erliegen. Priester, Prostituierte, Faulenzer und Herumlungerer – alle waren sie hoffnungslos vom Lotteriefieber befallen. Pietro Aretino bemerkte, dass diejenigen, die von ihm ergriffen waren, die schmutzigsten und gotteslästerlichsten Ausdrücke verwendeten, um ihren Gefühlen Luft zu machen. Die, welche eine Niete gezogen hatten, schimpften, dass sie »ausgeweidet« und »gekreuzigt« worden seien. Und dennoch machten sie beim nächsten Mal wieder mit.

Hasard zu spielen, auf das Glück zu setzen, ist in einer Stadt von Kaufleuten, die für ihre Geschäfte vom Meer abhängig sind, eine unerlässliche Beschäftigung. Für den Kaufmann bestand immer die Aussicht auf enormen künftigen Wohlstand. Doch hing alles von der unbeständigen, unberechenbaren See ab. Ein Mann konnte an einem Tag unvorstellbar reich und am nächsten schon völlig verarmt und ruiniert sein. Die epidemieartige Verbreitung des Glücksspiels wurde oft als Zeichen für den zunehmenden Niedergang Venedigs gedeutet, doch ist es eher die unausweichliche Folge der Atmosphäre und des Ethos der Stadt. In diesem Buch wurde bereits die Behauptung aufgestellt, dass Venedig die erste Heimstätte des Kapitalismus in Europa war; das Wesen des Kapitalismus liegt im Eingehen von Risiken, auch als finanzielles Spekulieren bekannt. Das Glücksspiel ahmt die essenziellen Mysterien ökonomischer Fluktuationen in einem kleineren Rahmen, daher auch in umso ausgeprägterer Form nach.

Und dann ist da zu bedenken, welche Bedeutung die Einstellung gegenüber Glück, die Auffassung von ihm, für die öffentlichen Angelegenheiten hatte. Der venezianische Staat fühlte sich immer dazu genötigt, dazu gezwungen, in Auseinandersetzungen, bei denen der Ausgang höchst ungewiss war, auf *fortuna belli*, das Kriegsglück, zu setzen: Es widerstrebte ihm mit anderen Worten, auf das Glück zu vertrauen. Es gibt aber Hinweise darauf, dass im Lauf des 14. Jahrhunderts sich unter dem Volk eine gelassenere, weniger skeptische Einstellung gegenüber Glück und dem Eingehen von Risiken verbreitete. Fortuna ist auch die Göttin des Spieltisches. »Jetzt ist alles der Fortuna unterworfen«, schrieb der venezianische Historiker Bernardo Giustiniani im späten 15. Jahrhundert, »und täglich werden Imperien getauscht und von einem auf den anderen übertragen. Es ist Fortuna, die dieses Spiel dirigiert, Fortuna, der man gehorchen muss.«

Ein Zeitgenosse berichtete, was für eine Lähmung die Stadt überfiel, als das größte aller öffentlichen Kasinos 1774 per Regierungsdekret geschlossen wurde. »Die ganze Bevölkerung versinkt in Schwermut. [...] Die Kaufleute treiben keinen Handel, die Maskenmacher sterben Hungers, und die Hände gewisser verarmter Adliger, daran gewöhnt, zehn Stunden am Tag die Karten zu mischen, sind jetzt geschrumpft und verschrumpelt. Laster sind fürwahr absolut notwendig für das Leben eines Staates.« Das Glücksspiel war wie einst der Handel das Lebensblut Venedigs. Wenn das Risiko, das sich mit der Eroberung eines großen Imperiums verbunden und jenes, das den großen Handelsgeschäften innegewohnt hatte, für immer vergangen war, was blieb einem dann noch anderes übrig, als sein Glück beim Karten- oder Würfelspiel herauszufordern?

Für den, der sich mit der staatlichen Macht beschäftigte, hatten der Sport und die Spiele, denen man in Venedig nachging, besondere Bedeutung. Ein bekannter Zeitvertreib beispielsweise war das Bilden einer »menschlichen Pyramide«. Die Venezianer nannten diese ausgefallene sportliche Betätigung *Le forze d'Ercole*, »die Kräfte des Herkules«. Sie bestand darin, dass mehrere Männer sich nebeneinanderstellten und Gefährten ihnen auf die Schultern stiegen, auf deren Schultern sich dann wieder andere aufbauten. Das setzte sich mehrfach fort: Die unterste Stufe wurde von den meisten Männern gebildet, nach oben hin nahm ihre Zahl kontinuierlich ab, so dass die Spitze nur noch aus einem einzigen Mann bestand. Für gewöhnlich machte man das auf zu einer Art Floß miteinander vertäuten Booten, wodurch sich eine frappierende Ähnlichkeit zum Aufbau des Staates ergab; der setzte sich ja auch aus auf komplexe Weise miteinander verknüpften und in Stufen übereinandergestaffelten Individuen zusammen, an deren Spitze ein Einzelner, der Doge, stand. Die menschliche Pyramide war ein Abbild des venezianischen Staates. Worauf es bei ihr ankam, war, das Gleichgewicht zu wahren.

Die Ideale von Leichtigkeit und Balance wirkten sich in Venedig in vielfacher Hinsicht aus. So war eine der beliebtesten Karnevalsvergnügungen als *volo d'angelo*, als »Flug des Engels«, bekannt. Von einem am Kai verankerten Kahn wurde ein Seil bis zur Spitze des Campanile auf dem Markusplatz gespannt und von dort aus ein weiteres Seil bis zum Dogenpalast geführt. Ein als Engel verkleideter Akrobat stieg dann auf dem Seil zum Campanile empor und ließ sich, oben angekommen, zum Palast hinuntergleiten, wobei er Blumen verstreute.

Man vergnügte sich noch mit vielen anderen Spielen und sportlichen Wettbewerben, darunter einer Art Federballspiel und Fechtkämpfen sowie Rennen, die mit Schubkarren, Pferden oder Gondeln ausgetragen wurden. Im 16. Jahrhundert kam ein Spiel namens »Ballon« auf, eine Art von Fußball, bei dem der Ball aber nie den Boden berührte. Diese Wettbewerbe und ähnliche andere waren für ihre Brutalität bekannt. Bei den jungen Patriziern erfreute sich auch Wettschießen großer Beliebtheit. Bei allen diesen Vergnügungen ging es darum, andere auszustechen und am Ende den Siegerpreis einzuheimsen. Die Venezianer waren ausgesprochene Herdentiere, deswegen besaßen sie auch einen ausgeprägten Wettbewerbssinn. Auf die Londoner traf das im selben Zeitraum nicht zu; sie sahen sich lieber Bullen- und Bärenhatzen an, bei denen man nicht im eigentlichen Sinn etwas gewinnen oder verlieren konnte.

Es gab jedoch ein Spiel, das mehr als jedes andere die Stabilität und Stärke des venezianischen Staats versinnbildlichte. Man nannte es *la guerra dei pugni*, »Krieg der Fäuste«, und wurde zwischen den Bewohnern der verschiedenen Territorien und Viertel ausgetragen, zwischen den Rialtini und den

Cannaruoli, den Bariotti und den Gnatti. Die größte Kluft bestand zwischen den Castellani – die in den westlichen Stadtteilen Cannaregio, Castello, San Marco und Dorsoduro zu Hause waren – und den Nicolotti, die in den östlichen Gemeinden von Santa Croce und San Polo wohnten. Die tonangebenden Parteien waren die der Fischer bei den Nicolotti und die der Bootsbauer bei den Castellani. Von der Rivalität, die zwischen ihnen herrschte, war schon die Rede. Eine Mannschaft aus jedem dieser beiden Territorien traf sich auf einer vorher ausgewählten Brücke zum Kampf. Tausende von Zuschauern säumten die Gassen und drängten sich an den Wänden der Häuser, die unmittelbar an dem jeweiligen Kanal standen. Straßenhändler hielten geröstete Kastanien und Knödel feil. Was die Menge geboten bekam, war eine bessere Prügelei, bei der es darauf ankam, die Gegner ins Wasser zu stoßen und die Brücke in Besitz zu nehmen.

Das wurde, einem Chronisten des 16. Jahrhunderts zufolge, ein »von allen Venezianern wie auch den Fremden geliebter und geschätzter« Wettkampf. Monarchen auf Staatsvisite wurden eingeladen, dem Spektakel beizuwohnen, mitzuverfolgen, wie Castellani und Nicolotti um die Herrschaft stritten. Als Henri de Valois im Sommer 1574 Venedig besuchte, lieferten sich zwei dreihundert Mann starke Trupps zu seinem Amüsement einen erbitterten Kampf. Es hieß damals, so wolle man den Franzosen zeigen, dass die Einwohner Venedigs »sehr wild, unbezähmbar, impulsiv und unkontrolliert« seien. Die Kombattanten trugen Helme und schützten sich mit Schilden. Viele von ihnen kamen mit Stöcken aus zähem Rattan bewaffnet zum Ort des Geschehens. Das Handgemenge konnte mehrere Stunden dauern. Diese gewalttätigen Belustigungen endeten oft blutig, viele der Teilnehmer wurden verletzt oder verstümmelt; hin und wieder kam auch jemand ums Leben.

Es handelte sich natürlich um eine ritualisierte Ausübung von brutaler Gewalt, bei der die Bevölkerung ihre ganzen Aggressionen abbauen konnte. Ihre primitive Energie wurde zu einem Spektakel ausgenutzt, in ein Ritual gelenkt, damit sie nicht in eine gefährlichere Sache mündete. An den Feiertagen, an denen ein solcher *guerra dei pugni* stattfand, sprach man in der ganzen Stadt über nichts anderes. Der Kampf um die beiden Pflastersteine auf der »Krone« der Brücke wurde – nicht nur für die aktiven Teilnehmer – zu einer Obsession. Die Sieger wurden als Helden gefeiert, während die Besiegten in Scham versanken. In den Pfarren, aus denen die Sieger stammten, wurden auf den *campi* große Freudenfeuer entzündet, und es fanden dort spontan Tänze statt. Die tapfersten Kämpfer wurden in der ganzen Stadt berühmt, und in ihrem Viertel hängten die Leute in ihren Wohnungen die Konterfeis dieser Heroen auf. Man verlieh ihnen Ehrennamen wie »Grabenspringer« und »Leichenfresser« oder »Zerstörer der Kühnen«. Sie selbst sahen sich als »Soldaten« an, obwohl Venezianer natürlich nie im eigentlichen Sinn des Wortes Soldaten waren. Das könnte natürlich eine Erklärung dafür sein, dass sie zu Hause solche Kampfeslust an den Tag legten.

Die erste schriftliche Erwähnung solcher Handgemenge stammt aus dem Jahr 1369, der erste »Krieg der Fäuste« auf einer Brücke scheint aber 1421 inszeniert worden zu sein. Natürlich gehen die Wurzeln aber viel weiter zurück, nämlich in die Zeit, als Festlandflüchtlinge zum ersten Mal Schutz in der Lagune suchten und die aus verschiedenen Städten stammenden Gruppen sich auf unterschiedlichen Inseln niederließen. Damals fanden wirkliche Kriege um die Oberherrschaft statt, und der noch viele Jahrhunderte später existierende Brauch des Faustkampfs um eine Brücke war ein Zeugnis dafür. Auf den Inseln, aus denen sich schließlich Venedig zusammensetzte, sagte man, dass es »landwärts« gerichtete Menschen gebe, die sich zum Festland hin, und solche, die sich »seewärts«, das heißt zu den Inseln hin, orientierten. Die Kanäle stellten einmal richtige Grenzen dar, die Wasserarme zwischen den kleinen Landflächen oder Gemeinden, die häufig auf andere als nur rituelle Weise überschritten wurden.

Auch im Venedig des 15. und 16. Jahrhunderts kam es

noch zu vielen Zusammenstößen zwischen verfeindeten Gruppierungen. Die Einwohner eines Bezirks versammelten sich manchmal auf einer Brücke und warfen denen des benachbarten Viertels Beleidigungen an den Kopf. Manchmal unternahmen die Jugendlichen eines Bezirks auch Blitzüberfälle auf das gegnerische Lager und bewarfen die Menschen dort mit Steinen oder Stöcken. Die Erfahrung, unter so beengten Umständen zu leben, ließ einen starken Lokalpatriotismus, das heißt Gefühle der Loyalität gegenüber dem »eigenen« Territorium, entstehen. So sollen auch die fanatischsten Kämpfer bei einem *guerra dei pugni* diejenigen gewesen sein, die an den Grenzen eines Bezirks oder in deren Nähe wohnten. Mit solchen Kämpfen würdigte man aber auch die Rolle, die Brücken im kommunalen Leben spielten. Sie bildeten die Achsen, um die die Stadt sich drehte. Die Stadt an sich ist immer ein Sinnbild für erbitterten Kampf gewesen, für den Kampf ums Leben, und in seinem *The City in History* spielt Lewis Mumford auf einen »blutigen rituellen Kampf mit Keulen zwischen den Mächten des Lichts und der Finsternis, der in einem ägyptischen Tempelbezirk abgehalten wird«, an. Zivilisation birgt immer noch Elemente der Barbarei in sich. Auf diese Weise überlebt sie. Das Wesen der Stadt selbst liegt in Wettstreit und Aggression begründet.

27

Eine göttliche Kunst

Es gibt eine Tintoretto betreffende Anekdote. Im Frühjahr 1564 beschloss eine der venezianischen Gilden, die Scuola di San Rocco, ihre Versammlungshalle ausschmücken zu lassen, und schrieb einen Wettbewerb unter den Malern aus. Tintoretto und Veronese gehörten zu denen, die sich beteiligten. Man kam überein, dass jeder Künstler einen Entwurf für das Mittelfeld der Decke einreichen sollte. Die Künstler zogen sich in ihre Ateliers zurück und machten sich an die Arbeit. Tintoretto jedoch wollte sich nicht damit aufhalten, einen Entwurf zu skizzieren. Er brachte die Abmessungen der zu bemalenden Fläche in Erfahrung und begann sofort damit, eine genauso große Leinwand zu bemalen. An einem Morgen kamen alle Künstler mit ihren Zeichnungen zusammen, um sie kritisch beurteilen zu lassen. Tintoretto war seinen Konkurrenten jedoch zuvorgekommen und hatte das ein, zwei Tage vorher beendete Bild heimlich genau dort an der Decke befestigt, wo es später zu sehen sein sollte. Als man ihn nach seinem Entwurf fragte, deutete er einfach nur nach oben. Auf Vorhaltungen der Oberen der Gilde antwortete er, er verstehe ein Bild nur zu »entwerfen«, indem er es male. Giorgio Vasari zufolge fügte er hinzu, dass »Entwürfe und Modelle immer von der Art sein sollten, dass sie niemanden täuschten, und dass er, wenn sie ihn nicht für seine Arbeit und seine Mühe zahlen wollten, er ihnen ein Geschenk da-

Müde war ich geworden, nur immer Gemälde zu sehen.
Herrliche Schätze der Kunst, wie sie Venedig bewahrt.
Denn auch dieser Genuß verlangt Erholung und Muße,
Nach lebendigem Reiz suchte mein schmachtender Blick.
Gauklerin, da ersah ich in dir zu den Bübchen das Urbild,
Wie sie Johannes Bellin reizend mit Flügeln gemalt,
Wie sie Paul Veronese mit Bechern dem Bräutigam sendet,
Dessen Gäste, getäuscht, Wasser genießen für Wein.

Johann Wolfgang von Goethe
Venezianische Epigramme XXXVI

raus machen wolle«. Vasari kam zu dem Schluss, dass den Worten Tintorettos »viele Widersprüche« innewohnten, das Werk aber trotz allem »immer noch an seiner Stelle« sei. Auch heute noch ist »San Rocco in seiner Herrlichkeit« an der Decke der Scuola zu bewundern. Die Kommentare von Tintorettos düpierten Konkurrenten sind nicht überliefert, man kann sich aber kaum vorstellen, dass sie schmeichelhaft waren. Im Grunde hatte er ihnen ein Schnippchen geschlagen.

Den Geschichten, die Vasari erzählt, kann man nicht immer trauen, es gibt aber dokumentarische Belege, die zeigen, dass diese spezielle Anekdote der Wahrheit entspricht. Aus den Aufzeichnungen der Gilde geht hervor, dass am 31. Mai 1564 ein Wettbewerb zwischen »drei oder vier der herausragendsten Maler Venedigs« angekündigt wurde, man diesen aber vier Wochen später wieder absagte, als die Gilde nämlich das schon vollendete Bild Tintorettos akzeptierte. Er hatte das gewaltige Gemälde innerhalb weniger Tage fertiggestellt. Vasari kam es ohne Zweifel vor allem darauf an, die etwas hinterlistigen Strategien anzuprangern, die Tintoretto anwandte, um den Auftrag zu bekommen. Man kann allerdings sagen, dass der Maler auf eine Art und Weise handelte, für die jeder venezianische Kaufmann oder Ladenbesitzer volles Verständnis gehabt hätte. Vielleicht hat es auch politische Machenschaften innerhalb der Gilde gegeben, und er ist durch einige von deren Mitgliedern zu seinem Handeln angestiftet worden: In Venedig lag immer Intrige in der Luft. Sein ganzes Leben hindurch war der Maler ein gerissener Geschäftsmann, der seine Preise herabsetzte und andere Konditionen akzeptierte oder bot, wenn die Situation es erforderte. Vasari war es auch darum zu tun, Tintorettos Mangel an Fleiß offenzulegen, seine Abneigung dagegen, eine Arbeit vorzubereiten. Wie konnte jemand nur einen Pinsel in die Hand nehmen und drauflos malen, ohne vorher einen Entwurf angefertigt zu haben? Die Anekdote verrät aber auch etwas über das ungestüm Kraftvolle von Tintorettos Persönlichkeit, über sein sich Kopfüber-ins-Malen-Stürzen als der Ausdrucksform, die ihm kongenial war, in der er schwelgte. Seine Gestalten tollen wie Delfine über die Leinwand, eine Reflexion seines eigenen meisterlichen Könnens und seines Überschwangs.

Er war von frühester Jugend an eine umstrittene Gestalt. Eine andere Geschichte setzt ihn in Gegensatz zu Tizian. Tintoretto war eine kurze Zeit Lehrling bei dem älteren Maler. Einer Familienlegende zufolge soll Tizian auf einige von seinem Lehrling gemalte Figuren gestoßen sein. Da ihm nicht entging, mit welch leichter Hand sie ausgeführt waren, und er um seine eigene Reputation fürchtete, befahl Tizian dem jungen Mann, sein Atelier zu verlassen. Man vermag nicht ganz an solch eine eifersüchtige Reaktion Tizians zu glauben, doch einer von Tintorettos Söhnen verbreitete diese Geschichte nach dem Tod seines Vaters. Sie spiegelt vielleicht die grundlegende Spannung zwischen der exquisit-kostbaren Malerei Tizians, der vor allem für ausländische Mäzene arbeitete, und der bodenständigeren und handwerklicheren Kunst Tintorettos wider.

Es besteht kein Zweifel daran, dass sein Talent sehr schnell bekannt wurde. Er kam im Herbst 1518 als Jacopo Robusti in Venedig zur Welt, und in dieser Stadt würde er leben und sterben. Er verdankte ihr sein ganzes Sein und sein Wesen und ist ein prägnantes Beispiel für territoriale Prägung, das heißt, dass der Boden selbst, auf dem er geboren wurde und heranwuchs, dazu beitrug, ihn zu formen. Er ist der venezianischste aller venezianischen Maler. Er war der Sohn eines Färbers von Seidenstoffen, daher der Künstlername, den er sich selbst gab. Es gefiel ihm, als »kleiner Färber« bekannt zu sein, weil das auf seine relativ bescheidenen venezianischen Wurzeln verwies. Er verließ die Stadt nur einmal in seinem Leben, um sich nach Mantua zu begeben, und bestand darauf, dass seine Frau ihn auf dieser Reise begleitete. Wie andere venezianische Künstler war er ein begeisterter Amateurmusiker. Er malte Bühnenbilder und entwarf Kostüme für die Theater seiner Heimatstadt. Seine Kunst kann nur im Zusammenhang mit Venedig gesehen und verstanden werden. Seine größten Werke befinden sich heute noch in der Stadt. Sie hingen einmal in mehr als vierzig ihrer Kirchen. Nur in Venedig kann man sein Feuer und seinen Überschwang richtig erfassen. Seine Kunst verkörpert Venedig in seiner reinsten und spirituellsten Form.

Einer seiner Zeitgenossen berichtete, dass er »in seinen Gesten, seinem Ausdruck, in der Bewegung seiner Augen und seinen Worten flink ist und lebhaft im Argumentieren«. Seine Kunst verkörperte also auch seine eigene Person. Er besaß das, was Stendhal »venezianische Lebhaftigkeit« nannte, im allerhöchsten Maß. Vasari bezeichnete ihn als einen »Hitzkopf«. Die Geschwindigkeit, mit der er malte, war allgemein bekannt. Er vollendete ein Gemälde in derselben Zeit, in der ein anderer Künstler vielleicht einen Entwurf zu Papier brachte. Seine Kunst wirkte springlebendig, überschäumend und stürmisch. Er war mit göttlichem Zorn erfüllt, mit der ganzen Wut und Energie des Schaffens. Er war wie ein Blitzschlag. Als einige junge flämische Künstler einmal zu ihm ins Atelier kamen, legten sie ihm Zeichnungen vor, an denen sie wochenlang gesessen hatten. Er nahm seinen Pinsel, tauchte ihn in schwarze Farbe und schuf mit drei Strichen eine Gestalt, setzte ihr mit Weiß noch ein paar Glanzlichter auf, wandte sich dann zu seinen Gästen um und sagte: »Auf diese Weise malen wir armen Venezianer unsere Bilder.« Von dieser, als *prestezza,* »Schnelligkeit«, bezeichneten typisch venezianischen Schaffensweise sprach man in ganz Europa. Die Maler der Stadt waren auch für ihre Improvisationskunst berühmt, und für ihre Geschwindigkeit. Tiepolo behauptete, mit einem Bild schon fertig sein zu können, während andere noch ihre Farben anrührten. Vasari meinte zwei Jahrhunderte später, ein Werk von Tintoretto sei schon vollendet gewesen, bevor andere gemerkt hätten, dass er es begonnen habe.

Doch beruhte seine Kunst nicht nur auf Improvisation. Er modellierte kleine Figuren aus Wachs und stellte sie in kleine aus Holz und Karton gebastelte Häuser. Dann beleuchtete er sie von oben und von allen Seiten. Aus diesen an Puppenhäuser erinnernden Gebilden erwuchsen seine mit Leuchtkraft und Majestät erfüllten Werke. Heilige stürzen bei ihm mit enormer Geschwindigkeit vom Himmel herab. Dann kommen sie ein paar Fuß über dem Erdboden plötzlich zum Stillstand und verharren dort schwebend. Figurengruppen scheinen sich bis in die Ewigkeit hinein fortzusetzen. Licht überflutet die Wohnstätten von Sterblichen. Tintorettos Gestalten sind immer in kraftvoller Bewegung begriffen, rasch und ungestüm. Sie wirbeln um eine zentrale Lichtsäule herum, ihre Glieder und Muskeln sind durch das zentrifugale Wegstreben, das Wegfliegen von dieser Achse, mit zusätzlicher Dynamik erfüllt. In seinem Spätwerk ist das Licht nicht den dargestellten Strukturen untergeordnet; es verdrängt diese Strukturen, wird selbst Struktur. Die Welt löst sich in einem einzigen Strahlen auf. Dramatik stellte ein essenzielles Element der venezianischen Malerei dar. Canaletto hatte Bühnenbildner gelernt, Tiepolo entwarf Theaterkostüme, Veronese hielt sich, was den Bildaufbau betraf, an das Vorbild der Bühne.

Tintoretto arbeitete instinktiv und aus seinem Inneren heraus, von einem Inspirationsstrom mitgerissen, der nie zu versiegen schien. Einige haben aus seinen Bildern eine gewisse Angst herausgespürt – ein Unbehagen, eine Unsicherheit, die sich in diesen unaufhörlich wirbelnden Gestalten niederschlug. Das steht mit seiner nie erlahmenden Aktivität und seiner Produktivität, mit dem Schaffensrausch, in dem er sich befand, in Einklang. Er konnte nie zur Ruhe kommen. Und das mag mit der angespannten, prekären Lage Venedigs im Meer übereinstimmen, mit seiner endlosen Suche nach Bedeutung in der Wildnis der Welt. Tintoretto sagte einmal: »Je weiter man in sie hineingeht, desto tiefer ist die See.« Im späten Frühjahr des Jahres 1594 starb er im Alter von fünfundsiebzig Jahren an einem Fieber.

1581 schrieb ein venezianischer Sammler, dass es in der Stadt mehr Gemälde gebe als im ganzen übrigen Italien. Zu malen, meinte Ruskin, sei die venezianische Art zu schreiben. Könnte ein Grafologe der Kunst dann einige hervorstechende Merkmale im gewaltigen Korpus der venezianischen Malerei ausfindig machen? Gibt es gewisse Übereinstimmungen zwischen einem Künstler und einem anderen, die man einigermaßen überzeugend auf die Natur und die Lage der Stadt selbst zurückführen könnte? Die Art und Weise, in der ein Gemälde im Dogenpalast und in den Kirchen ein anderes ersetzte, deutet darauf hin, dass die Behörden der Ansicht waren, die Kunst Venedigs besitze eine identifizierbare Geschichte und eine unabhängige Eigenständigkeit. Sie war in der Lage, sich endlos zu erneuern, ohne ihre grundlegende Identität preiszugeben. Für die Venezianer gab es so etwas wie »venezianische« Malerei. Diese ist keine Erfindung von Kunsthistorikern. In den Mosaiken und der religiösen Malerei des 15. Jahrhunderts zum Beispiel vermischen sich byzantinische, gotische und toskanische Elemente auf eine Weise, wie man sie nirgendwo sonst findet. Die Stadt griff auf westliche ebenso wie auf orientalische Traditionen zurück. Ihre gesamte Geschichte hindurch wurden unterschiedliche Stile und stilistische Elemente miteinander vermischt. Venedig war ein Hafen, in dem viele vor Anker gingen.

Woran erkennt man venezianische Malerei? An den strahlenden Farben, sagen die einen […], an einer besonderen Leuchtkraft die anderen (das Licht der Lagunen). An dem Gegenstand, würden viele gestehen, und meinen die Göttinnen mit ihren milchweißen Busen, den Perlen in ihren goldenen Coiffuren, von Tizian, Tintoretto und Veronese, oder die Ansichten von Guardi und Canaletto. Ich würde sagen, daß sie sich […] durch eine gesteigerte Wirklichkeitsnähe identifiziert, eine Ehrfurcht für die konkrete Welt. Die venezianischen Kaufleute waren, lange bevor es eine venezianische Schule gab, mit dem Sinn für Stoffe, Brokate, Seiden und Damaste vertraut.

Mary McCarthy

In 13. Jahrhundert war die Kunst Venedigs von der byzantinischen inspiriert. Die Bildnisse von Christus, dem Weltenschöpfer, der Jungfrau und all den Heiligen wurden auf goldverzierten Holztafeln gemalt. Zumindest ein Atelier in der Stadt war darauf spezialisiert, frühe byzantinische Originale zu kopieren oder zu fälschen. Auf dem Wege der Imitation erlangte venezianische Kunst also eine Identität. Sie besaß keine eigene Vergangenheit. Die Plünderung Konstantinopels im Jahr 1204 schuf die Bedingungen für eine byzantinische »Renaissance« in der Stadt, aus der die meisten Plünderer gekommen waren. In den Jahrhunderten davor war die Kunst Venedigs provinziell und von einer mittelalterlichen Steifheit und Strenge gewesen. Tatsächlich wurde in der Stadt bis zur Mitte des 15. Jahrhunderts kein wirklich bedeutendes Werk geschaffen. Es kam jedoch noch häufig zu byzantinischen »Revivals«, vor allem in der zweiten Hälfte des 15. Jahrhunderts, als eine feindselige Einstellung gegenüber den Städten auf dem Festland zur Ablehnung des Klassischen und des Gotischen führte. Venedig wollte sich in Bezug auf Geschichte und Kultur mit dem ganzen Gebiet der oberen Adria identifizieren, über das die Byzantiner einst die Oberherrschaft innegehabt hatten.

Der byzantinische Einfluss hatte sich aber schon viel früher bemerkbar gemacht, und zwar in den ersten Mosaiken, die für den Markusdom geschaffen wurden. Die ältesten von ihnen gehen auf das 11. Jahrhundert zurück und waren die Arbeit griechischer, aus Byzanz herbeigeholter Künstler. Zu Beginn des 13. Jahrhunderts jedoch hatte sich schon eine eigenständige venezianische Schule der Mosaikkunst ausgebildet. Das Mosaik wurde dann ein wesentliches Element der kulturellen Identität Venedigs. Es ist als »Malerei für die Ewigkeit« bezeichnet worden, da die verwendeten Materialien innerhalb einer historischen Epoche nicht sichtbar verfallen oder verblassen. Mosaiken spiegeln die Begeisterung der Venezianer für Oberflächen und dekorative Muster wider, die so elaboriert sind wie die der auf Burano geklöppelten Spitzen. In ihnen schlägt sich auch ihre Vorliebe für kostbare und harte Materialien nieder. Die kleinsten Teile oder *tesserae* sind Kuben aus Gold oder emailliertem Glas. Sie strahlen etwas Sinnliches aus wie Edelsteine oder andere glitzernde Materialien und haben in der Vorstellung der Bewohner einer Kaufmannsstadt einen hohen Stellenwert. Mosaiken befriedigen auch das Verlangen der Venezianer nach Farbigkeit und Detailreichtum. Sogar die späteren Arbeiten im Markusdom geben kein Interesse an der linearen Perspektive der italienischen Kunst des 14. Jahrhunderts zu erkennen; Perspektive ist eine Erinnerung an die vergängliche Welt, an ihren Niedergang, Farbe und ornamentale Muster sind ewig. Das entging auch den Malern der Stadt nicht, die mit den Mosaikkünstlern darum zu wetteifern schienen, eine Welt zu schaffen, die glühte und in allen möglichen Farben schimmerte. Die Kunst, Mosaiken herzustellen, wurde in Venedig noch lange, nachdem sie in anderen italienischen Städten aus der Mode gekommen waren, gelehrt, und 1520 noch gründete man eine Schule für professionelle Mosaikkünstler.

Die schimmernden Oberflächen aus Glasfluss oder Gold leuchten wie die von Ikonen, sie sind genauso reich an hieratischen Details und glühenden Farben, aber sie inszenieren auch ein Spiel mit Licht und Schatten, das dem venezianischen Geist affin ist. Das Glas war problemlos in den Werkstätten von Murano zu haben, die für die *lucidezza*, die Leuchtkraft ihrer Produkte, bekannt waren. Als Commynes 1494 nach Venedig kam, fiel ihm an den Wänden des Doms »die merkwürdige Arbeit Musaique oder Marqeutry genannt« auf, »von welcher Kunst sie sich die Urheber zu sein rühmen«. Dieses typisch venezianische »Sichrühmen« entbehrte natürlich jeder Grundlage. Commynes' Kommentar zeigt aber, wie merkwürdig und exotisch ein Mosaik für das Auge eines Fremden gewirkt haben muss. Als Thomas Coryat im frühen 17. Jahrhundert die Stadt besuchte, meinte er: »Ich sah nie andere Bilder dieser Art, bevor ich nach Venedig kam.« Venedig wurde also mit der Mosaikkunst assoziiert.

Die Stadt war der Fokus, die Stätte für Wettbewerb und Zurschaustellung. Es ist kein großer Sprung von der Kunst Tintorettos zu der Tiepolos, obwohl nahezu zwei Jahrhunderte die beiden trennen. Sie sind beide erkennbar venezianisch. Die Stadt absorbierte sie. Die Stadt verlieh ihnen Kraft. Während die großen florentinischen Künstler – Donatello, Leonardo, Michelangelo – unnachgiebig und von ihrer Heimatstadt abgetrennt erscheinen, sind die Venezianer wirklich in ihrem Geburtsort »zu Hause« und fühlen sich dort wohl. Giorgione, Tizian, Tintoretto und Veronese suchten nicht die Schirmherrschaft anderer Städte oder Höfe. Sie verließen nur selten, wenn überhaupt einmal, die Stadt in der Lagune. Gio-

Die Venezianer haben die Handschrift des sichtbaren Pinselstrichs entdeckt und als musikhaftes, raumschaffendes Motiv in die Ölmalerei eingeführt. […] Die einzelnen Pinselstriche, die man als eine vollkommen neue Formensprache zuerst in den Alterswerken Tizians trifft, Akzente eines persönlichen Temperaments, charakteristisch wie die Orchesterfarben Monteverdis, ein melodisches Fluten wie im venezianischen Madrigal jener Jahre, Streifen und Flecke, die unvermittelt nebeneinanderstehen, sich kreuzen, decken, verwirren, bringen eine unendliche Bewegtheit in das farbige Element.

Oswald Spengler

vanni Bellini verbrachte sein ganzes Leben im Viertel Castello. Tizian hasste es, Venedig verlassen zu müssen. Sie schienen auch alle ausgesprochene Familienmenschen gewesen zu sein, während die Florentiner zu einem Dasein als Single neigten und häufig homosexuell waren.

Es existierte aber noch eine »übergeordnete« Art von Kontinuität. Giovanni Bellini ist im Kontext mit dem Werk seines Vaters Jacopo zu sehen; Giorgione wiederum lernte von Bellini und Tizian von Giorgione. Tiepolo wurde *Veronese redivivo* genannt. Wir haben hier vielleicht ein vertrautes Muster von Weitergabe und Übernahme vor uns; in der relativ kleinen und isolierten Stadt Venedig geschieht das aber gewissermaßen mit größerer Intensität, man könnte auch sagen »vollkommener«. Die konservative Einstellung der Bürger in allem, was die Politik im Allgemeinen und die Sozialpolitik betraf, muss auch eine Wirkung auf die lokalen Künstler gehabt haben. Die Bedeutung von Tradition und Autorität wurde in allen öffentlichen Reden und Bekanntmachungen immer wieder unterstrichen. Wenn die Mosaiken im Dom verblasst waren, wurden sie durch genaue Repliken ersetzt. Wenn die Gemälde im Dogenpalast beschädigt oder zerstört waren, kamen Darstellung derselben Szene aus der Mythologie oder der Geschichte an ihre Stelle. Alle Instinkte eines venezianischen Malers waren darauf ausgerichtet, die Vergangenheit zu erhalten oder von ihr zu lernen.

Ihre Arbeitsmethoden unterschieden sich von denen ihrer jeweiligen Zeitgenossen in anderen Städten. Charakteristischerweise wurden Künstler in Venedig als eine besondere Unterart von Handwerkern angesehen. In einer Stadt, die für ihren Pragmatismus bekannt war, erhielten sie eine ganz und gar praktische Ausbildung. Sie zeichneten sich durch besondere handwerkliche Fähigkeiten aus. Sie wurden nicht in den Rang von Heroen erhoben – mit der möglichen Ausnahme Tizians. Sie galten nicht als von göttlichem Odem erfüllt. Sie waren im Wesentlichen Diener des Staates. Die Maler gehörten einer Gilde an, die von drei Magistratsbeamten kontrolliert wurde. Bei ihren Versammlungen saßen Tintoretto und Tizian Seite an Seite mit Schildermalern und Herstellern von Spielkarten. Man erwartete von Malern auch, dass sie ihre Sachkenntnis für andere Dinge zur Verfügung stellten, solche, die für den ganzen Staat wichtig waren; sie wurden als Kartografen eingestellt oder auch um Banner und Schilde für festliche Gelegenheiten zu entwerfen. Sie stellten sich ihre Werkzeuge selbst her, wie jeder Handwerker es tat. Sie beurteilten ihr Werk weniger nach seinem ästhetischen Reiz, seiner »Aussage«, als nach seiner handwerklichen Gelungenheit. Sie betrachteten ein fertiggestelltes Bild mit den Augen, mit denen ein Schreiner vielleicht eine Holztruhe ansah oder ein Schuster ein Paar Stiefel.

In Venedig kam es auf dem Gebiet des Gewerbes auch zu einer viel größeren Spezialisierung als in anderen Städten. Das ist ebenfalls ein Teil der ererbten Kaufmannstradition. Die Rahmenmacher hatten ihre eigene Gilde, während die Vergolder eine »Kolumne« der Malergilde bildeten. Die Goldschmiede praktizierten ihre Kunst oft auf genossenschaftlicher Basis. Es gab Spezialisten, die die Paneele von Möbelstücken, und andere, die Truhen bemalten. Es gab Elfenbeinschnitzer; ihre Kunst war aus Byzanz nach Venedig gekommen. Es war immer eine Frage von Angebot und Nachfrage. Bemalte Verschlussläden für Orgeln beispielsweise waren eine venezianische Spezialität. Malerei muss in jedem Fall anders ausfallen in einer Stadt, die so aufmerksam auf das Verlangen nach Luxusgütern reagierte. Luxus repräsentiert die Liebe zur materiellen Welt. Ist das nicht etwas, das auch aus den Werken Bellinis und Tizians spricht? Ökonomische Gründe diktierten die Verwendung von Leinwand statt Holz als Untergrund für Ölmalerei. Die Versorgung mit diesem Material war durch die florierenden Segelmacherbetriebe in Venedig gewährleistet. Davon abgesehen ließ die Seeluft Holz auch schnell verrotten, und in einer Stadt, die als notorisch »unwegsam« galt – was auch für die Lagune zutraf –, war Leinwand leichter zu transportieren. Die Grenzlinie zwischen der Bevorzugung bestimmter Dinge aus ästhetischen und der aus ökonomischen Gründen ist manchmal hauchdünn. Mit Bezug auf Venedig lässt sich manchmal kaum sagen, welche Beweggründe dominierten. Bemerkenswert ist auch, dass die venezianischen Maler anfingen, sich Landschaften als Sujets zuzuwenden, als ihre Stadt mit der Kolonisierung des Festlands begann.

Bei der Einrichtung und Ausstattung ihres Ateliers oder der Werkstatt – auf Italienisch *la bottega* – wurden die venezianischen Maler von den Handelspraktiken der Stadt beeinflusst oder reagierten auf diese. Tintorettos Atelier war eines der effizientesten, da der Maler sich bei der Organisation der Arbeit von dem typisch venezianischen Instinkt für Familienbande hatte leiten lassen. Er beschäftigte seine beiden Söhne als Gehilfen, und diese produzierten noch lange nach seinem Tod Kopien seiner Werke. In seinem Testament vermachte er den beiden seinen ganzen »Besitz, insofern er mit meinem Gewerbe zu tun hat«. Seine Frau war für die Finanzen zuständig, und seine Tochter heiratete einen jungen Mann aus dem absolut akzeptablen Motiv heraus, dass dieser sich als geschickter Künstler erwiesen hatte. Wie sie in ihrem Letzten Willen erklärte, »falls der genannte Sebastiano sich als fähiger Maler erweisen sollte, würde ich ihn zum Gatten nehmen; auf diese Weise könnte, mithilfe seines Talents, der Name Tintoretto am Leben erhalten werden«. Tatsächlich existierte dieser Familienbetrieb mehr als ein Jahrhundert lang, und drei Generationen verdienten sich mit ihm ihren Lebensunterhalt. In einer Stadt, die in Bezug auf ihre politische und soziale Struktur auf dem Primat der Familie gründete, folgten die Künstler dieser Vorgabe. Die Söhne Bellinis wurden ebenfalls Maler. Die Werkstätten Tiepolos und Bassanos, Veroneses und Zuccaros waren Familienbetriebe. Diese Künstler orientierten sich eindeutig am Vorbild der Kaufmannsfamilien der Stadt, bei denen es üblich war, dass der Vater das Geschäft in die Hände des Sohnes legte. Ein Mann konnte aus dem einfachen Grund den Beruf eines Malers ergreifen, dass er zu einer Familie von Malern gehörte.

Kunst zu schaffen wurde eher als ein kommunales Unterfangen denn ein individuelles angesehen. Viele Hände arbeiteten an einem einzelnen Gemälde mit. Ein Meister wie Bellini fertigte Zeichnungen von Köpfen an, als »Muster«, nach denen seine Lehrlinge sich richten konnten. In einer Stadt, die auf den Werften des Arsenals das Montagebandmodell eingeführt hatte, konnte ein solches Verfahren kaum überraschen. Den Werkstätten hat die venezianische Kunst also ihre Identität und ihren unverwechselbaren Stil zu verdanken. Vom 14. bis zum 19. Jahrhundert stellten sie ein typisch venezianisches Phänomen dar. Vergleichbares existierte in anderen italienischen Städten nicht. Die Malerei war in erster Linie ein Gewerbe, und zwar ein einträgliches, was erklären mag, warum es in Venedig immer lange dauerte, bis sich ein stilistischer Wandel vollzogen hatte.

Auf solchem indirektem Weg kann man also ein rudimentäres Porträt des venezianischen Künstlers zeichnen. Er oder sie (es gab auch Künstlerinnen in der Stadt) arbeitete hart und war zufrieden, damit Teil der größeren Gemeinschaft zu sein, und glücklich, dieser dienen zu können, befasste sich nicht mit ästhetischer Theorie, sondern mit der Praxis des Gewerbes, und war auf Verträge und Gewinn aus. Es scheint signifikant, dass kein einziger venezianischer Künstler jemals eine Abhandlung über die Malerei verfasst hat. In Florenz hingegen entstanden viele Werke dieser Art.

Es überrascht vielleicht nicht, dass der Durchschnittsvenezianer nichts von Kunst zu verstehen schien. Natürlich bestand ein großes Verlangen nach Bildern religiösen Inhalts, doch wurde kaum über die Qualität solcher Werke diskutiert. Die Jahrhunderte hindurch legten die Venezianer auch gegenüber den sublimeren Bildern von Künstlern, die aus derselben Stadt stammten wie sie, eine generelle Indifferenz an den Tag. Wie W. D. Howells es in seinem Mitte des 19. Jahrhunderts veröffentlichten *Venetian Life* formulierte: »Was Kunst betrifft, so sind die Venezianer ihr gegenüber unsensibel und wissen nichts über sie [...]. Genauso wenig wie einen Fisch

Tintoretto: ein moderner Regisseur. Die über die Jungfrau gebeugten Heiligen in der Kreuzigung*: man sieht ihre Schädel. Der Mann, der sich im Begräbnis des heiligen Markus an den Vorhang klammert. Das Weiß in Weiß der Kreaturen, die unter den Arkaden laufen, wie ich selbst im Regen. [...] Das Fleisch der Sklaven ist aus demselben Stoff, aus dem man auch die Wäsche macht, eine beige, gut aufgegangene Paste. [...] Er ist der erste Filmregisseur. Die Frau, die in der* Darbringung im Tempel *die Stufen hinuntersteigt:* Take *steil von unten, aber zunehmendes* Fading.

Jean-Paul Sartre

nach seiner Meinung über Wasser zu befragen, käme es mir in den Sinn, einen Venezianer zu seiner Ansicht über Malerei oder Architektur zu befragen.« Auch heute, in der Ära der Biennale, könnte dasselbe Urteil noch Geltung haben.

Von der zweiten Hälfte des 14. Jahrhunderts bis zum Ende des 18. gab es in der Stadt zwei tonangebende Schulen. Die eine legte Gewicht auf sinnliche und dekorative Effekte, während die andere eine narrative Darstellung bevorzugte. Erstere trug der Vorliebe der Venezianer für opulente Oberflächen und Farbenpracht Rechnung, Letztere befriedigte ihr Verlangen nach szenischer Zurschaustellung. Doch in den Werken beider Schulen wird derselbe Instinkt für Rhythmus spürbar; sie zeichnen sich durch die gleichen eleganten und fließenden Linien aus. Als der venezianische Patrizier Pietro Bembo den Dialekt seiner Heimatstadt als »weicher, fantasievoller, schneller und lebendiger« als alle anderen lokalen Varianten des Italienischen bezeichnete, hätte er sich auch auf die Arbeit venezianischer Maler mit Pinsel und Stift beziehen können. Man spürt aus ihren Werken einen ausgeprägten Sinn für Bewegung und Gestaltung von Bewegung heraus. Venezianische Kunst hat sich immer durch eine gewisse Sinnlichkeit und Üppigkeit ausgezeichnet, wie die nackten weiblichen Gestalten Tizians am deutlichsten vor Augen führen. Flächen und gerade Linien werden von Wölbungen und Kurven verdrängt. Als Manet Venedig besuchte, entschloss er sich, die jährliche Regatta auf dem Canal Grande auf der Leinwand festzuhalten. In einem Café der Stadt sagte er zu seinem Freund und Landsmann Charles Toche, »es kann keine scharfe Begrenzung, keine lineare Struktur bei etwas geben, das nichts als Bewegung ist; nur Farbwerte, die, richtig gesehen, sein wahres Volumen, den ihm zugrunde liegenden essenziellen Entwurf konstituieren werden«.

Der Instinkt für das Narrative deckt sich zum Teil mit dem Instinkt für das Dramatische. Das venezianische Theater war ja berühmt für seine Bühnenapparaturen und seine spektakulären Aufführungen, und die öffentlichen Plätze und anderen freien Flächen Venedigs waren Schauplätze elaborierter Umzüge. Die frühesten Mosaiken im Markusdom sind von einem starken erzählerischen Element mit Leben erfüllt, und das erste große narrative Gemälde wurde im Frühjahr 1345 von Malern der Schule Paolo Venezianos vollendet. In diesen frühen Werken wird die menschliche Existenz als Abfolge kommunaler Ereignisse gesehen. In diesem Sinn handelt es sich um öffentliche Kunst. Auf den narrativen Gemälden sind immer Menschengruppen oder -mengen dargestellt. Das ist auf die Erfahrung zurückzuführen, die das Leben in Venedig vermittelte. Solche Kunst hält die Geschichte der Stadt fest, verleiht ihr Kohärenz und macht sie beeindruckend. Sie gibt dem alltäglichen Leben Bedeutung. Als Carpaccio auf einigen seiner Gemälde in den Straßen und auf den Kanälen seiner Stadt Wunder stattfinden ließ, wurden diese Werke als Beweis dafür genommen, dass es in der Tat zu solchen Ereignissen gekommen war.

Thema der venezianischen Künstler war die Glorie der Stadt. Sie nahmen eher die gesellschaftliche als die individuelle Realität in den Blick. Aufschlussreich ist, dass sie nicht selbst den Inhalt der narrativen Zyklen vorschlugen, sondern zufrieden damit waren, die Vorgaben des Staates zu erfüllen. Falls nicht der Staat selbst der Schirmherr war, wurde ihnen der Auftrag von einer der vielen gesellschaftlichen und religiösen Institutionen der Stadt erteilt. Die Staatsmänner aus dem Patriziat der Stadt verspürten auch den Wunsch, die Bedeutung, die ihre Familien für den glorreichen Aufstieg des gesamten Gemeinwesens gespielt hatten, festzuhalten. Die Kunst Venedigs bezieht sich also sehr stark auf das politische und soziale Gefüge, innerhalb dessen sie entstand, und bestätigt dieses; das erklärt wohl auch den ausgeprägten Konservatismus der Künstler oder vielmehr ihren ständigen Rückgriff auf die Tradition.

Kunst war auch eine Form politischen Lebens. In Venedig hatte alles mit Politik zu tun und war in jenes komplizierte Netzwerk von Machtbeziehungen einbezogen, das den Staat mit den Gilden und der Kirche verband. Öffentliche Kunst kann auch als Mittel zur Ausübung gesellschaftlicher Kontrolle gesehen werden. Das trifft auf das Venedig des 16. Jahrhundert ebenso zu wie auf die Sowjetunion im 20. Jahrhundert. In Bezug auf Venedig empfindet man vor allem eine grundlegende Einheitlichkeit, eine Kontinuität, was die Bräuche in der Stadt und ihre Traditionen betraf. Der Tod eines Dogen blieb ohne Auswirkungen auf eine der künstlerischen Arbeiten, die gerade im staatlichen Auftrag vollendet wurden. In Mailand beziehungsweise in Rom hätte der Tod eines Fürsten oder der eines Papstes einen absoluten Bruch mit dem, was vorher war, zur Folge gehabt.

Die Porträts der Dogen, die feierlich aneinandergereiht an den Wänden des großen Ratssaals hängen, sollten ruhige Kontinuität vermitteln sowie eine die persönlichen Belange hintanstellende Loyalität. Sie stehen für Stabilität. Diese Männer halten sich tadellos, ihre Staatsroben stehen ihnen gut zu Gesicht. Ihr fester Blick kündet weder von Zweifel noch von innerem Grübeln. Venedig war die erste Stadt, die Bilder ihrer Herrscher aufbewahrte, nicht die Porträts der Individuen, sondern die der Wächter und Repräsentanten der Polis. Der Maler, der diese Staatskunst schuf, wurde Staatsmaler genannt: *pittore di stato*. Ihm oblag es auch, die Bilder in den staatlichen Sammlungen zu restaurieren, die Fahnen und die Bühnenapparaturen für Umzüge zu entwerfen und ebenso die Mosaiken für den Dom. Privatpersonen vermachten oft ihre Sammlungen der Stadt – zum Nutzen von *la patria*.

Nachdem zwei große Feuersbrünste in den 1570er Jahren den Dogenpalast teilweise zerstört hatten, wurde ein neues staatliches Kunstprogramm aufgestellt. Die Symbolik war so komplex und ihre Deutung so wichtig, dass 1587 ein Buch mit dem Titel *Erläuterung zu all den historischen Ereignis-*

sen, dargestellt auf den Gemälden, so kürzlich in der Sala dello Scrutinio und der des Großen Rats im Dogenpalast aufgehängt vorgelegt wurde. Der lange Titel schließt mit einem Hinweis auf die *Berühmtesten Siege, so über verschiedene Völker der Welt von den Venezianern errungen.* Wenn die eigene Geschichte als etwas Geheiligtes aufgefasst wird, dann können historische Gemälde ebenso gut ein Objekt religiöser Verehrung sein wie Ikonen oder Triptychen. Sie schließen ein kritisches Nachfragen von vornherein aus. Auf Grabdenkmälern ist der Doge ebenso wie auf religiösen Gemälden in der Gesellschaft von Heiligen abgebildet – manchmal sogar zusammen mit der Jungfrau und dem gekreuzigten Christus. Die Stadt ist also gesegnet, sie genießt die Gunst Gottes und steht unter seinem Schutz.

Der »Mythos Venedig« wurde also in der Malerei endlos aufgefrischt und neu formuliert. Im Werk Bellinis repräsentiert die Gestalt der Jungfrau mit dem Kind in einer Landschaft gleichzeitig die gottgewollte, geheiligte Herrschaft Venedigs über das Festland. Mehr als ein Jahrhundert später wird im Werk Veroneses die Königin der Adria auch zur Himmelskönigin. Diese Bilder sind alle Ergebnis derselben Unternehmung, eines sozialen und politischen Projekts, das die Werke der venezianischen Künstler zutiefst durchdrungen hat.

Wir könnten die Kraft und Brillanz venezianischer Farben als Ausdruck einer kulturellen Blüte auffassen. Die Abhandlungen über dieses Thema füllen viele Bände. Die Maler der Stadt trugen eine Farbe über der anderen auf. Sie experimentierten mit Farbharmonien und erfüllten die Welt des Gemäldes mit Lebendigkeit und Bewegung. Das basierte auf Intuition, die Natur des Lebens betreffend, es schlug sich aber auch eine Form des Denkens darin nieder: Wenn Scharlachrot und Grün zusammentreffen, dann entsteht in der Welt Kraft. Die Wörter, die man zur Charakterisierung dieser besonderen Art von Farbigkeit benutzt hat, sind »reich«, »üppig«, »glühend«, »strahlend«. Das ist der Grund dafür, dass von Mitte der 1470er Jahre an die Venezianer Pioniere und Innovatoren auf dem Gebiet des Malens mit Ölfarben wurden. Die Idee an sich kam vielleicht aus Flandern, zur Vollendung gebracht wurde die Technik aber in der Lagunenstadt. Die Künstler dort begannen mit den hellen Tönen und gingen schrittweise zu den dunkleren über; sie bauten Farbschichten auf, in denen sich Formen auflösten und zu schillern begannen. Mit den Ölfarben kam das Licht in die Malerei. Man erkannte, dass die verschiedenen Farbtöne an den anderen »teilhatten« und einen harmonischen Gesamteffekt ergaben. Dasselbe könnte man auch über die Art und Weise sagen, in der Venedig regiert wurde.

Vasari missbilligte den Umgang der Venezianer mit Farben. Er hielt fest, dass sie alles direkt auf die Leinwand brachten, »ohne eine Vorzeichnung« zu machen; er erläuterte die venezianische Grundregel, »dass nur mit den Farben selbst zu malen, ohne begleitende Zeichenarbeiten auf dem Papier, die beste und wahre Methode« sei. Giorgione nahm nie den Zeichenstift in die Hand. Der Unterschied war, abstrakt ausgedrückt, der zwischen *disegno* und *colorito*. Vasari sah *disegno*, das Zeichnen oder Skizzieren, als »Vater« der bildenden Kunst, Architektur und Bildhauerei an; die Venezianer hielten *colorito* für die »Mutter« der Malerei. Sie genossen die warme und bergende Umarmung dieser Mutter. Von Farbe ging etwas Sanftes, Intimes und Harmonisches aus. Das ist der Grund dafür, dass man venezianische Malerei so oft mit der Abbildung nackter weiblicher Gestalten assoziiert hat. Man kann sagen, dass weibliche Akte eine Erfindung der venezianischen Künstler des 16. Jahrhunderts sind. Willem de Kooning meinte einmal: »Fleisch war der Grund für die Erfindung der Ölmalerei.« Das stimmt vielleicht nicht, regt aber zum Nachdenken an. Während Zeichnungen Produkt von Intelligenz und Disziplin waren, galt das Schwelgen in Farbe als Hinweis auf Emotion und sinnliches Vergnügen. Vor diesem Hintergrund muss man William Blakes und Joshua Reynolds

Kritik an der venezianischen Malerei sehen: Ihre Einwände waren eher moralischer als ästhetischer Natur.

Aus der venezianischen Schaffensmethode ergeben sich verschiedene Konsequenzen. Man hat die Theorie aufgestellt, dass sie dazu führte, dass sich die Künstler der Stadt weniger mit der »inneren Bedeutung« der Welt befassten als mit der Vielfalt ihrer Oberflächen und Texturen. Es wurde kein Streben nach Idealität oder auch nach Profundität, nach »Tiefe« eben, offenbar. Doch was bedeuten diese gewichtig klingenden Termini im Zusammenhang mit Farbe und Leinwand? Wie Wilde sagte und Pater andeutete, »nur oberflächliche Menschen urteilen nicht nach der äußeren Erscheinung«. Venezianische Kunst ist niemals oder auch in historischer Hinsicht korrekt, sondern vage, anspielend und evokativ. Die Emotionalität und Leidenschaftlichkeit der venezianischen Maler kann man in der Tat in der Enthüllung der Oberfläche finden. Ihre Profundität liegt in der Art und Weise begründet, wie sie Farben und Farbtöne in Relation zueinander setzen. Entstehen nicht Farbe sowie Licht und Schatten erst beim Sehen? Wie Aretino über Tizian sagte: »Er hat das Gespür für Dinge in seinem Pinsel.« Optimismus und Überschwänglichkeit liegen in der Luft. Leichtigkeit des Seins manifestiert sich zum Beispiel in den ätherischen Gestalten des Tiepolo, die von einem Wind aus Licht getragen am strahlenden Himmel schweben. Das könnte als typisch venezianische Heiterkeit gedeutet werden, zu welcher die Kenntnis beiträgt, dass die Ewigkeit den Produkten der Zeit in Liebe zugetan ist. Vasari wiederholt in seinem Bericht über Tizian immer wieder refrainartig, dass dessen Werk »lebendig« sei: Es fängt die Bewegung des Lebens ein, dessen Aussehen. Es fängt die Wirkung des flüchtigen Moments ein. Es glüht. Nichts an ihm kündet von Berechnung oder Theorie. Es strahlt aus und legt sich um den Betrachter, so dass es seine Zweidimensionalität zu verlieren scheint. Es wird Teil der Welt.

Gelegentlich kann sich eine gewisse Effekthascherei bemerkbar machen. Das ist der weniger positive Aspekt der

Wieviel Wäsche! Von Carpaccio zu Tintoretto und Veronese über Tizian drückt sich die Virtuosität in dieser Flut von Wäsche, Seide, Satin, Samt, feinem Leinen aus, jeder fügt das Seine hinzu, man malt auserlesene Materialien, ein Zwischending zwischen Stoff und Sahne; Bauten aus Stoff, die schäumen, wirbeln, reißen, eine ganze flammende Gotik aus Tuch.

Jean-Paul Sartre

theatralischen Begabung. Es scheint sich in der venezianischen Malerei ein Hang zum Außergewöhnlichen zu manifestieren. Veronese und Tiepolo wurden bisweilen kritisiert, weil sie so riesige und überaus üppige Szenerien schufen. Auch zum Pomp und der übertriebenen Raffinesse der venezianischen Kunst wurden wenig schmeichelhafte Kommentare abgegeben. Man wies darauf hin, dass die Maler der Stadt eine Vorliebe dafür hatten, regelrechte Wareninventare zu präsentieren; sie füllten ihre Bilder mit den verschiedensten Arten von Geweben, Keramikobjekten und Ausstattungsgegenständen, sogar mit Gewändern, die der letzten Mode entsprachen. Sie hatten das Auge eines Kaufmanns. Sie stellten Tapisserien, Tücher und Wandbehänge zur Schau wie ein Händler auf dem Markt. Wir können in einem beinahe wörtlichen Sinn vom Reichtum der Oberfläche sprechen. Sogar die Bettler des Tiepolo sind üppig gewandet. Joshua Reynolds kam zu dem Schluss, dass »reine Eleganz ihr Hauptthema ist, da sie eher darauf abzuzielen scheinen zu blenden als einen zu berühren«, und viele venezianische Werke seien »zu keinem anderen Zweck gemalt als um der Geschicklichkeit und Fachkenntnis willen, die bei ihrer Entstehung zur Anwendung kam, bewundert zu werden und diese Kunstfertigkeit zur Schau zu stellen«. Doch was ist ganz Venedig anderes als eine immerwährende Schau?

28

Das ewig Weibliche

Wer ist die Frau auf dem Balkon? Es ist ein bekanntes venezianisches Motiv. Auf Darstellungen der feierlichen Umzüge, die in Venedig stattfanden, schauen die Frauen dem Geschehen von unzähligen Balkonen und Dachterrassen herab zu. Es ist kein Verweis auf ihre Präsenz, sondern auf ihre Isoliertheit. Sie sind in ihrem Heim wie in einem Gefängnis eingeschlossen. Doch bietet das ambivalente Territorium des Balkons, halb öffentlich, halb abgeschirmt, andere Möglichkeiten. Byron schrieb in seinem *Beppo*:

> Ich sagte, dass wie ein Bild von Giorgione
> Venedigs Frauen anzuschauen seien, und das stimmt,
> Vor allem wenn sie niederblicken vom Balkone,
> (da größte Schönheit man bisweilen von fern wahrnimmt).

Diese Frauen sind vielleicht zu haben, deswegen wirken sie so ungeheuer verlockend auf den Betrachter. Turner malte viele venezianische Fenster und Balkone. Seine »Jessica«, die er Shakespeares *Der Kaufmann von Venedig* entnommen hat, zeigt er an einem offenen Fenster stehend; das Gemälde ist von Turners eigener Version des Shakespeare'schen Texts begleitet: »Jessica, shut the window, I say!« (»Jessica, mach sofort das Fenster zu!«) Das Fenster bietet Gelegenheit, sexuelle Reize auszusenden. Es ermöglicht einem zu zeigen, was man hat, sich anschauen zu lassen. Sich anschauen zu lassen und selbst zu schauen, gehört einfach zum Leben in Venedig. In seinem Bericht über das gesellschaftliche Leben in China beglückwünschte Marco Polo die jungen Damen jenes Landes zu ihrer Züchtigkeit. Er schrieb: »Sie hängen sich nicht aus dem Fenster, um die Gesichter der Vorübergehenden zu mustern oder ihnen ihre eigenen Gesichter zu zeigen.« Die Anspielung auf ihre Geschlechtsgenossinnen in seiner Heimatstadt ist nicht zu übersehen.

Über das Gemälde *Ruhm Venedigs* von Veronese

Rings um sie [die blonde Venetia] zeigt sich ein Kreis junger Frauen mit einem wollüstigen und dennoch stolzen Lächeln und mit jenem seltsamen venezianischen Reiz, dem einer Göttin, die Kurtisanenblut in den Adern hat, welche aber auf einer Wolke schreitet und die Männer zu sich heraufzieht, anstatt zu ihnen herabzusinken. Auf ihren Faltengehängen aus blassem Violett neben ihren Gold- und Azurmänteln sammeln ihr lebendiges Fleisch, ihre Rücken, ihre Schultern Licht oder schwimmen im Halbschatten, und die weiche Rundung ihrer Nacktheit begleitet die friedliche Heiterkeit ihrer Haltung und ihrer Antlitze.

Hippolyte Taine

Venedig ist eine feminine Stadt genannt worden. Henry James meinte: »Wenn man dort von Tag zu Tag lebt, nimmt man ihren ganzen Charme wahr, lädt man ihren exquisiten Einfluss dazu ein, sich einem in die Seele zu senken. Das Geschöpf ist unbeständig wie eine nervöse Frau …« Er lässt sich dann über die schwankenden »Stimmungen« dieses Geschöpfs aus, bevor er über die Tatsache nachsinnt, dass man es »in den Arm zu nehmen, zu liebkosen, zu besitzen wünscht«. Diese Worte eines Mannes, der wohl nie eine reale Frau »besessen« hat, lassen erahnen, in welchem Maß die Stadt einen innerlich aufzuwühlen vermag. Sie galt als liederlich und zügellos von ihrem Treiben und ihrer ganzen Attitüde her. Venedig war schließlich die Stadt des Berührens, des Beäugens, die Stadt mit einer Textur. Sie appellierte unverblümt an die Sinne. Sie enthüllte sich selbst. Man glaubt, dass die Nähe von Wasser sinnlich anregend wirke. Luxus, den die Stadt in allen Formen im wörtlichen Sinn »auf Lager hatte«, ist die Apotheose sinnlichen Vergnügens, der Sinneslust. Die Liebenden der Welt strömten nach Venedig – und tun es immer noch. Sie war als Hauptstadt grenzenlosen Verlangens und dessen ungehemmter Befriedigung bekannt. Dies galt – wie ihr Handel und ihre Kunst – als Ausdruck ihrer Macht. Die Gespräche, die in dieser Stadt geführt wurden, zeichneten sich durch ihre Schlüpfrigkeit und Vulgarität aus. Guillaume Apollinaire, der französische Dichter, nannte Venedig *»le sexe même de l'Europe«*.

In Gedichten und Schauspielen wurde Venedig häufig als geliebte Frau porträtiert, die dadurch noch reizvoller wird, dass sie sich unablässig in Gefahr befindet. Unter Heranziehung der Jung'schen Terminologie könnte man sagen, dass die maskuline Identität der Stadt 1797 verloren ging, als sie sich Napoleon ergab, und sie damit zu der femininen Stadt wurde, die vom 19. Jahrhundert an Exilanten wie Touristen erfreute. In den vergangenen zwei Jahrhunderten haben Journalisten und Literaten die Stadt immer wieder zur »verblassten Schönheit« erklärt. Sie ist wegen ihrer Kraft, den Besucher zu verführen, ihn in ihre Umarmung, in ihren Schoß zu locken, gefeiert worden. Die engen und gewundenen Gassen beschwören Vorstellungen von erotischen Abenteuern, von Nachstellung und Überraschung herauf. Die Stadt wurde immer von weiblichen Symbolgestalten verkörpert, als die himmlische Jungfrau in ihrer Herrlichkeit oder als dem Meer entsteigende Venus. Der Legende nach war Venedig am 25. März 421 gegründet worden, dem Tag der Verkündigung, und an diesem Tag hatte Venus sich in Aszendenz befunden. Die Stadt war zweifach gesegnet. Wie hätte sie da besiegbar sein sollen?

Venedig war also die Stadt der Venus, der Göttin, die dem Meer entstiegen war. Sie war aufs Engste mit dem Meer verbunden. Es hieß, dass sie von dem weißen Schaum geschaffen worden sei, den Neptun auf die Inseln geworfen habe, auf denen die Stadt entstand. Das implizierte, dass die inmitten der Lagune gelegene Stadt auch so etwas wie eine Sexualität besaß. Für den Reisenden, der sich ihr vom Flughafen Marco Polo aus auf dem Wasserweg nähert, scheint sie auf wundersame Weise aus den Wogen aufzusteigen. Es ist eine Urerfahrung, man wohnt der Entstehung von Welt bei. Der Klang des Wortes »Venezia« (oder »Venice«, »Venedig«, »Venise«) beschwört die Gestalt der Venus herauf. Die Stadt ohne Wehrmauern stand für die unbekleidete Venus. »Venus und Venedig sind große Königinnen«, schrieb James Howells in seinem *Survey of the Signorie of Venice*; im Englischen erlaubte er sich damit ein Wortspiel, denn »Queens«, »Königinnen«, klingt genauso wie »Queans«, »Prostituierte«. Venus war die Königin der Liebe, Venedig die unter den Städten. In seiner *Dunciade* schreibt Alexander Pope, dass die »nackte Venus« in der Stadt zu Hause sei.

Doch Venedig war auch die Stadt der Jungfrau. Bildliche

Darstellungen der Verkündigung findet man an der Rialtobrücke, an der Fassade des Markusdoms, an den Mauern und Wänden des Dogenpalasts wie auch an verschiedenen anderen Stätten. Die Verehrung der Jungfrau brachte die Verherrlichung des Staates mit sich, ja forderte diese geradezu. Der Fortbestand der Republik, ihr Überdauern, war ein weiterer Beweis für ihren göttlichen Ursprung. Wie die Jungfrau war sie aus dem Vergehen der Zeit herausgenommen worden. Vielleicht ist das heute noch so. Auf den Gemälden der vor Gabriel in Ohnmacht sinkenden Maria, die Tintoretto und Tizian wie eine ganze Schar unbedeutenderer venezianischer Künstler geschaffen haben, ist die Jungfrau als junge Venezianerin in einem typisch venezianischen Haus dargestellt.

Der Marienkult wirkte sich auf jeden Aspekt des Lebens, auf die gesamte Gesellschaft aus. Der Doge nahm, einem Chronisten des 16. Jahrhunderts zufolge, »an jedem Tag Unserer Lieben Frau« an der Messe im Dom teil. Es wurden Prozessionen und Feiern veranstaltet wie das Fest der Zwölf Marien, dessen Höhepunkt die rituelle Fahrt von zwölf Statuen über den Canal Grande bildete; die Zeremonien dauerten insgesamt acht Tage. Im 15. Jahrhundert gab es in der ganzen Stadt verteilt mehr als dreihundert der Marienverehrung dienende Altäre. Allein in der Kirche S. Maria Gloriosa waren ihr acht Altäre geweiht. Die berühmte *nikopeia*, eine byzantinische Ikone, die angeblich vom heiligen Lukas persönlich geschaffen worden sein soll, wurde am Tag von Mariä Himmelfahrt feierlich um den Markusplatz getragen; diese Reliquie wurde zum Palladium der Republik, zu ihrem Wächter und Verteidiger, und man kann sie heute noch im Markusdom sehen. Sie war auch die Quelle von Prophezeiungen. Es heiß, wenn jemand wissen wolle, ob ein Freund lebe oder tot sei, brauche er nur eine brennende Kerze vor die Ikone zu stellen; wenn der Freund noch unter den Lebenden weile, vermöge kein Wind die Flamme zu löschen, wenn er aber gestorben sei, würde schon der leiseste Hauch oder ein Seufzer sie ausblasen.

Venedig war auch deswegen die Jungfrau, weil es nie angegriffen und eingenommen wurde; die Stadt war unberührt und unbefleckt, von den Wogen des Meeres geschützt wie von einem kostbaren Gürtel. Maria ist Friede. Friede bedeutet Stabilität. In seinen *Instructions and Directions for Forren Travell* erklärte James Howell mit Bezug auf Venedig: »Diese schöne Maid hat man oft zu verderben versucht, einige haben sie *umworben*, einige haben sie mit *Geld gelockt*, andere hätten sie gern *gezwungen*, doch sie hat ihre Keuschheit zu wahren verstanden.« Keine andere Stadt ist so lange rein geblieben. Das Motiv der Krönung der Jungfrau im Himmel durch Christus wurde in der Malerei wie in der Dichtung verwendet, um den Sieg Venedigs ins Bild zu setzen. Die Königin des Himmels ist auch die Königin des Meeres, »wie die Dämmerung, schön wie der Mond, strahlend wie die Sonne, furchteinflößend wie ein Heer mit seinen Standarten«. 1746 noch, einundfünfzig Jahre bevor die Republik zerschlagen wurde, richtete ein venezianischer Ordensbruder, Fra Francesco, ein Gebet an die göttliche Schutzherrin: »Oh, erhabene Jungfrau, blicke herunter auf diese Stadt, die du hier auf Erden zur Hauptempfängerin deiner mütterlichen Liebe erwählt.«

Maria wurde vor allem auch vom einfachen Volk verehrt. Es gab viele kleine ihr geweihte Altäre an den Ecken der *calli*, auf denen Votivkerzen vor einem Marienbild brannten. Die Leute aus der unmittelbaren Nachbarschaft kümmerten sich darum. In jedem venezianischen Heim, mochte es auch noch so bescheiden sein, hing irgendein Bild der Jungfrau. Einige Maler taten nichts anderes, als billige Gemälde der Madonna zu produzieren; sie wurden deswegen abschätzig *madonnieri* genannt, führten aber im Grunde nur die Tradition Bellinis fort. Wenn die Glocken erklangen, um die Gläubigen zum Ave-Maria-Gebet zu rufen, sanken die Venezianer mitten auf den Straßen oder Plätzen auf die Knie.

Einige Marienbilder oder -statuen wurden auch als wundertätig verehrt. Von einer Statue in einer Nische der Außenwand eines alten Hauses im Bezirk S. Marina hieß es, sie besitze heilende Kräfte. Es wurden immer mehr Votivlampen, Kerzen und Blumen vor ihr aufgetürmt, und die Menge der Gläubigen, die sich in der engen Gasse drängte, wurde so groß, dass man die Statue schließlich von ihrem ursprünglichen Ort entfernen und in einem Innenhof aufstellen musste. Später wurde genau an dieser Stätte S. Maria dei Miracoli errichtet, ein wahres Schmuckkästchen von Kirche. Ein evangelischer Engländer, William Bedell, berichtete im frühen 17. Jahrhundert über die »Menge von götzendienerischen Statuen, Bildern, Reliquien in jeder Ecke, nicht nur in ihren Kirchen, sondern auch in den Häusern, Kammern, Läden, ja sogar auf den Straßen [...], das Meer selbst ist nicht frei von ihnen, sie befinden sich in und an den Schiffen, Booten und Seezeichen«.

Die Jungfrau war auch die archetypische »Mutter«, in deren Armen die Söhne und Töchter Venedigs Geborgenheit finden und ausruhen konnten. In venezianischen Volksliedern wird die Stadt häufig als Mutter imaginiert. Die Mutter nimmt in der Vorstellung der Venezianer solch beeindruckende Züge an, dass man beinahe vermuten möchte, dass dabei noch andere, verborgenere Kräfte am Werk sind. Ist es möglich, dass die Einwohner der Stadt sich nach der Mutter sehnten, weil ihre Stadt nicht auf festem Boden erbaut war? Mutter Erde trug sie nicht, und sie wuchs nicht auf ihr empor. Der Jung'schen Theorie zufolge repräsentiert die Mutter den Ort des eigenen Ursprungs. In einem gewissen Sinn besaß Venedig aber keinen solchen Ort. Die Mutter repräsentiert auch Aspekte des Lebens und des Empfindens, nach denen es die Venezianer verlangte, darunter Materialität und Sinnlichkeit. Konnten die Kunst und Kultur der Stadt daher eine Form der Kompensation für den Zustand der Mutterlosigkeit sein?

Und dann trat als lebendiger Beweis für die Wirkungskraft der Liebe der Himmlischen Jungfrau im 16. Jahrhundert eine mysteriöse Frau in Erscheinung, die als Jungfrau von Venedig bekannt wurde und als solche in zahlreiche Legenden einging. Sie tauchte aus dem Nichts auf und begann für Hunderte von Obdachlosen Speisen zuzubereiten, jeden Tag, auf einem der öffentlichen Plätze; sie bettelte die Reichen an, um die Armen mit Nahrung versorgen zu können, und ihr Vorbild wirkte so inspirierend, dass man auf Dauer eine Einrichtung für die Besitzlosen schuf, die *Ospedaletto dei Derelitti* genannt wurde. Die »Jungfrau« gab auch Prophezeiungen ab, von denen die erste lautete: »Die Reformation der Welt wird in Venedig ihren Anfang nehmen.« Sie nannte sich selbst und die Stadt *Jerusalema Ponentina*, was dazu führte, dass Venedig in der Literatur des 16. Jahrhunderts häufig als Neues Jerusalem bezeichnet wurde. Die artifizielle Stadt war auch die archetypische Stadt.

Michael Kelly, ein irischer Tenor, der im Jahrhundert vor Henry James in Venedig lebte, erklärte, die Stadt sei »ein Paradies der Frauen, und die venezianischen Frauen seien eines Paradieses würdig«. Im selben Jahrhundert gab Mrs. Thrale über die typische Venezianerin einen eher bissigen Kommentar ab; sie behauptete, dass »die Regierung jede Anstecknadel, die sie an sich trägt, kennt und weiß, wo man sie in jedem Augenblick bei Tag oder bei Nacht finden kann«. Das trifft aber nur teilweise zu, denn für gewöhnlich blieben die Patrizierfrauen zu Hause und entzogen sich den Blicken anderer; sie zeigten sich nur bei rituellen Anlässen in der Öffentlichkeit, und jedes Mal wenn sie die eigenen vier Wände verließen, wurden sie von Dienstboten begleitet. Sie trugen stets Schleier vor dem Gesicht und lebten in einer nahezu haremsartigen Abgeschiedenheit.

Die Frauen tragen hier malerische Schultertücher, die sie apart und oft etwas kokett umlegen; sie verhüllen Arme und Taille und fallen hinten mit langem Zipfel herab. Ich sah eine Menge hübscher Gesichter, alle derselbe sympathische, ruhige Typus, in denen nur die Augen Leben und Ausdruck haben und denen die typische venezianische Frisur besondern Reiz verleiht.

Hermann Hesse

Die Frauen aus der Mittel- und Unterschicht erfreuten sich einer viel größeren Bewegungsfreiheit. Bäuerinnen brachten ihre Erzeugnisse auf den Markt, und die Frauen aus dem Bürgertum arbeiteten in den Läden oder Werkstätten ihrer Ehemänner mit. In öffentlichen Unterlagen sind Frauen verzeichnet als Leinenweberinnen, Bäckerinnen, Gewürzhändlerinnen und Schuhmacherinnen. Man sagt, dass die venezianischen

Frauen stärker und wagemutiger seien als die männlichen Einwohner der Stadt.

Juristisch gesehen war eine venezianische Ehefrau nicht Mitglied der Familie ihres Gatten, sondern gehörte weiterhin der Familie ihres Vaters an. Heiraten wurden eher zwischen Familien arrangiert als zwischen individuellen Personen. In offiziellen Dokumenten kamen Frauen nur in Relation zu ihrem Vater oder Ehemann vor, also als Tochter des… oder Gattin des… Sie waren aber noch schwerwiegenderen Restriktionen unterworfen. Einem Statut des 15. Jahrhunderts zufolge konnte eine Frau, die Ehebruch begangen hatte, unter Umständen zum Tod verurteilt werden, während für einen Mann, der sich desselben Verbrechens schuldig gemacht hatte, keine so drakonische Strafe vorgesehen war.

Doch juristische Konventionen sind nicht alles. Es gibt viele Berichte darüber, dass die venezianischen Frauen daheim, im privaten Bereich, beträchtliche Autorität genossen. Aus testamentarischen Verfügungen geht eindeutig hervor, dass Frauen aus der Ober- und Mittelschicht nach dem Tod ihrer Ehemänner oder Väter ein ansehnliches Vermögen anhäufen konnten. Es gab auch Institutionen wie die *scuolae cantorum*, die die Präsenz der Frauen in der Stadt konsolidierten. Die Haushälterinnen oder Konkubinen der Priester bekleideten oft in der jeweiligen Gemeinde die Position einer Matriarchin und nahmen sich der Pfarrkinder an. Es gab auch »weise Frauen« und Heilerinnen, die in ihrem Viertel großes Ansehen genossen und in einer so abergläubischen Stadt wie Venedig immer gut zu tun hatten.

Die Frauen waren durch viele andere gesellschaftliche Bande miteinander verbunden. Die Patrizierinnen eines Viertels konnten zum Beispiel eine Art Patenschaft für jüngere und ärmere Mädchen übernehmen. Die Stücke von Goldoni und die Memoiren venezianischer Bürger zeigen einem, dass in jedem Viertel Dienstmädchen, Nachbarinnen und Freundinnen enge Gemeinschaften bildeten. Sie standen auf den Schwellen der Eingangstüren zu ihren Häusern oder versammelten sich an den Brunnen, um Nachrichten oder den neuesten Klatsch auszutauschen. Jenes Gefühl, »für sich«, in seiner Privatsphäre, zu sein, wie es in England oder Nordeuropa existierte, war unbekannt. Wenn ein Mann seine Frau schlug, mit Grund oder ohne, dann wurde er zur Zielscheibe von Beschimpfungen oder gar rechtlich verfolgt.

In Venedig determinierte die Gesellschaft das individuelle Verhalten. Der Pfarrsprengel, *il parrochio*, war im Grunde ein weibliches Reservat in einer von Männern beherrschten Stadt. Während die Männer in allen öffentlichen Angelegenheiten den Ton angaben, war der private und häusliche Bereich die Domäne der Frauen. *Il parrochio* stellte das Gebiet dar, in dem sie feilschten, kauften und verkauften, Dienstleistungen austauschten. Das war ein Zustand, der alle Beteiligten zufriedenstellte und maßgeblich zur Aufrechterhaltung und Konsolidierung des berühmten in der Stadt herrschenden gesellschaftlichen Einklangs beitrug.

Die Kurtisane

Venedigs Sonne wird in meinem Haar
Ein Gold bereiten; aller Alchemie
Erlauchten Ausgang. Meine Brauen, die
Den Brücken gleichen, siehst du sie

Hinführen ob der lautlosen Gefahr
Der Augen, die ein heimlicher Verkehr
An die Kanäle schließt, so daß das Meer
In ihnen steigt und fällt und wechselt. Wer

Mich einmal sah, beneidet meinen Hund,
Weil sich auf ihm oft in zerstreuter Pause
Die Hand, die nie an einer Glut verkohlt,

die unverwundbare, geschmückte, erholt –,
Und Knaben, Hoffnungen aus altem Hause,
gehen wie an Gift an meinem Mund zugrund.

Rainer Maria Rilke

In einem Punkt befanden Frauen sich in einem entscheidenden Vorteil. Wenn sie heirateten, brachten sie eine Mitgift in die Ehe ein. Ohne Mitgift kam es zu keiner Eheschließung, und sie war immer ein zentraler Punkt in den diesbezüglichen Verhandlungen, bei Personen aus der Handwerker- oder Arbeiterklasse ebenso wie bei Kaufleuten und Adligen. In einem alten venezianischen Lied wird die Frage gestellt: »Wie viele Kaufleute haben nicht die Mitgiften, die sie bekamen, auf den Weg zum Erfolg gebracht?« Doch während der Ehemann zu seinen Lebzeiten über die Mitgift seiner Frau verfügen konnte, fiel sie bei seinem Tod an diese zurück, und sie konnte mit dem Geld unternehmen, was sie wollte. Die meisten Venezianerinnen heirateten schon mit vierzehn oder fünfzehn, während ihre Gatten gewöhnlich um die neunundzwanzig oder dreißig waren. Da die Frauen meist so viel jünger waren, lag es im Bereich des Möglichen, dass sie ihren Mann überlebten. Einige von ihnen wurden sehr reich. Obwohl unsichtbar, waren sie doch sehr einflussreich.

Die Aufgeweckteren unter ihnen verwendeten diesen Reichtum, um die Mitgift ihrer eigenen Töchter zu erhöhen, womit sie natürlich deren Heiratschancen steigerten. Gegen Ende des 14. Jahrhunderts kam es in der Tat zu einem Phänomen, das als »Mitgiftinflation« bekannt wurde. Die Kosten für eine Heirat wie auch der zu erzielende Gewinn erreichten eine solche Höhe, dass nur *ein* Mädchen einer Familie unter die Haube gebracht beziehungsweise nur ein Sohn einer Familie durch Eheschließung eine reiche Ernte einbringen konnte. Infolgedessen gab es in der Stadt eine große Schar Unverheirateter beiderlei Geschlechts; die Männer blieben bei ihren Familien wohnen, während man die Frauen normalerweise in einem Kloster unterbrachte.

Herodot schrieb im 5. Jahrhundert v. Chr., dass die Stämme der Veneter ihre Töchter bei einer offenen Auktion versteigerten und dem Höchstbietenden überließen. Noch im 10. Jahrhundert gab es Berichten zufolge in Venedig jährliche »Heiratsmärkte«, die am Festtag des heiligen Markus, dem 25. April, abgehalten wurden, und zwar bei S. Pietro di Castello, wo die jungen Mädchen, ihre Mitgift mit sich führend, zusammenkamen. Das ist ein weiteres Beispiel für eine Tradition, die mit anderen Mitteln fortgesetzt wurde und auf diese Weise lange Bestand hatte. In einer Stadt der Märkte stellten Frauen die ultimative Ware dar. Diese Ware wurde auch deswegen gekauft, weil man damit seinen Status oder seine politische Macht erhöhte. Im Grunde handelte es sich um einen Austausch sichtbarer gegen unsichtbare Besitztümer. Wenn die frisch verheiratete Braut in feierlicher Prozession zu ihrem neuen Heim zog, dann machte man damit den Transfer öffentlich bekannt und nachvollziehbar. Er repräsentierte die freie Zirkulation von Kapital durch das Gemeinwesen. Da die wertvollen Güter leicht beschädigt werden konnten, wurden junge Mädchen oft für eine gewisse Zeit in einem Kloster »gelagert«.

An dem Tag, an dem in patrizischen Familien der Ehevertrag unterschrieben werden sollte, begab sich der Bräutigam zum Haus seines zukünftigen Schwiegervaters; wenn auch die Freunde des Bräutigams dort alle zusammengekommen waren, wurde das junge Mädchen, der Sitte entsprechend, in eine weiße Robe gekleidet und mit funkelnden Juwelen geschmückt, zweimal zum Klang von Schwegeln und Trompeten im Kreis vor ihnen herumgeführt. Danach begab sie sich nach draußen auf den Hof, wo sie von ihrer ganzen weiblichen Verwandtschaft begrüßt und dann mit einer Gondel zu allen Klöstern gebracht wurde, in denen weitere Verwandte »einsaßen«. Die Gondolieri, die sie herumruderten, mussten scharlachrote Strümpfe tragen. Hinter den Klostermauern wurde das junge Mädchen zu den Nonnen geführt, die der ganzen Angelegenheit wohl mit gemischten Gefühlen gegenüberstanden. Am frühen Morgen des Hochzeitstags begann eine kleine Kapelle vor dem Haus der Braut zu spielen, während sie sich für den feierlichen Gang zur Gemeindekirche fertig machte. Nach der Hochzeitszeremonie selbst fand ein großes Fest statt, zu dem alle Gäste Geschenke mitbrachten.

In den anderen sozialen Schichten herrschten nicht weniger strenge Hochzeitsbräuche. Der Heiratswillige musste ein Gewand aus Samt oder edlem schwarzem Tuch tragen, einen Dolch an seinem Gürtel befestigt haben und sorgfältig frisiert sowie parfümiert sein. Zuerst bekundete er seine Liebe zu seiner Braut, indem er unter deren Fenster ein Lied sang. Später unterbreitete er ihrer Familie dann eine formelle Bitte, sie heiraten zu dürfen. Wenn er für akzeptabel erachtet wurde, trafen sich die Angehörigen der beiden Familien bei einem Essen, und die beiden Parteien tauschten kleine Geschenke wie Tüchlein oder Mandelkuchen aus. In der Zeit danach folgten viele weitere Geschenke, deren Art durch Konvention festgelegt oder von Aberglauben bestimmt war. Zu Weihnachten ließ der Mann der Frau eine *confettura* aus Obst und Senfsamen zukommen, und am Tag des heiligen Markus überreichte er ihr ein Ansträußchen aus Rosen. Es wurden noch andere Geschenke ausgetauscht, einige Gegenstände waren aber tabu. Dazu zählten Kämme, die als Werkzeuge von Hexen galten, und Scheren, weil sie für »schneidende« Zungen standen. Merkwürdigerweise fielen auch Heiligenbilder unter dieses Verbot; man glaubte, dass das Überreichen von solchen Bildern nichts Gutes für die Ehe bedeutete.

Geheiratet wurde immer an einem Sonntag, da die anderen Tage aus verschiedenen Gründen als unglückbringend galten. Von der Familie der Braut wurde erwartet, dass sie die Schlafkammer des frischvermählten Paares ausstattete. Der Sitte entsprechend musste sie ein Bett aus Walnussholz, sechs Stühle, zwei Kommoden und einen Spiegel enthalten. Nur Walnuss galt als edel genug, was ein weiterer Beleg für den unerschütterlichen Konservatismus dieser Menschen ist: Kein Volk verspürt geringere Neigung zu gesellschaftlicher oder politischer Umwälzung. Daher war das Eheleben in dieser Stadt nicht unbedingt ein Vergnügen; es war eine ernste Sache, eine gesellschaftliche und familiäre Pflicht. Vielleicht liegt das dem venezianischen Sprichwort zugrunde, dass Liebe in Ehe umschlägt wie Wein in Essig.

Dass Frauen in Venedig eine relativ anonyme Existenz führten, wird durch die Seltenheit von weiblichen Porträts bestätigt. Tintoretto vollendete hundertneununddreißig Porträts von Männern und nur elf von Frauen. Wir besitzen hundertdrei Männerporträts, aber nur vierzehn Frauenporträts von Tizians Hand. Tizian sparte die Frauen auch auf Gemälden von Familiengruppen aus. Das ist nicht einfach nur auf eine patriarchalische Gesellschaft zurückzuführen. In Florenz zum Beispiel wurden Frauen oft gemalt. Das »Ausradieren« von Frauen aus öffentlichen Dokumenten – wie es Porträts ja auch sind – ist typisch venezianisch. Es hing damit zusammen, dass die Autorität eher beim Staat lag als bei Individuen. Es hatte mit der Wertschätzung von Zurückhaltung und Selbstbeherrschung zu tun, beides Tugenden, die man normalerweise als typisch männlich ansah. Das ist der Grund dafür, dass es so viele weibliche Akte gibt, aber nur selten Bilder von vollständig bekleideten Frauen. Frauen wurden als Wesen betrachtet, die dem Vergnügen der Männer und der Befriedigung ihrer Sinneslust dienten, aber kaum ernsthafter Beachtung oder Betrachtung wert waren. Die Frauen, die uns auf venezianischen Gemälden begegnen, sind daher auch fast immer anonym und vielleicht noch nicht einmal Venezianerinnen. So existieren paradoxerweise unzählige Studien der Heiligen Jungfrau, aber nur ganz wenige Darstellungen von realen Frauen. Das liefert vielleicht die Erklärung: Das Bild der Frau war ein idealisiertes und geheiligtes. Es sollte nicht durch Studien des gewöhnlichen Weiblichen, des Weiblichen, das dem Vergehen der Zeit unterworfen war, befleckt werden…

Wenn die Gemahlinnen der Kaufleute und wohlhabenderen Ladenbesitzer sich sehen ließen, dann zogen sie sofort viele Kommentare auf sich. Im späten 15. Jahrhundert meinte Pietro Casola: »Die Frauen von Venedig, vor allem jene, die am besten aussehen, tun ihr Äußerstes, um ihre Brüste zur Schau zu stellen. […] Wenn man sie sieht, ist man erstaunt, dass ihnen die Kleider nicht vom Rücken rutschen.« Ihm entging auch nicht, dass sie »keine List ungenutzt lassen, um ihr Aussehen zu verbessern«. 1597 beschrieb Fynes Morrison sie als »groß mithilfe von Holz, üppig mithilfe von Tüchern, rot mithilfe von Farbe und weiß mithilfe von Kreide«. Mit »Holz« waren die Plateausohlen unter ihren Schuhen, die *cioppini*, gemeint. In einer unnatürlichen Stadt waren sie also der Inbegriff von Unnatürlichkeit. In der Stadt des Handels war das Sichwandeln der Mode wichtig, weil es den Konsum förderte. Dort änderte sich die Mode, was weibliche Kleidung und alle möglichen Accessoires betraf, schneller als anderswo in Italien.

Für viele Reisende stellte Venedig ein einziges riesiges Bordell unter freiem Himmel dar; es war, wie einer es formulierte, die »Fleischbank Europas«. Sogar Boccaccio erklärte in seinem *Decamerone*, in dem es ja recht heftig zur Sache geht, die Stadt sei »ein niedres Gefäß für alle Arten von Verderbtheit«. Roger Ascham meinte zwei Jahrhunderte später, von so viel sündigem Treiben, wie er in Venedig in neun Tagen miterlebte, habe er »in unserer noblen Stadt London in neun Jahren nicht gehört«. Es heißt, dass die jungen Herrn, die auf ihrer Grand Tour auch in Venedig haltmachten, unweigerlich mit der Syphilis beschenkt in die Heimat zurückkehrten, um sie an ihre zukünftigen Frauen und Kinder weiterzugeben. Venedig hatte keine berühmten Liebenden aufzuweisen, nur berühmte Wüstlinge und Kurtisanen.

»Was deine Augen anbetrifft, schließe sie und wende sie ab von diesen venezianischen Buhlerinnen; denn deine Augen sind die beiden Luken, durch die ihr verführerischer Liebreiz zu deinem Herzen dringt.«

Thomas Coryat

Im frühen 17. Jahrhundert schätzte Thomas Coryat die Zahl der venezianischen Kurtisanen auf zwanzigtausend, »von denen viele für so liederlich gehalten werden, dass sie ihren Köcher für jeden Pfeil öffnen«. Das klingt nach einem Moralisten, der die Zahl dieser Damen in seiner Empörung viel zu hoch einschätzt, möglicherweise hat er aber recht, denn ein Jahrhundert zuvor gab ein venezianischer Chronist, Marino Sanudo, an, dass 11 654 Prostituierte in der Stadt ihrem Gewerbe nachgingen. In hundert Jahren kann vieles geschehen, vor allem in einer Stadt, die immer berüchtigter für ihre Freizügigkeit wurde. Man muss die von Sanudo genannte Zahl auch im Zusammenhang mit der Gesamtbevölkerung von einhunderttausend im frühen 16. Jahrhundert sehen. Wenn man seinen Angaben Glauben schenken kann, dann war jede fünfte Venezianerin eine Prostituierte. Es hieß, dass die Männer der Stadt lieber mit Prostituierten verkehrten als mit ihren Ehefrauen. Eine Erklärung dafür, dass sie tatsächlich überall anzutreffen waren, mag auch darin liegen, dass es einen großen Anteil an unverheirateten Patriziern gab. Unzucht zu treiben, wusste Fynes Morrison im späten 16. Jahrhundert zu berichten, wurde »als geringe Sünde eingeschätzt und von Beichtvätern großzügig vergeben«. Der heilige Nikolaus war der Schutzpatron sowohl der Seeleute als auch der Prostituierten, und Erstere wie Letztere waren in einem Gewerbe tätig, auf das Venedig nicht verzichten konnte.

Es gab bestimmte Zonen und Stätten, die vorwiegend sexuellen Vergnügungen vorbehalten waren. In dreißig bis vierzig Straßen existierten Bordelle, eine besonders reiche Auswahl hatte man in dem als Castelletto bekannten Viertel. In einem Haus gingen dreizehn Prostituierte ihrem Gewerbe nach. Hauptzentrum bildete vom 15. Jahrhundert an der Campo S. Cassiano, als Carampane bekannt, der nicht weit von den Schänken und Herbergen am Rialto entfernt lag. Der Markusplatz selbst wurde von venezianischen Müttern als Fleischmarkt zweckentfremdet; »jede Mutter«, berichtete ein französischer Reisender des 17. Jahrhunderts, »die willens ist, ihre Tochter loszuwerden, trägt sie jeden Tag dorthin wie zu einem Markt [...] und man ist auch nicht dazu verpflichtet, die Katze im Sack zu kaufen, denn man kann sie nach Herzenslust begrapschen«. In Casanovas Memoiren findet sich ein Bericht über eine solche Transaktion. Casanova lernte im Kaffeehaus eine Mutter und ihre Tochter kennen, und als die Ältere bemerkte, wonach ihm der Sinn stand, forderte sie Geld von ihm, denn ihre Tochter solle nicht ihre Jungfräulichkeit verlieren, »ohne daraus einen guten Gewinn zu ziehen«. Casanova bot zehn Zechinen für ihre Entjungferung, bestand aber darauf, sich zuvor zu vergewissern, dass er nicht hinters Licht geführt wurde. Und das tat er dann auf seine unnachahmliche Art auch. Für Venedig scheint das eine beinahe alltägliche Geschichte gewesen zu sein.

Einer der berühmtesten Söhne der Stadt: Giacomo Girolamo Casanova (1725 bis 1798), der vielen als Lebemann und Frauenheld par excellence *gilt. Im Laufe seines abenteuerlichen Lebens bereiste Casanova viele europäische Länder. Er beschloss sein Leben als Bibliothekar auf Schloss Dux in Böhmen. Das Porträt zeigt ihn im Alter von ungefähr dreißig Jahren.*

Die vornehme oder auch »ehrbare« Kurtisane war eine Spezialität der Stadt. Sie hatte nichts mit der gewöhnlichen Dirne oder *meretrice* gemein und galt als »freie« Frau, als kultiviert und gebildet. Coryat, der zu einer Art Experte für den Handel mit Frauenfleisch geworden war, warnte vor der Begegnung mit einer solchen Dame: »[Es] werden dir bald die Sinne vergehen, und deine Vernunft wird sich im Handumdrehen in Leidenschaft verwandeln. Denn sie wird wie eine zweite Kleopatra vor dir erscheinen, mit vielen Ketten aus Gold und morgenländischen Perlen geschmückt, goldenen, mit Diamanten und wunderschönen Edelsteinen besetzten Ringen an den Fingern und wertvollen Juwelen in den Ohrläppchen.« Er empfahl dem Reisenden, ein Kraut namens Moly, auch »Odysseus' Kraut« genannt, mit sich zu führen, eine Art Knoblauch, das ein »Gegengift gegen den Kitzel der Wollust« sei. Die Attraktionen einer solchen Kurtisane waren aber nicht rein fleischlicher Natur. Sie vermochte geistreiche Gespräche zu führen, konnte sich durchaus einen intellektuellen Schlagabtausch mit jemandem liefern und kannte sich mit Dichtung aus. Man sah sie als Verkörperung des Renaissanceideals an: Sie besaß Sinnlichkeit, die sie in den *Salon* führte, ihr womöglich sogar zu Erhabenheit verhalf. Sie wurde auch zur Verkörperung eines neuen Frauentyps und einer neuen Form weiblichen Bewusstseins. Die Kurtisanen Venedigs waren bedeutende Erscheinungen, die eine gesellschaftliche und sogar intellektuelle Vorrangstellung erlangten, von der andere Frauen nicht einmal träumen konnten. Das ist der Grund dafür, dass sie in ganz Europa bekannt – oder berüchtigt – waren. Wenn Venedig wirklich eine weibliche Stadt ist, dann wird sie am besten von diesen Kurtisanen repräsentiert.

Sexualität fand auch Eingang in die Malerateliers. Der Status der namenlosen Frauen auf venezianischen Gemälden ist ungewiss – man muss aber wohl davon ausgehen, dass es sich bei den Nackten Tizians zum Beispiel in der Tat um Kurtisanen handelte. Darstellungen der reuigen Dirne Maria Magdalena sind womöglich auch nach lebenden Vorbildern geschaffen. Der Botschafter Ferraras in Venedig informierte seinen Landesherrn in einem Brief: »Ich argwöhne, dass die Mädchen, welche er so oft in verschiedenen Posen malte, seine Gelüste wecken, die er dann ausgiebiger befriedigt als seine begrenzte Kraft erlaubt.«

Die Stadt stellte einen Markt für eine bunte Warenvielfalt dar, warum sollte in ihr also nicht auch mit dem menschlichen Körper gehandelt werden? Man musste genau sehen können, was man für sein Geld bekam. »Im Kerzenschein«, lautete ein venezianisches Sprichwort, »beurteilt man weder Frauen noch Gemälde.« Ein in der Nähe der Nase aufgeklebtes Schönheitspflästerchen signalisierte Unersättlichkeit; wenn es in dem Grübchen im Kinn angebracht war, wies es auf eine Abenteurerin hin.

Die Padoana, zu der wir gingen, hatte ein hübsches, ja sogar schönes Gesicht, jedoch von einer Schönheit, die mir nicht gefiel. Dominico ließ mich bei ihr. Ich ließ Sorbet kommen, hieß sie mir etwas vorsingen, und nach Verlauf einer halben Stunde schickte ich mich an, wieder fortzugehen, wobei ich einen Dukaten auf den Tisch niederlegte; aber sie hatte die sonderbare Bedenklichkeit, ihn nicht annehmen zu wollen, da sie ihn nicht verdient hatte, und ich die sonderbare Torheit, ihre Bedenklichkeit zu beheben.

Jean-Jacques Rousseau

Der Staat selbst tolerierte das freizügige sexuelle Treiben, ja, er förderte es sogar. Die Prostituierten der Stadt waren in einer eigenen Zunft organisiert und gingen ihrem Gewerbe unter den wachsamen Augen des Amtes für öffentliche Gesundheit nach. Die Gründe für diese Duldung hatten mehr mit Geld als etwa mit einer liberalen Einstellung in Sachen Moral zu tun. Die Steuerabgaben, die die Prostituierten zu entrichten hatten, sollen so hoch gewesen sein, dass man damit den Bau von zwölf Kriegsschiffen zum Schutz der Stadt hätte finanzieren können. Die Prostituierten belebten zudem das, was man heute Tourismus nennen würde. Ihre Freier gaben auch Geld für andere Dinge aus, so dass sie die allgemeine Prosperität förderten. Und die Frauen trugen dazu bei, die berühmte »Freiheit« Venedigs unter Beweis zu stellen. Sie wurden Teil des Mythos Venedig. Wenn Othello zu Desdemona sagt: »Ich nahm Euch für die Dirne von Venedig, die den Othello freite«, dann wird jeder im Publikum diese Anspielung verstanden haben.

Es waren aber noch andere gesellschaftliche Kräfte am Werk. Man behauptete, die Existenz von Prostituierten bedeute, dass die respektableren Frauen sicherer seien und »reiner« blieben. Es wurde auch suggeriert, die ständige Verfügbarkeit von Frauen erleichtere es der Obrigkeit, für Ruhe und Ordnung in den unteren gesellschaftlichen Schichten zu sorgen. Außerdem wurden diese Frauen als wirksames Mittel zur Bekämpfung von Homosexualität angesehen. Im 15. Jahrhundert erhielten die Prostituierten der Stadt in einer Periode

»sodomitischer«, sprich homosexueller Ausschweifungen die Anweisung, ihre Brüste zu entblößen, wenn sie sich aus dem Fenster lehnten. Einige von ihnen zogen es aber vor, sich als junge Männer zurechtzumachen.

Die Stadt war daher auch als Zentrum der Homosexualität und homosexueller Prostitution bekannt. Von vielen wurde gleichgeschlechtliche Liebe als »orientalisches« Laster angesehen, und natürlich war Venedig stark von der Kultur des Ostens beeinflusst. Man glaubte, die männlichen Venezianer seien, wie ein Kritiker im 18. Jahrhundert es formulierte, »von der Sanftheit der italienischen Musik verweichlicht und verweiblicht«. Man sah die in Venedig herrschende Friedfertigkeit und Üppigkeit als »entkräftend« an. Eine Rolle spielte aber auch der uneindeutige Status der Stadt, ihre mangelnde Fixierung, zum Land und zum Wasser gehörend, Teil des italienischen Festlands und gleichzeitig an der äußersten Grenze gelegen. Jeder schwache, feinnervige Mensch konnte hierzu angeregt oder angereizt werden, die normalen Grenzen zu überschreiten. Die in Venedig verbreitete Knabenliebe findet einen Reflex in Thomas Manns Erzählung *Tod in Venedig*, in der der ältliche Gustav Aschenbach vom Anblick Tadzios in den Tod gelockt wird. Mann gelingt es in diesem Text, das Sinnliche der Stadt aufs Trefflichste einzufangen: »Das war Venedig, die schmeichlerische und verdächtige Schöne, diese Stadt, halb Märchen, halb Fremdenfalle, in deren fauliger Luft einst Kunst schwelgerisch aufwucherte und welche den Musikern Klänge eingab, die wiegen und buhlerisch einlullen. Dem Abenteuernden war es, als tränke sein Auge dergleichen Üppigkeit, als würde sein Ohr von solchen Melodien umworben; er erinnerte sich auch, daß die Stadt krank sei und es aus Gewinnsucht verheimliche, und er spähte ungezügelter aus nach der voranschwebenden Gondel.«

Venedig hat einen starken Reiz für alle, die sexuell nicht eindeutig oder auf das gleiche Geschlecht fixiert sind: Proust, James, Frederick Rolfe alias »Baron Corvo«, Diaghilew und viele andere. Wie der französische Schriftsteller Paul Morand es in seinem *Venises* ausdrückte: »In Venedig war Homosexualität nicht mehr als die subtilste der Schönen Künste.« Im 14. und 15. Jahrhundert stellte sie aber die gefürchtetste und am strengsten bestrafte aller sexuellen Aberrationen dar. Man zog über die Läden von Apothekern und Pastetenbäckern als den Zentren dieser verbrecherischen perversen Aktivitäten her; die Säulengänge bestimmter Kirchen und die *palestre*, in denen Gymnastik betrieben wurde, galten auch als gefährlich. Venedig war, davon abgesehen, voller finsterer Durchgänge, in denen Sodom wiederauferstehen konnte. Man glaubte, dass Homosexualität die Stadt »verschlingen« und in den Abgrund ziehen könne. Sie galt als widernatürlich und gegen das Naturgesetz verstoßend – aber traf das nicht auf Venedig selbst zu?

Im 18. und 19. Jahrhundert wurde die Stadt als Hure charakterisiert. Sie war für ihre offenkundige »Dekadenz« bekannt und ebenso für ihre Gier nach Geld. Die Königin des Meeres sank in den Augen vieler zur »Hure der Adria« herab, genauso wie man Byzanz früher einmal als »Hure vom Bosporus« verhöhnt hatte. An Städten, in denen man dem Luxus und der Sinneslust frönt, scheint etwas zutiefst Beunruhigendes zu sein. Im 16. Jahrhundert gab es in London ein Bordell, das einfach nur unter dem Namen »Venice« bekannt war. Die Stadt war eine heruntergekommene Hure, die ihren goldenen Tand zur Schau stellte. Der italienische Futurist Marinetti bezeichnete sie zu Beginn des 20. Jahrhunderts als »von exotischer Lüsternheit durchdrungen«. Der englische Dichter Rupert Brooke stellt sie als »aufgedonnerte und wollüstige« Person »mittleren Alters« dar. Vielleicht war das unvermeidlich. Ein Ort, der ständig kundtut, eine geheiligte Stätte, die Stadt der Jungfrau Maria zu sein, muss zwangsläufig desillusionieren und Schimpf und Schande auf sich ziehen. Der Ruf der Stadt hat sich seitdem wieder gebessert. Oder wird es als herabset-

Eine Hure liegt zu meiner Rechten,
Denn am besten reim ich in den Nächten,
Wenn mein Gänsekiel etwas zum Tunken hat.

Lord Byron

zend angesehen, dass Venedig zu einer Museumsstadt geworden ist? Es gibt keinerlei Hinweis darauf.

Dass allenthalben Prostitution betrieben und dies akzeptiert wurde, führte zu einem Wandel in der öffentlichen Moral. Im späten 16. und frühen 17. Jahrhundert hatte sich eindeutig eine Kultur größerer Toleranz ausgebildet. Als die »ehrbaren« Frauen so tief ausgeschnittene Kleider zu tragen begannen, dass ihre Brüste praktisch unbedeckt waren, ahmten sie möglicherweise ihre leichtfertigen, weniger sittenstrengen Geschlechtsgenossinnen nach. Die Disziplin, die so wichtig für das Überleben Venedigs gewesen war, hatte nachgelassen.

Die italienische Einrichtung des cicisbeo *– (manchmal der Liebhaber, manchmal der Gigolo, manchmal nur der Begleiter einer verheirateten Frau) – wurde in Venedig wenn nicht erfunden, so doch vervollkommnet.*

Mary McCarthy

Vor allem in Patrizierkreisen trat jetzt der Galan oder »Hausfreund« auf den Plan, der *cicisbeo*. Er wurde der engste und intimste Partner der verheirateten Frauen; er und nicht der Gemahl eskortierte sie zu Festivitäten oder saß in der Opernloge neben ihr. Er speiste und reiste mit ihr. Er wurde zu ihrem ergebenen Diener. Vom Patriziergatten bekam er dafür keine Vorwürfe zu hören. Im Gegenteil: Dieser ermutigte seine Gemahlin zu einer solchen Liaison, denn eine Frau, die keinen Galan hatte, büßte an Prestige ein. In bestimmten Heiratsverträgen wurde daher sogar die Mitanwesenheit eines *cicisbeo* im ehelichen Heim zur Bedingung. Die Beziehung zwischen ihm und der Hausherrin muss nicht unbedingt einen sexuellen Charakter gehabt haben. Es ist durchaus möglich, dass die Mehrzahl dieser Hausfreunde homosexuell war. Ihre Existenz zeigte aber an, dass die Wünsche und Bedürfnisse der Frauen nicht völlig ignoriert wurden.

Die Sinnlichkeit der venezianischen Frau gab den Stoff für die Erzählungen vieler Reisender ab. Byron schrieb: »Die Frauen *küssen* besser als die aller anderen Völker, was allbekannt ist und auf die Verehrung von Bildern und die sich dadurch früh ausbildende Gewohnheit des Mit-den-Lippen-Berührens zurückgeführt wird.« Katholische Frömmigkeit wird also mit Lasterhaftigkeit in Zusammenhang gebracht. Und dass beides tatsächlich Hand in Hand gehen konnte, davon zeugen am deutlichsten die vielen Nonnen, die es in der Stadt gab.

1581 lebten in Venedig zweieinhalbtausend Nonnen; über die Jahrhunderte hinweg erhöhte und verringerte sich ihre Zahl immer wieder leicht, doch blieb der Anteil der Klosterschwestern an der Gesamtbevölkerung stets ungefähr gleich hoch. Ein Jahrhundert später zum Beispiel gab es dreitausend Nonnen, die in dreiunddreißig Klöstern in der Stadt und weiteren siebzehn im Gebiet der Lagune verteilt lebten. Einer der Gründe für die Existenz so vieler dieser Gestalten mit verhüllten und geneigten Häuptern, war die Gewohnheit patrizischer Familien, ihre unverheirateten Töchter wegzusperren. Mehr als fünfzig Prozent der Frauen aus solchen Familien endeten in einem Kloster. Rein theoretisch repräsentierten sie die Reinheit und Unkorrumpierbarkeit der herrschenden Klasse. Der äußere Schein trog jedoch. Eine dieser Klosterschwestern, eine gewisse Arcangela Tarabotti, schrieb im 17. Jahrhundert, dass Nonnen der »Staatsräson« wegen erschaffen wurden; zu viele Mitgiften hätten mit anderen Worten die herrschende Klasse in die Armut getrieben. Die jungen Frauen wurden um des Geldes willen geopfert. Ihre zwangsweise Absonderung erhöhte aber auch den finanziellen Status der anderen, der heiratsfähigen Frauen. Der Marienkult, die Verehrung der Jungfrau, »sakralisierte« das, was im Grunde eine kommerzielle Strategie war, mit der die herrschende Klasse ihren exklusiven Status erhalten wollte. Religion stellte eine gute Investition dar. Zu Beginn des Jahres 1580 erklärte der Senat, dass die Nonnen der Republik »in jenen heiligen Stätten so sicher verwahrt seien wie in einem Tresor«.

Auf jeden Fall ist an dieser Erschaffung von kleinen Gefängnissen – oder kleinen Inseln – voll von unverheirateten Frauen mitten in der Stadt etwas typisch Venezianisches. In der Lagunenstadt war die ideale Form des Lebens das in erzwungener Gemeinschaftlichkeit. Das Klosterleben war nach dem Vorbild des Staates, seiner Verfassung, organisiert; die Autorität lag bei verschiedenen regierenden Personen, wie der Äbtissin und einer Gruppe von Ältesten oder »beratenden Müttern«. Wie die Dogen wurden auch die Äbtissinnen gewählt. Alter und Geld wurden verehrt. In einem Kloster findet sich an einer Wand der fromme Spruch: »Hoffnung und Liebe halten uns in diesem angenehmen Gefängnis.« Das hätte das Motto aller Venezianer sein können.

Die Biographien der frömmeren unter den Nonnen fanden Eingang in die Annalen der Stadt. In zeitgenössischen Zeugnissen, wie sie in solchen erbaulichen Werken wie *Die Nekrologie des Corpus Domini* versammelt sind, wird viel von gottgefälligen Leben – und Toden – berichtet; es wird von »reinen Jungfrauen« und »allerreinsten Jungfrauen« erzählt, deren Ableben von Visionen und Wundern begleitet war. Jungfräulichkeit war eine Obsession der Venezianer. Das Verlangen, das die Nonnen auf dem Totenbett immer wieder äußerten, war, endlich aus »diesem Gefängnis befreit« zu werden. Natürlich war mit dem Gefängnis die irdische Existenz gemeint, doch muss dieser Wunsch in Venedig mit besonderer Innigkeit vorgebracht worden sein.

Was andere Nonnen betraf, so hatte sich bei ihnen die Aura von Jungfräulichkeit schon lange verflüchtigt. Einige von ihnen waren in der Tat nebenher als Prostituierte oder Kurtisanen tätig. Ein englischer Reisender berichtete Mitte des 18. Jahrhunderts, dass die Klöster dieser Nonnen »hell sind, die Salons sehr geräumig und zugänglich. Die Miene der Damen ist fröhlich, ihre Gesichtsfarbe frisch, und sie legen eine große Freiheit in ihrem Verhalten und Reden an den Tag. [...] Ich brauche wohl nicht eigens auszuführen, was man über die Freiheit der venezianischen Nonnen in Bezug auf andere, gewichtigere Dinge sagt«. Als im Sommer 1514 Polizisten ausgeschickt wurden, um das Kloster S. Zaccaria zu schließen, schleuderten die Insassinnen von den Mauern Steine auf sie herab, so dass die Ordnungshüter zum Rückzug gezwungen waren. Es gab Berichte über Faustkämpfe zwischen den Schwestern. Eine Äbtissin und eine Nonne lieferten sich ein Duell mit Messern um die Gunst – sprich die sexuelle Zuwendung – eines Mannes. Zuweilen verkleideten Nonnen sich während des Karnevals als Männer. Eine war dafür bekannt, zehn Liebhaber zu haben. Mit einem besonderen päpstlichen Dispens – der aber nicht wenig kostete – ausgestattet, war es den Glücklicheren unter ihnen möglich, wochen- oder sogar monatelang »auf Urlaub« zu gehen. Vor den Toren eines Klosters wurden Schilder aufgestellt, die den Eintretenden »Spiele jeglicher Art, Lärmen, unbändiges Verhalten, Verwenden von obszönen Wörtern, Begehen unzüchtiger Akte, Verunreinigen des Geländes« untersagten. Doch was konnte man von »Nonnen«, die zumeist gegen ihren Willen hinter Klostermauern festgehalten wurden, erwarten? Sie waren von Ressentiments und Neid auf ihre glücklicheren Geschlechtsgenossinnen erfüllt. Arcangela Tarabotti behauptete, venezianische Klöster stellten »ein Theater dar, in welchem die finstersten Tragödien aufgeführt werden, [...] alles ist leeres Gehabe, und der Blickwinkel sowie Dämmer trügen das Auge«. Es ist bemerkenswert, wie alle Formen venezianischen Lebens irgendwann einmal im Lauf der Zeit als »Theater« verunglimpft oder verherrlicht wurden.

Ein Chronist der ersten Jahre des 16. Jahrhunderts, Girolamo Priuli, geißelte die Nonnen als »öffentliche Prostituierte« und die Klöster als »öffentliche Hurenhäuser«. Fünfzehn oder mehr von ihnen seien nichts anderes als ein *bordello*. Das war ein verbreitetes Thema. 1497 erklärte ein Franziskaner in seiner Predigt im Markusdom: »Wann immer ein ausländischer Herr in diese Stadt kommt, führen sie ihn zu den Frauenklöstern, die aber in Wirklichkeit keine solchen sind, sondern Bordelle und öffentliche Hurenhäuser.« Dass dies von der Kanzel herab verkündet wurde, zeigt, dass es sich tatsächlich um eine allgemein bekannte Tatsache handelte. Die Schwestern des Konvertitenklosters empfingen Mitte des 16. Jahrhunderts Herren in ihren Zellen; ihr Beichtvater war gleichzeitig ihr Zuhälter. Die Freier verkleideten sich oft als Nonnen, um der Entdeckung zu entgehen. In seinen Memoiren berichtet Casanova, dass man ihm die Äbtissin des Klosters der Jungfrau für hundert Zechinen anbot.

In der Vorstellung der Allgemeinheit scheint es eine tiefe Übereinstimung zwischen Nonnen und Prostituierten gegeben zu haben. Bestimmte Bordelle waren nach dem Vorbild der Klöster organisiert. Die »Madame« wurde Äbtissin genannt, und die Frauen redeten sich mit »Schwester« an. Außerdem waren ihnen genau so strenge Verhaltensregeln auferlegt wie ihren Geschlechtsgenossinnen, die den Schleier genommen hatten. Es war bekannt, dass Prostituierte sich in die Klöster begaben, um ganz offen mit den Nonnen zu reden. Zwischen ihnen herrschte eine Art Kameraderie, die vielleicht auf dem ihnen gemeinsamen merkwürdigen Status innerhalb der venezianischen Gesellschaft gründete. Sowohl Nonnen als auch Dirnen wurden nicht »unterhalten« – sie besaßen keine Ehemänner oder eigenen Familien. Vielleicht könnte man sie mit den Tempelhuren vergleichen, wie es sie in der Antike häufig gab. In der Neuzeit war Venedig die ihnen angemessene Heimstatt.

29

Was soll man essen?

Es gilt allgemein als zutreffend, dass das Essen in Venedig nicht von derselben hohen Qualität ist und war wie andernorts in Italien. »Die Venezianer sind miserable Köche«, schrieb eine Engländerin 1771. Jan Morris, einer der scharfsichtigsten Beobachter venezianischen Lebens, meinte zwei Jahrhunderte später, die »venezianische Küche ist durchschnittlich«. Zumindest ist sie nicht abwechslungsreich, das heißt, sie bietet keine große Auswahl an Gerichten. Das mag aber auf allen kleinen Inseln so sein. Auch Korsika und Malta beispielsweise sind für die Dürftigkeit des Speisezettels bekannt.

Während die Qualität des Essens nicht die beste ist, konnte man an der Quantität, in der es zur Verfügung stand, nie etwas aussetzen. Reisenden fiel immer schon die Fülle an Brot, Obst, Gemüse und Fisch auf, die auf den Märkten zu haben war. Thomas Coryat konstatierte im frühen 17. Jahrhundert voller Befriedigung, dass in Venedig ein großer »Reichtum und Überfluß an Dingen vorzufinden [war], die zum Unterhalt der Lebens notwendig sind«. Er beschrieb dann die Marktstände, die von »Trauben, Birnen, Äpfeln, Pflaumen und Aprikosen [...] und drei Sorten von Feigen« überquollen. Venezianische Maler wie Veronese und Tintoretto haben ungewöhnlich üppige Festessen auf Leinwand festgehalten. Und im Werkkanon der Künstler Venedigs kommen unzählige Darstellungen des Letzten Abendmahls vor. Allein Tintoretto nahm es sechsmal zum Thema eines seiner Bilder. Auf solchen Gemälden haben wir in idealisierter Form das vor uns, was Coryat »Unterhalt des Lebens« nannte. Mit derartigen Darstellungen von Schwelgereien wird auch der Triumph des Handels und Kommerzes ins Bild gesetzt. Man könnte auch vom Triumph des Imperiums sprechen, da die Kolonien Venedigs dazu verpflichtet waren, ihre »Mutter« mit Lebensmitteln zu versorgen. In einer von Zurschaustellung und den Verlockungen des Marktes besessenen Stadt spielte sogar die Farbe von Essen eine Rolle. Austern wurden vergoldet. Safran war in der Küche genauso unentbehrlich wie als Pigment im Maleratelier.

Doch war nichts alles so prächtig, wie es schien. Ein Beobachter des 15. Jahrhunderts, der Kanonikus Casola bemerkte, dass es zwar sehr viel Fisch in Venedig gebe, er aber nie einen schönen zu Gesicht oder einen guten vorgesetzt bekommen habe. Natürlich wimmelte es überall von Fischen, doch die aus den Kanälen wurden nicht verzehrt. Das wäre so gewesen, als ob man Ratten äße.

Die alten Fischbratereien wirst du [...] nicht mehr finden. Der fritolin *ließ unsagbare Düfte in die Gassen verströmen, er verkaufte Makrelen, Aal, Sardinen, kleine Tintenfische, Calamari,* schie *(eine Art Meereskrabben). Die Papiertüten saugten sich mit dem Öl voll; dazu gab es riesige Scheiben weißer oder gelber Polenta – das war der übliche Imbiß, ein Happen Cholesterin nach dem Kino am Nachmittag oder einem Fußballmatch.*

Tiziano Scarpa

Die Venezianer galten in jedem Fall als recht anspruchsloser Menschenschlag, den man mit einfacher Kost leicht zufriedenstellen konnte. Im 19. Jahrhundert lautete eine typische Einladung zum Essen: *Venga a mangiar quattro risi con me* (Kommen Sie, und essen Sie vier Reiskörnchen mit mir). Sie stopften sich jedenfalls nie voll und waren selten, wenn überhaupt, durch zu viel Alkohol außer Gefecht gesetzt. Diese Mäßigung hatte nicht nur gesundheitliche Gründe, sondern auch soziale: Sich zu betrinken bedeutete, die ganze Republik zu blamieren. Während in London oder Paris Trunkenheit gewissermaßen als eine unausweichliche Begleiterscheinung des Lebens galt und einem keine Schande bereitete, übte die so eng miteinander verschweißte Gemeinde von Venedig scharfe Kontrolle über die Gelüste der Bürger aus.

Die typische Kost der Patrizier blieb über die Jahrhunderte hinweg kräftig, aber eintönig; sie bestand aus Fleisch und Gemüse wie Kohl oder Rüben sowie Obst und Käse. Die Patrizier hatten aber auch eine Vorliebe für Schokolade und Eis; beides fiel wohl in die Kategorie der Luxusgüter, auf deren Herstellung die Stadt sich ja spezialisiert hatte. Die Patrizier der Stadt waren auch die ersten Menschen auf der Welt, die bei Tisch Gabeln und gläserne Gefäße benutzten. Die Saucen waren häufig süß und klebrig, doch griff man zum Würzen auch gerne zu Essig und anderen eher pikanten Ingredienzien. Es scheint stimmig, dass die Venezianer in ganz Europa ein Monopol auf den Handel mit Salz und Zucker hatten.

Die Bevölkerung war mit Zirkusspielen reichlich versorgt, aber man musste ihr auch Brot geben. Das war ein Mittel, um Unruhe vorzubeugen, denn, um ein venezianisches Sprichwort zu zitieren: »Wenn man den Mund voll hat, kann man nicht Nein sagen.« In vielen Haushalten gab es eigene Öfen zum Brotbacken. Die Regierung ließ große Vorräte von Hirse anlegen für den Fall, dass einmal eine Nahrungsmittelknappheit eintreten sollte. Hirse erfreute sich aber keiner großen Beliebtheit; ihr Hauptvorzug lag darin, dass sie sehr lange gelagert werden konnte. 1539 wurde auf der *terra firma* erstmals Mais angebaut – mit großem Erfolg. Fynes Morrison zufolge verbrauchten »die Venezianer viel Brot und Öl, und sogar die Lastträger essen allerfeinstes weißes Brot. [...] Ich kann mich nicht erinnern, jemals braunes Brot gesehen zu haben«. Nur in Bezug auf Brot und Wein können die Venezianer als Connaisseurs gelten. Weißes Brot galt als lebensnotwendig.

Es gab aber auch Nahrungsmittel für die Armen wie *polenta*, die aus hellem Maismehl und Wasser zubereitet wurde. Es war – und ist immer noch – eine fade, wenig appetitanregende Speise. Reis wurde in den 1470er Jahren eingeführt, so dass wohl in jener Zeit das erste *risotto* auf den Tisch kam. Wenn die Glocke läutete, die die Arbeiter zum Mittagsmahl rief, dann war deren Tisch für gewöhnlich mit Fisch, Brot und Früchten gedeckt; nur hin und wieder gab es auch Schweinefleisch oder Geflügel. Kürbisse und Melonen wurden scheibenweise verkauft. Die arbeitende Bevölkerung aß Obst und Gemüse gerne roh, was die kultivierteren Venezianer verabscheuten: Sie glaubten, alles Ungekochte sei schädlich für die Gesundheit. In den venezianischen Besitzungen auf dem Festland waren Bohnen und Gerste die typischen Nahrungsmit-

tel der Armen. Es hieß, dass eine solche Ernährung dafür bürgte, dass sie schwach und daher gefügig blieben.

Ein venezianisches Sprichwort besagte, dass Gott demjenigen, der nicht gerne Wein trinke, das Wasser wegnehmen werde. Während der gesamten Geschichte der Stadt war dort eine Vielfalt unterschiedlicher Weine zu haben; vom 16. Jahrhundert an kam eine große Menge davon allerdings aus den Kolonien auf Kreta und Zypern. Ausländische Besucher taten jedoch den venezianischen Wein generell als von minderer Qualität ab; einer von ihnen meinte sogar, er schmecke wie Essig, den man mit Wasser verdünnt habe. Das kann man dem »Champagner« Venedigs, dem Prosecco, nicht nachsagen, der aus in der Venetoregion angebauten weißen Trauben gekeltert wird. Venezianer gaben – und geben – sich mit einem kleinen Glas Weiß- oder Rotwein zufrieden; zwischendurch ein solches Gläschen, *ombra* genannt, zu sich zu nehmen, ist eine uralte Sitte, und meist isst man ein Stückchen Käse oder ein paar grüne Oliven dazu. Der Name, der »Schatten« bedeutet, geht auf das späte 14. Jahrhundert zurück, als die Weinverkäufer auf dem Markusplatz ihre Stände aus der prallen Sonne in den Schatten des Campanile rückten. Auf diese Weise wollte man mehr Kundschaft anziehen.

Ein Aquarell aus dem 18. Jahrhundert, das einen venezianischen Nobile in einem Kaffeehaus zeigt. Als dieses Bild entstand, gab es schon schätzungsweise zweihundert solcher Etablissements in der Stadt, von denen ungefähr fünfunddreißig am Markusplatz oder in seiner unmittelbaren Nähe lagen. Carlo Goldoni hat dieser Institution mit seinem Lustspiel La bottega del caffé *von 1750 ein literarisches Denkmal gesetzt.*

Venedig ist immer bekannter für seine Kaffeehäuser gewesen als für seine Speiselokale. Im 18. Jahrhundert gab es an die zweihundert von ihnen, wobei fünfunddreißig auf dem Markusplatz selbst zu finden waren. Venedig war in der Tat eine der ersten Städte, in denen Kaffee sich als Getränk durchsetzte; man übernahm ihn von den Türken in Konstantinopel. Die Patrizierdamen besaßen bald ebenso ihr Lieblingscafé wie ihre Gatten; Regierungsbeamte bevorzugten ein anderes Etablissement, und genau wie in London hatten die Angehörigen aller diversen Gewerbe ihr Stammcafé. Das berühmteste von allen, das »Florian«, wurde 1720 unter dem Namen »Venezia trionfante« eröffnet und ist seitdem ein beliebter Treffpunkt für Venezianer wie für ausländische Besucher gewesen. Die Venezianer schienen Gäste lieber außerhalb der eigenen vier Wände zu bewirten, mit einer Tasse Kaffee oder Schokolade, einem Glas Limonade oder Saft. Man konnte aber auch in Barbierstuben und Bücherläden Platz nehmen und etwas zu sich nehmen; die Läden von Apothekern waren ebenfalls beliebt, um Neuigkeiten und Klatsch auszutauschen.

Der Cognac war wässrig, und der Kaffee, den Oberst Hölzl dazu bestellt hatte, kalt. [...] Der einzige andere Gast war ein kränklich aussehender Einheimischer, der ein sguaseto, *eine scharf gewürzte, aus Fleischabfällen bestehende Brühe löffelte und damit beschäftigt war, Knorpel und Knochensplitter aus der Suppe zu fischen. Der konnte es sich nicht leisten, den Blick von seinem Löffel zu heben. Ein kleiner Fehler, und er wäre tot.*

Nicolas Remin

Es gab Tavernen und Weinstuben oder *malvasie* für die *nobili* und die Kaufleute, für Gondolieri und Arbeiter. An den Vormittagen traf man dort diejenigen an, die nur rasch ein Gläschen Wein trinken wollten; abends nahmen die Ärmeren dort eine Mahlzeit ein. Sie dienten aber manchmal auch als Pfandleihen oder Spielhöllen. Wann immer sich auch nur ein paar Leute versammelten, wurde der Argwohn der Obrigkeit wach, die fürchtete, dass Umsturzpläne geschmiedet werden könnten. Deswegen wurden Spione in die bekannteren Tavernen und Herbergen wie den »Schwarzen Adler« und den »Weißen Löwen« eingeschleust. Der Senat verabschiedete auch ein Gesetz, mit dem man die Größe solcher Etablissements begrenzte. Infolgedessen gab es viele, in denen lediglich fünf oder sechs Kunden Platz fanden. An der Hinterwand lagen die Weinfässer übereinandergestapelt, und über ihnen war eine Statue der Jungfrau mit einem ewigen Licht davor angebracht.

TEIL IX

Geheiligte Stadt

30

Göttlich und teuflisch

Venedig war das Tor zum Himmel. Während einer Kirchenkrise in der Mitte des 16. Jahrhunderts schrieb ein Geistlicher, er wisse, dass Christus im Begriff sei, nach Italien zurückzukehren, und, so hieß es weiter: »Ich glaube, Venedig wird seine Eingangspforte sein.« Die Regierenden und die Richter Venedigs wurden mit den Scharen der Engel sowie Erzengel und deren Aufgaben verglichen. Die Natur der Stadt sei es, so der Autor, ihre Bürger mit der *aeterna beatitudine, quae in visione Dei consistit,* der ewigen Glückseligkeit, die im Anblick der Gottheit begründet liegt, zu erfüllen. Das ist der Kontext für Tintorettos große Vision vom Paradies, die im Dogenpalast hängt. Es wurde offiziell proklamiert, wenn auch nicht unbedingt geglaubt, die Verfassung und die Gesetze der Republik seien »gottgesandt«, also von Gott festgelegt worden. Der Erfolg und die Expansion des venezianischen Imperiums wurden als das Sicherfüllen göttlicher Vorsehung im Diesseits aufgefasst. Schon das Überleben einer Stadt auf dem Wasser galt als Wunder. Die Venezianer selbst bezeichneten ihre Wohnstätte als »unsere geheiligte Erde« oder auch als »die heilige Stadt«.

Im Jahr 1581 erklärte der venezianische Schriftsteller Francesco Sansovino, Venedig werde »von jedermann als ein heilig Ding auf der Erde geachtet, welches verehrt werden müsse, wenn dies möglich sei«. Natürlich war es nicht möglich, das heißt nicht erlaubt, weil es sonst Vergleiche mit der Anbetung des Goldenen Kalbs durch die Israeliten (ein Lieblingssujet der venezianischen Malerei) herausgefordert hätte. Doch war das keine vollkommen neue Doktrin. Schon in der alten Religion Mesopotamiens beispielsweise galt die Stadt

Holzschnitt aus dem 1680 erschienenen Buch Viaggio di Venetia al S. Sepolcro *des Padre Frà Noe, der venezianische Senatoren zeigt, die Pilger zu dem Schiff begleiten, das sie ins Heilige Land bringen wird. Die beiden Säulen im Hintergrund, die von einer Statue des heiligen Teodorus beziehungsweise dem Markuslöwen gekrönt sind, zeigen, dass die* Piazzetta *der Schauplatz dieser Szene ist.*

als reinste Verkörperung des Göttlichen. Man braucht wohl kaum hinzufügen, dass ein solcher Glaube zu Despotismus und Autoritarismus höchsten Grades einlädt. Er ist auch der Grund dafür, dass Kirche und Staat in Venedig eine so starke Identität besaßen, die es den Regierenden der Stadt erlaubte, Distanz zum römischen Pontifex und zu dessen Jurisdiktion zu wahren. Der Doge war der Papst Venedigs und die Senatoren seine Kardinäle. Am Palmsonntag ließ der Doge vor dem Portal des Markusdoms weiße Tauben in den Himmel steigen, um daran zu erinnern, wie Noah in seiner Arche am Ende der Sintflut wieder festes Land entdeckte. Damit wurde der Bewahrung der Stadt selbst vor den Fluten gedacht. Doch war es wirklich ein religiöses und nicht vielmehr ein politisches Ritual? In der venezianischen Kultur gab es keine solche Trennung zwischen den beiden Bereichen.

Vielleicht ist es nur auf ihre geografische Lage zurückzuführen, dass dies die Stadt war, von der aus die Pilger per Schiff ins Heilige Land aufbrachen. Die Pilger kamen nach Venedig, um Vorräte für die lange Reise zu kaufen, und nach und nach wurde die Stadt fester Bestandteil der gesamten Fahrt: Sie gehörte einfach zu dieser frommen Unternehmung dazu. Die Pilger nahmen an allen kirchlichen Ritualen der Venezianer teil. Sie beteten in denselben Oratorien und Kapellen wie diese zu Gott. Sie verehrten dieselben Ikonen. Der Schrein des heiligen Markus zog viele Tausende, ja Hunderttausende Fremde an. Das Grab roch nach Gewürzen, mit denen Venedig ja Handel trieb. Die enge Verbindung der Stadt mit dem Orient trug auch dazu bei, dass man Venedig als eine Art Vorposten des Heiligen Landes ansah, wo einen schon eine Ahnung des Göttlichen anwehte, ein Ort, der selbst schon eine Pilgerfahrt wert war.

Die Stadt stellte eine heilige Stätte dar, wo man der spirituellen Welt immer wieder gewärtig wurde. In ihren dunklen Gassen und Gängen gab es unzählige Bilder und Statuen von Heiligen und der Jungfrau. Die vor ihnen aufgestellten Kerzen schufen kleine von Licht erfüllte Nischen, die das Böse und das Verbrechen bannten. Es gab mehr als fünfhundert Andachtsstätten in den Straßen, die aber nicht nur einem religiösen, sondern auch einem politischen Zweck dienten, nämlich dem, die Bevölkerung ruhig zu halten. Die Jungfrau würde es gar nicht gerne sehen, wenn es zu Aufruhr kam. Der Erzengel Michael steht mit gezücktem Schwert an der südwestlichen Ecke des Dogenpalastes Wache. Das Bild der Stadt wird von Glockentürmen dominiert, die mit ihrem Geläut Gott preisen. Der Standort der Kirchen Venedigs wurde wie der von Klöstern und Konventen mit Bedacht ausgewählt. Die Kirche S. Maria dei Miracoli beispielsweise wurde auf der Grenze

Für Hin- und Rückfahrt und ein halbes Jahr Verpflegung an Bord mußten immerhin im Durchschnitt 140 Dukaten auf den Tisch gelegt werden, ein stattliches Sümmchen […].Nahm der fromme Pilger dann auch noch Pferd und Diener mit, verdreifachte sich der Betrag eben, und selbstverständlich war die Gesamtzahlung im voraus zu leisten, und der Kunde bekam eine Quittung, mit der er dann für die Rückfahrt gegebenenfalls ein Schiff einer anderen Venezianer-Reederei benutzen konnte. Auch hatte er, wenn er auf der Rückfahrt geringere Dienste als bezahlt benötigte, etwa weil Pferd oder Diener abhanden gekommen waren, sogar Anspruch auf Erstattung – nur kam dabei niemals viel heraus.

Wolfram zu Mondfeld

zwischen den beiden nördlichen Bezirken Cannaregio und Castello errichtet. S. Giacomo, eines der ältesten Gotteshäuser, steht genau im Zentrum des Rialtomarktes. Dort wurden geschäftliche Verträge unterzeichnet. Machiavelli war überzeugt: »Wir Italiener sind verderbter und irreligiöser als alle anderen.« Das traf auf keinen Fall auf die Venezianer zu. Sie waren verderbt und religiös.

Dort, wo das Göttliche zugegen ist, ist das Teuflische nie weit. Das eine kann ohne das andere nicht existieren. Es gab viele Volkserzählungen vom Teufel, wie er ganz selbstverständlich über die Brücken und durch die *calli* lief. Man erzählte sich zum Beispiel, dass er den Baumeister, der die Rialtobrücke konstruieren sollte, mit der Behauptung, dass niemand einen sich über eine so breite Wasserfläche hinweg spannenden steinernen Bogen zu errichten vermöge, verhöhnt habe. Er habe sich erbötig gemacht, das Werk auszuführen, wenn er dafür die Seele der ersten Person erhalte, die die Brücke überquere. Diese Person war dann niemand anders als der Sohn des Baumeisters.

Venedig war ein heiliger Text, den man lesen und über den man nachsinnen musste. Im 14. und 15. Jahrhundert wurde die Stadt erstmals als Einheit gesehen, als ein zusammenhängendes Gebilde, das man sorgfältig strukturieren musste. Sie hatte durch den Willen Gottes überlebt und musste jetzt skulptiert, in Form gebracht werden. Der Leichnam des heiligen Markus, der, dem allgemeinen Glauben zufolge, in der Basilika ruhte, war der zentrale Punkt der durch den Dogenpalast, den Rialtomarkt und das Arsenal gebildeten Konfiguration. In diesem durch seine Präsenz geheiligten Bezirk war die Macht zu Hause.

An Gemälden von Künstlern der Stadt fällt auf, dass die Wunder, von denen in der Bibel erzählt wird, sich oft in venezianischen Szenerien ereignen. Tintoretto bettete die Ereignisse des Neuen Testaments in den Kontext des vertrauten venezianischen Alltagslebens ein. In einem Andachtsbuch für junge Venezianerinnen, dem *Garten der Gebete*, weist der Autor

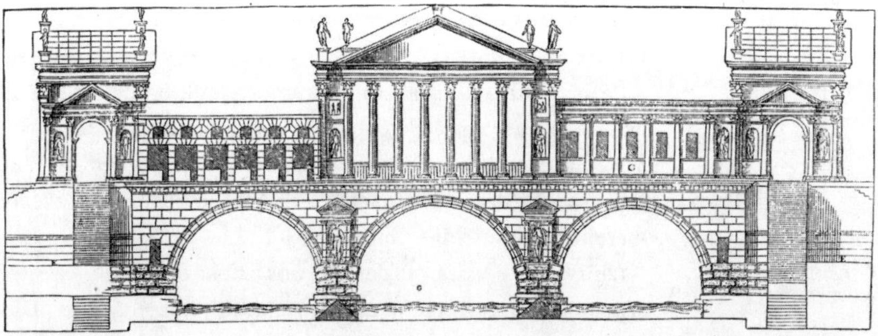

seine Leserinnen an, sich die »Stadt vorzustellen, die euch gut bekannt ist [...], malt euch aus, welches die Hauptstätten der Ereignisse der Passion gewesen wären«. Man sollte also in seiner Vorstellung die *calli* und *campi* der *Serenissima* zu den Schauplätzen des Leidens und Sterbens Christi erheben.

Nicht ausgeführter Entwurf zur Rialtobrücke von Andrea Palladio (1508 bis 1580). Der aus Padua gebürtige Architekt entwarf auch viele der Villen, die sich begüterte Venezianer auf der terra ferma, *vor allem an den Ufern der Brenta, bauen ließen.*

Venedig war selbst eine Stadt der Wunder. Keine Stadt Europas, vielleicht mit Ausnahme Roms, hatte so viele von ihnen erlebt. Jeder Pfarrbezirk rühmte sich seiner eigenen Ereignisse dieser Art. Der Mann, der Mitte des 14. Jahrhunderts die *Cronica Venetiarum* zusammenstellte, schildert wundersame Geschehnisse und Omina in genau demselben berichtenden Stil wie die weltlicheren Ereignisse und Aktionen – als Fakten also. Wunder wurden mit beeindruckender Häufigkeit von den Behörden der Stadt bekanntgegeben. Das diente ebenfalls dazu, ihre gottgewollte Bestimmung zu bestätigen. Ein Engel rettete einen Arbeiter, der von dem Gerüst um den Markusdom stürzte. Eine Heilige Jungfrau wandelte über den Canal Grande. Ein Sklave wurde auf dem Markusplatz von dem Namensgeber persönlich vor der Bestrafung, die er eigentlich verdient hätte, errettet. Markus vertrieb auch, zusammen mit seinen Brüdern in Jesu Nikolaus und Georg, Dämonen, die die Stadt mit Überschwemmung bedrohten. Mirakulöse Ereignisse waren vor allem in den 1480er-Jahren schon fast an der Tagesordnung, direkt nach dem Ende der Türkenkriege, in denen Venedig die Vorherrschaft über das Mittelmeergebiet eingebüßt hatte. Dabei trat die Jungfrau als

Werkzeug Gottes in Erscheinung, womit sie theoretisch Venedig seinen Status als »Königin des Meeres« wiederverlieh.

Von Vittore Carpaccio stammt das Gemälde »Mirakel der Reliquie vom Heiligen Kreuz auf der Rialtobrücke«; das Wunder bestand in der Heilung eines Besessenen durch die Reliquie. In den frühen Jahren des 15. Jahrhunderts stellte dieselbe Reliquie auf den Campo S. Lio anlässlich der Beisetzung eines Mannes, der ein böser Mensch gewesen war, erneut ihre wundersamen Eigenschaften unter Beweis. Das kleine Stück Holz wurde so schwer, dass es in seinem Reliquiar nicht über die Schwelle der Kirchentür getragen werden konnte. Giovanni Mansueti hielt dieses Ereignis Ende des 15. Jahrhunderts auf Leinwand fest. Man kann heute, im Jahr 2009, noch einige der Häuser auf seinem Bild in der Realität wiederfinden, und auch die ganze Umgebung sieht noch ähnlich aus wie vor mehr als vierhundert Jahren. Das ist ein anderes venezianisches Wunder.

[Die Markuskirche] ist mit fabelhaftem Luxus ausgestattet, die ganzen riesigen Wände von Pfeilerhöhe an, Decken und Kuppeln alles von Goldmosaik, Fußboden und alles reichste Arbeit und edles Material. Die Mosaiken sind alle nicht so edel wie die viel älteren in Ravenna, aber so prunkvoll und in so verblüffender Masse und Ausdehnung da, daß man beim ersten Anblick sprachlos ist. Die deutschen Bierbäuche freilich nicht – dieser Pöbel klatschte mitten in all der Pracht und trotz des Gottesdienstes weiter.

Hermann Hesse

Die heiligen Stätten der Stadt können aufgelistet werden. Die wichtigste von ihnen – diesbezüglich besteht wohl allgemeiner Konsens – ist der Markusdom. Diese Basilika ist der Nabel, der Kern, der Mittelpunkt, der Ort, an dem das Göttliche und das Menschliche sich begegnen. Zunächst hatte an dieser Stelle eine andere, dem heiligen Theodor geweihte Kirche gestanden. Doch als der Leichnam, den man für den des heiligen Markus hielt, in der Lagune eintraf, wurde alles anders. Sofort nach der Ankunft der Reliquie im Jahr 829 wurde eine Kirche mit einem hölzernen Dach oder einer Kuppel nach dem Vorbild der Apostelkirche in Konstantinopel errichtet. 976 wurde der Bau durch ein Feuer weitgehend zerstört, in der Zeit danach aber wieder instand gesetzt. Der letzte Neu- und Umbau, dessen Ergebnis ein überwölbter Ziegelsteinbau war, der schon mehr oder weniger die Gestalt der Basilika besaß, die wir heute kennen, wurde in der zweiten Hälfte des 11. Jahrhunderts unternommen. Indem man sich an einem schon fünfhundert Jahre alten Vorbild orientierte, wollte man das angebliche Alter der religiösen Tradition Venedigs unter Beweis stellen. Die Stadt besaß in Wirklichkeit keine eigene religiöse Geschichte, also übernahm und adaptierte man das, was man andernorts sah. Der unregelmäßige, wellige Boden der Basilika zum Beispiel kam nicht zufällig oder versehentlich zustande, sondern es handelte sich um eine bewusste Nachahmung des Fußbodens in der Kirche S. Giovanni Evangelista in Ravenna, die auf das 5. Jahrhundert zurückging. Das Bodenpflaster sollte sich heben und senken, »als ob von Winden aufgewühlt, und den Eindruck von Sturm erzeugen«. Es sollte also an die Lage Venedigs auf einem gefährlichen Gewässer erinnern.

Im 13. Jahrhundert wurde ein Programm zur Ausschmückung der Kirche mit Mosaiken formell ins Leben gerufen. Auch dabei orientierte man sich an der Apostelkirche, führte aber spezifisch venezianische Motive in die Bildwerke ein. Diese wurden später überdeckt oder zerstört und erst im 17. Jahrhundert wieder restauriert. Im 14. Jahrhundert wurde die Fassade der Basilika teilweise im gotischen Stil neu gestaltet. Der Bau nahm also allmählich in einem langwierigen Prozess der Hinzufügung und Aneignung Gestalt an, wurde über Jahrhundert hinweg inkrustiert und an Vorbilder angeglichen. Marmorornamente, Friese und Statuen – ob gekauft oder gestohlen, spielte keine Rolle – wurden beinahe planlos an seinen Außenmauern angebracht.

Die Basilika ist einzigartig auf der Welt. Für einige hat sie etwas Maurisches an sich, andere kommt sie wie ein Relikt aus Byzanz vor; wieder andere bewundern das Maßwerk der Fenster und den großen Altarschirm, weil der gotische Stil in ihnen seine höchste Vollendung findet. Es spielt aber keine Rolle, in welcher Tradition dieses Bauwerk steht: Es ist möglicherweise das schönste auf der Welt. Es steigt aus dem Markusplatz auf wie eine in jaspisgrüne und porphyrrote, opalen schimmernde und golden glänzende Schleier gehüllte Erscheinung. Was seine farblich aufeinander abgestimmte Ausschmückung betrifft, kommt ihm kein anderes Bauwerk gleich. Die Pfeiler, Veranden und Kuppeln türmen sich übereinander, mit

Mosaiken und Skulpturen geschmückt, die Geschichten aus der Welt Gottes und der der Menschen erzählen. Das Wechselspiel von Licht und Schatten auf der Fassade wird durch die vorgeblendeten eng nebeneinander stehenden Säulen intensiviert. Es strahlt eine Art barbarischer Pracht aus.

Wenn der Besucher das Innere betreten hat, wird er von Zwielicht umfangen. Man fühlt sich wie in einer großen Kaverne am Boden des Meeres, die mit versunkenen Schätzen angefüllt ist. Der Raum hat die Form eines Kreuzes, es gehen aber schattige Seitenschiffe und Alkoven von ihm ab, die nur vom Schein einer Kerze oder dem Glitzern einer Ikone erhellt sind. Es gibt fünfhundert Säulen aus Porphyr, Serpentin und Alabaster. Die Decke ist ein einziges Meer von Gold. Die Mosaiken, die eine Fläche von 3700 Quadratmetern bedecken, wirken wie ein in allen Farben schillerndes Tuch, das man über Wände und Bogen geworfen hat. Der gesamte Innenraum ist mit Seidenstoffen und Emailarbeiten, mit Gold und Bergkristall ausgeschmückt, als ob er selbst ein einziges mit Juwelen besetztes Reliquiar wäre. Es ist eine Kirche für Kaufleute, die, wie ein englischer Reisender es einmal ausdrückte, an »religiösem Schrecken« leiden, womit so viel wie Gottesfurcht gemeint war. Es ist eine Kirche kostspieliger Zurschaustellung materiellen Reichtums, aber auch eine Kirche voll seltener »Artikel«. Sie birgt die Ikone, die vom heiligen Lukas bemalt wurde, den Granitbrocken vom Berg Tabor, von dem herab Christus zum Volk predigte, den blutverschmierten Block des Scharfrichters, auf dem Johannes der Täufer sein Leben ließ. Einige der Marmorsäulen stammen vom Tempel König Salomons. Und in der Kapelle des heiligen Isidor ruhen die sterblichen Überreste des heiligen Markus. Es ist die ideale Szenerie für rituelle Verehrung.

Aufriss, Schnitt und Grundrisses des Markusturms vor seinem Einsturz 1902. Stich aus dem Jahr 1831 von Dionisio Moretti.

Der Glockenturm der Basilika wurde, so wie man ihn heute sieht, zu Beginn des 16. Jahrhunderts errichtet; er trat an die Stelle eines alten Wachturms, der dort sieben Jahrhunderte lang gestanden hatte. 1008 hatte man schon versucht, einen neuen Campanile zu bauen, doch war die Konstruktion in den Boden eingesunken. Der gegenwärtige Campanile wurde auch als Aussichtsturm benutzt, diente aber gleichzeitig der Verteidigung, weil man von seiner Spitze aus jeden sich über das Meer nähernden Feind schon frühzeitig entdecken konnte. Immer wieder schlugen Blitze in ihn ein, bis man schließlich einen Blitzableiter an ihm befestigte. Doch die größte Katastrophe ereignete sich 1902, am Jahrestag der Erstürmung der Bastille. Da krümmte der Turm sich plötzlich, knickte ein und sackte fein säuberlich zu einem Haufen Schutt zusammen. Er fiel, so meinten jedenfalls damals die Venezianer, »wie ein *gentiluomo*« – mit Anstand und Würde gewissermaßen. Niemand außer der Katze des Wächters kam ums Leben. Die größte Glocke, »La Marangona«, stürzte sechzig Meter in die Tiefe, ohne Schaden zu nehmen. Man beschloss, den Turm wiederaufzubauen, und zwar *dov'era, con'era*, wo und wie er gewesen war. Zehn Jahre später stand der Campanile wieder, äußerlich nicht von seinem Vorgänger zu unterscheiden. Das war venezianische Art. Es heißt, wenn ein Besucher zum Geläut von »La Marangona« in der Stadt eintrifft, dann trage er die Seele eines toten Venezianers in sich, der wieder in seiner Heimatstadt willkommen geheißen wird.

[Am äußersten Ende des Markusplatzes] erhebt sich, halb gotisch, halb byzantinisch, die Basilika unter ihren zwiebelförmigen Kuppeln und spitzen Türmchen, mit ihren gestaltenverzierten Säulengängen, ihren säulenbesetzten Vorhallen, ihren mosaik-geschmückten Wölbungen, ihrem mit buntem Marmor eingelegten Pflaster und ihren funkelnden Goldkuppeln; es ist ein seltsames, geheimnisvolles Heiligtum, eine Art christlicher Moschee, an der die Lichtströme im rötlichen Schatten flattern wie die Flügel eines Engels in einer unterirdischen Halle aus Purpur und Erz.

Hippolyte Taine

Der Palast des Dogen neben der Basilika ist die zweitbedeutendste heilige Stätte Venedigs. Prousts Großmutter reiste nach Venedig, als sie schon vom Tod gezeichnet war, um sich dieses Gebäude anzusehen. Proust schrieb, »sie hätte der Freude, die der Dogenpalast ihr bereitete, nicht solche Bedeutung beigemessen, hätte sie nicht das Gefühl gehabt, dass es sich um eine Freude der Art handelte, die, auf eine von uns nicht ganz begriffene Weise, den Akt des Sterbens überlebt und irgendeinen Teil von uns berührt, der zumindest nicht der Herrschaft des Todes unterworfen ist«.

Der ursprüngliche Palast wurde zu Beginn des 9. Jahrhunderts errichtet, fiel aber 976 bei einer der wenigen Aufstände, die es in der Geschichte Venedigs gegeben hat, einem Brand zum Opfer. Der Nachfolgebau wurde ständig vergrößert und den neuen Bedürfnissen angepasst; Seitenflügel wurden abgerissen oder hinzugefügt; im frühen 14. Jahrhundert kamen Säle, Gänge und Galerien hinzu; so wie Ruskin es in seinem *Stones of Venice* darstellt, wurde der »byzantinische« durch einen »gotischen« Palast ersetzt. Letzteres fiel zeitlich mit dem endgültigen Triumph der aristokratischen Führungsschicht zusammen. Das ist das Gebäude, das heute dem *bacino* gegenüberliegt. Es wurde der Sitz der Regierung. Macht drückt sich seit jeher mithilfe von Architektur aus. Dieser gotische Palast wuchs und wuchs, mit neuen Versammlungsräumen und Sälen, die der immer komplexer werdende Regierungsapparat nötig machte. Ruskin verglich den Bau mit einer Schlange, die sich irgendwann in den eigenen Schwanz beißt.

Wie ein einzigartiger Diamant in der Mitte eines Schmuckstückes drückt der Palazzo Ducale alles übrige in den Hintergrund. […] Eine derartige Baukunst hat man sonst noch nirgends gesehen, alles daran ist neu, man fühlt sich vom Hergebrachten erlöst, man begreift, daß es jenseits der klassischen und gotischen Formen, welche wir wiederholen und die man uns aufzwingt, eine ganze Welt gibt, daß die menschliche Erfindung ohne Grenzen ist. […] Alle Gewohnheiten des Auges werden umgeworfen, und mit wundervoller Überraschung sieht man hier die morgenländische Phantasie Fülle auf das Leere anstatt Leere auf die Fülle setzen.

Hippolyte Taine

Die Gemächer des Dogen befanden sich immer noch in dem Teil des Komplexes, der als »Alter Palast« bekannt war, mit anderen Worten in dem verfallenen »byzantinischen« Urbau. 1422 beschloss man, diesen Teil niederzureißen und an seiner Stelle das zu errichten, was Ruskin den »Renaissancepalast« nannte. Für Ruskin stellte der Abriss der byzantinischen Keimzelle einen Akt von Vandalismus dar, der »den Tod der venezianischen Architektur und Venedigs selbst einläutete«. Schrittweise nahm der Gebäudekomplex die Gestalt an, die er heute noch hat. Er wurde von Feuern verwüstet, immer wieder restauriert und neuen Erfordernissen angepasst, irgendwie überstand er jedoch alles. Die letzten großen Umbaumaßnahmen wurden Mitte des 16. Jahrhunderts vorgenommen. Wie die ganze Stadt und das Regierungssystem entwickelte sich auch der Palast allmählich, und pragmatische Gesichtspunkte waren bei diesem Entstehungsprozess ausschlaggebend.

Es stellte nicht nur den Sitz des Dogen dar, sondern auch den der gesamten Regierung. Es gab Versammlungsräume für den Großen Rat und den Senat und die vielen Gremien, die den venezianischen Staatsapparat bildeten. Außerdem befanden sich in ihm Stallungen und diverse Kerker. Aber das Bemerkenswerteste an ihm war, dass er keine Befestigung aufwies. Es gab keine Verteidigungswälle oder Wehrgänge. Zu Beginn des 10. Jahrhunderts warf man in Reaktion auf die Bedrohung durch eine Invasion der Ungarn einen Wall um ihn herum auf; dieser wurde jedoch zwei Jahrhunderte später wieder abgetragen. Man war überzeugt, dass die Regierung in ihm sicher sei – vor inneren wie vor äußeren Feinden.

Der Palast ist ein Wunder an Leichtigkeit – oder scheint es zumindest zu sein. Das Auge des Europäers ist an Massivität, an Schwere der Grundmauern und eine zunehmende Leichtigkeit nach oben hin gewöhnt. Beim Dogenpalast wird diese Erwartung enttäuscht. Die lang gezogene zweistöckige Arkade im unteren Bereich lässt den Eindruck von Luftigkeit und Geräumigkeit entstehen. Die tiefen Schatten in ihrem Inneren fungieren quasi als Metapher für das Fundament; die Dunkelheit täuscht Volumen vor. Der obere Teil der Fassade setzt sich aus kleinen rosa, weißen und grauen Marmorstücken zusammen, die ein Rhombenmuster ergeben und im von der Lagune reflektierten Licht schimmern; er wirkt wie mit edlem Damaststoff überzogen. Das Bauwerk besitzt die exakten Proportionen eines Kubus, aber es ist ein Kubus aus Licht. Man könnte sagen, dass der Palast schwebt – wie die Stadt selbst. Er ist nicht, um Prousts Ausdruck aufzunehmen, der Herrschaft des Todes unterworfen.

1574 und 1577 verwüsteten Feuersbrünste die Säle des Senats und des Großen Rats. Werke von Bellini, Tizian, Tintoretto und anderen wurden zerstört. Doch ergab sich auf diese Weise gewissermaßen eine leere Leinwand, auf der im späten 16. Jahrhundert die Schöpfer des Mythos Venedig ihre Wunder vollbringen konnten. Eine Reihe neuer Bilder wurde in Auftrag gegeben. Die offiziellen Künstler der damaligen Zeit – unter ihnen Veronese und der jetzt schon an Jahren fortgeschrittene Tintoretto – ersannen selbst keines der künstlerischen Programme, sondern unterwarfen sich den Wünschen der Obrigkeit. Sie erhielten die Anweisung, die Ideologie der herrschenden Klasse und diese selbst zu feiern, und das taten sie dann auch. Die Geschichte der Stadt, die sie ins Bild setzten, war von vorn bis hinten erfunden. Sie definierten damit Venedigs Macht. Sie feierten seine Tugenden. Sie kopierten bewusst die venezianische Kunst vergangener Jahrzehnte, um die Vorstellung von gleichbleibender Identität zu propagieren. Verloren gegangene Bilder wurden neu geschaffen, alte Symbole wieder herangezogen und mit Leben erfüllt. Das ist die Essenz des venezianischen Konservatismus. Die Künstler stellten die Schlachten dar, die Venedig gewonnen hatte. Sie malten Votivbilder von verstorbenen Dogen. Sie verliehen Venedig die Ehrennamen *Justitia* und *Liberatrix*. »Befreierin«. Die Gemälde im Dogenplast wurden nicht als individuelle, separate Meisterwerke aufgefasst, sondern als Teile eines zusammenhängenden Ganzen wahrgenommen. Sie verkörperten das Ethos der Gemeinde in einem umfassenderen Sinn. Das ganze Projekt nahm bis zu seinem Abschluss zwanzig Jahre in Anspruch. Es war eine Allegorie des Staates selbst.

Vor dem Palast erstreckt sich der Markusplatz, allgemein schlicht als *la Piazza* bekannt. Es ist der einzige Platz in Venedig, der diesen Namen wirklich verdient. Einst befanden sich an dieser Stelle zwei durch einen schmalen Kanal voneinander getrennte Inseln, die dem Bacino di S. Marco gegenüberlagen. Ein großer Teil des heutigen Platzes war eine grasbewachsene Fläche auf der Insel, die man wegen ihres harten und zähen Erdreichs *Il Morso* (»Der Biss«) nannte. Auf dieser Grasfläche wurden der erste Palast und die erste Kapelle des Dogen errichtet, außerdem zwei Kirchen und ein Hospiz für die Pilger, die ins Heilige Land unterwegs waren. Das war die Keimzelle, aus der heraus der heutige Platz entstand. Man kam zu dem Entschluss, dort eine Versammlungsstätte für die venezianische Gemeinde zu schaffen. Außerdem benötigte man Gerichtshöfe, um Gerechtigkeit walten zu lassen. Macht und Gesetz verwuchsen also allmählich mit diesem Ort.

Im 12. Jahrhundert wurde der Platz auf ungefähr seine heutige Größe erweitert. Man rodete Bäume und Weinstöcke und pflasterte die so gewonnene freie Fläche mit hellen Ziegelsteinen, und zwar im Fischgrätmuster. Dieses neue Pflaster überdeckte auch den Kanal, der früher einmal die beiden kleinen Inseln voneinander getrennt hatte. Dieser Wasserlauf fließt heute noch unter dem Platz hindurch. Es entstand also ein zusammenhängendes Ganzes. An drei Seiten des Platzes wurden überdachte Gänge angelegt, an die dann Häuser angebaut wurden; der Blick auf die Basilika blieb frei. Marino Sanudo zufolge wirkte das alles so, »als ob man im Theater wäre«. Dieser Effekt war nicht von einem einzelnen Architekten ersonnen worden, sondern auf wunderbare Weise durch kollektiven Willen zustande gekommen.

Die Bedeutung des Markusplatzes wurde ein für alle Mal bestätigt, als man die beiden 1171 aus Konstantinopel herbeigeschafften hohen Säulen am Rand des *bacino* aufstellte. Es gab noch eine dritte, die aber beim Ausladen in die Lagune fiel. Die beiden anderen ragen dort seitdem empor, die eine von einer Löwenskulptur gekrönt, die andere von einer Statue des heiligen Theodor. Diese Säulen und die Basilika sind die einzigen Überbleibsel des mittelalterlichen Ensembles – mit Ausnahme der Tauben. Die Vögel haben den Platz von Beginn an okkupiert.

Wer am Markusplatz sein Herz nicht schlagen fühlt, hat keines.

Franz Grillparzer

Unter den neu erbauten Arkaden wurden im 12. Jahrhundert Läden eröffnet, deren Besitzer auf typisch venezianische Art das Territorium für sich zu monopolisieren begannen. So wurde die Piazza zu einem Handelsplatz. Buden und Stände jeder Art, an denen Essen und alle möglichen Artikel verkauft wurden, drängten sich bald auf ihm. Die Bänke der Geldverleiher wurden am Fuß des Glockenturms aufgebaut; unter den Fenstern des Dogenpalastes etablierte sich ein Fleischmarkt. Dort, wo heute die Touristen Schlange stehen, um ein *vaporetto* zu besteigen, reihten sich einst Läden aneinander, in denen Käse, Salami und Obst feilgeboten wurden. Wo sich heute die berühmte Bibliothek erhebt, gab es mehrere Bäckereien.

Auf der Piazzetta wetteiferten fünf Wirtshäuser miteinander um Kundschaft. Die Säulengänge des Dogenpalasts wurden als öffentliche Latrinen benutzt, und ausländischen Besuchern fiel auf, dass die Patrizier ohne zu lamentieren ihre Roben hochrafften und durch die Urinlachen wateten. Ja, die Beobachter berichteten, dass alle Venezianer sich ungehemmt erleichterten, wann immer und wo immer sie der Drang dazu überkam.

Und natürlich scharten sich unter den Arkaden die Bettler zusammen, um ihre Wunden und Krankheiten zu präsentieren. Die Piazza war Schauplatz der großen religiösen und städtischen Zeremonien, aber auch Austragungsort von Stierkämpfen und Pferderennen. Sie war Richtplatz. Gefangene wurden in Käfigen am Campanile hochgezogen, und zwischen den beiden monumentalen Säulen nahm man Enthauptungen vor. Im Sommer 1505 entfernte man den Galgen von seinem Standort vor der Basilika und stellte stattdessen drei Flaggenmasten auf. Zwischen dem Dogenpalast und der Basilika stand eine gestutzte Säule aus Porphyr, von der herab der Doge Richtersprüche bekanntgab. Es sah hier also genauso aus wie in jeder anderen mittelalterlichen Stadt, nur dass der Platz von einer überwältigenden Größe war. Dieses Nebeneinander von Ordnung und Chaos, von Pracht und Schmutz ist charakteristisch für das Venedig des 14. und 15. Jahrhunderts.

In den 1530er Jahren war es vor allem ein Architekt, der den Platz so umbaute, dass sein Aussehen schon weitgehend dem von heute glich. Jacopo Sansovino hatte den Auftrag, das mittelalterliche Gewirr zu beseitigen und eine Art Forum klassischen Stils zu schaffen. Er erbaute die Kirche S. Geminiano auf der dem Dom gegenüberliegenden Seite des Platzes, die später auf Befehl Napoleons abgerissen wurde. Er errichtete auch die große Bibliothek und die Münze gegenüber dem *bacino* und ließ die den Fuß des Campanile ungebende Loggetta neu anlegen. Man kann sagen, dass er einen Platz voller Ziegelsteine vorfand und einen von Marmor gesäumten daraus machte. Für Thomas Coryat war die Piazza San Marco von so »bewundernswerter und unvergleichlicher Schönheit«, dass keine andere Stätte auf der Welt an sie herankam.

Die Piazza bildete den Mittelpunkt der Stadt. Dorthin schickte man alle Touristen. Einem Engländer fiel im 18. Jahrhundert die »bunt zusammengewürfelte Schar« auf dem Platz auf; er sah »Juden, Türken und Christen, Anwälte, Gauner und Taschendiebe, Marktschreier, alte Frauen und Ärzte [...], Menschen jeder Art und jeden Standes«. Bonaparte ließ nach seinem Sieg im Jahr 1797 die Kirche S. Geminiano schleifen, um einen dritten Block imposanter Wohnungen errichten zu lassen; damit wurde die dreiseitige Umbauung des Platzes auf triumphale Weise abgeschlossen. Er ließ auch die Bronzepferde nach Paris schaffen, die aber 1815 zurückgegeben wurden.

[...] wenn ich meine Seiten heruntergesudelt habe, bin [ich] nur noch dazu fähig, auf den Markusplatz zu gehen, um eine Tasse Kaffee zu trinken und zu rauchen, und versuche dann, mich mit meinen italienischen Freunden auf italienisch zu unterhalten. Das ist auch sehr angenehm, nicht mein Italienisch, aber der Tabak, die Freunde und der Markusplatz. Ich möchte Dich am liebsten ganz schnell hierherbringen und mich an Deinem Erstaunen weiden.

George Sand

Die ganzen unruhigen Jahrhunderte hindurch blieb die Piazza der Ort, an dem man sich traf. Für Ruskins Frau Effie war es ein »großer Salon, vom Gaslicht aus den Arkaden um ihn herum erhellt«; in seiner Mitte spazierte »dicht gedrängt eine große Schar von Männern, Frauen, Kindern, Soldaten« herum. Ihr Gatte malte ein eher apokalyptisches Bild von derselben Stätte; er schilderte den Platz als »angefüllt mit der Tollheit der ganzen Welt«, wimmelnd von »müßiggängerischen Venezianern aus der Mittelschicht« und voller Militärkapellen. Unter den Arkaden lagen in Nischen »Männer der Unterschicht arbeitslos und apathisch« am Boden, während um sie herum Straßenkinder »voller Verzweiflung und steinerner Verderbtheit« bettelten. Und was Ruskin zur Weißglut brachte, war, dass kein Venezianer einen Blick auf die wundervolle Basilika verschwendete. »Man sieht kein zu ihr emporgehobenes Auge, kein von ihr entzücktes Antlitz.«

Es heißt, wenn man nur lange genug im Café »Florian« oder »Qaudri« an einem Tisch sitzen bliebe, würde jeder Mensch, den man in seinem Leben kennengelernt habe, an einem vorbeikommen. Das mag einst für Engländer oder Deutsche aus der Mittelschicht zugetroffen haben, heute ist das aber nicht mehr so. Man sieht nur noch Gruppen und Grüppchen von Touristen aus allen Ländern der Welt in der Sonne herumspazieren.

31

Vom Glauben

[…] wer es glaubt, wird selig,

Und wer viel Wein trinkt fröhlich.

Aus einem venezianischen Märchen

Papst Gregor XIII. bekannte einmal: »Ich bin überall Papst außer in Venedig.« 1483 erinnerte ein venezianischer Historiker die Kardinäle seiner Heimatstadt daran, dass »Venedig ihre wahre Mutter und die Kirche nur eine Stiefmutter« sei. Das ist der Grund dafür, dass venezianische Kardinäle, wenn sie nach Rom kamen, von den päpstlichen Behörden mit Misstrauen beäugt wurden: Man glaubte, dass sie im Grunde nur bessere Spione seien. Da die Gebeine des heiligen Markus mitten im Herzen der Stadt aufbewahrt wurden, nahm Venedig einen »apostolischen« Status für sich in Anspruch, der dem Roms gleichkam. Seine Macht und Autorität bedeuteten letztlich nichts anderes, als dass es die Nachfolge des Heiligen Römischen Reichs christlicher Nation angetreten hatte.

Der gesamte Klerus der Stadt und die diversen kirchlichen Institutionen waren also ausgeprägt »venezianisch« und in außerordentlich starkem Maß der Kontrolle durch die Stadt unterworfen. Der Doge galt nicht nur als weltlicher Herrscher, sondern auch als eine Person, die Weihe von Gott empfangen hatte, als spiritueller Führer. Wenn die Bischöfe der venezianischen Kolonien auf der *terra firma* direkte Anweisungen vom Papst erhielten, gaben sie diese an den Rat der Zehn weiter. Mitgliedern des Klerus war der Zugang zu allen staatlichen Archiven verwehrt, und jene patrizischen Familien, die im Besitz kirchlicher Pfründe waren, durften sich nicht in kirchliche Angelegenheiten einmischen. Bei alldem war man überzeugt – und bekundete dies auch immer wieder –, der göttliche Ursprung der Stadt bedeute, dass sie ihre Macht direkt vom Weltenherrscher selbst empfangen habe;

wenn man die Kirche der Autorität des Staates unterstelle, so folge man damit einfach nur dem allgemeinen Brauch.

Der Staat überwachte alle Angelegenheiten, die die Kirche betrafen, auch den Inhalt der Predigten und die Art und Weise, in der die Messen abgehalten wurden. Bischöfe wurden vom Senat ernannt. Die Bischöfe selbst stellten die Rechtmäßigkeit dieser Prozedur nie infrage – vor allem auch deswegen nicht, weil sie alle patrizischen Familien entstammten. Ohne Zustimmung der Regierung durfte keine Kirche gebaut werden. In den offiziellen Dokumenten aus jeder geschichtlichen Epoche finden sich Formulierungen wie »*unser* Bischofssitz in Grado« oder »*unsere* Bischöfe von Olivolo«. Es gab auch so etwas wie eine Staatstheologie. Die Bilder an den Wänden des Dogenpalasts verkündeten sie. Der Staat besaß seine eigene Liturgie, die sich von der, die anderswo in Gebrauch war, vollständig unterschied; die Texte priesen den heiligen Markus und erhoben ihn über alle anderen Heiligen. Ketzerei war infolgedessen hauptsächlich ein Verbrechen gegen den Staat. Man hat die Theorie aufgestellt, die venezianische Kirche sei von der byzantinischen beeinflusst, die durch die Erhebung zur Staatskirche privilegiert, jedoch auch Regularien unterworfen war; sie wurzelte aber auch unmittelbar in der Erfahrung der Venezianer und in der Situation der Stadt. Man gehörte eben nicht zum italienischen Festland. Alle Institutionen waren *ab ovo* geschaffen worden. Und die Stadt weigerte sich, sich irgendeiner externen Autorität zu beugen.

In der venezianischen Religion mischte sich also auf sehr wirkungsvolle und wirksame Weise Aberglauben mit einem Sinn für das Praktische und gesundem Menschenverstand. Als 1399 eine Flagellantenbewegung, deren Anhänger wegen ihrer weißen Büßergewänder als *i Bianchi* bekannt waren, nach Venedig übergriff, verbot man diesen Eiferern, Umzüge abzuhalten oder in der Öffentlichkeit zu predigen; sie verbreiteten kurz vor dem Beginn des neuen Jahrhunderts eine apokalyptische Botschaft. Als eine Gruppe von ihnen versuchte, vor S. Zanipolo auf dem Markusplatz aufzuziehen, warteten die Mitglieder des Rats der Zehn mit ihren Männern schon auf sie. Sie entrissen dem Führer der Bianchi das Kruzifix, das er in den Händen hielt, brachen es entzwei und bewarfen die anderen mit den Stücken. Der Prozessionszug wurde aufgelöst, wobei es einer Chronik zufolge zu »viel Geschimpfe und vielen Blessuren« kam. Auf diese Weise gingen die venezianischen Behörden mit jeder bedrohlichen Minderheit um. Sie duldeten keinen Dissens und keine Unordnung, selbst wenn übergroße Frömmigkeit der Ursprung für beides war.

Venedig tolerierte hingegen alle, von denen keine Bedrohung ausging. Zur Zeit religiöser Erneuerung im 16. Jahrhundert hatten die Behörden nichts gegen die Anwesenheit protestantischer Studenten an der Universität Padua einzuwenden. Venedig wurde als Hafen der Zuflucht für europäische Reformatoren bekannt, die aus den orthodoxeren Königreichen des Nordens geflohen waren. Die Stadt war immer offen für Reisende und Kaufleute aus anderen Ländern der Welt gewesen; man hatte daher keine Probleme mit fremden religiösen Bekenntnissen. Venedig unterhielt wichtige Handelsverbindungen mit häretischen Nationen wie England und den Niederlanden. Der Handel stand an erster Stelle. Venedig musste ein offener Hafen bleiben. Die deutschen Kaufleute, die ihre Niederlassung im Zentrum hatten, waren Lutheraner. Das war ohne jeden Belang. Henry Wotton, der englische Botschafter in Venedig zur Zeit von James I., glaubte sogar, dass die Stadt sich auf die Seite der reformatorischen Kräfte schlagen könne. Das war aber reines Wunschdenken. Venedig mag dem Papsttum argwöhnisch gegenübergestanden haben, doch würde man dort nie dem Glauben an die Jungfrau abschwören und auch nicht dem an das Eingreifen der Heiligen in das Leben der Menschen. Das war undenkbar. Natürlich hätten die Venezianer die katholische Kirche gerne reformiert. Sie hätten am liebsten den Papst wegreformiert.

Die Einwohner waren in jedem Fall über alle Maßen fromm. Sie legten das an den Tag, was Defoe »ungeheuer große stupide Bigotterie« nannte. Etwas freundlicher drückte

Philippe de Commynes es aus, als er meinte: »Ich glaube, Gott segnet sie wegen der Verehrung, die sie ihm im Dienste der Kirche erweisen.« Sie konnten zwischen mehr als hundert Gotteshäusern wählen, um ihm diese Verehrung zu bekunden. An jeder Straßenecke gab es Statuen oder Bilder von Heiligen. Die Kirchenschiffe waren mit Gläubigen vollgestopft. Ständig fanden irgendwelche Prozessionen statt, von denen jede ihre eigenen, besonderen Rituale ausgebildet hatte: Bei der Fronleichnamsprozession schritten ein Senator und ein Stadtarmer Seite an Seite vor den anderen her, und Rosenblüten wurden auf den Weg gestreut, den der Zug nehmen würde. Da gab es die Karfreitagsprozession, bei der Lampen, Fackeln und Kerzen vor den großen Häusern aufgestellt wurden, eine Zeremonie am Palmsonntag, bei der man vor dem Dom einen riesigen Schwarm Tauben aufsteigen ließ, und am Ostersonntag den feierlichen Zug des Dogen zum Kloster S. Zaccaria. Jede dieser Zeremonien diente einem eigenen, nicht nur religiösen, sondern auch sozialen Zweck. Der Brauch öffentlicher Umzüge oder Paraden ist in autoritären Gesellschaftssystemen stark verbreitet.

Effie Ruskin meinte mit Bezug auf die gewöhnlichen Venezianer: »Sie scheinen nicht irgendetwas im Besonderen zu glauben, sondern sind aus Gewohnheit abergläubisch.« Besser kann man wahrscheinlich venezianische Frömmigkeit nicht definieren. Als ein Engländer bei einer Messe nicht auf die Knie sank, als der Priester die Hostie hochhielt, wurde er von einem Senator ins Gebet genommen. Der Engländer meinte, dass er nicht an die reale Präsenz Christi in der Hostie glaube, woraufhin der andere erwiderte: »Das tue ich auch nicht. Aber kniet euch hin, wie ich es tue, oder verlasst die Kirche.« Die Frömmigkeit des Volkes war auch eines der größten Bollwerke des Staates: Sie bürgte für seinen Erhalt.

Die kultische Verehrung von Ikonen und Reliquien verknüpfte alle Einwohner wie ein Band der Frömmigkeit miteinander. Der Leichnam des heiligen Markus schützte sämtliche Bürger der Stadt. Es gab aber noch viele andere Heilige,

Das Innere des Markusdoms. Es heißt, dass Venezianer, die im Ausland eine Kirche betraten, sich als Erstes fragten: »Was kann ich hier für den Dom meiner Heimatstadt stehlen.« So hat man die Basilika auch mit einer »Schatz-« oder »Räuberhöhle« verglichen.

deren Reliquien man berühren oder sehen konnte. Beim letzten Appell waren mehr als fünfzig dieser verstorbenen Schutzpatrone zur Verteidigung der Stadt angetreten. In einer Stadt ohne Wehrmauern galt das als ungemein wichtig. Ein einziges Kloster besaß die Reliquien von zwölf verschiedenen Heiligen. Es überrascht, dass es genügend Heilige gab, damit alle etwas abbekamen. Im November 1981 stürmten zwei mit Pistolen Bewaffnete in die Kirche SS. Geremia e Lucia, befahlen dem Priester und der Gemeinde, sich flach auf den Boden zu legen, packten dann das bekleidete Skelett der heiligen Lucia und stopften es in einen Sack. Leider brach dabei der Kopf ab und rollte in einen der Gänge. Auch die silberne Totenmaske der Heiligen blieb zurück. Einen Monat später fand man die Arme in einer Jagdhütte in der Nähe Venedigs wieder; sie war einfach weggeworfen worden.

Die Venezianer bevorzugten das, was man »Ganzkörperreliquien« nennen könnte. Unsicherheit im Geist erfordert solche Vollständigkeit. Unter außergewöhnlichen Umständen begnügte man sich aber auch mit einem Arm oder einem Bein. Der Kopf des heiligen Georg wurde in dem Benediktinerkloster auf der Insel S. Giorgio Maggiore verwahrt. Sein Arm war schon einige Jahrzehnte früher eingetroffen. Stückchen von Petrus, Matthäus, Bartholomäus und dem Apostel Johannes befanden sich an verschiedenen heiligen Stätten der Stadt. Der Kopf des Propheten Jonas, der aus dem Bauch des Walfischs errettet worden war, hatte auch auf irgendeine Weise seinen Weg in die Lagunenstadt gefunden. Der Leichnam des heiligen Tarasius wurde in besonderen Ehren gehalten, weil er auf wundersame Weise der Zerstückelung entgangen war; zwei Räuber aus einer anderen Stadt hatten versucht, ihm die Zähne zu ziehen; der Heilige hatte sich aber standhaft geweigert, sie herzugeben. So war er heil nach Venedig gekommen. Als ein holländischer Reisender im 17. Jahrhundert loszog, um sich einen solchen Heiligenkörper anzuschauen, fand er ihn – es war ein weiblicher – »ganz und unbeschädigt, mit Brüsten und auch dem gesamten anderen Fleisch aussehend wie geräuchert, auch die Füße und die Hände, da der ganze Körper im Feuer gewesen«. Vielleicht hatte aber auch ein geschäftstüchtiger Händler eine gewöhnliche Leiche übers Feuer gehängt, um den Körper dann als echte Reliquie ausgeben zu können.

Der heilige Isidor von Chios wurde in der Kapelle des Dogen beigesetzt. Kopf und Körper der heiligen Barbara – beides war leider voneinander getrennt worden – wurden aus ihrem Schrein in Konstantinopel gestohlen und zur Lagune geschafft. Als die Venezianer von den Türken von der Insel Kreta vertrieben wurden, nahmen sie den Leichnam des heiligen Titus mit. Zwei venezianische Kaufleute schmuggelten die sterblichen Überreste des Propheten Simeon aus einer Kirche in der Nähe der Hagia Sofia; es wurde berichtet, sie seien dabei »auf einige Schwierigkeiten« gestoßen.

Es hieß, wann immer ein Venezianer eine heilige Stätte betrat, richte er als Erstes die Frage an sich selbst: »Was lässt sich hier für den Markusdom stehlen?« Mönche ausländischer Klöster bestach man zur Herausgabe von ihnen verehrter Toter. Andere Klöster raubte man einfach aus. Daher verglich man die Basilika mit dem Haus eines Piraten, der sich aus dem aktiven Berufsleben zurückgezogen hatte. Natürlich wurden die Raubzüge mit dem Hinweis darauf, dass sie ja nur aus Frömmigkeit unternommen worden seien, entschuldigt. Diese *translationes* – man könne auch von einem »Ausborgen« sprechen – habe man erfolgreich durchführen können, weil die Heiligen selbst den innigen Wunsch verspürt hätten, in Venedig inthronisiert zu werden, wo man ihnen größere Verehrung entgegenbringen und mehr Gebete an sie richten werde. Sonst hätten sie sich ja wohl dagegen gewehrt, aus ihren angestammten Schreinen herausgenommen zu werden. Heilige könnten ungemein störrisch sein. Die Ankunft einer entwendeten oder »entliehenen« Reliquie in der Stadt war also ein weiterer Beleg dafür, dass man die Gunst Gottes genoss.

Die Reliquienjäger waren im Grunde Kaufleute, die sich nur nicht so nannten. In einem gewissen Sinn waren Reliquien auch nichts anderes als eine Handelsware. Sie waren Sammelobjekte. Und sie stellten eine Einnahmequelle dar, weil sie Scharen von frommen Touristen in die Stadt lockten, waren aber auch an sich wertvoll. Der Wert der Dornenkrone, die einst Christus auf dem Haupt getragen hatte, wurde mit siebzigtausend Dukaten angesetzt.

Im Markusdom befand sich ein Gefäß mit einigen Tropfen des Bluts, das Christus in seiner Todesangst im Garten Gethsemane vergoss. Es gab dort Dornen aus seiner Krone, Splitter vom wahren Kreuz und ein Bruchstück der Säule, an die der Heiland gefesselt worden war. Außerdem Haarbüschel, die von der Heiligen Jungfrau stammten, und sogar etwas von ihrer Milch. Die ganze Basilika war ein einziges riesiges Reliquiar. Auf diese Weise ließ sich die venezianische

Kirche im Geiste mit den Helden und Heldinnen der frühen Christenheit assoziieren. Durch die Fälschung von Reliquien, die mehr oder weniger an der Tagesordnung war, konstruierte die venezianische Obrigkeit eine religiöse Geschichte für ihre Stadt. Doch vermochte sie nicht genügend einheimische Heilige zu liefern, um das ganze Unterfangen zu einem krönenden Abschluss zu bringen. Die Zahl der venezianischen Künstler übertraf bei Weitem die der venezianischen Heiligen.

Venedig besaß: Den Leib des Hl. Markus – den Kopf des Hl. Theodor – Einige Tropfen Blut vom Erlöser – Ein Stück vom Kreuz Christi – Ein Stück von der Passionssäule – Ein Stück vom Schädel des Hl. Johannes des Täufers – Den Hl. Isidor – Den Stein, auf dem Johannes der Täufer hingerichtet worden sein soll – Den Hl. Nikolaus von Mira – Den Bischofsstuhl des Hl. Markus – Den Hl. Rochus – Den Hl. Donatus – Den Hl. Pacificus – Den Stein, auf dem Jesus auf dem Berg Tabor gesessen haben soll – Vier Säulen vom Tempel Salomonis – usw.
Die Reliquiensucht Venedigs war nie zu stillen.

Marianne Langewiesche

Es gab eine Handvoll einheimischer Heiliger, die jedoch alle irgendwie in Beziehung zum politischen Status der Republik standen. Pietro Orseolo hatte im 10. Jahrhundert als Doge über Venedig geherrscht, sich dann aber in ein Kloster zurückgezogen; er war später heiliggesprochen worden. Die heilige Marina hatte Padua für die Republik zurückgewonnen. San Lorenzo Giustiniani war ein Bischof der Stadt und tief in den Kampf um die Wiedereinführung der Lehre von der Unbefleckten Empfängnis verwickelt gewesen. Ihn umgibt etwas von der Heiligkeit der Jungfrau.

Man hat mit einiger Überraschung konstatiert, dass die venezianische Obrigkeit in Ermangelung genügend einheimischer Kandidaten viele Kirchen nach Propheten des Alten Testaments benannte. Im venezianischen Heiligenkalender kommen in der Tat vierzig alttestamentarische Gestalten vor, was für das westliche Christentum untypisch, aber ein wesentliches Merkmal der Ostkirche ist, von der Venedig auch sonst vieles übernommen hat. Es gab Kirchen, die den Heiligen Moses, Hiob, Daniel, Samuel und Jeremias geweiht waren. Die Venezianer identifizierten sich mit dem erwählten Volk, das ähnlich wie sie auf der Suche nach einem ihnen von Gott zugewiesenen, »versprochenen« Heimatland lange durch die Wildnis gezogen war.

Es gab auch einige »Gastheilige«. Venedig war schließlich von allerfrühester Zeit an eine Touristenstadt. Der berühmteste dieser Reisenden in Sachen Gott ist wohl der heilige Franziskus, der nach einem vergeblichen Versuch, den Sultan zur Konversion zu bewegen, irgendwann in den 1220er Jahren in der Stadt eintraf. Er nahm in Venedig selbst Quartier, hörte aber eines Tages einige Vögel auf einigen Bäumen, die in den Marschen wuchsen, singen. Er ruderte mit einem Gefährten zu der Stelle hin, und als sie aus dem Boot stiegen und das sumpfige Gelände betraten, begann der heilige Franziskus laut zu beten. Die Vögel ließen sich jedoch nicht stören und sangen weiter, worauf der Heilige ihnen befahl zu verstummen. Sie gehorchten und flogen auch nicht weg, bevor er ihnen die Erlaubnis dazu erteilte. Genau an diesem Fleck wurden später eine Kirche und ein Franziskanerkloster errichtet.

Sa più el papa e un contadin che el papa da solo.

(Der Papst und ein Bauer wissen mehr als der Papst allein.)

Venezianisches Sprichwort

Die Venezianer schätzten den Papst nicht besonders und hatten auch nicht viel für den Katholizismus übrig, so wie er außerhalb des eigenen Territoriums praktiziert wurde. Die Jesuiten, die als Agenten des Papstes galten, waren in Venedig unbeliebt; die Kinder machten sich einen Spaß daraus, sich ihnen an die Fersen zu heften und zu rufen: »Geht weg, geht weg, nehmt nichts mit und kommt nie wieder.« Pius II. beschimpfte die Venezianer als »Krämer« und »Barbaren« und »Heuchler«. Er erklärte: »Sie denken nie an Gott, und vom Staat abgesehen, den sie als Gottheit ansehen, haben sie vor nichts Ehrfurcht, ist ihnen nichts heilig.« Die Venezianer wiederum sahen im Papst einen Feind, eher einen rivalisierenden Herrscher über italienisches Territorium als einen Stellvertreter Gottes. So wurde in der Stadt auch leidenschaftlich Papsthetze betrieben. Es gibt eine bekannte Geschichte von einem Venezianer, der im Gefängnis saß und, als er von der Thronbesteigung Sixtus V. erfuhr, in die Hände klatschte. »Ich werde jetzt frei sein«, sagte er, »denn er hat mich verführt, als ich ein Junge war.« Das war eine Geschichte ganz nach dem Geschmack der Venezianer. Sie waren entzückt, als einer ihrer Botschafter im 16. Jahrhundert aus London meldete, dass dort Drucke kursierten, die einen Medaillen, Mitren und Rosenkranzperlen scheißenden Papst zeigten.

Die Inquisition hatte daher in Venedig nur sehr begrenzten Zugriff. Von römischer oder spanischer Inbrunst, von Fanatismus war nichts zu verspüren. Die Venezianer bestanden darauf, dass bei allen Verhandlungen drei weltliche Richter zugegen waren und ein Gegengewicht zu den Anklägern der Kirche bildeten. Ein Inquisitionstribunal wurde 1547 in Venedig tätig, doch charakteristischerweise richtete es die Mehrzahl seiner Untersuchungen in dieser für den Aberglauben seiner Bürger bekannten Stadt gegen Frauen, die der Hexerei bezichtigt wurden. Die Protokolle der Prozesse geben einen informellen und nahezu lässigen Befragungsstil zu erkennen. Die venezianischen Protokollanten tendierten dazu, auch die trivialsten Einzelheiten festzuhalten. Man sieht daher die Menschen von damals beinahe vor sich, hört ihre Stimmen: »Und als sie dies sagte, weinte sie.« – »›Oh‹, sagte er, ›da ist noch was, das ich zu erzählen vergessen habe.‹« – »Da er darauf nichts zu antworten wusste, schwieg er für die Länge eines Miserere.«

Man kann nicht davon ausgehen, dass die Venezianer besonders menschenfreundliche oder milde Richter waren. Der entspannte Ton bei den Verhandlungen ist lediglich ein Zeichen dafür, dass es in der Stadt schon eine voll ausgebildete Kultur der gegenseitigen Denunziation gab; mit anderen Worten: Die Bürger waren daran gewöhnt, von anderen diffamiert oder angezeigt zu werden. Doch drakonische Strafen wurden nur sehr selten verhängt. Es wurden nur wenige Hinrichtungen wegen Ketzerei vorgenommen, wenn man die anderen katholischen Staaten zum Vergleich heranzieht. Auch kam nur dann und wann Folter zur Anwendung. Die Frauen, die man der Hexerei überführte, verurteilte man für gewöhnlich dazu, eine bestimmte Zeit am Pranger zu stehen.

Die venezianische Kirche konnte unabhängig von Rom agieren, weil ihre Autorität eine feste Grundlage durch die Zustimmung des Volkes besaß. Die Priester wurden von den Haus- und Grundbesitzern in jedem der siebzig Sprengel gewählt. Es war ein relativ demokratisches System, das zeigt, wie untrennbar Religion und Gesellschaft miteinander verwoben waren, und das an die Gewohnheiten der frühen

Bota piena, cesa voda.

(Volles Faß, leere Kirche.)

Venezianisches Sprichwort

Christen erinnerte. Schätzungen zufolge entstammte ein Viertel des Klerus der Stadt der Patrizierklasse, was jedoch bedeutet, dass die überwältigende Mehrheit der annähernd sechshundert Geistlichen der Stadt gewöhnliche Bürger waren oder sogar der Schicht der *popolani* angehörte. Der Ausdruck für »Gemeindepfarrer« im Venezianischen, *pievano*, leitet sich vom lateinischen Wort *plebs* her. Die einzigartige Rolle des Priesters in seinem Sprengel könnte also letztlich auf die frühen demokratischen Gesellschaftssysteme jener zurückzuführen sein, die als Erste in die Lagunenregion kamen. Sicherlich kann dies das feste Verwurzeltsein der Frömmigkeit im Volk und deren Stärke miterklären. Die Priester wurden innerhalb ihrer Gemeinde auf jeder denkbaren Ebene tätig. Sie übernahmen die Funktion von Notaren, setzten Testamente und Heiratsverträge auf, betätigten sich als Finanziers und traten bei gesellschaftlichen Streitigkeiten als Schiedsrichter auf. Sie konnten auch als Anwälte oder Buchhalter fungieren.

Ihre Schäfchen waren mit Sicherheit die abergläubischsten von ganz Italien. Die Mitschriften der Hexenprozesse decken die ganze Leichtgläubigkeit dieser Menschen auf. Es war eine Stadt der Omina und Prophezeiungen. 1499 konsultierte der Senat ein Orakel, das als »der Geist von Ferrara« bekannt war, und legte ihm Fragen vor wie: »Werden wir Krieg mit Mailand führen?« Und: »Werden wir Pisa verlieren?« 1506 überbrachte man dem Dogen und dem Rat der Zehn die Nachricht von der Geburt eines geflügelten und bepelzten Monsters. 1513 diskutierte das gleiche Zehnergremium über die Warnungen eines Astrologen. Es gab viele abergläubische Vorstellungen und Praktiken: Es war gut, wenn man an einem Samstag starb. Wenn es auf die Totenbahre regnete, würde die Seele des Verstorbenen in jedem Fall errettet sein. Es war unklug, zwischen den beiden Säulen auf der Piazzetta hindurchzugehen; das Pech würde einem dann an den Fersen kleben. Ein Gast, der bei Tisch sein Mundtuch zerknautschte, würde nie wieder zum Essen kommen. Wenn die Uhr genau in dem Moment die Stunde schlug, in dem man fragte, wie spät es sei, dann habe man seine eigene Totenglocke gehört. Die erste Person, die man am Neujahrstag traf, entschied darüber, ob einem in jenem Jahr Gutes widerfahren würde oder nicht; ein Buckliger bedeutete Glück, ein Lahmer kündigte Unannehmlichkeiten an. Diese abergläubischen Vorstellungen und viele ähnliche waren im 19. und 20. Jahrhundert durchaus noch lebendig.

Die venezianische Variante von Hexerei unterschied sich von der auf dem Festland üblichen Art. Es war die Hexerei einer eng miteinander verwobenen urbanen und merkantilen, nicht nur für den ganzen Aberglauben des Westens, sondern auch den des Ostens empfänglichen Gesellschaft. Es hieß, dass es Hexen größtes Vergnügen bereite, nachts die Vertäuungen von Gondeln zu lösen und nach Alexandria zu fahren. Wenn man Kindern die Haare schnitt, dann sammelten ihre Mütter diese sorgsam vom Boden auf, damit sie nicht irgendeiner bösen alten Vettel in die Hände fielen. Diejenigen, die verhext oder von einem Dämon heimgesucht worden waren, konnte man daran erkennen, dass ihre Gesichter die Farbe unreifer Früchte angenommen und ihre Augen sich zu Schlitzen verengt hatten. Diejenigen, auf denen ein Fluch lag, litten unter einer ganzen Reihe unangenehmer Symptome: Einige hatten das Gefühl, Hunde würden ihnen das Fleisch von den Knochen reißen, oder ihnen sei ein Bissen in der Kehle stecken geblieben, oder ein eiskalter Wind würde in ihren Körper fahren. Stürme auf See führte man auf das Treiben von Teufeln zurück, weswegen der heilige Markus und andere Heilige am Rand der Lagune Wache hielten.

Doch gehörten Hexen auch zur religiösen Kultur der Stadt. Sie riefen die Jungfrau und die Heiligen an. Eine berüchtigte Hexe namens Apollonia erzählte den Inquisitoren, dass sie »im Namen Gottes und der Jungfrau Maria, die ihre Hände vor die meinen hält«, bete. Um Nasenbluten zu stillen, musste man die rituelle Formel aufsagen: »Blut, bleibe stark, so wie unser Herr Jesus Christus im Tode stark blieb. Blut, bleibe in der Ader, so wie unser Herr Jesus in seinem Leiden ver-

Nicht viel besser als Prinzen und Königen ergeht es [in Märchenerzählungen] den geistlichen Herren in Venedig. Zwar stellen sie ihre Fähigkeiten unter Beweis, wenn Hexengeister zu bannen oder ruhelose Seelen wieder ins Jenseits zu befördern sind, doch ansonsten lassen ihnen die Geschichten wenig Schmeichelhaftes angedeihen. Allzuleicht erliegen sie dem Glanz des Goldes oder den Reizen der Weiblichkeit und gehen in Verfolgung ihrer diesbezüglichen Zwecke recht unpriesterlich zu Werke.

Herbert Boltz

harrte.« Eine der frühesten Erinnerungen Casanovas hatte mit Nasenbluten zu tun. Seine Großmutter packte ihn sofort in eine Gondel und brachte ihn nach Murano zu einer Hexe. Das alles weist auf einen katholischen Volksglauben mit uralten Wurzeln hin. In Venedig hat er überlebt.

Für die Einstellung der Venezianer zur Hexerei war aber letzten Endes ausschlaggebend, dass man damit Geld erwerben konnte. In dieser Kultur wurde »wissenschaftlich« betriebene Nekromantie zum Auffinden verborgener Schätze eingesetzt. Schätze zu finden war eine fixe Idee der Venezianer, sie wurden ganz und gar von dieser Vorstellung vereinnahmt. In den Akten der Inquisition ist immer wieder von der Suche nach »Zaubergold« die Rede. Ein Patrizier hatte seinen Freunden unter dem Siegel der Verschwiegenheit mitgeteilt, dass er von einer großen Menge Goldes wisse, die von Geistern bewacht in einer tiefen Höhle liege. Das war ein Märchen, in welchem auf der einen Seite venezianische Erfindungsgabe zum Ausdruck kam, das andrerseits aber auch von der naiven Leichtgläubigkeit der Venezianer kündet. Alchemisten waren in der Stadt immer willkommen; die Aussicht, dass wertlose Metalle sich in Gold verwandeln könnten, war zu verlockend, als dass man hätte widerstehen können.

Und natürlich schlug sich der Kaufmannsgeist auch im Umgang mit übernatürlichen Kräften nieder. Der Teufel musste immer für seine Dienste bezahlt werden, mit Salz zum Beispiel oder mit einer Münze. Man hatte darauf zu achten, dass der Handel für beide Seiten fair war. Magie konnte für politische Zwecke herangezogen werden. Es gab viele Fälle, in denen der Teufel herbeigerufen wurde, um die Namen jener preiszugeben, die in den Großen Rat gewählt werden würden. Glücksspieler verwendeten Zaubersprüche und Symbole. Es war auch eine Kultur, in der Liebestränke hoch im Kurs standen. Einer dieser Tränke setzte sich aus mit Menstruationsblut vermischtem pulverisiertem Salbei zusammen; wenn eine Frau ein paar Tropfen davon in das Essen oder das Getränk eines Mannes gab, dann wurde er unwiderstehlich zu ihr hingezogen. Wo Leute so dicht gedrängt auf so kleinem Raum leben, kann die Leidenschaft hohe Wellen schlagen.

Geister spukten in Venedig häufiger herum als anderswo in Italien. Es gibt wenige andere italienische Städte, in denen Spukgeschichten zur kulturellen Tradition gehören. Doch Venedig war im 18. Jahrhundert zur Bühne für Geister und Phantome geworden, und ist es in dem von Alberto Toso Fei 2004 veröffentlichten Buch *Venezianische Legenden und Spukgeschichten* immer noch. In einem sehr realen Sinn wurde Venedig von seiner Vergangenheit heimgesucht. Es wollte an dieser Vergangenheit festhalten. Wie konnte man das besser zum Ausdruck bringen als dadurch, dass man an jeder Straßenecke Gespenster sah. Es hieß, dass am Vorabend von Allerseelen die Toten ihre Ruhestätten auf der Friedhofsinsel S. Michele verließen und über die Lagune in die Stadt übersetzten. Jeder dieser Geister kehrte dann in sein oder ihr altes Heim zurück und saß unsichtbar für die meisten Lebenden neben dem Küchenfeuer. Wie konnte man einen Geist sehen? Nur jemand, dessen Taufzeremonie unterbrochen oder nicht vorschriftsmäßig ausgeführt worden war, besaß die Fähigkeit dazu. Für die Venezianer reichten die Verlockungen des Geldes auch in die Gespensterwelt hinein. Die Spukwesen, die einen am häufigsten begegneten, waren die Geister von Menschen, die vor ihrem Tod einen Schatz vergraben hatten und jetzt in ihrer neuen Gestalt nach ihm suchten.

Von einigen der größeren Häuser erzählte man sich, dass in ihnen ein Gespenst umgehe. Gewisse Wasserstraßen wurden gemieden. Es gibt Geschichten von kreischenden Totenschädeln, von Statuen, die zum Leben erwachen, von merkwürdigen Kreaturen der Tiefe. Die Venezianer haben immer eine Vorliebe für das Bizarre und Fantastische gehabt. Das Leben auf dem Wasser macht einen offen für das Übernatürliche und unbewusste Assoziationen. Aus dieser uterinen Wasserlandschaft steigen seltsame Geschöpfe auf, die die Träume oder Nachtmahre der Menschheit verkörpern. Daher die ungeheure Furcht der Venezianer vor Magie.

TEIL X

Der Schatten der Geschichte

32

Niedergang und Fall?

Zu Beginn des 17. Jahrhunderts baute die Stadt nicht mehr genügend Schiffe; ihr Anteil am Handel mit aus dem Nahen Osten importierten Waren schrumpfte; die holländischen und englischen Kaufleute machten sich den kürzlich entdeckten Seeweg um das Kap der Guten Hoffnung herum zunutze, um mit Indien Handel zu treiben; der deutsche Markt brach infolge des Dreißigjährigen Kriegs zusammen. Es gab nur noch drei venezianische Kaufleute in Konstantinopel. Außerdem waren die Kauffahrer auf den Haupthandelsrouten durch Raubzüge von Piraten ständiger Bedrohung ausgesetzt.

Angesichts des von anderen europäischen Staaten betriebenen wirtschaftlichen Wettbewerbs kam die venezianische Regierung zu der Ansicht, ihre Hauptaufgabe bestehe darin, darauf zu achten, dass bestimmte Produktionsstandards erhalten blieben. Das bedeutete aber, dass die Kosten nicht sanken. Die Herausforderungen durch die Konkurrenten ließ die Stadt wieder verstärkt zu dem ihr eigenen Traditionalismus zurückkehren. Das Gildensystem blieb bestehen, so dass die Gewerbetreibenden weiterhin strenge Auflagen zu erfüllen hatten; die Arbeitspraktiken in den diversen Manufakturen änderten sich nicht. Gesetze wurden verabschiedet, die der venezianischen Schifffahrt in venezianischen Häfen Vorrechte gewährten: Für Venedig bestimmte Güter durften nur auf Schiffen venezianischer Eigner transportiert werden. Venedigs Konservatismus und dieser neu eingeführte Protektionismus bedeuteten, dass die Stadt in den 1630er und 1640er Jahren mit dem raschen Wandel in der merkantilen Welt nicht mitzuhalten vermochte. Billiger arbeitende Konkurrenten verdrängten die Venezianer beispielsweise im Färberei- und Druckereigewerbe zunehmend vom Markt. Venedig bewahrte sich die Vorherrschaft auf dem Gebiet des Handels mit Luxusgütern, in allen anderen Bereichen geriet es jedoch ins Hintertreffen. Die Annalen der Stadt werden von einem gewissen Zeitpunkt an von einem melancholischen, langen Schwanengesang einer einstmals großen ökonomischen und politischen Macht geprägt.

Im letzten Jahrzehnt des 17. Jahrhunderts wurde Venedig vom Papst mit einem Interdikt belegt, womit die ganze Einwohnerschaft effektiv aus der christlichen Gemeinschaft ausgeschlossen war. Das Interdikt verfehlte aber seine Wirkung, und zwar vor allem wegen der Indifferenz der Bürger gegenüber päpstlicher Missbilligung. Als ein Mitglied der Regierung einem führenden Mann der Kirche sagte, dass auf dem Territorium der Republik keine päpstliche Bulle geöffnet oder gelesen werden dürfe, erwiderte dieser: »Ich werde vorgehen, wie der Heilige Geist es mir eingibt.« Woraufhin der Regierungsvertreter meinte: »Der Heilige Geist hat dem Rat der Zehn bereits eingegeben, alle ungehorsamen Untertanen aufknüpfen zu lassen.« Als ein Priester sich an das Edikt des Pontifex hielt und seine Kirche schloss, wurde am nächsten Morgen vor deren Eingang ein Galgen aufgerichtet. Schon fünfzig Jahre früher hatte ein anderer Papst zum venezianischen Botschafter gesagt: »Die führenden Männer Eures Staates sind zähe Burschen und müssen lange gar gesotten werden.« Dass die Venezianer dem Papst so erfolgreich Paroli boten, behinderte diesen gewaltig bei der Verwirklichung seiner Ambitionen im übrigen Italien; doch die drohende Exkommunikation verstärkte den Eindruck, dass man die Unabhängigkeit der Stadt nie für selbstverständlich nehmen konnte.

Dass man sich eigentlich permanent bedroht fühlte, kam in der nahezu hysterischen Reaktion auf die Aufdeckung der sogenannten »Spanischen Verschwörung« besonders deutlich zum Ausdruck. Es heißt, dass 1618 ein normannischer Söldner an die spanische Regierung und deren Vertreter in Italien herangetreten sei und einen Plan zur Zerstörung der Lagunenstadt vorgelegt habe. An einem zuvor verabredeten Tag würden seine Leute das Arsenal, die Münze und den Dogenpalast in Brand stecken; gleichzeitig sollten alle *nobili* massakriert und die Schiffe der spanischen Kriegsflotte alle zur Stadt führenden Fahrrinnen unter ihre Kontrolle bringen. Venedig würde in die Hände der Spanier fallen. Dem Bericht zufolge ging der Marquis von Bedmar, der damalige spanische Botschafter in Venedig, begeistert auf diesen Vorschlag ein. Das Gleiche traf auf die Franzosen zu, und auch der Herzog von Osuna, der spanische Vizekönig von Neapel, war zutiefst in das Komplott verstrickt.

Doch wie so oft in Venedig hatten geheime Informanten die Verschwörer verraten. Der Plan wurde dem Rat der Zehn hintertragen, der am 17. Mai 1618 sofort Gegenmaßnahmen ergriff. Zufällig war dies der Tag, an dem ein neuer Doge gewählt werden sollte und es in der Stadt von Reisenden und neugierigen Beobachtern wimmelte.

Als die Bürger der Stadt am Morgen des 18. Mai erwachten, baumelten die Leichen zweier Männer von einem Galgen zwischen den beiden Säulen auf der Piazzetta. Die diversen feierlichen Zeremonien, die die Dogenwahl begleiteten, fanden im Lauf der nächsten drei Tage wie gewohnt statt, wobei die Leichname der beiden Hingerichteten immer voll im Blick waren. Die Behörden gaben keine Informationen über die Identität der Männer heraus. Es sickerte aber durch, dass es sich um Franzosen handelte. Die Besitzer einiger der Herbergen, in denen viele Franzosen wohnten, verfügten plötzlich über reichlich freie Zimmer. Es hieß, fünfhundert weitere Verschwörer seien in der Nacht auf den 18. Mai in den Kanälen ertränkt worden. Bedmar musste aus der Stadt fliehen. Der französischen Botschafter, der ebenfalls der Mittäterschaft verdächtigt wurde, nahm die Gelegenheit wahr, eine Pilgerfahrt nach Loretto anzutreten.

Das Schweigen der Behörden könnte auf Verlegenheit zurückzuführen gewesen sein. Sehr wahrscheinlich gab es nämlich überhaupt keine richtige Verschwörung, und der Rat der Zehn hatte aufgrund nicht zutreffender Informationen, von Panik erfasst, völlig übertrieben reagiert. Diese Reaktion zeigt aber, dass die politischen Führer der Stadt Venedig stets als von sofortiger Vernichtung bedroht ansahen.

In geschichtlichen Werken rangiert die »Spanische Verschwörung« auf einer Ebene mit der »Schießpulververschwörung« und dem »Massaker der Bartholomäusnacht« als emblematisches Ereignis. Sir Henry Wotton zufolge war es »die gemeinste und fürchterlichste Sache, die seit Gründung der Stadt jemals an Tageslicht gefördert wurde«. Es wurden verschiedene Erklärungen für die Verschwörung abgegeben, die allesamt nicht überzeugen.

So wurde beispielsweise behauptet, die venezianische Obrigkeit habe mit Osuna unter einer Decke gesteckt; ihr Ziel sei es gewesen, Neapel unter venezianische Oberhoheit zu bringen, doch habe sie, als der Plan aufzufliegen drohte, alle Beweise vernichtet, indem sie sämtliche Abgesandten Osunas in der Stadt umbringen ließ. Vielleicht gab es eine Verschwörung oder sogar eine Verschwörung innerhalb einer Verschwörung mit all den verwickelten und komplizierten Machenschaften, wie sie zu einer so argwöhnischen und theatralischen Stadt passen. Das Geschehen wurde in jedem Fall Thema von Dramen und Pamphleten höchst melodramatischer Art. Es inspirierte Thomas Otway zu seinem gelungensten Stück, *Venice Preserv'd (Das gerettete Venedig)*. Venedig ist immer gerettet worden, immer erhalten geblieben. Das wird immer so sein. Ein venezianisches Sprichwort bestätigt das: *Sempre crolla ma non cade* – Die Stadt ist ständig dabei zu kollabieren, stürzt aber doch nicht.

Zwölf Jahre später wurde die innere Harmonie der Stadt erneut erschüttert; die große Pestepidemie des Jahres 1630 forderte das Leben von fünfzigtausend ihrer Einwohner. Die Regierung unternahm große Anstrengungen auf dem Gebiet der öffentlichen Gesundheitsfürsorge; in einer Zeit der Schwäche mussten Panik oder Aufruhr in den Reihen der Bevölkerung auf jeden Fall vermieden werden. Doch sank

Der englische Dramatiker Thomas Otway (1652–1685) griff für sein 1682 veröffentlichtes Schauspiel *Venice Preserved* auf eine ältere Darstellung der »Spanischen Verschwörung« durch den Abbé de St. Réal zurück. In einer Ausgabe der Werke Otways aus dem 18. Jahrhundert heißt es im Vorwort des Herausgebers:

Das Stück beruht auf dem historischen Roman von Saint-Réal, Conjuration des Espangols contre la Venise en 1618, *wenn auch Sir Henry Wotton, der zu jener Zeit unser Botschafter in Venedig war, von einer »französischen« Verschwörung spricht. Die ganze Angelegenheit wurde von der Republik so weit wie möglich im Dunkeln belassen, und ihr genaues Wesen läßt sich nicht ohne weiteres bestimmen. Mr. Horatio Brown jedoch hat durch von ihm durchgeführte Untersuchungen in den venezianischen* die Zahl der Einwohner auf hundertzweitausend, und auch in den darauffolgenden Jahrhunderten erholte sie sich rein quantitativ nicht wieder richtig von der Katastrophe. Das war für die Obrigkeit nicht unbedingt Anlass zum Bedauern. Natürlich gingen die Steuereinnahmen zurück, doch die relative Entvölkerung bedeutete, dass es mehr Arbeitsstellen für die Überlebenden gab und die Löhne exponentiell stiegen. Die Einkommen wurden also höher, während die Preise sanken. Auch in Notzeiten stellte die Stadt ihre Autarkie unter Beweis.

Wie kann man überhaupt in Bezug auf eine Stadt, die bis heute intakt geblieben ist und überlebt hat, von Versagen und Niedergang reden? Gegen Ende des 17. Jahrhunderts war Venedig ein funktionierendes Gemeinwesen. Der englische Botschafter hatte 1612 berichtet, die Senatoren seien »zänkisch, rachsüchtig, liederlich und verschwenderisch« geworden; doch sie hatten zusammengehalten. Tatsächlich erlebte Venedig gegen Ende jenes Jahrhunderts einen wirtschaftlichen Aufschwung. Der Handel mit Deutschland und den Türken in Konstantinopel erfuhr eine Wiederbelebung. Die Einnahmen aus Steuern, die im Zusammenhang mit der Seeschifffahrt anfielen, stiegen in den letzten drei Jahrzehnten des 17. Jahrhunderts um siebzig Prozent. Der Lebensstandard war in keiner Weise niedriger geworden. Venedig mag kein internationaler Warenumschlagplatz mehr gewesen sein, aber es war zu einem wichtigen regionalen Hafen geworden, der die Gebiete längs des Po versorgte. Um den Verkehr auf der Etsch zu intensivieren, wurde ein großes öffentliches Bauprogramm ins Leben gerufen. Es entstanden neue Straßen an den Rändern der Lagune. Projekte zu Reformen auf den Gebieten von Recht, Erziehung und Technologie wurden in Angriff genommen. Die Funktionen der Stadt hatten sich verändert, und sie passte sich den neuen Erfordernissen an und überlebte. Sie wurde jedoch in jeder Hinsicht zu einer lokalen statt einer europäischen Macht.

Spätestens Ende des Jahrhunderts verabschiedete man sich

Archiven Licht auf die Ereignisse werfen können. In seinem kürzlich vorgelegten reizenden Band Venetian Sketches *legt er dar, daß französische Abenteurer, denen es am Nötigsten mangelte, die Ambitionen spanischer Granden wie Osorio, dem Vizekönig von Neapel, und Bedamar, dem Botschafter in Venedig, entfacht zu haben scheint, den Untergang der Republik herbeizuführen, indem sie sich die große innere Korruption sowie den eklatanten Kontrast zwischen sozialem Überfluss und sozialer Armut und der sich daraus ergebenden politischen Unzufriedenheit zunutze machten.*

Roden Noel

in Venedig von jeder Illusion, was den Status der Stadt auf internationaler Bühne betraf. Einst hatte man über ein Imperium geherrscht, jetzt besaß man nur noch Dalmatien und einige der Inseln im Ionischen Meer. Das war jedoch nicht notwendigerweise ein Anlass zur Klage. Von England sagte man im 20. Jahrhundert, es habe sein Empire verloren und noch keine neue Rolle für sich entdeckt. Das war im Fall Venedigs anders. Die Stadt diente als Umschlaghafen für Güter, die für Westeuropa im Allgemeinen und für die Nordseeanrainer im Besonderen bestimmt waren. Dreißig englische und fünfzehn holländische Kauffahrteischiffe legten jedes Jahr in ihrem Hafen an. Der Handel in der zweiten Hälfte des 18. Jahrhunderts war in keiner Beziehung weniger niveauvoll, als er es im 15. Jahrhundert gewesen war. Fahrrinnen wurden vertieft, damit die größer gewordenen Segelschiffe sie benutzen konnten, und auf dem Festland hob man neue Kanäle aus, um das Wasser der Flüsse umzuleiten, das sonst bei bestimmten Gelegenheiten den Wasserstand in der Lagune bedrohlich hätte ansteigen lassen. In regionalen politischen Angelegenheiten bezog Venedig ganz bewusst einen neutralen Standpunkt, da man begriffen hatte, dass Kriege und Gerüchte über Krieg dem Geschäft auf dem italienischen Festland nicht zuträglich waren. Die Venezianer gewöhnten sich an Frieden und an ein Leben in Frieden, was vielleicht im Licht späterer Ereignisse betrachtet nicht unbedingt von Vorteil war. Doch dass Venedig sich aus dem Kriegsgeschehen zurückzog, trug auch dazu bei, seine Reputation als weiser *arbiter* und als vorbildlich, was kluges Regieren anbetraf, zu stärken. Seine Verfassung wurde in keiner Weise verändert oder reformiert.

Im 18. Jahrhundert machte es sich Venedig, wie wir schon erfahren haben, zur Aufgabe, zur führenden Stadt auf dem Gebiet der Kunst und des Vergnügens zu werden. Es definierte sich selbst neu als der verlockendste, verführerischste Hafen für ausländische Besucher. Die öffentlichen Gebäude wurden renoviert und die Kirchen restauriert. Neue Theater und Krankenhäuser wurden gebaut. Das war das Zeitalter

Canalettos, dessen Veduten der Stadt Venedig zum Inbegriff urbanistischer Anmut gemacht haben. Es war aber auch das Zeitalter von Giambattista Tiepolo, der 1696 geboren wurde und 1770 starb. Er hatte die ganze Lebhaftigkeit und Energie seiner venezianischen Vorgänger geerbt und lieferte so einen im wahrsten Sinn des Wortes anschaulichen Beleg dafür, dass der Geist und die Größe der Stadt nicht starben. Beides lebte unter veränderten Bedingungen neu auf und warf neue Früchte ab. In der ersten Hälfte des 18. Jahrhunderts ertönte auch erstmals die Musik Vivaldis. Ist es nicht viel glorreicher, Musik zu machen als Krieg zu führen? Das war keine sterbende Stadt, sie vibrierte von Leben, stärker als jemals zuvor.

Dieser glückliche Zustand sollte jedoch nicht ewig andauern. Übertriebene Lebhaftigkeit schlägt oft in Konfusion um. Gegen Ende des 18. Jahrhunderts hatte Venedig seine Freiheit verloren. Seine Struktur löste sich nicht auf, und auch sein Erbe kam ihm nicht abhanden, aber es büßte seinen Status als Republik ein. Zwanzig Jahre vor der Katastrophe lag schon fiebrige Nervosität in der Luft. Als Carlo Contarini 1779 vor dem Großen Rat redete, erklärte er, »alles befindet sich in Verwirrung, in Unordnung. Unser Handel liegt danieder; ein Bankrott nach dem anderen beweist es. Jede Speise ist außergewöhnlich teuer. Das, was ausreichte, um unsere Familie zu erhalten, und von dem noch etwas für den Staat übrig blieb, genügt jetzt nicht, um uns am Leben zu erhalten.« Im Jahr darauf verlieh der Doge Paolo Renier einem ganz ähnlichen Gefühl Ausdruck. »Wir besitzen keine Streitkräfte«, teilte er dem Großen Rat mit, »weder zu Land noch zu Wasser; wir sind mit niemandem verbündet. Wir sind für unser Überleben auf unser Glück angewiesen, auf Zufälle, und ganz und gar abhängig von jener Vorstellung von venezianischer Klugheit, die andere in Bezug auf uns haben.« 1784 schloss der Patrizier Andrea Tron diese Klagelitanei folgendermaßen: »Die alten bewährten Grundsätze und Gesetze, die einen großen Staat erschufen und immer noch erschaffen könnten, sind in Vergessenheit geraten …« Was die einst so große Handelsmacht jetzt noch im Angebot hatte, waren »überflüssige Annehmlichkeiten, exzessiver Luxus, eitle Aufführungen, angebliche Vergnügungen und Laster«.

Io non voglio piu inquisitori, non voglio piu senato.

(Ich will keine Inquisitoren mehr und keinen Senat.)

Napoleon Bonaparte nach der Eroberung Venedigs

Die drei Männer sahen jeder auf seine Weise ganz intuitiv voraus, was sonst nicht voraussehbar gewesen wäre. Wer hätte den Aufstieg Napoleons zur Macht und die Unterwerfung Venedigs unter den Willen dieses einen Mannes vorhersagen sollen? Doch natürlich war das Geschehen nicht auf diesen einen Mann zurückzuführen. In *Krieg und Frieden* stellt Tolstoi in Bezug auf das Phänomen Napoleon die Frage: »Warum kommt es zu Kriegen oder Revolutionen? Wir wissen es nicht. Wir wissen nur, dass, um das eine oder andere hervorzubringen, die Menschen sich in eine bestimmte Verbindung miteinander bringen, an der alle teilhaben; und wir können sagen, dass dies die Natur des Menschen ist, dass dies das Gesetz ist.«

Der »Fall« Venedigs war in Wirklichkeit nur ein Wandel seiner historischen Identität. Man kann nicht sagen, ob dieser Wandel eine Schande oder ein Triumph war, weil wir nicht wissen, wer am Ende triumphieren und wer Schande über sich gebracht haben wird. Das ist die Schwachstelle aller moralistischen Deutungen geschichtlicher Ereignisse. Wir müssen die Möglichkeit ausschließen, jemals den »Sinn« oder das »Ziel« eines historischen Geschehens zu erkennen, außer dem, einem blinden Instinkt zu seiner momentanen Erfüllung zu verhelfen; worauf ein solches Geschehen letztlich hinausläuft, muss sich zwangsläufig unserer Kenntnis entziehen.

Warum »fiel« Venedig? Wir können erneut *Krieg und Frieden* heranziehen, um zu begreifen, dass es keine Antwort gibt. »Wenn der Apfel reif ist und vom Baume fällt – warum fällt er? Weil sein Gewicht ihn zur Erde zieht? Weil sein Stängel vertrocknet ist? Weil er in der Sonne dürr geworden ist? Weil er zu schwer ist? Weil der Wind ihn abschüttelt? Weil der Knabe, der unter dem Baum steht, ihn abschüttelt?«

Das Ende kam rasch. 1789 wurde Ludovico Manin zum Dogen gewählt; es war die teuerste Dogenwahl in der Geschichte der Stadt, sie kostete das Doppelte der vorhergehenden, die 1779 stattgefunden hatte. Dieser gewaltige finanzielle Aufwand sollte sich nicht lohnen. Manin war nicht nur der hundertzwanzigste Doge in einer ununterbrochenen Folge von Herrschern, die bis ins Jahr 697 zurückreichte, sondern auch der letzte Doge in der Geschichte Venedigs. Denn nicht einmal zehn Jahre später wurde diese von Patriziern regierte Republik von Napoleon, der immer noch auf der Welle der vom Volk initiierten Revolution ritt, in ihren Grundfesten erschüttert und zerschlagen. Bonaparte war verärgert über Venedig. Er war verärgert darüber, dass einige der venezianischen Besitzungen auf dem Festland zum Zentrum der Aktivitäten von französischen *émigrés* geworden waren und die venezianische Obrigkeit den mit Frankreich verfeindeten Österreichern den Marsch durch ihr Territorium gestattet hatte. Als er in der Poebene eintraf, schickte er seine Leute mit einer »Freiheitsbotschaft« in die Lagunenstadt. Seine Soldaten sollten nicht als blutdürstige plebejische Revoluzzer angesehen werden, sondern als hingebungsvolle Kämpfer für politische *liberté*, die entschlossen waren, ein ungerechtes und unfähiges Regime, das sich selbst überholt und in Misskredit gebracht hatte, aus der Welt zu schaffen. Es wird in der Tat einige Venezianer gegeben haben, die Napoleons Kommen begrüßten.

Als er den Po überquert hatte, war das Ende nicht mehr fern. Ein neuer Wächter über die venezianischen Territorien, ein *provveditore*, wurde eingesetzt, dessen offizieller Auftrag darin bestand, »die Ruhe in der Republik zu erhalten und ihren Untertanen Beistand und Trost zukommen zu lassen«. Als Napoleon in Verona einzog, traten der *provveditore* und seine Gehilfen in Verhandlungen mit ihm ein; der Kaiser zeigte sich leutselig und freundlich, doch konnte man ihm keine Konzessionen abringen. Es hieß, er habe, immer noch auf allerfreundlichste Weise, damit gedroht, ein Lösegeld von sechs Millionen Francs dafür zu verlangen, dass er die Stadt ungeschoren ließ. Die Venezianer verfügten über keine Landstreitkräfte, und von ihrer Kriegsflotte existierten nur noch wenige Einheiten. Sie waren jedem Angreifer so gut wie schutzlos preisgegeben. Napoleon setzte zunächst einmal seinen Feldzug durch die venezianischen Territorien fort, von denen eines nach dem anderen unter französische Besatzung geriet.

Dass Venedig in dem Konflikt zwischen Frankreich und Österreich bewusst eine neutrale Position eingenommen hatte, wirkte sich jetzt zuungunsten der Stadt aus. Die Franzosen bezichtigten den Senat, den Österreichern beizustehen, während natürlich auf der anderen Seite die österreichische Regierung die Venezianer beschuldigte, Bonaparte zu unterstützen. Der Doge und der Senat unternahmen nichts. Es schien, als wären sie wie gelähmt vor Angst. Ein Schriftsteller aus Padua, Ippolito Nievo, sagte mit Bezug auf den venezianischen Adel in jener Zeit, er wirke wie ein Leichnam, und man könne ihm kein neues Leben einhauchen.

Als ein Waffenstillstandsabkommen zwischen Frankreich und Österreich geschlossen wurde, rechnete Bonaparte damit, dass Venedig ihm bald in die Hände fallen würde. Er testete, wie man dort auf Provokationen seinerseits reagieren würde. So schickte er am 20. April 1797 ein Schiff in den Hafen der Lidoinsel, wo es von einer venezianischen Galeere angegriffen wurde. Das fassten die Franzosen als Kriegserklärung auf. Der Senat trat zu einer Dauersitzung zusammen. Napoleon stachelte Aufstände gegen die Herrschaft der Venezianer in den Städten auf dem Festland an. Zwei *nobili* wurden am 25. April zu ihm entsandt. Er war beeindruckend in seinem gespielten Zorn. Er bezichtigte die Venezianer, Gräueltaten an seinen Soldaten verübt zu haben. »Ich werde keine Inquisition, keine barbarischen Taten im Stil der Antike zulassen.« Er schloss mit der Drohung: »Ich werde ein Attila für den venezianischen Staat sein.« Er kannte sich ein wenig in venezianischer Geschichte aus. Dann, beim Essen, forderte er Reparationen in Höhe von zwanzig Millionen Franc aus der venezianischen Staatskasse.

Am 29. April zogen die französischen Soldaten an den venezianischen Grenzen auf und schlossen sie. Als die Hüter der Stadt am folgenden Tag voller Angst zusammenkamen, war der Donner der französischen Geschütze schon deutlich zu vernehmen. Der Doge lief in seinem Teil des Palastes, wo man sich aus Sicherheitsgründen versammelt hatte, im Saal auf und ab und meinte: »Diese Nacht werden wir noch nicht einmal in unseren Betten sicher sein.« Daraufhin erhob sich der Prokurator. »Ich sehe, dass es zu Ende ist mit meinem Land«, sagte er, »ich kann ihm gewiss nicht helfen. Für einen ehrenhaften Mann ist jedes Land sein Vaterland. Man kann auch in der Schweiz ohne Mühe eine sinnvolle Beschäftigung finden.« Man überredete ihn, fürs Erste noch zu bleiben, und er tröstete – oder betäubte – sich mit einer gewaltigen Prise Schnupftabak. Die *nobili* beschlossen dann, alle demokratischen Neuerungen einzuführen, die Napoleon von ihnen verlangte, in der Hoffnung, damit eine Invasion abwenden zu können.

Am Tag darauf, am 1. Mai, kam der Große Rat zusammen, vor dem der Doge eine Ansprache hielt. Er erklärte, dass man um jeden Preis Frieden schließen und Zuflucht zum Gebet nehmen müsse. In den nächsten Tagen geschah nichts Wesentliches, außer dass venezianische Gesandte zwischen der Stadt und dem Lager Napoleons hin- und hereilten. Die Venezianer gaben in jedem Punkt nach. Der Große Rat versammelte sich am 12. Mai erneut, um die Maßnahmen abzusegnen. Zwar kam man nicht auf das nötige Quorum von sechshundert Anwesenden, doch entschloss man sich, die Ratifizierung dennoch abzuwickeln. Man war gerade in die Debatte darüber eingestiegen, ob man die »vorgeschlagene provisorische stellvertretende Regierung« – also eine französische Regierung – akzeptieren solle, als man Musketenfeuer vernahm. Es handelte sich in Wirklichkeit um den Abschiedssalut einiger Seeleute, die die Lidoinsel verließen, doch die Patrizier glaubten, dass eine näher rückende Invasionsarmee diese Schüsse abgab, und gerieten in Panik. Der Doge rief: »Zerstreut euch, zerstreut euch«, um die Sitzung zu beenden. Sie taten es und verließen eilends den Ratssaal, um niemals wiederzukehren. Ippolito Nievo hielt fest:

> Nach sechzig Jahren sehe ich noch einige dieser erschrockenen, niedergeschlagenen, verängstigten Gesichter vor mir. Mir steht die Totenblässe von einigen vor Augen, das aufgelöste, beinahe betrunkene Aussehen von anderen, das nervöse Hasten der Mehrheit von ihnen, die so wirkten, als würden sie am liebsten aus dem Fenster springen, um diesem Schauplatz ihrer Schmach zu entkommen.

Der Doge stürzte nach seinen Zimmern, legte schon auf dem Wege die Zeichen seines Amtes ab und befahl, man solle diesen Schmuck auch von den Wänden entfernen; viele scharten sich um ihn, als wollten sie die eigene Schmach im Anblick einer größeren vergessen. Wer auf den Markusplatz trat, trug Sorge, Perücke und Patriziertoga vorher abzuwerfen.

Ippolito Nievo

In historischen Darstellungen jener Epoche heißt es, Manin sei in seine Privatgemächer zurückgekehrt und habe seinem Leibdiener seine Dogenmütze in die Hand gedrückt mit den Worten: »Nimm du sie, ich werde sie nicht mehr benötigen.« Das war das Ende der Republik Venedig. Bei dem letzten Karneval vor diesem Ende soll man so übermütig gefeiert haben wie bei keinem anderen in der Geschichte der Stadt, und er soll auch so viel gekostet haben wie keiner zuvor.

Die französische Armee besetzte die Stadt am 15. Mai. In einem offiziellen Report an Napoleon heißt es, dass die gewöhnlichen Bürger der Stadt »sich schweigend in ihre Häuser zurückzogen und mit Tränen in den Augen ausriefen: ›Venedig ist nicht mehr! Der heilige Markus ist gestürzt!‹«. In der Tat wurde der Markuslöwe von seiner Säule gestürzt und stattdessen ein »Freiheitsbaum« auf dem Platz errichtet. Die Insignien des Dogen und das Goldene Buch, in dem die Mitglieder des Patriziats eingetragen waren, wurden rituell verbrannt. Der abgesetzte Doge und die ehemaligen Mitglieder des Großen Rats beteiligten sich an dem Tanz um den *arbre de la liberté*. So endete ein Gemeinwesen, das mehr als tausend Jahre bestanden hatte. Das älteste Regierungssystem in ganz Europa fiel indirekt ebenfalls der Französischen Revolution zum Opfer.

Napoleon beraubte die Stadt auch vieler Kunstwerke und

anderer Schätze, ähnlich wie die Venezianer Konstantinopel und die Territorien seines Imperiums ausgeplündert hatten. Dass man die vier Bronzepferde von ihrem Standplatz über dem Portal des Markusdoms entfernte und nach Paris schaffte, wirkt irgendwie schlüssig, denn schließlich hatten die Venezianer diese Statuen sechshundert Jahre zuvor aus Konstantinopel verschleppt. Sie waren zum zweiten Mal Kriegsbeute. Dann verschacherte Napoleon Venedig selbst. Im Herbst 1797 trat er es in Zusammenhang mit einem in Campo Formio geschlossenen Abkommen an die Österreicher ab. Acht Jahre später, nachdem er die Österreicher geschlagen hatte, brachte er es wieder an sich. 1805 wurde es Teil des von ihm geschaffenen vereinigten Königreichs Italien. Für Venedig, daran gewöhnt, Eigenständigkeit, das heißt Unabhängigkeit vom Festland zu wahren, stellte das eine weitere Demütigung dar. Man war in der Lagune vom aufkeimenden Nationalbewusstsein der Italiener unberührt geblieben und akzeptierte nur widerwillig seinen neuen Status als auch im wörtlichen Sinn peripherer, also am Rand liegender Teil einer Nation. 1814 gelangte die Stadt erneut unter österrei-

Die Eisenbahnbrücke, nach deren Bau Mitte des 19. Jahrhunderts Venedig im strengen Sinn keine Insel mehr war. Die Annäherung an die mehr als tausend Jahre alte Stadt mit einem Verkehrsmittel der Moderne wurde von einigen Besuchern als besonders reizvoll empfunden. Hermann Hesse meinte 1901: »Nichts ist so spannend als die Bahnfahrt nach Venedig, wenn allmählich die Bahn in die Lagune kommt und dann die Stadt aus dem Wasser aufsteigt.«

chische Kontrolle. Sie nahm diese Regimewechsel fügsam hin und neigte ihr Haupt. Sie verfolgte die Erfüllung ihres Schicksals nur noch passiv mit.

Zu Beginn des 19. Jahrhunderts hatte Napoleon neue öffentliche Baumaßnahmen initiiert. Auf der Westseite des Markusplatzes wurde ein *palazzo reale*, ein Königspalast, errichtet. Man riss Kirchen und Klöster ab, um Platz für die *giardini pubblici* in der Nähe des Arsenals zu schaffen. Eine neue Straße, die Via Eugenia, heute Via Garibaldi, wurde am Ufer angelegt, damit man diesen Park besser erreichen konnte. Diese öffentlichen Arbeiten wurden unter österreichischer Besatzung fortgeführt Die Lagune wurde befestigt. Die Accademiabrücke, die einzige andere, die neben der Rialtobrücke über den Canal Grande führt, wurde 1854 gebaut. Die radikalste Neuerung bestand jedoch im Bau einer Eisenbahnbrücke, die Venedig mit dem Festland verband. Damit war die Stadt keine Insel mehr und büßte ihren ehrwürdigen Status als Refugium, in dem man vor dem Rest der Welt sicher war, ein. Das hieß auch, dass das Wasser der Lagune seine Hauptbedeutung für immer verlor. Vielleicht war das ja alles schon prophezeit worden. Zu Beginn des 16. Jahrhunderts hatte der Doge Andrea Gritti das Orakel von Delphi befragt. Er war von Gerüchten, die den unmittelbaren Zusammenbruch Venedigs vorhersagten, beunruhigt worden. Ihm erschien neben der Apollostatue das Panaroma seiner Stadt, die aber von grünen Feldern statt von Wasser umgeben war. Der Priester erklärte ihm, was diese Vision zu bedeuten habe: Die Republik werde zu existieren aufhören, wenn Venedig Teil des Festlands geworden sei.

Während dieser Periode kam es in der Tat zu einem progressiven ökonomischen Niedergang, von dem sich die Stadt im 20. Jahrhundert kaum zu erholen vermochte. Die patrizische Klasse war ausgelaugt, entkräftet; eine von drei alten Familien starb einfach aus. Einige der überlebenden *nobili* bekamen von der österreichischen Regierung Ehrentitel verliehen. Das war aber eine bedeutungslose Formalität, mit der sich nichts verband. Außer den Trägern dieser Titel selbst ließ sich niemand davon hinters Licht führen. Die Zahl der Einwohner ging zurück, und zwar aufgrund von Seuchen und Auswanderung. Es hatte in Venedig immer Bettler gegeben, doch im 19. Jahrhundert dominierten sie geradezu das Stadtbild, und die allgemeine Armut war der augenfälligste Aspekt des Lebens in Venedig. Man schätzte, dass ein Drittel der Bevölkerung auf die Wohltätigkeit anderer angewiesen war. Genau zu der Zeit begannen sich die englischen Romantiker für Venedig zu interessieren. Sie fühlten sich von Niedergang und Verfall, von Ruinen jeder Art angezogen.

In mancher Hinsicht stellte es die interessanteste Periode in der Geschichte der Stadt dar. Gras und Unkraut fingen auf den *campi* zu sprießen an. Die verschiedenen *palazzi* waren zu heruntergekommenen Wohnhäusern für die Armen geworden und die steinernen Stufen und Brücken mit grünen Algen überzogen. Das Holz der Pfähle, an denen die Gondeln vertäut wurden, war dabei zu verrotten. Die Häuser zerbröckelten. »Venedig scheint in der Tat in seinen letzten Zügen zu liegen«, schrieb ein Engländer im Winter 1816 aus der Stadt, »und falls nicht etwas unternommen wird, um die Stadt zu unterstützen und ihr beizustehen, wird sie bald wieder in den Marschen versunken sein, aus denen sie einst emporwuchs. Eine jede Spur ihrer einstigen Pracht, die man noch sieht, dient nun dazu, ihren gegenwärtigen Fall zu veranschaulichen.«

Eine Generation später jedoch hatte die Stadt einiges von ihrer ehemaligen Prosperität zurückgewonnen. Sie wurde wieder sie selbst, war wieder der »Hafen« für Reisende und Touristen. Elf große Hotels und unzählige kleinere Herbergen wurden für die Fremden eröffnet. Die neu eingeführte Gasbeleuchtung erhöhte noch den romantischen Charme der nächtlichen Stadt. Das war das Venedig, welches Turner auf die Leinwand bannte. Die Bevölkerung wuchs wieder. Die Kaufleute, Glasmacher und Gondolieri machten gute Geschäfte. In den 1850er Jahren gab es nicht weniger als zweiundachtzig Schuhläden und hundert Händler mit Seidenstoffen. Doch gehörte die Stadt immer noch zum Habsburger Reich, und die wichtigsten sozialen und ökonomischen Entscheidungen wurden im fernen Wien getroffen. Venedig war zum Anhängsel eines großen Imperiums geworden, und natürlich stimmte dieser Statusverlust die Venezianer verdrießlich. Es wurden Klagen über hohe Steuern laut und zu strenge Zensur. Vor allem die österreichischen Soldaten waren unbeliebt. Man verglich sie sogar zu ihren Ungunsten mit ihren französischen Vorgängern. »Es gibt kaum ein Haus in Venedig, zu dem ein Österreicher Zugang hat«, schrieb der englische Generalkonsul. »Personen, von denen man glaubt, dass sie der Regierung zugeneigt sind, werden mit Verwünschungen überhäuft, und ihre Namen werden als die von Landesverrätern auf die Wände geschmiert.«

Kurz vorher waren die Österreicher die Beherrscher dieser armen Republik geworden. Ich hatte schon viel von dem bedauernswerten Zustand dieser unglücklichen Stadt gehört, aber das alles war ein Nichts im Vergleich zu dem, was ich an einem Tage und in einer Nacht in Venedig selbst erlebt. Vor allem wollte ich den Sankt-Markus-Platz wieder sehen. […] Der geneigte Leser denke sich mein ungeheures Erstaunen und meine große Traurigkeit, als ich in diesem weiten Raume, wo man in glücklichen Zeiten nur höchste Zufriedenheit und lebhafteste Freude bei unaufhörlichem Kommen und Gehen des Volkes sah, überall nur Einsamkeit, Schweigen und Niedergeschlagenheit erblickte.

Lorenzo Da Ponte

Shelley glaubte, dass das venezianische Volk unter französischer und österreichischer Besetzung einen völligen Identitätswandel durchgemacht habe. »Ich hatte keine Vorstellung«, schrieb er, »bis zu welchem Exzess Geiz, Feigheit, Aberglaube, Ignoranz, leidenschaftslose Wollust & alle möglichen unaussprechlichen Brutalitäten getrieben werden können, bevor ich ein paar Tage unter den Venezianern gelebt hatte.«

Es wäre jedoch falsch zu behaupten, dass den Venezianern ihr *esprit* oder ihre Energie völlig abhanden gekommen waren. Diese menschlichen Eigenschaften halten sich zäh. Als die Venezianer während einiger Monate des Jahres 1848 auf die Probe gestellt wurden, zeigten sie sich der Herausforderung gewachsen. Der Anlass war die Belagerung ihrer Stadt.

Es begann im »Jahr der Revolutionen«, 1848, als das Haus Orléans zu Fall kam und in Frankreich die zweite Republik ausgerufen wurde. Das Verlangen nach Freiheit verbreitete sich wie ein ansteckendes Fieber in ganz Europa. Vor allem im Herzen des österreichischen Imperiums, in Wien, brachen große Unruhen aus, und der Kaiser war gezwungen, allen Kronländern eine neue Verfassung zu gewähren.

Als diese Nachricht mit einem Postdampfer aus Triest nach Venedig gelangte, erhob sich das venezianische Volk gegen die österreichische Besatzungsarmee. Die Menschen rotteten sich auf dem Markusplatz zusammen und forderten die Freilassung eines jüdischen Anwalts namens Daniele Manin aus dem Gefängnis, in das man ihn wegen patriotischer, das heißt provenezianischer, Bekundungen geworfen hatte. Das Arsenal wurde von den Aufständischen eingenommen. Angesichts der allgemeinen Erhebung, mit der sie nicht in angemessener Weise umzugehen wusste, erklärte die österreichische Armee sich bereit, aus Venedig abzurücken, und zog sich per Schiff nach Triest zurück. Am 22. März wurde Manin zum Präsidenten einer neu gebildeten Republik ausgerufen. Als man zu ihm sagte, dass das Volk träge und zügellos sei, erwiderte er: »Weder Sie noch jemand sonst kennt die Menschen von Venedig. Sie sind immer missverstanden worden. Ich rühme mich, sie besser zu kennen. Das ist mein einziges Verdienst.« Es scheint, als wäre Venedig erneut aus der Tiefe aufgestiegen. Ein Leitartikel in der *Gazzetta di Venezia* verkündete: »Wir sind frei!«, womit man den alten Ruf »Viva San Marco!« aufgriff.

Doch gibt es keine Gewissheit in menschlichen Angelegenheiten, sondern nur Fehleinschätzungen, Irrtümer und Konfusion. Was vorhergesagt wird, tritt nicht ein; das Unvorhergesehene und das Unerwartete machen das Leben in dieser Welt aus. 1849 schlugen die Österreicher die Streitkräfte der italienischen Nationalisten auf dem Festland und nahmen das Veneto erneut in Besitz. Venedig stand wieder einmal allein inmitten einer es von allen Seiten bedrohenden Welt. Die Krise, die Venedig während seiner gesamten Geschichte am meisten gefürchtet hatte, war eingetreten. Die Bedrohung nahm dann ganz konkrete Formen an: Die Österreicher begannen mit der Belagerung der Stadt – sie sollte siebzehn Monate dauern.

Die Stimmung in der Bevölkerung verlangte jedoch Widerstand um jeden Preis. Der alte Wille zur Unabhängigkeit flammte wieder auf in einer Stadt, die man zwei Jahrhunderte lang als kraftlos und unbedeutend abgetan hatte. Das venezianische Volk war bereit, jedes Risiko einzugehen, um sich gegen die Unterdrückung durch eine fremde Macht zur Wehr zu setzen. Die Venezianer gaben frohen Herzens ihr Silber und ihren Schmuck für die hehre Sache; sogar die Ärmsten unter ihnen stifteten ihre schmalen Armbänder und versilberten Haarnadeln. Die Arbeiter des Arsenals schufteten die Nächte hindurch, um mehr Kriegsschiffe fertigzustellen. Ab einem bestimmten Zeitpunkt liefen Gerüchte um, dass die Stadt von der Luft aus bombardiert werden würde, und zwar mithilfe von Ballons; in Karikaturen und auf Plakaten machte man sich jedoch nur gnadenlos über diese angebliche Bedrohung lustig. Am 12. Juli ließen die Österreicher in der Tat einige Ballons aufsteigen; es zeigte sich aber, dass der Hohn und Spott der Venezianer absolut gerechtfertigt gewesen waren, denn sie plumpsten in die Lagune und trieben auf die österreichische Seite zurück.

Gegen Ende Juli aber begann eine schwere vierundzwanzig Tage lang anhaltende Beschießung. Alle *palazzi* am Canal Grande wurden getroffen. Die meisten österreichischen Granaten gingen im Distrikt Cannaregio im Norden der Stadt nieder, doch Feuer und Rauch hüllten die ganze Stadt ein. Viele Einwohner errichteten kleine Türme auf den Dächern ihrer Häuser, so dass sie das Spektakel auch während des Essens oder der Mittagsruhe mitverfolgen konnten. Die Venezianer hatten immer schon Spaß an Feuerwerken gehabt. Ihre Stimmung blieb – wie die der Londoner 1940 während der deutschen Luftangriffe – gelassen und ihr Geist ungebrochen. Sie waren entschlossen, »bis zur letzten Schnitte Polenta« durchzuhalten. Die Kinder liefen hinter den österreichischen Kanonenkugeln her, wenn sie auf dem Boden aufschlugen, und schleppten sie zur Wiederverwendung zu den venezianischen Batterien.

Die Schrecken dieser Zeit sind gut dokumentiert. Auch als sie von einer Hungersnot und dem Ausbruch der asiatischen Cholera bedroht waren, weigerten die Venezianer sich, die

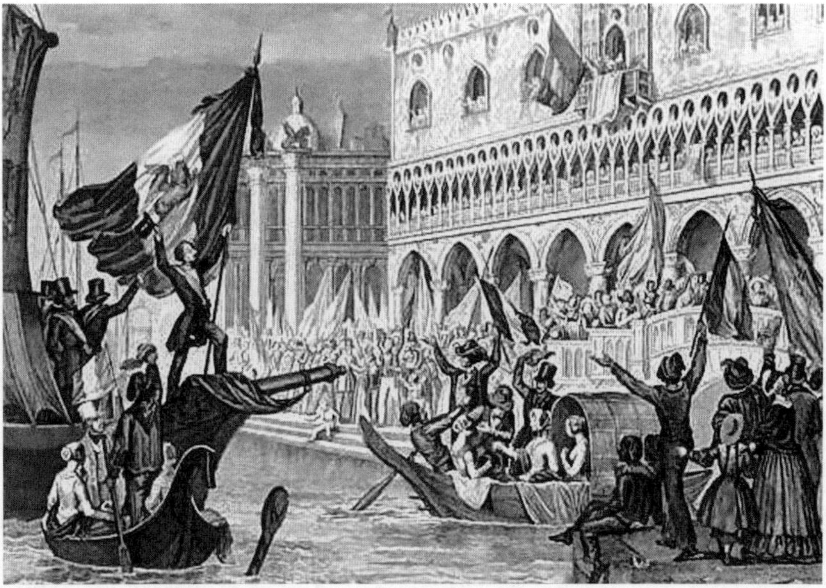

Ausrufung der Republik Venedig im März 1848. Lithografie um 1850.

Waffen zu strecken. Sie machten sich immer wieder Mut, indem sie »Viva San Marco!« skandierten, am Ende aber ließ sich der Widerstand nicht mehr aufrechterhalten. Am 24. August unterzeichnete Manin die Kapitulationsurkunde. Die österreichische Armee zog in die verwüstete Stadt ein. Manin wurde festgenommen und als Exilant nach Paris geschickt. Sein Traum von republikanischer Unabhängigkeit, der auf der lange zurückliegenden Geschichte der Stadt basierte, hatte sich zerschlagen. Doch für eine kurze Zeit war Venedig noch einmal die Verkörperung republikanischer Freiheit gewesen und von all denen bewundert worden, die die Habsburger und ihren Imperialismus verachteten. Solche moralische Unterstützung brachte der Stadt jedoch keinen konkreten Nutzen ein und reichte nicht aus, sie zu retten. Aber der Mut und der Durchhaltewillen, den ihre Bewohner an den Tag gelegt hatten, räumte ein für alle Mal mit dem Glauben auf, dass es ihnen an Rückgrat und Entschlossenheit mangelte.

Als Vergeltungsmaßnahme sprachen die Österreicher Venedig den Status eines freien Hafens ab. Damit war für die Stadt die letzte Phase des Seehandels abgeschlossen. Ihre Besetzung durch die Österreicher im Anschluss an die Belagerung sollte erst nach siebzehn Jahren wieder ein Ende haben. Venedig war eine Stadt, die trauerte. »Es herrscht nirgendwo größere gesellschaftliche Mattigkeit und Traurigkeit«, schrieb 1865 der amerikanische Konsul, »zu Land und zu Wasser als im Venedig unserer Zeit.« Es sei die Heimat der »Verzweiflung« und ähnle einem »Grab der Lebenden«. Auf frühen Fotografien hat die Stadt ein heruntergekommenes Aussehen, sie wirkt wie ein Slum; die Frauen haben sich schäbige Schultertücher übergeworfen, die Männer tragen zerbeulte Hüte.

Dann rückten die Ereignisse in der Welt draußen, denen gegenüber die Venezianer größtenteils gleichgültig geworden waren, erneut ins Rampenlicht. 1866 zogen die österreichischen Truppen ab, und die Provinz Lombardei-Venetien wurde Teil des neuen Königreichs Italien. Die Stimmung von Düsterkeit und Verlassenheit, die Venedig niedergedrückt hatte, begann sich zu verflüchtigen. Der Erfolg von Lido als Erholungsort von den 1880er Jahren bis ins 20. Jahrhundert hinein eröffnete der ganzen Lagunenregion neue geschäftliche Möglichkeiten und brachte ihr wieder Prosperität. Zwei Luxushotels wurden auf der Insel gebaut. Venedig war ein weiteres Mal zur Vergnügungsstätte der Reichen und Berühmten geworden, wo sich jede Menge entthronter Mitglieder von Königshäusern, Herzöge und Herzoginnen, populäre Sänger, Filmstars und jene Herren, die man einmal als »Playboys« zu bezeichnen pflegte, tummelten. Die Astors und die Desboroughs kamen hierher. Die Mittelklasse folgte. 1895 richtete man die erste Esposizione Internazionale d'Arte aus, woraus bald die Biennale hervorging, die Kunst, Geld und Zelebritäten zusammenbrachte.

Von dieser Zeit an wurde klar, dass die einzig denkbare Zukunft für die Stadt im Tourismus lag. Die Schaffung des Industriegebiets bei Mestre und Maghera auf dem Festland in den frühen Jahrzehnten des 20. Jahrhunderts, gerade noch in

Sichtweite Venedigs, verstärkte nur die Überzeugung, dass die Entwicklungen, die die moderne Zeit mit sich brachte, nur in den Randzonen sichtbar werden dürften. Das war bloß die letzte Manifestation eines uralten Instinkts der Venezianer, der sie immer schon ihre industriellen Betriebe an die Peripherie hatte verbannen lassen. Venedig hing jetzt ganz und gar von seiner realen oder eher noch seiner imaginierten Geschichte ab. Es wurde aber keine spezifische Epoche der Vergangenheit evoziert, sondern die Stadt ließ im Besucher ganz generell ein Gefühl von »Vergangenheit« aufkommen.

Die verfallene Ruine, die der aus dem 13. Jahrhundert stammende Fondaco dei Turchi nur noch war, wurde von der Kommune gekauft; man verlieh dem Gebäude auf dem Weg der Restauration eine symmetrische Eleganz, die der Palast in Wirklichkeit niemals besessen hatte. Man »hypervenezianisierte« ihn, um die Sprache von Architekturhistorikern zu verwenden. 1907 wurde auf dem Rialto der neue Fischmarkt gebaut, und zwar im Stil des 15. Jahrhunderts. Es kam zu einer Wiedergeburt des Gotischen und zu einer des Byzantinischen. Am Canal Grande errichtete man neue Paläste, die von ihrem ganzen Erscheinungsbild her genauso gut im 12. oder 13. Jahrhundert hätten entworfen und gebaut worden sein können.

Während des Ersten Weltkriegs rückten die alten Herren Venedigs, die Österreicher, gefährlich nahe an die Lagune und die Stadt heran; vom Campanile aus konnte man ihre Sperrballons sehen, und der Hafen wurde aus Angst vor einem feindlichen Überfall geschlossen. Die Stadt fiel aber nicht. Ja, sie ging beinahe unbeschadet aus den Verwüstungen beider Weltkriege hervor; es waren sehr wenige Bombenschäden zu verzeichnen, und in all den Kriegsjahren verloren nur zweihundert Einwohner das Leben – die meisten von ihnen waren während der Stunden der Verdunkelung in einen Kanal gestürzt und ertrunken.

Es gab aber noch andere Opfer. Die Juden der Stadt erlitten durch die Erlasse Hitlers und Mussolinis großes Leid.

Venedig war in den 1920er Jahren schnell dem Faschismus anheimgefallen, und organisierte Trupps von Anhängern des Duce stellten bald eine bedeutende Macht innerhalb der Stadt dar. Die Rassengesetze von 1938 und die aktive Verfolgung der Juden von 1943 bis 1945 fügten der jüdischen Gemeinde Venedigs schwere Wunden zu. Juden verloren ihre Arbeitsstellen, sie durften nicht die Badestrände auf dem Lido benutzen, und an den Türen öffentlicher Gebäude hingen Schilder mit der Aufschrift: »Für Hunde und Juden verboten.« Mit der traditionellen Toleranz der Venezianer war es vorbei.

Als die deutsche Wehrmacht 1943 die Stadt besetzte, wurden an die zweihundert Juden zusammengetrieben und in Konzentrationslager auf dem Festland deportiert. Einige kamen von dort nach Auschwitz. Die geistig Kranken wurden aus den Kliniken auf den kleinen Inseln geholt und in den Tod geschickt.

Die zweite Hälfte des 20. Jahrhunderts war vom Exodus der Venezianer auf das Festland geprägt, wo die industrielle Expansion besser bezahlte Arbeitsstellen versprach und die Mieten niedriger waren. Auch hatten Industriebetriebe von Mestre und Marghera zur Vergiftung des Wassers der Lagune beigetragen, was deutlich machte, wie anfällig die gesamte Umgebung der Stadt für schädliche Einflüsse war.

Doch die Stadt bestand fort, und sie tut es weiterhin, um von den Bürokraten mit ihrer Ängstlichkeit und Unfähigkeit in Bedrängnis gebracht zu werden. Gianfranco Pertot hält in seiner Studie des modernen Venedig, *Venice: Extraordinary Maintenance* (2004) die jahrelange »Nichterfüllung von Pflichten, die Unterlassung, ein Programm oder einen Plan auszuarbeiten und folglich zu handeln« vonseiten der venezianischen Behörden genau fest. Dieser *immobilismo* sei Teil der Trägheit der Kommune, die »eine skandalöse Ausbeutung, Spekulation, Zerstörung und Verfall« einfach zulasse, ja sogar fördere. Bestechlichkeit und generelle Korruption sollen überall an der Tagesordnung sein. Doch das gehört einfach zur *condition humaine* dazu. Und es ist die *condition* gewesen, die insbesondere in Venedig viele Jahrhunderte lang geherrscht hat.

Jahrhundertelang war es fast unmöglich, die Quelle oder das Zentrum der Macht auszumachen, die immer auf einander überlagernde Regierungsstellen oder -gremien verteilt war. Hatte der Doge die absolute Vormachtstellung inne – oder der Senat? Lag die Macht in den Händen der Mitglieder des Rats der Zehn oder beim Großen Rat? Die gegenwärtige bürokratische Struktur hat diese Komplexität und Undurchschaubarkeit geerbt. Um noch einmal Pertot zu zitieren: »Wer in Venedig das Sagen hat, ist eine Frage, die noch nicht geklärt ist.« Aber so ist es immer gewesen. Im 15. und 16. Jahrhundert überwucherten neue Gesetze die alten. Im späten 20. Jahrhundert wurde ein »Sondergesetz« zur Erhaltung der Stadt nach dem anderen verabschiedet. In jedem Teil der administrativen Maschinerie kam es zu Verzögerungen und Verschleierungen. Die interessierten Parteien haben immer noch keine Einigung darüber erzielt, wie man die Zukunft Venedigs sichern und gestalten soll. Soll es zu einer Museumsstadt und gleichzeitig einem Forschungszentrum werden? Soll es einfach nur Touristenort und Bühne für die diversen internationalen Ausstellungen sein, die es an die Lagune gezogen hat? Oder sollte man Venedig wieder zu einer lebendigen Stadt mit vielen Einwohnern machen, so wie früher?

Von allen Städten, die ich in Italien besuchte, ist mit Ausnahme Ravennas Venedig diejenige, die am meisten zu traurigen Gedanken über den Untergang eines großen Ehemals reizt, dennoch ist sie reicher als jede andere an Schönheiten, die ihr durch die Jahrhunderte unverändert geblieben sind. Geblieben ist ihr der Zauber eines durchaus abgesonderten, eigentümlichen Lebens, der Glanz der Lagune, die Schönheit seiner Frauen und die ganze verlockende Poesie der Gondel. Auch fand ich nirgends sonst eine solche Einheit des heutigen Lebens mit dem Leben, das aus den Kunstwerken der goldenen Zeit Venedigs redet und in welchem Sonne und Meer wesentlicher sind als alle Historie.

Hermann Hesse

Um den letzten Vorschlag zu verwirklichen, ist es vielleicht schon zu spät. Die große Migration der Bevölkerung nach Mestre setzte in den 1950er Jahren ein und hat seitdem nicht aufgehört. Zu Beginn des 21. Jahrhunderts stellte das Pro-Kopf-Einkommen in der Stadt das niedrigste in der ganzen Region Veneto dar. Ein Drittel der Einwohner war über sechzig Jahre alt, und die Sterbe- viermal höher als die Geburtenrate. Das ist der Grund dafür, dass Venedig heute bei Nacht einen so menschenleeren Eindruck macht: Es *ist* menschenleer. Es fällt schwer, sich vorzustellen, dass es einmal voller Frauen, Männer und Kinder war, die hier tatsächlich wohnten. Am Tag wimmelt es in der Stadt natürlich von Touristen. Doch paradoxerweise bewirken Touristen durch ihre Anwesenheit an einem Ort, dass dieser sich leert. Sie verwandeln alles in ein Spektakel, eine Show ohne Tiefe. Es gibt heute noch schätzungsweise sechzigtausend Venezianer, im Sinne von Menschen, die ihr Domizil in der Stadt haben, und Demografen sagen voraus, dass der letzte Einwohner Venedig um das Jahr 2030 herum verlassen wird.

Die meisten jungen Venezianer sind auf das Festland abgewandert, wo es auch noch andere Stellen gibt als nur im »Dienstleistungsbereich«. Ausländer haben viele Häuser und Wohnungen gekauft oder gemietet. Es ist daher schwer, eine erschwingliche Bleibe zu finden. Viele Häuser wurden in Pensionen oder Hotels umgewandelt, und kleine lokale Geschäfte sind meist nur noch Andenkenbuden für Touristen. Metzger und Bäcker sind woandershin gezogen, während Eisdielen sich vervielfacht haben. Die Venezianer von heute sind in einem anderen Sinn »belagert«.

Abseits der Hauptwege der Touristen wirkt die Stadt jedoch vernachlässigt. Die privaten Wohnhäuser sind immer baufälliger geworden, zum einen durch das langsame Absinken des Bodens, zum anderen durch eindringendes Wasser bedroht. Wegen der Verschmutzung von Luft und Wasser durch die chemischen Fabriken und Ölraffinerien bei Marghera beginnen sich auch die Ziegel und Steine der Bauten zu zersetzen. Risse tun sich auf, Wände verziehen sich und bröckeln, steinerne Ornamente stürzen auf die Straßen, der Putz blättert in der stark salzhaltigen Luft ab. Ein neueres Buch über Venedig von John Berendt trägt den Titel *City of Fallen Angels (Die Stadt der gefallenen Engel)*, zu dem der Autor durch ein Warnschild vor der Kirche S. Maria della Salute angeregt wurde.

Die große Überschwemmung von 1966 erinnerte die Venezianer eindringlich daran, dass ihre Stadt immer noch gefährdet war. Die Welt nahm Anteil an ihren Ängsten und Problemen, und Organisationen wie Venice in Peril (Venedig in Gefahr) wurden gegründet, um Gelder für die Restaurierung aufzubringen. Da die Stadt allmählich immer weiter absinkt, kommt es auch häufiger zu Überschwemmungen. Schätzungen zufolge steht der Markusplatz fünfzigmal im Jahr unter Wasser.

Der Meeresspiegel steigt weiter; die Gefährdung durch Ablagerung von Schlamm und Schlick auf dem Grund der Lagune und durch die Förderung von Methangas mitten im Adriatischen Meer hat sich mit der allgemeineren Bedrohung durch die globale Erderwärmung verbunden. Die See wird sich ihren alten Herrschaftsbereich zurückerobern, wenn das nicht durch rasches und tatkräftiges Eingreifen des Menschen verhindert wird. Man denkt jetzt zum Beispiel daran, neunundsiebzig Barrieren an jenen Durchlässen zu errichten, wo bei Flut das Wasser des Meeres und das der Lagune aufeinandertreffen; diese Barrieren würde man dann bei einer zu erwartenden gefährlich hohen Flut mithilfe von Pressluft aufsteigen lassen. Der Vorschlag ist aber umstritten und findet viele Gegner in den Reihen der Venezianer selbst, die meinen, dass eine Lagune, die nicht mehr dem Wechsel der Gezeiten ausgesetzt wäre, zu einem stehenden Tümpel verkommen würde. Man hat auch den Vorwurf erhoben, für dieses Projekt sei so viel Geld ausgegeben worden, dass die Bedürfnisse der Stadt selbst vernachlässigt würden. Doch Venedig gehört jetzt auf Gedeih und Verderb zu Italien. Als es seine Autonomie verlor, büßte es auch seine Autorität ein. Es kann nicht selbst über sein Schicksal bestimmen. Und hat es, als es seine Einzigartigkeit einbüßte, auch seine Energie verloren? Peggy Guggenheim sagte einmal: »Wenn Venedig unter Wasser steht, wird es noch inniger geliebt.« Wie Ophelia scheint es, sein Leben aushauchend, auf dem Wasser zu treiben.

Doch haben wir in diesem Buch schon erfahren, dass Venedig immer in Gefahr, seine Existenz immer höchst prekär gewesen ist – ein von Menschen geschaffenes Gebilde, abhängig von den Launen und der Unbeständigkeit der Natur. Doch es hat überdauert.

Hier endet die Geschichtsstunde.

33

Tod in Venedig

Über dem Eingangsportal des barocken Glockenturms der Kirche S. Maria Formosa ist ein Mascheron aus dem Stein gehauen, das Verfall und Leiden zum Ausdruck bringen soll. Ruskin meinte dazu: »Es ist gut, dass wir das ganze Grauen [von beidem] an dieser Stelle sehen und empfinden und wissen, welche Pestilenz es war, die über ihre Schönheit kam, so dass sie hinwegschmolz.« Für ihn setzt das deformierte Antlitz den Niedergang der Stadt Venedig von der Zeit der Renaissance an ins Bild. Es war das Gesicht von jemandem, der an Neurofibromatose oder der Recklingshausen-Krankheit litt.

Venedig wird mit Krankheiten und Pestilenz assoziiert. Es ist eine weitgehend verfallene Stadt, in der das Wasser gegen zerbröckelnde Ziegelsteine und abblätternden Putz schlägt. In *A Venetian Medley* meint John Addington Symonds, dass »die Schwärze des Wassers uns eine Geschichte vom Tod ins Ohr flüstert«. Es ist eine Stadt der Schatten. Die Stadt wird auch mit dem verborgenen Dolch des Mörders in Verbindung gebracht. Es gibt heute noch einen *rio*, der Terra degli Assassini (Gebiet der Mörder) heißt. Als berühmteste Erzählung, zu der die Stadt Anlass gegeben hat, die gewissermaßen aus ihr aufgestiegen ist, kann immer noch Thomas Manns *Der Tod in Venedig* gelten. Ein Klagelied passt zu dieser Stadt. Sie ist zum Untergang verurteilt – das ist jedenfalls die Geschichte, die das Wasser erzählt. In der Stadt ausgebleichter Steine sann Byron über Verfall nach. »Venedig!«, schrieb er in seiner »Ode to Venice«:

Punta della Salute

Hier möcht' ich sterben, alt, wie Tizian starb,
Doch in verhängter Gondel und allein,
Durch einen Spalt nur glühn im Abendschein
Verwitterte Paläste glorienfarb.
Schlaftrunken schaut die Wasserfläche drein
Und haucht mir eine Seelenruhe ein,
Die niemals um ein ewiges Dasein warb,
So möchte ich sterben … aber leben: nein!

Richard Dehmel

Wenn einst deine Marmorhallen
Gleich mit den Fluten sind, dann hallt das »Weh«
Der Völker durch die Säle, die verfallen,
Ein lauter Klageruf entlang der See!

Es war ein Ort voller Schleim und Modder und Schimmel. Marinetti nannte sie eine »eiternde Stadt«, eine »prachtvolle Schwäre aus der Vergangenheit«. Für Ruskin war sie schon ein Gespenst, das auf dem Meer trieb. Ihre Stille wirkte bedrohlich, ihre Ruinen irgendwie »toter« als anderswo, weil nicht der geringste Erneuerung verheißende Hauch von Natur auf ihnen lag oder sie umgab. Diese Ruinen aus Stein haben etwas Finales an sich. Kein Gras, kein Moos wird sie überziehen. In den Worten Shelleys waren sie ein »fensterloser, missgestalteter und düsterer Haufen«. In *The Last Man* schilderte Mary Shelley eine ähnlich trostlose Szenerie, indem sie »von der Flut, die verdrießlich aus den zerbrochenen und geschändeten Sälen Venedigs rann«, sprach. In einer Stadt, die aus der Zeit, aus dem Wandel durch das Vergehen der Zeit, herausgetreten zu sein scheint, ist die Apokalypse das einzige Schicksal, das sie noch erwartet. Sie wird unter der Wasseroberfläche verschwinden. Sie wird still in die Tiefe gleiten und dort bleiben – für immer. Damit wird die Stadt auch zum Symbol für den Untergang aller menschlicher Errungenschaften, das Ende aller seiner Bestrebungen. Wordsworth verfasste ein Sonett auf Venedig (»On the Extinction of the Venetian Republic«), welches mit den Zeilen endet:

Wir sind nur Menschen, gramvoll, wenn entweicht,
was einmal groß war, aus der leeren Welt.

Ruskin meldete seinem Vater: »Mich überkommen in Venedig keine romantischen Gefühle; es ist nur ein Haufen Ruinen.« Und auch schon die Chroniken aus weiter zurückliegenden Zeiten sind angefüllt mit Berichten über Kirchen, Brücken oder Häuser, die plötzlich auseinanderbröckeln und zu Haufen von Schutt und Staub zerfallen. Im 18. Jahrhundert entdeckten die Anhänger des Ruinenkults die Stadt für sich. Ruinen gab es in Venedig sogar schon im 14. Jahrhundert. Viele Häuser beließ man einfach in einem verfallenen Zustand, ohne sie instand zu setzen. Natürlich gibt es keine Ruinen aus dem Altertum – beinahe als einzige von allen italienischen Städten hat Venedig keine solchen Überbleibsel –, aber man wird allenthalben des langsamen und anhaltenden Verfalls einer immer noch als solcher erkennbaren Schönheit gewahr. Die Stadt besitzt nicht die Sicherheit, die große Urahnen verleihen. Das ist der Grund dafür, dass Verfall und Auflösung in Venedig irgendwie schöner sind als die prächtigsten Gebäude anderswo. Das macht seinen Zauber mit aus, trägt zu der süßen Melancholie bei, die über ihm liegt und dadurch entsteht, dass es an die Vergänglichkeit gemahnt, an den Körper des Menschen erinnert, der seinem Grab entgegengeht.

Für Henry James war Venedig die prachtvollste Grabstätte auf der Welt, wo die Vergangenheit »mit solcher Zärtlichkeit, solch bekümmerter Resignation zur Ruhe gebettet worden ist«. Die Kirchen sind voller Gräber. Es gab einmal einen Campiello dei Morti, aber der Name ist in Campiello Nuovo geändert worden. Es gab auch einmal eine Brücke der Toten, die jetzt aber Brücke der Schneider heißt. Es gibt aber immer noch eine Calle della Morte. Wörter wie »Friedhof« oder »Grab« wurden jedoch in Bezug auf die Stadt auch in metaphorischem Sinn gebraucht. Im 18. Jahrhundert ist Venedig einmal ein »Grab von Edelleuten, in welchem gesunde Menschen eingeschlossen sind« genannt worden.

Heute gibt es ganz in der Nähe der Stadt eine Toteninsel. Auf San Michele befand sich einst ein ganz der Gelehrsamkeit gewidmetes Kloster, doch im 19. Jahrhundert wurde ein Friedhof auf ihr angelegt, damit man die Leichname weiter von den Lebenden entfernt beisetzen konnte. Die Leichen werden dort unter anderem auch wie in einer riesigen Kommode des Todes in schmale marmorne Schubfächer gebettet. Der Glockenturm der vier Jahrhunderte früher erbauten Kirche San Michele steht wie eine Grabstele über der ganzen Anlage Wache. Die Zahl der dort Ruhenden übertrifft bei Weitem die der lebenden Einwohner der Stadt. Nach einer bestimmten Zeit werden die sterblichen Überreste aus den Gräbern herausgenommen und die Gebeine auf eine Insel der Knochen, die offiziell als S. Ariano bekannt ist, gebracht. Verdient dieser Teil der Venedig umgebenden Gewässer nicht wirklich die Bezeichnung *laguna morta*? Unter den Haufen von Gerippen und Schädeln huschen Ratten und Reptilien umher, Pflanzen, spröde und hart wie Knochen, ragen hier inmitten des Verfalls auf.

Sant' Ariano […] noch bis vor wenigen Jahren das Beinhaus von Venedig. Die ganze Insel besteht buchstäblich aus vermoderten menschlichen Knochen, was die geschäftstüchtigen Venezianer noch zu Beginn unseres Jahrhunderts auf die Idee brachte, aus diesen namenlosen Skeletten, die zu Tausenden die Insel bedeckten, Gewinn zu schlagen: Sie verwendeten das billige Gebein zum Raffinieren von Zucker!

Humbert Fink

In Venedig wird ein ausgeprägter Totenkult betrieben. Die italienischen Futuristen glaubten, die ganze Stadt sei der Tempel der kultischen *adorazione della morte*; die Verehrung des Todes habe die Stadt begründet und mache immer noch ihr Sein aus. In ihrem Manifest erklärten die Anhänger der Bewegung, dass die Zeit gekommen sei, »die stinkenden Kanälchen mit dem Schutt der zerfallenden und leprösen alten Paläste zuzuschütten. Lasst uns die Gondeln verbrennen, diese Schaukelstühle für Kretins«. Die ganze Stadt sei eine »große Abortgrube des Traditionalismus«.

Früher gab es ein ausgefeiltes Beisetzungszeremoniell. Sogar ganz zu Beginn schon ähnelten die Begräbnisriten Venedigs eher denen Ägyptens und Assyriens als den in anderen italienischen Städten praktizierten. Der Leichnam wurde auf einem mit Asche bestreuten Boden gelegt. Die Hinterbliebenen mussten in Weinkrämpfe verfallen, wehklagend und stöhnend ihren abgrundtiefen Kummer bekunden, und es wurde Sitte, dass der überlebende Ehepartner sich quer vor die Schwelle des Hauses legte, damit die sterbliche Hülle des Geliebten oder der Geliebten nicht weggeschafft werden konnte. Er oder sie wurde dann auf rituelle Weise fortgeschleift. Die Verstorbenen wurden meist mit unbedecktem Kopf und unbedeckten Füßen durch die Straßen getragen. Die Leichenzüge wurden von Banner- und Fackelträgern begleitet und die Räume im Haus des Dahingeschiedenen mit schwarzem Samt ausgeschlagen. Von den trauernden Hinterbliebenen erwartete man, dass sie während der gesamten Beisetzungsfeierlichkeit weinten und wehklagten. Das ist ein weiterer Beleg für die starken Bindungen der Stadt an den Osten. Starb jemand im Zustand sexueller Unschuld, gleichgültig, ob Mann oder Frau, wurde er oder sie mit einer grünen Girlande um den Kopf beerdigt.

Wer den Film *Don't Look Now (Wenn die Gondeln Trauer tragen)* gesehen hat, wird sich an das Bild der auf einer düsteren Gondel über das Wasser transportierten Totenbahre erinnern. Als die Friedhofsinsel in Gebrauch genommen wurde, bildete sich die Tradition aus, nahezu an Triumphzüge gemahnende Prozessionen zu dieser Nekropole hin zu veranstalten. Es gab eigens zu diesem Zweck entworfene und gebaute Trauergondeln, die von fünf Gondolieri in goldbesetzten Livreen vorangetrieben wurden. Einer von ihnen stand vor dem Traggestell mit dem Sarg und hielt einen Amtsstab in der Hand. Bug und Heck des Fahrzeugs waren mit den skulptierten Figuren von Heiligen und Propheten geschmückt. Sogar für die bescheidensten Beisetzungen legten die Ruderer schwarze Tücher und Schärpen um, während Bahre und Sarg mit bunten Blumen überhäuft wurden.

In vielen Volkserzählungen und auch in den abergläubischen Vorstellungen der Venezianer macht sich ein ausgeprägt »morbides« Element bemerkbar. Ludwig XII. von Frankreich meinte, die Venezianer fürchteten sich zu sehr vor dem Tod, um siegreich Krieg führen zu können; sie besäßen die Furcht eines Kaufmanns vor Gewalttätigkeit und Unwägbarkeit. Die Stadt ist von Inseln umgeben, auf die man die Verrückten und Gefährlichen seit jeher verbannt hat. Jan Morris schrieb in *Venice*: »Die Venezianer sind fasziniert von allem Toten, von Gräueln, Gefängnissen, Missgeburten und Entstellungen.« Vielleicht liegt das daran, dass die Stadt selbst eine Missgeburt ist – oder zumindest ein anomales Wesen – und ein Gefängnis. Manche argwöhnen ja auch, dass sie bereits selber tot sei.

Eine Begräbnisgondel. Mit solchen Booten wurden die Verstorbenen auf die Friedhofsinsel San Michele gebracht. Gondeln wurden gemeinhin von vielen – vor allem von vielen auswärtigen Besuchern – mit Krankheit und Tod assoziiert, wozu wohl ihre einheitlich schwarze Farbe beitrug.

Es gibt Menschen, die sofort bei ihrer Ankunft in Venedig das Gefühl haben, von einer Krankheit befallen zu werden. Der französische Schriftsteller Maurice Barrès erklärte, kaum sei er aus dem Bahnhofsgebäude zur Gondelanlegestelle geschritten und habe den von der Lagune herüberwehenden Wind im Gesicht gespürt, da habe er gewusst: »Ich habe umsonst Chinin genommen, um mich zu schützen. Ich glaub[t]e in mir Millionen von Bakterien hochsteigen zu fühlen. [...] Überall in Venedig sieht man die Eroberungen, die der Tod gemacht hat.« Wagner sah ebenfalls dessen Triumphe, als er in eine Gondel stieg.

Wagner starb in Venedig, ebenso Browning und Diaghilew. Einige starben zwar nicht in, aber *an* Venedig, so Dante, der in Ravenna einem Fieber erlag, das er sich in der Lagunenstadt zugezogen hatte. Byron hatte sich entschlossen, dort seine Tage zu beenden, aber das Schicksal wollte es anders. Vermutlich ist es rein statistisch gesehen ganz normal, dass eine bestimmte Anzahl von Künstlern in dieser künstlerischsten aller Städte das Zeitliche segnete, doch ist es tatsächlich so, dass viele Menschen genau aus dem Grund an die Lagune reisen, um dort auf den Tod zu warten. Henry James empfand diese ominöse Anziehungskraft der Stadt, man könnte auch sagen ihren in diesem Sinn »morbiden« Reiz, und legte in *Die Flügel der Taube* der leidenden Milly Theale die folgenden Worte in den Mund: »Ich glaube, ich würde hier gerne sterben.« An einem Tod in der Nähe von Wasser, in einer Stadt, die sich selbst im Zustand des Verfalls befindet, scheint etwas Tröstliches zu liegen. In einem der großen Häuser der Stadt die Augen für immer zu schließen, wie es Wagner und Browning beschieden war, bedeutet, an eine imposante Gedenkstätte zu kommen, kostenlos gewissermaßen, da man sie nicht erst errichten muss. Der ewige Klang der Glocken bereitet schon auf den Tod vor – er wird quasi geprobt.

Bericht über die hygienischen Verhältnisse in »den armen Stadtteilen« aus dem Jahr 1910: *Einige Wohnungen bestanden nur aus einer Küche, andere wiederum hatten eine solche nicht. […] Nur 14 % besaßen Leitungswasser, in 98 % (471) hatten die Aborte kein Wasser […]. Von den 425 untersuchten Wohnungen waren 119 excessiv feucht und 340 starrten von Schmutz; dabei oft drei bis vier [Kinder] in einem Bett […]. Viele Schlafräume hatten keine Fenster. […] Alle Abwässer gehen in die Kanäle, alle Küchen- und Abortabwässer.*

Carl Happich

Venedig kann ein melancholischer und die Nerven zermürbender Ort sein. Es ist keine Stadt für Alte, Kranke oder Trauernde. Ihre Atmosphäre ruft Mattigkeit und Niedergeschlagenheit hervor. Als der französische Maler Léopold Robert in Venedig Selbstmord beging, machte seine Landsmännin George Sand die allgemeine Atmosphäre der Stadt dafür verantwortlich. Und als Anton Tschechow an einem venezianischen Abend die Musik und das Singen hörte, hätte er am liebsten geweint. Es ist eine Stadt der Tränen. Wagner wurde in »äußerste Melancholie« gestürzt, als er zum ersten Mal in Venedig eintraf. Als der irische Dichter Thomas Moore Byron in Venedig einen Besuch abstattete, empfand er sofort Hass auf die Stadt und erklärte sie zu einem trübseligen Ort. Das war auch die Reaktion vieler anderer Reisender, die ganz plötzlich von einer merkwürdigen Schwermut befallen wurden. Sogar während des Karnevals im 18. Jahrhundert bezeichneten einige die Grundstimmung als melancholisch. Warum sollte man sonst eine solch forcierte Heiterkeit an den Tag legen? Im 19. Jahrhundert warnten die Engländer, die in Venedig wohnten, ihre Landsleute davor, sich zu lange in der Stadt aufzuhalten; man glaubte, das würde zu krankhafter Niedergeschlagenheit führen. Es gibt nicht nur eine psychologische, sondern auch eine kulturelle Erklärung für solch düstere Stimmung bei Besuchern von der Britischen Insel: Diese glaubten damals, dass die ganze Geschichte Venedigs ausschließlich eine von Niederlagen und Verfall sei – dass die Venezianer jede Zielstrebigkeit und jede Hoffnung verloren hätten. Vielleicht antizipierten sie damit den Niedergang Englands und den Zerfall des britischen Empire.

Die Anwesenheit von Wasser stimmt melancholisch. Wasser erinnert an das Verstreichen der Zeit und lässt an Vergangenes denken. Wasser evoziert aber auch Vergessen und In-Vergessenheit-Geraten. Deshalb zieht es diejenigen an, die sich vor der Welt verstecken wollen. An dem maroden Zustand Venedigs ist etwas, das diese Stadt für jene, die im Kampf ums Dasein versagt haben, zu einem Ort macht, an dem sie Geborgenheit und Trost finden. Die weite und oft stille Lagune wirft immer noch ihre Stimmung auf die Stadt zurück, lastet gewissermaßen auf ihr. Für Reisende, die gen Osten aufbrachen, Kaufmann oder Pilger, war diese Stätte der letzte Hafen an der europäischen Küste. Vielleicht haben die vielen Abschiede, die hier genommen wurden, ein Gefühl von Wehmut zurückgelassen.

Cocteau nannte Venedig eine kranke und fiebernde Stadt, auf einem stehenden Gewässer treibend, das Miasmen ausatme. Man glaubte, dass das Sichvermischen von Salz- und Süßwasser an den Rändern der Lagune schädliche Dünste aufsteigen ließ und aktiv die Verbreitung von Malaria – mit Mücken als Zwischenträgern – fördere. In frühen Jahrhunderten führte die Verwendung von Fischreusen und hölzernen Pfählen dazu, dass das Wasser nicht mehr ungehindert fließen konnte. Einst florierende Städte und Inseln waren bald von verpesteten Sümpfen umgeben. In den Sommermonaten können die Mücken in Venedig einem immer noch ungeheuer zusetzen.

Die Briefe von Sir Henry Wotton sind voller Anspielun-

Ein Arbeiter baggert einen Kanal aus. Die Versinterung der Wasserwege stellte nicht nur eine Behinderung für die Schifffahrt dar, sie bedrohte auch die Gesundheit der Einwohner. Unrat jeder erdenklichen Art wurde einfach ins Wasser gekippt, was gefährliche »Miasmen« entstehen ließ. So ordnete die Obrigkeit der Stadt in allen Perioden ihrer Geschichte regelmäßig die Säuberung der Kanäle an.

gen auf die seiner Meinung nach ungesunde Luft. Er wurde »stark geschwächt durch Schweißausbrüche, die in dieser Luft häufig sind«; die Schmerzen in seiner Brust wurden »durch die dampfige Luft gesteigert«. Er hatte das Gefühl, einen Hang zur Hypochondrie zu entwickeln, »aufgrund der reinen Beschaffenheit dieses von Wasser umgebenen Ortes«. Venedig lasse ihn auch launenhaft und verdrießlich werden.

Der Gestank, der vor allem im Sommer nicht nur aus den Kanälen aufstieg, war bemerkenswert. Im 18. Jahrhundert war die Stadt für ihre Verschmutzung bekannt. An den Straßenecken und den Brücken türmte sich der Dreck; die Kanäle mussten dafür herhalten, vom Menschen produzierten Abfall jeder Art aufzunehmen; einige der kleineren waren nichts anders als Jaucherinnsale. Jahrhundertelang wurde der ganze Unrat einfach ins Wasser gekippt, auch wenn man damit gegen alle von der Obrigkeit verhängten Hygienevorschriften verstieß; man glaubte, dass Ebbe und Flut die Wasserläufe schon wieder sauber schrubben würden. Solche Laxheit im Umgang mit dem Abfall nahm noch zu, so dass die Hausfrauen ihn schließlich einfach auf die Straße warfen.

In den 1780er Jahren klagte die Schriftstellerin und Mäzenin Hester Thrale: »Der Ekel verdängt jedes andere Gefühl.« Die Basilika war verschmutzt und übelriechend. Auch der Weihrauch, der von den vielen Altären aufstieg, konnte den widerlichen Gestank nicht überdecken. John Howard, der als Reformer des Strafvollzugs in England bekannt wurde, bezeichnete die Stadt zur selben Zeit, in der Hester Thrale sich so abschätzig über sie äußerte, als »Mistgrube, die mit einem Virus aus der Hölle selbst angefüllt ist«. Goethe fiel auf, dass sich an Regentagen ein »unleidlicher Kot« auf den Straßen sammelte, der sich aus Schlamm und Exkrementen zusammensetzte. Die Venezianer selbst galten als schmutzig und unreinlich. Zu jener Zeit wurde eine üble Ausdünstung als Zeichen für die Existenz einer Krankheit angesehen. Bei Edward Gibbon ließ der Gestank ein Gefühl von Ekel im Mund hochsteigen. Vielleicht überrascht es nicht, dass die Mehrzahl solcher Berichte aus dem 18. Jahrhundert stammt. Venedig war nicht über Nacht ungesund geworden – es war immer und ist in mancher Beziehung auch heute noch eine übelriechende Stadt –, aber in jener Periode begannen die Reisenden erstmals solche Dinge zu kommentieren. Davor nahm man die Existenz von Gestank, ob von Menschen produziertem oder anderem, einfach als selbstverständlich hin.

Erst gegen Ende des 19. Jahrhunderts konnte überzeugend nachgewiesen werden, dass nicht notwendigerweise ein unmittelbarer Zusammenhang zwischen Gestank und Krankheit bestand. 1899 erklärte ein Arzt, dass die »vielen Gerüche« Venedigs unschädlich seien, da sie »erzeugt werden durch die durch Dränage bewirkte Zersetzung der im Salzwasser enthaltenen Sulfate in Sulfide, die die übelriechendsten Gase von allen abgeben«. Das war zwar eine Erklärung, sie beruhigte aber nicht unbedingt. Ralph Waldo Emerson fiel im 19. Jahrhundert ein Geruch wie von Bilgewasser auf, und im 20. Jahrhundert kam Donna Leon, die Verfasserin von Kriminalromanen, die in Venedig spielen, in *The Anonymus Venetian (Venezianische Scharade)* auf den »durchdringenden Geruch von Zersetzung, der immer unter der Oberfläche

Als vor ein paar Jahren die Kanäle um La Fenice herum gesäubert wurden, stand ich stundenlang auf einer Brücke und sah dem Bagger zu […]. Seine gezackte Klaue stieß in das schwarze Wasser und tauchte […] mit Fahrrädern, Reifen, verbogenen Metallteilen, die vielleicht einmal Matratzenroste gewesen waren, sogar mit einer Waschmaschine im Maul wieder auf. Für einen großen Teil der Schäden, die Strukturen der Stadt zugefügt werden, sind Touristen verantwortlich […], aber man könnte mir nur schwer einreden, daß ein Tourist seine Waschmaschine nach Venedig schleppt, um sie hier in einen Kanal zu werfen.

Donna Leon

lauert«, zu sprechen. Das kann man wörtlich nehmen und gleichzeitig auch metaphorisch gemeint auffassen, als Anspielung auf das verbreitete Phänomen der »Korruption«. Ein anderer Kriminalschriftsteller, Michael Dibdin, schilderte ungefähr zur selben Zeit einen Kanal, an dessen Ufer »der faulige Geruch des aufgewühlten Schlamms drückend in der Luft lag, ein giftiges Miasma, derart stark, dass es beinahe fühlbar war«. Die Verfasser von Kriminalromanen fühlen sich zu einer Stadt hingezogen, in der man giftige Dämpfe unter den Schönheiten der Oberfläche erahnen kann.

Mir war wohl, daß ich [aus der Stadt] herauskam. Im Winter ist Venedig angenehm, weil die Menschen so enge beisammen sind und alles zur Ergötzlichkeit treibt, Lage und Regierung; aber im Sommer ist's ein ungesunder und gefährlicher Ort.

Wilhelm Heinse

Zu Zeiten des Hungers und des Mangels, vor allem in den ersten Jahrzehnten des 16. Jahrhunderts, wurden die Armen erst von einem Fieber befallen, bevor sich die Folgen der Unterernährung bemerkbar machten. Fieber lag in der Luft. Aber es gab noch andere Krankheiten. Brechdurchfall, Typhus und Influenza kamen und gingen mit dem Wechsel der Jahreszeiten. Diarrhö und Augenschwäche wurden als endemisch betrachtet. Ein Physikus des 16. Jahrhunderts führte die typisch venezianischen Krankheiten auf sexuellen Exzess und Völlerei zurück. Dann streckte 1588 eine bis dahin unbekannte Krankheit namens Grippe die gesamte Bevölkerung nieder. Zum ersten Mal in der Geschichte blieb der Versammlungssaal des Großen Rats leer. Der Terminus »Grippe« scheint eine Menge von Symptomen abgedeckt zu haben, uns verfügbare Zeugnisse legen aber nahe, dass es sich um eine besonders virulente Form von Influenza gehandelt hat.

Und dann gab es natürlich noch die Krankheit, die umgangssprachlich als »der Tod« bekannt war. Es wird berichtet, dass Venedig die erste aller europäischen Städte war, die von der Pest heimgesucht wurde. Als eine venezianische Galeere im Herbst 1347 von einer Handelsreise, die sie nach Caffa am Schwarzen Meer geführt hatte, in ihren Heimathafen zurückkehrte, brachte sie in ihrem Laderaum versteckt ein paar schwarze Ratten mit, die von Flöhen der Gattung *Yersinia pestis* befallen waren. Der Hauptumschlagplatz des Handels zwischen Ost und West wurde zum Zwischenhafen des Todes. Venedig importierte die Seuche nicht nur, sondern exportierte sie auch. (Es heißt, dass mehr als drei Jahrhunderte später die Große Pest von London ausbrach, als zwei Venezianer in einem Mietshaus nördlich der Drury Lane ihr Leben aushauchten.) So begann der Schwarze Tod seinen Vernichtungszug durch Europa. Im Frühjahr 1348 ernannte die venezianische Obrigkeit, entsetzt darüber, wie er unter der Bevölkerung gewütet hatte, ein Dreiergremium, das »mit Fleiß alle möglichen Wege erkunden [soll], die Gesundheit unserer Stadt zu erhalten und die Verderbnis der Luft zu verhindern«. Das ist der erste schriftliche Beleg für eine öffentliche Maßnahme zur Erhaltung der Gesundheit und den Erlass entsprechender Verordnungen in Europa.

Schon sehr früh wurde auch ein Netz von öffentlichen Spitälern geschaffen. Es gab viele fromme und karitative Institutionen, die sich um arme Frauen, Kleinkinder, Waisen und die an lebensgefährlichen Krankheiten Leidenden kümmerten. 1735 beispielsweise richtete man eigene Krankenstationen für Patienten ein, die an Tuberkulose litten. Es waren die ersten in der Welt, die eigens zu einem solchen Zweck geschaffen wurden. 1258 gab es schon eine Gilde der Ärzte und Apotheker, und fünfzig Jahre später zahlte der Staat ein Salär an zwölf Ärztechirurgen. 1368 wurde eine medizinische Akademie gegründet. In jenem Jahrhundert waren Ärzte sehr angesehen und genossen einige Privilegien. Sie mussten nur wenige Abgaben entrichten und durften sich so kleiden, wie es ihnen gefiel. Also trugen sie weiße Seidenstrümpfe und Überzieher aus Spitze. Sie durften auch so viele Ringe an ihren Fingern zur Schau stellen, wie sie wollten. Sie hatten die strikte Anweisung, die Arbeit von Apothekern und Heilmittelhändlern zu überwachen, durften aber unter keinen Umständen einen Teil von deren Verdienst für sich abzweigen. Das pharmazeutische Gewerbe hatte sich schon vor sehr langer Zeit in Venedig etabliert, was zum Teil auf den ständigen Import von Heilmitteln aus Handelshäfen wie Kairo und Byzanz zurückzuführen war. Aus dem Osten kam vor allem das als *triacle* bekannte Zaubermittel, eine Mischung aus Ambra und orientalischen Gewürzen, das gegen alles helfen sollte, von der Pest bis hin zum Schlangenbiss.

Die ökonomischen und sozialen Folgen der ersten Pestepidemie waren überall in Europa gravierend; in der Lagunenstadt wirkte die Krankheit sich aber anders aus als beispielsweise in Frankreich oder England. Indirekt löste der Schwarze Tod in diesen beiden Ländern die Revolte der Jacquerie beziehungsweise den Bauernaufstand aus. In Venedig hingegen kam es zu keiner solchen Erhebung oder Revolution. Die Menschen blieben ruhig und fügsam. Der Mangel an Arbeitskräften wurde aber so kritisch, dass die venezianische Regierung im Oktober 1348 bekanntgab, man werde jedem das Bürgerrecht verleihen, der sich innerhalb des folgenden Jahres in der Stadt niederlasse. Ein solches Angebot hatte es noch nie gegeben und würde es danach auch nie wieder geben.

Die Annalen der Stadt berichten von nicht weniger als siebzig Heimsuchungen durch »den Tod«. 1527 raffte die Krankheit ein Fünftel der Bevölkerung dahin, und Diaristen hielten fest, dass die von ihr Befallenen auf den Straßen starben und Leichen in den Kanälen trieben. Zu der schlimmsten aller Pestwellen kam es aber 1575 und 1576, als Schätzungen zufolge ein Drittel der Einwohnerschaft das Leben verlor; im Zeitraum vom Juli 1575 bis Februar 1577 starben 46 721 Personen. Aus Angst vor Ansteckung ließen Ehefrauen ihre Gatten im Stich und Söhne ihre Mütter. Tizian, der im Lauf seines langen Lebens nie ernsthaft krank gewesen war, zählte zu den Opfern Die nahe gelegenen Inseln Lazzaretto Nuovo und Lazzaretto Vecchio, wo ursprünglich Leprakranke untergebracht waren, wurden den Pestkranken überlassen. Alle, die sich noch gesund fühlten, aber im Verdacht standen, sich möglicherweise angesteckt zu haben, wie Reisende, die gerade aus dem Ausland zurückgekehrt waren, mussten zweiundzwanzig Tage lang auf Lazzaretto Nuovo ausharren, bis sie die Stadt betreten durften. Alle, die gegen diese Regelung verstießen, wurden für mehrere Jahre aus Venedig verbannt. Diejenigen, die schon von der Krankheit ereilt worden waren, schickte man nach Lazzaretto Vecchio, wo bald fürchterliche Zustände herrschten. Die Schlafsäle hallten von Schreien und Wehklagen wider; einige der Kranken stürzten sich lieber in die die Insel umgebenden Fluten, als alles weiter zu ertragen. Über der Insel hingen Rauchwolken, die von den Scheiterhaufen aufstiegen, auf denen man die Toten verbrannte.

Die Stadt stürzte in einen Abgrund von Selbsthass, der die düstere Seite des Glaubens an göttliche Auserwähltheit darstellte; die Unbefleckte Jungfrau war in den Augen eines venezianischen Dichters plötzlich zu einem *orrido mostro*, einem grässlichen Ungeheuer, geworden. Mit ihrer lasterhaften und verschwenderischen Lebensweise hatten die Einwohner Gottes Zorn auf sich gezogen. Der Status Venedigs als Inbegriff, als *Muster* einer Stadt wirkte sich auch gegen Venedig selbst aus. Denn alle Städte müssen krank sein. Alle Städte müssen Krankheit und Tod in sich bergen. Also musste auch Venedig in Mythen und Erzählungen ein ungesunder und krank machender Ort sein.

Im November 1630 […] beginnt in Venedig eine neue Zeit. Die Zeit des Massensterbens und der Massengräber. […] Die Seuche hat die ganze Stadt erfasst. Und sie wütet in den Palazzi von San Marco und San Polo beinahe ebenso wie in den Mietshäusern am Rio Marin. Oder in den Sozialwohnungen von Castello und Cannaregio, die von mehr als 100 scuole *für Bedürftige unterhalten werden.*

Walter Saller

Die Seuche klopfte immer wieder an. Vom Juli 1630 bis zum Oktober 1631 erlagen ihr 46490 Menschen; im Sommer 1630 flohen 24000 Einwohner, um der schwer zu ertragenden drückenden Hitze zu entgehen, die allein schon krank machte. In Pestzeiten wurde immer eine ganze Schar von Heiligen angerufen, dass sie für göttlichen Beistand sorgten, doch die Heiligen erwiesen sich als wenig hilfreich. Die Ärzte Venedigs legten lange schwarze Umhänge an, die mit aromatischen Ölen getränkt und mit Wachs überzogen waren; sie stülpten Kapuzen über ihre Köpfe, setzten sich große Schutzbrillen auf und banden sich ein langes schnabelartiges Gebilde mit einem Atemfilter am Ende vor Mund und Nase. Sie sahen selbst wie Monster aus. Durch einen kuriosen Akt der Übertragung wurde diese düstere Kluft mit den diversen Accessoires zu einem beliebten Karnevalskostüm. Von einer solchen Aufmachung ging ein *memento mori* aus, eine Mahnung, dass Abschied genommen werden muss, die gut zum Karnevalesken passt; aber mit ihr versuchte man auch, den Tod zu verspotten.

Venedig ist […] eine Stadt Methusalems, in welcher die Sterblichkeit nahezu besiegt wurde. Tizian wurde, laut den alten Chronisten, im hundertsten Lebensjahr von der Pest hinweggerafft. Wieviel Maler können Sie zählen, die, wie er, über siebzig waren, ehe sie zu ihren Vätern versammelt wurden? Jacopo Bellini (siebzig Jahre), Gentile Bellini (achtundsiebzig Jahre), Giovanni Bellini (sechsundachtzig Jahre), Lorenzo Lotto (sechsundsiebzig Jahre), Tintoretto (sechsundsiebzig Jahre), Palma Il Giovanne (vierundachtzig Jahre), Tiepolo (achtzig Jahre), […], Pietro Longhi (dreiundachtzig Jahre), […], Canaletto (einundsiebzig Jahre), Guardi (einundachtzig Jahre) […]

Mary McCarthy

Diejenigen, die mit dem venezianischen Klima zurechtkamen, erfreuten sich im Allgemeinen einer außerordentlich guten Gesundheit. Zumindest die Angehörigen der Patrizierschicht erreichten in der Regel ein hohes Alter. Das milde Klima führte angeblich zu Mattigkeit und Sinnlichkeit. Von ihrer äußeren Erscheinung her waren die Venezianer des 17. und 18. Jahrhunderts (und vielleicht auch anderer Zeiten) durch eine gewisse Rundlichkeit gekennzeichnet; sie scheinen reichlich weiches Fleisch auf den Knochen gehabt zu haben. Ihre Haut war, so hieß es, von samtweißer Farbe. Doch kann das äußere Erscheinungsbild ja manchmal täuschen. Die Chronisten der Stadt erwähnten immer wieder, wie temperamentvoll und impulsiv die Bürger wirkten und wie viel nervöse Energie in ihnen steckte. Doch so wie negative äußere Umstände zum Entstehen der Stadt beigetragen und ihr ihre besondere Gestalt verliehen hatten, so hatte die Notwendigkeit, diese Stadt zu schützen und zu verteidigen, den Menschen Charakterfestigkeit verliehen. Leben bedarf, wie man im 19. Jahrhundert behauptete, zu seiner Erhaltung ständig neuer Stimuli, neuer Herausforderungen.

Nicht wenige der Dogen wurden gewählt, als sie schon das neunzigste Lebensjahr überschritten hatten. Die Stadt kümmerte sich um alte Männer und pflegte sie geradezu, und man hat nicht ganz zu Unrecht gemeint, dass in ihr eigentlich eine Gerontokratie herrsche. Anfang des 17. Jahrhunderts schrieb Fynes Morrison: »Ich habe nirgendwo mehr alte Männer zu Gesicht bekommen oder Senatoren, die um ihrer grauen Haare und vom Alter verliehenen Würde willen zu verehren sind.« In den Staatsarchiven findet sich ein Bericht über die Äbtissin eines Klosters, die im Sommer 1521 beim damals regierenden Dogen wegen einer bestimmten Sache Beschwerde einreichte:

Die Beschwerdeführerin war einhundertsechs Jahre alt. Tizian starb mit einundneunzig, Tintoretto mit sechsundsiebzig und Bellini mit sechsundachtzig. Guardi wurde einundachtzig Jahre alt und Longhi dreiundachtzig. Für die Verhältnisse ihrer Zeit erreichten alle diese Maler ein wahrhaft biblisches Alter. Ihr langes Leben steht mit ihrer ruhelosen Aktivität in Zusammenhang, mit jener Elastizität und Energie, die Kennzeichen des typisch venezianischen Ingeniums sind.

Ein Pestarzt. Diese Ärzte versuchten sich durch lange, mit Wachs und stark duftenden Ölen imprägnierte Gewänder und Gesichtsmasken vor der Ansteckung mit der Krankheit zu schützen. Vorne im »Schnabel« der Maske befand sich eine Art Luftfilter; die Augen waren mit einer Schutzbrille bedeckt.

Es hieß, dass Venezianer im Allgemeinen länger lebten als andere Menschen. Machiavelli zufolge hielten die Bürger und Angehörigen der ärmeren Schicht Krankheiten durch ihre ständige emsige Betätigung fern. Indem man die Geschäfte des täglichen Lebens mit Energie angeht, kann man vielleicht tatsächlich Krankheiten abwehren. Dass es – außer auf den Kanälen – keine öffentlichen Transportmittel gibt, bedeutet, dass man auch in der modernen Zeit alle Wege zu Fuß zurücklegt, durch die Straßen und über die Brücken geht. Infolgedessen leiden zeitgenössische Venezianer relativ gesehen seltener an hohem Blutdruck und Herzerkrankungen; die feuchte Luft macht sie jedoch anfälliger für rheumatische Erkrankungen.

Venedig war auch in einem ganz anderen Sinn eine Stadt des Todes. Die in ihr auf Anweisung der Obrigkeit hin vorgenommenen Ermordungen waren in ganz Europa berühmt, weil sie in großer Heimlichkeit ausgeführt und ohne langes Zögern angeordnet wurden. An einem Märzmorgen des Jahres 1498 schnappte der Diarist Marino Sanudo auf der Straße Gerüchte auf, dass wieder einmal der Gerechtigkeit Genüge getan worden sei. Als er über den Markusplatz ging, sah er einen hohen Regierungsbeamten zwischen den beiden Säulen der Piazzetta vom Galgen baumeln. Der Mann, der des Verrats bezichtigt wurde, war in der Nacht gehenkt worden, ohne dass man die Bevölkerung vorher informiert hätte. Man hatte ihm seine Uniform angelegt, zu der eine Jacke mit weiten, sich jetzt im Wind bauschenden Ärmeln gehörte. Nahezu dreihundert Jahre später war der englische Maler James Northcote schockiert, als er zwischen den nämlichen Säulen einen Gehängten entdeckte, dem man ein Schild auf die Brust geheftet hatte: »Wegen Verrats am Staat«. Es hieß, wenn der Vorrat an zum Tode Verurteilten erschöpft gewesen sei, hätten sich die Behörden Leichen aus den Hospitälern besorgt und diese aufgeknüpft, um die Bevölkerung einzuschüchtern. Es ist äußerst zweifelhaft, dass dies der Wahrheit entspricht.

Das komplizierte Zeremoniell, das öffentliche Hinrichtungen begleitete, sollte hervorheben, dass der Staat eine nahezu religiöse Rächerrolle übernahm. Der Verurteilte wurde von den Mitgliedern einer »Todesgilde«, die ihre Häupter mit schwarzen Kapuzen verhüllt hatten, zum Block des Scharfrichters oder zum Galgen geleitet. Er oder sie wandte sich dann zu einem Bild von Venedig um und intonierte das *Salve Regina*, bevor der letzte Akt begann. Auch der Doge war, in seinen kostbarsten und prächtigsten Ornat gehüllt, anwesend. Die Zuschauer standen geordnet und schweigend da, als ob sie einem Gottesdienst beiwohnten. Es war eine heilige Zeremonie, die den ganzen Staat läutern, ihn von einem auf Irrwege geratenen Einzelnen befreien sollte. Diese Hinrichtungen waren in keiner Weise mit denen zu vergleichen, die in London stattfanden. Um den Galgen von Tyburn herum herrschte ausgelassenes Treiben, manchmal jubelte das Volk Übeltätern zu oder applaudierte ihnen, wenn sie zur Hinrichtungsstätte geführt wurden. In Venedig handelte es sich hingegen um feierliche kommunale Riten.

Viele aus den Reihen der eigenen Einwohnerschaft stammende Staatsfeinde wurden jedoch in den Zellen des Dogenpalasts erdrosselt und ihre Leichen dann vor den Augen der Öffentlichkeit verborgen in der Lagune versenkt. Als man 1650 einen Neffen des Dogen zusammen mit einem spanischen Diplomaten in einer Gondel sah, wurde der junge Mann im Amtssitz seines Onkels in eine Zelle gesperrt und bald danach beseitigt. Hinter der Insel S. Giorgio Maggiore zog sich ein tiefer Kanal entlang, der als Canale Orfano bekannt war; dieser spülte die Leichen ins offene Meer. Ein General, ein Fremder, den der üppige Sold verlockt hatte, in venezianische Dienste zu treten, geriet in Verdacht, mit dem Feind zu kooperieren. Er wurde unter Wahrung aller Formen unter dem Vorwand, dass man sich mit ihm beraten wolle, in den Dogenpalast bestellt und nach seiner Ankunft zu einer Geheimtür dirigiert. »Da geht es doch nicht lang«, protestierte er. »Doch, doch!«, antwortete man ihm. »Genau da geht es lang.« Der schmale Gang endete in einer Gefängniszelle. »Um mich ist es geschehen«, soll er gesagt haben. Es gibt ein altes Sprichwort: »Ein Toter führt keinen Krieg.« Auch für einen venezianischen Admiral oder General, der eine Niederlage erlitten und damit seinen Staat im Stich gelassen hatte, gab es keine Gnade.

Die Strafen waren oft sehr grausam. Im 14. und 15. Jahrhundert wurden Falschmünzer bei lebendigem Leib verbrannt. Den Söhnen zweier Senatoren, die des Absingens blasphemischer Lieder überführt worden waren, riss man die Zungen aus dem Mund und hackte man die Hände ab. Ein Mönch, der nicht weniger als fünfzehn Nonnen geschwängert hatte, landete dafür auf dem Scheiterhaufen. Zwei des Verrats beschuldigte Priester wurden lebendig begraben, mit den Köpfen nach unten, der eine über dem anderen. Solche Grausamkeiten lassen irgendwie an orientalische Praktiken denken. Eine neue Art der »Hinrichtung« bestand darin, den Delinquenten einfach verhungern zu lassen. Er wurde in einen hölzernen Käfigkasten mit Eisenstäben gesperrt, den man dann an einem Stab vom Campanile auf dem Markusplatz herunterhängen ließ. Er bekam mithilfe eines Seils kontinuierlich kleiner werdende Mengen Brot und Wasser gereicht, bis er an Auszehrung oder weil er schutzlos den Elementen ausgesetzt war, starb – das alles geschah vor den Augen der vielen Menschen, die dieses Areal genau im Zentrum der Stadt frequentierten.

Die Venezianer waren auch für ihre ausgefeilten Methoden bekannt, jemanden meuchlings ins Jenseits zu befördern. 1421 beschloss der Rat der Zehn, den Herzog von Mailand vergiften zu lassen, und kam überein, das Mittel zuerst an zwei Schweinen zu erproben: Die Ergebnisse dieses Tests sind nicht schriftlich festgehalten. 1649 braute ein venezianischer Arzt die »Quintessenz« der Pest zusammen, damit sie gegen die Türken eingesetzt werden könne. Es ist das erste bekannte Zeugnis für den Einsatz biologischer Waffen – oder vielmehr den Versuch dazu. In den europäischen Hauptstädten war man tatsächlich überzeugt, dass die venezianische Regierung eine Truppe von ausgebildeten Mördern unterhielt, die jederzeit bereitstand, um Feinde der Stadt aus dem Weg zu räumen. Das stimmte zwar nicht, zeigte aber, was für ein tiefes Misstrauen man Venedig im Ausland entgegenbrachte. Erst als die Macht und der Reichtum der Markusrepublik zu schwinden begannen, nahm die Feindseligkeit der anderen Staaten ihr gegenüber langsam ab. Im 18. Jahrhundert sagte man, dass das von den venezianischen Staatsbeamten so lange benutzte Gift geronnen und das Rezept für seine Herstellung verlegt worden sei.

Falls die Berichte über die von diesem Staat begangenen Gewalttaten zutrafen, spiegelte sich dann in der Verwendung derart drastischer Mittel die Tatsache wider, dass Gewalttätigkeit innerhalb dieses Staates weit verbreitet war? In diesem Fall kommt es auf die Definition von Gewalttätigkeit durch die Obrigkeit an: Sie verstand darunter alles, was den gesellschaftlichen Frieden und die Ehre Venedigs gefährdete. Den Angeklagten wurden selten irgendwelche Rechte eingeräumt. Verbrechen, die sich unmittelbar gegen den Staat richteten, wie Verrat beispielsweise, wurden sehr schnell und äußerst brutal bestraft. Doch geringfügigere Vergehen gegen den Staat wurden nicht weniger streng geahndet. Aufschlussreich ist, wie man mit jenen verfuhr, die sich herabsetzend über den Staat geäußert hatten. Ein Genueser Seemann, der gleich nach seiner Ankunft erklärt hatte, er täte nichts lieber, als seine Hände in venezianischem Blut zu waschen, wurde sofort ergriffen und aufgehängt; man schnitt ihm die Fußsohlen ab, so dass er sein eigenes Blut den Steinen Venedigs zum Opfer darbrachte. Als ein Venezianer namens Marco Rizo 1329 kundtat, er würde die *nobili*, diese »Hunde«, am liebsten ins Gefängnis werfen, wurde er festgenommen; man schnitt ihm die Zunge heraus, bevor man ihn für immer aus der Stadt verbannte.

Sogar der amtierende Doge konnte nie sicher vor grausamer Bestrafung sein: *Wenn der Doge ein Tyrann war und seine Würde an seine Familie fesseln wollte, so jagte man ihn fort, steckte ihn in eine Mönchskutte oder blendete ihm die Augen; oft metzelte man ihn nach dem Brauche der antiken Städte nieder. Im Jahre 1127 waren von fünfzig Dogen neunzehn getötet, verbannt, verstümmelt oder abgesetzt worden.*

Hyppolite Taine

Eigentumsdelikte wurden als gravierender angesehen als *crimes passionnels*. So wurden Diebe gewohnheitsmäßig der Folter unterzogen, Mörder aber nicht. Jeder, der mehr als einmal einen Raub begangen hatte, wurde gehängt. Vergewaltigungen kamen wahrscheinlich recht häufig vor, hauptsächlich solche von Frauen aus der Arbeiterklasse durch Patrizier. Doch brachte einem ein solches Vergehen nur die milde Strafe von acht Tagen Gefängnishaft ein; der Vergewaltiger wurde freigesetzt, wenn er eine Summe in Höhe der Mitgift der Frau zahlte. Eine solche Tat wurde als unwichtig angesehen. Aus Gerichtsprotokollen geht hervor, dass Frauen in ihrer Bedrängnis oft »Hilfe, Feuer!« statt »Hilfe, ich werde vergewaltigt!« riefen, weil ein solcher Alarmruf größere Aufmerksamkeit erregte.

Die Angehörigen der Patrizierklasse waren häufig gewaltbereiter als die der anderen Schichten, vielleicht auch deswegen, weil ihre Standesgenossen dazu neigten, nur milde Strafen über sie zu verhängen, sofern ihre Vergehen nicht den Status quo bedrohten. Vor allem die Jüngeren von ihnen konnten richtig wild werden. Casanova führte immer einen Dolch bei sich, wie ihn, seiner Angabe nach, »alle ehrenwerten Männer in Venedig bei sich tragen, um ihr Leben verteidigen zu können«. Die Bürger und Angehörigen des Volks waren friedlicher. Es gab eine große Polizeitruppe, aber die *popolani* waren selbst immer wachsam und traten entschlossen für die allgemeine Sicherheit ein, wenn es denn sein musste. In einer dicht besiedelten Handelsstadt lag es in jedermanns Interesse, dass die öffentliche Ordnung aufrechterhalten blieb. Es gab genügend Freiraum für die Existenz verschiedener Parteien, aber Banden konnten sich nicht bilden. Der einzelne Kriminelle wurde nicht glorifiziert und gefeiert, wie man es zum Beispiel mit Jack Sheppard in London tat. Und schließlich: Wohin hätte ein Verbrecher in einer von Wasser umgebenen Stadt eigentlich fliehen sollen?

Überrascht es nach all diesen Ausführungen noch, dass viele Leute in Venedig verrückt werden? Der Verfasser selbst hat ein Heulen vernommen, das aus einem der winzigen Mietshäuser im Viertel Castello drang und sich anhörte, als rührte es von einer Seele im Fegefeuer her. Irrsinn befällt Inselbewohner öfter und auf heimtückischere Weise als andere Menschen. In der Stadt selbst hat es nie ein Irrenhaus gegeben: Das hätte zu provokant wirken können. Man sperrte die Verrückten stattdessen in Häusern auf diversen Inseln in der Lagune ein. So wurden die weiblichen Geisteskranken vom 18. Jahrhundert an auf der Insel San Clemente kaserniert. Wenn sie sich irgendeines Vergehens schuldig machten, ließ man sie dort in Käfigen über dem Wasser baumeln. Die Anstalt für Männer befand sich auf der Insel San Servolo; Shelley verlieh ihr mit einigen seiner Verse Unsterblichkeit:

> »Was wir sehen
> Ist das Irrenhaus mit seinem Glockenturm«,
> Sprach Maddalo, »und sogar zu dieser Stunde,
> Hören die, so übers Wasser übersetzen, jene Glocke.
> Welche die Irren, jeglichen aus seiner Zelle,
> Zum Abendgebete ruft.«

Von den vergitterten Fenstern ihrer Zellen aus pflegten die Insassen den Menschen in vorüberfahrenden Gondeln etwas zuzurufen.

Man kann sagen, dass die Stadt selbst gewisse psychopathologische Tendenzen an den Tag legt. Sie hat sich stets in einem Zustand höchster Angst befunden. Seit ihrer schwierigen und riskanten Geburt aus dem Wasser hat sie sich von allen möglichen Mächten oder Gewalten bedroht gefühlt. Sie war einmal im konkreten Sinn des Wortes isoliert, eine Insel, und hat immer an großer ontologischer Ungewissheit gelitten. Der Grund dafür ist leicht zu erkennen; wenn man sich New York oder Paris als auf unsicheren Fundamenten auf dem Wasser ruhend vorstellt, kann man nachvollziehen, was für eine tiefe Furcht eine solche Lage auslöst. Wasser ist instabil und unberechenbar. Das ist auch der Grund dafür, dass Venedig immer seine Stabilität und sein Fortdauern, seine Beständigkeit und seine Permanenz hervorgehoben hat.

Während seiner ganzen Geschichte fühlte es sich bedroht. Es vermittelt die Vorstellung von Fragilität und Verletzlichkeit und löst so Reaktionen der Fürsorge aus. Im 12. Jahrhundert ließ eine Reihe von Erdstößen die Einwohner in Panik verfallen. 1105 wurde die Insel Malamocco vom Wasser überflutet, und man glaubte, dass Venedig dasselbe Schicksal ereilen würde. Im 13. Jahrhundert wurde die Gefahr einer Feuersbrunst beinahe hysterisch an die Wand gemalt; Feuer galt als der Feind, der von innen angriff, der glimmend irgendwo verborgen lag, bereit, im Dunkel der Nacht auszubrechen. Im 15. Jahrhundert befürchtete man, die Stadt sei durch die Versinterung der Lagune und das Austrocknen der Kanäle in Gefahr. Es hieß, dass sie jedes Jahr baufälliger werde. In der zweiten Hälfte des Jahrhunderts glaubte man, dass sie durch die Lasterhaftigkeit seiner Einwohner in großer Gefahr schwebe, vernichtet zu werden: Die Bestrafung durch Gott könne nicht lange ausbleiben. Man hatte Angst, dass er sie in seinem Zorn im Wasser versinken lassen könne.

Es hat nie eine Zeit gegeben, in der Venedig nicht gefährdet gewesen wäre, und in jedem Jahrhundert ist man zu dem Schluss gekommen, dass es nicht überleben würde. Tiefe und endemische Angst liefert vielleicht den Schlüssel zu allen Aktionen seiner Regierung im Lauf seiner Geschichte. Die Aneignung großer Gebiete des Festlands wie auch die Erschaffung eines Imperiums waren Versuche, Unsicherheit, Ungewissheit zu reduzieren. Die bedächtige, gravitätische Art, in der die Patrizier den Staat lenkten, war an sich schon ein Verteidigungsmechanismus. Die Venezianer hassten Unvorhersehbarkeit. Es herrschte aufrichtige Angst vor der Zukunft. Die Habsucht der Stadt, diese Gier nach Gold und anderen Reichtümern kann auf eine Weise erklärt werden, wie in Dickens' *A Christmas Carol* Scrooge sein krankhafter Geiz erklärt wurde: »Du fürchtest die Welt zu sehr.« Doch der große Triumph der Venezianer lag in der simplen Tatsache begründet, dass sie es geschafft hatten, ihrer gefährdeten Position zum Trotz unversehrt zu überleben. Das war die Hauptquelle ihres Stolzes im 17. und 18. Jahrhundert; auf dieser Leistung gründete ihr Anspruch auf ewigen Ruhm, denn welches andere Volk konnte das von sich behaupten?

Es ist immer eine ihrer selbst bewusste, ja eine von sich selbst besessene Stadt gewesen, auch eine Stadt, die sich in Bezug auf sich selbst getäuscht hat. Sie hat sich etwas vorgemacht und Mythen über sich selbst gewoben. Sie hat sich eine Geschichte ihrer selbst ausgedacht, die absolut nicht mit der realen übereinstimmt. Sie war miteinander im Widerstreit liegenden Impulsen ausgesetzt: Sie predigte bürgerliche Freiheit, strebte aber gleichzeitig Kontrolle über ihre Bürger an. Sie gab sich eine ausgelassen-heitere Atmosphäre, bestimmend für das Leben in ihr war aber nüchterne kommerzielle Kalkulation. In zahlreichen Aufforderungen an das Volk, den Versuchungen des Luxus zu widerstehen, der Sinnenfreude und der Verschwendungssucht abzuschwören, kam auch Selbsthass zum Ausdruck. Die Botschaft lautete: »Wir müssen *rein* bleiben.« Wir müssen selbst so unberührt, so lauter bleiben wie die Stadt. Wir müssen über jeden Tadel erhaben sein. Das ist der Grund dafür, dass alles, was die Ordnung zu bedrohen schien, was eine Gefahr hätte bedeuten können, an den Rand gedrängt wurde. Die Schwankungen in der öffentlichen Stimmung waren drastisch. Jeder plötzliche Rückschlag oder jede unerwartete Niederlage ließ die Bevölkerung in Verzweiflung stürzen. Chronist Marino Sanudo notierte immer wieder: »Die ganze Stadt war ungeheuer niedergeschlagen.« Es klang schon fast wie ein Refrain. Die Furcht vor einer Verschwörung hing zu jeder Zeit in der Luft. Bei einem Menschen würde man das als Symptom für eine gefährliche psychische Störung betrachten.

Doch man kann sagen, dass Venedig alle Städte repräsentiert. Es verkörperte die Ängste, die Städte generell heimsuchen – die Angst vor Krankheiten, die Angst vor Ansteckungen, die Angst, für immer von der Welt der Natur abgetrennt zu sein. Sie repräsentiert auch die Ängste, die Städte selbst auslösen, die Angst vor den negativen Folgen eines Lebens in Luxus, vor ihrer Macht, ihrer Aggressivität. Die Stadt an sich ist ein furchteinflößender Ort.

TEIL XI

Mythische Stadt

34

Die Karte wird entrollt

Es gibt viele Karten von Venedig, die aber allesamt nicht sehr verlässlich sind. Es muss eine der am häufigsten kartografierten Städte der Welt sein, dabei ist sie in einem gewissen Sinn gar nicht kartografierbar. Die *calli* sind viel zu labyrinthartig verworren, die Verbindungen zwischen einzelnen Punkten viel zu verschlungen. Es gibt viel zu viele Nebengassen, -gässchen und Durchgänge, als dass man sie alle aufs Papier bringen könnte. Außerdem existiert die Stadt nicht nur auf einer einzigen Ebene, sondern auch auf der der Kanäle, der der Brücken und auch auf der in Höhe der Fenster im ersten Stock. Ein allzu vertrauter Anblick ist der von Touristen, die Stadtpläne entfalten und nach den Schildern mit den Namen von Straßen und Brücken Ausschau halten. Oft vergebens, weil sie sich an einem Ort befinden, den »es gar nicht gibt«. Für den Fremden ist es unmöglich, sich in Venedig nicht zu verirren. Und von der Stadt, wie sie in der eigenen Vorstellung existiert, kann es in keinem Fall eine Karte geben.

Die erste erhaltene Karte Venedigs, auf der man die Gestalt, die sie einmal annehmen würde, schon erkennen kann, wurde im frühen 12. Jahrhundert gezeichnet. Die berühmteste bleibt jedoch Jacopo de' Barbaris »Vogelschauplan« von 1500. Das war die Karte, auf der das Bild von Venedig als signifikantes urbanes Gebilde von prägnanter Gestalt gründete. Sowohl von ihrer Detailliertheit als auch von ihrer Ausführung her hatte sie nicht ihresgleichen. Dennoch handelte es sich eher um eine symbolische Darstellung als um eine realistische Wiedergabe der tatsächlichen topografischen Verhältnisse. Sie ließ Venedig eine Art geheiligter Geometrie zukommen und hob die kunst- oder sogar trickreichen menschlichen Eingriffe bei seinem Entstehen hervor. Über der Stadt thront Merkur auf einer Wolke, unter welcher die vom Rialtomarkt und dem Markusdom gebildete Achse verläuft; die dazugehörige Legende lautet: »Ich, Merkur, blicke auf diesen Markt vor allen anderen voller Gunst herab.« Aus den Wassern der Lagune blickt Neptun zu ihm auf und erklärt: »Ich, Neptun, habe hier meinen Sitz und glätte die Wogen dieses Hafens.« Die Silhouette der Stadt selbst ähnelt einem Delphin, der über das Wasser tollt. Sie ist menschenverlassen, was den Glauben unterstreicht, dass sie selbst wichtiger sei als ihre wechselnden, »flüchtigen« Bewohner. Diese stellten nur Schatten an den Mauern und Wänden dar. Die Karte war natürlich nicht für praktische Zwecke zu gebrauchen. Wie ein anderer venezianischer Kartograf des 15. Jahrhunderts, Fra Mauro, es formulierte: »Meine Karte [...] war nur eine Version der Realität. Sie hätte nur nützen können, wenn man sie als Werkzeug für die Imagination verwendet hätte. Es kam mir der Gedanke, dass die Welt selbst als ausgeklügelte Erfindung und als Ausdruck eines grenzenlosen Willens gesehen werden sollte.«

Viele in Venedig angefertigte Karten brachten auch die merkantilen Interessen der Stadt zum Ausdruck. Sie sollten nicht nur den Verlauf der bekannten Handelsstraßen nach Cathay oder Trapezunt zeigen, sondern auch die Wege in Gegenden eröffnen, in denen noch nie zuvor jemand aus der Stadt Handel getrieben hatte. Es wurde zum Beispiel darum gewetteifert, einen Seeweg nach Indien mit seinen kostbaren Gewürzen zu entdecken. Die Rückwand der Loggia am Rialtomarkt zierten Fresken, die eine *mappamundi* ergaben; in der Loggia selbst wurde ein Exemplar von *Die Reisen des Marco Polo* aufbewahrt.

Die Venezianer waren fachkundige und berühmte Kartografen. In ihrer unbeständigen, vom Wasser umgebenen Welt bemühten sie sich um topografische Fixierung, um Sicherheit. Ihre Besessenheit lässt sich leicht begreifen, wenn man bedenkt, dass sie in einer Stadt zu Hause waren, in der sich kartografische Darstellung und Realität nur selten deckten. Im Kartenzeichnen äußert sich das Verlangen nach Ordnung und Kontrolle, ein Verlangen, das die alles im Auge behaltende Regierung teilte. Die venezianischen Behörden gaben eine große Zahl detaillierter Karten in Auftrag, die alle möglichen Aspekte der Territorien, die man auf dem Festland unter seine Herrschaft gebracht hatte, betrafen. Möglicherweise von solchem Eroberungsgeist mitgerissen, verfasste ein venezianischer Kartograf die erste Abhandlung über Landschaftsmalerei. In Venedig selbst gab es keine Landschaften. Landschaften konnten nur auf oder aus von der Republik kolonisiertem Gebiet geschaffen werden. 1448 deutete ein anderer venezianischer Kartograf, Andrea Bianco, erstmals die Existenz Amerikas an, indem er ungefähr dort, wo Brasilien liegt, eine »Insel« einzeichnete. Ein Venezianer namens Giovanni Contarini fertigte zu Beginn des 16. Jahrhunderts die erste exakte Afrikakarte an.

Kaiser, Könige und Fürsten, Ritter und Bürger – und ihr alle, ihr Wißbegierigen, die ihr die verschiedenen Rassen und die Mannigfaltigkeit der Länder kennenlernen wollt – nehmt dieses Buch und laßt es euch vorlesen. Merkwürdiges und Wunderbares findet ihr darin, und ihr werdet erfahren, wie sich Groß-Armenien, Persien, die Tatarei, Indien und viele andere Reiche voneinander unterscheiden. Dieses Buch wird euch genau darüber unterrichten: denn Messer Marco Polo, ein gebildeter edler Bürger aus Venedig, erzählt hier, was er mit eigenen Augen gesehen hat.

Marco Polo

Weltkarten bedeckten die Wände in den Häusern der bedeutenden Kaufleute und der Patrizier. Die Gemächer im Dogenpalast waren mit Karten geschmückt, welche die Routen zeigten, auf denen Venedig mit der damals bekannten Welt Handel trieb. Auf einem Gemälde von Pietro Longhi, das um die Mitte des 18. Jahrhunderts entstand und den Titel »Die Geografiestunde« trägt, zieht eine modisch gekleidete Dame, zwei Kompasse in der rechten Hand haltend, einen Globus zurate; zu ihren Füßen liegt aufgeschlagen ein Atlas. Fra Mauro selbst, ein Kamaldulensermönch aus dem Kloster San Michele auf Murano, schuf eine berühmte *mappamundi*, die um symbolische Darstellungen und Bezüge auf die Heilige Schrift ergänzt war. Er erklärte, er habe sie geschaffen, damit die »erlauchten Herrscher der Stadt über sie nachsinnen könnten«. Mitte des 15. Jahrhunderts gab es in Venedig eine Werkstatt, die sich einzig und allein der Herstellung von Karten widmete. Die venezianischen Kartenzeichner waren insbesondere für ihre Portolankarten bekannt, auf denen sie die Umrisse der Küsten festhielten und die vor allem Seefahrern nützen sollten. 1648 wurde in der Stadt eine Akademie der Argonauten gegründet, die sich auf die Veröffentlichung von Karten und Globen spezialisierte.

Es verwundert daher nicht, dass man auf dem Rialto eine Ausgabe von *Die Reisen des Marco Polo* bereithielt. Polo ist – mit der möglichen Ausnahme Casanovas – der berühmteste Venezianer und in jedem Fall der berühmteste aller Reisenden. Seine Geschichte ist in gewisser Weise die typische Geschichte eines venezianischen Geschäftsmanns. Er entstammte einer Kaufmannsfamilie. Es gab einmal zwei aus der Pfarre S. Giovanni Grisostomo gebürtige Brüder, die ein Handelshaus in Konstantinopel leiteten, eine Zweigstelle ihres Familienunternehmens. Sie waren Patrizier, doch in Venedig gelangten Patrizier ja durch Handel zu Wohlstand und Status.

1260 entschieden Niccolò und Matteo Polo, da in der Hauptstadt des byzantinischen Reichs Aufruhr und Unruhe herrschten, weiter nach Osten zu reisen, um neue Märkte aufzutun. Sie nahmen einen gewissen Vorrat an Edelsteinen mit, die sie sorgfältig in ihren Kleidern verbargen, und traten eine lange Reise in Richtung Zentralasien an. Sie gelangten nach Buchara im heutigen Usbekistan, wo Krieg und Gerüchte von Kriegen sie fast drei Jahre lang verharren ließen. Das stellte sich jedoch als glücklicher Umstand heraus, weil sie sich mit einigen Männer anfreundeten, die als Gesandte zum Hof des Großen Khan, des »Herrn aller Tataren der Welt«, unterwegs waren. Das war eine Gelegenheit, die man nicht ungenutzt verstreichen lassen durfte. Sie reisten mit ihnen in die Stadt Kublai Khans. Der Herrscher verhielt sich ihnen gegenüber höflich und zeigte sich wissbegierig: Er befragte sie genau zu den Gesetzen und Sitten ihrer Gesellschaft. Als ihr Aufenthalt in Peking zu Ende ging, vertraute er ihnen eine Botschaft an den Papst an und bat sie, mit Öl aus den Lampen, die vor dem Grab Christi in Jerusalem brannten, wieder zu ihm zu kommen.

Für die Rückkehr nach Venedig benötigten sie weitere

dreieinhalb Jahre. Sie hatten ihre Heimatstadt seit fünfzehn Jahren nicht mehr gesehen, und Niccolò Polo fand zu Hause einen Sohn vor, der jetzt sechzehn Jahre zählte. Er war nach dem Schutzpatron der Stadt benannt worden. Nach einiger Zeit erhielten sie Schreiben, in denen der neue Papst Gregor X. ihnen seinen Segen spendete und Privilegien einräumte; sie vermochten sich auch ein Fläschchen voll des kostbaren Öls zu beschaffen, und kehrten damit zum Kublai Khan zurück. Diesmal war der junge Marco mit von der Partie. Erneut nahm die Reise dreieinhalb Jahre in Anspruch. Der faszinierendste Teil kommt aber noch: Vierundzwanzig Jahre später trafen drei Fremde im Sprengel S. Giovanni Grisostomo ein. Sie trugen Umhänge aus grobem Wollstoff wie die Krieger der Tataren, hatten lange Bärte und Haare; ihre Haut war von der Sonne versengt, der sie so lange ausgesetzt gewesen waren. Marco Polo war zusammen mit seinem Vater und seinem Onkel endlich heimgekehrt.

Sie wurden nicht als Mitglieder der Ca' Polo erkannt und sprachen ein verstümmeltes Venezianisch. Wahrscheinlich hätte man sie als Betrüger der Gemeinde verwiesen. Doch dann ging Marco Polo aufs Ganze. Er nahm die drei Wollmäntel und riss das Innenfutter heraus. Mengen von kostbaren Edelsteinen kamen zum Vorschein, Rubine, Saphire, Diamanten, Smaragde, die sie durch die Großzügigkeit des Großkhans erhalten hatten. Natürlich waren die Venezianer durch den zur Schau gestellten Reichtum sofort von der *bona fides* der drei überzeugt und nahmen sie – dem Chronisten zufolge – »mit größter Ehrerbietung und Hochachtung« wieder bei sich auf. Marco Polo wurde bald als Marco Millione bekannt und der Hof seines Hauses als Corte Millione. Bei kürzlich vorgenommenen Ausgrabungen an dieser Stätte sind Fundamente entdeckt worden, die zur Zeit der Rückkehr des Reisenden gelegt worden sein müssen: Er scheint die Edelsteine demnach veräußert zu haben.

Wie allgemein bekannt, ist die Geschichte damit nicht zu Ende. Marco Polo war ein großer Patriot und stattete auf

Marco Polo (1254–1324), der 1271 zu einer Reise nach Asien aufbrach. Die Authentizität seiner Erlebnisberichte ist umstritten. Als Polo im Sterben lag, soll man ihn aufgefordert haben, um seines Seelenheils willen zu bekennen, dass er seinen Zeitgenossen nur Lügengeschichten aufgetischt habe. Seine Antwort: »Ich habe noch nicht einmal die Hälfte von dem erzählt, was ich gesehen und erlebt habe.«

eigene Kosten eine Galeere für den Krieg gegen Genua aus. In der Schlacht von Curzola, im September 1298, fiel er dem Feind in die Hände, wurde gefangen genommen und in Genua in den Kerker geworfen, wo er ungefähr ein Jahr lang saß. Während der Zeit seiner Haft wurde er für seine fantastischen Geschichten über ferne Länder berühmt. Und er fand einen Gehilfen: Ein alter Mann aus Pisa, unter dem Namen Rusticiano bekannt, schrieb seine Erzählungen in einem merkwürdigen, aus den alten Romanzen übernommenen Französisch auf. Der schriftlich festgehaltene Text trägt alle Merkmale des mündlichen Vortrags – »genug hiervon, jetzt werd ich euch von anderem berichten«, »wir wollen jetzt das Land Mosul verlassen, und ich will euch von der großen Stadt Baldoc erzählen«, »doch zunächst muss ich euch Folgendes berichten …«.

Das Manuskript wurde mehrfach abgeschrieben, und die Erzählungen fanden auf diese Weise Verbreitung. Doch nach seiner Freilassung aus der Haft kehrte Polo wieder in seine Heimatstadt zurück, wo er ein ruhiges und unauffälliges Leben führte, sich nichts anderem als den gewöhnlichen Geschäften eines Kaufmanns widmend. Man weiß, dass er ein Exemplar seines Reiseberichts einem zu Besuch weilenden französischen Ritter überreichte; ansonsten gibt es keine Belege für eine Verbindung zu dem Werk, das ihn unsterblich machte. Er starb 1323 im Alter von neunundsechzig Jahren. Auf seinem Totenbett erklärte er noch, dass er nicht einmal von der Hälfte der Dinge berichtet habe, die er in fernen Ländern gesehen hatte. Man glaubte einmal, dass seine Geschichten wirklich nur Geschichten waren, doch in jüngerer Vergangenheit ist immer deutlicher geworden, dass er wirklich über Völker und Städte berichtete, die er auf seinen Reisen kennengelernt hatte. Er war ein praktisch veranlagter und kluger Mann, der einen klaren Kopf und ein Auge für Einzelheiten besaß. Er war auch von einer beinahe kindlichen Energie und Neugier erfüllt, was es ihm ermöglichte, viele Jahre unter verwirrend fremdartigen Menschen zu überleben. Er war ein ausgeprägt venezianischer Mensch. Wir könnten ihn sogar als einen venezianischen Helden bezeichnen, wenn die Stadt nicht heldenhafte Individuen verabscheut hätte, da man sie als Bedrohung für das Wohlergehen des Staates empfand.

Aus seinen Erzählungen über seine Reisen geht hervor, dass Polo im Auftrag von Kublai Khan, der begierig war, alles, was sein Reich betraf, in allen Einzelheiten in Erfahrung zu bringen, ganz Asien der Länge nach, von Osten nach Norden, durchquerte. Er war der erste Reisende, der den Reichtum und die Größe Chinas bekanntmachte, der die Steppen der Mongolei beschrieb und das von der Welt abgeschiedene Tibet; er berichtete über Burma und Siam, über Java und Indien. Er ließ sich über die Hexer von Paschau aus und über die Götzenanbeter von Kaschmir; er erzählte auch vom Kampf Dschingis Khans gegen den legendären Priesterkönig Johannes.

Seine Reisen und seine Berichte über sie waren in mehr als einer Hinsicht fantastisch, doch er nahm nur eine alte venezianische Tradition auf. Von Diplomaten und anderen Staatsdienern verlangte man, dass sie ausführliche Berichte, *relazioni*, über die ausländischen Städte abgaben, in die sie in Erfüllung ihrer Pflichten gekommen waren. Polo wollte den Venezianern auch Anschauungsunterricht darin erteilen, wie man ein Land gut regierte. Man könnte sogar behaupten, dass die venezianische Obrigkeit ein paar Jahre nach der Rückkehr des Weltreisenden einige der Prinzipien des mongolischen Herrschaftssystems übernahm. Sie folgte den Vorgaben des Großen Khans, den Polo den »mächtigsten Mann« nennt, »was Streitkräfte und Ländereien und Schätze betrifft, der auf der Welt existiert oder seit der Zeit unseres Stammvaters bis zum heutigen Tag existiert hat«.

Auch die Kaufleute Venedigs waren auf genaue Berichte über die gesellschaftlichen und wirtschaftlichen Bedingungen angewiesen, die in bestimmten Regionen herrschten. Welches waren die Bedürfnisse der dort Lebenden? Was hatten diese anzubieten? Genauso wie sie die Qualität von Waren stets mit scharfem Blick einschätzten, nahmen sie auch die Bedingungen in Ländern, mit denen sie Handel treiben wollten, immer genau unter die Lupe. Sie benötigten vor allem Informationen. Es ist daher erklärlich, dass Polo den Aktivitäten der Kaufleute und Händler in allen Städten, die er besuchte, besondere Aufmerksamkeit schenkte. Über die Stadt Kubenan in Persien erzählte er, »es gibt dort viel Eisen und Stahl und *ondanique*, und sie stellen stählerne Spiegel von beträchtlicher Größe und Schönheit her«. Wenn er geschildert hatte, wie und womit die Einwohner einer Stadt ihren Lebensunterhalt verdienten, ließ er oft den Satz folgen: »Ansonsten gibt es dort nichts Erwähnenswertes.«

Die venezianischen Patrizier waren professionelle Reisende, vor allem in ihrer Rolle als Kaufleute. Anders als ihre Standesgenossen und Kollegen in Florenz oder Hamburg konnten sie ohne genaue Kenntnisse der Küsten und Meere nicht überleben. Also gehörte »Reiselust« immer zur venezianischen Mentalität. Wie hätte es anders sein können in einer Stadt, die auf die Adria und das Mittelmeer blickte? Im 9. Jahrhundert hatten venezianische Reisende schon Ägypten und das Asowsche Meer besucht. Im frühen 15. Jahrhundert diente ein Venezianer im dänischen Heer. Ein Jahrhundert später brachte ein venezianischer Schiffbauer es auf den Werften von Elephanta in Indien zu Geld und Ansehen.

Es gibt Berichte von Reisen nach Grönland und ins Land der Tataren. Pietro Querini befuhr 1432 den Arktischen Ozean, vierzig Jahre später erreichte Giosafatte Barbaro die Küsten des Kaspischen Meeres. Als John Cabot, venezianischer Bürger aus eigenem Entschluss und per staatlichem Dekret, in der Neuen Welt landete, pflanzte er neben der englischen Fahne die Flagge mit dem Markuslöwen auf. Es ist vielleicht der Erwähnung wert, dass Sebastian Cabot in Venedig geboren wurde; er entdeckte 1498 Labrador, und das Jahr 1526 sah ihn am Unterlauf des Rio de la Plata. Mitte des 15. Jahrhunderts segelte ein junger venezianischer Patrizier namens Alvise da Mosto nach Senegal und entdeckte die Kapverdischen Inseln. Er hielt die Einzelheiten seiner Reise in typisch venezianischer Manier schriftlich fest, da er »der Erste war, so aus jener höchst edlen Stadt aufgebrochen, um den Ozean jenseits der Straße von Gibraltar in südlicher Richtung zu befahren, zum Lande der Neger hin«. Er war aber in allererster Linie ein Händler, der Wolle, Seide und Pferde gegen Sklaven und Papageien eintauschte.

Die venezianischen Reisenden waren nicht nur auf Profit, sondern auch auf Ruhm aus; eine hohe gesellschaftliche Position und Prestige leiteten sich vom materiellen Reichtum ab, und mit den wagemutigen Vorstößen ins Unbekannte wollte man das eine wie das andere erwerben. Aus diesem Grund führten sie Buch über ihr Vordringen in fremde Gebiete. Zum einen diente das als Bestätigung und Beweis dafür, dass ihre Unternehmungen tatsächlich stattgefunden hatten, zum anderen hielten sie damit Informationen für das Familienunternehmen fest. Die ersten Reiseberichte wurden im 15. Jahrhundert in Venedig veröffentlicht. 1543 kam eine Sammlung solcher Berichte heraus, die den Titel *Reisen von Venedig nach Tana, Persien, Indien und Konstantinopel* trug. Die Stadt an der Lagune stellte also immer den Ausgangspunkt dar.

[Die] Bedeutung und historische Wirkung der italienischen Seestädte erschöpften sich nicht in ihren militärischen Unternehmungen und dem Beitrag, den sie zur Durchsetzung der abendländischen Hegemonie in Politik und Handel des Mittelmeerraums leisteten. Amalfi, Pisa, Genua und Venedig haben auch und vor allem die Tore geöffnet (oder vielleicht besser die Fühler ausgestreckt), durch die die bis dahin isolierte und ganz auf sich selbst bezogene abendländische Welt in dauerhaften Kontakt mit dem Osten treten und sich allmählich dessen kulturelle Leistungen zu eigen machen konnte. Die Seestädte wurden sozusagen zu Vermittlern zwischen den Kulturen.

Giuliano Procacci

Landkarten geben Grenzen wieder. Venedig lag immer an einer Grenze, es bildete selbst bei allen Aktivitäten, in die es involviert war, eine Grenze. Es markierte eine Scheidelinie, stellte immer eine Schwelle zwischen zwei Bereichen dar. Es war zur Hälfte Land und zur Hälfte Wasser, lag in der Mitte zwischen den alten Städten des Römischen Reichs und Byzanz. Es war der Ort, an dem Italien sich mit dem Orient verband und Europa mit Afrika. Es war der Ort, an dem man ein Schiff in Richtung Levante bestieg und die christliche Welt hinter sich ließ. Aus diesem Grund sahen einige es als die heilige Mission Venedigs an, das westliche Christentum mit dem Rest der Welt zu vereinen – mit den griechisch-orthodoxen Christen auf dem Bosporus wie auch mit den Anhängern des Islam und des Hinduismus.

Goethe nannte es Marktplatz des Morgen- und Abendlandes, womit er sagen wollte, dass die zwischen West und Ost gelegene Stadt die Brücke zwischen Orient und Okzident schlägt. Als man das Reich zur Zeit Karls des Großen aufteilte, wurden die Lagunen weder dem Osten noch dem Westen zugeschlagen, sondern, wie der venezianische Historiker Bernardo Giustiniani zu berichten wusste, »unverletzt und unberührt gelassen, beinahe wie gewisse heilige Orte«. Giustiniani erklärte dann, »diese Stätte ließ man als eine Art von Grenze zwischen beiden Reichen bestehen«. Im Mittelalter gewährte einzig und allein der von venezianischen Galeeren aufrechterhaltene »Postverkehr« den Höfen in Deutschland und dem von Byzanz eine Möglichkeit, miteinander zu kommunizieren. Die ersten Vorstellungen und Bilder von der muslimischen Welt gelangten über Venedig nach Europa.

Es war auch eine Grenze zwischen dem Heiligen und dem Profanen. Und in allen öffentlichen Belangen stießen Pietät und Patriotismus aneinander. Die Grenzen zwischen Vergangenheit und Gegenwart waren verschwommen, genau wie die zwischen Privatem und Öffentlichem endlos oft überschritten wurden. Dies war die Stätte, an der Katholiken Protestanten, Juden Christen, Türken Europäern und Anhänger des römisch-katholischen Glaubens solchen des griechisch-orthodoxen begegneten und sich miteinander vermischten. Venedig war ein Sammelpunkt für alle Zivilisationen des Mittelmeerraums – die griechisch-römische, die muslimische, die jüdische und die christliche kamen hier zusammen. Von den venezianischen Malern des 15. Jahrhunderts hieß es, dass sie eine Synthese zwischen der toskanischen und der flämischen Schule geschaffen hätten. Die Stadt stellte eine Pforte zwischen dem kalten Norden und dem warmen Süden dar, die aufgrund des Handels entstanden war, dann aber dem allgemeinen Lebensstrom, der durch Europa floss, Durchlass bot.

Venedig war in jeder Hinsicht von kultureller und gesellschaftlicher Heterogenität gekennzeichnet. Von einigen wurde es als orientalische Stadt angesehen, mit seinem Markusdom, der die reinste Verkörperung einer Moschee zu sein schien, und dem Rialtomarkt, der eigentlich nichts anderes als ein Suk war – ein Grund dafür, dass die Stadt bei anderen europäischen Völkern so großen Argwohn hervorrief. Sie barg Spuren »des anderen« in sich. Aufschlussreich ist, dass die arabischen Ausdrücke, die in den venezianischen Dialekt eingingen, vor allem mit Handel und Geschäften zu tun haben – so zum Beispiel *zecca*, die Münzprägeanstalt, *doana*, das Zollgebäude, und *tariffa* –, oder aber mit Luxus, mit Annehmlichkeiten des Lebens, wie »Sofa«, »Diwan« und »Karawanserei«. »Weh, armes venezianisches Volk«, schrieb Papst Pius II. 1458, »wie viel von deinem alten Charakter hast du eingebüßt! Zu viel Verkehr mit den Türken hat dich zum Freund der Mohammedaner gemacht.« Die der Lagune zugewandte Fassade des Dogenpalasts ist von ihrem ganzen Stil her moslemisch. Überall in der Stadt trifft man auf Übernahmen aus der islamischen Architektur und Kunst oder Anlehnungen an sie. Sogar die Farben der Republik – Ultramarinblau und Gold – sind aus dem Nahen Osten übernommen. Die Handelsstraßen, die organisierten Handelskonvois, sogar das Gildensystem gehen auf muslimische Ursprünge zurück. Es existierte eine aufrichtige Sympathie und Bewunderung für die islamische Zivilisation, die auch mit dem Abscheu für den von den Päpsten entfalteten Prunk und Pomp zu tun hatte. Auf den Gemälden Carpaccios beispielsweise sind venezianische Interieurs zu sehen, die zum Schmuck mit aus dem Orient stammenden Objekten ausstaffiert sind. Gentile Bellini platzierte auf seinem Gemälde »Jungfrau mit Kind auf dem Thron« den Thron auf einen türkischen Gebetsteppich.

Venedig war Byzanz in mancherlei Hinsicht verwandt.

Man übernahm sowohl bestimmte Konzepte als auch Praktiken aus der alten Stadt, deren Herrschaft man einst unterworfen gewesen war. Venedig war sogar als zweites Konstantinopel bekannt und seine Gesellschaft weniger eine feudale als eine hierarchisch strukturierte. Der Einfluss der byzantinischen Kultur zeigte sich darin, dass die jungen Mädchen in strenger Absonderung von der Umwelt gehalten wurden, und auch in dem Brauch, Männer und Frauen räumlich getrennt voneinander dem Gottesdienst beiwohnen zu lassen. Man kann diesen Einfluss außerdem in der Steifheit und dem Pomp entdecken, mit dem religiöse Zeremonien abgehalten wurden, in denen sich in Hülle und Fülle Rituale der byzantinischen Kirche oder zumindest Spuren von diesen wiederfinden. Auch dem politischen Leben Venedigs, in dem auf strenges Zeremoniell Wert gelegt wurde und Symbolen eine große Bedeutung zukam, haftet etwas ausgeprägt Orientalisches an, und orientalisch wirken auch der riesige bürokratische Apparat und die komplizierten, feierlichen Wahlprozeduren. War der Doge nicht auch eine Art Kaiser? Man konnte ihn von einer ähnlichen Aura des Geweihten, des Geheiligten umgeben sehen wie einen solchen. In der Osterwoche personifizierte der Doge Christus in seinen letzten Lebenstagen. Und die gleiche Rolle übernahm in Byzanz der Kaiser.

Der Markusdom war nach dem Vorbild des Apostoleion in Konstantinopel erbaut. Die Chronisten Venedigs berichten, dass die Kirche das Werk eines Architekten aus jener Stadt war; es ist aber umstritten, ob das der Wahrheit entspricht. Kein Zweifel besteht jedoch daran, dass muslimische Künstler zur fraglichen Zeit in der Lagunenstadt ansässig waren. Die Vorstellung von einer Staatskirche basiert auf byzantinischem Vorbild; das Oberhaupt dieser Kirche war genau wie in Konstantinopel als Patriarch bekannt.

Es gibt viele andere Derivationen und Derivate. Das Konzept, das zur Anlage des Arsenals führte, als einer von der Regierung finanzierten Produktionsstätte von Waffen, geht auf byzantinische Praxis zurück. Der lange schwarze Umhang, den die Patrizier der Stadt trugen, ist eine Variante des byzantinischen Kaftans. Das Ritual, anlässlich der Dogenwahl Münzen in die Menge zu werfen, war ein von den oströmischen Kaisern übernommener Brauch. Die Kunst detaillierter Aufzeichnungen über das politische und sonstige Geschehen geht mit Sicherheit auf die frühe Erfahrung der byzantinischen Bürokratie zurück. Das Wort selbst, »byzantinisch«, ist zu einem Synonym für übertriebene Detailliertheit geworden. Auch in Venedig wurde alles schriftlich festgehalten. Wenn venezianische Männer sich in Zeiten nationaler oder persönlicher Bedrängnis Bärte stehen ließen, dann folgten sie damit dem Beispiel ihrer byzantinischen Zeitgenossen. Die Vorliebe für Marionetten und Marionettentheater hatte weit in die Vergangenheit zurückreichende Wurzeln. Natürlich gab es in Italien selbst schon eine lange Tradition des Puppen- wie des Maskenspiels, doch die Venezianer waren auch in dieser Hinsicht von Byzanz beeinflusst, wo man die melancholischen Aspekte der unbelebten Puppe hervorhob, so dass das Ganze einen gespenstischen Charakter annahm.

35

Die sich eng aneinanderschmiegende Familie

Bis vor ganz kurzer Zeit noch herrschte in der venezianischen Bevölkerung das Gefühl des Miteinanderverschwistertseins. Man brachte ein reines Klischee vor, wenn man konstatierte, dass sie alle eine große Familie bildeten. Das war jedermann klar. Es schlug sich in einem besonderen Flair von leutseliger Geselligkeit nieder. Die *popolani* waren die »Kinder« der Republik und die Patrizier ihre Väter. Goethe nannte den Dogen den »Großvater des Volks«. Dass die Lenker des Staates Einrichtungen für die öffentliche Gesundheitsfürsorge und Waisenhäuser für vaterlose Kinder gründeten, bezeugt, dass sie die ganze Gemeinde einschließlich ihrer selbst als eine einzige große Familie betrachteten. Die Vorsteher dieser Institutionen bemühten sich, kleine Familien innerhalb der größeren zu bilden. Das war venezianische Art.

Der Grad von Eintracht kann jedoch leicht übertrieben dargestellt werden. Es gab die gewöhnlichen Dispute und Feindseligkeiten, wie sie in jeder in sich geschlossenen Gemeinschaft vorkommen. Die Venezianer waren keine Heiligen. Doch machte sich nicht diese lärmende Disharmonie bemerkbar wie in anderen Städten, und es gab auch nicht solche Rankünen, solche Parteinnahmen zugunsten des einen oder anderen, unter denen beispielsweise Genua und Florenz litten. Die Vorlieben und Verhaltensweisen der Leute beschränkten sich auf das, was sich auf einem kleinen und isolierten Raum befand und ereignete; es war daher nur natürlich, ja unvermeidbar, dass im gesellschaftlichen Verkehr ein familiärer Ton herrschte. Man sah die ganze Stadt als ein riesiges Familienheim an. James bezeichnete sie als eine kollektive Wohnstatt und sprach von »dem prächtigen gemeinsamen Domizil, vertraut, anheimelnd und widerhallend«. Es heißt, dass die Charakterisierung des Markusplatzes als dem schönsten Salon Europas auf Napoleon zurückgehe. Doch bildeten die Venezianer eine Familie, die das Haus nie verlassen konnte.

Die Familie war die bestimmende soziale Einheit, die soziale Kraft, die die gesamte venezianische Gesellschaft prägte. Politische und geschäftliche Allianzen gründeten sich auf den Fundamenten familiärer Verbindungen. Der Ausdruck *l'honorevolezza della casa*, die Ehrenhaftigkeit des Hauses, wurde oft verwendet und zitiert. Der Erfolg oder das Scheitern einer politischen Karriere hing in beträchtlichem Maß vom Einfluss der Familie des betreffenden Patriziers ab. In der viele Jahrhunderte währenden venezianischen Geschichte tauchen immer wieder dieselben Namen auf, wie Vendramin, Barbo, Zeno, Foscari und Dandolo. Sie kommen über einen längeren Zeitraum hinweg vor als beispielsweise die Namen Cecil oder Bacon in England. Der Große Rat war im Wesentlichen nichts anderes als eine Zusammenkunft von Familien mit einer Reihe gemeinsamer Verpflichtungen und Verantwortungen. Man tendierte daher bei diesen Versammlungen eher dazu, Kompromisse zu schließen und sich gütlich zu einigen, als die eigenen Ansichten mit Gewalt durchzusetzen. Es war kein Forum, um dezidiert bestimmte Prinzipien oder Ideologien zu vertreten. Einzelne Familien waren nicht in der Lage, sich mit anderen zu Parteien zusammenzuschließen oder allzu großen Einfluss auf den Ausgang von Wahlen zu nehmen, da sie allesamt voneinander abhängig waren und der gegenseitige Beistand das Fundament für ihr Überleben bildete.

Dem Gesetz nach war die ganze Familie für die Missetaten eines ihrer Mitglieder verantwortlich. Der anonyme Kompilator der *Cronica Venetiarum* sprach von einzelnen Familien so, als wären sie Individuen mit bestimmten Gewohnheiten und Eigenschaften: Die Dandolos waren »wagemutig«, die Barberini hingegen »unvernünftig« und »überall in der Welt herumtollend«. Es hieß, es habe nie einen reichen Barbo, einen armen Mocenigo oder einen barmherzigen Erizzo gegeben. Derselbe Name kommt in Verzeichnissen der Mitglieder des Senats, der Kirchenoberen und der bedeutenden Handelsleute vor. Man befasste sich obsessiv mit Genealogie, und im 15. Jahrhundert begann man die *Libri d'Oro*, die Goldenen Bücher, anzulegen, in denen man Heiraten und Geburten in den Kreisen der Patrizier festhielt.

Väter und Söhne
Der venezianische Maler Jacopo Bellini arbeitete gemeinsam mit seinen beiden Söhnen, wie Giorgio Vasari zu berichten weiß: *Der eine hieß Giovanni, der andere Gentile [...]. Als die beiden Knaben heranwuchsen, unterrichtete sie Jacopo selbst mit allem Fleiß in den Anfängen der Zeichenkunst. Bald übertrafen sie den Vater weit, und dieser hatte hierüber eine große Freude, ermunterte sie und sagte, er wünsche, sie möchten sich den Ruhm erwerben, der den großen Toskanern geworden sei, und sich so anstrengen, daß einer den anderen überflügele.*

Hauptakteur im geschäftlichen Bereich war die *fraterna*. In den Büchern eines solchen Familienkollektivs wurden Ausgaben für den Haushalt und geschäftliche Einnahmen gegeneinander aufgerechnet; private Haushaltung und Führung des Geschäfts waren einfach nicht voneinander zu trennen. Brüder, die unter einem Dach lebten, galten als Geschäftspartner, es sei denn, sie lösten ihre Verbindung formell auf. Familienunternehmen galten als effizienter und flexibler. Den Worten eines Patriziers zufolge arbeiteten Väter und Söhne mit »größerer Liebe, größerer Ehrenhaftigkeit, größerem Nutzen und zu einem geringeren Preis« füreinander. Die Geschäftskosten konnten gewiss reduziert werden. Es gab viel mehr Junggesellen in der venezianischen Gesellschaft als anderswo in Italien. So blieb zum Beispiel im 15. Jahrhundert mehr als die Hälfte der männlichen Patrizier unverheiratet. Wenn sie starben, hinterließen sie ihren Besitz den Kindern eines verheirateten Bruders, so dass alles *en famille* blieb.

Ein Haushalt galt als Abbild des Staates. Er war eine Institution, bei der individueller Wille sich einer kollektiven Entscheidung unterordnen musste. Der Familienvorstand hatte die Autorität inne – eine Autorität unpersönlicher Art. Seine Gattin hatte keine andere Aufgabe, als Kinder in die Welt zu setzen. Die Kinder mussten gehorchen und hatten zu schweigen. Herren und Diener waren durch von Ersteren ausgeübte strenge Kontrolle eng miteinander verbunden. Ohne Familie gäbe es keinen Staat, ohne Staat keine Familie, das war die feste Überzeugung aller. Familiärer Harmonie kam daher große Bedeutung zu; es war ein Ideal, nach dem alle strebten.

In den Statuten der Baubeauftragten der Stadt wurde auch »Liebe und fruchtbringende glückliche Eintracht zwischen [...] guten Nachbarn und Freunden« heraufbeschworen. Die Mitglieder der Bruderschaft von San Giovanni Evangelista hofften, göttliche Gnade zu erlangen »durch Liebe zur Brüderlichkeit«, während die Steinhauer erklärten, »zum Nutzen und Wohlergehen aller« zu arbeiten.

Wir könnten die Einwohner der Stadt daher mit Bienen vergleichen, die in ihren Stöcken zusammenarbeiten. Die einzelne Biene ordnet sich dem Ziel des gesamten Volks unter, welches in erster Linie die Erhaltung seiner selbst ist. Sie tritt dabei in Konkurrenz zu anderen Bienen, kämpft aber nicht mit ihnen. Die Tiere arbeiten unaufhörlich, ohne dass jedoch ein sichtbarer Zwang auf sie ausgeübt wird, außer dem, der vom Streben nach dem gemeinsamen Wohl ausgeht. Es gibt keine Bürgerkriege. In seinem 1609 veröffentlichten *The Feminine Monarchy or the History of the Bees* führte Charles Butler bestimmte Charakteristika der Bienen auf; sie seien nutzbringend, arbeitsam, loyal, flink, geschickt, kühn und schlau. Das sind alles Eigenschaften, die man auch den Venezianern zugeschrieben hat. Plinius der Ältere meinte, was die Bienen auszeichne, sei, dass für sie nur das Geltung habe, »was im gemeinsamen Interesse liegt«. Das ist auch der Schlüssel zum Verständnis der venezianischen Gesellschaft. Wir können zur Veranschaulichung der besonderen Eigenart der Stadt auch eine Stelle aus Bee Wilsons *The Hive* heranziehen, in welcher sie nämlich erklärt: »Der Bienenstock ist ein Ort, an welchem die natürliche Welt und die künstliche Welt zusammenfallen, weswegen er so geheimnisvoll ist.« Das macht auch das Geheimnisvolle an der Stadt Venedig aus.

Was genau war das Gemeinwohl, um das die Venezianer sich bemühten? Man könnte sagen, dass sie sich für das Überleben selbst, für ihre Weiterexistenz einsetzten. Es braucht kein anderes Ziel zu geben als die Erhaltung des Lebens selbst. Das ist ein Urimpuls des Menschen, der im Weinen eines Kindes und im Seufzen eines Sterbenden manifest wird. »Nur was eines betrifft, gibt es vollkommene Übereinstimmung«, schrieb der spanische Botschafter mit Bezug auf die venezianische Regierung, »dass ihre Herrschaft fortbestehen muss.« Alle anderen Motive für menschliches Handeln – das Verlangen nach Reichtum, Macht, Ruhm – sind diesem grundlegenden Bedürfnis nach Erhalt untergeordnet. Es kommt dabei auf wechselseitige Beziehung an oder eine Interaktion aller, die eher auf einem organischen Zusammenwirken als auf mechanischer Zusammenarbeit basiert. Der sich daraus ergebende Fluss zusammenhängender zielgerichteter, zweckmäßiger Aktivitäten macht die Geschichte Venedigs aus. Natürlich können wir in dieser Geschichte einzelne, isolierte Ereignisse ausfindig machen und versuchen, »Ursachen« für sie zu ermitteln. Doch die Hauptursache entzieht sich unserem Blick. Sie gehört zum inneren Wesen von Dingen. Wir können nur ein Netzwerk von Beziehungen erkennen, von Beziehungen, die selbst wichtiger und grundlegender sind als die Ereignisse oder Dinge, die sie miteinander verbinden.

Das Gemeinwohl verkörperte den gemeinsamen Willen und das gemeinsame Empfinden. Man erwartete von jedem und jeder Einzelnen, dass er oder sie alle persönlichen Interessen denen des Staats unterordnete. Wenn es möglich ist, dass der Protokapitalismus eine Koexistenz mit einer Form von Protokommunismus führt, dann war dies in Venedig der Fall. Aber diese Termini sind möglicherweise anachronistisch. Vielleicht wäre es besser, die in Venedig bestehenden Bedingungen im Zusammenhang mit dem mittelalterlichen Kollektiv und vor dem Hintergrund der Auffassung von der Stadt/dem Staat als einem menschlichen Organismus, von Gott nach seinem Ebenbild erschaffen, zu sehen. »Kapitalismus« und »Kommunismus« sind dann nichts anderes als Instrumente, hervorgegangen aus dem instinktiven Drang zu kämpfen und kämpfend zu überleben. Es hieß, dass in einer Republik wie Venedig, anders als in einem Herzogtum oder Königreich, die Sorge um das Gemeinwohl die Individuen, ihre Rolle und ihren Willen in den Hintergrund treten ließ. Die besondere Natur einer Republik liegt in juridischen und institutionellen Prozessen begründet, nicht in der Macht oder der Persönlichkeit eines Einzelnen. Die Macht war in Venedig nicht an einer einzelnen Stelle, in einer einzelnen Person konzentriert, sondern lag in den Händen vieler. Während ihrer gesamten Geschichte ist die Stadt nie von einem Despoten beherrscht worden. Die Stadt selbst, die Gemeinschaft, stand immer an oberster Stelle.

Die spezifisch venezianische Auffassung von Familie schlug sich in vier verschiedenen instinktiven Gefühlen oder vier Überzeugungen nieder: Das Territorium der Stadt galt als gemeinsames Erbe; die Regierung der Stadt stellte einen heiligen Bund dar; die Keimzelle der Stadt war die Familie oder Sippe; Pietät bedeutet in dieser Stadt Ehrfurcht vor den Vorvätern. Die Bürger Venedigs wurden in eine Welt hineingeboren, in der jeder von jedem abhängig war, was vielleicht die generelle *condition humaine* ist. In Gesellschaft zu leben ist der Naturzustand des Menschen. Es besteht keine Notwendigkeit, einen *contrat social* im Rousseau'schen Sinn anzunehmen. Das war auch eine Einsicht, zu der George Eliot kam, als sie Zeugin wurde, wie die Abendsonne in der Lagune versank. Sie meinte: »Das ist die Art von Anblick, der mich leicht meine eigene Existenz vergessen machen und mich mit dem allgemeinen Leben verschmolzen fühlen lassen könnte.«

Die Ziele waren Einvernehmen und Solidarität aller. Die größten Projekte venezianischer Kaufleute beispielsweise bestanden in gemeinsamen Unternehmungen, der Beförderung von Gütern etwa, zu denen sich Gruppen von ihnen per formellem Vertrag zusammenschlossen. Die Regierung selbst übernahm die Verantwortung für die größten Frachtgaleeren. Die Einwohner Venedigs entdeckten ihren Daseinssinn als Mitglieder einer der Gilden, der Pfarrgemeinden und *scuole*, innerhalb derer das gesellschaftliche Leben stattfand. Es gab unendlich viele Komitees und Rats- sowie Kontrollgremien.

Ob die Venezianer wirklich alle gleichberechtigt waren, darüber wird gestritten. Die Aufgliederung der Bevölkerung in Patrizier, Bürger und *popolani* legt die Vermutung nahe, dass es doch *de facto* eine Hierarchie gab, was die soziale Stellung, aber auch die soziale Verantwortung betraf. Doch kann es andrerseits keinen Zweifel daran geben, dass innerhalb des Gemeinwesens nivellierende Tendenzen am Werk waren. Schon im 6. Jahrhundert meinte Cassiodorus, der Präfekt der Ostgoten, in seinem schon erwähnten Schreiben über die Venezianer: »Arm und reich lebt [...] mit gleichem Recht zusammen. Die gleiche Speise ernährt alle, alle Häuser gleichen sich.« Der Überlieferung nach waren die Häuser in der Anfangszeit alle gleich hoch. Als im 11. Jahrhundert zwei von drei der alten Familien versuchten, Herrscherdynastien zu begründen, wurden sie von dem Patriziat daran gehindert, das sie wissen ließ: »Wir sind nicht hierhergekommen, um unter irgendeinem Fürsten zu leben.«

Es bestand in der Tat mehr oder weniger Gleichberechtigung in den Reihen der Kaufleute. Geld kennt keine Klasse, keine Schranken. Thomas Coryat schrieb: »Was mich in größtes Erstaunen versetzte, war, dass hier Herren von Stand, ja die größten Senatoren, Männer, die vielleicht zwei Millionen Dukaten wert sind, auf den Markt kommen, um selbst Fleisch, Fische und Früchte und was sonst zum Unterhalt ihrer Familie notwendig ist einzukaufen.« Die in dieser Stadt herrschende Enge bedeutete, dass sich die Angehörigen der verschiedenen Klassen ständig auf den Straßen begegneten und miteinander vermischten. Und da sie ja auch Kaufleute waren, konnten sich die Patrizier nicht vom gewöhnlichen Leben fernhalten. Das ist auch der Grund dafür, dass das Untergeschoss eines großen Hauses oft als Ladenlokal oder Lagerraum vermietet wurde. Die venezianischen Gesetze verboten es, allzu große Extravaganz zur Schau zu stellen. Doch Frugalität oder *mediocrità* war ohnehin dem Venezianer von Geburt an ganz instinktmäßig affin. In vielen Letzten Willen wird eine Beerdigung »mit so wenig Pomp wie möglich« verlangt. Und dann ist da noch die natürliche Umgebung: Wasser ist eine große nivellierende Kraft; auf ihm befinden sich alle auf demselben Niveau.

Das Verhalten der Leute untereinander war also von einer auffallenden Herzlichkeit geprägt. Ein englischer Aristokrat berichtete im 18. Jahrhundert: »Es existiert hier eine allgemeine Höflichkeit des Umgangs in jeder Schicht; die einfacheren Leute erwarten sich vonseiten der *nobili* gesittetes Verhalten ihnen gegenüber und danken ihnen dies mit Respekt und Verehrung; sollte aber ein *nobile* ein freches oder arrogantes Verhalten gegenüber einem Tieferstehenden an den Tag legen, würde das nicht geduldet werden.« Sie saßen alle zusammen in einem Boot, einem steinernen in diesem Fall. In den Komödien Goldonis verlieren die Diener oft die Geduld mit ihren Herren. Und die Herren lassen sich unter keinen Umständen dazu hinreißen, ihre Diener zu schlagen. Einige beklagten dieses legere Verhältnis zwischen Diener und Herren. In einem Dialog mit dem Titel *Discorsi Morali*, der aus dem späten 16. Jahrhundert stammt, meint ein Sprecher: »Das Gesinde ist zügellos, liederlich, bösartig und respektlos«, wohingegen diejenigen, die Fürstenhöfe besucht hatten, »gut, loyal, aufrichtig und wohlerzogen« sind.

Jedenfalls bin ich selten über die Wohnungsschwelle der Menschen in dieser Stadt gelangt. Kein Stamm hat Fremde gern, und die Venezianer sind sehr stammesmäßig – und immerhin sind sie ja auch Insulaner.

Joseph Brodsky

Die Angehörigen aller Klassen glaubten also an das Konzept von »Freiheit«, wie es sich schon in jener frühen Auffassung von einem Staat, der nicht einem Fürsten unterstand, niederschlug. Der Mythos, dass die Vorväter alles gemeinschaftlich, von einem kommunalen Geist beseelt, unternommen hätten, wo sie doch in Wirklichkeit unter der Führung von Bischöfen oder lokalen Herrschern an die Lagune gekommen waren, hielt sich unverwüstlich. Für die Regierung bedeutete Freiheit nicht Unabhängigkeit von einer Obrigkeit, sondern Bewahrtbleiben vor den Übergriffen anderer Staaten.

Spätestens vom 14. Jahrhundert an bot Venedig Besuchern und Fremden den Luxus der Glaubensfreiheit. Daher wurde es als offene Stadt angesehen, die Calvinisten und Wiedertäufer ebenso aufnahm wie Griechisch-Orthodoxe, Muslime und Juden. Bigotterie geht schlecht mit freiem Handel zusammen. »Weil ich ein in einer freien Stadt geborener Mann bin«, sagte ein Senator zu seinen Amtsbrüdern, »werde ich auch meiner Meinung freimütig Ausdruck verleihen.« Ein solcher Satz hätte zu Beginn des 16. Jahrhunderts nicht an vielen Orten gesprochen werden können. Gegen Ende des 17. Jahrhunderts schrieb ein französischer Chronist: »Die zu Venedig herrschende Freiheit macht alles authentisch, denn was für einem Stand man auch zugehört oder welches auch die Religion ist, zu der man sich bekennt, man kann, vorausgesetzt, dass man nicht schlecht über den Staat oder den Adel spricht oder etwas gegen den einen oder anderen zu unternehmen versucht, sicher sein, unbelästigt zu leben, denn niemand wird Anstalten treffen, das Benehmen seiner Nachbarn zu kritisieren oder ihren vom Üblichen abweichenden Eigentümlichkeiten Widerstand entgegenzusetzen.«

Das ist der Grund dafür, dass die Freiheit des Denkens in eine Freiheit des Verhaltens oder Benehmens überging. Ungezwungenheit, was das Betragen anbelangte, ist immer ein Merkmal der Venezianer gewesen, und Petrarca hat schon im 14. Jahrhundert ihr »unanständiges Reden und ihre übertriebene Freizügigkeit« verurteilt. Im 16. und 17. Jahrhundert wurde solche Freizügigkeit aber zum die Stadt definierenden Merkmal: Venedig wurde für das bekannt, was man heute »Permissivität« nennen würde, und es zeigte sich bald, dass persönliche Freiheit nicht inkompatibel mit einer alles regelnden Regierung war. Für den Rest der Welt kam das einer Offenbarung gleich. Englische Touristen stellten die Atmosphäre Venedigs oft der in London herrschenden gegenüber, wo die Lieblingsbeschäftigung der Einwohner darin bestand, das Benehmen anderer zu kritisieren. Etwas Ähnliches kam in der Lagunenstadt nicht vor. Ein solches Klima von Nachgiebigkeit und Toleranz wurde zum Teil aber auch ganz absichtsvoll erzeugt: Das Gefühl von Freiheit veranlasste Besucher dazu, mehr Geld auszugeben. Man konnte sich auch noch auf eine andere Weise Freiheit verschaffen, nämlich indem man seine Vergangenheit hinter sich ließ und eine neue Identität annahm.

Es ist oft darauf hingewiesen worden, dass es nur wenige Biographien über Venezianer und auch nur wenige Autobiographien von Venezianern gibt. Der individuelle Mensch spielte tatsächlich im Leben Venedigs keine Rolle. Den Kindern der Patrizier wurde schon früh im Leben eingebläut, dass man nicht danach streben dürfe, seine Mitmenschen zu übertreffen. Es hieß, dass die Venezianer ihren Admirälen oder Generälen militärische Fehlschläge niemals vergeben würden, doch ebenso wenig vergaben sie es einem Einzelnen, wenn er Erfolg hatte. Individueller Ruhm hätte den der Stadt bedrohen können.

Die Porträtmaler der Stadt fertigten vorwiegend Gruppenporträts an. Man hat in der Tat die Theorie aufgestellt, dass dieses spezifische Genre erstmals in Venedig aufkam. Im 19. Jahrhundert meinte Pompeo Molmenti, ein großer Fachmann für venezianische Geschichte, »in der venezianischen Malerei geht der Einzelne im fröhlichen Gedränge unter«. Tintoretto zum Beispiel faszinierte die Darstellung von Menschengruppen oder -massen, der Bewegungsabläufe in ihnen und deren Orchestrierung, dabei vernachlässigte er jedoch zumeist die individuelle Ausarbeitung von einzelnen Personen. Für ihn war es wichtiger, dass die gesamte Komposition Schwung und Einheitlichkeit besaß. Auf den Gemälden von Carpaccio sieht man zumeist Personen, die sich gegenseitig Nettigkeiten sagen oder genüsslich miteinander schwatzen. Streiten tun sie nie. Man hat niemals das Gefühl, dass sie versuchen könnten, etwas an ihrem Leben zu verändern. Das entspricht dem tatsächlichen Charakter der venezianischen Gesellschaft. Venedig war immer der richtige Ort für Menschenmengen, nicht für einsam Umherschweifende. Was man im 21. Jahrhundert am häufigsten sieht, sind Schwärme von Touristen. Wenn ein einzelner Mensch von venezianischen Porträtisten gemalt wird, dann wird er – und es ist fast immer ein *er* – als der Inhaber einer bestimmten gesellschaftlichen und politischen Rolle dargestellt. Sein inneres Leben bleibt unsichtbar, man achtet sorgsam auf Anonymität. Auf den Gesichtern liegt meist ein distanzierter oder unnahbarer Ausdruck. Die Porträtierten strahlen Reserviertheit und Würde aus, das, was man im Venezianischen mit *decoro* bezeichnete. Das Individuum selbst ist weniger wichtig als die Klasse, der es angehört, oder der Rang, den es bekleidet. Der Mensch, der dem Maler Modell sitzt, wird von der Rolle absorbiert, die er im Staat innehat. Fast immer sind seine Hände verborgen.

Es fällt aus den genannten Gründen schwer, berühmte Männer und Frauen Venedigs anzuführen. Es gab große Künstler, aber keine großen Individuen von der Art eines Lorenzo de Medici oder Julius II. Die Venezianer wurden auch in der Literatur der Stadt nicht individualisiert, ihre Exzentrizitäten nicht herausgestellt, ihre Triumphe nicht gefeiert. Goldoni bringt in seinen Komödien das ganz gewöhnliche Leben und ebensolche Personen auf die Bühne; seine Stücke sind mit der Poesie des Alltags erfüllt, sie handeln von häuslichen Angelegenheiten und kleinen Intrigen zwischen Nachbarn, nicht von den Unternehmungen, Abenteuern und Empfindungen aus der Masse herausragender Individuen oder von der Norm abweichender Typen. Sie spiegeln eine harmonische, ja geradezu liebevolle gesellschaftliche Ordnung wider. Die Venezianer waren immer für ihre Gefügigkeit bekannt. Zwar neigten sie im privaten Bereich rasch zu Temperamentsausbrüchen, den Behörden gegenüber verhielten sie sich aber stets respektvoll.

Burckhardt hätte über Venedig nie schreiben können – wie er es über Florenz tat –, dass der Einzelne dazu angehalten wurde, aus der Ausübung und dem Genuss von Macht das Äußerste herauszuholen, und dass die politischen Führer einen ausgeprägten persönlichen Charakter annahmen. Keiner der Dogen oder Statthalter Venedigs besaß einen »persönlichen Charakter«. Die Stadt war nie ein Feudalstaat und hätte nie einer sein können, denn Feudalismus war ein System, das individuelle Herrschaft sanktionierte und perpetuierte. Machiavelli meinte, dass die Sicherheit und das Glück der Stadt sich von der Tatsache herleiteten, dass die *nobili* nicht wie anderswo Schlösser, Privatarmeen oder Gefolgschaften besaßen. Goethe schrieb, dass Venedig »ein großes respektables Werk versammelter Menschenkraft« sei, »ein herrliches Monument, nicht eines Gebieters, sondern eines Volkes«.

Der Staat war also etwas, zu dessen Entstehung das Volk sich selbst beglückwünschen konnte. In seinem 1547 veröffentlichten Buch über den venezianischen Staat und seine Regierung meinte Gasparo Contarini: »Unsere Vorfahren, von denen wir ein so prosperierendes Gemeinwesen empfingen, taten sich alle zusammen, um ihr Land zu erhalten, zu ehren und ihm zu Wachstum zu verhelfen, ohne sich persönlichen Ruhm oder persönlichen Vorteil verschaffen zu wollen.« Sie blieben anonym – im Leben wie im Tod; ihr einziges »Monument« war der Staat selbst. »Wenn auch diese venezianischen Herren weise sind, wenn sie *vereint* sind«, schrieb im 17. Jahrhundert James Howell, »sind sie doch, jeder für sich genommen, nichts anderes als Menschen.« In dem Vereintsein, im Zusammenhalt lag das Geheimnis. Außerhalb dieses Kontextes besaßen diese Patrizier keine Identität; ihr privates Selbst wurde von ihrem öffentlichen Selbst ausgelöscht. Ohne den Staat waren sie ein Nichts. So exemplifiziert Venedig das Diktum Tolstois, der Verlauf der menschlichen Geschichte werde von einer Million verschiedener Zufälle und verschiedener Interessen bestimmt, die durch einen gemeinsamen Instinkt verbunden sind. In jeder Periode wird dieser Instinkt offenbart. Der Autor bekennt sich als von der Komplexität dieses Prozesses wahrhaft überwältigt.

36

Nacht und Mond

In der Nacht herrschen in Venedig tiefste Dunkelheit und tiefstes Schweigen. Manchmal überflutet Mondlicht den Markusplatz. Venedig ist bei Nacht am typischsten – von einer Ruhe, einer Unbewegtheit, die das Gefühl, die Zeit sei stehen geblieben, noch steigert. Die Stadt scheint dann ganz und gar von dem durchdrungen zu sein, was sie liebt – von sich selbst. Die Türöffnungen, deren Schwellen vom dunklen Wasser umspült werden, wirken finsterer als in anderen Städten. Vor den Marienstatuen an den Ecken der *calli* flackern die kleinen Lichter. Die Nacht kann in Venedig ganz verschiedene Farben haben – im Sommer von einem sich in alle Richtungen ausdehnenden Blau sein, im Winter von einem grimmigen Schwarz. Der moderne Venezianer scheint nur selten bei Nacht auszugehen. Es gibt keine Betrunkenen, die in den frühen Morgenstunden durch die Gassen torkeln; man hört keine lauten Rufe. Ein Akustiker hat den nächtlichen Geräuschpegel gemessen: Er liegt bei zweiunddreißig Dezibel; in anderen Städten ist er annähernd dreizehn Dezibel höher. Es gibt kein »Hintergrundgeräusch«.

In der zweiten Hälfte des 13. Jahrhunderts schuf die Regierung eine Truppe, die als *signori di notte*, also Herren der Nacht, bekannt war und deren Aufgabe darin bestand, im Schutz der Dunkelheit zu kontrollieren, ob die öffentliche Ordnung nicht irgendwie oder durch irgendetwas gefährdet war. Die Nacht scheint damals eher Gefühle von Argwohn und Angst ausgelöst zu haben. Dass man Wasser, tiefes und dunkles Wasser, womöglich erst sah, wenn es zu spät war, wirkte beängstigend, und auch das Labyrinth der sich windenden Gassen musste bei Nacht noch furchteinflößender sein. Die Nacht war die Zeit von Angriffen, auch von solchen, die möglicherweise dem Staat galten und ihn gefährdeten. Es war die Zeit, in der Spione und Mörder ihr Unwesen trieben. Sie bot aber auch Geheimgesellschaften die Möglichkeit, sich zu versammeln, und Parolen, die sich gegen die legitime Regierung richteten, an die Mauern zu pinseln. Für eine Stadt, die sich etwas auf ihre rationale Ordnung und strenge Kontrolle zugute hielt, war die Nacht ein besonders gefährlicher Feind. Die Notwendigkeit von Verfügungen und Erlassen wurde immer wieder damit begründet, dass des Nachts so viele Gefahren lauerten, immer das Risiko von *disordines et tumultationes* bestand. Nacht war gleichbedeutend mit Chaos und Bedrohung. Sie schien die ursprüngliche Schwärze und Stille der Lagune, aus der die Stadt emporgewachsen war, heraufzubeschwören; die Nacht hielt die Erinnerung an diesen Ursprung wach.

Rialtobrücke

An der Brücke stand/ Jüngst ich in brauner Nacht./Fernher kam Gesang:/Goldener Tropfen quoll's/Über die zitternde Fläche weg./Gondeln, Lichter, Musik – /Trunken schwamm's in die Dämmrung hinaus … Meine Seele, ein Saitenspiel,/sang sich, unsichtbar berührt,/heimlich ein Gondellied dazu,/ zitternd vor bunter Seligkeit./Hörte jemand ihr zu? …

Friedrich Nietzsche

In späteren Jahrhunderten jedoch hellte – auch in einem wörtlichen Sinn – das Karnevalstreiben, das bis in jede Gasse, in jeden Winkel vordrang, die nächtliche Düsterkeit auf. Die Memoiren Goldonis enthüllen, dass es dann ein ganz eigenes nächtliches Leben gab: Die Läden blieben bis zehn Uhr auf, und viele von ihnen schlossen sogar erst gegen Mitternacht. Um Mitternacht waren auch »alle Tavernen geöffnet, und in jedem Gasthaus, jedem Wirtshaus [wurden] Abendmahlzeiten zubereitet«.

Welches sind die Geräusche der Nacht? Das Geräusch von Schritten hallt in dieser Stadt von Stein laut wider. Venedig ist ein guter Schallkörper. Hin und wieder hört man eine Glocke. Dann das Geräusch von Wasser, das, in seiner unablässigen Bewegung, gegen Stein schlägt oder plätschert. Vielleicht schallt auch ein Ruf über das Wasser hinweg, klar und resonant; ruhiges Wasser trägt Stimmen sehr weit. Die engen Straßen fungieren wie Kanäle, in denen die Schallwellen weiterlaufen. Dann gibt es da noch das kaum wahrnehmbare Rauschen einer Gondel durch das Wasser. Im 19. Jahrhundert berichteten Reisende mit einer romantischen Ader, dass es Zeiten gebe, in denen ein Schwall wie von Musik über das Wasser krieche. Liszt, der über ein besonders gutes Gehör verfügte, vernahm die »stillen Geräusche« der Stadt; das Murmeln eines Bootsrumpfs, der durch das Wasser gleitet, ist eines davon.

Es gibt immer wieder Augenblicke, in denen sich vollkommenes Schweigen über die Stadt zu senken scheint. »Überall«, schrieb Dickens in *Pictures from Italy*, »die gleiche außergewöhnliche Stille.« Für ihn entstand sie durch das zwangsweise Ersticken des modernen Lebens – keine Kutschen, keine Räder, keine Maschinen. Für viele viktorianische Reisende lag der Reiz der Stadt aber gerade in diesem Abgetrenntsein von der Zivilisation des modernen Industriezeitalters begründet. Zwei Jahrhunderte zuvor hatte John Evelyn gemeint, in Venedig sei es »fast so still wie inmitten eines Felds, da man weder das Rasseln von Kutschen noch das Stampfen von Pferdehufen hört«. Und keinen Lärm von Autos. Es kann passieren, dass man um eine Ecke biegt und in eine Sphäre eintaucht, in der überhaupt kein Geräusch erklingt. Keine andere Stadt hat noch so viele Nischen, in denen absolute Ruhe herrscht. In Michael Dibdins *Dead Lagoon* erklärt der Erzähler, dass »solche vollkommene, uneingeschränkte Stille beunruhigend war, weil es so wirke, als ob eine lebenswichtige Körperfunktion erloschen wäre«.

Wie gemein so ein feister deutscher Kommerzienrat neben einem italienischen Bettelbuben aussehen kann.

Hermann Hesse

Venedig besaß eine dunkle Seite, eine, die die Nacht verbarg. Es gab viele Arme und Ausgestoßene. Bettler hatten immer zum Leben Venedigs gehört. Im 15. Jahrhundert beriet man im Senat über das Problem, das die alten Männer und andere Obdachlose darstellten, die des Nachts auf dem Gelände um den Dogenpalast schliefen. Ein »Heim« und ein Spital wurden gebaut. Doch das reichte nicht. In Zeiten einer Hungersnot, wie sie im Winter 1527 herrschte, starben die Armen im Stehen, an die Säulen der Gebäude gelehnt. Kinder standen mitten auf dem Rialtomarkt oder auf dem Markusplatz und schrien: »Ich sterbe vor Hunger. Der Hunger und die Kälte bringen mich um!« Ein Zeitgenosse hielt fest, dass »der Gestank der Elenden die Stadt erfülle«. Das zeigt auch, auf welch engem, beschränktem Raum man in Venedig lebte. Und natürlich war man dort nicht in der Lage, selbst Nahrungsmittel zu produzieren.

Im frühen 17. Jahrhundert öffnete eine neue Einrichtung ihre Pforten. Das Ospedale dei Mendicanti sollte dazu dienen, die Straßen und Plätze vom Bettelvolk und den Vagabunden zu befreien. Alle Bettler waren dazu verpflichtet, sich eine Lizenz ausstellen zu lassen und in dem *ospedale* zu übernachten. Solche, die keine Lizenz vorweisen konnten, wurden der Stadt verwiesen, und diejenigen, von denen es hieß, sie seien in ihrem Gewerbe zu erfolgreich, schickte man auf die Galeeren. Der Besitzer einer inoffiziellen Bettlerherberge wurde mit Peitschen vom Markusplatz bis zur Rialtobrücke getrieben, eine recht lange Strecke.

Jedoch nicht alle fanden den Weg ins öffentliche Asyl. Effie Ruskin berichtete: »Wir sahen sie alle zusammengedrängt an den Enden der Brücken liegen, in ihre riesigen braunen Umhänge mit großen Kapuzen gehüllt.« Ein Patrizier namens Gasparo Contarini war sich nicht sicher, ob sie überhaupt Bürger der Republik waren oder nicht eher den Status von herumstreunenden Tieren besaßen. Einige Familien lebten auf heruntergekommenen, morschen Booten, die an den Kais vertäut lagen. Im 19. Jahrhundert wurden die Paläste am Canal Grande in Mietskasernen umgewandelt, in denen sich die Armen zusammendrängten. Künstlerische »Ansichten« Venedigs waren in jener Zeit ohne die malerische Gestalt eines Bettlers nicht vollständig – besser noch war es, wenn sie eine Bettlerin zeigten, vorzugsweise jung und hübsch.

Mitte des 16. Jahrhunderts gab es schätzungsweise sechstausend Bettler in der Stadt. Gegen Ende des 18. Jahrhunderts hatte ihre Zahl sich auf zweiundzwanzigtausend erhöht. Das spiegelte möglicherweise wider, dass Venedig damals bereits als Zentrum des Tourismus galt und Bettler sich schon immer eher von Fremden eine milde Gabe erhoffen konnten als von Einheimischen. Mrs. Thrale bezeichnete sie als »frech und keck und merkwürdig von ihrem Gebaren her«. Ihr fiel auch auf, dass die Venezianer selbst sehr nachgiebig und milde mit ihnen umgingen. In einem Bericht über die venezianischen Bettler im 16. Jahrhundert sind Aussagen über einige ihrer Taktiken festgehalten: »Ich machte die Leute glauben, ich sei verrückt.« – »Ich kleidete mich als Pilger, und mit einem Bildnis des heiligen Jakob in der Hand bedeckte ich mein Gesicht.« – »Ich machte fromme Zeichen und Gesten, und die Reichen gaben mir Geld.« Sie stellten auf den öffentlichen Plätzen ihre Wunden, Krebsgeschwüre und Schwären zur Schau und flehten mit den üblichen Sprüchen um Almosen: »Erbarmen, Erbarmen!« – »Ich werde für Euer Leben beten, wenn Ihr mir eine Münze zuwerft.« – »Gebt mir etwas, um der Heiligen Jungfrau willen.« Die Bettler kamen aus vielen anderen Städten nach Venedig. In einem aus dem Sommer 1539 stammenden Verzeichnis sind solche aus Mailand und Pisa, aus Sizilien und sogar aus Frankreich erfasst. Im 21. Jahrhundert kann man auf den Brücken noch immer alte Frauen und junge Männer sehen, zusammengekauert, mit gesenkten Köpfen und ausgestreckten Händen. Venedig galt immer als Zufluchtsort für die Ausgestoßenen und Verbannten, die ihre Heimat verloren hatten. Warum sollte es nicht auch diejenigen aufnehmen, die im wahrsten Sinn des Wortes »enteignet« waren?

Es gibt keinen Morgenchor von Singvögeln in Venedig. Doch wenn der Tag anbricht, erwacht die Stadt aus ihrer tiefen Ruhe, und das Leben beginnt sich erneut zu regen. Der Reisende vernimmt wieder die lauter werdenden Stimmen, das Pfeifen, die Lieder, die Rufe, das Läuten von Glocken. Das sind die morgendlichen Geräusche einer von Menschen bewohnten Stadt. Endloses Geplauder erfüllt die Luft.

37

Solange Musik erklingt

Friedrich Nietzsche schrieb in *Ecce Homo*: »Wenn ich ein anderes Wort für Musik suche, so finde ich immer nur das Wort Venedig.« Eines Abends im Jahr 1858 ließ sich Richard Wagner über das schwarze Wasser hinweg in einer Gondel heimbringen; sein Gondoliere bewegte im hinteren Teil des Bootes stehend langsam das große Ruder, und »plötzlich löste sich aus seiner Brust ein dem Tiergeheul nicht unähnlicher, von tief her anschwellender Klagelaut, und dieser mündete nach einem lang gedehnten ›Oh!‹ in den einfach musikalischen Ausruf ›*Venezia!*‹«. Venedig ist also Musik, solange Musik erklingt.

In einem 1581 veröffentlichten »Venedig-Führer« wird die Stadt als Hochburg der Musik verherrlicht, als *sede di musica*, als Sitz der Musik. Venedig, das war eine harmonische Gemeinschaft von Menschen, die sowohl in Bezug auf geistliche als auch auf weltliche Musik auf eine Tradition sondergleichen zurückblicken konnten. Das Orchester des Dogen musizierte jeden Tag eine Stunde lang auf dem Markusplatz; die ganzen Jahrhunderte hindurch war dieser zentrale Ort der Stadt von musikalischen Klängen erfüllt. Es gab auch andere Kapellen, die unter freiem Himmel spielten; andere traten in Konzertsälen auf, und es gab nicht wenige Chöre. In allen *sestieri* hallte es wider von Gesang und Musik, erklangen Stimmen und Instrumente. Am Karfreitag brachten die Mitglieder der Pfarren – die Weinhändler, die Fischer, die Gondolieri – gemeinsam den langen »Gesang der Vierundzwanzig Stunden« zu Gehör. Sie waren zu Chorvereinigungen zusammengeschlossen. Es existierten auch viele *accademie*, private Musikgesellschaften, die Amateurmusikern die Gelegenheit boten aufzutreten. Inventare der Gegenstände, die in einem typischen Mittelklassehaushalt zu finden waren, zeigen, dass es in den meisten von ihnen Musikinstrumente gab.

Alle öffentlichen Feiern fanden zum Klang von Musik statt. Es existierten Konzertbarken, die zur Unterhaltung der Einheimischen und der auswärtigen Besucher im Canal Grande und anderswo verankert waren. Ein Stich von 1609 zeigt, dass auf dem Kanal manchmal mehrere unterschiedliche musikalische Darbietungen gleichzeitig stattfanden. Von den *virtuosi* wurden auch Konzerte in Privathäusern gegeben. Musiker waren sogar in den Spielsalons der Stadt beschäftigt. Und zur Karnevalszeit fanden immer komische Ballettdarbietungen statt. Ein englischer Reisender hielt 1770 fest: »Die Leute sind hier so musikalisch, dass den ganzen Tag lang aus den Häusern die melodischsten Töne dringen, die auf reizvolle Weise langsam auf dem Wasser verklingen.« Diese Nähe von Wasser lädt zum Singen und Musizieren ein; an seinem Fließen und dessen Klang ist etwas, das Melodien anderer Art hervorlockt. So liest man denn auch vom »feierlichen Dahinströmen« venezianischer Kirchenmusik.

Von überall hört man nur Gesänge. Wenn zwei Menschen eingehenkelt lustwandeln, scheinen sie sich in Musik zu unterhalten; im Wasser auf den Gondeln ist es ebenso. Keine Melodie ohne zweite Stimme.

Charles Burney

Im späten 18. Jahrhundert meinte Charles Burney, dass die Venezianer sich singend zu unterhalten schienen. Die venezianischen Gondolieri waren verschrien – falls das wirklich das richtige Wort ist – dafür, dass sie Rezitative vortrugen, deren Texte den poetischen Werken Torquato Tassos aus dem 16. Jahrhundert entnommen waren. Doch handelte es sich dabei um Klagen – die Melancholie Venedigs hielt Einzug in die Lieder. Goethe schilderte, wie die Frauen der anderen Inseln in der Lagune Texte Tassos für ihre Männer sangen, die von ihren Booten aus fischten. Die Männer antworteten dann ebenfalls mit Gesang, so dass eine Art häusliches Gespräch mit musikalischen Mitteln stattfand. Tasso war einer der Lieblingssöhne der Stadt. Er hatte in seiner frühen Jugend in Venedig gelebt, und sein Vater war Mitglied des Kreises um Aldus Manutius gewesen.

Auch Volkslieder, *vilote* genannt, erfreuten sich großer Beliebtheit. Die Frauen stimmten sie an, wenn sie über einer Näharbeit saßen oder das Essen vorbereiteten. Es handelte sich dabei oft um Liebesklagen, die von Hoffnungen, Träumen und Sehnsüchten handelten. Zu *vilote* tanzte man auch, vom Klang eines Cembalos begleitet, auf den *campi*. Und natürlich bekam man die berühmten venezianischen Serenaden zu hören, die unter einem der unzähligen Balkone angestimmt wurden; ein Mandolinen- oder Gitarrenspieler lieferte die Begleitung dazu. Man könnte sagen, dass die Venezianer von Musik besessen, in sie vernarrt waren. Sie liebten die Liebe, und sie liebten schöne Melodien. Als der byzantinische Exarch Longinus im Jahr 567 der Lagunenstadt einen Besuch abstattete, soll er vom Klang der Glocken und Musikinstrumente, mit denen er willkommen geheißen wurde, beinahe taub geworden sein.

Schon aus der Frühzeit der venezianischen Geschichte liegen Berichte über Musikinstrumente vor. 815 wurde der »Priester Giorgio von Venedig« so fachkundig im Bau von Orgeln, dass man von seiner Fertigkeit sagte, sie grenze an ein Wunder. In der Folgezeit erlangten die venezianischen Orgelbauer in ganz Europa Berühmtheit. Es gibt Aufzeichnungen über eine Sängergilde im Markusdom vom Beginn des 14. Jahrhunderts an. 1403 wurde dort eine Gesangschule für Männer eingerichtet. Doch begann eigentlich erst zu Anfang des 16. Jahrhunderts die lange Periode, in welcher venezianische Musik die Siegespalme davontrug. Nachdem die gewaltige Expansion des venezianischen Imperiums zum Stillstand gekommen war, empfand man das Bedürfnis, auf anderen Gebieten die Vorherrschaft zu gewinnen. Venedig war die Geburtsstätte der Madrigale, die Hochburg der Kirchenmusik und die Hauptstadt der Oper. Es gibt kaum einen Komponisten von Rang, der nicht irgendwann nach Venedig pilgerte. Scarlatti, Gluck, Mozart, Wagner, Händel, Mendelssohn, Monteverdi, Strawinsky – sie alle suchten *la Serenissima* auf. Wagner und Monteverdi starben dort.

Die Messen in den Kirchen dauerten, von Musik und

Chorgesang getragen, viele Stunden. Einige Elemente dieses heiligen Rituals, insbesondere das Graduale, der Zwischengesang, oder die Elevation der Hostie, wurden von Instrumentalmusik untermalt, was letzten Endes dazu führte, dass die Leute in die Kirche gingen wie in eine Konzerthalle. Instrumentalmusik wurde auch eingesetzt, um den Eindruck einer Art von wortlosem Beten zu erwecken. Was privat, intim sein könnte, wird in Venedig öffentlich und theatralisch. Die Texte von Opernarien schrieb man so um, dass Lobgesänge auf die männlichen und weiblichen Heiligen an deren jeweiligem Festtag daraus wurden. Arien konnten auch in Oratorien umgewandelt werden. Die Kirchenschiffe wurden unter Berücksichtigung der akustischen Verhältnisse geplant und gebaut. So glich zum Beispiel der Innenraum der Kirche des Ospedale degli Incurabili einem ovalen Saal.

Bei einer Gelegenheit in den 1750er Jahren kamen im Markusdom unter der Leitung von Baldassare Galuppi fünf Orchester zum Einsatz. Diese Kirche brachte auch eine eigene Tradition polyphoner Musik hervor: Zwei oder mehr Chöre trugen, falls nötig von vier Orgeln begleitet, einen Wechsel- oder Gegengesang vor. Sie bildeten eine Art erhabener Klangmaschine, und ihr Gesang wurde von dem vielfachen Widerhall in dieser labyrinthischen Kirche noch verstärkt. Es verwundert nicht, dass hier an Sonn- und Feiertagen auch musikalische Veranstaltungen weltlicher Art stattfanden. Der Charakter dieser »polychoralen« Darbietungen, bei denen einander entgegengesetzte Kräfte schließlich zu Harmonie gelangen, entsprach zutiefst den Tendenzen des venezianischen Staates. Die Echoeffekte einer solchen Musik spiegelten den Charakter einer Stadt, deren Bild vielfach vom Wasser zurückgeworfen wird.

Die Waisenmädchen, die in karitativen Institutionen des Staates untergebracht waren, erhielten eine umfassende und fundierte musikalische Ausbildung, so dass die Konzerte, die sie gaben, allgemeine Bewunderung hervorriefen. Diese als *ospedali* bezeichneten Waisenhäuser stellten de facto Konservatorien dar, in denen junge Mädchen singen, musizieren und komponieren lernten. Die venezianischen *maestri* waren sich nicht zu schade, als ihre Lehrer zu fungieren. Antonio Vivaldi beispielsweise war vier Jahrzehnte lang Musiklehrer am Ospedale della Pietà. Die Mädchen nahmen in Chorgalerien Platz, deren Öffnungen von schmiedeeisernen Gittern verdeckt waren, so dass man sie nicht sah und es den Zuhörern beinahe so vorkam, als ob die Melodien von himmlischen Heerscharen vorgetragen würden. Charles Burney berichtete im Sommer 1770: »Die Mädchen vergnügten sich beim Singen mit tausend kleinen Mätzchen, vor allem bei Duetten, bei denen sie ihr Geschick und ihre natürliche Begabung maßen und feststellten, wer seine Stimme am höchsten hinaufklettern oder am tiefsten absenken, einen Ton am längsten anschwellen lassen konnte usw.« Einzelne Mädchen besaßen ihre eigenen, ihnen treu ergebenen Bewunderer. Dass sie Waisen waren, erhöhte ihren Reiz. Junge Männer erschienen im Ospedale, um denen, deren Stimmen ihnen am lieblichsten zu sein schienen, Heiratsanträge zu machen. In den Kirchen, die zu diesen Einrichtungen gehörten und in denen ihr Gesang erklang, wurde natürlich nicht applaudiert; die Zuhörer weinten stattdessen und sprachen Gebete. Es gibt Berichte von Männern und Frauen, die von dem Erlebnis derart überwältigt waren, dass sie in Ohnmacht fielen. Gondeln ankerten im angrenzenden Kanal oder *rio*, und deren Insassen lauschten von dort aus andächtig den aus dem Inneren dringenden Klängen. Mehrere Beobachter, unter ihnen auch Rousseau und Goethe, haben bezeugt, dass diese Mädchen hinreißend waren und die Sinne der Zuhörer betörten. »Ich vermag mir nichts anderes so Sinnlich-Üppiges, so Anrührendes vorzustellen wie diese Musik«, schrieb Rousseau. Es war genau der Klang, der zu Venedig passte.

Die Harmonien Venedigs besaßen noch einen anderen Aspekt. Die Alten glaubten, Musik bezeuge die Existenz eines geordneten Kosmos. Da Venedig den Hauptexponenten einer geordneten und Ordnung stiftenden Regierung darstellte, war

Monsieur Le Blond, der französische Konsul, ermöglichte Jean-Jacques Rousseau eine Begegnung mit den Sängerinnen, die normalerweise niemand zu Gesicht bekommen darf: *Beim Eintritt in den Saal, der die so begierig ersehnten Schönheiten umschloß, fühlte ich einen Liebesschauer, wie ich ihn nie wieder in meinem Leben empfunden habe. Herr Le Blond stellte mir nun nacheinander all die berühmten Sängerinnen vor, deren Stimme und deren Namen das einzige war, was mir von ihnen bekannt gewesen: »Kommen Sie, Sophie …«, sie war entsetzlich hässlich. »Kommen Sie, Katina …«, sie war einäugig, »kommen Sie, Bettina …«, die Blattern hatten ihr Gesicht zerfressen. Es fand sich nicht eine, die nicht durch irgendein Gebrechen entstellt war. […] Ich war trostlos.*

Jean-Jacques Rousseau

es nur natürlich, dass die Stadt Musik verströmte, darin eingeschlossen die der Sphären. Durch die Musik hatte Venedig am Himmel teil; die Tore zum Paradies hatten sich in dieser Stadt geöffnet. All die verschiedenen Verfassungsformen – die monarchistische, die oligarchische und die republikanische – schienen hier verschmolzen und harmonisch miteinander verbunden zu sein. Was man hörte, waren himmlische Klänge, von Gott übermittelt. Harmonie überall, Harmonie über alles: Sogar die Kaufleute Venedigs lernten die Proportionsregeln; sie wurden ihnen durch eigens für sie verfasste Lehrbücher wie *The Rule of Three,* auch als *The Golden Rule* oder *The Merchant's Key* bekannt, vermittelt. Pythagoreische Mathematik spielte im Handel eine bedeutende Rolle. Die Architektur oder Architextur der Stadt war auf Harmonie hin ausgerichtet. Wenn die Kraft von Musik wirklich Gebäude zu errichten vermag, dann verkörperten die Kirchen und noblen Paläste Venedigs mit Sicherheit die Melodie der Welt. Die Architekten der damaligen Zeit studierten Theorien zur Harmonie. In der Außenpolitik strebten Doge und Senat immer nach »Ausgewogenheit« der Kräfte: Sie trachteten nach Frieden, hieß es, weil Friede Harmonie in jeder Hinsicht reflektierte.

[…] Gesellschaft stellte sich ein, ein Boot mit musikalischen Wegelagerern, Männern und Weibern, die zur Guitarre, zur Mandoline sangen, aufdringlich Bord an Bord mit der Gondel fuhren und die Stille über den Wassern mit ihrer gewinnsüchtigen Fremdenpoesie erfüllten. Aschenbach warf Geld in den hingehaltenen Hut. Sie schwiegen dann und fuhren davon […].

Thomas Mann

Genau wie bei der Darbietung einer Sonate oder bei einem Konzert kein Instrument die anderen dominieren, übertönen darf, ließ man in Venedig nicht zu, dass ein Interesse andere überwog, eine Einzelperson zu viel Autorität auf sich vereinte und so alle anderen beeinflussen konnte; alles fügte sich zu einer Einheit zusammen. Niemand konnte zu hoch aufsteigen oder zu tief sinken. Nichts war in irgendeiner Weise unverhältnismäßig und vollkommene Ordnung das Ziel. Und es wurde zur Verwunderung der restlichen Welt in einem beträchtlichen Umfang erreicht. Als die Apollostatue, die in einer Nische der Loggetta am Fuß des Campanile auf dem Markusplatz steht, aus dem Stein gehauen wurde, erklärte Jacopo Sansovino: »Man weiß, dass dieses Volk von Natur aus Vergnügen an Musik empfindet, und daher wurde Apollo ausgewählt, um die Musik zu verkörpern […], außergewöhnliche Harmonie verleiht dieser bewundernswerten Regierung über die Zeiten hinweg Bestand.«

Auch die Tänze der Stadt sind daher von einer gewissen Bedeutung. Die Tagebücher von Venezianern erwecken den Eindruck, dass auf den öffentlichen Plätzen und auf den Höfen beinahe ununterbrochen getanzt wurde. In den noblen Häusern gab es eigene Ballsäle, die häufig genutzt wurden. Es gab »Tänze für Frauen«, Veranstaltungen, an denen manchmal mehr als hundert Damen teilnahmen. Tanzen und Tänze konnte man an Dutzenden von Schulen lernen. An ihnen wurde einem der »Huttanz« beigebracht, der »Fackeltanz« oder ein anderer, der sich »Die Jagd« nannte. Auch auf Barken wurden Tänze vorgeführt. Das war ein wichtiger Teil des Straßentheaters. Die Bewegung der Sphären wurde also in den Straßen der Stadt nachgeahmt. Auf einem Gemälde von Gabriele Bella, das sich »Festo da Soldo in Campiello« nennt, sieht man eine Gruppe von Venezianern und Venezianerinnen einen formellen Tanz zu den Klängen von zwei Geigen und einem Cello aufführen. Ihre Mitbürger sehen von den Balkonen der umliegenden Häuser oder der nahe gelegenen Taverne aus zu, wie die Frauen ihre Schürzen wirbeln lassen und die Männer ihre Arme in die Höhe werfen. Natürlich schlossen die beliebten Aufführungen von *Commedia dell'arte*-Stücken ebenfalls Tänze ein, solche sehr lebhafter Art, die von einer Reihe vulgärer und satirischer Lieder begleitet wurden.

Und schließlich ist Musik auch Ausdruck politischen Lebens. Eine formelle Ordnung und deren Sichmanifestieren bereiten Freude, ebenso die endlosen Echos und Wiederholungen – und dies alles charakterisiert auch die spezifisch venezianische Form des Regierens. Die Erfahrung von Harmonie, das gleichzeitige Vernehmen von unzähligen sich im Einklang befindenden Stimmen anstatt einer einzigen, kann äußerst tröstlich sein. Die Musik, die im Markusdom erklang, wurde von den staatlichen Prokuratoren persönlich überwacht, was noch einmal belegt, dass die römisch-katholische Kirche in Venedig zu einer Staatskirche geworden war.

Es bestand eine tiefe Übereinstimmung zwischen Religion, Stadt und Musik oder sollte zumindest bestehen. Um es unverblümter auszudrücken: Musik war eine Form politischer Propaganda geworden. Auf den Gemälden und Stichen von diversen nichtreligiösen Umzügen, die in Venedig stattfanden, sind immer eine Trommel, Becken und silberne Trompeten abgebildet. Musik zu machen war eine Methode, um die soziale Ordnung aufrechtzuerhalten. In vielen venezianischen Opern wurde mit den Mitteln der Allegorie auf geschichtliche Ereignisse der Zeit eingegangen, wobei die Stadt Venedig nicht nur der Ort des Geschehens, sondern auch die Heldin der Handlung war. Venedig wurde dann zu Venetia, der unangreifbaren Jungfrau, die Schwert und Waage in der Hand hielt – *ecco Venezia bella!* Bei einer Inszenierung von *Il Bellerofonte* stieg zum Klang von Musik ein genaues und detailliert ausgearbeitetes Modell der Stadt aus dem Meer auf.

Auch die Maler der Stadt waren musikbegeistert. Vasari scheint Tintorettos Leistungen auf musikalischem Gebiet höher eingeschätzt zu haben als das, was er als Maler zustande brachte. Veroneses »Hochzeit zu Kanaan« zeigt ein Quartett, das für die Gäste spielt; die Mitglieder dieses Ensembles sind als Tizian, Tintoretto, Bassano und Veronese selbst identifiziert worden. Als Walter Pater in seinem Werk über den venezianischen Maler Giorgione die Theorie aufstellte, dass »alle Kunst ständig zur *conditio* der Musik hin strebt«, machte er also eine der zentralen Tendenzen der venezianischen Kunst aus. Pater meinte, dass in der venezianischen Schule, die sich Giorgione zum Vorbild genommen hatte, »die vollkommenen Momente der Musik selbst, das Hervorbringen oder Hören von Musik, Gesang oder seiner Begleitung selbst zu bevorzugten Themen werden«. Ölmalerei kann zum Musizieren mit flüssiger Materie werden. Entsprechend liest man von Tizians »harmonischen Farbtönen« und »rhythmischen Bewegungen« oder von dem »bewegten, raschen Tempo« Lorenzo Lottos. Die Sprache von Tintorettos Kompositionen scheint ausnahmslos auch die der Musik zu sein. Wenn wir die architektonischen Harmonien Tiepolos betrachten, hören wir den Klang von Vivaldis Violinen: dynamisch und triumphierend. Auf der anderen Seite kann man Hinweise auf Vivaldis »Freude an orchestraler Farbigkeit« lesen. In der Sprache venezianischer Kunst scheinen Musik und Malerei Zwillingsschwestern zu sein. Auf seinem unter dem Titel »Die Vision des heiligen Augustinus« bekannten Gemälde stellt Vittore Carpaccio den Heiligen inmitten eines musikalischen Universums dar: Augustinus schreibt auf Notenpapier die Stimmen für Tenor und Kontraalt, während zu seinen Füßen Partituren für geistliche wie für weltliche Musik liegen. Seine Vision ist also die von einer transzendenten Harmonie.

Das Malen von Musik ist eine durch und durch venezianische Kunst. Es gibt viele Hunderte von Gemälden, auf denen Frauen und Männer mit Musikinstrumenten zu sehen sind. Die Engel auf Bildern religiösen Inhalts musizieren für gewöhnlich. Engelchöre werden durch Engelorchester ersetzt; keine andere künstlerische Tradition rückt solche Darstellungen himmlischer Harmonie dermaßen in den Vordergrund. Es gibt Zeichnungen von singenden Knaben und Mädchen, von Personen, die an Teichen oder Brunnen Musik machen, als ob der Zusammenklang von Musik und Wasser auf ewig verherrlicht werden sollte. Tizian war von der Darstellung Musizierender und von Konzertszenen fasziniert. Melodien, die man hört, sind süß, aber die, die man nicht hört, können noch süßer sein. Doch die Musik Venedigs ist eine, die dargeboten, die »veranschaulicht«, sichtbar gemacht wird. Es ist keine meditative Musik und auch nicht die bekümmerter Introspektion. Sie lebt von Improvisation und dramatischer Interpretation. Wieder einmal fallen die Liebe zur Oberfläche und der üppige Einsatz von Oberflächeneffekten auf, die ja so charakteristisch für das venezianische Empfinden sind. Es handelt sich um das, was mit dem Begriff *coloratura* bezeichnet wird.

Doch Venedig wäre nicht Venedig, wenn außer musikalischen Klängen nicht gleichzeitig – metaphorisch gesprochen –

die Klänge oder zumindest die Geräusche des Handels mit Musik in der Luft lägen. Die Stadt wurde zur Kapitale der Musikverleger, Notendrucker und Instrumentenbauer. Es wurden viele Instrumentensammlungen angelegt, nicht damit man sie zur Schau stellen konnte, sondern auch aus Gründen der Geldanlage. Man kann die großen venezianischen Komponisten auch in einem anderen Licht sehen: nämlich als gewiefte und erfolgreiche Geschäftsleute. Als Beispiel wäre Antonio Vivaldi zu nennen, jener erzvenezianische Komponist und Violinist. Niemand bemühte sich eifriger um Aufträge und war mehr hinter dem Geld her als er. Ihm lag der Sinn für Geschäfte im Blut. Er bezeichnete sich selbst einmal als einen *franco intraprenditore*, einen freien Unternehmer.

Der Komponist und Violinist Antonio Vivaldi (1678–1741). Die Karikatur von P. L. Ghezzi stammt aus dem Jahr 1723, könnte also »nach dem Leben« angefertigt worden sein. Vivaldi war für seine gewaltige Hakennase bekannt.

Er kam 1678 in Venedig auf die Welt und wurde in der Pfarrkirche San Giovanni in Bragora getauft. Sein Vater Giambattista Vivaldi war einer der Dommusiker, und an der Markusbasilika begann der Sohn auch seine Ausbildung als Violinist. Sein Vater brachte ihm die Grundlagen des Familienmetiers bei, wie es venezianische Tradition war. Im Alter von fünfzehn Jahren erhielt er die niedere kirchliche Weihe, und zehn Jahre später wurde er ordiniert. Er wurde als *il prete rosso*, der rothaarige Priester, bekannt, wobei das rote Haar vielleicht sein hitziges Temperament anzeigte oder diesem zumindest entsprach. Er hatte eine gewaltige gekrümmte Nase, ein spitzes Kinn und große ausdrucksvolle Augen.

Von Geburt an war der Musiker schwächlich, als Frühgeburt sogar dem Tode nahe gewesen. Auf Reisen musste er sich immer von einem Helfer beziehungsweise einer Helferin begleiten lassen. In einem gegen Ende seines Lebens verfassten Brief erklärte er:

> Als ich frisch zum Priester geweiht worden war, zelebrierte ich noch für etwas mehr als ein Jahr die Messe und gab es dann auf, weil ich dreimal aufgrund meiner Krankheit gezwungen war, vor dem Ende der Messe den Altar zu verlassen. Aus diesem Grund verbrachte ich mein Leben vorwiegend zu Hause und bewegte mich nur in einer Gondel oder einer Kutsche von daheim fort, denn wegen meines Brustleidens, dieser *strettezza di petto*, der Enge in ihr, kann ich nicht zu Fuß gehen. Kein *nobile* lädt mich zu sich ein, nicht einmal unser Doge, weil sie alle um mein Gebresten wissen. Ich kann mein Heim für gewöhnlich nach dem Frühstück verlassen, doch nie zu Fuß.

Und doch stürzte sich dieser Mann geradezu rücksichtslos gegenüber sich selbst in die Arbeit und verfasste nicht nur eine Komposition nach der anderen, sondern fungierte auch als ausführender Musiker und Dirigent. Wie seine Musik scheint er aus einer unbekannten Quelle eine gewaltige innere Kraft bezogen zu haben. Ein englischer Musiker der Zeit, William Hayes, meinte, er habe »zu viel Quecksilber« in sich – was bedeutet, dass er sich als überspannter und impulsiver Mensch den ihn überkommenden momentanen Stimmungen überließ. Vielleicht war er ein wenig exzentrisch. 1704, im Alter von sechsundzwanzig Jahren, wurde er zum Musiklehrer des Ospedale della Pietà ernannt und war für alle musikalischen Aktivitäten dort verantwortlich – in seiner Eigenschaft als Lehrer, Musiker und Orchesterleiter. Neun Jahre später wurde er auch der offizielle Komponist des *ospedale*. Zu jener Zeit hatte er sich mit seinen Werken schon in ganz Europa Ruhm erworben. Der dänische König Frederik IV. stattete dem Waisenhaus eigens einen Besuch ab, um der Aufführung eines der Oratorien des Venezianers beizuwohnen.

Doch seine Energie drängte ihn schon in eine andere Richtung, und er verfolgte zielstrebig einen neuen Weg. Im selben Jahr, in dem man ihn zum Anstaltskomponisten ernannt hatte, wurde in der im Veneto gelegenen Stadt Vicenza seine erste Oper aufgeführt. Das bildete das Präludium zur Aufführung zahlreicher von ihm komponierter Opern in Venedig selbst, wo er bald mit diesen Werken nicht nur rasch sehr populär wurde, sondern auch gutes Geld verdiente. Den Rest seines Lebens widmete er sein kompositorisches Schaffen teils solchen Opernwerken, teils geistlicher Musik, wobei es ihm auch immer um finanziellen Gewinn ging. Er pflegte seine Kompositionen für einen hohen Preis ausländischen Musikern anzubieten und vermarktete venezianische Musik in der Weise, wie sein Zeitgenosse Canaletto venezianische Veduten vermarktete, indem er sie auf Auftrag ausländischer Besucher hin schuf. Er pflegte wegen des Preises zu feilschen und entschloss sich, seine Werke nicht zu publizieren, das heißt im Druck vervielfältigen zu lassen, weil er annahm, mehr Geld verlangen zu können, wenn er das Originalmanuskript verkaufte.

Wie alle Innovatoren ist der »prete rosso« zeitlos, sein Stil war der seiner Epoche und hat doch nahezu die gesamte Musik des 18. Jahrhunderts geprägt. Nicht in galanten Menuetten oder altgewohnten Giguen, sondern mit neuen Rhythmen und unerwarteten Formen des Ausdrucks.

Gian Francesco Malipiero

An den Aufführungen seiner Opern hatte Vivaldi nicht nur als Musiker teil, sondern er schlüpfte auch in die Rolle des Impresarios und Veranstalters. Er mietete das Theater, engagierte die Sänger und Instrumentalisten. Er wählte die Libretti aus, dirigierte das Orchester und übernahm auf seiner Violine die Solobegleitung einzelner Gesangspartien. Er musste sich nach den Wünschen des Publikums richten, nach dessen Vorlieben. Wenn eine Oper keinen Anklang fand, dann sorgte er innerhalb weniger Tage für Ersatz. Und doch war dieser Superimpresario auch immer noch Geistlicher. Der Dramatiker Goldoni berichtet über einen Besuch bei Vivaldi: »Ich fand ihn von Partituren umgeben, sein Brevier in der Hand. Er erhob sich, schlug mit ausholenden Gesten ein Kreuz, legte das Brevier nieder...« Diese Kombination aus Frömmigkeit und Geschäftssinn, das Verschmelzen des Sakralen mit dem Säkularen, ist so typisch venezianisch, dass sich ein weiterer Kommentar erübrigt.

Doch in Venedig war alles der Mode unterworfen, alles von Moden abhängig. Ein enger Freund Vivaldis, Charles de Brosses, schrieb 1740: »Zu meiner Verblüffung fand ich ihn nicht so hoch geschätzt, wie er es verdiente, in seinem eigenen Land, wo alles dem Trend des Augenblicks folgt.« Aus diesem wie auch aus anderen Gründen sah Vivaldi sich im Ausland nach neuen Schirmherren um. Er reiste nach Wien und schickte sich gerade an, von dort nach Dresden aufzubrechen, als ihn 1741 der Tod ereilte. Er wurde dreiundsechzig Jahre alt. Nach Jahren, in denen er einen geradezu verschwenderischen Lebensstil hatte pflegen können, starb er, Berichten zufolge, völlig verarmt. Vielleicht sollten solche Berichte aber auch nur den angemessenen Epilog für die Karriere eines überragenden Genies abgeben, wollte man den Komponisten postum auch noch zum um seiner Berufung willen darbenden Künstler stilisieren.

Vivaldi wird sehr überschätzt, ein langweiliger Mensch, der ein und dasselbe Konzert sechshundertmal hintereinander komponieren konnte.

Igor Strawinsky

Die Geschwindigkeit, mit der er neue Werke verfasste, ist durch und durch venezianisch. Von ihm stammen mehr als fünfhundert Instrumentalkompositionen und nahezu hundert Opern. Er rühmte sich, ein *concerto grosso* mit allen Sätzen schneller komponieren zu können, »als ein Kopist die Partitur zu kopieren vermag«. Auch an seinem Spiel war etwas von dem Feuer und der Kraft eines Blitzes. Der deutsche Gelehrte von Uffenbach hörte – und sah – ihn spielen und hielt anschließend seine Eindrücke in seinem Tagebuch fest: »... gegen das Ende spielte der Vivaldi ein Accompagnement Solo, admirabel, woran er zuletzt eine Phantasie anhing, die mich recht erschrecket, denn dergleichen ohnmöglich so jehmals ist gespielt worden, noch kann gespiehlet werden, denn er kahm mit den Fingern nur einen Strohalm breit an den Steg, daß der Bogen keinen Platz hatte, und das auf allen 4 Saiten mit Fugen und einer Geschwindigkeit, die unglaublich ist.« Von Uffenbach beauftragte Vivaldi, einige *concerti grossi* für ihn zu schreiben. Drei Tage später lieferte der Komponist ihm zehn davon. Auf der handschriftlichen Partitur seiner Oper *Tito Manlio* findet sich der Vermerk: »*Musica del Vivaldi fatta in 5 giorni*«, »Musik von Vivaldi, in 5 Tagen komponiert«.

Seine Manuskripte belegen, dass die Musik in seinem Kopf so schnell entstand, dass die Hand kaum mit dem Aufschreiben mitkam. Seine Kompositionen sind so munter und beschwingt, dass es fast unmöglich ist, nicht mitgerissen zu werden. Die koloristischen Effekte, der lebhafte Impressionimus, die schimmernden Harmonien, der ganze fantastische Einfallsreichtum der venezianischen Musik – das alles findet seinen Höhepunkt bei Vivaldi. Jedes wiederholte Motiv erzeugt Erregung. Bewegung erzeugt Erregung. Vivaldi ist verkörperte Lebhaftigkeit. Rasendes Tempo beim Komponieren wie auch beim Musizieren, das ist es, was seinen Werken ihren besonderen Charakter verleiht, ihren Reiz ausmacht. Seine Zeitgenossen benutzten Ausdrücke wie *fierezza* und *prestezza*, um sie zu beschreiben. Die Kraft seiner Melodien ist überwältigend, der Gesamteindruck der von Unerschöpflichkeit.

Er war also ein Mann des Theaters, der eine Szenerie aus eindringlichem und unnachgiebigem Klang schuf, um überschwänglichen und heftigen Gefühlen Ausdruck zu verleihen. Sein berühmtestes Opus, *Le quattro stagioni (Die vier Jahreszeiten)*, ist von höchster Expressivität. Mit solchen Kompositionen wurde das Genre der Malerei und der Oper in das der Instrumentalmusik überführt. In seiner Kunst macht sich eine durch und durch venezianische Tendenz bemerkbar, Zurschaustellung mit Musik zu verbinden; er führt opernhafte Elemente in die Instrumentalmusik ein und intensiviert die Wirkung seiner Opern mit den Techniken seiner *concerti grossi*. Das Blatt, auf welchem der Part der Solovioline in dem »La Primavera«-Satz der *Jahreszeiten* niedergeschrieben ist, ähnelt einem Gemälde von Mondrian: Die Noten scheinen miteinander zu tanzen. In dichten Reihen krümmen sie sich, springen hoch und schwingen sich auf. Auf die Partituren pflegte Vivaldi *spiritoso* oder *allegro* zu schreiben – beziehungsweise in aller Eile zu kritzeln.

Manchmal schreibt er drei, vier Notenblätter voll, hält dann inne und streicht schließlich alle Noten wieder aus, um mit demselben Schwung und demselben Tempo erneut ganz von vorne zu beginnen.

Bisweilen arbeitete er zwei Varianten einer Passage aus und überließ es dem Interpreten oder den Musikern, diejenige auszuwählen, die ihnen besser gefiel. Manchmal arbeitete er so schnell, dass er die ursprüngliche Tonart vergaß. Während der Arbeit an einer Komposition wurde seine Notation immer abrupter und elliptischer.

Dieses genialische Stürmen und Drängen, diese Fazilität und Abundanz sind für die gesamte venezianische Kultur im Lauf ihrer langen Geschichte kennzeichnend. Tintoretto war für den Furor seines Schaffens berühmt. Er brachte es fertig, die Wände einer Kirche oder des Versammlungssaals einer Gilde binnen einer Woche auszumalen. In einem späteren Jahrhundert war Tiepolo bekannt dafür, ein großes Gemälde innerhalb von zehn Stunden zu vollenden. So machte sich auch in Vivaldis Musik ein rasendes Tempo, ein Drängen zur Vollendung hin bemerkbar, zu der er von einer Kraft und einem rhythmischen Impuls getrieben wurde, die seine Zeitgenossen in Erstaunen versetzten. Es liegt etwas Unerbittlich-Schicksalhaftes in seinem Schaffen, das voranströmt wie die Flutwellen in der Lagune. Welches ist das Geheimnis hinter diesem Überschwang venezianischer Künstler? Es verbirgt sich Freude dahinter, Freude am Hervorbringen, und hat damit zu tun, dass sie in einer harmonischen *polis* lebten. Es ist aber auch Freude darüber, dass sie im Einklang mit der sie ungebenden Kultur und Gesellschaft lebten. Sie waren *zu Hause*. Venedig selbst stellte die Grundlage ihrer Existenz, ihres Seins dar.

Ist es dann möglich, die Natur venezianischer Musik als organisches Ganzes zu interpretieren? Sie ist von Überschwänglichkeit und Spontaneität gekennzeichnet, von einer wilden Fröhlichkeit, die auch in anderen venezianischen Kunstformen manifest wird. Das am häufigsten verwendete Wort ist »Brillanz«, ein Wort, das an das Glitzern venezianischen Glases und an die Lichtblitze auf dem Wasser denken lässt. Doch venezianische Musik beschwört auch die Opulenz der Farben und Texturen der venezianischen Malerei herauf. Wir lesen von den brillanten »Klangfarben« und »chromatischen Phrasen«, die die Spielweise der venezianischen Musiker im Gegensatz zu jener der neapolitanischen oder florentinischen charakterisierten. Die venezianischen Musiklehrbücher des 16. und 17. Jahrhunderts befassen sich größtenteils mit der Kunst der Improvisation und der Ausschmückung. Venezianische Musik ist also überwiegend expressiv – oder, um es anders auszudrücken, bei ihr ist Schau, Oberfläche wichtiger als Substanz. Ein deutscher Musikwissenschaftler des 18. Jahrhunderts meinte bei einer Gegenüberstellung venezianischer und russischer Melodien, »die venezianische dringt schneller ins Ohr, schlägt einen aber für kürzere Zeit in ihren Bann«. Echos, die, wie wir schon gesehen haben, in der polychorischen religiösen Musik eine große Rolle spielten, wurden auch in der weltlichen Musik als Ausdrucksmittel eingesetzt. Die venezianische Sonate beispielsweise fällt durch ihre ausgeprägten kontrapunktischen Effekte auf.

Der Engländer und vornehmlich der Amerikaner von Durchschnitt [...] scheint Vergnügen an Veranstaltungen zu finden, deren eine zum Beispiel das Tingeltangel auf dem Canal Grande ist, das sich hier allabendlich vor dem Grand Hotel etabliert und zweifellos eine Spekulation der Hotelleitung ist. Es ist eine abscheuliche Travestie auf die frühere Sitte der Gondelständchen in so vergröberter Form, daß jeder Mensch von Empfindung davon beleidigt werden muß. In einer mit Lampions beleuchteten Barke sitzt eine Bande von Gitarrenrupfern und Sängern, die von acht bis zwölf Uhr abends einen schrecklichen Spektakel verüben, indem sie ein endloses Programm von allerlei Musik herunterleiern.

Otto Julius Bierbaum

Die Musik Venedigs zeichnet sich durch eine gewisse *dolcezza*, durch Süße oder Anmut, aus. Sie klingt oft hell und leicht. Man könnte daher sagen, dass sie nur geringes inneres Leben besitzt. Ein Beethoven wäre in Venedig nicht möglich gewesen. Venezianischer Musik wohnt ein Fließen inne, das unwiderstehlich mitreißt; ihr Rhythmus ist der des Meeres, nicht der des Rads. Sie löst eher Verblüffung und Bewunderung aus, als dass sie zu Kontemplation einlädt. Doch konnte sie auch wild und brüsk sein, mit jähen und unerwarteten harmonischen und melodischen Wendungen. Oft ist sie exzentrisch oder kapriziös. Manchmal gefällt sie sich in einer gewissen *bizzarria.* Sie hat einen orientalischen Beiklang. Man kann wohl sagen, dass über Venedig die Musik des Ostens Einzug in die klassische europäische Tradition hielt. Venezianische Musik lebt von ständiger subtiler Variation. Sie bevorzugt Kontrast und Komplexität, kann schnell sein und auch überladen. Sie passt in perfekter Weise zum Genius eines Virtuosen. Man hat die Theorie aufgestellt, dass Solokonzerte erstmals in dieser Stadt aufgeführt wurden und man daher im Charakter dieser Musik einen Ausdruck des venezianischen Temperaments sehen kann. Stendhal sagte, »die glitzernde Reflexion des venezianischen Charakters fällt auf die Textur der venezianischen Musik«. Der Prozess der Übertragung und Vererbung ist nie richtig begriffen worden, dennoch trägt man ihm in der Sprache Rechnung; Kunst und Charakter werden lustvoll mit ein- und denselben Ausdrücken beschrieben: Lebhaftigkeit, Fröhlichkeit, Ausstrahlung, Extravaganz, Energie, Beschwingtheit, Spontaneität, Rastlosigkeit, Leichtigkeit, Überschwänglichkeit, Ungestüm. – O Venezia!

Venezia deve vivere
(Venedig muß leben)

Devise der
venezianischen
Kommunalverwaltung

ANHANG

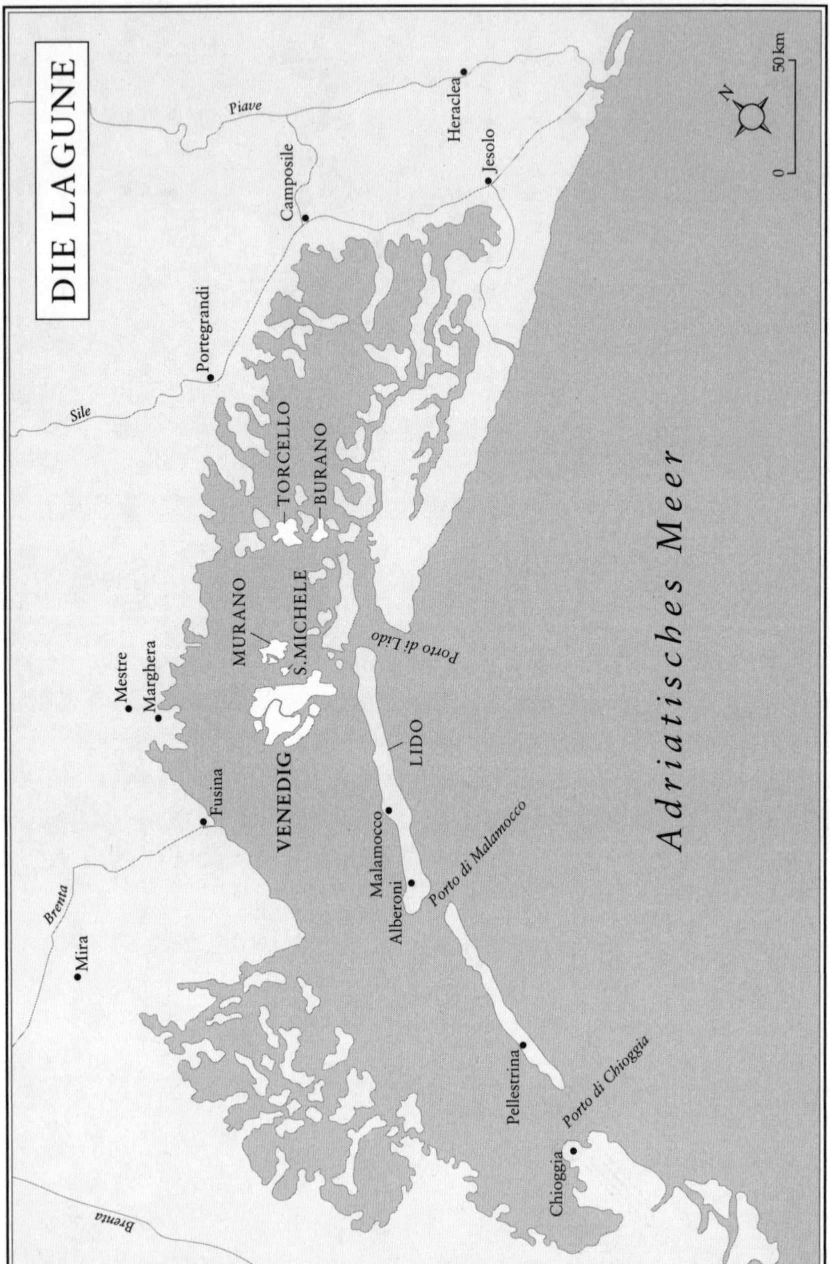
DIE LAGUNE
Piave
Heraclea
Jesolo
Camposile
Portegrandi
Sile
TORCELLO
BURANO
MURANO
S. MICHELE
Mestre
Marghera
VENEDIG
Fusina
Porto di Lido
LIDO
Malamocco
Alberoni
Porto di Malamocco
Brenta
Mira
Pellestrina
Porto di Chioggia
Chioggia
Brenta
Adriatisches Meer
N
0
50 km

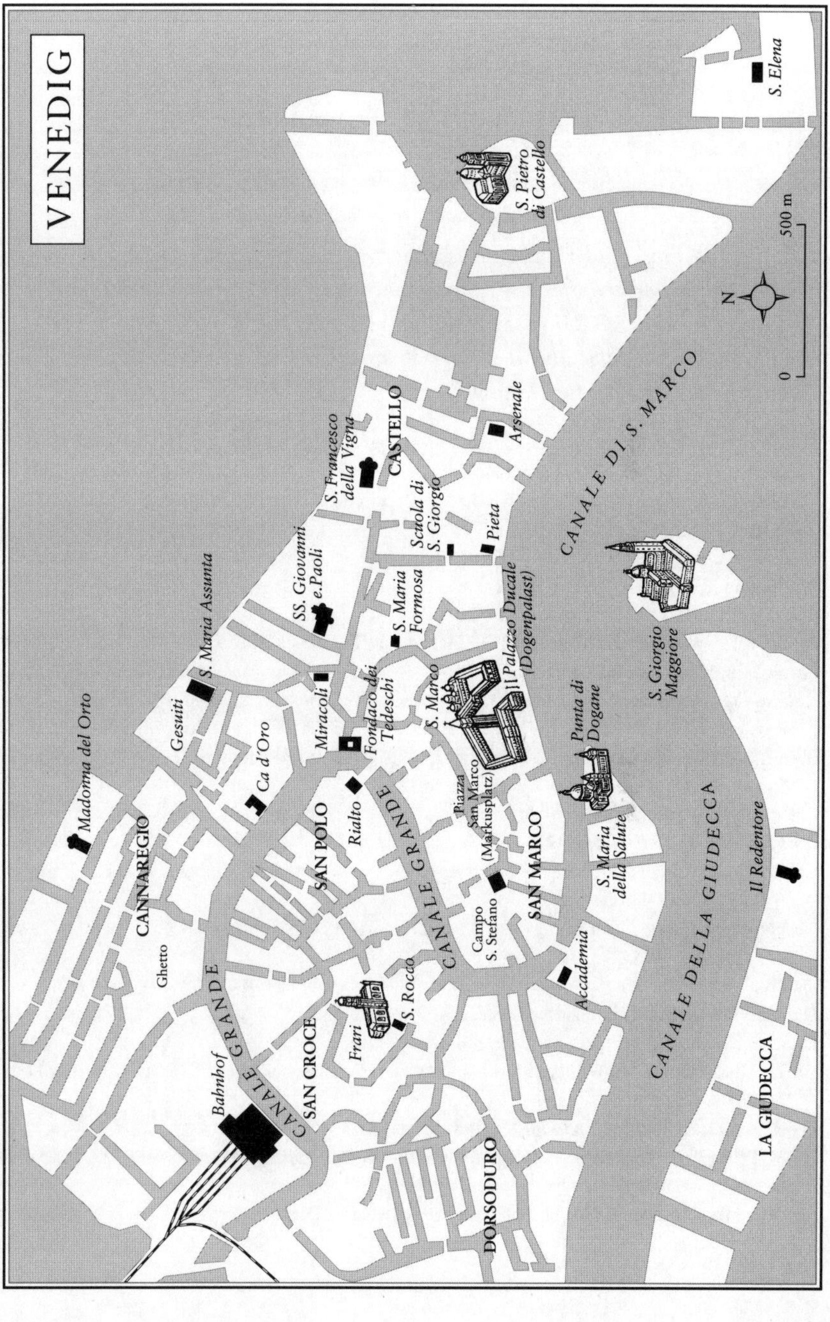
VENEDIG
S. Elena
S. Pietro di Castello
500 m
0
N
CANALE DI S. MARCO
S. Francesco della Vigna
CASTELLO
Arsenale
Scuola di S. Giorgio
Pieta
SS. Giovanni e.Paoli
S. Maria Formosa
Palazzo Ducale (Dogenpalast)
S. Giorgio Maggiore
S. Maria Assunta
Gesuiti
Miracoli
Fondaco dei Tedeschi
S. Marco
Punta di Dogane
Madonna del Orto
Ca d'Oro
Rialto
SAN POLO
Piazza San Marco (Markusplatz)
CANALE DELLA GIUDECCA
Il Redentore
CANNAREGIO
CANALE GRANDE
SAN MARCO
S. Maria della Salute
Campo S. Stefano
Ghetto
Accademia
S. Rocco
Frari
Bahnhof
SAN CROCE
LA GIUDECCA
DORSODURO

Textnachweis Marginalien

Da die vollständig oder ausschnittsweise zitierten Gedichte nicht nur in Ausgaben der Werke der betreffenden Autoren enthalten sind, sondern auch in diversen Anthologien – wie z. B. in: Franz Peter Waiblinger (Hg.): *Reise Textbuch Venedig.* München, 1988 – *sowie über das Internet abrufbar sind, wurde darauf verzichtet, spezifische Fundstellen für sie anzuführen.*

Anon.: »Devise des Magistrato delle Acque«; zit. bei Reinhard Lebe: *Als Markus nach Venedig kam. Venezianische Geschichte im Zeichen des Markuslöwen.* Überarbeitete Ausgabe 2006. – *Seite 40*; Kommentar des Chronisten der Klosterkirche S. Niccolò di Lido; zit. bei Lebe, a. a. O. – *Seite 249.*

Bierbaum, Otto Julius: *Eine empfindsame Reise im Automobil.* München, 1955 . – *Seiten 57, 289, 353, 570.*

Boltz, Herbert (Hg.): *Märchen aus dem alten Venedig.* Zürich, 2002. – *Seite 467.*

Brodsky, Joseph: *Ufer der Verlorenen.* München, 1991. – *Seiten 46, 545.*

Burney, Charles: *Tagebuch einer musikalischen Reise. Durch Frankreich und Italien, durch Flandern, die Niederlande und am Rhein bis Wien, durch Böhmen, Sachsen, Brandenburg, Hamburg und Holland, 1770–1777.* Hg. von Eberhardt Klemm. Wilhelmshaven, 1980. – *Seite 556.*

Byron, Lord George Gordon: Brief vom 8. Januar 1818 aus Venedig an seinen Verleger James Murray, zit. bei Benita Eisler, a. a. O. – *Seite 427.*

Calimani, Riccardo: *Die Kaufleute von Venedig. Die Geschichte der Juden in der Löwenrepublik.* München, 1990. – *Seite 77.*

Cassiodorus, Marcus Aurelius: »Wie Wasservögel«, nach dem Abdruck bei Franz Peter Waiblinger (Hg.), a. a. O. – *Seite 17.*

Coryat[e], Thomas : *Die Venedig- und Rheinfahrt A.D. 1608.* Stuttgart, 1970. – *Seiten 72, 88, 110, 116, 202, 203, 278, 422.*

Da Ponte, Lorenzo: *Mein abenteuerliches Leben.* Reinbek b. Hamburg, 1960. – *Seite 488.*

Damiani Petrus (Kardinal), zit. bei Lebe, a. a. O. – *Seite 63.*

Dandolo, Andrea (Doge), zit. bei Lebe, a. a. O. – *Seite 67.*

Dürer, Albrecht: Brief an Willibald Pirkheimer vom 7.2.1506, nach dem Abdruck bei Franz Peter Waiblinger (Hg.), a. a. O. – *Seite 215.*

Eisler, Benita: *Byron. Der Held im Kostüm.* München, 1999. – *Seite 383.*

Faber, Felix: *Evagatorium in Terrae Sanctae, Arabiae et Egypti peregrinationem,* zit. bei Lebe, a. a. O. – *Seite 301.*

Fink, Humbert: *Adriatische Ufer.* Wien u.a., 1978. – *Seite 501.*

Goethe, Johann Caspar: «Reise durch Italien im Jahr 1740», nach dem Abdruck bei Franz Peter Waiblinger (Hg.), a.a.O. – *Seite 374.*

Goethe, Johann Wolfgang von: *Italienische Reise.* Sonderausgabe, hg. von G. von Einem. München, 1978. – *Seiten 11, 39, 177, 195, 200, 216.*

Goldoni, Carlo: »Memoirs«, zit. bei M. Stegemann: *Vivaldi.* Reinbek b. Hbg., 1988. – *Seite 210.*

Gozzi, Carlo: *Venezianische Liebesabenteuer.* Berlin, 1919. – *Seite 343.*

Grillparzer, Franz, nach dem Abdruck bei Franz Peter Waiblinger (Hg.), a.a.O. – *Seite 453.*

Happich, Carl: »Die hygienischen Verhältnisse Venedigs«, nach dem Abdruck in: Reinhard Pabst: *Thomas Mann in Venedig.* Frankfurt a.M., 2004. – *Seite 504.*

Hauptmann, Gerhart: *Italienische Reise 1897.* Hg. von Martin Machatzke. Frankfurt a.M. und Berlin, 1976. – *Seite 213.*

Hein, Till: »Venedigs letzter Triumph«, in: »Venedig 810–1900: Macht und Mythos der Serenissima«, in: *Geo Epoche,* Nr. 28. – *Seite 309.*

Heinse, Wilhelm: *Ardinghello und die glückseligen Inseln.* Stgt., 1992. – *Seiten 113, 120, 508.*

Hemingway, Ernest: *Über den Fluss und in die Wälder.* Reinbek b. Hamburg, 2010. – *Seite 243.*

Herzmanovsky-Orlando, Fritz von: *Maskenspiel der Genien.* Hg. von Friedrich Torberg. München, 1958. – *Seite 141.*

Hesse, Hermann: *Italien.* Hg. von Volker Michels. Frankfurt a.M. 1983: »In der Lagune« – *Seite 15;* »In den Kanälen Venedigs« – *Seite 42;* »Der Campanile von San Marco in Venedig« – *Seite 354;* »Reisetagebuch« – *Seiten 415, 446, 552; Mit Hermann Hesse durch Italien.* Hg. von V.M. Frankfurt a.M. 1988 – *Seite 495.*

Hutten, Ulrich von, zit. bei Lebe, a.a.O. – *Seite 304.*

Jonson, Ben: *Volpone oder Der Fuchs.* Hg. von Walter Pache. Stuttgart, 2004. – *Seite 174.*

Justi, Carl: *Briefe aus Italien.* Hg. von Heinrich Kayser. Bonn, 1922. – *Seite 154.*

Langewiesche, Marianne: *Venedig. Geschichte und Kunst.* Köln, 1973. – *Seite 463.*

Lebe, Reinhard: *Als Markus nach Venedig kam. Venezianische Geschichte im Zeichen des Markuslöwen.* Überarbeitete Ausgabe 2006. – *Seiten 182, 224, 255, 268.*

Leon, Donna: *Eine Amerikanerin in Venedig.* Zürich, 2000. – *Seite 507.*

McCarthy, Mary: *Venedig.* München und Zürich, 1968. – *Seiten 53, 95, 184f., 395, 428, 512.*

Machiavelli, Niccolò: »Discorsi«, zit. bei Lebe, a.a.O. – *Seite 240;* »Der Fürst«, zit. bei Lebe, a.a.O. – *Seite 283.*

Malipiero, Gian Francesco, zit. bei Michael Stegemann, a.a.O. – *Seite 566.*

Mann, Thomas: *Der Tod in Venedig.* Frankfurt a.M., 1998. – *Seite 560.*

Mendelssohn-Bartholdy, Fanny: *Italienisches Tagebuch.* Hg. von Eva Weissweiler. Frankfurt a.M., 1982. – *Seite 127.*

Mondfeld, Wolfram zu: *Schicksale berühmter Segelschiffe.* München, 1989. – *Seite 443.*

Nievo, Ippolito: *Pisana.* Frankfurt a.M., 1985. – *Seite 484.*

Noel, Roden: *Introduction to Venice Preserved or a Plot Discovered by Thomas Otway.* London und New York, o.J. – *Seiten 476f.*

Ökumenisches Heiligenlexikon, siehe: http://www.heiligenlexikon.de. – *Seiten 64, 325.*

Petrarca, Francesco, nach dem Abdruck bei Franz Peter Waiblinger (Hg.), a.a.O. – *Seite 335.*

Polgar, Alfred: »Die Tauben von San Marco«, in: A.P.: *Kleine Schriften,* Bd. 2. Reinbek b. Hamburg, 1983. – *Seite 90.*

Polo, Marco: *Die Wunder der Welt.* Frankfurt a.M., 2003. – *Seite 527.*

Priuli, Girolamo: »Diarien«, zit. bei Lebe, a.a.O. – *Seiten 262, 284.*

Procacci, Giuliano: »Venedig und die Seestädte Italiens«, in: *Streifzüge durch das Mittelalter.* Hg. von Reiner Beck. München, 1995. – *Seite 533.*

Ranke, Leopold von: »Zur venezianischen Geschichte«, in: L.v.R: *Meisterwerke.* Hg. von Willy Andreas. Hamburg, 1957. – *Seiten 13, 159, 271, 282.*

Remin, Nicolas: *Die Masken von San Marco.* Reinbek b. Hamburg, 2009. – *Seite 437.*

Reuter, Christian: *Schelmuffskys Warhaftige Curiöse und sehr gefährliche Reisebeschreibung Zu Wasser und Lande.*(1696). Hg. von Eberhard Hause. Leipzig, o.J. – *Seite 336.*

Richard, Abbé, zit. in: *Venedig. Die Welt von gestern in Farbe.* Hg. von Christian Brandstätter. Wien und München, o.J. – *Seite 41.*

Riley-Smith, Jonathan: *Wozu heilige Kriege?* Berlin, 2003. – *Seite 259.*

Rilke, Rainer Maria: »Szene aus dem Ghetto«, in: Birgit Haustedt: *Mit Rilke durch Venedig.* Frankfurt a.M., 2006. – *Seite 80.*

Ritschel, Karl Heinz: *Legende Venedig.* Salzburg und Wien, 2003. – *Seiten 221, 228.*

Rousseau, Jean-Jacques: *Bekenntnisse.* Frankfurt a.M. und Leipzig, 1985. – *Seiten 425, 559.*

Saller, Walter: »Das große Sterben«, in: »Venedig 810–1900: Macht und Mythos der Serenissima«, in: *Geo Epoche,* Nr. 28. – *Seite 509.*

Sand, George: Brief an Hippolyte Chatiron vom 6. März 1834, in: GS: *Nimm Deinen Mut in beide Hände. Briefe.* Hg. von Annedore Haberl. München, 1990. – *Seiten 378, 455.*

Sartre, Jean-Paul : *Königin Albemarle oder der letzte Tourist.* Reinbek b. Hamburg, 1997. – *Seiten 12, 33, 58, 227, 288, 401, 407.*

Scarpa, Tiziano: *Venedig ist ein Fisch.* Berlin, 2010. – *Seiten 265, 319, 331, 434.*

Schiller, Friedrich: *Der Geisterseher.* Leipzig, o.J. – *Seiten 132, 296f.*

Simmel, Georg: »Venedig«, in: *Der Kunstwart.* Hg. von Ferdinand Avenarius, 20. Jg., 2. Juniheft 1907, S. 298-303. (München). Auch unter: http://socio.ch/sim/verschiedenes/ 1907/venedig.htm. – *Seiten 126, 322.*

Soldati, Mario: »Der Stuhl vom Café Florian«, in: *Italienische Erzähler des 20. Jahrhunderts.* Hg. von Ria Lottermoser. München, 1994. – *Seiten 357, 367.*

Spengler, Oswald: *Der Untergang des Abendlandes.* München, 1923. – *Seite 398.*

Spiel, Hilde: »Venedig«, in: *Die Dämonie der Gemütlichkeit.* Reinbek b. Hamburg, 1993. – *Seite 368.*

Strawinsky, Igor, zit. in Michael Stegemann, a.a.O. – *Seite 567.*

Suarès, André: *Eine Italienische Reise.* Leipzig, 1914. – *Seite 235.*

Taine, Hippolyte: *Reise in Italien.* Düsseldorf, 1967. – *Seiten 360, 410, 449, 450, 517.*

Toddi, Silvio (Pseudonym von Pietro Silvio Rivetta): *Einmal Venedig und zurück.* Zürich, 1984. – *Seiten 93, 287, 359.*

Twain, Mark: *Reise durch die alte Welt.* Hg. von Helmut Wiemken. Frankfurt a.M., o. J. – *Seiten 134, 148, 292.*

Vasari, Giorgio: *Künstler der Renaissance.* Berlin und Wiesbaden, o.J. – *Seite 540.*

Wagner, Richard: *Mein Leben 1813–1868.* Mchn. und Leipzig, 1993. – *Seiten 47, 146, 291, 293.*

Wordsworth, William: »On the Extinction of the Venetian Republic«, zit. nach der Nachdichtung von Edward Jaime in: *Kleine Geschichte Venedigs.* Frankfurt a.M., 1955. – *Seite 276.*

Bibliographie

Appadurai, Arjun: *The Social Life of Things*. Cambridge, 1986.
Arslan, Edoardo: *Gothic Architecture in Venice*. London, 1972.
Barbaro, Paolo: *Venice Revealed*. London, 2002.
Berendt, John: *The City of Fallen Angels*. London, 2005.
Berenson, Bernard: *The Venetian Painters of the Renaissance*. New York, 1901.
Berkeley, G.F.H.: *Italy in the Making*. 2 Bde.; Cambridge, 1940.
Bouwsma, William J.: *Venice and the Defence of Republican Liberty*. London, 1968.
Braudel, Fernand: *Civilisation and Capitalism*. 3 Bde.; London, 1984.
Brion, Marcel: *Venice*. London, 1962.
Brown, Horatio F.: *Venice. An Historical Sketch*. London, 1893.
–: *Studies in the History of Venice*. London, 1907.
–: *Life in the Lagoons*. London, 1909.
Bull, George: *Venice*. London, 1980.
Burckhardt, Jacob: *Die Kultur der Renaissance in Italien*. Berlin, 1928.
Cairns, Christopher: *Pietro Aretino and the Republic of Venice*. Florenz, 1985.
Calimani, Riccardo: *Die Kaufleute von Venedig. Die Geschichte der Juden in der Löwenrepublik*. Übers. von Sylvia Höfer. München, 1990.
Chambers, D.S.: *The Imperial Age of Venice*. London, 1970.
Chambers, David, und Brian Pullan (Hg.): *Venice: A Documentary History*. Oxford, 1992.
Chojnacka, Monica: *Working Women of Early Modern Venice*. Baltimore, 2001.
Chojnacki, Stanley: *Women and Men in Renaissance Venice*. Baltimore, 2000.
Concina, Ennio: *A History of Venetian Architecture*. Cambridge, 1998.
Crouzet-Pavan, Elisabeth: *Venice Triumphant*. Baltimore, 2002.
Da Mosto, Francesco: *Francesco's Venice*. London, 2004.
Datta, Satya: *Women and Men in Early Modern Venice*. Aldershot, 2003.
Davis, Robert C., und Garry M. Martin: *Venice, The Tourist Maze*. Berkeley, 2004.
Demus, Otto: *Studies in Byzantium, Venice and the West*. 2 Bde.; London, 1998.
Dotson, John E. (Hg.): *Merchant Culture in Fourteenth-Century Venice*. New York, 1994.
Eisler, Benita: *Byron. Der Held im Kostüm*. Übers. von Maria Mill. München, 1999.
Eisler, Colin: *The Genius of Jacopo Bellini*. London, 1988.
Fei, Alberto Toso: *Venetian Legend and Ghost Stories*. Treviso, 2004.
Finlay, Robert: *Politics in Renaissance Venice*. London, 1980.
Flagg, Edmund: *Venice, City of the Sea*. 2 Bde.; London, 1853.
Fletcher, Caroline, und Jane Da Mosto: *The Science of Saving Venice*. Turin, 2004.
Georgopoulou, Maria: *Venice's Mediterranean Colonies*. Cambridge, 2001.

Gilbert, Felix: *The Pope, His Banker, and Venice.* London, 1980.
Glixon, J.: *Honouring God and the City.* Oxford, 2003.
Goffen, Rona: *Piety and Patronage in Renaissance Venice.* New Haven, 1986.
–: *Titian's Women.* New Haven, 1997.
Goldthwaite, Richard A.: *Wealth and the Demand for Art in Italy.* Baltimore, 1993.
Goy, Richard: *Venice, The City and Its Architecture.* London, o.J.
Grundy, Milton: *Venice.* London, 1980.
Hale, J.R. (Hg.): *Renaissance Venice.* London, 1973.
Halsby, Julian: *Venice, The Artist's Vision.* London, 1990.
Hart, Henry H.: *Venetian Adventurer, Marco Polo.* New York, 1947.
Hazlitt, W. Carew: *The Venetian Republic.* 2 Bde.; London, 1900.
Hewison, Robert: *Ruskin in Venice.* Venedig, 1983.
Hibbert, Christopher: *Venice.* London, 1988.
Hills, Paul: *Venetian Colour.* New Haven, 1999.
Hodgson, F.C.: *The Early History of Venice.* London, 1901.
–: *Venice in the Thirteenth and Fourteenth Centuries.* London, 1910.
Howard, Deborah: *Venice and the East.* New Haven, 2000.
–: *Jacopo Sansovino.* New Haven, 1987.
Howells, William Dean: *Venetian Life.* New York, 1866.
Humfrey, Peter: *Painting in Renaissance Venice.* New Haven, 1995.
Huse, Norbert, und Wolfgang Wolters: *Venedig. Die Kunst der Renaissance. Architektur, Skulptur, Malerei 1460–1590.* München, 1996.
Hutton, Edward: *Venice and Venetia.* London, 1911.
Keahey, John: *Venice Against the Sea.* New York, 2002.
Keates, Jonathan: *The Siege of Venice.* London, 2005.
Kendall, Alan: *Vivaldi.* London, 1978.
Kolneder, Walter: *Antonio Vivaldi: Dokumente seines Lebens und Schaffens.* Wilhelmshaven, 1994.
Lane, Frederic Chapin: *Venice, A Maritime Republic.* Baltimore, 1973.
–: *Venetian Ships and Shipbuilders.* Baltimore, 1992.
Laven, David: *Venice and Venetia under the Habsburgs.* London, 2002.
Laven, Mary: *Virgins of Venice.* London, 2002.
Lepschy, Anna Laura: *Tintoretto Observed.* Ravenna, 1983.
Levey, Michael: *Painting in Eighteenth-Century Venice.* London, 1959.
Liebermann, Ralph: *Renaissance Architecture in Venice.* London, 1982.
Links, J.G.: *Venice for Pleasure.* London, 1966.
Littlewood, Ian: *A Literary Companion to Venice.* London, 1991.
Logan, Oliver: *Culture and Society in Venice.* London, 1972.
Longworth, Philip: *The Rise and Fall of Venice.* London, 1974.
Lorenzetti, Giulio: *Venice and Its Lagoon.* Triest, 1975.
Macadam, Alta: *City Guide to Venice.* London, 2001.
Mackenney, Richard: *Tradesmen and Traders.* New York, 1987.
–: *Renaissance.* London, 2005.

Martin, John Jeffries: *Venice's Hidden Enemies*. Baltimore, 2003.
Martineau, Jane, und Charles Hope (Hg.): *The Genius of Venice, 1500–1600*. London, 1983.
McAndrew, John: *Venetian Architecture of the Early Renaissance*. London, 1980.
McCarthy, Mary: *Venedig*. München, 1968.
McNeil, William H.: *Venice: The Hinge of Europe*. Chicago, 1974.
Milliken, William Mathewson: *Unfamiliar Venice*. Cleveland, 1967.
Molmenti, Pompeo: *Venice*. 6 Bde.; Bergamo, 1908.
Morand, Paul: *Venises*. Paris, 1971.
Morris, Jan: *Venice*. London, 1960.
–: *The Venetian Empire*. London, 1980.
Muir, Edwin: *Civic Ritual in Renaissance Venice*. Princeton, 1981.
Mumford, Lewis: *The City in History*. London, 1961.
Newton, Eric: *Tintoretto*. London, 1952.
Newton, Stella Mary: *The Dress of the Venetians, 1495–1525*. Aldershot, 1988.
Nichol, Tom: *Tintoretto*. London, 1999.
Nicol, Donald M.: *Byzantium and Venice*. Cambridge, 1988.
Norwich, John Julius: *Venice, the Greatness and the Fall*. London, 1981.
–: *Venice, Paradise of Cities*. London, 2004.
Okey, Thomas: *The Story of Venice*. London, 1907.
–: *Old Venetian Palaces*. London, 1907.
Oliphant, Margaret: *The Makers of Venice*. London, 1905.
Pater, Walter: *The Renaissance*. London, 1873.
Pike, Ruth: *Enterprise and Adventure*. New York, 1966.
Pincherle, Marc: *Vivaldi*. London, 1958.
Pirrotta, Nino: *Music and Culture in Italy*. Cambridge, 1984.
Plant, Margaret: *Venice, Fragile City*. New Haven, 2002.
Pullan, Brian: *Rich and Poor in Renaissance City*. London, 1971.
–: *A History of Early Renaissance Italy*. London, 1973.
–: *The Jews of Europe and the Inquisition of Venice*. London, 1983.
–: *Poverty and Charity*. Aldershot, 1994.
Queller, Donald E.: *The Venetian Patriciate*. Illinois, 1986.
Quill, Sarah: *Ruskin's Venice*. Aldershot, 2000.
Rapp, Richard Tilden: *Industry and Economic Decline in Seventeenth Century Venice*. London, 1976.
Robbins, H.C., und John Julius Norwich: *Five Centuries of Music in Venice*. London, 1991.
Romano, Dennis: *Patricians and Popolani*. Baltimore, 1987.
–: *Housecraft and Statecraft*. Baltimore, 1996.
Rosand, David: *Painting in Sixteenth-Century Venice*. Cambridge, 1997.
–: *Myths of Venice*. London, 2001.
Rosenthal, Margaret: *The Honest Courtesan*. Chicago, 1992.
Roth, Cecil: *Venice*. London, 1930.
Rowdon, Maurice: *The Silver Age of Venice*. New York, 1970.
–: *The Fall of Venice*. London, 1970.

Ruggiero, Guido: *Violence in Early Renaissance Venice*. New Brunswick, 1980.
Runciman, Steven: *Byzantine Civilization*. London, 1933.
–: *Byzantine Style and Civilization*. London, 1975.
Ruskin, John: *Stones of Venice*. London, 1851–1853.
Selfridge-Field, Eleanor: *Venetian Instrumental Music*. London, 1994.
Smith, Logan Pearsall (Hg.): *The Life and Letters of Sir Henry Wotton*. 2 Bde.; Oxford, 1907.
Sombart, Werner: *Luxus und Kapitalismus*. München, 1922.
Sperling, Jutta Gisela: *Convents and the Body Politic in Late Renaissance Venice*. Chicago, 1999.
Steer, John: *A Concise History of Venetian Painting*. London, 1970.
Tafuri, Manfredo: *Venice and the Renaissance*. Cambridge, 1995.
Talbot, Michael: *Vivaldi*. London, 1979.
Thayer, William Roscoe: *A Short History of Venice*. Boston, 1908.
White, Jonathan: *Italy, The Enduring Culture*. London, 2000.
Wiel, Alethea: *Venice*. London, 1894.
Wilde, Johannes: *Venetian Art from Bellini to Titian*. Oxford, 1974.
Wills, Gary: *Venice, Lion City*. New York, 2001.
Wilson, Bee: *The Hive*. London, 2004.
Worsthorne, Simon Towneley: *Venetian Opera in the Sixteenth Century*. Oxford, 1954.
Zucconi, Guido: *Venice: An Architectural Guide*. Verona, 1993.

Bildnachweis

Innenteil

AKG Images, Berlin: 35 (Erich Lessing), 79 (Cameraphoto), 181 (N.N.)

Bridgeman, Berlin: 69, 133, 376, 436, 513 (Museo Correr, Venice, Italy), 80, 506 (Museo Correr, Venice, Italy/Giraudon), 130 (Private Collection), 149 (Doges Palace, Venice, Italy), 212 (Casa Goldoni, Venice, Italy), 257 (Basilica of Sant' Antonio, Padua, Italy/Giraudon), 279 (Museo Correr/Alinari), 321 (Museo di Storia della Fotografia Fratelli Alinari, Florence/Alinari), 355 (Private Collection/Cameraphoto Arte Venezia), 485 (Private Collection/The Sapleton Collection), 503 (Collezione Naya-Bohm, Venice, Italy)

Farbiger Bildteil

AKG Images, Berlin: 2 oben, 14 oben (Erich Lessing), 2 unten (Louvre, Paris, France)

Bridgeman, Berlin: 1 oben (Archivio di Stato, Venice, Italy / Cameraphoto Arte Venezia/Bridgeman Berlin), 1 unten (Louvre, Paris, France/Cameraphoto Arte Venezia), 4 oben (Galleria dell' Accademia, Venice, Italy/Giraudon), 6–7 (Galleria Querini-Stampalia, Venice, Italy/Giraudon), 8 (Cameraphoto Arte Venezia), 9, 12 (Galleria dell' Accademia, Venice, Italy/Cameraphoto Arte Venezia), 10 (Louvre, Paris, France/Giraudon), 11 oben, 11 unten, 14 unten (Ca' Rezzonico, Museo del Settecento, Venice, Italy/Alinari), 13 (National Gallery, London, UK), 15 (Galleria degli Uffizi, Florence, Italy), 16 (Caffe Quadri, Venice, Italy / Bridgeman Berlin)

Ullstein Bild, Berlin: 4 unten (Roger Viollet)

Register